LA GRANDE
RÉVOLUTION CHINOISE
1800-1989

Dans la même collection

Fernand Braudel, *Grammaire des civilisations*
Jean Grenier, *L'Esprit du Tao*
Sun Tzu, *L'Art de la guerre*.

JOHN KING FAIRBANK

LA GRANDE RÉVOLUTION CHINOISE
1800-1989

Traduction de l'anglais
par Sylvie Dreyfus

FLAMMARION

Titre original : *The Great Chinese Revolution* 1800-1985
Publié par Harper and Row, Inc., New York

© 1986 John King Fairbank
© 1989 pour la préface
© Flammarion, 1989

ISBN : 2-08-081380-3

Aux auteurs
des
volumes 10 à 15
de
The Cambridge History of China

PRÉFACE 1989

Essayer de comprendre n'est pas fermer les yeux ni pardonner. Bien au contraire. Pourquoi, en cette année du Bicentenaire, l'euphorie démocratique qui semblait souffler sur le monde a-t-elle été abattue sur la place Tien-an-men. Pourquoi les dirigeants de la Chine ont-ils attaqué leurs étudiants comme des ennemis, alors qu'ils représentaient à nos yeux l'espoir de l'avenir ? La réponse est bien antérieure à l'aversion de Deng Xiaoping envers les Gardes Rouges qui l'avaient maltraité lors de la Révolution Culturelle il y a vingt ans. Il est triste de constater que la modernisation de l'éducation en Chine et la classe étudiante se sont engagées dans deux directions différentes, vers des buts opposés. Un bref retour en arrière nous montre pourquoi la politique chinoise fait fausse route aujourd'hui.

En Chine, le gouvernement demeure élitiste, il ne repose pas sur des élections. En toile de fond du massacre de Tien-an-men en juin 1989, on trouve le conflit persistant entre les deux fractions de l'élite politique chinoise – d'un côté ceux qui contrôlent le Parti et l'Armée, de l'autre les intellectuels et les étudiants formés pour la fonction publique. La tragédie a voulu que les vieux maîtres du pouvoir demeurent englués dans la tradition de l'autocratie impériale tandis que les jeunes étudiants se révélaient des patriotes à l'esprit ouvert.

Il y a un siècle ces deux branches de l'élite n'étaient pas séparées. L'autocratie impériale de la dernière dynastie à

Pékin pouvait encore recruter ses fonctionnaires grâce à un système d'examens dont les classiques confucéens constituaient la trame idéologique obligatoire.

De longues années d'études imprégnaient les candidats de toute l'idéologie du confucianisme impérial. Jusque dans les années 1890, on pouvait compter sur eux pour servir le gouvernement autocrate de Pékin. L'éducation et la politique se renforçaient encore mutuellement.

Après la victoire inattendue du Japon sur la Chine en 1895 et la pénétration des puissances impérialistes qui accordèrent des prêts et obtinrent des concessions dans leurs zones d'influence, les réformateurs de 1898 cherchèrent encore à réaliser leurs efforts de modernisation en réinterprétant le confucianisme et non en l'abandonnant. Après 1901 la dynastie appuya le processus. Mais en 1911 ce fut l'effondrement des Mandchous. Le gouvernement parlementaire de la République chinoise fut torpillé par le simple assassinat du futur leader (Sung Chiao-Jen) en 1913.

Au vingtième siècle l'institution qui succéda aux dynasties familiales, ce fut la dictature de parti, mise en œuvre d'abord de manière assez lâche sous Chiang Kai-Shek et le Kuomintang, puis plus fermement réalisée avec Mao Zedong et le Parti Communiste Chinois (PCC). Chiang Kai-Shek et son idéologie sunyatséniste ne furent jamais très efficaces. Mais avec la venue des communistes au pouvoir en 1949, le marxisme – léninisme et la pensée Mao Zedong servirent de nouvelle idéologie pour l'endoctrinement des cadres du parti et des soldats loyaux.

Malheureusement au moment de la fondation du PCC en 1921, une profonde cassure divisa les intellectuels de la Chine. Ils s'étaient libérés des contraintes du confucianisme et résolus à moderniser leur pays à travers « la Science et la Démocratie », slogan qu'ils avaient scandé à Tien-an-men, le 4 mai 1919. A l'époque l'éducation moderne et les universités avaient pris un grand essor dans la Chine républicaine. La vieille classe érudite formée à l'école confucéenne s'était diversifiée et avait laissé la place à des spécialistes dans toutes les disciplines modernes et dans toutes les professions. Les étudiants toutefois gardaient par-devers soi l'image du double rôle de leurs prédécesseurs, érudits et fonctionnaires, sous l'empire. Certains voyaient dans leur culture un atout irremplaçable pour être fonctionnaires. D'autres se fixaient pour devoir de sauver la Chine par une nouvelle politique. Les plus activistes, comme Zhou Enlai et Deng Xiaoping, rejoignirent le mouvement communiste issu d'URSS tandis que les plus universitaires d'esprit poursuivaient des études scientifiques et littéraires d'origine occidentale. En langage communiste les membres du PCC finirent par devenir des Rouges loyaux pendant que la fraction intellectuelle s'ouvrait plus largement à la culture moderne et formait des Experts à l'esprit indépendant. Cette cassure fournit au PCC après 1949 son problème central, comment combiner Rouge et Expert.

Au début, jusqu'en 1957, Mao essaya de transformer les Experts en Rouges, mais ce fut l'échec et il pénalisa nombre d'entre eux comme « Droitiers ». Puis à partir de 1966, lors de la Révolution Culturelle, il tenta d'éduquer les paysans, les ouvriers et les soldats et de faire des Rouges des Experts, mais il échoua à nouveau. Depuis 1978, avec moins de fanatisme, Deng Xiaoping a encouragé un système éducatif qui puisse produire des Experts et il a essayé d'en faire entrer suffisamment à l'intérieur du PCC pour s'assurer que les modernisateurs de la Chine se montreraient loyaux envers le Parti. Mais il a été incapable de combler le fossé entre l'obéissance aveugle au parti et une pensée moderne et indépendante. La croissance récente de l'éducation a laissé encore la politique chinoise désespérément divisée.

Quand nous voyons, à l'Ouest, les talentueux boursiers chinois, à l'esprit ouvert, venir suivre l'enseignement de nos universités, il nous semble difficile d'imaginer l'autocratie impériale dont les attitudes ont encore cours parmi les dirigeants âgés du parti à Pékin. Là-dessus la perspective historique peut nous aider. L'autocratie impériale chinoise s'est caractérisée à travers les siècles par trois traits remarquables :

Le premier est que le détenteur du pouvoir était au-dessus de la loi et pouvait faire ce qu'il voulait pourvu qu'il s'en tire. Il pouvait trouver particulièrement utile de tuer ses adversaires si cela était nécessaire à son maintien au pouvoir. Sous les empereurs des dynasties successives, année après année, les fonctionnaires chinois étaient démis de leurs fonctions et dans les premiers temps décapités même pour un soupçon de déloyauté envers le prince. Quant aux paysans rebelles, ils étaient simplement anéantis avec leurs familles pour décourager les autres.

Comme les lettrés confucéens allaient proclamant que le souverain autocrate doit gouverner avec bienveillance, culture, rituel et bienséance appropriée, nous avons été peu conscients qu'il gouvernait aussi et plus fondamentalement par la terreur et l'intimidation. Les fonctionnaires confucéens s'attendaient à recevoir des ordres, à ne montrer quelque initiative que lorsqu'on leur demandait, et par exemple ils ne discutaient de la politique que sur l'ordre de l'empereur. Les fonctionnaires pouvaient proposer mais l'empereur disposait. Et le système marchait encore assez bien quand les fonctionnaires-lettrés au sommet du pouvoir dans les provinces se voyaient confier la tâche de tuer les rebelles, comme lorsque le gouverneur général Zeng Guofan extermina les Taiping dans les années 1860.

L'empereur avait un pouvoir absolu sur les diplômés, encore plus que sur le paysan ordinaire, parce qu'ils étaient idéologiquement loyaux et dépendaient entièrement de son caprice impérial. Cette tradition de loyauté passive, d'attente de servir est passée en héritage chez les étudiants des temps modernes. Jusqu'à récemment les diplômés de la République populaire de Chine (RPC) attendaient qu'on leur affecte un poste. Ce fut un grand pas en avant quand ils ont pu exprimer leurs souhaits en la matière.

Second trait de l'autocratie impériale : le manque de processus institutionnels pour limiter et contrôler la conduite du prince. Les lettrés confucéens agissant en tant que censeurs pouvaient essayer de contenir ses actions seulement par des remontrances polies mais périlleuses. Bien entendu ils pouvaient exercer une forte influence morale et même obtenir quelque résultat pratique sous la forme d'une résistance passive à ses erreurs de jugement. Mais même de nos jours il n'y a encore aucun canal institutionnel permettant à l'élite des étudiants (pour ne rien dire de la masse du peuple) de participer pacifiquement aux décisions politiques finales.

En troisième lieu, les tenants du pouvoir, sous les dynasties comme sous les dictatures de parti, n'ayant à répondre qu'à eux-mêmes, leur loyauté envers la dynastie ou le parti a tendu à l'emporter sur une préoccupation plus générale pour le peuple. Comme le dit Deng Xiaoping aujourd'hui, si le PCC perd le contrôle, comment le peuple peut-il être sauvé du chaos et de la guerre civile ? Cette rationalisation amène le groupe au pouvoir à se juger indispensable et la préservation de son pouvoir devient une fin en soi, préalable à tous les autres efforts. Joint au respect chinois à l'égard de l'âge, cela signifie que les leaders peuvent rarement se retirer et le résultat est que les vieillards demeurent au pouvoir bien qu'on ne puisse moderniser leur esprit.

On en conclut finalement, non sans effroi, que dans la longue histoire de la Chine aucun régime n'a cédé le pouvoir sans effusion de sang. C'est la force, et non l'enseignement de Confucius, qui a été l'arbitre suprême.

Lors de la cassure de juin 1989, à Pékin, l'ignorance générale des journalistes occidentaux à l'égard de l'histoire chinoise tourna à leur désavantage. Ainsi un reporter écrivit qu'un jeune leader étudiant avait été conduit à la police par sa mère et sa sœur. En enquêtant il découvrit que pendant quarante années le gouvernement du parti communiste chinois avait instauré un système de responsabilité familiale tel que tous les membres d'une famille étaient responsables de la conduite de chacun d'entre eux et qu'ils devaient rapporter tous les actes répréhensibles. Quarante ans sont une durée plus longue en Occident qu'en Chine. S'il avait eu le temps de faire des recherches, ce journaliste aurait pu découvrir que la responsabilité des membres d'une famille envers la conduite de chacun avait fait l'objet d'un décret dans l'état de Ch'in vers 350 avant Jésus-Christ. En fait le souverain de Ch'in avait usé de ce système pour mobiliser son État et unifier la Chine en 221 avant J.-C. La responsabilité collective est un trait de la vie chinoise depuis toujours. La raison de son acceptation aujourd'hui est que la conformité peut être source d'une indulgence plus grande de la part des autorités.

Des facteurs traditionnels ont poussé les deux partis dans la tragédie de Tien-an-men. Au printemps 1989 le programme de réforme des Quatre Modernisations conduit sous l'égide de Deng Xiaoping entrait dans sa dixième année. Les problèmes s'accumulaient. Les tendances en cours, si elles étaient maintenues, pouvaient entraîner un désastre. La croissance de la population n'était pas contrôlée. Dans l'agriculture l'esprit d'initiative était source de prospérité matérielle dans certaines régions, mais pas dans d'autres. La réforme de l'industrie n'allait pas sans obstacles et donnait des résultats inégaux. Les provinces et les localités, qui ne dépendaient plus du pouvoir central, recueillaient des fonds et investissaient pour des profits rapides dans des biens de consommation, tandis que les investissements dans l'énergie, les transports et d'autres nécessités sociales restaient à la traîne. A l'usage du commerce et de l'investissement étranger on avait créé désormais cinq Zones Économiques Spéciales et l'île de Hainan était devenue une province. Mais la combinaison de prix libres pour quelques articles et de prix imposés pour d'autres avait fourni d'excellentes occasions à la collusion des marchands et des fonctionnaires. La corruption s'était étendue comme un cancer. Elle était particulièrement évidente parmi les enfants privilégiés des cadres dirigeants du Parti. Les membres du Parti eux-mêmes perdaient toute morale et toute foi dans l'organisation. En fin de compte, l'inflation atteignait 30 % ou plus par an sans que son ralentissement soit en vue.

L'inflation a particulièrement affecté la communauté universitaire, qui touche des salaires fixes et a peu d'occasions d'améliorer ses moyens d'existence grâce à des activités illégales comme le marché noir. Par ailleurs, les étudiants et les enseignants qui ont été au contact du monde extérieur ont perdu toute illusion sur le marxisme-léninisme et la pensée Mao Zedong et sur le style de vie des cadres du Parti et leur insolence cynique de profiteurs. Consciente des rapides changements survenus dans l'économie, la fraction d'intellectuels éclairés de la petite élite au pouvoir a vivement ressenti le besoin d'accompagner de changements politiques la réforme économique. Les succès relatifs de ce domaine avaient déclenché une montée d'espérances en politique.

Ce mécontentement multiforme a atteint son apogée avec les manifestations étudiantes qui suivirent le soixante-dixième anniversaire du Mouvement du 4 mai 1919 : la direction du Parti a connu alors une série douloureuse d'échecs et de pertes d'autorité, qui présageaient une perte du pouvoir. Quand Gorbatchev rendit visite à la Chine pour restaurer les relations sino-soviétiques après presque trente ans d'éloignement, la direction chinoise se trouva humiliée d'avoir à l'accueillir cérémonieusement à l'aéroport seulement plutôt qu'à la place Tien-an-men qu'occupaient les masses de manifestants étudiants. En fait M. Gorbatchev dut être amené de manière honteuse à l'arrière du Grand Salon. La direction du Parti pensait avoir à montrer un bel exemple de croissance économique mais tout cela était maintenant assombri par l'échec apparent du contrôle politique. Comme le pouvoir des régimes chinois repose partiellement sur leur prestige, perdre la face tant de fois à la fin du mois de mai, c'était la catastrophe. Les troupes sans armes amenées pour réprimer les manifestations se révélèrent complètement inefficaces, même après que la loi martiale ait été décrétée à Pékin. L'Armée de Libération du Peuple était divisée, de nombreux officiers s'étaient prononcés contre l'usage de la force pour contraindre les étudiants. L'évolution des événements alimentait le débat à l'intérieur de la direction du Parti communiste chinois ; celle-ci se partageait entre ceux qui, à l'instar du secrétaire général du Parti Zhao Ziyang, étaient partisans d'une négociation et d'un compromis avec les étudiants, et les tenants d'une ligne dure, comme le Premier ministre Li Peng, appuyé par Deng Xiaoping et autres octogénaires.

L'irritation grandit avec l'érection par les étudiants d'une statue de la liberté à échelle réduite, comme un défi symbolique et direct envers la faucille et le marteau. En outre ces masses d'étudiants qui surgissaient, pouvaient rappeler à une victime comme Deng Xiaoping les hordes de Gardes Rouges de la Révolution Culturelle. En dépit de leurs différences fondamentales, les manifestants de 1966 et ceux de 1989 apparaissaient superficiellement comme deux exemples d'un chaos menaçant et de l'anarchie.

Les autocrates du Parti ont connu une nouvelle humiliation lorsque les événements de Tien-an-men ont fait de manière inédite la une des télévisions mondiales. Les chaînes de télévision américaines et européennes avaient envoyé des équipes de journalistes pour couvrir la visite de Gorbatchev et le rapprochement sino-soviétique. Elles sont restées sur place pour rendre compte des manifestations en faveur de la démocratie, et du massacre qui s'en est suivi. L'aspect spectaculaire et horrible des événements apparus sur les écrans du monde entier a rendu futile l'affirmation des leaders du PCC qu'il s'agissait là d'une affaire intérieure chinoise qui ne concernait nullement les étrangers.

Mais les dirigeants du PCC ont complètement perdu la face lorsqu'ils ont tout simplement dû recourir à la force militaire et admettre ainsi la faillite de leur administration publique. Dans les temps anciens l'usage des méthodes confucéennes par les dirigeants dynastiques signifiait qu'ils savaient que le gouvernement en Chine doit reposer sur l'enseignement moral de l'idéologie, les rituels religieux du culte impérial, la capacité d'attraction de la richesse et des privilèges liés aux fonctions, et les bénéfices de la paix et de l'ordre pour le paysan et le marchand. Le meurtre a toujours été, de la part du Prince, un recours spécial pour maintenir en état de marche les nombreux fils du système en le débarrassant de ses entraves. La terreur pouvait servir, si l'on peut dire, de lubrifiant, alors qu'essayer de régner par la force aurait été fatal et aurait signifié la perte du mandat céleste. Cela a été manifeste avec les efforts du PCC après les événements de Tien-an-men. Et également évident lorsqu'il s'est plaint des ingérences étrangères et du soutien à la contre-révolution en Chine.

En bref, la foi croissante dans les Droits de l'Homme et une politique pluraliste, que l'on observe dans le monde atlantique, la sphère soviétique et bien d'autres parties du monde, a confronté la tradition autocratique chinoise en 1989 à l'ultime phase de l'invasion de la Chine par le monde extérieur. Sans nul doute, comme dans les cas précédents, tôt ou tard, cela provoquera un sursaut de la créativité chinoise pour former de nouvelles institutions politiques. Cependant, soixante-dix-sept ans seulement, à peine le temps d'une vie humaine, nous séparent de l'abdication du dernier empereur de Chine, qui marquait la fin d'une autocratie impériale, demeurée incontestée dans son principe durant les quatre mille ans précédents. Le peu que nous savons de la dynastie Hsia (c. 2200-1750 av. J.-C.) et des Shang (c. 1750-1100 av. J.-C.) ne nous suggère pas qu'ils auraient approuvé la libération bourgeoise avec plus de joie que Deng Xiaoping.

On peut seulement en conclure que le chemin des réformes politiques chinoises sera long et tortueux. En montrant sa crainte et en traitant les manifestations étudiantes de contre-révolution, Deng en a suscité le besoin.

AVANT-PROPOS

Tout le monde dit que l'histoire est importante pour comprendre la république populaire de Chine, mais qui se charge de l'écrire ?

Quelqu'un devait entreprendre de relier le passé au présent, et particulièrement la Chine impériale du XIXᵉ siècle à la République chinoise d'après 1911 et à la République populaire de 1949. Il existe aujourd'hui de nombreux volumes sur cette période de deux siècles, publiés pour la plupart au cours des quarante dernières années, mais si l'on prétend à l'érudition il faut se spécialiser et laisser aux auteurs de manuels ou autres vulgarisateurs le soin d'élaborer vaille que vaille une vue d'ensemble, alors qu'ils sont souvent bien peu qualifiés pour le faire. Ce qu'il nous faut, c'est un ancien professeur, libéré des soucis de carrière et peu soucieux de sa réputation. Dès lors, l'intégration du passé et du présent de la Chine peut devenir tout à fait amusante. On verra resurgir, sous de nouveaux noms, de vieilles institutions de la Chine impériale, comme le *pao-chia*, ancien système de surveillance mutuelle, qui réapparaît de nos jours dans les comités de rue, ou les petits notables d'avant 1900, que l'on retrouve sous les traits des tyranneaux locaux de l'époque républicaine, remplacés aujourd'hui, en termes d'organisation, par les cadres et secrétaires du Parti dans les campagnes. Tout sinologue sérieux trouvera des imperfections dans nos comparaisons, et il nous faudra donc, c'est entendu, une légère dose d'insouciance. Mais pourquoi pas ? Chaque génération apprend que son rôle consiste, pour finir, à « servir de paillasson » à la génération suivante. C'est une fonction méritoire, et même essentielle, à remplir.

Le plan de cet ouvrage est trop vaste pour ne pas imposer certaines limites à notre travail. Quiconque s'attache à dépeindre de manière lisible la transformation moderne d'une civilisation ancienne se doit de rester dans les grandes généralités et de traiter les institutions, les courants et les mouvements, plutôt que la vie quotidienne des hommes. A part quelques exemples choisis, on ne peut qu'évoquer les réactions individuelles des Chinois face à l'époque moderne. J'ai toutefois essayé de communiquer l'expérience chinoise en termes facilement compréhensibles par des lecteurs non sinologues.

Au cours des XIXe et XXe siècles, les habitants de la Chine, qui sont des patriotes sur le plan culturel comme sur le plan politique, ont d'abord essuyé la cruelle humiliation de voir leur apparente supériorité se transformer en une pitoyable infériorité, puis ont eu à subir une longue période d'efforts ardemment tendus vers la renaissance nationale, qui semblent aujourd'hui porter leurs fruits. Lorsque ces éléments seront pleinement perçus, leur histoire apparaîtra comme l'une des plus dramatiques de tous les temps.

Pendant cent quatre-vingt-cinq ans, le peuple chinois a cheminé sur une route rocailleuse, assailli par les bouleversements, internes ou externes. Il eut à subir cinq guerres d'agression étrangère, entre la guerre de l'Opium anglo-chinoise de 1839-1842 et les huit années d'invasion japonaise, de 1937 à 1945. Bien que d'intensité toujours croissante, ces attaques étrangères (à l'exception de celle du Japon) restèrent largement superficielles en comparaison des cinq guerres civiles révolutionnaires qui ont secoué la Chine au cours de la même époque : la grande révolte Taiping et les soulèvements annexes, qui furent tous des échecs ; la Révolution républicaine de 1911, et son changement de régime ; la Révolution nationaliste partielle de 1925-1928, pour l'unité contre l'impérialisme étranger ; la guerre civile entre les communistes et le

Kuomintang, de 1945 à 1949 ; et, pour finir, les dix ans de la Révolution culturelle de Mao Tse-tung, entre 1966 et 1976, paroxysme des aspirations révolutionnaires et génératrice d'un véritable désastre national. Arriver à rassembler ces divers mouvements, avec leur contexte de changements sociaux et culturels, dans une vision unique constitue une véritable gageure. Il va de soi que je n'aurais jamais tenté l'aventure sans le concours de bien d'autres historiens, envers qui ma dette n'est pas suffisamment exprimée à la fin de ce volume. Tout d'abord, si j'ai pu mettre au point cet ouvrage, c'est que je me suis trouvé, à partir de 1936, au point de jonction entre la sinologie et l'histoire, dans l'une des meilleures universités de ce monde dont le système permet au talent de s'exercer de manière éminemment concentrée. Livre après livre, et surtout depuis 1946, s'est construit un édifice de savoir et de recherches propre à faire frémir un débutant et à éblouir un vieux professeur. A ces publications en anglais est venue s'ajouter une manne de documentation et d'érudition en provenance de Chine, du Japon, d'Europe et d'ailleurs. Je n'ai pas pu me servir de tout, mais je me console à l'idée que, si je l'avais fait, le résultat en serait illisible.

Comme disait le curé à propos du porridge : « Il n'est pas mauvais, pour ce qu'il y en a ; et puis, tout compte fait, il y en a pas mal. »

J.K.F., avril 1986

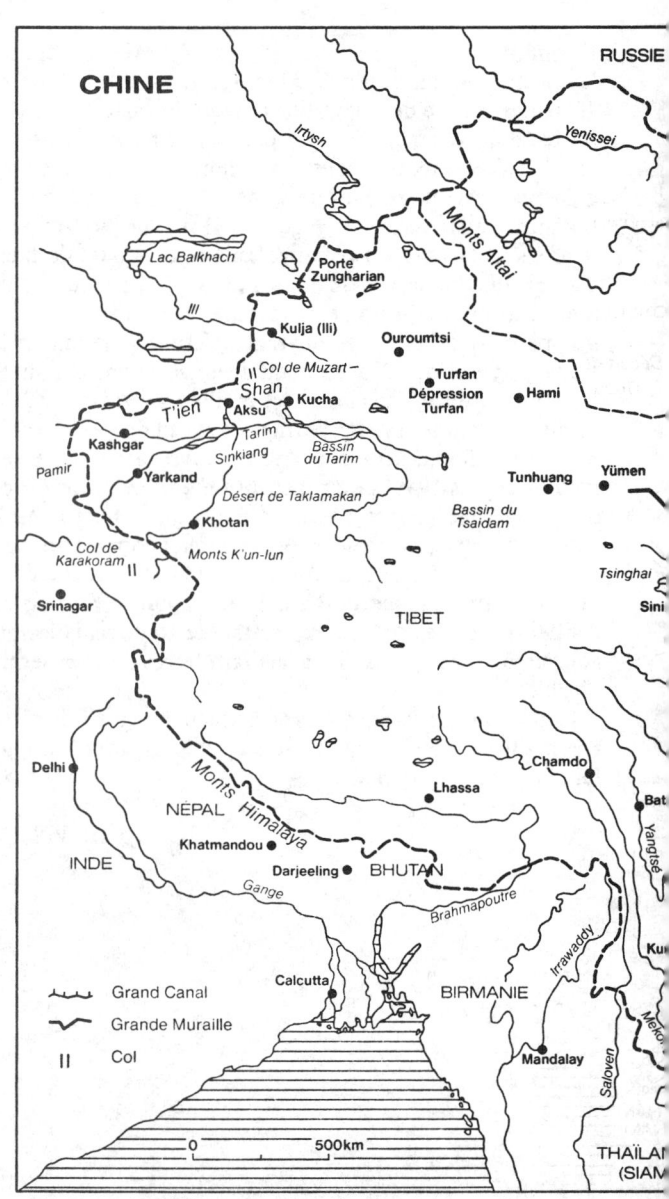

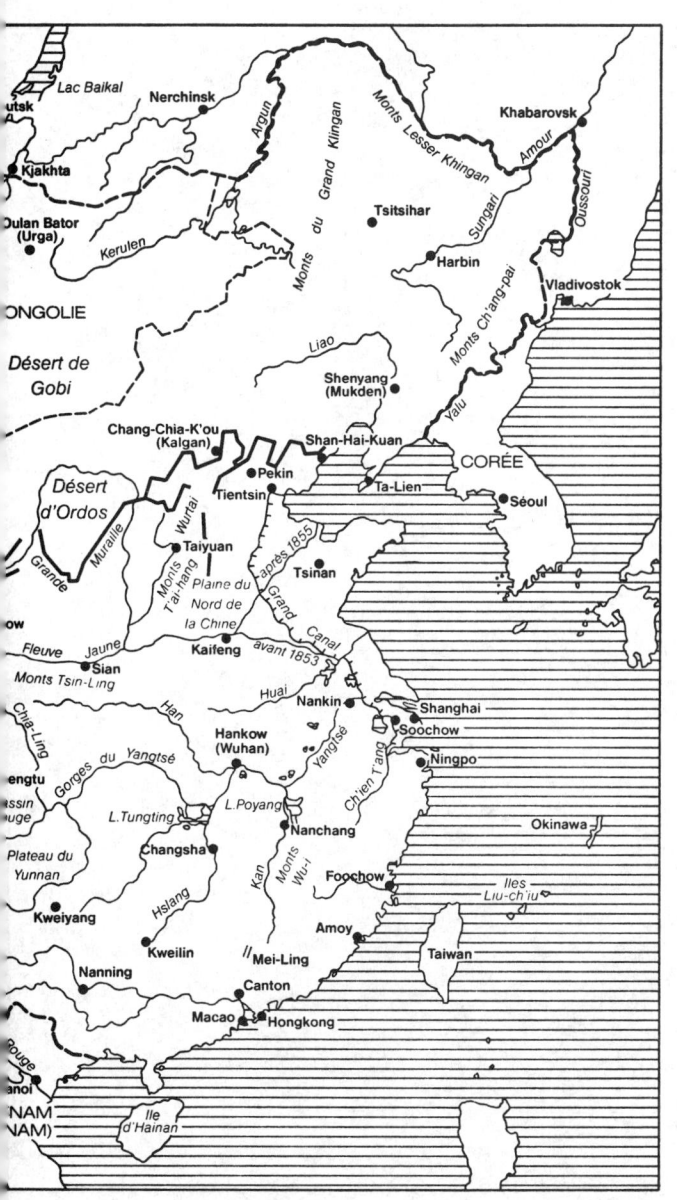

CHAPITRE 1

COMPRENDRE LA RÉVOLUTION CHINOISE

En survolant la Chine au départ de Shanghai, on voit bien aujourd'hui à quel point l'homme y est proche de la nature. Le delta du Yangtze, parsemé d'innombrables lacs et sillonné de canaux, offre à la vue ses vertes étendues cultivées. Les villes et les villages, où les rubans argentés des canaux d'irrigation remplacent les voies routières, se fondent dans la verdure environnante grâce aux arbres et aux cultures familiales qu'ils abritent. Pendant sept cents ans au moins, ce delta a été le plus grand producteur de nourriture du monde. Jusqu'au siècle dernier, son « tribut de riz », acheminé sur d'étroits bateaux plats qui remontaient à la perche les 2 000 km du Grand Canal, nourrissait Pékin. Aujourd'hui, il alimente l'une des villes les plus peuplées du monde, Shanghai.

Si l'on se dirige vers le sud-ouest en quittant la métropole grise, on aborde vite une région où les collines ont été aménagées en terrasses, morceau par morceau, et si bien nivelées que l'eau peut séjourner dans les champs de riz qui couvrent leurs flancs. Ici, l'homme a transformé la nature de manière aussi radicale qu'en Amérique les constructeurs de route dans les Rocheuses, mais sans machines. Tels des monuments, les terrasses nous rappellent ce dont la force musculaire est capable. Les grands lacs qui se remplissent chaque année à l'époque des inondations forment des mers intérieures qui se découpent dans le paysage chinois. Ils font de la Chine, malgré son éloignement de l'océan, une véritable région

« de monts et d'eaux » (*shan-shui*, comme le nom donné aux peintures de paysage). Couverts de brumes et de bancs de nuages, lacs et montagnes paraissent d'autant plus vastes, mystérieux et sans limites au voyageur qui a le privilège aujourd'hui de contempler une vision aérienne de la Chine.

Si, en revanche, on se dirige vers le nord-ouest en partant de Shanghai, c'est-à-dire vers Pékin, on traverse alors la plaine aride de la Chine du Nord. Elle est ponctuée de villages distants les uns des autres d'un kilomètre environ, tout comme ces champs de blé du Middle West américain qui étaient parsemés d'exploitations familiales, traditionnellement constituées d'une maison blanche et d'une vaste grange rouge, abritées du vent par un rideau d'arbres. Dans les villages chinois aux maisons de terre, on trouve également des bosquets d'arbres tous les kilomètres environ. Mais, alors que les fermes familiales du Kansas et de l'Iowa ont disparu ces dernières années, les villages du nord de la Chine, séparés par les mêmes intervalles, ont connu une véritable explosion démographique. Un village qui comptait jadis deux cents bouches à nourrir du produit de son agriculture manuelle intensive en a souvent près de trois cents aujourd'hui. C'est l'un des exemples les plus poignants de la surpopulation qui maintient le peuple chinois dans la pauvreté.

Comment nous faire une image de cette Chine qui comprend un milliard d'individus? Si nous la superposons sur une carte des États-Unis, les deux pays sont à peu près de la même taille. Mais tandis que le Middle West est drainé vers le sud par le Mississippi, la Chine centrale est drainée vers l'est par le Yangtze, réseau fluvial plus important, qui se jette dans le Pacifique. Alors que les États du nord de la Prairie américaine sont devenus, au cours des cent dernières années, un nouveau grenier à blé international, les Chinois ont du mal à se nourrir eux-mêmes. Une bien plus grande partie de la Chine n'est que désert aride et montagnes escarpées. Les terres cultivables représentent à peine la moitié de la surface disponible aux États-Unis, alors que la population est quatre fois plus nombreuse. La pauvreté, *per capita*, qui sévit en Chine constitue une première différence majeure.

La deuxième différence est plus subtile – elle découle de la concentration géographique des lieux historiques en Chine. La civilisation atlantique de l'Europe occidentale et de l'Amérique a vu son centre politico-culturel se déplacer vers l'ouest, tout d'abord d'Athènes à Rome, puis à Madrid, Paris, Londres et New York. En Chine, le mouvement correspondant ne représente guère plus de quelques centaines de kilomètres : de Sian, situé sur la boucle inférieure du fleuve Jaune, vers Hangchow-Nankin au sud, puis vers Pékin au nord. Tous les sites historiques d'une Chine riche d'un passé de quatre mille ans sont très proches les uns des autres. Pour un Américain, c'est un peu comme si Moïse avait reçu les Tables de la Loi sur le mont Washington, que le Parthénon se dresse sur Bunker Hill, qu'Hannibal ait traversé les monts Alleghanys et César conquis l'Ohio, que le couronnement de Charlemagne ait eu lieu en l'an 800 à Chicago et que le Vatican surplombe Central Park. Autrement dit, contrairement au territoire américain, le paysage chinois est chargé d'histoire.

Les racines culturelles américaines, bien entendu, remontent aussi loin, puisque l'Antiquité classique de la Méditerranée est contemporaine de l'Antiquité chinoise classique. Mais les Américains, descendant d'immigrants récemment implantés, ont apporté leur culture avec eux sur une terre nouvelle, de manière sélective, et en ont tiré deux avantages majeurs : une meilleure adéquation des ressources aux personnes et une plus grande liberté vis-à-vis de l'emprise des traditions. C'est ce qui a permis le développement de l'individualisme, sous diverses formes, ainsi que l'invention des machines, à l'aube de la grande époque de la technologie. Les Chinois, dont la technologie avait autrefois une forte avance sur l'Europe médiévale, se sont brusquement laissé distancer. Ils se battent toujours pour remonter le courant.

C'est ici qu'intervient une troisième différence qui constitue pour les Chinois un nouveau handicap : ils se sont vus obligés de moderniser de l'intérieur leur propre tradition culturelle ; or, celle-ci résiste au changement.

Les nouvelles technologies du transport, de l'industrie et des communications, qui ont vu le jour en Occident, ne sont pour la Chine que des importations étrangères. L'âge du chemin de fer, par exemple, à la fin du XIXe siècle, a créé des liens étroits à l'intérieur de la nation américaine. En Chine, en revanche, le réseau séculaire de lacs, fleuves et canaux rendait les voies ferrées moins essentielles dans le Sud, et la crainte conservatrice de l'intrusion étrangère retardait la construction du chemin de fer dans le Nord. Là encore, c'est en mécanisant l'agriculture que le Middle West dépeuplé a pu devenir le grenier à blé du monde; alors que les Chinois, de plus en plus nombreux, devaient continuer à se nourrir en transplantant manuellement chaque année, des semis jusqu'aux rizières, la plus grande récolte de riz du monde.

Pendant ce temps, les deux grandes institutions qui assuraient la cohésion de l'État chinois – l'élite dirigeante et le système d'écriture – ont coexisté en se soutenant mutuellement pendant trois mille ans. Dès 1850 avant J.-C., une classe dominante de prêtres-militaires, qui utilisaient l'écriture idéographique pour tenir les registres, dirigeaient le travail des masses chargées de construire les murs en terre battue des anciennes capitales de la dynastie Shang : Chengchow et Anyang (aujourd'hui dans la province du Honan). Depuis lors, cette répartition des tâches est restée la caractéristique immuable des villages chinois : aux masses, l'agriculture à la houe; à l'élite, la perception des impôts et loyers.

Il y a cent ans, le chemin de fer et les moissonneuses, McCormick façonnaient le Middle West, mais ne trouvaient pas preneur dans la province du Honan. Pour la classe des fonctionnaires et leurs collègues de la *gentry* * locale, tous formés aux Classiques confucéens, il n'était pas question de machines à vapeur ni de moissonneuses mécaniques. A quoi les paysans occuperaient-ils leur temps s'ils cessaient de manier la houe et la faucille pour récolter leur pitance? La question reste d'ailleurs d'actualité pour les bureaucrates marxistes du Honan aujourd'hui.

* Voir *N.d.T.* p. 70.

A titre d'exemple, John Murray Forbes, de la firme bostonienne Russel and Company, décida, à la fin des années 1840, de retirer les bénéfices qu'il réalisait dans le commerce du thé et de l'opium, car il pouvait les investir de façon plus avantageuse dans le Middle West, où il créa le Michigan Central Railway (Chemin de fer central du Michigan), puis ceux de Chicago, Burlington et Quincy. A l'opposé, trente ans plus tard, en 1876, le gouverneur général en poste à Shanghai racheta le premier petit chemin de fer – une vingtaine de kilomètres entre Shanghai et Wusung – ouvert par des marchands étrangers, pour le faire détruire aussitôt. Ce fonctionnaire (Shen Pao-chen) était un des principaux tenants de l'occidentalisation de la Chine mais, ainsi qu'il s'en expliqua devant l'empereur, il ne pouvait tolérer que la Chine dût partager avec l'Angleterre la propriété – ou même la direction – d'un chemin de fer; la Chine devait tenir les rênes de sa propre modernisation et, de plus, les chemins de fer rencontraient une violente opposition régionale.

Ce genre d'incident laisse à penser que la lenteur de la Chine à entreprendre sa modernisation sur le plan matériel, là où la technologie était en cause, participait en réalité d'une force d'inertie plus générale, d'une répugnance compréhensible à changer ses valeurs sociales, sa culture et ses institutions. Celles-ci, profondément ancrées, résultent de plusieurs facteurs historiques, dont certains sont encore à l'œuvre aujourd'hui. Prenons d'abord le terrain naturel et son aménagement par l'homme, c'est-à-dire l'écologie. A ses débuts, la civilisation chinoise se développa en Chine du Nord, assez loin de l'océan. Les plus anciens sites de la dynastie Shang se trouvent dans la région où le fleuve Jaune sort des montagnes pour entreprendre un voyage de 700 km à travers la plaine de la Chine du Nord. A la même époque, les civilisations de l'Égypte ou de la vallée du Tigre et de l'Euphrate (Babylone) se développèrent au bord de grands fleuves reliés à la mer, mais ce ne fut pas le cas pour le fleuve Jaune. Ses eaux, qui charriaient jusqu'à dix pour cent de boue, traversaient la plaine sans vallée pour les guider. Très tôt, on entreprit de construire des digues pour lutter contre sa propension à inonder la contrée à chaque saison, mais les digues avaient pour seul effet de surélever le lit du fleuve par rapport à la campagne environnante, jusqu'au jour où une digue cédait, laissant le fleuve tout inonder à nouveau. C'est ainsi que le fleuve Jaune se jetait dans la mer tantôt au nord de la péninsule du Shantung, tantôt au sud. Ce n'était pas une grande artère de transport.

Du fait de sa position d'enfermement dans les terres, la Chine ancienne différait profondément des cultures du bassin méditerranéen – que ce soit les navigateurs et commerçants phéniciens, les Grecs de Crète ou du Péloponnèse et leurs adversaires de l'autre côté de la mer, en Asie Mineure, puis les Romains et leurs antagonistes, les Carthaginois. La civilisation atlantique de l'Europe occidentale s'est épanouie sur le plan national lorsque Italiens, Portugais, Espagnols, Anglais, Français et Scandinaves, tous dotés de péninsules ou d'îles qui reliaient directement leur pays à la mer, sont inéluctablement devenus des navigateurs. Le commerce maritime fut le moteur de la croissance nationale, au point que les nations européennes se mirent toutes, finalement, à voyager outre-mer pour y établir colonies et empires, à des époques relativement récentes.

Tandis que les nations européennes connaissaient cette explosion, les Chinois, eux, provoquaient une implosion, en multipliant la population qui couvrait leur beau pays. Pour les anciens Chinois il n'y avait ni outre-mer à explorer ni grands États rivaux avec lesquels entretenir des relations commerciales, ou dont on eût pu redouter l'invasion.

La culture du riz permit à l'implosion chinoise d'entasser un nombre croissant d'individus sur le territoire de la Chine proprement dite. Sur une parcelle de terrain donnée, le riz, associé à l'irrigation, produisait une récolte plus abondante que la culture à sec du blé ou du millet. Tout ce que la culture du riz exigeait, c'était un grand nombre de travailleurs agiles, capables de vivre de leur récolte tout en ayant un faible niveau de production par personne. Pour cultiver le riz, le fermier chinois devait préparer les rizières à l'aide de sa pioche et de son buffle kérabau, puis y planter, transplanter et moissonner le riz manuellement. La culture du riz réclamait un travail intensif en permanence. La Chine méridionale pratiquait également la culture intensive, si bien qu'en dehors du riz les autres cultures ne pouvaient être que marginales. De ce fait, le gouvernement, le propriétaire et le paysan étaient maintenus naturellement dans une stratification de rôles qu'il n'était pas facile de changer. Il fallait maintenir la petite exploitation et renoncer à la mécanisation qui entraînerait une exploitation plus économique. En améliorant des techniques mineures ou des variétés de graines, on pouvait augmenter la production et donc la population, mais sans changer les rapports du cultivateur avec le propriétaire de la terre ou le collecteur d'impôts. A l'opposé, la culture à sec de la Chine du Nord et de l'Europe était plus précaire, plus soumise aux catastrophes naturelles, mais également plus favorable à la diversification des récoltes, à la concentration de l'autorité centrale et aux grandes exploitations. En outre, l'agriculture extensive d'une Europe moins peuplée se mit à utiliser le cheval, ce qui ouvrait la voie à sa future mécanisation. On allait ainsi vers des changements plus radicaux dans la structure sociale et l'administration politique.

La densité de la population chinoise avait des conséquences sociales. L'agriculture était aux mains de familles au sein desquelles le pouvoir était exercé par les patriarches. Le droit d'aînesse n'existait pas et tous les fils se partageaient le patrimoine. L'individu chinois, élevé comme membre d'un collectif familial, n'était en général pas en mesure de le quitter pour partir en mer afin d'y faire fortune ou d'y mourir de scorbut ou de paludisme. Les Chinois vivaient à l'intérieur du système familial en fidèles serviteurs, très conscients des relations de parenté et des différences hiérarchiques entre les générations et les sexes. Depuis des époques reculées, les filles, en se mariant, partaient dans la famille de leur époux, tandis que les fils ramenaient leur épouse dans leur propre famille. Les femmes étaient l'élément subordonné. On peut considérer qu'il existait dans d'autres sociétés des patriarches autoritaires et des belles-filles malheureuses, à un degré ou à un autre, mais il n'en reste pas moins que la société chinoise, de par cette accumulation des familles sur la terre, donna naissance à des institutions de caractère particulier.

L'État chinois, pour commencer, était la plus distinctive de ces institutions. A l'époque la plus ancienne que l'on puisse retracer, celui qui dirigeait l'État était le chef d'une lignée familiale dominante. Lui, ses parents et ses auxiliaires se formèrent à l'art de gouverner. Au début, le souverain, investi du rôle de shaman, était celui qui communiquait avec les ancêtres et les forces invisibles de la nature. S'appuyant sur le sacrifice animal, il consultait les ancêtres au nom de son peuple, comme en témoignent les « os d'oracle » retrouvés. L'écriture apparut d'abord sur ces os d'oracle, dans des inscriptions relatant comment le souverain interrogeait les auspices et prenait conseil des ancêtres. Ainsi, tout au début, le souverain était étroitement lié au système de croyances religieuses d'une part, à l'écriture d'autre part. Le pouvoir étatique naissant englobait donc la culture dont il se servait. L'élite lettrée qui pouvait prêter son concours au gouvernement faisait naturellement partie de l'appareil d'État. En bref, l'implosion de la Chine eut pour résultat une remarquable intégration de l'État, de la société et de la culture. Lorsque Confucius et les philosophes des Cent Écoles tentaient de conseiller les rois sur les moyens d'arriver à établir l'ordre, ils pensaient déjà que le meilleur moyen de maintenir la paix consistait en une société unie, dirigée par un seul homme. Le pluralisme à l'occidentale avait moins de chances de voir le jour en Chine. Il n'y avait pas d'Église à séparer de l'État, et les provinces éloignées ne pouvaient devenir des nations détachées.

Deux conséquences majeures dérivèrent de cette situation, dont la première est que l'empire de la Chine ancienne dut mettre en place un gouvernement bureaucratique. Les fonctionnaires de la dynastie Han étaient envoyés pour administrer une région donnée pendant une période déterminée et vivaient de leurs appointements, en s'acquittant du versement des impôts par l'intermédiaire d'un système de correspondance, sous le contrôle du gouvernement central. La bureaucratie permettait une réglementation centralisée, mais exigeait la formation d'une élite de fonctionnaires. Dès le VIIe siècle, alors que l'Europe vivait à l'heure du haut Moyen Age, le gouvernement central chinois avait créé le système des examens; les candidats à la fonction publique devaient acquérir la maîtrise des classiques et prouver leur fidélité aux principes du confucianisme impérial. Ils apprenaient également la manière d'obtenir l'autodiscipline de la population grâce à des systèmes « légalistes » de responsabilité mutuelle, et donc de surveillance réciproque.

L'implosion de la Chine eut pour deuxième résultat l'épanouissement précoce des arts et de la technologie. La société bureaucratique agraire puisait dans son réservoir de talents pour y recruter l'élite qui fournirait les chroniqueurs, les artistes, les experts, les philosophes et les fonctionnaires. Il ne fait guère de doute que la civilisation chinoise, telle qu'elle se présente à l'époque des dynasties T'ang et Sung, du VIIe au XIIe siècle, était supérieure à celle de l'Europe. On en trouve la preuve non seulement dans les peintures de paysage Sung et dans la philosophie néo-confucéenne de Chu Hsi et d'autres, mais aussi dans la longue série d'inventions technologiques chinoises. Comme a pu le remarquer Francis Bacon voilà bien longtemps, les trois prouesses techniques qui ont façonné l'histoire européenne moderne sont l'invention de l'imprimerie, le compas de navigation et la poudre à canon. Tous trois apparurent d'abord en Chine. Le Dr Joseph Needham, qui a consacré une douzaine de volumes à la technologie chinoise, a su montrer à quel point elle était novatrice. Grâce à elle, la Chine a acquis sur tous les autres pays d'Extrême-Orient une suprématie culturelle dont les effets se font encore sentir aujourd'hui. Le peuple chinois a le sentiment inné de sa supériorité culturelle. Ce qui, bien entendu, lui a fait ressentir comme d'autant plus douloureuses les humiliations du retour en arrière à l'époque moderne.

En résumé, pour se moderniser, la Chine dut aller beaucoup plus loin et entreprendre bien plus de changements que la plupart des pays, pour la simple raison qu'elle était restée semblable à elle-même pendant très longtemps. Cette situation avait engendré une force d'inertie extrêmement puissante qui devait donner aux changements révolutionnaires en Chine un caractère spasmodique, parfois inhibé et parfois destructeur. Si, comme cela s'est produit aux États-Unis, la modernisation peut se faire sur la base d'une expérience récente, l'effort demandé à l'homme est beaucoup moins astreignant que lorsqu'elle exige pour s'accomplir le rejet du dogme religieux, la négation des valeurs ancestrales et l'acceptation de modèles étrangers.

Bien entendu, la « modernisation » ne s'effectue jamais seule. Si l'on y entend aussi bien le développement de la technologie moderne par un peuple que ses réactions vis-à-vis d'elle, la modernisation est toujours en interaction avec les valeurs et les tendances culturelles de ce peuple. Cela signifie que même si la modernisation amène un certain degré de « convergence » entre tous les pays, puisque la science et la technologie modernes représentent des influences internationales qui soumettent tous les peuples aux mêmes stimuli, il n'en reste pas moins que chaque peuple doit y répondre à sa manière, en tenant compte des circonstances dont il a hérité, de ses institutions et de ses valeurs. C'est ainsi que la révolution chinoise a produit aujourd'hui une nouvelle synthèse culturelle où convergent certains éléments chinois et étrangers. Mais il ne faudrait pas en conclure hâtivement qu'*ils* se sont mis à *nous* ressembler davantage. On pourrait tout aussi bien avancer que, sous la pression de nombreux fléaux sociaux que nous ne pouvons maîtriser, *nous* sommes contraints de *leur* ressembler davantage. On admet communément que, jusqu'à présent, la modernisation chinoise s'est essentiellement faite sous influence extérieure ; mais dans l'avenir qui nous attend tous, l'équilibre pourrait s'inverser.

La Chine comptera également parmi les domaines sous-développés de l'histoire mondiale comparée. Tout d'abord, sur le plan politique, la Chine est le plus ancien des empires universels survivants. A sa base, on retrouve principalement la conquête militaire d'une société agraire, consolidée par l'administration bureaucratique et le culte religieux voué à l'empereur. La Chine des Han, contemporaine de l'Empire romain, lui est assez comparable par son envergure et ses accomplissements. Le règne de la dynastie mandchoue en Chine de 1644 à 1912, en particulier, peut être comparé à celui de la dynastie mogole en Inde de 1526 à 1858, au shogunat Tokugawa du Japon entre 1600 et 1868, ou bien à la dynastie Romanov en Russie de 1613 à 1917. On pourrait encore le comparer à l'Empire ottoman entre le début du XIIIe siècle et le XVe.

Ensuite, sur le plan des relations économiques mondiales, l'expansion européenne qui ouvre l'époque moderne est le produit d'une réaction non seulement au commerce des épices avec l'archipel des Indes orientales, mais également au thé et à la soie, à la céramique et aux autres objets d'art ou denrées de luxe, tous fruits du commerce extérieur de la Chine. Que les Européens aient ouvert les premiers le commerce avec les Indes, puis la Chine et le Japon, ne prouve qu'une chose, c'est que les Européens étaient des peuples démunis : les denrées de luxe et les épices qu'ils recherchaient se trouvaient en Extrême-Orient. Toutefois, lorsque les Européens y parvinrent, l'expansion maritime de la Chine vers les mers du Sud ou l'océan Pacifique avait déjà commencé. L'Empire chinois bureaucratique agraire n'avait envoyé d'expéditions en Indonésie qu'à l'époque des conquêtes mongoles, sans y donner suite, même au cours des trois décennies de grandes explorations maritimes Ming, entre 1405 et 1433. L'État chinois n'avait pas de colonies outremer, pourtant les vents de mousson permettaient une traversée facile vers l'Asie du Sud-Est. En revanche, les marins et les marchands chinois entretenaient un commerce vivant entre la Chine et l'Asie du Sud-Est. Après l'effondrement des Ming, en 1644, des marchands chinois s'expatrièrent et jouèrent un rôle déterminant dans le nouvel État du Siam, tandis que d'autres établissaient les bases de leur fortune familiale en Malaisie ou aux Indes. A l'époque des conquêtes portugaises et hollandaises, la classe moyenne chinoise – marchands locaux, concessionnaires, agents des impôts – jouait un rôle essentiel sur la scène coloniale. Lorsque la main-d'œuvre chinoise à bon marché se mit à émigrer en Amérique au milieu du XIXe siècle, elle ne faisait qu'ouvrir le dernier volet de la diaspora chinoise, que l'État chinois n'a jamais tenté d'encourager ou d'utiliser. La Chine était donc entrée dans le monde du commerce international moderne bien avant de consentir à intégrer le monde de la diplomatie et des relations internationales. De toute évidence, l'histoire mondiale comparée nous offre des possibilités inexploitées pour comprendre la situation générale.

*
* *

La plupart des études sur la Chine faites en Occident ont pris pour cible la « Chine », ou la « culture chinoise », comme s'il s'agissait d'une seule entité. On peut attribuer cette approche simpliste du plus vaste groupe humain à plusieurs facteurs : la tradition chinoise de l'unité (tout au moins idéale) de l'empire et l'homogénéité de son attachement aux valeurs confucéennes, l'acceptation de cette unité intellectuelle et culturelle par les missionnaires jésuites, les savants européens et les premiers sinologues, enfin, l'intérêt porté par l'Occident moderne aux systèmes culturels, parmi lesquels celui de la Chine émerge dans toute sa singularité. De l'extérieur, en se livrant à une première approximation hâtive, on pouvait supposer que l'unité longtemps poursuivie – toute superficielle fût-elle – du royaume politique chinois existait également (comme modèle ou idéal) dans le domaine socioculturel. Pour aborder d'autres civilisations et cultures, on est contraint de recourir en premier lieu à des entités aussi mal définies que l'« Occident », le « monde moderne », ou encore la « modernisation » et l'« impérialisme », pour ne rien dire du « nationalisme ». Ce n'est qu'en partant de vastes généralités que l'on peut commencer à penser ou à parler d'un sujet, surtout à notre époque où la sociologie a pris tant d'importance.

Tout ce qui précède est du domaine des grandes généralités – de celles que l'on devrait apprendre en première année d'université. Si la connaissance pour un esprit conscient procède par déduction du général au particulier (du macro- au micro-), comme je le crois, il n'est guère étonnant que notre image de la Chine présente aussi peu de particularités. Il s'agit, après tout, d'une région couvrant du nord au sud les mêmes distances que celles qui séparent la Sibérie du Sahara et abritant presque le quart de l'humanité. Notre capacité à nommer ce mini-univers « la Chine », puis à nous tourner vers la France, l'Allemagne, le Mexique ou les États-Unis, comme si nous étions en face d'entités équivalentes – alors qu'en réalité tous ces pays ne sont que des parties de la chrétienté –, en dit long sur notre simplicité d'esprit.

Toutefois le développement des sciences sociales historiques (ou de l'histoire sociale scientifique) commence à battre en brèche la manière simpliste d'aborder la Chine comme une seule entité. Ce qui donne aux études la concernant un caractère de complexité accrue, sans pour autant modifier le problème essentiel : comment, à l'intérieur d'un milieu culturel donné, imaginer la vie dans un autre milieu culturel ? Les historiens ont toujours été confrontés à ce problème. On l'aborde aujourd'hui avec encore plus d'attention et la « Chine », par voie de conséquence, s'en est trouvée fragmentée.

Riches de cette nouvelle sagesse, les observateurs de la Chine se heurtent de front au mythe central de l'État chinois, une des grandes idées préconçues de la vie politique chinoise : la croyance à l'unité naturelle du royaume de Chine (*t'ien-hsia,* « le monde sous le ciel »). Voyons comment ce concept contraignant a pu se forger. Dès l'Antiquité, le souverain chinois cumulait généralement les fonctions de l'Église et de l'État ; s'érigeant en autorité morale et militaire, il montrait l'exemple de la conduite à suivre et rendait la justice. Sa compétence universelle englobait toutes les principales fonctions de l'État, y compris le culte officiel de l'empereur qui incarnaît l'humanité tout entière face aux forces de la nature. Il était l'Homme unique, la pierre angulaire de l'édifice politique et social. En entretenant cette image du Fils du Ciel porté au pinacle de la scène humaine, les familles dynastiques avaient compris que le meilleur moyen d'assurer au peuple paix, ordre et prospérité consistait à centraliser tous les ressorts du pouvoir afin de maintenir un État unifié. Cet idéal d'unité a persisté tandis que la population de l'État chinois se développait. Comme cette croissance a posé de graves problèmes, non seulement de nourriture et de survie, mais aussi d'organisation et d'autorité centrale, le fardeau déjà très lourd qui pesait sur l'État chinois unifié s'en trouve aujourd'hui encore accru.

Si l'on en veut la preuve, il suffit de regarder une carte du monde. Un peu plus d'un milliard d'individus vivent en Europe et en Amérique du Nord et du Sud. Ce bon milliard d'Européens et d'Américains vivent dans une cinquantaine d'États souverains et indépendants, tandis que le milliard équivalent de Chinois vivent dans un seul et unique État. Ce fait saisissant est un lieu commun qu'aucun lycéen du monde n'ignore, mais dont pratiquement personne n'a jusqu'ici analysé les implications. Si l'on se souvient que la séparation entre l'Église et l'État était inexistante et la distinction fondamentale entre métropole et outre-mer inconnue, on comprend le caractère plus global des aspirations et des revendications de l'État chinois. C'est peut-être la raison même pour laquelle il a progressivement acquis un caractère de plus en plus superficiel par rapport à la vie du peuple. Le pouvoir impérial central devait prendre en compte et permettre la coexistence de conditions de vie aussi diverses que possibles, dans des régions arctiques ou tropicales, humides ou arides, surpeuplées ou désertes.

En dernière analyse, ce sont les aspirations populaires qui différencient les Chinois des Européens. L'unification de la Chine ne s'est trouvée réalisée, à sa manière superficielle, que pendant les deux tiers de son histoire, mais l'unité a toujours constitué un idéal. En Europe, la religion et la culture réunissaient tous les États dans leur appartenance à la chrétienté (exception faite des incursions arabes ou turques), mais les tentatives d'unification européenne ont toujours été contrecarrées par les souverainetés locales. Si aucun unificateur politique après Charlemagne, qu'il s'agisse de Bonaparte ou de Hitler, n'a pu réaliser son projet, c'est, entre autres raisons, que l'on ne s'attendait pas à ce qu'ils y parvinssent.

Tout cela pour souligner cet axiome rarement admis, à savoir que quiconque tente de comprendre la révolution chinoise sans avoir une profonde connaissance de l'histoire chinoise s'expose à naviguer au jugé parmi les récifs.

La vogue actuelle de l'histoire sociale, qui décrit les conditions de vie et les rapports des hommes entre eux, mérite sans aucun doute un bon accueil et permet de stimuler les efforts de tous les historiens. Mais il ne faudrait cependant pas tomber dans l'erreur qui consisterait à croire que nous en savons autant sur les événements politiques de l'histoire chinoise que sur ceux de l'Europe ou de l'Amérique. Bien au contraire, dans le cas de la Chine, l'histoire sociale a absorbé tout notre intérêt, alors que l'histoire politique ou institutionnelle qui s'y rattachent demeurent l'une et l'autre bien obscures. Nous pourrions indéfiniment comparer la paysannerie française et celle du Kiang-su ou les marchands hollandais et ceux du Szechwan, sans pour autant mesurer l'ampleur du drame dont ils furent les acteurs. On ne peut construire l'histoire sur la connaissance des faits et des personnages qui ont dirigé les événements sans comprendre d'abord les gens du peuple. En Chine, l'empereur n'est pas seulement celui dont le nom est passé à l'histoire, il était réellement le personnage le plus important et le plus influent. Si nous voulons donner un sens à la révolution moderne, il nous faut commencer par les souverains dynastiques et étudier comment ils sont arrivés au pouvoir et ont gouverné la Chine.

PREMIÈRE PARTIE

L'ANCIENNE CHINE IMPÉRIALE : CROISSANCE ET CHANGEMENT 1800-1895

Chapitre 2

PERSPECTIVES DES SOUVERAINS MANDCHOUS DEPUIS PÉKIN

La mainmise de la dynastie mandchoue – ou Ch'ing – sur la Chine, où elle régna de 1644 à 1912, représente un sommet dans la longue histoire des relations entre les fermiers et les bureaucrates sédentaires, établis à l'intérieur de la Grande Muraille, et les tribus nomades parfois expansives et conquérantes des steppes de l'Asie centrale. Depuis la dynastie Han et les luttes qui l'avaient opposée aux nomades Hsiung-nu, la politique étrangère de la Chine était concentrée sur sa frontière avec l'Asie centrale. Les invasions tribales dans la région agricole de la Chine du Nord avaient commencé très tôt, bien avant l'unification en 221 avant J.-C. Né avec un problème de frontière, l'État chinois dut déployer au cours des siècles des trésors d'ingéniosité pour tenter de le résoudre d'une manière ou d'une autre.

L'ascension des Mandchous et la réussite de leur entreprise de conquête de la Chine s'explique par leur position géographique juste en lisière du grand Empire Ming et par leur composition ethnique. Confédération tribale regroupant peut-être un million et demi d'individus au départ, les Mandchous surent mettre au point la tactique guerrière et politique qui devait précisément les conduire au succès.

Ils s'inspirèrent tout d'abord de la grande tradition des conquêtes mongoles. Les tribus mongoles des vastes steppes situées à l'ouest de la Mandchourie avaient rassemblé un pouvoir impressionnant sous la domination charismatique de Chinggis Khān (Gengis Khān), aux alentours de 1200. Remarquons au passage que les Mongols avaient envahi l'Asie centrale, la Perse et le sud de la Russie, et s'étaient même avancés en Europe jusqu'au Danube, bien avant de pouvoir conquérir la Chine alors aux mains de la dynastie des Sung du Sud. Ils n'y parvinrent qu'en 1279, en prenant à revers les défenses Sung le long du Yangtze, après avoir envahi la Chine du Sud-Ouest. Le grand empereur Kūbīlāy Khān (qui régna de 1260 à 1294) réussit malgré tout à établir en Chine une dynastie qui dura un peu moins d'un siècle. Les Mongols étaient trop fondamentalement différents des Chinois, de par leur mentalité et leurs coutumes. Véritables nomades de la steppe découverte, ils n'étaient pas faits pour mener l'existence bien rangée des bureaucrates ou des commerçants. Leurs successeurs mandchous firent preuve d'une très nette supériorité sur le plan des institutions et surent, en fins stratèges, comprendre comment il fallait gouverner la Chine.

Au début du XVIIe siècle, sous le règne du chef fondateur Nurhachi, les Mandchous avaient déjà réussi à créer un État guerrier en instituant le régime militaire des Huit Bannières. Tous les guerriers mandchous valides devaient appartenir à une « bannière » dont le chef était désigné par l'empereur et qui regroupait des hommes originaires de régions différentes. Les tribus étaient ainsi intégrées dans des unités militaires non tribales que l'on pouvait tenir en main et empêcher de se disperser. L'idée de l'organisation en bannières était évidemment dictée par l'exemple mongol, tout comme le système d'écriture mandchou. Les Mongols de l'Ouest étaient en fait les premiers alliés que s'assurèrent les Mandchous dans leur montée au pouvoir, avant l'invasion de la Chine.

Il faut dire aussi que les Mandchous n'étaient pas des nomades à part entière; ils vivaient dans une région de chasse, de pêche et d'agriculture mêlées, voisine du territoire chinois, en Mandchourie du Sud. Au départ, Nurhachi n'était qu'un vassal des Ming, mais au fur et à mesure que s'affirmait le déclin du pouvoir chinois, lui et ses successeurs parvinrent à édifier une nation frontalière, en dehors de l'autorité chinoise, tout en incluant des administrateurs chinois dans leur gouvernement. S'ils purent finalement prendre le pouvoir en Chine du Nord en 1644, c'est en partie grâce à l'affaiblissement des Ming, qui poussa un général chinois à leur demander alliance pour venir à bout d'une révolte contre la dynastie, à la passe de Shan-hai-kuan. Lorsqu'ils entreprirent ensuite la conquête de la Chine, les Mandchous continuèrent de s'appuyer sur ces collaborateurs chinois de la première heure en Mandchourie du Sud, mais trois d'entre eux levèrent des armées et établirent de grandes satrapies en Chine du Sud et du Sud-Ouest. En fait, la conquête mandchoue ne s'acheva réellement que lorsque la grande rébellion des Trois Feudataires fut réprimée par l'empereur-enfant K'ang-hsi, en 1673-1681.

Les Mandchous étaient donc, dès le départ, prêts à mettre en place une dyarchie de Mandchous et de Chinois pour gouverner la Chine. Alors que les Mongols avaient fait appel à certains étrangers non chinois, tel Marco Polo, pour former un groupe privilégié dans leur administration car ils ne pouvaient se fier aux Chinois eux-mêmes, les empereurs mandchous, à partir de K'ang-hsi, purent exploiter tous les avantages du système des examens et recruter des Chinois de talent pour former un véritable gouvernement d'esprit confucéen. La conquête mandchoue faisait ainsi l'économie d'une révolution sociale et évitait la déposition des propriétaires. Dans la mesure où ils se montraient soumis, ces derniers pouvaient rester en place. Un gouvernement sino-mandchou s'établit sur les bases du gouvernement Ming. Le grand empereur Ch'ien-lung qui régna pendant soixante ans, de 1736 à 1795, comme son grand-père K'ang-hsi de 1662 à 1722, s'avéra un excellent mécène, protégeant aussi bien les beaux-arts, la peinture et la poésie chinoise que la littérature ou la compilation des lois et textes de l'administration impériale.

Le régime Ch'ing, dirigé par des conquérants mandchous étrangers qui avaient pour objectif prioritaire de se maintenir au pouvoir par tous les moyens, devait nécessairement se conformer au modèle de la bureaucratie agraire. Les grandes campagnes de l'empereur n'avaient pas pour objet sa réélection périodique, mais l'élimination des rebelles ou la neutralisation des dissidents de tous bords. Les revenus impériaux manquaient singulièrement de modernité, dans la mesure où le commerce n'était pratiquement pas taxé et où l'impôt foncier, peu élevé, était réparti entre les provinces donnant des revenus excédentaires et les provinces déficitaires; cet impôt servait avant tout à entretenir les troupes et les bureaucrates. La dynastie conquérante vivait tout simplement aux dépens du pays qu'elle avait conquis. En dehors de la maîtrise des inondations, de la surveillance des entrepôts de grain et de l'exploitation des mines de cuivre pour la fabrication de la monnaie, le développement économique, au sens moderne du terme, représentait apparemment une préoccupation matérialiste indigne des magistrats et dépassait probablement leurs compétences techniques. Honoraires et pots-de-vin leur permettaient de s'enrichir. Pourquoi auraient-ils cherché plus loin?

On sait toutefois, bien que peu d'historiens de la Chine en aient fait mention jusqu'ici, que les Mandchous disposaient aussi de certains moyens secrets pour garder le pouvoir. L'empereur Yung-cheng, qui régna entre K'ang-hsi et Ch'ien-lung, avait mis au point au Palais un système de mémoires diplomatiques « à remettre en main propre », grâce auquel il recevait des communications secrètes de certains fonctionnaires provinciaux et répondait directement à ses informateurs locaux sur des questions d'administration provinciale. En fait, cette correspondance devint tellement abondante qu'en 1731, l'empereur dut constituer un Grand Conseil, où siégeait une demi-douzaine de hauts fonctionnaires, pour l'aider à en venir à bout. Les revenus des terres et des monopoles impériaux restaient inconnus des fonctionnaires chinois. Tous les documents destinés à l'empereur devaient être écrits en chinois et en mandchou, cependant les rapports de certaines délibérations secrètes ne pouvaient être rédigés que dans la langue du souverain. Dans la capitale, Chinois et Mandchous se partageaient les hauts postes, mais dans les provinces, les Mandchous occupaient exclusivement les plus hautes fonctions, celles de gouverneurs généraux, souvent en brigade avec des gouverneurs provinciaux chinois, ou de commandants en chef des armées provinciales. Les dirigeants Ch'ing avaient une autre corde à leur arc : les hommes des Bannières, originaires le plus souvent de Mandchourie du Sud, qui étaient directement liés à la dynastie et sur lesquels on pouvait compter comme des serviteurs particulièrement fiables dans l'administration impériale des provinces. La cour des Ch'ing pouvait encore s'appuyer sur les serfs *(pao-i)*, c'est-à-dire les Chinois qui avaient été attachés comme esclaves aux conquérants mandchous et qui devaient donc leur carrière dans l'administration à leurs maîtres. Tous ces anciens rituels de cour recouvraient en fait un système de contrôle très efficace.

Pour des raisons de sécurité financière, la dynastie mandchoue gérait son propre trésor secret, tout à fait indépendamment des revenus provenant de l'impôt sur le sel, les terres ou autres, dont s'occupait le ministère des Finances à Pékin. Ces fonds particuliers dépendaient de la Maison impériale qui gérait les terres impériales, les amendes et confiscations, les redevances et les impôts spéciaux, ainsi que le monopole des fourrures du Nord-Est et celui du ginseng (racine de forme phallique qui était, et est toujours, l'herbe de jouvence en Asie orientale). De la Maison impériale dépendaient également les manufactures de soie de Hangchow et Soochow, les fours de céramique de Ching-te-chen, et les droits de douane sur le commerce extérieur à Canton – soit un ensemble de fonds assez vaste que les administrateurs officiels du fisc chinois ne voyaient jamais. La Maison impériale avait par exemple un Bureau des comptes secrets qu'alimentaient de leurs versements les fonctionnaires coupables de prévarication, afin d'obtenir leur rachat en partageant leurs profits avec les souverains.

Les troupes et les fonctionnaires pékinois étaient alimentés par les cargaisons de riz fournies par les provinces du Yangtze, et acheminées par le Grand Canal. Ces troupes spéciales, ces fonds spéciaux et cet approvisionnement spécial concouraient donc à maintenir l'emprise des conquérants mandchous sur la Chine. Pourtant, une fois resitué dans le contexte de la gigantesque société qui l'entourait, le vieux régime Ch'ing se réduisait à une fine couche de collecteurs d'impôts, de magistrats et de militaires qui accomplissaient des fonctions architectoniques de centralisation et de supervision, mais restaient en marge de la vie du peuple.

Nous sommes, aujourd'hui encore, frappés par le fait que la République populaire est constituée d'une société immense, une véritable marée humaine, gouvernée en surface par une bureaucratie à la tête de laquelle les détenteurs du pouvoir central forment une sélection assez restreinte. Le nombre des hommes à tous les niveaux a pris de l'ampleur et les communications modernes relient plus étroitement le premier et le dernier étage de cet édifice, mais l'ancien canevas de la domination d'un très petit groupe sur une foule innombrable reste encore visible.

La manière dont cette fine couche de conquérants mandchous est parvenue à maintenir son emprise sur la Chine titanesque a toujours été un sujet fascinant. Il leur fallut, bien entendu, comme aux Anglais en Inde, recourir à la cooptation de la classe dominante nationale. Mais comme ils laissaient l'élite chinoise locale (la *gentry*) en place, les Mandchous devaient, tout en assurant leur pouvoir, manœuvrer finement avec elle, s'ils ne voulaient pas que le navire de l'État Ch'ing, voguant sur un océan de Chinois, risquât de chavirer. Ils devinrent tellement experts dans l'art de s'accrocher au pouvoir qu'ils se plièrent même au conservatisme chinois, en retardant la naissance d'un régime moderne. La Chine, il est vrai, finit toujours par absorber ses conquérants, mais dans le cas des Ch'ing, il lui fallut deux cent soixante-huit ans.

*
* *

La position centrale du sarcophage de cristal de Mao Tse-tung dans son mausolée situé sur l'axe principal de Pékin n'est pas le fruit du hasard, mais le prolongement de la position centrale occupée par les Fils du Ciel pendant les dynasties Ming et Ch'ing, entre 1368 et 1912. En s'éloignant de Mao vers le nord, après le monument aux martyrs de la Révolution, on traverse aujourd'hui la grand-place où peuvent tenir 300 000 personnes, avant d'arriver devant la T'ien-an-men rouge. Debout au centre du balcon de cette Porte de la Paix céleste, le président Mao passait en revue son peuple, en marche vers une guerre de classes qui n'avait vraiment rien de céleste. Plus loin vers le nord, on peut encore atteindre aujourd'hui les hauts murs rouges de la Porte méridionale, d'où les empereurs Ch'ing contemplaient autrefois les prosternations de leurs envoyés diplomatiques ou le démembrement des rebelles. Au bas de cette porte, se trouvent les voûtes en berceau des cinq tunnels d'entrée. L'entrée centrale ne servait qu'aux empereurs, celle du côté est était réservée aux fonctionnaires civils, celle du côté ouest aux militaires et les entrées extérieures aux personnalités mineures. Une fois franchis les murs de la Cité interdite, à l'autre bout d'une cour immense, s'élève la grande Porte de la Suprême Concorde, couverte de tuiles jaunes, derrière laquelle se trouvent, disposées en séquence, les trois salles d'audience et leurs terrasses à triple gradin de marbre blanc. Les trois trônes impériaux se dressent sur l'axe central.

A l'époque impériale, les Portes est et ouest du Palais, à côté de la Porte méridionale et du mur sud, étaient respectivement empruntées par des fonctionnaires civils et militaires venant pour des audiences ou des affaires diverses. Moins imposantes que les portes qui se trouvaient dans l'axe central, leur structure de bois massif garnie de clous était néanmoins largement suffisante pour empêcher les gens du peuple d'entrer. Dans la journée, elles restaient normalement ouvertes, chacune sous la garde d'une vingtaine de soldats mandchous.

Le 8 octobre 1813, à midi, plus d'une centaine de villageois exaspérés, venant du sud de Pékin, s'étaient rassemblés dans les boutiques de thé et de vin à l'extérieur des Portes est et ouest du Palais. Tous étaient des adeptes de la société secrète des Huit Trigrammes (ancienne grille de divination utilisée dans le *Livre des Mutations*). Ils adoraient la génitrice de l'humanité tout entière – la Mère éternelle non née – et partageaient la croyance des maîtres de leur secte, convaincus que le monde allait être détruit par un grand holocauste cosmique et que la Mère éternelle enverrait alors le nouveau Bouddha Maitreya du Futur qui sauverait les fidèles, à commencer par eux. Ils avaient appris à réciter l'incantation secrète en huit caractères : « Éternelle génitrice du foyer de notre origine en ce monde de vide absolu », et avaient longuement discuté de la Grande Entreprise (la rébellion) dans laquelle ils se trouvaient à présent embarqués [1]. L'idée générale était la suivante : un petit nombre de héros déterminés devait parvenir à s'emparer du Palais et, cela fait, le peuple se soulèverait. Au signal donné, ils s'entourèrent la taille et la tête de bandes de tissu blanc en guise de turbans, saisirent les couteaux qu'ils avaient cachés dans leurs paniers de colporteurs, sous les patates douces et les kakis, et se ruèrent à l'intérieur. Les gardes de la Porte est refermèrent vivement les portes dès que cinq d'entre eux eurent réussi à passer, mais soixante-dix autres purent franchir la Porte ouest. Au lieu de poursuivre leur avancée à travers la vaste première cour où débouchent les visiteurs qui entrent aujourd'hui par la porte méridionale, les rebelles se précipitèrent vers le nord, en direction de la résidence impériale, le « Grand Intérieur ».

A peine entrés dans le Palais avec son dédale de toits dorés, de portes rouges et de cours pavées, ces villageois inexpérimentés, ignorants et superstitieux se trouvèrent isolés, et bientôt tués ou capturés. Non sans que le jeune prince mandchou Mien-ning, arraché à ses études, ait eu le temps de se faire apporter son fusil de chasse et d'en abattre deux. Les forces gouvernementales eurent tôt fait de réprimer ce soulèvement pathétique, qui s'était également manifesté dans quelques villages de la Chine du Nord et dans un chef-lieu de comté. En trois mois, « 70 000 » hommes (c'est-à-dire un très grand nombre) furent tués, dont beaucoup selon la technique spectaculaire du dépeçage utilisée pour décourager les traîtres.

Le prince Mien-ning, qui devint l'empereur Tao-kuang, conserva de l'incident une crainte tenace des masses chinoises. A juste titre, d'ailleurs. Lorsqu'il mourut, en 1850, la gigantesque révolte Taiping avait déjà commencé à se propager parmi la population en Chine du Sud, à l'instigation d'une autre secte, en l'occurrence une secte chrétienne abâtardie. Car, tandis que l'empereur jouait son rôle de grand centralisateur cosmique et qu'il parrainait le culte officiel de sa personne, les gens du peuple, dans les villages paysans de la Chine, prêtaient l'oreille à d'autres croyances, moins soucieuses d'ordre social, mais plus romantiquement concernées par le salut personnel.

Au début des années 1800, la société chinoise était formée d'environ 300 millions de fermiers, profondément enracinés dans un mode de vie qui les isolait radicalement des citadins, artisans, marchands, propriétaires, lettrés et fonctionnaires qui constituaient à eux tous les 80 ou 100 millions restant de la population chinoise. Depuis 1800, les Temps modernes ont vu deux révolutions s'effectuer en Chine, centrées l'une à la ville et l'autre à la campagne. La révolution qui a engendré le nouvel État chinois, en utilisant toutes les ressources de la technologie moderne pour bâtir une nation industrialisée qui fût l'égale des nations étrangères, nous est plus familière, car amplement enregistrée par la classe dirigeante. Bien moins connue et plus mystérieuse à nos yeux, et même à ceux des patriotes chinois d'aujourd'hui, est la révolution sociale qui s'est effectuée à l'intérieur des masses rurales de la société chinoise. Mao Tse-tung a joué là le rôle du catalyseur final, du timonier traversant des mers orageuses, en déchaînant les forces du soulèvement paysan emmagasinées dès 1813 et le milieu du XIXe siècle. La transformation de la vie dans les villages ne s'effectuera pas de sitôt, car les solutions des problèmes ruraux et la réponse aux aspirations des villageois n'apparaissent pas encore. Il est clair, toutefois, que la double révolution de la Chine moderne a vu le jour très concrètement et très consciemment au niveau de l'État et de sa classe dirigeante. Les nouvelles idées et les voies du changement ne se sont que progressivement infiltrées dans le peuple. Dans l'intervalle, ce sont les détenteurs du pouvoir, fonctionnaires impériaux et élite locale, qui ont fait l'histoire, de la manière la plus facile qui soit, tout simplement en l'enregistrant. En fait, leurs récits avaient pour sujet central l'empereur, les décrets qu'il avait pris, les actes rituels qu'il avait accomplis. Mais c'est là, au centre, que la débâcle commença.

Les portraits de l'empereur Tao-kuang (1821-1850) nous offrent l'image d'un petit homme à l'air chagrin et au visage long, étroit. Un missionnaire de l'époque nous le dépeint dans ses chroniques comme « un être efflanqué, de courte taille, au visage décharné, l'air réservé, d'allure tranquille [2] » – somme toute un personnage taciturne, dont on retiendra surtout les efforts parcimonieux en vue de préserver la solvabilité de l'empire. La meilleure manière de rendre compte des insuffisances de Tao-kuang consiste à tenter de l'imaginer comme le Mao Tsetung de son temps, chef rituellement vénéré et présumé charismatique de l'État et de la société chinoise, dont la conduite servait de modèle et dont les idées traçaient la voie à suivre par toutes les personnes bien pensantes. Malgré l'éloignement dans l'espace et le temps, cent cinquante ans plus tard, à l'autre bout du monde, on voit tout de suite que Tao-kuang n'avait pas l'étoffe d'un Mao Tsetung. Ou, pour prendre des comparaisons historiques plus réalistes, peut-être devrait-on dire qu'il n'avait rien d'un Andrew Jackson ni à plus forte raison d'une Reine Victoria. Perçu à sa juste valeur, ce contraste permet de commencer à appréhender les raisons pour lesquelles la Chine dut attendre si longtemps sa révolution. Si Tao-kuang et ses idées s'étaient trouvés à la tête de la Maison-Blanche ou du palais de Buckingham, la révolution se serait immédiatement emparée des États-Unis ou du Royaume-Uni ; mais Tao-kuang régna sur la Chine pendant trente ans, de 1821 à 1850.

A l'encontre de l'empereur Tao-kuang, on pourrait en premier lieu arguer qu'il était un Mandchou, et donc nullement un Chinois. L'attachement des Chinois à leur ethnie, leur sens du « protonationalisme » devait, au cours des deux générations suivantes, donner naissance parmi l'élite au patriotisme moderne, dans toute l'acception du terme. Les jours des Mandchous étaient comptés, comme nous pouvons fort judicieusement le constater rétrospectivement, mais nous avons vu que, s'ils régnaient sur la Chine, ce n'était pas par hasard. En fait, il nous faut avancer l'idée peu familière que l'« Empire chinois » de 1800 n'était pas une création aussi purement chinoise qu'il y paraissait. Il s'agissait en réalité, politiquement parlant, d'un empire sino-« barbare » qui comprenait, outre la Chine, une grande partie ou même l'ensemble de l'Asie centrale. La preuve en est que Pékin, la capitale, se trouvait à la frontière de la Chine, à l'extrême nord, et qu'environ 95 p. 100 du peuple chinois vivait au sud de celle-ci. Cependant, bien que située en lisière de la Chine, Pékin occupait, en termes de stratégie militaire, une position centrale entre la Chine, la Mandchourie, la Mongolie et la région du Nord-Ouest qui menait vers l'Asie centrale. Pékin n'était pas seulement la capitale de la Chine, c'était la capitale de l'Asie orientale.

Le monde extérieur s'est laissé abuser par le fait qu'à l'intérieur de la Grande Muraille l'agriculture avait longtemps nourri une population nombreuse d'environ 100 millions de personnes – laquelle atteignait en réalité 400 millions vers 1830 – alors que l'Asie centrale tout entière abritait à peine plus de 15 ou 20 millions d'habitants. Sur le plan politique et militaire, cette image déséquilibrée était trompeuse. L'Asie centrale avait longtemps fourni les chevaux et les archers montés grâce auxquels se gagnaient des batailles en Chine. Mieux encore, de là venaient des guerriers et des chefs qui détenaient toutes les qualités tribales et dynastiques d'un petit groupe minoritaire. Il leur fallait être constamment sur leur garde et faire preuve de cohésion s'ils voulaient préserver leur identité et maintenir leur position de pouvoir. Autrement dit, un Mandchou occupait le trône à Pékin parce que, tout au long de l'histoire de la Chine, les envahisseurs d'Asie centrale avaient constamment tenu un rôle dans la structure politique du gouvernement chinois.

Les empereurs mandchous se préparaient assidûment à exercer leurs fonctions. Ils devaient être à la fois chinois et mandchous : suffisamment chinois pour que les lettrés de la classe dirigeante – une dizaine de millions au total – les acceptent comme de vrais empereurs confucéens, et suffisamment mandchous pour conserver emprise et autorité sur leurs deux ou trois millions de compatriotes.

Ils s'acquittèrent si bien de ce double exploit culturel que les Chinois les acceptèrent comme empereurs de la Chine. Les Européens également. Aujourd'hui encore, certains historiens politiques persistent dans cette vision, par méconnaissance de l'histoire ancienne de la Chine. Pourtant, la domination étrangère en Chine, avec ses traditions et institutions, constitue un élément essentiel pour comprendre l'éclosion si tardive du nationalisme chinois et de la révolution moderne. Il ne s'agit en aucun cas d'un thème mineur, et les patriotes Han d'aujourd'hui en Chine ne devraient pas se croire autorisés à le reléguer dans la corbeille de l'histoire sans analyser ses implications.

Lorsqu'il n'était encore qu'un prince, le futur empereur Tao-kuang étudiait les classiques avec ses frères à l'école du palais, travaillant de longues heures dans une stricte discipline. Lorsqu'il devint empereur en 1820, c'était un homme sans problème d'identité. Il avait un rôle unique dans le royaume. Lorsqu'il s'aventurait en dehors de la Cité interdite pour se rendre à son Palais d'été au nord-ouest de Pékin, là où des milliers de Chinois et de touristes encombrent aujourd'hui la circulation, le palanquin de l'empereur se déplaçait d'un trot alerte sur le dos d'un attelage composé de seize à trente-deux porteurs. Des gardes étaient alignés tout le long de la route, à intervalles rapprochés, les yeux tournés vers l'extérieur. Toutes les devantures des magasins, les portes et les fenêtres étaient fermées comme à la nuit tombée, et une couche de sable jaune avait été répandue sur la route poussiéreuse. Les rideaux du palanquin étaient tirés, comme ceux des limousines officielles de nos jours.

La plupart des souverains mandchous aimaient retrouver la vie tranquille et sans cérémonie de leur camp d'été à Jehol, au nord de la Grande Muraille. Car, le reste du temps, un lourd fardeau de cérémonies rituelles pesait sur l'empereur. « Les responsabilités de l'empereur, écrivait

K'ang-hsi à cette époque, sont terriblement lourdes, il lui est impossible d'y échapper [...]. Si un fonctionnaire veut servir, il sert : s'il veut arrêter, il arrête [...]. Tandis que le souverain ne peut trouver de repos tout au long de sa dure vie de travail[3]. » Le fait est que, contrairement aux fonctionnaires qui suivaient une routine, l'empereur devait également prendre des décisions arbitraires. Le choix d'hommes appelés à devenir fonctionnaires était aussi crucial pour l'administration Ch'ing que la titularisation des professeurs dans les universités américaines aujourd'hui, mais l'empereur avait en outre à régler des problèmes de discipline et de promotion parmi les hauts fonctionnaires, qui bien souvent volaient ou dupaient le peuple. L'empereur se devait d'être imprévisible et impitoyable pour garder ses bureaucrates en alerte. A cet égard, son rôle exigeait une sorte d'opiniâtreté hargneuse à la Mao Tse-tung, toujours prêt à sacrifier de vieux camarades au service d'une vision intérieure impérieuse. Là encore, Tao-kuang, une fois sur le trône du dragon, s'avéra bien peu draconien.

Au nombre de ses principaux devoirs, le premier était de perpétuer la dynastie par la procréation. Personne ne pouvait le faire à sa place. Il fallait produire des princes en nombre suffisant, afin de trouver parmi eux un successeur de talent. A cet effet, le Palais abritait un harem de jeunes femmes mandchoues, choisies en fonction de multiples critères, d'origine, d'apparence, de grain de peau, d'odeur et de personnalité. La vie sexuelle hors norme du Grand Homme a fait l'objet de nombreux récits du folklore, largement savourés dans les histoires officieuses. L'empereur choisissait, parmi les plaques au nom de ses concubines qui lui étaient présentées sur un plateau à l'heure du dîner, celle avec laquelle il passerait la soirée. Soigneusement lavée et massée à l'huile parfumée, celle-ci était enveloppée nue dans une couverture et transportée sur le dos d'un eunuque jusqu'au pied du lit impérial dans lequel elle se glissait en rampant vers le haut. Le folklore rapporte aussi comment les eunuques surveillaient l'heure à la porte et criaient peu après : « Le temps est écoulé », conformément à une règle dynastique destinée à préserver la santé de l'empereur.

Le grand K'ang-hsi, au cours de ses soixante années de règne (1602-1722), eut vingt fils et huit filles qui parvinrent à l'âge adulte. (Évidemment, les nouveau-nés de sexe féminin étaient parfois « rejetés », comme au Japon à la même époque. Les bébés garçons n'avaient pas un plus grand « droit à la vie », ils étaient seulement plus utiles.) K'ien-lung eut dix-sept fils et dix filles, Ch'ia-ch'ing cinq fils et neuf filles. Tao-kuang était le père de neuf fils et dix filles.

La présence d'eunuques au Palais de Tao-kuang était une tradition anciennement établie, qui permettait de surveiller les harems sans avoir à se poser de questions sur la paternité. Les eunuques venaient principalement de la Chine du Nord. On leur faisait subir l'ablation du scrotum et du pénis, puis on pansait la blessure en plaçant un bouchon dans l'urètre et on leur interdisait toute boisson pendant trois jours. Lorsqu'on retirait le bouchon, si l'urine jaillissait, l'eunuque était bon pour le service; sinon il mourait rapidement.

Les Ming avaient eu à Pékin jusqu'à 70 000 eunuques qui avaient instauré un système de sécurité tel qu'ils avaient fini par terroriser fonctionnaires et lettrés. Les Mandchous, plus stricts, avaient moins de concubines et se contentaient de 2 000 à 3 000 eunuques. Ce qui n'empêcha pas Tao-kuang d'avoir des eunuques pour précepteurs, serviteurs et compagnons de jeu. L'eunuque offrait l'avantage d'être en dehors du système familial et complètement dépendant de son maître. Cependant, comme il était le produit d'une nature corrompue, il n'avait pas de position sociale et pouvait fort bien se lancer à la quête d'un pouvoir corrompu à l'intérieur du Palais. Les Mandchous renoncèrent à l'habitude des Ming d'utiliser des eunuques en dehors du Palais, et les remplacèrent par des serfs (esclaves capturés) et des guerriers mandchous ou chinois (hommes de Bannières).

Tao-kuang, conservant ici la coutume mandchoue, refusa d'adopter le fétichisme chinois des pieds. Les Mandchous préservèrent une partie de leur identité en autorisant leurs femmes qui, avant la conquête, avaient toujours fait le travail du camp, à laisser leurs pieds non bandés. Leur niveau de vie sexuelle y perdait en prestige, mais c'était le prix dont ils payaient, sans s'en plaindre apparemment, leur pouvoir sur la Chine. Tao-kuang monta sur le trône à l'âge de trente-huit ans et, d'après ce que nous savons de sa vie privée (c'est-à-dire quasiment rien) il semble qu'il ait été, à la manière de son temps, attaché à son impératrice, et que son attitude vis-à-vis des questions familiales ait été très proche (abstraction faite des différences culturelles) de celle de la reine Victoria.

La seconde tâche de l'empereur consistait à veiller à la bonne marche du gouvernement en l'alimentant en fonctionnaires. Ici, Tao-kuang bénéficiait de deux millénaires d'inventivité chinoise dans le maniement du pouvoir. Quel souverain occidental pouvait s'appuyer sur un héritage aussi considérable ? Le pape lui-même n'avait pas à sa disposition la vaste expérience accumulée par le Fils du Ciel dans des domaines tels que la construction d'un Grand Canal, le commandement d'armées en Mongolie et l'établissement de fonctionnaires civils chargés de contenir les militaires. La dynastie Han avait inventé la bureaucratie à l'époque où Rome employait encore des personnes privées comme fermiers des impôts et constructeurs de travaux publics. Le système chinois était constamment amélioré par des esprits brillants. Bien avant que les Européens ne connussent le papier et les livres imprimés, les T'ang avaient mis en place le système des examens, afin de disposer de candidats à l'administration qui fussent parfaitement versés dans l'orthodoxie. Cette invention était aussi importante que le gouvernement représentatif qu'elle précédait dans le temps et qu'elle rendit, dès lors, totalement impossible en Chine.

Le système des examens comportait une douzaine d'obstacles à franchir sur une période de vingt à trente ans. Ceux qui y parvenaient avec succès s'étaient tellement concentrés sur la littérature classique pendant leur vie d'examens qu'ils en arrivaient à former une race à part. Le lettré type était un personnage chétif, un esthète raffiné et parlait un langage intelligible uniquement par ses congénères, qui formaient une petite élite instruite dans les principes du gouvernement bureaucratique.

Vers 500 avant J.-C., Confucius avait cherché à établir les fondements moraux permettant de préserver l'ordre social. Après que le chaos des Royaumes combattants (403-221 av. J.-C.) eut laissé place à l'empire unifié, la dynastie Han intégra ses enseignements dans un recueil de treize classiques hérités de l'antiquité. Deux mille ans plus tard, ils faisaient encore office de monument, étayés par les philosophes postérieurs et par une montagne de commentaires. La seule œuvre comparable serait la Bible, mais elle ne couvre pas autant de domaines et s'applique moins à l'expérience pratique. Pour trouver un équivalent occidental au savoir classique chinois, il faudrait combiner le Livre saint et les classiques gréco-romains. Là encore, le monde de la Chine était plus unifié.

Le jeune garçon commençait vers l'âge de sept ans à se préparer aux examens, et en six ans environ, apprenait par cœur les *Quatre Livres* et les *Cinq Classiques* qui totalisaient 431 000 caractères. Afin de maîtriser un vocabulaire de travail de, disons 8 000 à 12 000 caractères, il apprenait en moyenne un passage de 200 caractères par jour. Également versé dans l'art de la calligraphie au pinceau, il passait l'examen du comté qui se tenait deux années sur trois. Cinq sessions d'une journée suffisaient à éliminer les cancres. Il passait ensuite l'examen préfectoral qui durait trois jours et lui permettait, en cas de succès, de prendre part à un examen de *qualification* de quatre jours. Des règles très strictes régissaient ces épreuves : professeurs et garants devaient intervenir pour appuyer chaque candidat, dont l'identité était soigneusement établie ; il était fouillé de fond en comble, ses papiers ne portaient que le numéro de sa place, le moindre de ses actes était surveillé. Il n'avait le droit de se rendre aux toilettes qu'une seule fois par jour, et disposait donc d'un pot de chambre sous son siège. Pendant ce temps, les examinateurs étaient séquestrés le nombre de jours nécessaires à la proclamation des résultats. La cérémonie s'ouvrait sur des coups de canon et des processions, et se terminait par des banquets, où l'honneur revenait à ceux qui avaient réussi et devenaient alors des diplômés qualifiés qui pouvaient concourir au *véritable* système d'examens !

Dans les années 1830, ceux qui détenaient ce diplôme du premier degré (équivalent, pourrait-on dire, à celui de bachelier) étaient en tout un million et formaient le premier échelon de la classe des lettrés, également appelée élite « noble ». Ils se distinguaient de la masse des gens ordinaires par leur costume et leur statut privilégié. Les juges ne devaient pas les faire battre ni de petit ni de gros bambou.

Ce statut d'élite était si recherché que l'État pensa qu'il pouvait en tirer parti en le vendant. Ainsi, le tiers environ des titulaires de diplômes étaient en réalité des hommes qui avaient acheté leur titre en versant une somme d'argent. Cette pratique prenait en compte le fait que tous les hommes de génie n'étaient pas nécessairement doués pour la littérature et que, si le système des examens devait être la principale voie d'accès à la réussite dans le monde, il valait mieux laisser des personnalités vigoureuses l'exploiter, plutôt que risquer de les voir s'employer, de l'extérieur, à sa destruction. Il était plus opportun de laisser une minorité de fils de marchands et de propriétaires payer leur passage vers la classe supérieure. Les diplômes ainsi achetés l'étaient nommément, au vu et au su de tout le monde, et leurs détenteurs restaient à l'intérieur du système. Les besoins financiers de Tao-kuang le poussèrent à développer la vente de ces diplômes. Il nommait les directeurs de l'éducation provinciale qui supervisaient les examens régionaux, et le vénérable système paraissait assez fort pour supporter une légère inflation. Toutefois, les hommes qui allaient devenir véritablement de hauts fonctionnaires le devaient uniquement à leurs mérites et passaient les examens réglementaires.

Ceux-ci se déroulaient sur trois niveaux : dans les capitales des provinces, à Pékin et, pour finir, au Palais. Tous les trois ans, des examinateurs délégués par l'empereur étaient envoyés dans toutes les provinces pour diriger les vastes équipes qui s'occupaient de placer les milliers de candidats dans les gigantesques enceintes d'examen où chacun avait son compartiment cloisonné, l'ensemble formant, rangée après rangée, de longs baraquements. Des mesures de sécurité élaborées, bien supérieures à celles en vigueur au Pentagone, s'appliquaient aussi bien aux candidats qu'aux examinateurs. A l'intérieur des gigantesques enceintes, des centaines d'examinateurs étaient enfermés à leur place, avec des réserves de nourriture suffisantes pour un mois. Les cellules séparées dans les longues lignes de compartiments étaient nues, à l'exception de trois planches, l'une servant d'étagère, l'autre de bureau et la troisième de siège. Les milliers de candidats y apportaient leur natte de couchage, leur nourriture, leur pot de chambre, des encriers, des pinceaux, du papier certifié vierge pour écrire et se préparaient à y passer trois jours et deux nuits consécutives. La première journée se passait à vérifier, fouiller entièrement les candidats, donner un numéro à chacun, puis les installer à leur place. On distribuait les premières questions le deuxième jour à l'aube; on donnait les réponses aux candidats lorsqu'ils sortaient le troisième jour. Cette routine se répétait encore par deux fois.

Des centaines de copistes copiaient alors toutes les feuilles à l'encre rouge, d'autres vérifiaient les épreuves et les certifiaient, ainsi les examinateurs ne voyaient-ils jamais les originaux au moment de la correction. Les candidats n'étaient identifiés que par un numéro, chacun contrôlait chacun deux fois, et le système était d'une sûreté et d'une universalité à toute épreuve. En général, sur 10 000, une centaine obtenaient leur examen. Bien peu arrivaient à se faufiler à travers le chas de l'aiguille – à moins de détenir richesse et influence.

Il pouvait y avoir de 5 000 à 7 000 candidats par province, parfois même 10 000 ou 12 000, mais le quota de diplômes disponibles – c'est-à-dire le nombre de ceux qui seraient retenus – était souvent limité à, disons 50 ou 90. En établissant des quotas limités, le gouvernement gardait le contrôle de l'opération et pouvait empêcher les provinces riches et cultivées de dominer le reste du pays. Le Kiangsu, par exemple, avec les centres d'examens de Soochow et Nankin, était un riche foyer de talents, mais ses candidats ne pouvaient dépasser le quota. Ainsi les Mandchous de Pékin pouvaient-ils rogner les ailes de la riche *gentry* des provinces du bas Yangtze, tout comme le

Congrès américain tente souvent dans ses programmes nationaux de limiter l'influence de l'Establishment de la côte Ouest.

Quels étaient les sujets d'examen ? On a dit beaucoup de mal du modèle de « la composition en huit parties » accusé de faire office de corset mental. Adopté par les organisateurs Ming en 1487, ce modèle demandait aux candidats de traiter de manière équilibrée, antithétique, un sujet de dissertation divisé en huit parties principales, dont chacun devait comporter moins de sept cents caractères. L'exercice ressemblait un peu à celui des débats improvisés, en vigueur dans le Middle West il n'y a pas si longtemps, où l'on demandait aux concurrents lorsqu'ils montaient sur l'estrade de présenter des arguments positifs ou négatifs en rapport avec un sujet préparé. C'était un exercice fondé sur la forme et la facilité verbale.

Par ailleurs, les anciens examens Ch'ing ne manquaient pas de substance. Ils mettaient à l'épreuve aussi bien les connaissances que les capacités de jugement moral, comme l'indique cette citation des *Analectes* donnée en 1738 : « Scrupuleux dans sa propre conduite, et indulgent seulement vis-à-vis du peuple. » En 1870, à l'examen provincial de Wu-ch'ang, chacun des 61 candidats reçus (sur quelque 8 500) dut traiter cinq sujets portant sur :

1) certains points délicats d'interprétation des classiques ;

2) des détails de structure des vingt-quatre histoires ;

3) les diverses formes de colonies militaires ;

4) les différentes méthodes de sélection des serviteurs de l'État ;

5) des détails de géographie historique[4].

Les épreuves de licence à Cambridge ou Oxford paraissent presque insignifiantes en comparaison.

L'ambiguïté inhérente aux caractères chinois mettait au défi la perspicacité de ceux qui les utilisaient. Cet inconvénient avait des contreparties, car une bonne compréhension du chinois classique exigeait un esprit bien organisé, la connaissance du contexte de toutes les époques, ainsi qu'une imagination aiguë, soit plus qu'on en demandait en Occident aux élèves qui étudiaient la grammaire latine. On a émis l'idée qu'au Moyen Age en Europe, le manque de papier et de livres imprimés avait incité philosophes et universitaires de l'époque à exposer, définir et débattre des plus grandes questions au moyen du discours, en privilégiant ainsi l'analyse logique par rapport aux simples citations de sources autorisées. Si cette idée est correcte, on peut également avancer que l'insuffisance même de l'écriture chinoise, en regard de la précision de l'énoncé, exigeait des lettrés chinois des efforts intellectuels susceptibles de produire des esprits de premier ordre. Il fallait trouver son chemin dans une forêt d'ambiguïtés et d'allusions obscures. Demandez donc l'avis de quiconque a tenté de traduire la poésie classique chinoise.

Les examens qui se déroulaient dans la capitale, puis au Palais, faisaient l'objet de mesures de sécurité encore accrues pour respecter l'anonymat des copies lors de la correction, tout en s'assurant après coup de l'identité de celui qui les avait écrites. Comme on pouvait se présenter aux épreuves autant de fois qu'on le désirait, certains y consacraient leur vie entière. Tels des étudiants perpétuels, leur existence était axée sur le succès aux examens. Beaucoup n'obtenaient un premier niveau qu'au troisième, quatrième ou cinquième essai. Le père de Tseng Kuo-fan, défenseur exemplaire de l'orthodoxie confucéenne contre la rébellion, obtint son diplôme à la dix-septième tentative, en même temps que son fils. Lorsque Chang Chien, du Kiangsu, obtint finalement le titre suprême au palais de Pékin en 1894, il déclara avoir passé trente-cinq ans à préparer ses examens, dont cent soixante jours dans les salles d'examen. Pourtant, il n'était pas un cas extrême.

De ce système labyrinthique, dont j'ai à peine esquissé la description, sortaient des hommes d'environ trente-cinq ans qui avaient subi pendant au moins un quart de siècle le joug de la discipline ardue des études classiques. Grâce à quoi ils étaient passés maîtres en matière de morale confucéenne qui donnait accès à l'exercice du pouvoir. Lorsqu'ils étaient nommés fonctionnaires, ils connaissaient les mots et le cérémonial qui devaient accompagner le moindre de leurs actes.

Mais ils connaissaient aussi un grand nombre de leurs collègues et se trouvaient immiscés dans un réseau de relations personnelles comprenant des professeurs, des examinateurs, des congénères diplômés la même année, des connaissances de province et bien d'autres encore, sans parler des nuées de parents qui, ayant appris leur succès, venaient joyeusement vivre à leurs dépens. Ainsi les examens strictement impartiaux produisaient des talents admirablement aiguisés, mais le particularisme de la vie sociale en Chine dressait un décor propice à la corruption.

Le système des examens penchait inévitablement en faveur des familles qui avaient les moyens d'offrir une instruction à leurs enfants et où il existait une tradition d'érudition qui pouvait servir d'aiguillon. Dans les années 1800, toutefois, le système était criblé de pratiques frauduleuses où étaient impliqués des candidats de connivence (l'un pouvait rédiger la copie de l'autre), des serviteurs (qui étaient parfois des professeurs déguisés) et des examinateurs (qui acceptaient des pots-de-vin et jouaient leur favoris). Comme dans toute organisation humaine, la corruption, là aussi, était possible. La tricherie de la veste à dessin rayé, dont chaque rayure était composée des caractères microscopiques des *Quatre Livres,* n'était qu'un des moyens de ruser avec le système.

Malheureusement pour les gens du peuple, l'enseignement classique élitiste préparant aux examens officiels régnait en maître sur l'ensemble de l'éducation. Si des villageois engageaient un lettré pour enseigner à l'école communale, celui-ci traitait chacun de ses élèves comme un candidat potentiel à l'examen, en accordant bien peu d'attention aux connaissances générales, pratiques ou techniques, comme l'arithmétique, qui auraient pu l'aider dans ses travaux quotidiens. Apprendre à retenir les textes au point de les « restituer » (les réciter par cœur) laissait peu de temps pour l'explication ou la compréhension de ce qui était appris. Arthur H. Smith, missionnaire pur et dur, traitait ce procédé d'« infanticide intellectuel [5] ». En fait, il n'existait pas d'enseignement officiel apte à répondre aux besoins pratiques de la population.

Tao-kuang se trouvait donc pris entre des idéaux élevés et une mise en application défectueuse. Son gouvernement confucéen, d'inspiration extrêmement moraliste, était censé exprimer l'intention bienveillante du Fils du Ciel de donner à son peuple la paix et l'ordre, afin de conserver ainsi le mandat céleste qui l'autorisait à gouverner. Cela ne posait aucun problème légal. Le souverain pouvait conserver son mandat aussi longtemps qu'il parvenait à maîtriser la rébellion. Le marché politique était libre. Cette doctrine contenait une parcelle du droit divin des rois en Europe et portait en germe le concept de la souveraineté populaire. (« Le ciel voit par les yeux du peuple », disait l'aphorisme classique.)

Contrairement à ce qui se passe dans un gouvernement représentatif, les responsables devaient rendre des comptes à leur souverain et non à leur électorat. Dans ces conditions, la réussite du souverain dépendait de la motivation de ses fonctionnaires et de son autorité sur eux. Or, pour déterminer une motivation conséquente, ni l'honneur ni la gloire ne valaient l'acquisition des richesses. C'est ce qu'un vieux dicton, comme à l'habitude, résumait en quatre caractères : *tso-kuan fa-ts'ai*, « deviens fonctionnaire et tu seras riche ». Voilà pourquoi les examens restaient la principale filière pour les hommes d'ambition. Mais cela signifiait aussi qu'aux époques difficiles, un conflit pouvait s'élever entre l'empereur et ses fonctionnaires, entre l'État et la bureaucratie. Qui des deux parviendrait à en soutirer plus au peuple ?

Puisque tout l'art du gouvernement consistait à garder la haute main sur les fonctionnaires, Tao-kuang s'y employa en ayant recours à tous les stratagèmes élaborés par ses prédécesseurs. Il convoquait les magistrats entre deux de leurs missions triennales en province. Il recevait des rapports de ses censeurs qui sillonnaient régulièrement les provinces pour collecter et vérifier les rumeurs. Les gouverneurs des provinces et les gouverneurs généraux (généralement à la tête de deux provinces) devaient présenter un rapport commun, chacun assumant ainsi une coresponsabilité. Tao-kuang renonça aux voyages dans le Sud, coutumiers à son grand-père, car ils provoquaient trop souvent la faillite des régions traversées. Mais il utilisa pleinement le système des « mémoires de palais », envoyés scellés par des fonctionnaires de province et destinés aux seuls yeux de l'empereur. Prenant son pinceau personnel pour inscrire à l'encre rouge sa réponse sur le document qui était directement renvoyé à son auteur par la même voie, il était assuré de contourner tous les intermédiaires. Cette correspondance avec des bureaucrates de second ordre permettait d'accumuler les charges contre leurs supérieurs sans soulever le vacarme de la rumeur publique. Il arrivait assez fréquemment à des hauts fonctionnaires, les plus hauts possible de préférence, de se retrouver réformés, disgraciés et mis aux fers lorsque l'empereur détenait des preuves contre eux.

Les philosophes modernes voient dans le confucianisme une tension morale constante, due au fait que chacun doit s'efforcer d'agir bien dans un environnement social chaotique qui rend la chose totalement impossible. Les fonctionnaires Ch'ing avaient des raisons supplémentaires, bien pratiques celles-là, d'être soumis à rude tension. Leur seigneur et père impérial les surveillait.

La journée de travail de Tao-kuang commençait à l'aube en compagnie d'une demi-douzaine de hauts fonctionnaires qu'il avait choisis pour proches conseillers. Ce comité de décision avait, depuis 1731, son propre sceau qui portait la mention « Bureau des plans militaires », mais il s'occupait de toutes les affaires importantes ; nous le connaissons sous le nom de Grand Conseil. Organisme non protocolaire, il dépendait de la Cour intérieure qui se réunissait au palais et détenait, de ce fait, la suprématie sur la Cour extérieure, formée des chefs du Grand Secrétariat, ancienne institution, et des Six Ministères (ou Départements).

Ces ministères étaient un héritage, vieux de plus de mille ans, des T'ang, et avaient pour objet les domaines du Personnel, du Revenu, des Cérémonies, de la Guerre, des Châtiments et des Travaux publics. Chacun, dans les provinces, avait des divisions analogues à l'intérieur de sa juridiction *(yamen).* Les Six Ministères, aussi inamovibles que les G1, G2, G3 et G4 de l'armée américaine, avaient un champ d'action bien plus vaste, mais fournissaient un cadre similaire à la division automatique du travail. En comparaison, la plupart des gouvernements occidentaux ne sont qu'un amalgame de moyens de fortune adaptés. En fait, il était tellement impossible d'altérer la routine éléphantesque des Six Ministères que l'empereur et le Grand Conseil passaient quelquefois par leur intermédiaire, mais les contournaient souvent. Ainsi traitaient-ils directement avec les autorités supérieures des provinces toutes les questions importantes et laissaient aux ministères les affaires de routine.

Les édits de Tao-kuang, qui venaient généralement en réponse à des problèmes soulevés dans les mémoires, étaient portés dans le pays par des chevaux de poste. Cette remarquable institution, qui remontait aux T'ang et avait été perfectionnée par les Mongols, disposait en permanence d'environ 2 000 chevaux de poste, placés tous les 20 à 50 km, sur les principaux itinéraires qui menaient au nord-est, au nord-ouest, à l'ouest, au sud et au sud-est de Pékin. De rudes courriers, qui se bandaient la poitrine, l'estomac et l'aine afin de se protéger, couvraient jusqu'à 350 ou même 450 km par jour en empruntant les chevaux de relais.

Parvenir en trois jours à acheminer le courrier de l'empereur sur les 1 350 km qui séparent Pékin de Nankin, comme cela se produisit à la fin de la guerre de l'Opium, en 1842, est un exploit qui éclipse ceux du Poney Express américain. En 1860, ses cavaliers disposaient de 157 stations pour couvrir les 3 300 km séparant Saint Joseph, dans le Missouri, de Sacramento, mais il leur fallait environ dix jours.

Les fonctionnaires chinois et les convois d'argent ou de biens officiels pouvaient être acheminés plus lentement, par la poste pédestre locale, service gouvernemental de transport qui utilisait des charrettes à mule ou âne, des sampans dans le Sud, ou des chameaux au Nord-Ouest. S'arrêtant pour passer la nuit dans les hôtelleries du gouvernement, il fallait généralement entre un mois et six semaines aux fonctionnaires pour traverser la Chine, de la capitale jusqu'à Canton ou jusqu'à Cheng-tu au Szechwan. Des milliers de documents circulaient chaque jour à travers ce réseau à deux vitesses, et des milliers de clercs s'affairaient à écrire, copier et classer cette avalanche de papier. Quand les affaires de l'Asie centrale venaient s'empiler sur celles des dix-huit provinces de la Chine, l'empereur et ses conseillers connaissaient rarement le repos.

A l'habileté avec laquelle les dirigeants mandchous manipulaient l'administration chinoise dans les dix-huit provinces qui formaient la Chine proprement dite, venaient s'ajouter des méthodes très différentes pour dominer d'autres régions de l'empire. Le Tibet, par exemple, dirigé par le Dalaï Lama à Lhassa, jouait un rôle capital dans le monde mongol depuis que le mouvement réformiste de la secte jaune avait répandu l'influence du lamaïsme parmi les Mongols au XVe siècle. Pour rester maîtres des Mongols, les souverains mandchous instituèrent un protectorat sur le régime religieux du Dalaï Lama et finirent, au cours du XVIIIe siècle, par envoyer leurs troupes à trois reprises dans Lhassa, afin d'y préserver l'influence Ch'ing. Parallèlement, les Mandchous continuèrent d'utiliser la tactique ingénieuse des Ming pour garder les Mongols divisés et par conséquent pacifiques. Ils nommaient ou confirmaient la nomination de tous les chefs et princes mongols. Les tribus étaient organisées en ligues, dont les délimitations étaient fixées, et leurs relations étaient soumises à une surveillance attentive. La protection accordée par les Mandchous à l'Église lamaïste était la contrepartie de leur politique tribale mongole. L'avènement d'un nouveau Gengis Khân, capable de rallier à ses visées conquérantes les peuples mongols unifiés, devenait ainsi impossible.

Après la Mandchourie, conservée au Nord comme terrain de chasse et domaine préservé des coutumes tribales mandchoues, les souverains de Pékin parvinrent assez rapidement à établir leur domination sur la Mongolie et le Tibet. Il leur restait à conquérir le Turkestan chinois, cette région à l'est des Pamirs qui comprend les prairies du corridor de l'Ili, au nord des montagnes, et les oasis du désert qui s'étend au sud des montagnes, sur la vieille route de la soie qui mène à Kashgar puis, de là, vers l'Inde ou l'Afghanistan. La région de l'Ili appartenait aux Mongols de l'Ouest que les Ch'ing avaient vaincus en 1696, mais qu'il leur restait encore à envahir et conquérir dans les années 1750. L'intérêt des Mandchous pour ce passage qui ouvrait l'Asie centrale vers l'ouest était la continuation naturelle de la politique des Han et des T'ang, les deux dynasties chinoises puissantes et expansionnistes qui avaient étendu leur pouvoir sur les routes des caravanes menant à Rome et, par la suite, à l'Europe. L'importance stratégique de cette région était évidente pour les souverains mandchous de Pékin qui, ayant vécu dans la tradition de la conquête mongole et des précédentes dynasties conquérantes, étaient bien déterminés à protéger leur flanc en toute sécurité. Après leur victoire sur les Mongols occidentaux, vers 1750, les Ch'ing avaient resserré leur étreinte sur la Kashgarie, où se trouvaient les villes commerçantes de l'oasis du bassin du Tarim, entourées par les plus hautes montagnes du monde.

Là, ils se trouvèrent confrontés au problème des relations avec l'Islām, qui s'était étendu vers l'est en Asie, en même temps qu'il se propageait vers l'ouest, en Afrique du Nord et en Espagne, aux VIIe et VIIIe siècles. Il était impossible de trouver un peuple plus différent des Mandchous que les Kashgars. L'intensité de la foi islamique les exposait à un sectarisme violent et les incitait à mener des guerres saintes non seulement contre les infidèles, mais aussi contre les sectes déviantes. L'administration Ch'ing en Kashgarie vint se superposer à l'autorité des chefs de clan ou suzerains locaux qui étaient intégrés dans la hiérarchie administrative, confirmés dans leur poste et dotés d'un statut particulier et de privilèges. Les Ch'ing acceptèrent également l'application de la loi islamique, sous l'autorité de l'Église. En maintenant postées les garnisons mandchoues et en sacrifiant les bénéfices du commerce des caravanes avec la Chine, les dirigeants de Pékin purent conserver à distance une hégémonie incertaine. La versatilité dont ils faisaient preuve en utilisant le confucianisme, le lamaïsme ou l'islām, selon les secteurs culturels de leur empire, apparaît ici clairement.

La domination étrangère eut pour résultat de renforcer la monarchie, qui se transforma en autocratie. Alors que les empereurs T'ang et Sung, entre 600 et 1260, avaient souvent régné en laissant leurs premiers ministres gouverner, à partir de l'époque mongole, les empereurs régnèrent en personne. Bien entendu, d'autres facteurs entrèrent en jeu dans cette évolution, ne serait-ce que l'augmentation des problèmes de gouvernement qui réclamaient des décisions centrales.

La domination étrangère exercée par les Mandchous eut encore pour effet d'engendrer le conservatisme, car lorsqu'ils reprirent le gouvernement Ming, les Mandchous le laissèrent pour l'essentiel intact, se contentant d'introduire des éléments mandchous aux points clés de leur système de commandement. Les innovations mandchoues, de caractère défensif, ne visaient guère qu'à préserver les choses telles qu'ils les avaient trouvées, ou à les tenir en main plus étroitement. En outre, étant étrangers, il leur était plus difficile de se mêler aux gens du peuple chinois, et leurs contacts se cantonnaient à ceux qu'ils entretenaient avec leurs collaborateurs de la classe dirigeante.

D'autre part, leurs préoccupations stratégiques en Asie centrale, où tous leurs rivaux éventuels pour le pouvoir devaient être vaincus ou dominés, accaparaient leur attention sur les terres de l'empire, au détriment des bords de mer et du commerce extérieur. De guerriers administrateurs tribaux, les Mandchous s'étaient métamorphosés en dirigeants bureaucratiques de la Chine agraire, mais ils avaient moins d'affinités avec l'esprit commercial bourgeonnant de la vallée du Yangtze et des ports côtiers du Sud-Est. Pour eux, le commerce maritime et la puissance navale se situaient en bas de l'échelle des priorités. Ils avaient peu de sympathie pour les entrepreneurs, gardaient leur propre peuple en dehors du commerce et pénalisaient tous ceux qui partaient à l'étranger. Tout bien considéré, ils semblent avoir exercé une influence rétrograde, concentrée sur l'intérieur, défensive et xénophobe.

L'une des principales tâches de Pékin était l'administration du commerce frontalier avec les peuples étrangers. On utilisait à cet effet la pratique chinoise du tribut : les souverains des États étrangers étaient assimilés à des tributaires externes, plus éloignés que les tributaires internes, provinces chinoises ou États périphériques comme la Corée ou Annam (le Vietnam), qui fournissaient leur quote-part annuelle de soutien. Le système du tribut, qui constituait une arme diplomatique défensive, reposait sur la richesse commerciale et l'attraction prépondérante de la Chine. Les proches souverains, ceux dont les armées chinoises pouvaient envahir les domaines, envoyaient régulièrement leur tribut à Pékin, ou venaient même parfois en personne, acceptant la terminologie chinoise dans leurs communications, aussi bien que le calendrier chinois. Leurs émissaires et eux venaient se prosterner et offrir des présents, ce dont l'empereur les récompensait. En fin de compte, le tribut était devenu intimement mêlé au commerce. Sous la dynastie Ming, les négociants islamiques d'Asie centrale venus faire commerce à Pékin avaient intelligemment offert un tribut de la part de leurs prétendus suzerains. Des Chinois, devenus marchands de riz à Bangkok, envoyaient par bateau du riz en Chine, sous le couvert d'un tribut du roi de Siam. En fait, le système du tribut était la pierre d'achoppement qui empêchait des relations diplomatiques égalitaires à l'européenne. L'envoyé britannique, Lord McCartney, chargé en 1793 d'ouvrir les relations avec la Chine, refusa de se prosterner, mais apporta des présents magnifiques, ainsi que son successeur, Lord Amherst, en 1816.

Après 1800, les Européens constituèrent une menace fondamentale pour la Chine, parce qu'ils n'acceptaient pas le confucianisme. Contrairement aux conquérants barbares de la Chine, qui avaient changé le pouvoir dominant mais pas le système, les Européens croyaient en un pluralisme de nations souveraines égales, alors que le Fils du Ciel gouvernait en accord avec les principes du confucianisme impérial. A lui seul, ce fait suffisait à empêcher la Chine de suivre le rythme du monde extérieur pluraliste, car la société confucéenne était une hiérarchie pyramidale dont l'empereur occupait le sommet. Il était en fait le dernier des souverains universels de l'antiquité à avoir survécu dans la nouvelle ère des États-Nations, sans que ses prétentions fussent remises en cause, sans doute parce qu'il avait prudemment choisi de ne jamais les pousser trop loin. Le principe confucéen selon lequel la forme *(li)* imposait l'ordre au flux matériel du monde *(ch'i)* faisait de l'empereur la clef de voûte de l'ordre social.

Confucius admettait pour précepte fondamental que tous les hommes (il laissait à des temps ultérieurs le soin de régler la question des femmes) avaient naturellement de bonnes dispositions et un sens moral inné. Il s'ensuivait que les hommes étaient éducables et pouvaient être amenés, surtout par l'exemple vertueux, à adopter la bonne conduite. La deuxième assertion était que l'exemple vertueux de l'empereur amenait les hommes à accepter son autorité et à s'y soumettre. Ce principe de « gouvernement par la vertu » entraînait chez les souverains d'obédience confucéenne le souci constant de paraître justes et la crainte permanente de la critique hostile, surtout sous forme écrite, ce qui lui donnait un caractère très relativement impérissable. Craignant un tollé confus de critiques individuelles, l'empereur voulait que tous participent activement à exalter son image de grand prêtre voué à l'adoration du Ciel, modèle de piété filiale pour les honneurs dus aux ancêtres, administrateur suprême et dispensateur de justice, commandant en chef, protecteur et même adepte des arts et des lettres. Il était, pour finir, l'Homme Unique qui, grâce au respect fidèle des rites, préservait l'accord de l'humanité avec l'univers. Quel homme!

Malgré le lourd fardeau qu'elle impliquait, la fonction d'empereur de Chine était l'une des plus saines occupations possible. Le Roi-Soleil, Louis XIV (1643-1715), fit l'admiration de l'Europe en régnant dès l'âge de cinq ans, mais ne dirigea la France, après la mort du cardinal Mazarin, qu'entre 1661 et 1715. L'empereur K'ang-hsi régna dès l'âge de huit ans et gouverna personnellement la Chine de 1669 à 1722. Son petit-fils, Ch'ien-lung, abdiqua au bout de soixante ans occupés par le trône, afin de ne pas éclipser K'ang-hsi, mais conserva en réalité le pouvoir encore trois ans, jusqu'à sa mort en 1799. Ces deux règnes de soixante ans, chacun cinq fois plus long que la présidence de Franklin D. Roosevelt, donnèrent à la Chine une très – et peut-être trop – grande stabilité politique.

Ch'ien-lung, l'autocrate, fit mettre à jour les principales encyclopédies et rassembler toute la littérature chinoise dans 36 000 volumes, en la purgeant de 2 300 œuvres qui lui paraissaient inconvenantes. Il apposa son sceau sur toutes les plus grandes œuvres picturales et fit paraître, entre autres, 43 000 poèmes. Il ne faisait rien à petite échelle. Dans les dernières années de son règne, la corruption atteignit de nouveaux sommets. L'empereur, âgé de soixante-cinq ans, s'était entiché d'un beau garde du corps mandchou de vingt-cinq ans, extraordinairement vénal, du nom de Ho-shen, qui devint premier ministre, épousa la plus jeune fille de Ch'ien-lung et entreprit la pressuration systématique de l'empire. Au point qu'en 1800, cette corruption organisée avait des métastases partout dans la bureaucratie et rapportait à Ho-shen l'équivalent d'une fortune d'un milliard et demi de dollars. Une somme considérable en 1800.

Ch'ien-lung devait rester un modèle inégalable. En revanche, il léguait des problèmes insurmontables. Au cours des soixante années de paix domestique que la Chine lui devait, la population avait littéralement doublé, sans que l'administration gouvernementale s'étoffe en conséquence. A ses « Dix Grandes Campagnes » pour supprimer les rebelles aux frontières, succédèrent les neuf années de soulèvement du Lotus blanc (1795-1804). Après le règne de Ch'ien-lung, le mouvement n'était pas facile à suivre, et la remise en ordre tout aussi problématique. Son fils, l'empereur Ch'ia-ch'ing (1795-1804), trouva une situation bien difficile. Pour Tao-kuang, les événements devaient tourner au désastre.

Pour comprendre ce qui arriva au régime de Tao-kuang après 1821, il nous faut, paradoxalement, commencer par jeter un regard rapide sur la vision qu'en eurent les précédents observateurs occidentaux. L'Histoire, après tout, se déroule dans notre esprit. Elle est ce que nous pensons s'être produit. Il n'est guère possible d'avancer sans examiner d'abord nos propres idées préconçues, le savoir communément admis que chacun de nous a en tête lorsqu'il aborde le sujet. Commençons donc par observer certaines tendances à l'interprétation chez les spécialistes de la Chine.

Chapitre 3

QUELQUES ÉLÉMENTS D'ANALYSE THÉORIQUE

Depuis les premières hypothèses qui voyaient dans les Chinois les descendants des tribus perdues de l'ancien Israël, chaque génération de sinologues a tenté d'expliquer à sa manière la nature de la société chinoise. Ces théories accumulées, dont certaines sont bien imprécises, parfois même inconscientes, constituent le fond de notre répertoire d'interprétations. Nous avons là une mine de ressources intéressantes. Il vaut mieux, pour commencer, procéder par grandes catégories.

On notera tout d'abord la vieille tradition de l'« exceptionnalisme » qui met l'accent sur les différences entre la Chine et le monde « occidental » ou extérieur : le système d'écriture chinois, notamment. Pendant longtemps, l'exceptionnalisme fut le terrain de prédilection du sinologue.

Ensuite, et tout à fait à l'opposé, se situe l'analyse « sociologique comparée », vigoureusement défendue aujourd'hui, qui affirme que la société chinoise présente des traits comparables à ceux de toutes les autres sociétés – le système de parenté familiale, en particulier. Cette théorie se subdivise en plusieurs tendances : d'une part, la tentative marxiste d'« européanisation » qui vise à retrouver en Chine les phases de l'histoire européenne – comme le féodalisme ou la naissance d'un capitalisme bourgeois. D'autre part, la tendance patriotique chinoise qui s'attache à dégager des « équivalences » et voit dans le passé de la Chine des traits communs avec l'expérience occidentale − comme, entre autres, une « Renaissance chinoise » au début du XIIe siècle. Ces diverses analyses ne sont pas en désaccord sur les principaux faits de l'histoire de la Chine, mais sur leur interprétation, sur la manière dont ils s'imbriquent avec d'autres faits pour former des schémas d'événements vérifiables.

Tout bien considéré, la comparaison entre l'histoire européenne et celle de la Chine se heurte à de nombreux écueils. Par exemple, la population de la Chine a doublé avec l'industrialisation après 1949, mais elle avait déjà doublé au XVIIIe siècle, bien avant les débuts de l'industrialisation. Autre illustration, dans la seconde moitié de l'époque Ch'ing, les lettrés chinois devinrent plus indépendants et critiques, mais ils s'avérèrent totalement incapables de remettre en question la sagesse héritée et de créer une nouvelle vision du monde, comme le firent les Européens au siècle des Lumières. De même, la Révolution française, après 1789, eut pour corollaire la glorification de la Nation et l'expansion violente de la puissance française. Cependant la Révolution chinoise, dont on attendait après 1949 les débordements d'agressivité à l'étranger, n'amena rien de tel. (La Chine s'engagea dans la guerre de Corée en 1950 essentiellement pour défendre sa base industrielle en Chine du Nord-Est; et, dans les hostilités militaires de 1962 avec l'Inde, elle défendit simplement ses revendications de frontière.) Entre la Chine et l'Europe, ni la psychologie sociale ni le schéma des événements ne présentent les moindres ressemblances. Même si l'on compare souvent la Révolution russe à la Révolution chinoise, les différences, là encore, sont frappantes : ainsi les bolcheviques s'emparèrent d'abord des villes avant d'amorcer la collectivisation des campagnes, alors que les communistes chinois, adoptant l'ordre inverse, conquirent les villes à partir des campagnes. Les comparaisons avec l'Europe n'aident guère à comprendre la révolution de la Chine. C'est l'une des idées de Karl Marx qui aurait mérité d'être plus largement répandue. On aurait pu s'épargner ainsi bien du tracas.

En gardant présentes à l'esprit les tendances ci-dessus,

on peut sans peine pronostiquer l'apparition de courants de « révisionnisme » ou de réévaluation, comme il s'en est manifesté dans des domaines plus développés de l'histoire moderne en dehors de la Chine. L'un de ces courants consiste à chercher dans les époques précédentes les origines de situations historiques connues. Ainsi le « retard » de la Chine au XIXe siècle pourrait être imputé par les exceptionnalistes à des causes domestiques, telle l'impuissance de l'État chinois à ouvrir la voie à la « modernisation », alors que le marxiste-léniniste y verrait le corollaire du fléau externe de l'exploitation « impérialiste ». Bien entendu, cette controverse s'articule autour de questions de degré. La dynastie Ch'ing des Mandchous (1644-1912), par exemple, n'avait ni les valeurs ni les institutions qui lui auraient permis de se lancer dans la modernisation ; de plus, les Mandchous choisirent de prolonger leur règne en se pliant à l'impérialisme qui s'exerçait dans les traités inégaux, inaugurés en 1842. Là encore, l'effet économique des privilèges étrangers dans les ports ouverts sur le développement national peut apparaître diversement, « opprimant » à certains égards, et « stimulant » à d'autres. L'impérialisme agissait à la manière de ces remèdes qui vous reconstituent et vous abattent simultanément.

Toutes les interprétations de ce type appellent un commentaire : elles volent à un si haut degré de généralité qu'elles ne tiennent pas suffisamment compte des différences à l'intérieur de la Chine, entre une époque et une autre, une région et une autre. Conscients du fait, certains ont préféré étudier les histoires locales, sur des périodes limitées ; sage manœuvre, assurément, lorsqu'on s'attaque à une étendue aussi vaste et diverse que la Chine. Mais l'historien narrateur, qui tente (anachroniquement, peut-être) de dépeindre la « Révolution chinoise », se retrouve confronté à des faits et des interprétations extrêmement conflictuels. *Caveat, lector,* « avance prudemment », le mot d'ordre est de mise.

Une autre tendance générale parmi les historiens modernes de la Chine a consisté à procéder du mieux connu, à l'extérieur, vers le moins connu, à l'intérieur, en commençant par l' « impact » des relations étrangères pour observer ensuite la « réaction » chinoise à cet impact occidental. Le modèle marxiste, notamment, fait commencer l'époque moderne à la guerre de l'Opium de 1839-1842. Mais, comme cela revenait à placer la balle dans le camp des impérialistes, en donnant aux étrangers le rôle de l'élément dynamique sur la scène chinoise, les révisionnistes ont cherché quel impact le passé de la Chine pouvait avoir eu sur les désastres enregistrés au XIXᵉ siècle. La notion de l'inertie homéostatique ou persistante de la Chine, qui entraîne la continuation dans les voies coutumières, souligne l'influence permanente de trois mille ans d'histoire. Ainsi, pour comprendre la guerre de l'Opium, faut-il remonter à l'époque de Ch'ien-Lung entre 1736 et 1796, période où la dynastie mandchoue était assaillie par les troubles domestiques.

En tout état de cause, nous voici devant la conclusion suivante : la grande révolution de la Chine au XXᵉ siècle a commencé par les événements désastreux du XIXᵉ, dont on retrouve l'origine au XVIIIᵉ siècle. Bien entendu, si nous continuons à remonter ainsi en arrière, nous risquons de nous retrouver assez vite à l'époque préhistorique de la dynastie Shang (c'est d'ailleurs, à certains égards, ce qui se produira). Pourtant il nous faut corriger cette vision grossièrement déséquilibrée qui voudrait que le centre de gravité de l'histoire de la Chine se trouvât entre les mains d'étrangers en dehors du pays. Tant s'en faut! Le désastre est venu de ce que la Chine, contrairement au Japon, a si peu réagi à la force d'attraction de la gravité occidentale.

Dans le monde occidental, les révolutions, généralement, se sont produites à l'intérieur de la culture qui leur a donné naissance. Autrement dit, elles ont avant tout été politiques, donnant lieu à un changement de système politique et permettant, dans certains cas, un changement du système économique et social. Je doute fort que l'on puisse parler de « révolution » en Chine sans négliger un élément essentiel, à savoir que la Chine a subi non seulement une révolution politique, sociale et économique, mais aussi une transformation de sa culture tout entière. Cette idée nous ramène à l'hypothèse que la culture chinoise est différente, de manière identifiable, de la culture européenne qui a eu une telle influence sur le monde. Dans la culture chinoise, par exemple, jusqu'à une époque très récente, le nationalisme (souveraineté politique à l'intérieur d'une culture commune) s'est avéré bien moins identifiable que le culturalisme (fidélité à un mode de vie et de pensée). Comme son système d'écriture, l'empire chinois était unitaire et englobait une totalité. J'en viens d'ailleurs à penser que le terme de « transformation » décrit de façon plus précise ce qui s'est passé en Chine. Cependant je suis bien conscient que, sauf dans le vocabulaire religieux, « transformation » est moins riche en émotion que « révolution », terme que j'utilise pour représenter l'ensemble du processus historique des Temps modernes en Chine.

Chaque génération avance ses arguments favoris pour expliquer le comportement des Chinois. Actuellement, les historiens sociologues proposent, comme explication générale de la faiblesse politique chinoise, la théorie selon laquelle l'organisation de l'ancienne société chinoise reposait sur les statuts de supérieur et de subordonné, ou, si l'on préfère, sur des relations d'autorité et de dépendance [6]. Les relations entre les hommes étaient plutôt verticales qu'horizontales. Des cinq modes de relation confucéens, seul le rapport d'ami à ami était horizontal. L'éducation des enfants s'appuyait sur l'autorité. Le jeune enfant était souvent choyé, mais aussi strictement discipliné. Au lieu de devenir indépendant, il apprenait à dépendre des autres; le rapport vertical de subordonné à supérieur impliquait une dépendance mutuelle. Au bout du compte, le jeune Chinois était entraîné à adopter une conduite dépendante quand il était en situation de dépendance, et une conduite autoritaire quand il avait un statut d'autorité. Il en résultait que, si l'homme en position d'autorité n'adoptait pas l'attitude qui convenait – donner des ordres aux personnes dépendantes et exiger d'elles l'obéissance –, son autorité risquait de s'en trouver affaiblie.

Ce style de rapports amenait donc l'individu à privilégier ses relations personnelles avec les autres, supérieurs ou subordonnés, mais aussi amis à titre égal, dont chacun pouvait un jour ou l'autre lui être de quelque utilité. Lorsque sa sécurité dépendait de ce type de relations, l'individu ne s'attendait pas à se retrouver seul. La nécessité d'une conduite réciproque s'imposait évidemment. Les dons ou les faveurs accordés à un ami, un supérieur ou un subordonné instituaient une obligation de réciprocité à laquelle on pouvait faire appel dans l'avenir. On créait de la sorte un monde où les obligations spécifiques envers des personnes spécifiques étaient plus importantes que le respect de principes auxquels d'autres souscrivaient en termes abstraits. Au cas où l'on avait à choisir, les relations personnelles pouvaient l'emporter sur les principes abstraits.

Le supérieur devait être dominateur et arbitraire, tels étaient ses traits caractéristiques. Cela s'appliquait bien sûr tout particulièrement aux fonctionnaires de l'Ancien Régime, lorsque le statut de fonctionnaire représentait l'échelon le plus élevé. Allié au tabou du travail manuel en vigueur chez les intellectuels, c'est ce qui justifiait le fait que les fonctionnaires à l'ancienne mode n'avaient pas à se soucier de connaissances techniques, dans les arts mécaniques encore moins qu'ailleurs, et devaient rester des généralistes, attendant de leurs subordonnés qu'ils règlent toutes les questions techniques.

Les fonctionnaires, pétris d'érudition et de savoir classique, s'attachaient à l'élaboration de textes superbes à l'écriture calligraphique souvent magnifique, qui pourtant n'étaient pas suivis d'action. Ils écrivaient et transmettaient des documents, mais comptaient sur les autres pour mettre leurs projets à exécution. Même inspirés par l'ignorance la plus affligeante, ces projets seraient mis en circulation. Les bureaucrates étaient beaucoup plus préoccupés par les relations interpersonnelles au sein de leur faction et par les divers modes de fonctionnement de cette dernière que par ses réalisations publiques. Le subordonné s'abstenait d'ordinaire de critiquer un supérieur, de crainte de porter atteinte à son autorité.

La corruption, au sens occidental du terme, faisait partie intégrante de l'administration politique chinoise. L'une des prérogatives de la fonction publique était de permettre au fonctionnaire de s'enrichir grâce à sa position officielle. On retrouvait ici l'esprit de l'ancienne institution chinoise des fermiers généraux. Tous les fonctionnaires chargés de la perception des impôts avaient un quota à respecter, mais, cela fait, ils pouvaient garder l'excédent pour eux-mêmes et leurs dépenses. Il n'y avait donc aucune honte à s'enrichir dans l'exercice de ses fonctions, du moment que cela s'accompagnait du respect des quotas fiscaux. En outre, comme l'aisance du fonctionnaire dépendait de ceux qui étaient au-dessus de lui et des membres de son cercle personnel de relations, il n'était guère incité à se soucier du bien-être de ceux placés en dessous de lui ou à l'extérieur de son propre cercle.

Il va de soi qu'à l'intérieur d'un tel système politique, les dissensions portant sur des questions de principe étaient exceptionnelles. Les luttes d'influence, fondées sur les relations personnelles, avaient pour but d'accroître le pouvoir de la personne qui détenait l'autorité et de ceux qui dépendaient d'elle. Les rivalités partisanes n'avaient rien d'idéologique, elles restaient très personnelles. Dans ces conditions, les subordonnés et la masse des gens situés au-dessous des fonctionnaires étaient condamnés à la passivité. Les représentants de l'autorité ne devaient et ne pouvaient pas être remis en question et, par conséquent, les conflits ne pouvaient pas non plus être résolus par la discussion ou le compromis, sauf à l'échelle du village, au sein d'un groupe de pairs. La critique mettait l'autorité en danger, elle était donc inacceptable. L'unité nationale exigeait l'unité idéologique. Les divergences de pensée risquaient de la mettre en péril.

Cette interprétation de la politique chinoise nous amène à la considération que dans la Chine ancienne, gouvernée plutôt par l'éthique que par la loi, un consensus éthique était indispensable pour cimenter l'ensemble. La réussite du gouvernement dans l'Ancien Régime était soumise à cet impératif : il devait montrer son sens de la communauté morale, professer une idéologie orthodoxe et s'engager à respecter l'autorité établie par celui qui régnait.

Cette théorie s'applique au gouvernement local mis en place à une époque récente. Jusqu'aux environs de 1900, le sens de la réciprocité entre supérieur et inférieur apparaissait très directement dans les relations entre l'empereur et ses administrateurs, et même, plus largement, entre l'empereur et la haute *gentry* * (la haute *gentry* était formée de fonctionnaires en poste ou non, de titulaires des diplômes de haut niveau, surtout provinciaux et métropolitains, et des grandes familles terriennes). Une relation similaire existait ensuite, au niveau local, entre la haute *gentry*, qui avait encore des racines dans les villages ou les propriétés rurales, et la petite *gentry* (titulaires de diplômes du premier degré, dont certains avaient été achetés, surtout parmi les marchands). La petite *gentry*, grâce à sa position de supériorité sur les gens du peuple, dirigeait les affaires locales et surveillait de très nombreux services publics, tels la réparation des murs et des temples, l'affrètement des bacs ou la construction des digues, l'entretien des monuments locaux, la fourniture de provisions de secours dans les moments difficiles et bien d'autres activités d'encadrement, souvent sur l'ordre de la haute *gentry*. En résumé, la haute *gentry*, plus élevée dans la hiérarchie impériale et plus puissante, avait un rôle protecteur et supervisait la petite *gentry*, laquelle, à son tour, située au-dessus des paysans, réglait les problèmes publics dans les villages. Dans le schéma idéal, cette chaîne d'obligations éthiques et de devoirs réciproques reliait tous les échelons de la société, du premier au dernier.

Aux Temps modernes, l'ordre ancien commença à s'effriter quand les effets de la modernisation se firent sentir dans les campagnes. La haute *gentry*, en partant vivre dans les villes, confia l'administration de ses terres à des intendants professionnels, chargés de collecter à leur place impôts et loyers, à distance. Ce mouvement provoqua une rupture entre la haute et la petite *gentry ;* cette

---

* Le terme *gentry* est utilisé par la plupart des historiens de la Chine moderne pour désigner la classe dominante de la société traditionnelle, dont la puissance se fondait à la fois sur la possession de la terre et celle des diplômes mandarinaux. (*N.d.T.* d'après M.-C. Bergère.)

dernière, livrée à elle-même, avait un champ plus libre pour la corruption et l'exploitation abusive des paysans.

Au début du XXᵉ siècle, et surtout après l'abolition du système des examens, en 1905, la petite *gentry* locale engendra ces brutes et tyranneaux de village qui profitaient de leur autorité pour lever des impôts et des taxes plus lourds. Rapaces et égoïstes, ils devinrent des étrangers aux yeux du peuple. Loin de se comporter en protecteurs conscients des liens réciproques entre le supérieur et l'inférieur, ils ne connaissaient d'autre loi que la satisfaction de leurs désirs d'enrichissement. Au fur et à mesure que le XXᵉ siècle avançait, l'impôt devint un fardeau de plus en plus lourd pour les paysans. On finit par en arriver à la désintégration de la communauté morale et du système politique qui s'appuyait sur elle. Il fallait trouver de nouvelles formes d'organisation.

On a proposé d'autres interprétations du comportement des Chinois et de leurs motifs. La théorie ci-dessus est couramment admise – mais elle ne saurait, bien entendu, se substituer à la connaissance précise des événements, tels qu'ils se sont déroulés.

Notre récit va maintenant traverser une succession de phases. Au début du XIXᵉ siècle, dans un premier temps, la nouvelle croissance de la Chine provoque une tension avec les anciennes institutions : la population et le commerce, en plein développement, se heurtent à l'immobilité opiniâtre du gouvernement et des lettrés.

Ensuite, sous l'impact conjugué de ces troubles internes et de l'agitation étrangère, on aboutit, à la fin du XIXᵉ siècle, à un condominium. Le gouvernement dynastique conservateur accepte les privilèges étrangers sur les ports ouverts.

Dans un troisième temps, au sommet de l'ère impérialiste, dans les années 1890, le mouvement de réforme concurrence le mouvement révolutionnaire, et tous deux exercent une action conjuguée. Aux tenants de la modernisation de la vie matérielle et intellectuelle, s'opposent ceux du changement social des valeurs et des institutions, qui s'effectue plus lentement. Cette période de tâtonnements vers une nouvelle Chine est marquée par l'évolutionnisme et le nationalisme.

Enfin, un mouvement de va-et-vient s'instaure entre ces tensions. Dans les trois conflits révolutionnaires de 1911-1913, 1923-1928 et 1946-1949 s'exercent simultanément la pression du changement matériel et celle du changement culturel, l'interaction de la technologie et des valeurs. Ces forces sont toujours à l'œuvre sous la République populaire (1949-1985).

Les chapitres qui suivent à présent montreront comment, confrontés à des problèmes insurmontables, le gouvernement impérial déclinant et l'ordre social finirent par se démanteler, sous l'effet de la croissance et du changement de la société chinoise.

CHAPITRE 4

LE DÉVELOPPEMENT DU COMMERCE AVANT LA PÉRIODE DES TRAITÉS

Avec un peu de recul, il n'est pas difficile de comprendre pourquoi les marchands anglo-saxons du XIXe siècle n'ont pas perçu le caractère élaboré de la vie économique chinoise. Après tout, les Anglo-Saxons étaient les apôtres du progrès matériel, qu'ils tenaient pour l'élément le plus passionnant de leur expérience, et lorsqu'ils arrivèrent en Chine, ils n'y trouvèrent ni installations sanitaires ni machines à vapeur. Le gouvernement impérial n'avait pas de statistiques modernes à présenter. Les étrangers des ports ouverts, qui ne parlaient pas chinois et ne s'aventuraient pas à l'intérieur du pays, n'avaient pas l'occasion de faire halte dans les auberges chinoises ni de prendre le thé avec les marchands locaux dans les salles de leur corporation. Comme les Chinois manquaient effectivement d'armes à feu et autres perfectionnements matériels, les « spécialistes » occidentaux des affaires chinoises, avec leur vision limitée des choses, succombèrent tout naturellement à l'arrogance ethnique de l'époque victorienne. Ils arrivèrent en général à la conclusion que cette Chine informe, surpeuplée, et ouvertement sale, d'après ce qu'ils pouvaient en voir, sentir ou entendre, était évidemment « médiévale », et par conséquent « arriérée ». Ces familiers de la Chine – marchands, missionnaires et consuls – étaient les premiers observateurs de leur temps, et on leur doit toute la littérature de l'époque. Le sinologue occidental moderne, qui travaille avec des historiens chinois et japonais, fait œuvre de pionnier en cherchant rétrospectivement à dégager aujourd'hui les grandes réalisations de la Chine ancienne, aussi bien que ses faiblesses. Mais nous n'avons pas de raisons de penser que la littérature actuelle sur la Chine ne sera pas un jour dépassée, comme celle de nos prédécesseurs du XIXe siècle.

La première rectification apportée par les études récentes permet une nouvelle estimation de l'impérialisme. Au tournant du siècle, Hobson, Lénine et les autres étaient assujettis à l'interprétation matérialiste de l'histoire, imposée par la nouvelle science de l'économie. L'idée de l'exploitation financière impérialiste était très forte dans l'esprit des impérialistes qui avaient effectivement pour but cette exploitation. Les effets plus subtils, comme la modernisation, le transfert des technologies, la construction de l'infrastructure et l'esprit nationaliste ne présentaient pas le même intérêt. Ce qui en ressort aujourd'hui paraît en fait bien plus complexe. Dans certaines situations, l'impérialisme ne fut qu'exploitation pure et simple, mais dans d'autres, il a plutôt pris la forme d'un développement brutal. Il eut même parfois, sur le plan matériel, une bonne incidence. Mais l'impérialisme constituait avant tout une blessure psychologique. Il était humiliant et apparaissait comme un fléau politique à tout individu doté de fierté.

L'idée même de l'impérialisme fut, en fait, une des principales importations impérialistes en Chine. Nous pouvons observer l'étonnant déséquilibre qu'elle provoqua dans l'histoire moderne de la Chine. On distingue plusieurs phases successives :

1° Les puissances européennes belliqueuses enregistrent leurs exploits martiaux, de la guerre de l'Opium britannique (1839-1842), en passant par l'invasion franco-anglaise de 1856-1860, la guerre franco-chinoise du Vietnam dans les années 1880, jusqu'à la victoire japonaise de 1895 et l'invasion anti-Boxer de 1900. Mémoires et documents gouvernementaux s'accumulent en une vaste littérature dans le camp étranger. Lorsque, après 1900, H.B. Morse rassembla tout ce qui concernait la Chine dans les « Livres bleus » britanniques, il intitula fort justement son ouvrage *Les Relations internationales de l'Empire chinois*. Il devait pourtant devenir le principal ouvrage sur la Chine moderne et comportait même un chapitre sur la révolte Taiping, car cette dernière avait joué un rôle dans les relations franco-anglaises...

2º Les historiens modernes de la Chine, prenant Morse pour base de départ, progressent en étudiant l'équivalent chinois du « Livre bleu ». Un bon siècle après la guerre de l'Opium, en 1930, ils sont à même de livrer la teneur des instructions données par l'empereur Tao-kuang au commissaire Lin, pour négocier à Canton avec le capitaine Charles Eliott, dont les instructions, provenant du gouvernement de la reine Victoria, avaient, quant à elles, été publiées quatre-vingt-dix ans plus tôt, en 1840. Du côté chinois, la mise à jour se faisait lentement.

3º Le déséquilibre entre les sources étrangères et chinoises se perpétue. Entre 1930 et 1960, quand les gouvernements de l'époque ressortent des masses de documents sur l'« histoire moderne de la Chine », les relations avec l'étranger accaparent le devant de la scène. A l'évidence, ces relations avaient pratiquement monopolisé l'attention officielle et faisaient l'objet de dossiers aisément publiables. Mais qu'en était-il de la véritable expérience de la société et de l'État chinois? Les relations avec l'étranger y étaient-elles vraiment dominantes? Ou bien ne sont-elles apparues ainsi qu'aux yeux des étrangers et, par la suite, à ceux des patriotes chinois?

Il nous faut à présent cesser d'étudier la Chine du XIXᵉ siècle en nous référant à l'Europe du XVIIIᵉ siècle. On est bien obligé d'appliquer à un nouveau terrain d'étude ses propres catégories mentales, sous peine de ne pouvoir l'analyser, mais cela revient trop souvent à trouver (ou non) ce que l'on y cherche.

Quand on regarde la Chine en 1800, le premier élément qui saute aux yeux est un paradoxe remarquable : la structure institutionnelle de la société, et surtout le gouvernement, montrait peu d'aptitude au changement, mais le peuple et, par conséquent, l'économie, connaissaient un développement rapide et considérable. Ce paradoxe est généralement passé inaperçu jusqu'à une époque récente. On pourrait assez bien le définir comme une contradiction entre l'infrastructure et la superstructure. L'histoire moderne de la Chine commence avec la guerre de l'Opium de 1840, c'est en tout cas ce que considèrent non seulement les puissances occidentales qui ont envahi la Chine au XIXᵉ siècle, mais aussi les révolutionnaires marxistes qui ont pris part à la dernière phase de cette invasion. Les premiers observateurs étrangers remarquèrent qu'entre les Ming et les Ch'ing, la structure du gouvernement avait à peine été modifiée, le système du tribut qui régissait les relations extérieures s'appliquait encore, du moins dans ses formes rituelles, à la cour des Ch'ing, et le gouvernement ne semblait pas s'être nettement étendu ou développé par rapport à la situation décrite par les jésuites trois cents ans auparavant. De là venait l'impression des Européens de se trouver en face d'une Chine « immuable ».

Les recherches récentes ont mis en évidence le caractère très superficiel de ce jugement qui ne pouvait s'appliquer, dans l'ensemble, qu'à des structures institutionnelles comme l'État bureaucratique, et peut-être le système familial. Les faits de la vie chinoise étaient bien différents. En 1800, la population de la Chine venait de doubler, ce qui représentait un nombre bien plus important encore que l'accroissement des populations d'Europe et d'Amérique à la même époque. Avec le nombre vint le commerce. A part quelques exactions mesquines du fait des collecteurs des douanes impériaux, l'immense Empire chinois était une zone de libre-échange, plus peuplée que toute l'Europe. La production de récoltes présentant des avantages comparés était largement avancée : les provinces du bas Yangtze étaient spécialisées dans la production de riz, alors que les provinces situées juste au nord produisaient du coton afin de permettre les échanges. Nombreux étaient les centres où des artisans produisaient des spécialités réputées dans le pays tout entier : des porcelaines à Ching-te-chen, des marmites en fonte à Canton, des soieries à Hangchow et Soochow. D'innombrables flottes de bateaux à voile chinois (les jonques) filaient sur la grande artère du Yangtze et sur ses affluents, tandis que des milliers d'autres remontaient et descendaient le long des côtes de la Chine, apportant les fruits, le sucre et les produits ouvrés du Sud jusqu'en Mandchourie, et revenant chargés de soja et de fourrures. Un observateur britannique de la première heure avait calculé, à sa propre stupéfaction, que dans les années 1840, le port de Shanghai, à l'embouchure du Yangtze, voyait passer un tonnage plus important que le port de Londres, qui était déjà alors le centre du commerce occidental.

Ce développement exubérant et ces institutions léthargiques se rattachent à l'une des plus grandes énigmes de l'histoire chinoise moderne : pourquoi la Chine, en dépit de sa technologie de haut niveau et de ses ressources, n'a-t-elle pas réussi à faire éclater une révolution industrielle comparable à celle de l'Europe contemporaine ? Ce grand contraste entre la Chine et la communauté atlantique au XIXe siècle a donné naissance à diverses théories explicatives. L'une des plus répandues, qui pourrait se résumer par la formule « on nous a dépouillés », soutient que l'accession de la Chine au capitalisme a été entravée par l'impérialisme et la répression jalouse et funeste de toute entreprise chinoise. A part chez les vrais croyants, cette théorie n'a plus cours, car elle supposait la primauté du commerce extérieur de la Chine dans ses processus de production. Certes, l'impérialisme des traités inégaux, après 1842, désavantageait la Chine puisque les traités interdisaient un tarif protecteur et que les étrangers vivaient en pays conquis dans le sanctuaire des ports ouverts. On pourrait amasser les nombreux détails de l'iniquité impérialiste et créer ainsi un terrain idéal pour la colère et l'humiliation patriotique. Mais cela ne résoudrait nullement le problème économique. La non-émergence du capitalisme dans l'économie chinoise remonte bien avant la guerre de l'Opium et l'époque impérialiste. La réalité fondamentale était que la Chine ne pouvait pas accroître la productivité par individu, et sortir ainsi de ce qu'on a appelé le « *high-level equilibrium trap* », situation dans laquelle un haut niveau de technologie – avant la machine à vapeur – permettait d'entretenir un courant circulaire de production et de consommation qui empêchait l'investissement dans le développement industriel. L'un des éléments de ce « piège » était l'immense réservoir de force musculaire qui rendait inutiles les machines. Entrait également en ligne de compte l'absence de crédit, ou d'accumulation de capitaux utilisables pour investir. La dynastie et la classe dirigeante vivaient plus de la collecte des impôts que du commerce.

Il est certain que la Chine, lorsqu'elle est entrée dans les Temps modernes, il y a un siècle et demi, avait atteint un haut degré d'homéostasie, cette capacité de persister dans un état stable. Comme un corps humain dont les mécanismes autorégulateurs maintiennent les niveaux de température, de pression sanguine, de respiration, de battement cardiaque, de sucre dans le sang, et bien d'autres, à l'intérieur de faibles variations d'amplitude par rapport à la normale, le corps politique et social de la Chine avait institutionnalisé toute une série de pratiques destinées à lui permettre de se maintenir en vie en suivant des lignes établies : les distributions de sel venaient relever un régime à base de céréales, le fumier humain fertilisait les légumes, les porcs se nourrissaient des détritus de l'homme, les digues contenaient les inondations, les entrepôts du gouvernement garantissaient contre la famine. Le système de la responsabilité mutuelle assurait automatiquement l'ordre dans le voisinage, l'accomplissement des devoirs familiaux procurait la sécurité, la doctrine des Trois Liens attachait l'individu à la famille et la famille à l'État, cependant que les examens inoculaient l'orthodoxie aux nouveaux talents. La « règle d'évitement » (aucun fonctionnaire ne pouvait être en poste dans sa province natale) empêchait le népotisme. Les rebelles fondaient de nouvelles dynasties, ne faisant ainsi que perpétuer le système. La Chine ancienne formait une structure ingénieuse, pleine de variété locale à l'intérieur d'un plan global, décentralisée pour des questions matérielles, mais unifiée par une classe dirigeante qui avait le sens de la forme et restait fidèle à l'image d'elle-même que lui renvoyait l'histoire.

Voyons tout d'abord à quoi ressemblait la vie dans les villages. Le paysan « moyen » des années 1800, si nous nous fions aux données ultérieures dont nous disposons, avait une famille de cinq personnes, comprenant deux enfants non mariés, plus un de ses parents. Seuls les riches disposaient d'une grande maison avec plusieurs cours, abritant les familles nucléaires de deux ou trois fils. Le logis paysan avait un sol en terre battue et un toit de chaume dans le Nord, que remplaçaient la pierre et la tuile dans le Sud pluvieux. Souvent, les habitants du Nord dormaient tous sur un vaste lit de briques, couvert de nattes et percé de conduits de cheminée pour le chauffer en hiver. Partout, sur les fenêtres, le papier tenait lieu de vitres. Les latrines se trouvaient à côté ou au-dessus de la porcherie. L'eau, tirée au puits du village, arrivait dans des seaux portés sur l'épaule, au bout d'une perche. On lavait le linge, sans savon, en le battant dans l'eau du puits ou dans celle du courant, du canal ou de la mare la plus proche.

Ce fermier « moyen » était probablement en partie cultivateur-propriétaire, et en partie locataire. Dans tous les cas, sa famille et lui cultivaient trois ou quatre arpents de terre, légèrement éloignés les uns des autres, allaient et venaient sans cesse, la faucille ou la houe à la main et produisaient avant tout leurs propres moyens de subsistance. Près des villes et des routes commerciales, venaient parfois s'y ajouter des cultures de rapport. L'essentiel de leur vie se déroulait au village, au milieu des voisins, le train quotidien étant rythmé par des excursions régulières à la ville où se tenait le marché, généralement située à environ une heure de marche, où les fêtes saisonnières, les conteurs itinérants et les troupes théâtrales venaient égayer l'année.

Nous avons du mal à imaginer leurs sentiments intimes. Nous savons que l'équilibre entre le rationnel et le superstitieux n'était pas le même que le nôtre et que le champ de leurs intérêts était extrêmement restreint, mais nous aurions très certainement trouvé intelligibles les sentiments humains fondamentaux du paysan. En revanche, il nous serait plus difficile de comprendre ou d'accepter certaines de leurs conduites sociales, de leurs attitudes ou valeurs. Même si l'on admet que « la nature humaine est la même partout », il n'en reste pas moins que ses manifestations sociales peuvent varier considérablement.

Les voisins de village, dans cette situation où, en l'absence d'automobiles, chacun était sédentaire, tenaient une place bien plus importante que dans notre mode de vie citadin ou suburbain. Au nombre des activités communales, outre les cérémonies nuptiales ou mortuaires et les fêtes qui les accompagnaient, figuraient des arrangements mutuels pour la surveillance des récoltes contre les voleurs ou la défense contre les bandits. En fait, les villageois chinois formaient des associations, établissaient des contrats et organisaient de multiples actions collectives sans avoir recours au système officiel. Ces arrangements, la plupart du temps, se faisaient entre familles et, du fait de leur acceptation par la communauté, devenaient des structures légales. Ainsi, les familles qui se réclamaient d'un ancêtre commun formaient une lignée, et la lignée avait généralement pour responsabilité d'entretenir les tombes, de perpétuer les rites du culte des ancêtres ou de veiller à l'instruction dans les écoles qui pouvaient abriter sa descendance. Il arrivait également que les familles paysannes s'unissent afin de réaliser des projets d'irrigation et souscrivent des accords contractuels sur l'allocation des droits à l'eau. Elles pouvaient aussi s'associer pour prendre en charge le culte religieux dans le temple ou former des entreprises commerciales destinées à exploiter le charbon ou vendre du sucre. Il se passait bien des choses entre les gens du peuple, loin du regard de l'État.

Nous savons encore que les villages avaient un sens aigu de leurs intérêts propres et qu'il en résultait souvent de violentes querelles avec les villages voisins, parfois sur des questions de droits à l'eau, de frontières, ou autres affaires tangibles, et parfois pour des raisons plus abstraites de croyances entre sectes religieuses ou d'accidents tant personnels qu'historiques. De là venaient ces guerres sporadiques qui dressaient l'une contre l'autre communautés, sectes ou confédérations. Ces luttes avaient pour objet des questions purement locales, qui ne voulaient rien dire au niveau provincial, et encore moins sur le plan national. Il semble, en résumé, que les conflits violents, dans les régions que nous avons étudiées jusqu'à présent, faisaient partie intégrante du système social agraire. Les massacres de villageois ennemis qui en résultaient s'accompagnaient parfois de pillages, viols, tortures barbares et destruction radicale. La vie bucolique était souvent tout sauf paisible.

Comme toute structure humaine, la société chinoise était bâtie sur la tension et, dès le XIXe siècle, l'équilibre entre ses différentes composantes était devenu précaire. L'accroissement de la population, pour commencer, avait brisé l'équilibre entre la terre et le peuple.

On ignore encore les éléments essentiels du mécanisme responsable du doublement de la population dans la Chine du XVIIIe siècle. La longue période de paix y a certainement contribué. Ainsi que l'implantation de variétés de riz à maturation plus rapide, provenant d'Asie du Sud-Est, et les nouvelles cultures de maïs, de cacahuètes et de patates douces, importées d'Amérique. Le nouveau riz permettait de doubler les récoltes. Les cultures américaines s'implantaient dans les lisières sableuses où le riz, lui, ne poussait plus. De plus, les immigrants des provinces orientales se mirent à exploiter de nouvelles terres au Nord-Ouest et au Sud-Ouest, en mettant en terrasses des régions de collines qui n'étaient pas cultivées auparavant. En s'accroissant, la population produisit une plus grande quantité de fumier, bien utile comme engrais pour fertiliser les champs. On savait aussi, probablement, mieux enrayer les maladies et lutter, par exemple, contre la variole grâce à la vaccination. Mais peut-être découvrira-t-on d'autres facteurs...

A l'origine du second accroissement gigantesque de la population, qui était passée à 430 millions d'habitants en 1850, on trouvait déjà, vers 1700, une vaste base de 150 millions d'hommes environ, si bien qu'un taux de croissance très modeste suffisait largement à peupler le pays. Au nombre des explications à long terme, on peut considérer l'amour des Chinois pour les enfants, et le fait qu'ils représentaient pour eux un investissement, une assurance contre la vieillesse. C'était un devoir sacré que d'engendrer des fils pour perpétuer la lignée familiale et le pieux respect dû aux ancêtres, devant l'autel familial et dans le temple du clan. Les fortunés investissaient dans les épouses secondaires et la progéniture, et non dans les appareils à moteur comme les familles d'aujourd'hui. Un plus grand nombre de personnes signifiait plus de mains utiles dans l'économie familiale. Ainsi la conscience morale et le calcul s'alliaient-ils pour augmenter les naissances. La procréation était aussi peu refrénée que le frai des poissons dans la mer, d'autant que la sexualité maritale constituait le dernier refuge de l'intimité et était encore (contrairement à ce qui se passe aujourd'hui) la moins réglementée des activités dans la vie de la communauté.

Cette croissance en nombre s'accompagnait naturellement d'un développement de l'économie commerciale. Toutes sortes d'indices économiques en faisaient foi : la multiplication des jonques stationnées le long des côtes; celle des banques fondées par les riches familles de Ningpo dans le nouveau port de Shanghai; une plus grande charge de travail pour les banquiers du Shansi, au centre du pays, qui avaient pratiquement le monopole du transfert des fonds officiels; l'augmentation des exportations de thés du Fukien et des soies du Chekiang ou du Kiangsu, qui passaient toutes par Canton; et, enfin, l'intensification des importations d'opium, destinée à combler une envie de drogue qui était, en soi, un symptôme de démoralisation.

Toutefois, le développement du commerce s'effectuait toujours dans le cadre des licences gouvernementales sur les monopoles commerciaux, sans qu'eût été modifiée la politique traditionnelle visant simplement à collecter les quotas fiscaux, et non à encourager les investissements nécessaires à la croissance. Expliquons-nous par l'exemple.

Si l'on veut trouver une denrée dont le peuple américain a un besoin quasi universel aujourd'hui, je suppose que l'on citerait l'essence. Dans la Chine ancienne, c'était le sel, nécessité diététique pour des mangeurs de céréales et de légumes qui voyaient rarement de la viande à leur menu. En persévérant dans l'analogie (je la donne pour ce qu'elle vaut), on trouverait l'équivalent des barons américains du pétrole, à Dallas aujourd'hui, parmi les marchands de sel de Yangchow, dont le mode de vie opulent faisait l'envie de l'époque. Comme les marchands de Yangchow étaient dirigés par le gouvernement, et non indépendants, leur histoire est peut-être instructive.

Le monopole gouvernemental du sel datait d'une époque reculée. Au début des années 1800, le sel provenait de diverses sources : de l'évaporation de l'eau de mer sur la côte, de la saumure bouillie que l'on extrayait des profondeurs des puits du Szechwan (qui se comptaient par centaines, et dont certains, grâce à leurs tuyaux de bambou, allaient à plus de 3 000 m de fond), ou encore de quelques lacs et mines de sel, à l'intérieur des terres. La production de sel était aux mains des marchands monopoleurs, dont les droits héréditaires faisaient richement vivre la famille. Ces droits, ou *kang,* leur permettaient de vendre leur produit aux marchands distributeurs qui dirigeaient tout le travail que représentait le transport du sel sous licence. Le chargement par bateau, dûment patenté et enregistré, ne pouvait être livré qu'à un point spécifié, où les dépôts gouvernementaux prenaient en charge les opérations concernant la distribution locale à la population. Dans chaque province, les intendants du sel, attachés à un réseau bureaucratique complexe, autonome, percevaient les droits de licence et les taxes de vente aux principaux points de production et de distribution. A lui seul, ce monopole représentait le sixième des recettes totales du ministère des Finances, à Pékin. Plus tard, dans les années 1890, alors que la taxe foncière et les droits de douane maritime étaient estimés à 32 millions de taels chacun, les revenus du sel représentaient encore 13 millions de taels.

Le monopole du sel était un régime tout à fait favorable à l'accumulation du capital commercial et, simultanément, à la corruption entre marchands et fonctionnaires. On trouve un indice de la vitalité du système dans la réforme prônée par le fonctionnaire-lettré Wei Yuan, dans la région productrice du Nord-Kiangsu. La réforme de 1832-1833 autorisait, parallèlement aux grands droits du monopole des marchands *kang*, des chargements plus réduits, vendus par le biais d'un système de tickets *(p'iao)*, afin que de plus petits acheteurs, disposant d'un capital moindre, puissent s'introduire dans le commerce. Même alors, quand le sel officiel arrivait finalement sur le marché de la consommation, son prix était augmenté des frais successifs de commission, de transport et de manutention, sans compter les détournements officiels, normaux dans ce type d'opérations. La situation se prêtait admirablement à la contrebande. La moitié du sel, environ, était produite et distribuée illégalement par des bandes de contrebandiers qui empruntaient des routes plus difficiles et détournées. S'il avait fallu lutter contre cette contrebande, le coût de l'opération aurait réduit à néant les recettes escomptées. De toute façon, les contrebandiers ne pouvaient pas dépouiller le gouvernement de ses bénéfices fondamentaux. Contrebandiers et fonctionnaires arrivaient donc à coexister.

Au moment de leur apogée, les marchands de sel, qui avaient constitué leur propre guilde et même leur temple, représentaient la classe sociale dominante dans des villes comme Yangchow et Hankow. Comme ils formaient la couche la plus riche des commerçants, ils soutenaient un grand nombre d'entreprises philanthropiques, et l'on faisait appel à leur contribution pour la maîtrise des inondations, la défense et autres affaires publiques. Bien entendu, la réforme qui instaura le système des tickets au début du XIXe siècle ouvrit la route aux entrepreneurs privés, sur une plus petite échelle que les grands monopoleurs héréditaires. L'emprise bureaucratique diminua pendant la révolte Taiping, après laquelle on assista à ce que Rowe appelle la « privatisation » du commerce du sel qui s'inscrivait dans un courant général.

Supposez que votre société familiale *(hang)* ait appartenu à la guilde du thé de Ningpo, dans le deuxième quart du XIXe siècle. Vos meilleurs fournisseurs de thés se trouvaient dans les collines Bohea sur le cours supérieur du fleuve Min, en amont du port de Foochow. On produisait évidemment du thé dans bien d'autres régions de Chine. Les fermes familiales pouvaient avoir leurs propres théiers. Mais la combinaison du sol et du climat dans les collines Bohea, à laquelle venait s'ajouter l'habileté traditionnelle de jeunes femmes aux doigts de fée pour ramasser, trier, griller (« brûler ») et autres étapes nécessaires aux thés verts ou noirs (qui exigeaient des procédés différents), permettait de satisfaire les clients les plus exigeants non seulement sur l'ensemble du territoire chinois, mais aussi dans les Compagnies européennes des Indes orientales, à Canton. Les mélanges (« hachis ») des producteurs locaux étaient achetés par les acheteurs itinérants (« marchands invités », *k'o-shang*), qui s'occupaient de l'exportation en dehors de la région. En saison, les longues files de porteurs de thé accrochaient leur fardeau à des perches, afin que, s'ils s'arrêtaient pour se reposer, les paquets de thé ne touchent jamais terre. Telle était la scène qui s'offrit aux yeux du botaniste pionnier Robert Fortune, revêtu en l'occurrence d'un déguisement, lorsqu'il fut chargé, dans les années 1850, de cueillir des feuilles de thé pour le gouvernement des Indes britanniques, dont les contrôles de qualité eurent finalement pour résultat l'éclipse du thé de Chine sur le marché mondial, au profit du thé indien.

Supposez toujours que votre société de thé de Ningpo ait établi sa base d'opérations dans le port de Shangai, qui connaissait une croissance rapide. Ningpo était un centre de commerce bien plus ancien, qui servait déjà de port de commerce tributaire avec le Japon à l'époque médiévale. Comme Canton, Foochow, Shanghai et Tientsin, Ningpo était situé à plusieurs kilomètres en amont d'un fleuve, afin d'éviter que son port ne servît de proie facile aux raids des pirates. Quand le commerce se développa, la guilde du thé de Ningpo, tout comme celle des banquiers, joua un rôle de premier plan dans le commerce intérieur de Shanghai.

Si vous aviez transporté un chargement de thé en remontant le Yangtze sur 800 km, vers un centre de commerce tel Hankow, vous auriez sans doute navigué sur l'une de ces jonques marchandes comme on en voit tant dans le bas Yangtze. A votre arrivée à Hankow, au bout d'un voyage de plusieurs jours, vous vous seriez trouvé dans un port extrêmement actif, sur la péninsule formée par le Yangtze et son affluent, le fleuve Han, qui, venant du nord-ouest, le rejoint à cet endroit. De l'autre côté du Yangtze, vers le sud, vous auriez aperçu les murs de la capitale provinciale de Wu-ch'ang, qui fait partie de ce qu'on appelle aujourd'hui Wuhan. A Hankow, vous auriez traité avec des agents ou des courtiers chargés de la vente et de la distribution de votre thé. A la fin du monopole de la Compagnie des Indes orientales, les exportations de thés transitant par Canton atteignaient les 20 millions de livres annuelles. Il ne faudrait pas en conclure pour autant que le commerce extérieur avait un rôle déterminant : il s'agissait simplement d'un secteur de croissance. En supposant qu'une livre de thé subvienne aux besoins annuels d'une personne aisée, le marché intérieur chinois comportait à lui seul, n'en doutons pas, plus de 20 millions de clients aisés pour les produits de Bohea.

L'un des secrets du commerce intérieur de la Chine après le XVIIIe siècle était le transport par voie d'eau. Au nord de Canton, par exemple, les routes de navigation empruntaient l'une ou l'autre des deux passes qui leur permettaient, après de brefs portages, de rejoindre les réseaux fluviaux du Kiangsu et du Hunan. Même dans le Nord aride, la route du fleuve Han se déroulait sur plusieurs centaines de kilomètres vers Sian. En Chine orientale, le Grand Canal était devenu une grande artère où le commerce privé côtoyait celui des denrées officielles. Ses ressources en main-d'œuvre, alliées à l'efficacité plus grande des transports par eau, permettaient à la Chine de remédier au coût comparativement élevé de la circulation des marchandises par voie de terre, sur de longues distances.

L'étude de Hankow, la plus commerçante des trois cités de Wuhan, illustre bien le développement du commerce, car Hankow était une plaque tournante située au croisement de routes commerciales venant de toutes les régions de Chine :

1° Le fleuve Hsiang, traversant le Hunan, amenait les épices et autres produits tropicaux qui parvenaient en Chine *via* Canton, ainsi qu'une partie des lainages que la Compagnie britannique des Indes orientales était obligée de vendre à bas prix aux marchands du *Co-hong* *, qui n'en voyaient guère l'usage sous la chaleur locale. Par la même voie, Canton recevait en retour le riz de l'intérieur de la Chine.

2° La route du haut Yangtze, au-dessus de Hankow, réclamait des types de bateaux différents, et le riz, en provenance du Szechwan pour le bas Yangtze était souvent transbordé à Hankow ou à Ichang. La production de bois du Szechwan céda finalement la place, dans les dernières années du XIXe siècle, à l'opium du Szechwan destiné à Shanghai.

3° Le long du fleuve Han, vers le nord-ouest, on acheminait le thé en bloc destiné ensuite, par voie de terre, au commerce avec la Russie. Dans les basses terres bordées par le Han, on cultivait le coton.

4° A Hankow, bien entendu, les principales activités commerciales s'exerçaient sur le Yangtze, où l'on chargeait le riz du Hupei et du Hunan qui alimentait les villes du bas Yangtze et venait grossir les cargaisons qui remontaient le Grand Canal jusqu'à Pékin. Du bas Yangtze venaient les chargements de sel, produit par la région côtière au nord de Shanghai et rassemblé à Yangchow. Le riz et le sel étaient aussi essentiels l'un que l'autre à l'alimentation chinoise.

L'intensité des échanges qui avaient lieu à Hankow plaide en faveur de la thèse selon laquelle, dès le milieu du XVIIIe siècle, sinon avant, la Chine avait un véritable marché national, où la production, dans un secteur donné, permettait de répondre à la demande générale. Ceci ne pouvait évidemment s'appliquer qu'à certaines denrées. L'économie se caractérisait encore principalement par l'autosuffisance des divers territoires régionaux. Comme lorsqu'il s'agit de définir le début de la Renais-

---

* Marchands de Canton qui formaient une guilde privilégiée – le Co-hong – et avaient reçu du gouvernement impérial le monopole du commerce avec les étrangers. (*N.d.T.*)

sance en Europe ou le commencement de la révolution commerciale en Chine, la date à laquelle on considère qu'un marché national s'est constitué varie en fonction de l'interprétation des indices dont on dispose. La naissance d'un marché national en Chine peut se mesurer à la croissance de groupes spécialisés de marchands, comme les grossistes, les détaillants, les colporteurs itinérants, sur lesquels venaient se greffer la classe des courtiers et agents commissionnés dont les services étaient utilisés par les patrons du commerce qui, à l'échelon supérieur, dirigeaient le négoce interrégional.

L'essor du commerce s'est manifesté, entre autres indices révélateurs, par la prolifération, au XVIIIe siècle, d'associations locales, généralement connues sous le nom de guildes, qui furent au départ créées pour faciliter les activités des marchands. La plupart des guildes représentaient des comtés ou des préfectures (groupes de comtés), plutôt que des provinces entières. Certaines guildes regroupaient des communes spécifiques et parfois les deux se combinaient, comme c'était le cas, par exemple, de la guilde des négociants en thés de Ningpo. La guilde offrait plusieurs avantages : elle permettait aux marchands de disposer d'une hostellerie et d'un lieu de réunion et leur conférait l'appartenance à un groupe dont elle représentait les intérêts en organisant des mouvements de boycottage ou en enregistrant les plaintes. Elle avait également pour fonction d'arbitrer les litiges commerciaux et offrait des facilités d'entrepôt. Les guildes n'avaient aucun caractère officiel, même si les pouvoirs publics reconnaissaient parfois leur existence.

Les locaux de la guilde se composaient d'une série de bâtiments entourés d'un mur d'enceinte, qui rappelaient, par leur configuration, celle des *yamen*. L'entrée principale ouvrait sur les grandes salles destinées aux réunions et aux pratiques rituelles et, sur les côtés, des pièces plus petites servaient d'espace de vie et de travail. Parmi les fonctions culturelles des guildes, figurait la vénération religieuse de la divinité protectrice ou du personnage historique qu'elles avaient pour emblème. La Guilde de Hui-chou, à Hankow, avait pour patron Chu Hsi, et celui de la Guilde de Shao-hsing était Wang Yang-ming. Ainsi les marchands honoraient-ils des idoles choisies parmi les lettrés.

Outre des dortoirs pour les gens de passage, ces installations pouvaient comporter des écoles préparatoires aux examens, et parfois même une scène d'opéra. Les guildes assuraient la réglementation du commerce à la place du gouvernement local. Pour certaines affaires, comme la mise en place de règlements ou l'instigation de boycottages, la guilde tout entière agissait comme une unité autonome. En fait, les guildes s'occupaient à peu près de tout, sauf de la production industrielle. De quoi en remontrer au Rotary ou au Kiwanis, s'ils avaient existé dans les centres commerciaux de la Chine ancienne.

Le financement des guildes était assuré par les cotisations. Elles investissaient également dans les biens immobiliers et pouvaient émettre des titres afin de réunir des fonds. Les loyers des boutiques et autres propriétés pouvaient représenter des sommes considérables. A Hankow, la Guilde du Shensi et du Shansi, dotée d'un temple et d'une hostellerie superbes, avait reconstruit toute une partie de la ville et en tirait des loyers substantiels. Après la révolte Taiping, il lui fallut rebâtir l'ensemble de ce complexe.

Les guildes rendaient toute une gamme de services à la communauté. Leurs activités philanthropiques étaient importantes, allant des dons de nourriture aux pauvres à l'entretien des voies publiques, en passant par la construction de ponts ou l'amélioration de l'approvisionnement en eau et la lutte contre l'incendie, qui demandait parfois l'aménagement de couloirs d'incendie le long desquels on devait détruire des bâtiments (les pompiers disposaient d'un système de pompage d'eau). En cas de nécessité, elles participaient également à la défense locale. Tout ceci illustrait « l'esprit communautaire » confucéen. Ainsi, peu à peu, l'organisation des guildes assuma la responsabilité des services municipaux. On voit ici une manifestation de la puissance des communautés marchandes privées. Il y en avait d'autres.

Le système de la guilde, où coexistaient organisation régionale et organisation commerciale, présentait une structure extrêmement complexe et intérieurement différenciée. Au cours du XIXe siècle, la création de guildes professionnelles constituait le principal secteur de croissance du système. A mesure que le temps passait, l'association des guildes régionales avec d'autres dépendant du même secteur général produisit des structures plus importantes. La prolifération des guildes à la fin du XIXe siècle, par exemple à Hankow, représentait une nouvelle phase dans une évolution interne qui s'effectuait depuis longtemps.

Naturellement, toute cette structure de guildes était en quête de reconnaissance et de patronage officiel. En fait, cultiver les relations officielles était essentiel à leur bonne marche. De nombreux marchands acquirent le statut de notables, sinon par l'examen, du moins par l'achat de diplômes. La plupart du temps, les principales guildes d'une ville se trouvaient regroupées dans une structure plus vaste, par le biais d'un système de couplages ou de fédérations. Ces alliances s'avéraient de la plus grande utilité lorsqu'il s'agissait d'intervenir sur la politique économique, si nécessaire par le boycottage. L'ensemble finissait par former une sorte de gouvernement municipal, surtout dans les moments de crise, comme lors de la révolte Taiping, entre 1850 et 1864.

On voit aisément dans ce contexte que les chambres de commerce chinoises, qui furent mises en place dans les années 1900 et présentées comme des innovations, n'étaient guère plus qu'un nouveau stade dans la forme d'organisation municipale qui avait déjà été développée par les notables commerçants. On peut donc en conclure que, si l'influence occidentale a augmenté graduellement jusqu'à devenir inquiétante dans les années 1890, il existait déjà, avant cette période, une croissance interne naturelle de l'organisation sociocommerciale privée. Ce courant impliquait pour l'État une dépendance accrue vis-à-vis des revenus du commerce et donc un assouplissement de la réglementation qui s'y appliquait. Cet assouplissement fut l'œuvre des fonctionnaires provinciaux, décidés à tirer de meilleurs revenus d'un commerce local en pleine expansion.

Au XIXe siècle, l'organisation du commerce allait au-delà de l'entreprise familiale, et de véritables associations évoquant les sociétés par actions étaient mises sur pied. Leurs opérations commerciales exigeaient des précautions particulières, car le système de monnaie chinois était multiforme : chaque localité et chaque type de commerce pouvait avoir sa propre unité de calcul, l'once d'argent (tael) différentielle, ce qui réclamait une comptabilité importante. Les économistes, on le sait, se délectent de données globales, mais celles-ci sont inexistantes en ce qui concerne 1800. On peut fournir des indices prouvant l'existence de tendances à la constitution d'un marché national, mais on manque de statistiques générales permettant de situer précisément son apparition entre l'âge médiéval et l'époque moderne.

De manière assez naturelle, les marchands britanniques et américains des nouveaux ports ouverts (qui connurent leur apogée après la répression de la révolte Taiping, en 1864) attribuèrent le développement du commerce à leur propre influence, y voyant une extension du marché mondial. Ce point de vue n'était guère plus erroné que l'entêtement habituel de l'étranger à ne considérer que sa petite image de la Chine. Mais, en fait, l'essor du commerce dans les ports ouverts à la fin du XIXe siècle était, dans une large mesure, un retour à la vie commerciale intense qui se manifestait déjà dans la Chine d'avant la Rébellion.

Par exemple, le commerce du thé en bloc avec la Russie, au cours des siècles derniers, n'était que la continuation de l'échange de thé contre des chevaux avec les Mongols, déjà pratiqué à l'époque Sung. Bref, le thé était un article essentiel de l'exportation vers les barbares, bien avant l'arrivée sur mer des Compagnies des Indes orientales. Du fait qu'il s'agissait d'une denrée produite dans quelques régions mais consommée dans toutes, le thé était, à une époque lointaine, tombé sous le monopole du gouvernement.

Les fonctionnaires chinois de l'ancienne époque impériale avaient instinctivement jugé préférable de créer un système de contrôle sous licence, en instituant des marchands monopolistes qui percevaient un impôt officiel. Pour les commerçants étrangers de la nouvelle ère de libre marché, les monopolistes chinois détenteurs de licences étaient évidemment la bête noire et firent l'objet de multiples correspondances consulaires avec les fonctionnaires locaux. La réglementation de ce commerce, où les contrôles de qualité avaient une importance déterminante, dans la mesure où les échantillons de thés pouvaient varier considérablement selon les arrivages, était en réalité à la charge des guildes de thés elles-mêmes. Elles avaient pour fonctions, entre autres, de veiller au respect des normes et d'assurer la régularité du commerce, ce qui venait contrarier les opérations d'enrichissement rapide menées par les entrepreneurs occidentaux. C'est l'incapacité du gouvernement chinois à intervenir pour garantir des normes de qualité à l'échelon national qui, au xxe siècle, devait permettre au Japon et à l'Inde d'enlever à la Chine le marché mondial. Mais, rétrospectivement, cet échec apparaît surtout comme le résultat de la décentralisation de la vie économique chinoise ou, autrement dit, de la domination du commerce par les marchands privés, organisés en guildes. En tout cas, l'âge d'or de l'organisation commerçante sous le régime des guildes n'a pas éveillé chez les entrepreneurs la tentation d'investir dans la production industrielle. Ce fut probablement, bien au contraire, un frein au développement d'un capitalisme à l'européenne.

Dans le domaine de l'investissement industriel, la disponibilité de crédit constitue un élément indispensable, mais, là encore, le développement incontesté de la Chine avait ses limites. La structure de crédit qui facilitait le commerce intérieur de la Chine commençait, au niveau le plus bas, par le prêteur sur gages et l'usurier, parfois réunis en une seule personne, qui fournissaient de petites sommes aux personnes dans le besoin. Au niveau le plus élevé, avant l'arrivée des étrangers, le transfert interrégional du crédit, ainsi que des fonds officiels, était assuré par les banques de dépôt détenues par les familles de la vallée du fleuve Fen, dans le Shansi au centre du pays. Dotée de succursales souvent rattachées par des liens familiaux et répandues sur l'ensemble du pays, la banque du Shansi établie dans une région pouvait recevoir des fonds ou émettre des virements à destination de sa succursale dans une autre région, où les fonds en question seraient mis à disposition, grevés d'un léger escompte pour frais de transfert.

Entre ces deux niveaux, inférieur et supérieur, on trouvait plusieurs catégories de grands et petits établissements financiers ou « banques indigènes », comme les appelaient les étrangers *(ch'ien-chuang)*. Les plus petites d'entre elles ne desservaient souvent que les communautés résidentielles locales, mais les plus grandes appartenaient généralement à un réseau de banques régionales qui s'étendait le long des routes commerciales ou reliait les villes principales. La plupart du temps, bien entendu, ces réseaux étaient mis en place par les natifs d'une localité, comme c'était le cas dans le nord du Chekiang pour ceux de Ningpo ou de Shao-hsing, dont les connexions bancaires s'étendaient à partir de Shanghai sur tout le trajet du Yangtze et le long des côtes. Ces réseaux bancaires interurbains s'épanouirent avec le développement du commerce. Dans la concurrence ouverte à laquelle ils se livraient, bien des banques émettaient leurs propres billets, en l'absence dans l'empire d'instruments de paiement légaux, autorisés par Pékin. Autrement dit, les banques locales constituaient le crédit en écoulant leurs billets de banque aux marchands et même aux fonctionnaires. Elles savaient, bien sûr, qu'il leur fallait conserver en réserve une certaine part de numéraire, mais le nombre de billets qu'elles donnaient à leurs clients pouvait représenter une valeur bien supérieure à celle de leur dépôt en banque. La valeur des billets de banque s'exprimait généralement en termes de monnaie d'argent ou de cuivre et ils étaient payables au porteur. Évidemment, ce système favorisait la spéculation sur le crédit et pouvait amener la banqueroute du créancier et du spéculateur. Mais, à cette époque de commodités prémodernes, les résidents des villes n'étaient ni numérotés ni étiquetés par un gouvernement méfiant, et le banquier ayant failli pouvait tout simplement fermer boutique et se fondre dans la foule. Les fonctionnaires du gouvernement, lorsque le devoir leur imposait de réagir aux plaintes de leurs concitoyens, tentaient régulièrement de mettre de l'ordre dans le système bancaire et de punir les spéculateurs défaillants. L'une des principales méthodes de réglementation consistait, dans la manière traditionnelle chinoise, à exiger des garants, hommes de bien qui se portaient caution devant les banquiers, tout comme ils le faisaient pour les marchands. Pour leur part, les guildes de banquiers, associées pour la défense de leurs intérêts, essayaient, par l'intermédiaire de leurs membres, de réprimer la fraude. Les guildes bancaires assuraient également la supervision du crédit et fixaient les taux locaux des différentes unités de calcul ou taels. Telles étaient les tentatives visant à réduire l'anarchie du marché du crédit.

Ainsi le commerce chinois, dans les premières décennies du XIXe siècle, était-il facilité « par des services novateurs, tels les lettres de change, les banques de dépôt, les écritures de transferts de fonds entre déposants, les possibilités de découvert et [...] divers instruments de crédit négociables et transférables [7] ». La banque était une de ces « vieilles coutumes chinoises » qui connaissait un développement rapide avant l'ouverture des ports.

Toutefois, cette croissance de la production et de la consommation ne semble pas avoir changé de manière appréciable la productivité par personne, dont l'accroissement est la clé principale du processus de développement. On aurait pu retirer le capital de la consommation courante et le consacrer à des ouvrages permettant l'amélioration de la productivité, en commençant par l'infrastructure, qui réclamait la construction de télécommunications, de routes et de chemins de fer; on aurait pu encore le placer plus directement dans l'industrie lourde qui exige d'importants investissements initiaux. A l'ère Meiji, les promoteurs du Japon surent, pour leur part, réaliser de tels investissements, mais rien de tel ne fut accompli par le gouvernement Ch'ing, ni même par les dirigeants provinciaux malgré les efforts de certains d'entre eux. On est forcé d'en conclure que la Chine était trop attachée à ses anciennes habitudes, dans lesquelles entrait la croissance en volume de la population, de la production et des échanges, mais pas l'efficacité qui est la base de la productivité par travailleur et permet à son tour, dans un modèle d'économie moderne et mécanisée, d'amasser le capital nécessaire à l'investissement. Le développement de la population et du commerce se traduisit simplement au début par une production plus importante des mêmes objets. Il existe bien des signes de l'augmentation de l'activité du secteur privé dans la vie économique, ainsi que de l'extension d'un système de crédit qui serait utilisable par la suite, une fois centralisé, pour l'investissement. Mais, en attendant, un plus grand nombre d'hommes signifiait un plus grand nombre de bras capables de remplacer les machines – une main-d'œuvre à bon marché –, ce qui freinait probablement l'innovation radicale. A cette importante et peu coûteuse disponibilité d'hommes venait s'ajouter l'incidence générale des monopoles, de la corruption et d'une consommation fastueuse, habitudes contraires à tout investissement productif.

Si l'on compare la Chine et l'Europe au début des années 1800, des contrastes saisissants nous sautent aux yeux. Il est certain que le XVIIIe siècle a vu s'opérer, dans l'une comme dans l'autre, le développement rapide de la population et l'augmentation consécutive du commerce. Cependant, alors que l'Europe, dans les années 1790, était sous le coup de la Révolution française et de ses répercussions activement novatrices, l'Empire chinois était essentiellement troublé par la révolte du Lotus blanc, entre 1795 et 1804, soulèvement purement traditionnel de la base paysanne qui laissait présager du déclin dynastique, mais rien de plus. L'Europe, à l'époque, avait également accumulé les éléments nécessaires à la révolution industrielle, dans la mesure où les machines avaient déjà considérablement augmenté la productivité du capital et de la main-d'œuvre. Certains ont tenté de dégager un cessus similaire en Chine, comparable à la « proto-industrialisation » de l'Europe. Néanmoins, aucune preuve ne vient étayer cette recherche d'une équivalence chinoise. Le « système de travail à façon » (*putting out*) pour la production artisanale de denrées commerciales, par exemple, n'avait rien d'une nouveauté au début de la Chine moderne, et il ne devait, en tout cas, pas nécessairement conduire à un stade supérieur d'organisation économique, en l'occurrence le capitalisme. Au contraire, la Chine restait attachée à son économie circulaire fondée sur le travail intensif et déterminée par un haut niveau de technologie prémoderne, reposant sur la force humaine. Au fil du temps, la commercialisation aurait normalement dû aboutir à l'industrialisation, mais le processus n'était pas encore entamé.

Quoi qu'il en soit, on aboutit à une découverte significative : le développement du commerce et du secteur privé en Chine existait avant l'incursion étrangère sous l'appareil des traités inégaux des années 1840 et 1850. L'« ouverture » occidentale de la Chine apparaît ainsi sous un nouveau jour. L'envahisseur étranger est remis à sa place, l'importance de l'« impact occidental » ramenée à de justes proportions, et l'on voit que la Chine impériale, sur sa fin, n'était pas une société statique, mais, au contraire, en mouvement. Le fait essentiel étant que la croissance économique touchait principalement, sinon uniquement, le secteur privé et que le gouvernement, laissé en arrière, avait un rôle plus superficiel que jamais. Ainsi que nous nous en étions toujours douté, le centre de gravité de la Chine se situait à l'intérieur, au sein du peuple chinois, et c'est là que se trouvaient réunies les principales composantes de la révolution.

Chapitre 5

LES PROBLÈMES INTERNES
DE LA SOCIÉTÉ CHINOISE

Naturellement, la croissance économique n'allait pas sans répercussions politiques et sociales. Elle se traduisait par l'augmentation des lettrés sans emploi, de la migration paysanne, de la corruption officielle, de la faiblesse militaire ainsi que des clivages sociaux. Cet ensemble devait engendrer la rébellion.

L'un des éléments qui contribua à la chute du gouvernement Ch'ing fut son incapacité, au début du XIXe siècle, à faire suivre la croissance de la population et du commerce d'une croissance proportionnée des structures et du personnel gouvernementaux. Le gouvernement, notamment, n'augmenta pas les quotas provinciaux de diplômés pouvant sortir victorieux du système des examens. A l'origine, ces quotas avaient été instaurés pour respecter un certain équilibre géographique et afin qu'il n'y eût pas une trop forte prépondérance de diplômés venant des provinces du bas Yangtze – dispositif assez similaire à celui qui régit l'admission au Congrès américain, afin que toutes les régions y soient représentées. Pourtant, alors que le nombre d'hommes de talent capables d'acquérir le statut de diplômé augmentait, la rigidité des quotas fermait la porte à une forte proportion de ceux qui s'efforçaient de rallier les rangs du gouvernement. On tentait bien de plus en plus, il est vrai, d'attacher ces talents au gouvernement sous forme de conseillers (*mu-yu*), de députés (*wei-yuan*) ou d'aspirants fonctionnaires (*chou-pu*, « en attente de nomination »).

Mais cela ne faisait qu'accroître la course à l'avancement, sans améliorer l'efficacité de l'administration. Ce n'est que plus tard, dans le courant du XIXᵉ siècle, que la structure institutionnelle du gouvernement arrivera à se développer.

Cette limitation de la mobilité ascensionnelle se traduisait par le fait que des myriades de jeunes lettrés en quête de poste restaient désespérément cramponnés aux bureaux gouvernementaux, les *yamen,* où les équipes étaient pléthoriques et où les rivalités de travail favorisaient la corruption et les manœuvres en tout genre. Les procédures administratives étaient biaisées par le favoritisme personnel, et l'idéal confucéen de l'attachement aux principes sérieusement bafoué. Les cliques individuelles et les réseaux de protection avaient fini par déjouer l'impartialité des examens, des impôts et de la justice. Les exactions avaient pris le relais. Comme les fonctionnaires provinciaux étaient habituellement des fermiers des impôts, chargés de respecter les quotas fiscaux établis, et autorisés à garder le surplus pour leurs dépenses personnelles, partout où la morale des fonctionnaires laissait à désirer, le peuple se trouvait impitoyablement pressuré. Cette rapacité des fonctionnaires et les privations qu'elle imposait au petit peuple semèrent les germes de la rébellion.

Il ne faudrait pas croire que le développement du commerce ait entraîné des améliorations dans le mode de vie paysan. Au contraire, des foules d'indigents et de sans travail quittaient les régions peuplées pour émigrer vers les terres à faible rendement de l'Ouest et du Sud-Ouest montagneux, où le gouvernement était peu représenté. La célèbre – bien que peu étudiée – révolte du Lotus blanc est un exemple de ce courant. L'explosion de la population chinoise avait amené les fermiers à se déplacer vers ces régions moins fertiles, ainsi que vers la nouvelle ligne de délimitation des terres cultivables, en Mandchourie. Dans les régions montagneuses où se trouvent le Hupei, le Shensi et le Szechwan, des colons de Chine centrale s'étaient nouvellement établis, étendant la culture chinoise du riz dans une zone périphérique relativement improductive. On retrouve dans la révolte du Lotus blanc, qui prit naissance dans cette région, certains traits classiques, comme le fait qu'elle s'inspirait d'une religion populaire bouddhiste secrète où l'on croyait en la Mère éternelle. Toutefois, les divers chefs (dont certains étaient des femmes), qui dirigeaient les armées et les assemblées décentralisées organisant les adeptes, étaient incapables de se mettre d'accord sur un sauveur bouddhiste, une incarnation Maitreya, ou un prétendant susceptible d'assurer le rétablissement de la dynastie Ming. Les partisans du Lotus blanc restèrent donc désunis tout autant que décentralisés, formant un réseau ténu de communautés. Ils construisaient des palissades défensives autour de leurs villages de montagne et défiaient les percepteurs d'impôts Ch'ing. Un de leurs slogans était le célèbre : « Les fonctionnaires forcent le peuple à la révolte. » Le soulèvement était naturellement d'inspiration nationaliste et anti-mandchou. Il ne semble pourtant pas que le Lotus blanc ait été la révolte des paysans opprimés par une imposition trop lourde. Les magistrats de comté et leurs subordonnés étaient relativement peu nombreux, et leurs ressources assez restreintes. Il semblerait en fait que le Lotus blanc ait surgi afin de remplacer un gouvernement insuffisant qui n'avait pas encore pris en charge, dans cette région frontalière, ses fonctions habituelles de supervision des travaux publics, des entrepôts de grain, et des examens pour les ambitieux. En 1800, les armées des Bannières mandchoues, complexe militaire dont la plupart des chefs tiraient de vastes profits, furent incapables de réprimer ces rebelles. La rébellion ne put prendre fin qu'après que l'empereur Chia-ch'ing eut mis en place des chefs mandchous non corrumpus. Les rebelles utilisaient la milice chinoise, qui surpassait alors en force militaire les hommes des Bannières mandchoues tant vantés. Les érudits éclairés qui sont versés dans la connaissance du cycle dynastique verront sans peine que les affaires de la dynastie Ch'ing semblaient tourner à son désavantage.

L'épaisseur de la couche de corruption qui couvrait les institutions impériales les plus importantes a été abondamment décrite. Prenons par exemple l'immense réseau de transport du Grand Canal, qui convoyait vers Pékin le riz du bas Yangtze. A la fin du XIIIᵉ siècle, Khubilai Khān avait étendu le Grand Canal vers le nord jusqu'à sa capitale nouvellement construite à Pékin; et dès lors, les Ming et les Ch'ing s'en étaient toujours servis comme d'une grande artère du commerce nord-sud, plus abritée des tempêtes et des pirates que la route maritime autour de la péninsule du Shantung. Sous les ordres de deux gouverneurs généraux, une vaste administration dirigeait le transport des céréales et guidait les milliers de navires céréaliers qui faisaient route vers le nord et tentaient chaque année de franchir les écluses (invention chinoise) du Shantung. Ces bateaux de dix mètres, munis d'équipages de dix hommes, tantôt conduits à la perche, tantôt remorqués, remontaient 1 700 km, passant par un point situé à 450 m au-dessus du niveau de la mer, afin de fournir tous les ans 400 000 tonnes de riz aux entrepôts de Pékin. Ils transportaient également des cargaisons privées.

La circulation sur le canal n'allait pas sans problèmes, et l'un d'eux était la nécessité de traverser le fleuve Jaune. Au cours des siècles, le directeur général de la Commission de conservation du fleuve Jaune avait mis sur pied une bureaucratie comparable à celle des deux directeurs généraux du transport céréalier. Les digues bâties le long du fleuve étaient entretenues par des ingénieurs très compétents, qui disposaient d'allocations impériales relativement conséquentes pour construire des digues de belle apparence, certes, mais qui ne tenaient que quelques années. Seulement voilà, l'administration tirait de vastes profits des dépenses impériales.

Parallèlement, le transport sur le Grand Canal était assuré par une importante bureaucratie, secondée par des milliers de mariniers. Les ancêtres de ces mariniers s'étaient vu assigner leurs fonctions quelques générations auparavant et s'étaient généralement arrangés, par le biais d'une sorte de sous-inféodation, pour que le travail effectif soit fait par des équipes de bateliers sans fonction héréditaire. De tout cet appareil d'administrateurs, de bateliers et de chalands, les fonctionnaires impériaux tiraient des profits considérables, auxquels ils n'étaient pas prêts de renoncer. Lorsque, au début du XIXe siècle, l'effondrement et l'envasement du Grand Canal lui firent perdre de son utilité, on vit resurgir l'idée ancienne que le transport du riz par voie maritime autour de la péninsule du Shantung serait moins onéreux et plus efficace. En période de crise – l'année 1826 – on utilisa effectivement ce mode de transport, grâce au louage de vaisseaux marchands, mais les intérêts en jeu dans le système du Grand Canal étaient si puissants que l'on renoncerait bien vite à cette amélioration. L'inefficacité eut gain de cause.

L'explosion de la population eut bien d'autres effets que l'affaiblissement du gouvernement. Dans la vie économique, la surabondance de main-d'œuvre humaine rendait anti-économiques les méthodes allégeant le travail. Pourquoi construire des barrages afin de disposer d'énergie hydraulique, comme le faisaient les Européens, quand la main-d'œuvre ne valait pratiquement rien et que l'on pouvait continuer à l'utiliser pour le tissage et le filage du textile ? Pourquoi donc avoir recours à des mules et des charrettes quand on disposait d'un si grand nombre de porteurs ? Les porteurs se contentaient de suivre les sentiers, il n'était pas nécessaire d'aménager laborieusement des routes sur les contours inégaux des rizières en terrasse. La rame arrière (*yu-lo*) du sampan maniée à la force des bras permettait très efficacement d'avancer, tout comme la brouette chinoise en équilibre sur sa roue centrale. Sur terre ou sur l'eau, tout moyen de transport mécanique utilisant la vapeur se serait trouvé en rude concurrence avec l'énergie humaine.

Même le recours à la force animale n'était pas avantageux. L'homme et sa houe surpassaient la charrue tractée, et la Chine, par conséquent, restait bien moins préparée à effectuer le passage de la traction animale à la traction automotrice qui s'effectua si naturellement chez les fermiers occidentaux. Toutes les machines de la famille Caterpillar, motoculteurs, semeuses, moissonneuses, lieuses, demeuraient inutilisables, comme elles le sont encore aujourd'hui. La production était enfermée dans une technologie basée sur la force musculaire.

Au niveau social, les conséquences de cette marée humaine étaient encore plus graves, car la vie se réduisait de plus en plus à une lutte acharnée pour la survie. La générosité et la philanthropie devenaient un luxe que l'on pouvait difficilement se permettre dans les familles. Unités fondamentales permettant la survie, les familles devaient compter chaque grain de riz. Certaines échappaient aux impôts en s'engageant comme clients de propriétaires terriens plus puissants, et devenaient des péons qui fournissaient des filles, des ouvriers et des gardes à leurs protecteurs. Pour le fermier propriétaire indépendant, la vie était plus dure, car il lui fallait se protéger des encaisseurs des *yamen* officiels, des hommes de main et autres brutes à la solde des grandes maisons, ainsi que des bandits, nombreux au sein de la foule des miséreux et des sans travail.

Au fur et à mesure que la population proliférait, ce n'était pas seulement l'ordre local, mais aussi la moralité personnelle qui déclinait. Les catastrophes naturelles, telles les inondations, la sécheresse, la famine et la peste, devinrent de plus en plus graves, parce que le nombre des personnes atteintes allait en augmentant. En même temps qu'il perdait confiance en l'avenir, le peuple se mit à refuser l'éthique du travail. Les récompenses offertes par la vertu semblaient bien incertaines. Ceux qui vivaient d'expédients survivaient plus aisément. La flagornerie, la fraude, la prostitution des garçons et des femmes, la contrebande, la violence, tout pouvait servir dans le combat pour la survie. Bien souvent, la conduite confucéenne n'était plus qu'une comédie publique. A partir de 1800, la démoralisation populaire se manifesta dans la pratique de l'opium, d'abord introduite chez les fonctionnaires de second rang, les subalternes des *yamen,* et dans les rangs des institutions ; puis, comme la production de pavot se développait en Chine, son usage se répandit également parmi les paysans producteurs.

Ces fléaux, qui touchaient un si grand nombre d'individus, changèrent la qualité de la vie en Chine. Celle-ci devint inévitablement plus brutale et plus aléatoire. Les fonctionnaires honnêtes, qui mouraient pauvres, devinrent des parangons illustres tant ils étaient rares. La société, qui à l'époque des Sung et même des Ming acceptait généralement l'individu en fonction de ses mérites, faisait maintenant preuve de méfiance à l'égard de tous ceux qui semblaient avoir des motivations honorables, redoutait les étrangers, était devenue incapable de générosité. La lutte pour la survie impliquait que tous les idéaux étaient dangereux, au même titre que la vie quotidienne elle-même. On avait déjà assisté auparavant à des fluctuations sociales et morales de cette ampleur, mais en comparant, comme nous le faisons ici, la fin des Ch'ing avec l'Occident, les faiblesses fondamentales du régime se révèlent de manière particulièrement aiguë.

Considérons tout d'abord le système d'écriture. En effet, l'écriture chinoise, qui permettait aux lettrés chinois, japonais, coréens et vietnamiens de communiquer entre eux, représentait un important moyen de contact pour ceux qui la connaissaient. Les marchands qui parlaient les langues, réciproquement incompréhensibles, des provinces de Canton, Shanghai ou du Shansi, arrivaient parfaitement à se comprendre grâce à l'écriture. Des recherches récentes en concluent que l'instruction fonctionnelle (par opposition à l'érudition classique) était relativement répandue – environ 30 à 45 p. 100 des hommes et de 2 à 10 p. 100 des femmes, ce qui nous rapproche de l'Angleterre du XVIIe siècle. Autrement dit, les gens du peuple arrivaient souvent à acquérir l'instruction dont ils avaient besoin, afin de pouvoir communiquer des choses simples par écrit, ou de tenir des comptes.

Mais l'instruction n'est pas un état qui se résume par oui ou par non comme l'état de grossesse. C'est la définition de l'« instruction » qui détermine son degré. Dans la Chine ancienne, la véritable ligne de séparation était matérialisée par l'érudition classique – qui n'englobait pas seulement des milliers de caractères complexes, mais aussi les différents niveaux de signification que certains caractères avaient acquis au cours des siècles et, en fin de compte, la connaissance durement acquise des textes et commentaires. Cette « connaissance des classiques » était l'élément qui distinguait les lettrés ayant suivi le cursus classique du monde des illettrés ou des gens du peuple à peine instruits. L'élément même qui accordait au lettré son statut privilégié d'appartenance à une classe supérieure l'écartait de la vie des hommes de son temps. Les aspirants fonctionnaires parlaient un jargon dérivé du dialecte pékinois (*Kuan-hua,* langue officielle). Les conversations regorgeant d'allusions et de citations classiques, en termes incompréhensibles pour le paysan, même si ce dernier savait lire et écrire, étaient la marque distinctive des lettrés. L'écart se trouvait encore renforcé par la tradition inébranlable selon laquelle les intellectuels ne devaient pas faire usage de leurs muscles, ni même de leurs mains, si ce n'est pour la calligraphie. La séparation ainsi consacrée de la société chinoise en deux compartiments – d'un côté ceux qui disposaient d'une culture classique et de l'autre ceux qui étaient comparativement illettrés – étayait la position de la classe dominante. Les examens représentaient le rituel qui préservait et rationalisait cette grande division sociale.

La deuxième division sociale était celle qui s'opérait entre les sexes. Au lieu de nous complaire à rappeler les différences qui séparent l'un de l'autre, de manière éminemment partiale, attachons-nous à une invention chinoise particulière, destinée à maintenir les femmes à leur place.

De toutes les facettes inexplorées que compte l'histoire de la Chine ancienne, la sujétion des femmes a toujours été le domaine le moins étudié. Les femmes étaient imbriquées dans les ordres social et cosmique (lesquels formaient un continuum) grâce à l'invocation des principes du Yin et du Yang. Tout ce qui était clair, chaud, actif, masculin et dominant était Yang, alors que tout ce qui était sombre, froid, passif et soumis était Yin. Ce dualisme, visible dans l'alternance du jour et de la nuit ou dans le contraste entre la lune et le soleil, constituait un moule préfabriqué dans lequel on pouvait confiner les femmes. La sujétion des femmes était ainsi une institution perfectionnée et élaborée, au même titre que les autres réalisations chinoises, et non pas un simple accident découlant du fait que l'homme avait des muscles plus développés et que la femme portait les enfants, éléments qui auraient semblé bien plus évidents dans le cadre d'une tribu primitive. L'inégalité entre les sexes était étayée par des fondements philosophiques et des pratiques sociales de longue date. La nuit de noces de la femme était tout à fait symbolique de son statut secondaire : elle devait s'attendre à être déflorée par un étranger qu'elle n'avait jamais rencontré auparavant, le mari choisi pour elle par sa famille. Même si, dans les faits, la réalité était souvent différente, la théorie, en tout cas, était inflexible.

Dans ce vaste complexe de théories et de coutumes, qui assurait au monde chinois un ordre durable et stable, on a particulièrement négligé l'habitude du bandage des pieds. Cette coutume fit son apparition à la cour au Xe siècle, à la fin de l'époque T'ang, et s'étendit progressivement à la haute société au cours de l'époque Sung, qui lui succéda. Sous les Ming et les Ch'ing, à partir de 1368, elle était pratiquée dans l'ensemble de la population chinoise Han. Elle connut une telle extension que les observateurs occidentaux du XIXe siècle la trouvèrent à peu près universellement répandue, non seulement dans la haute société, mais aussi dans la population paysanne.

Le bandage des pieds était considéré comme une marque de distinction et d'appartenance à la haute société. Les petits pieds acquirent un prestige tel que les jeunes filles qui ne présentaient pas cet ornement ne pouvaient prétendre à un bon mariage et encouraient les sarcasmes et l'opprobre de la communauté. En fait, les pieds bandés étaient alors de *rigueur**, c'était pour une mère la seule manière convenable d'agir avec sa fille, une obligation si elle se souciait tant soit peu de l'éventuel mariage de sa fille et de sa réussite dans la vie. Les pieds liés étaient un *must*. Seules quelques populations tribales, ou des groupes d'exception, comme les conquérants mandchous, les nomades chinois Hakka au sud de la Chine, ou encore le

---

* En français dans le texte. (*N.d.T.*)

petit peuple, ce groupe assez peu nombreux et situé tout en bas de l'échelle, à l'abri des normes sociales de civilité, pouvaient éviter à leurs filles d'avoir les pieds bandés.

Le petit pied, qui recevait les appellations de « lotus doré » ou de « lis doré » *(chin-lien)* était abondamment célébré par de fervents adorateurs masculins, dans de multiples poèmes ou essais. Écoutons ici le poète Su Tung-p'o (1036-1101), du début de l'époque Sung :

Embaumant le parfum, elle esquisse des pas de lotus;
Et malgré sa tristesse, marche le pied léger.
Elle danse à la manière du vent, sans laisser de trace phy-
  [sique.
Une autre, subrepticement, tente gaiement de suivre le
  [style du palais,
Mais grande est sa douleur sitôt qu'elle veut marcher!
Regarde-les dans le creux de ta main, si incroyable-
  [ment petits
Qu'il n'est de mot pour les décrire.

Les philosophes Sung tenaient l'infériorité de la femme pour un des éléments fondamentaux de l'ordre social. Le grand Chu Hsi (1130-1200) avait codifié la cosmologie de la Chine de manière aussi magistrale que son proche contemporain Thomas d'Aquin (mort en 1274) l'avait fait pour la chrétienté occidentale. Alors qu'il était magistrat dans la province du Fukien, Chu Hsi encourageait le bandage des pieds afin de préserver la chasteté féminine et y voyait « un moyen de répandre la culture chinoise et d'enseigner la séparation entre l'homme et la femme ».

A l'époque Ming, dans tout le pays, les femmes chinoises Han qui avaient des pieds artificiellement petits formaient une écrasante majorité. A de nombreuses reprises, les empereurs mandchous s'élevèrent contre cette coutume au moyen d'édits exhortatifs, mais totalement dénués d'effet. Le sujet continuait toujours autant à faire vibrer la corde romantique masculine, comme l'illustre ce poème du XIVe siècle :

Agitée par la douce brise,
Sa robe en soie flotte et ondoie.
Fleurs de lotus enserrées par un soulier si étroit,
Ne croirait-on la voir marcher au-dessus des eaux autom-
[nales!
Dessous sa robe, jamais ne pointe le bout de son soulier,
De crainte que l'on aperçoive ses minuscules broderies [8].

Il ne fait aucun doute que la coutume du bandage des pieds procédait d'un fétichisme sexuel. Les manuels érotiques chinois sont très précis quant à l'utilisation des pieds bandés, considérés comme zones érogènes. Toutes les manières possibles de se saisir du pied, de le caresser avec les mains, de se servir de sa bouche, sa langue ou ses lèvres, sont explicitement cataloguées. On en trouve de nombreux exemples, présentés avec une profusion de détails qui les apparente à la pornographie de luxe. Parallèlement, la littérature vantait l'attrait esthétique des petits souliers et de leurs broderies de couleurs vives, et la démarche trébuchante de la femme aux pieds bandés était considérée comme le très séduisant symbole de la fragilité féminine, ce qu'elle était d'ailleurs bel et bien. Dans la réalité, les pieds bandés représentaient bien sûr une garantie de chasteté, puisqu'ils maintenaient les femmes à l'intérieur du foyer et leur interdisaient de s'aventurer au loin. Une fois formés, les pieds bandés ne pouvaient être défaits, contrairement aux ceintures de chasteté. En laissant aux hommes le monopole de la validité, ils assuraient la domination masculine de manière très réelle.

La prédominance des pieds bandés jusque dans les années 1920 – le mouvement d'opposition à cette coutume n'étant apparu que dans les années 1890 – illustre de manière flagrante la rapidité et l'envergure de la révolution sociale de la Chine moderne. Si cette déclaration ne rencontre pas d'emblée l'adhésion des Américains mâles de race blanche, les femmes ou les Noirs américains, du moins, comprendront sans peine que les Chinoises aient connu au cours de ce siècle l'émancipation d'un véritable esclavage.

Si le bandage des pieds figure mentionné dans de nombreux ouvrages étrangers sur la Chine, il n'est généralement traité que comme un détail curieux. Je ne pense pas que ce soit le cas. Il s'agissait d'une invention érotique majeure, où l'on pouvait voir un nouvel exploit du génie social chinois. Tout au long de leur adolescence, les jeunes filles déformaient douloureusement leur corps, afin d'attirer des maris convenables qui, de leur côté, adhéraient à un folklore de croyances correspondant à leur propre attente : par exemple, le bandage des pieds donnait aux femmes un vagin plus étroit et musclé, ou encore les pieds de lotus étaient un foyer capital de la sensibilité érotique, véritable zone érogène augmentant d'au moins cinquante pour cent l'appareillage féminin. Nos spécialistes en plaisir sexuel considèrent aujourd'hui les pieds normaux comme des organes insuffisamment exploités sensuellement, mais il faut admettre qu'ils ne sont pas très faciles à manier – tandis que les petits pieds de lotus, eux, étaient faits pour être saisis, caressés, léchés, sucés, embrassés et mordillés. Le père Ripa, grand conteur jésuite qui passa une dizaine d'années à la cour de K'ang-hsi au début du XVIIIe siècle, nous fait part de ses réflexions : « Leur goût a subi un tel degré de perversion que je connais un médecin dont les seules relations physiques avec la femme qui partage sa vie consistent à regarder et caresser ses pieds [9]. » Du fait que toutes les terminaisons nerveuses étaient rassemblées dans une surface restreinte, les lis dorés devenaient bien plus sensibles que, notamment, la nuque féminine qui ensorcelait les samouraï japonais. Après tout, ils avaient été créés spécialement pour l'appréciation masculine. Puisque c'était l'usage chez toutes les jeunes filles convenables, quelle nouvelle épousée aurait osé mettre en doute que son sacrifice, sa souffrance et son embarras en valussent la peine ? Une femme sans petits pieds dans la Chine ancienne, c'était comme une maison neuve sans commodités dans l'Amérique d'aujourd'hui : qui en aurait voulu ? C'est ainsi que dans les années 1930 et 1940, on voyait encore dans les fermes des femmes marcher en clopinant sur les talons, victimes de cette vieille coutume.

Le traitement infligé aux pieds des filles pour les

rendre petits – ne dépassant pas 8 cm de préférence – consistait à maintenir les quatre petits orteils pressés sous l'arcade métatarsienne ou voûte plantaire, afin de la rendre plus étroite. En même temps, on les raccourcissait en forçant le gros orteil à se rapprocher du talon, imposant à la cambrure une forme arquée. Cela provoquait une fracture de la cambrure et le pied ne pouvait supporter aucun poids, sauf sur le talon. Si l'intervention commençait dès l'âge de cinq ans, l'épreuve était moins douloureuse que si on laissait les pieds de la petite fille se développer normalement jusqu'à l'âge de huit ou dix ans, comme cela se faisait dans les familles paysannes, où elle pouvait ainsi rendre de plus grands services.

« Lorsque j'eus sept ans [rapporte une femme à Ida Pruitt], ma mère [...] me lava les pieds, les couvrit d'alun et me coupa les ongles. Ensuite elle recourba les orteils sous la plante des pieds avec une bande de tissu de trois mètres de long et de cinq centimètres de large, en commençant par le pied droit, puis par le pied gauche. Elle [...] m'ordonna de marcher, mais quand je voulus le faire, la douleur s'avéra insupportable. Cette nuit-là [...], j'avais les pieds en feu et fus incapable de dormir ; ma mère me frappa parce que je pleurais. Les jours suivants, je tentai de me cacher, mais on me força à marcher [...]. Au bout de quelques mois, tous mes orteils, à l'exception du plus gros, étaient pressés contre la surface interne [...] ma mère retira les bandages et nettoya le sang et le pus qui coulaient de mes pieds. Elle me disait qu'il fallait retirer de la chair pour que mes pieds deviennent bien étroits [...] toutes les deux semaines, je changeais de chaussures. Chaque nouvelle paire était plus petite que la précédente d'un quart ou d'un demi-centimètre [...]. L'été, mes pieds sentaient terriblement, à cause du pus et du sang ; l'hiver, j'avais les pieds froids du fait de l'absence de circulation [...], mes quatre orteils étaient recroquevillés vers l'intérieur, comme autant de chenilles mortes [...], il fallut deux ans avant d'en arriver au modèle de huit centimètres [...], j'avais les jambes fines, mes pieds étaient devenus arqués, laids et malodorants [10]. »

Au bout des deux premières années, la douleur allait en diminuant. Mais le fait de restreindre les pieds à une taille de 8 cm avait bien des conséquences. Ils devenaient alors des parties du corps extrêmement privées, qui réclamaient des soins quotidiens de toilette et de manucure et qu'il fallait de plus maintenir nuit et jour constamment bandés et chaussés. Des ongles non manucurés risquaient de s'incarner dans le cou-de-pied, les bandages risquaient de bloquer la circulation et de provoquer la gangrène ou l'empoisonnement du sang. On avait recours pour pallier l'incommodité de la situation aux massages et à l'alternance de bains chauds et froids, mais il demeurait extrêmement difficile de marcher, même sur de courtes distances. Des cors apparaissaient fréquemment sur les orteils recourbés à l'envers, qu'il fallait rogner au couteau. Une fois déformés pour satisfaire le goût de l'époque, les pieds bandés ne permettaient guère de se tenir debout. Le poids du corps reposant entièrement sur les talons, ce dernier se voyait imprimer un constant mouvement de va-et-vient d'avant en arrière. Les pieds bandés, n'offrant pas la même résistance que les pieds normaux, ne représentaient qu'un appui fatigant et instable.

En fait, le bandage des pieds était au début une marque de luxe ostentatoire qui réduisait l'utilité des filles dans le travail de la maison et les rendait plus dépendantes des autres. Mais, dès que la coutume se fut répandue dans la population, on en vint à considérer les pieds de lotus comme l'atout essentiel pour avoir un bon mari. Les mariages étaient arrangés par les familles et souvent par des marieurs professionnels, et la longueur du pied de lis avait plus de poids dans la transaction que la beauté du visage ou de la personne. Quand le mouvement anti-bandage se dessina vers la fin du XIXe siècle, de nombreuses mères et filles y restaient encore obstinément accrochées, pour éviter la honte publique que constituaient les grands pieds. La petitesse du pied était source de fierté sociale pour la victime comme pour sa famille. En fin de compte, on peut supposer qu'un milliard au moins de Chinoises, au cours des mille années d'usage courant de cette pratique, ont enduré le supplice du bandage des pieds et recueilli en échange les fruits de l'honneur et de l'extase, dont nous ne discuterons pas ici la valeur.

Cette institution offre trois caractéristiques remarquables : on peut tout d'abord s'étonner de l'invention même du bandage des pieds, qui représentait une telle prouesse technique, sur les plans physiologique, psychologique et sociologique. Il est ensuite étonnant qu'une fois inventé il se soit répandu aussi largement, et pendant une période aussi longue, au sein d'une population paysanne généralement humaine et dotée d'esprit pratique. On commence seulement à comprendre ce phénomène. Le fait qu'un luxe érotique appartenant à la haute société se soit infiltré dans la paysannerie de la Chine ancienne, alors qu'il ne pouvait entraîner pour elle qu'une baisse de la productivité, laisse à penser que la vieille société était extraordinairement homogène.

On peut dire, pour finir, que la manière dont les hommes piégeaient les femmes en les amenant à une mutilation servant des intentions ostensiblement sexuelles, et qui avait pour effet de perpétuer la domination masculine, était certainement ingénieuse. Les femmes mariées quittaient leur foyer pour entrer dans la famille de leur mari avec le rang le plus bas, celui de domestiques de leur belle-mère. On leur choisissait un mari sans qu'elles l'aient jamais vu, et celui-ci pouvait très bien trouver son plaisir dans des aventures extra-maritales, ou même, s'il en avait les moyens, ramener des épouses secondaires. En revanche, la femme une fois fiancée devait normalement, si son futur mari mourait, même enfant, rester une chaste veuve pour le restant de ses jours. Mao faisait remarquer que « les femmes soutiennent la moitié du ciel », mais dans la Chine ancienne, elles n'étaient pas censées relever la tête. Le talent que l'on peut voir aujourd'hui chez les femmes chinoises avait peu de chances de se développer et de s'exprimer. Cela ne constituait pas une base solide pour une société moderne.

***

On voit donc qu'au moment où les contacts avec l'Occident allaient en s'intensifiant, vers le milieu du XIXe siècle, il y avait en Chine bien d'autres problèmes que la pression de la population et la corruption. Si les quatre cinquièmes environ des femmes aux pieds bandés acceptaient leur handicap comme allant de soi, les quatre cinquièmes environ des hommes qui cultivaient la terre devaient affronter des inégalités qui leur paraissaient plus flagrantes.

Les fermiers locataires formaient une majorité en Chine du Sud, où le sol, grâce à la chaleur et à l'eau, était plus productif. Dans le Nord, la plupart des fermiers étaient des propriétaires-cultivateurs. Mais partout, l'augmentation de la population rehaussait la valeur des terres et faisait de la propriété terrienne la forme idéale d'investissement. Comme la valeur de la propriété dépendait du maintien de l'ordre, les pauvres, en nombre sans cesse croissant, étaient de plus en plus prêts à se rallier à une lutte de classe contre les plus fortunés, qui comptaient sur le gouvernement pour préserver l'ordre établi. Jusqu'alors, quand le gouvernement faillissait à sa tâche, la rébellion s'ensuivait, et une nouvelle dynastie, chinoise ou étrangère, restaurait l'équilibre complexe entre l'État et la société. Mais, après 1840, de nouvelles idées gagnèrent du terrain sur la scène chinoise, à commencer par le nationalisme et l'égalitarisme. Le premier s'attaquait à la domination étrangère des Mandchous, le second visait la classe dirigeante confucéenne. Tous deux trouvèrent leur expression dans la révolte Taiping.

Le mouvement Taiping respectait à bien des égards le schéma classique de la révolte paysanne. D'abord secte religieuse, il fit des adeptes, les organisa en armée, brandit l'étendard d'un nouveau régime, puis s'étendit très largement, dans une grande explosion d'énergie et de violence. C'est le schéma habituel, tant des époques précédentes que des temps ultérieurs, mais les personnalités qui lui donnèrent son expression ont marqué d'une empreinte différente les événements qui se sont déroulés. On peut dire, pour commencer, que si son fondateur parvint à se constituer une équipe de partisans loyaux, c'est uniquement grâce à la force de sa personnalité. Chu Yuanchang, dans les années 1350 et 1360, avait été un homme de cette trempe. Autrefois meneur d'une bande de guerriers, il avait fondé la dynastie Ming en écrasant tous ses rivaux en amont et en aval du bas Yangtze. Établi à Nankin, il s'empara du Sud, chassa les Mongols du Nord, calqua précisément son régime sur le modèle des T'ang qui avaient régné sept cents ans auparavant, et ne devint que progressivement mégalomane.

Le fondateur de la révolte Taiping s'appelait Hung Hsiu-ch'uan, la foi qu'il prônait était sa version personnelle de l'Ancien Testament de la chrétienté protestante, et le Royaume céleste de la Grande Paix qu'il instaura gouverna Nankin de 1853 à 1864. Mais, dès le début, de nombreux éléments vouaient son action à l'échec ; la société chinoise était, semble-t-il, prête à donner naissance à une nouvelle dynastie, mais l'environnement étranger du xixe siècle allait provoquer un avortement. La possibilité d'une nouvelle vie nationale était là, mais elle ne fut pas saisie.

Lorsque Hung eut échoué pour la quatrième fois aux examens de Canton, en 1843, il laissa exploser sa rage contre la domination mandchoue sur la Chine, puis lut quelques brochures éditées par les missionnaires chrétiens, qui lui parurent expliquer les visions qui l'avaient assailli au cours d'une précédente maladie mentale : Dieu le Père l'avait de toute évidence appelé pour sauver l'humanité et Jésus était son Frère aîné. Hung devint un évangéliste militant pour une vie morale, destinée à servir le vrai Dieu, l'unique. Un mois passé en compagnie d'un missionnaire baptiste, du nom mémorable d'Issachar Jacox Roberts, en 1847, lui permit d'apprendre à prier, prêcher, chanter des hymnes, catéchiser, confesser les péchés, baptiser, et autres manières de pratiquer le protestantisme fondamentaliste. Les brochures, qui demeuraient pour Hung la principale source de doctrine chrétienne, avaient été écrites par Liang Fa, un des premiers

Cantonais convertis, qui voyait dans l'Ancien Testament l'histoire d'un petit nombre d'élus qui, grâce à l'aide de Dieu, s'étaient révoltés contre l'oppression. Liang insistait plus sur la juste colère de Jéhovah que sur la bonté d'âme de Jésus et ne donna à Hung qu'un aperçu de la théologie chrétienne. Mais, avec ses deux premiers convertis, Hung créa un monothéisme iconoclaste assez puissant pour instituer la théocratie Taiping, néanmoins trop blasphématoire pour obtenir le soutien étranger, trop concentré sur le vrai Dieu unique pour permettre la coopération des sociétés secrètes comme les Triades, et trop bizarre et irrationnel pour convaincre les lettrés chinois, dont la participation était normalement essentielle pour instaurer une nouvelle administration.

La Société des Adorateurs de Dieu, comme la secte se nommait à ses débuts, prit origine dans la région montagneuse du Kwangsi, à l'ouest de Canton, diversement peuplée d'aborigènes Yao et Chuang, ainsi que de Chinois Hakka, comme la famille Hung, c'est-à-dire de migrants arrivés de la Chine du Nord plusieurs siècles auparavant, qui avaient conservé leur dialecte du Nord, ainsi que certaines caractéristiques ethniques, comme l'opposition aux pieds bandés. Représentant une minorité en Chine du Sud, les communautés Hakka éparpillées étaient dotées d'une robustesse et d'un esprit d'entreprise peu communs, et toujours prêtes à se défendre vigoureusement.

L'histoire de Hung, qui devint le roi révolté de la moitié de la Chine, tout comme celle de Napoléon Bonaparte ou de Adolphe Hitler, est empreinte de romantisme tragique, porte le sceau des mystères du hasard et la marque de facteurs personnels et sociaux, sujets toujours largement débattus depuis. Ses adeptes croyaient fermement que Dieu leur avait ordonné de renverser le règne mandchou et d'installer à sa place le nouveau règne de la fraternité et de la sororité parmi les enfants de Dieu. Le commandement était assuré par six activistes, frères jurés, au sein desquels Hung n'était que le premier de ses pairs. Le principal chef militaire était un charbonnier illettré du nom de Yang, qui avait un tel don pour recevoir la visite de Dieu et parler avec *Sa* voix que Hung lui-même en restait sincèrement interdit. Plusieurs des autres chefs étaient des lettrés de bas niveau. Aucun n'était un simple paysan. Ils tiraient leur système politico-militaire de l'ancien classique *Le Rituel des Chou*. Leur mouvement était supérieurement motivé, supérieurement organisé, et austèrement puritain, pratiquant même au début la ségrégation entre hommes et femmes.

La chrétienté Taiping disposait de tout un répertoire, moitié emprunté, moitié recréé pour l'usage chinois, de prières, d'hymnes et de rituels, et prêchait la fraternité et la sororité de l'humanité tout entière sous la paternité du seul et unique vrai Dieu. Loin de la passivité du taoïsme ou de l'attachement bouddhiste aux biens de ce monde, l'Ancien Testament protestant offrait la sonnerie de ses trompettes à un peuple militant, en marche contre ses oppresseurs. Le corps initial des vrais croyants Hakka du Kwangsi se montrait le plus brave à la bataille et le plus respectueux vis-à-vis du petit peuple. Et cela n'était guère étonnant! Les enseignements de Hung avaient créé une nouvelle secte chinoise organisée pour la guerre. Ils exploitaient les techniques sûrement éprouvées au cours de mille huit cents ans d'histoire chrétienne pour inculquer à chaque individu une foi ardente et s'assurer de son efficacité lorsqu'il devait servir. La chrétienté Taiping offrait un amalgame unique d'idées et de pratiques orientales et occidentales, tournées vers l'action militante, et il fallut attendre plus d'un siècle pour retrouver son pareil, lorsque la Chine se mit à emprunter et « siniser » le marxisme-léninisme.

Selon toute vraisemblance, Hung n'a jamais dit : « Une étincelle peut mettre le feu à toute la plaine », mais Mao Tse-tung aurait pu tirer cette idée de l'histoire à succès des adorateurs de Dieu. En 1850, le Kwangsi se trouvait loin de Pékin, abritait quelques garnisons mandchoues, et était fortement soumis à la pénétration des contrebandiers d'opium et des pirates, poussés à chercher refuge à l'intérieur des terres, sur les rives du fleuve de l'Ouest, à cause de la chasse aux pirates menée par la marine britannique le long des côtes. Les désordres croissants avaient suscité l'entraînement de forces locales d'autodéfense, qui englobaient aussi bien la milice que les bandits, l'une ayant peu à envier aux autres, puisque tous vivaient aux dépens du peuple. La petite congrégation des adorateurs de Dieu, comme d'autres groupes, s'était armée pour l'autodéfense, mais secrètement et avec de plus grandes ambitions. Vers la fin des années 1850, quelque vingt mille vrais croyants entendirent l'appel à la mobilisation de Hung et l'emportèrent sur les troupes impériales envoyées pour les disperser. Le 11 janvier 1851, jour de son trente-huitième anniversaire, Hung se proclama Roi céleste d'une nouvelle dynastie, le Royaume céleste de la Grande Paix.

La foi militante Taiping inspirait une armée de fiers guerriers qui surent, tout au long des premières années, conserver une stricte discipline morale, se montrer amicaux envers les gens du peuple et s'attacher par leur dévouement des recrues, y compris parmi leurs adversaires terrifiés. Ils disposaient d'une multitude de drapeaux et de bannières, qui servaient en partie à l'identification de leurs différentes unités. Au lieu de porter la natte exigée par la dynastie mandchoue comme marque d'allégeance (symbole bien tangible!), les Taiping laissaient pousser leur chevelure et devinrent ces « rebelles aux longs cheveux » qui représentaient pour la société chinoise établie un spectacle encore plus effrayant que les étudiants révoltés de la contre-culture occidentale qui firent leur apparition un siècle plus tard.

En Chine, les quinze ans de guerre civile, entre 1850 et 1864, occasionnèrent de terribles dégâts tant en vies humaines que sur le plan matériel. Quelque six cents cités fortifiées changèrent de mains, souvent au prix de massacres. Alors que la guerre civile américaine du début des années 1860 était la première grande bataille de l'époque industrielle, où le chemin de fer, les transports par machine à vapeur et les armes de précision jouèrent un rôle clé, la guerre impérialiste Taiping en Chine était la dernière de l'époque prémoderne. Les armées se déplaçaient à pied et vivaient aux dépens de la terre qu'elles parcouraient. Elles ne disposaient d'aucune équipe médicale. Elles n'avaient ni cartes modernes ni télégraphe. On avait parfois recours à l'artillerie lors des sièges, mais la tactique employée de préférence consistait à creuser un tunnel sous la muraille, y placer de la poudre à canon et faire sauter le tout. Les flottes de jonques et de sampans se battaient sur le Yangtze et sur les grands lacs qu'il formait vers le sud, mais les bateaux à vapeur constituaient une rareté. On utilisait le mousquet, mais la plus grande partie du carnage se déroulait en combats au corps à corps, à l'épée, au couteau, à la pique ou au bâton. Toutes armes qui réclamaient plus de motivation que de véritable entraînement technique. L'armée qui se trouvait en position d'envahisseur pouvait compenser ses pertes par le recrutement local, la conscription ou la conversion des captifs, cependant le commandant ne pouvait pas toujours compter sur de telles troupes pour défendre ses positions, encore moins pour charger l'ennemi. Les généraux impériaux faisaient souvent appel aux guerriers de toujours qu'étaient les Mandchous et les Mongols, mais le Sud humide ne leur convenait généralement pas, et leur cavalerie n'était guère utile dans les rizières. Le combat opposait essentiellement les Chinois aux Chinois. Les rapports officiels qui font mention d'armées de 20 000 à 30 000 hommes, voire de 200 000 à 300 000, soulèvent bien des questions. On peut se demander comment ils arrivaient à se nourrir et quels itinéraires ils pouvaient bien emprunter, dans un pays pratiquement dépourvu de routes. Le total des troupes y figure toujours en chiffres ronds, et il faut probablement le réduire.

En 1851, la horde des Taiping se déversa sur le Nord, prit possession des cités de Wuhan et, au début de l'année 1853, descendit le Yangtze afin de s'emparer de Nankin qui devint la Capitale céleste. Leur stratégie était celle que l'on pouvait attendre d'un groupe ambitieux dominé par un charbonnier illettré : ignorants du monde extérieur, ils laissaient Shanghai entre les mains impériales et ne s'occupèrent nullement de développer les relations extérieures. Grisés par le succès, ils envoyèrent simultanément des forces trop peu nombreuses, au nord pour conquérir Pékin, et à l'ouest pour récupérer la Chine centrale. Les deux expéditions furent un échec. Les généraux étaient en grande partie livrés à eux-mêmes, n'avaient ni service de renseignements, ni communications, ni coordination auxquels se fier; ils en étaient réduits à faire face aux situations telles qu'elles se présentaient. Absorbés par la religion et la guerre, les dirigeants du mouvement Taiping se révélaient incompétents dans les domaines de l'économie, de la politique et de la planification globale.

Comme ils manquaient d'administrateurs de métier, ils furent généralement incapables de prendre possession du pouvoir dans les campagnes et de gouverner ces réservoirs fondamentaux d'hommes et de nourriture. Ils préféraient faire campagne de ville en ville, en vivant de pillage et de réquisitions, tout comme les armées impériales. Le problème venait surtout de ce que leur religiosité étroite, au lieu de faire des émules, éveillait l'hostilité des lettrés de la *gentry,* qui auraient pourtant pu diriger le gouvernement pour eux. La *gentry* terrienne locale resta par conséquent en place dans les campagnes, et il n'y eut pas de révolution sociale. Parallèlement, la foi et l'austérité originales de leur mouvement commençaient à s'atténuer.

A peine installés à Nankin, tous les chefs du mouvement eurent bientôt leur propre armée, leur palais personnel, leur harem et leurs partisans. Ils occupaient une grande partie de leur temps à élaborer des systèmes de titres de noblesse, d'honneurs et de cérémonies. Les missionnaires qui demandèrent audience au Premier ministre Taiping, en 1860, le trouvèrent coiffé d'une couronne brodée d'or et vêtu, ainsi que ses officiers, d'une robe de soie jaune et rouge. L'égalitarisme ne concernait déjà plus que le commun des mortels.

Le commandement original s'était autodétruit en 1856, lorsque le roi de l'Est, Yang, chef exécutif et généralissime, conspira pour usurper la place du Roi céleste. Hung s'empressa donc de dépêcher le roi du Nord, Wei, afin d'assassiner Yang et ses partisans, pour découvrir ensuite que Wei et ses partisans, ivres de pouvoir, devaient être à leur tour assassinés par le vice-roi, Shih. Ce dernier se sentit alors tellement menacé qu'il s'enfuit à l'ouest avec le gros de l'armée, laissant Hung régner sur les quelques fidèles incompétents, généralement des membres de sa famille, qui lui restaient acquis.

En des temps ultérieurs, les nationalistes aussi bien que les communistes tentèrent de récupérer le mouvement Taiping en en faisant une sorte de prototype du nationalisme anti-mandchou et de la réforme sociale. Les Taiping étaient opposés à tous les fléaux habituels – le jeu, l'opium, le tabac, l'idolâtrie, l'adultère, la prostitution, le bandage des pieds. Ils accordaient aux femmes une liberté d'action particulière; celles-ci soutenaient l'armée, pouvaient même y servir et régentaient les palais à la place des eunuques. Mais le calendrier Taiping et leur système d'examens fondés sur les écrits et brochures de Hung ne représentaient pas une amélioration notable par rapport à ceux qui étaient en place; l'idéal des groupements communaux par vingt-cinq familles disposant d'un trésor commun ne fut jamais mis en application dans les campagnes; le programme d'occidentalisation du dernier Premier ministre, Hung Jen-kan, un cousin de Hung qui avait passé quelques années avec des missionnaires, resta lettre morte. De plus, l'ignorance et l'exclusivisme des dirigeants Taiping, leur absence de programme économique et leur incapacité à construire de manière créative sur la base de leurs prouesses militaires donnèrent lieu à des massacres dans la population et la réduisirent à la misère. La rébellion de masse ne s'était jamais très bien déroulée en Chine. Cette fois, elle donnait, en outre, une mauvaise réputation au christianisme.

Pourtant, la manière dont Hung s'appropriait et appliquait le christianisme constituait bien, sans aucun doute, le plus important emprunt à l'Occident jamais fait par la Chine avant les années 1890. Le protestantisme Taiping renforçait les Dix Commandements en les assortissant de la peine de mort. Quand, en 1853, le consul britannique Thomas Taylor Meadows, connu pour son excentricité, rencontra le roi du Nord Taiping, Wei, il lui récita le Décalogue. Wei en resta sidéré et s'écria : « Le même que nous! Le même que nous [11]! »

Bien sûr, les missionnaires protestants s'irritaient de cette atteinte à leur monopole zélé de la Parole de Dieu.

Pour ceux qui n'avaient guère d'imagination, la revendication de Hung au titre de Frère cadet de Jésus était un véritable outrage, ainsi que les ingérences du système familial chinois dans le Ciel chrétien, grâce auxquelles Dieu et Jésus se voyaient pourvus chacun d'une épouse. Pourtant, les adaptations faites par Hung peuvent nous amener aujourd'hui à penser que le christianisme avait là, sans aucun doute, sa meilleure chance de s'intégrer à la vieille culture chinoise. Quelle foi étrangère pouvait escompter conquérir la Chine sans l'intermédiaire d'un prophète chinois ?

Pourtant les rares missionnaires qui s'aventurèrent à Nankin, s'ils furent bien reçus, en revinrent avec la très nette impression que la chrétienté Taiping ne recherchait nullement leur soutien ou leur tutelle. Les Chinois Taiping considéraient naturellement qu'ils occupaient une position centrale et supérieure, ce qui ne les empêchait généralement pas de se montrer polis avec tous leurs « frères étrangers » *(wai hsiung-ti)*. Leur sixième Commandement : « Tu ne tueras ni ne blesseras ton prochain », allait de pair avec l'ancien commentaire chinois disant que : « Le monde entier est une famille, et tous les hommes sont frères. » Le *Classique en trois caractères*, adapté par Hung à l'usage des enfants, racontait le soutien de Dieu à Moïse et aux Israélites, la vie et la mort du Sauveur Jésus, et (suivant ici involontairement la ligne des Jésuites) l'ancien culte voué à Dieu par les Chinois (Shang et Chou). Toutefois, les souverains Ch'in, Han et Sung avaient fait fausse route, jusqu'à ce que Hung fût reçu au Ciel en 1837, et mandaté pour sauver le monde (chinois) en chassant les démons mandchous. Il y avait là un véritable métissage culturel, mais rares étaient les missionnaires prêts à le tolérer. C'est ainsi qu'ils manquèrent le coche. Pendant ce temps, la France catholique s'opposait au protestantisme Taiping, par principe, y voyant une nouvelle émanation de l'esprit malfaisant de Martin Luther.

Le Royaume céleste Taiping connut le sort de Carthage – seul son nom survécut. Les récits de l'époque sont faussés, car les impérialistes ont détruit tous les écrits Taiping, sauf quelques rares documents préservés par des étrangers (il fallut attendre notre siècle pour en retrouver quelques-uns dans les bibliothèques françaises et britanniques). Des chefs capables émergèrent dans les dernières années, mais il était trop tard. La cause pour laquelle tant d'hommes étaient prêts à donner leur vie devait pourtant avoir beaucoup à apporter, surtout comparée à l'ordre ancien et caduc, défendu par les Mandchous.

Pour réprimer le mouvement Taiping, incompétent et mal dirigé, il suffisait que le régime impérial parvînt à rassembler ses forces, ce qui n'était pas une mince affaire. Cependant, si la quasi-totalité des provinces étaient envahies par les Taiping, très peu étaient détenues par eux, alors que la dynastie disposait toujours d'un réseau de magistrats qui continuaient ici et là à collecter les impôts et parvenaient même à en acheminer le produit. On instaura un nouvel impôt, dit du « millième » (*li-chin* ou *likin*), prélevé sur toutes les marchandises en transit ou destinées à la vente. Enfin, le commerce de l'opium, qui fut légalisé en 1858 sous la pression des Anglais, permettait d'assurer les recettes fiscales.

Au bout de dix ans d'efforts malheureux pour tenter de juguler la crise, qui eurent pour effet de vider le trésor et faillirent mettre un terme au mandat de la dynastie régnante, un nouvel empereur-enfant accéda au trône en 1860 et Pékin connut, en 1861, un coup d'État. Pour résumer la situation, l'irréductible élément anti-étranger, qui combattait sans succès les Français et les Britanniques depuis 1856, se trouva remplacé par un nouveau gouvernement mandchou qui adopta une double politique : dans le domaine des relations extérieures, il acceptait le système des traités afin d'apaiser les puissances étrangères ; à l'intérieur, il décidait de donner aux Chinois des postes de commandement afin de vaincre les rebelles. Pour les Ch'ing, ce fut le début de la restauration.

Le nouveau général chargé de la répression des Taiping était un lettré confucéen du Hunan, Tseng Kuo-fan, qui vivait vraiment selon le mode confucéen et qui parvint à rétablir l'ordre, non sans quelques altérations. Envoyé de Pékin pour organiser la milice dans sa région d'origine, en 1852, Tseng, consterné par les hérésies Taiping, se mit à rassembler une armée de défense. Suivant la tradition, il recruta des généraux de la même obédience, qui lui étaient personnellement fidèles et choisissaient leurs officiers subordonnés, lesquels à leur tour enrôlaient leurs soldats un par un, créant ainsi un réseau où chefs et subordonnés étaient redevables les uns aux autres, et capables de soutien ou de dévouement mutuel en situation de guerre. C'était l'application militaire du système des responsabilités réciproques entre les différents échelons en vigueur dans la société chinoise. Et cela fonctionnait. Les soldats étaient soigneusement choisis dans des familles honorables, bien payés et bien entraînés.

Tseng créa une marine interne sur le Yangtze, constitua des arsenaux et sut gérer ses ressources. Quand les soldats Hakka de Chine du Sud, qui étaient à l'origine du mouvement Taiping, montrèrent des signes d'épuisement, l'armée du Hunan dirigée par Tseng commença à gagner. Quand, malgré leur méfiance, les Mandchous reconnurent qu'il valait mieux risquer le coup et compter sur la fidélité des Chinois à l'ordre ancien, Tseng put nommer ses principaux lieutenants comme gouverneurs des provinces, et ainsi mobiliser la Chine centrale pour un effort de guerre concerté. Méthodiquement, il entreprit de cerner les Taiping par l'amont, où la capitale du Hupeï et du Hunan, Wu-ch'ang, avait changé de mains six fois, et par l'aval, où les forces anglo-françaises, qui avaient obtenu l'acceptation de leurs traités après s'être forcé un passage jusqu'à Pékin en 1860, avaient fini par renoncer à la neutralité et contribuèrent à défendre la région de Shanghai-Ningpo.

La répression s'avéra tâche extrêmement ardue. On manquait de ressources pour nourrir, sans parler d'employer, les prisonniers de guerre. Assiégés pendant plus d'un an dans la cité de Nankin, qui occupait une position clé sur le Yangtze, les Taiping, affamés, finirent par se rendre. L'officier qui reçut leur reddition écrit dans son journal, qu'il décida de consulter son général, Tseng Kuo-ch'uan (le frère de Tseng Kuo-fan), et nous rapporte leur conversation : « – Ces fiers rebelles sont si nombreux! Qu'allons-nous en faire ? Je répondis : – Le massacre est la seule solution. Tseng dit : – Même pour les massacrer, il faut étudier une solution. Je lui répondis : – On ouvrira la porte lentement et on ne laissera entrer que dix rebelles à la fois; de cette manière, il ne nous faudra qu'une demi-journée pour les tuer tous. Tseng dit : – Je ne peux supporter cette idée; je te charge de t'en occuper. Je me chargeai alors [...] des préparatifs. Entre 7 heures du matin et 7 heures du soir, plus de 10 000 rebelles furent tués, et je vins au rapport. » (10 000, *i-wan*, signifiant bien entendu un très grand nombre. Au rythme improbable de dix rebelles tués par minute, à la main, nécessairement, et non en utilisant des machines modernes perfectionnées du type mitrailleuse, on ne pouvait tuer plus de 7 200 hommes en douze heures.) Quand Tseng Kuo-ch'uan écrivit à son frère, le général en chef, en lui faisant part de ses remords, Tseng Kuo-fan, parangon de rectitude confucéenne, lui répondit : « Dans la mesure où tu commandes des troupes, il est naturel que tu aies pour but l'élimination des rebelles. Pourquoi devrais-tu regretter d'avoir à tuer un grand nombre d'hommes [12] ? »

Ceci n'étant qu'une opération de routine, les estimations qui évaluent la dépopulation de la Chine à l'époque Taiping aux alentours de 20 millions sont très vraisemblablement au-dessous de la vérité. Lorsque Nankin, la Capitale céleste, fut finalement prise et saccagée en 1864, Hung étant mort de maladie peu auparavant *, il fallut plus d'une génération aux provinces du bas Yangtze pour récupérer.

Les Taiping n'étaient que le plus important et le plus célèbre mouvement de rébellion de leur époque. Des sociétés secrètes s'étaient révoltées à Amoy (Hsia-men) et Shanghai. D'autres s'attaquaient à Canton. Les bandits Nien terrorisaient la Chine du Nord. Des musulmans chinois se révoltaient dans le Yunnan, le Shensi et le Kansu. Les aborigènes Miao se rebellaient dans le Kweichow. Des millions et des millions de malheureux furent

---

* Selon d'autres sources, Hung se serait suicidé en avalant de l'or. (*N.d.T.*)

tués, si bien que finalement le combat cessa, faute de combattants. Les estimations modernes évaluent à 410 millions la population de la Chine en 1850, et la ramènent, après les rébellions Taiping, Nien, musulmanes et autres, à environ 350 millions en 1873.

On comprend dès lors que l'intervention des canonnières occidentales et même l'occupation anglo-française de Pékin en 1860 ne représentaient que des désastres ponctuels, restreints et marginaux, en comparaison des rébellions qui balayaient les principales provinces au milieu du XIXᵉ siècle. Les Européens et les Américains qui s'assuraient des privilèges particuliers dans les nouveaux ports ouverts en Chine se trouvaient en bordure de cette grande agitation sociale, ils n'en étaient pas les créateurs; pour quelques Chinois de l'époque, ils représentaient un ordre et des opportunités nouvelles, mais pour la grande majorité, ils n'avaient guère d'importance.

L'échec des Taiping dans leur tentative de christianiser la Chine, si bizarre et personnelle fût-elle, ne doit pas nous conduire à accepter l'affirmation d'une désuète platitude qui voudrait que la Chine eût été imperméable aux religions étrangères. Loin de là. La conquête de la Chine par le bouddhisme, qui commença aux Iᵉʳ et IIᵉ siècles de notre ère, était à la fois contemporaine et parallèle à la montée du christianisme en Occident. Tous deux figurent au même titre dans la combinaison de « barbarisme et religion » (selon l'expression d'Edward Gibbon) qui supplanta la dynastie Han et l'Empire romain. L'ère bouddhiste en Chine, du milieu du IVᵉ siècle à la fin du VIIIᵉ siècle, vit la prédominance du bouddhisme à la cour, ainsi qu'une sinisation générale des enseignements indobouddhistes, qui aboutit à un amalgame sino-bouddhiste distinctif. On vit alors proliférer une demi-douzaine de sectes chinoises bouddhistes, et les monastères connurent une vaste extension, au point que, devenus rapidement de grands propriétaires terriens, ils posèrent à l'État chinois un problème de contrôle fiscal. En Occident, l'émergence de nouvelles nations, comme la France, l'Espagne et l'Angleterre, signa l'éclatement de l'Europe, tandis qu'en Chine la dynastie T'ang (618-907) sut recréer un empire unifié, dont les bureaucrates eurent tôt fait de mettre sous contrôle l'Église bouddhiste, personnel et revenus compris.

On peut encore comparer l'impact du christianisme sur la Chine moderne à l'absorption antérieure de l'islām par les Chinois. Les premiers contacts islamiques se firent par voie maritime, dans les ports du Sud, sous les T'ang et les Sung. Ch'üan-chou, dans le Fukien, était le Zayton des Arabes. On y trouvait, ainsi qu'à Canton, des communautés de commerçants arabes qui disposaient de leurs propres mosquées et émanaient de la grande diaspora islām qui s'effectua à partir du VIIe siècle. Le christianisme, pour sa part, avait d'abord atteint la Chine par voie de terre, avec l'emprise d'une secte hétérodoxe connue sous le nom de christianisme nestorien. Celui-ci était déjà répandu parmi les Mongols avant l'arrivée du franciscain William de Rubruck à la cour du Grand Khān en 1253-1255. A cette époque, l'islām était évidemment bien établi en Asie centrale et jouait un rôle important dans la vie mongole. Sous la dynastie Yuan, des groupes de marchands islamiques, connus sous le nom d'*ortaqu*, géraient les monopoles économiques des suzerains mongols en Chine. Il fallut attendre le XVIe siècle pour voir le christianisme arriver en Chine par la mer.

L'islām se répandit en Chine à partir de l'Asie occidentale, sur les routes commerçantes, et trouva un premier point d'appui parmi les paysans de la Chine du Nord-Ouest, dans le Kansu et le Shensi. On présume que de là il s'étendit vers le Yunnan et le Kweichow, lors de l'invasion du sud-ouest de la Chine par les Mongols, qui tentaient de prendre les Sung à revers. Les relations entre les différentes sectes islamiques étaient souvent aussi militantes que celles qui existaient entre protestants et catholiques en Europe. Le renouveau islamique, comme le second « Grand Réveil de la Foi », qui poussa les missionnaires protestants à quitter la communauté atlantique, était foncièrement fondamentaliste, généralement mené par de vrais croyants, pénétrés des enseignements du Coran, qui avaient effectué le pèlerinage à La Mecque et se sentaient appelés pour balayer la corruption et l'égoïsme de la vie des fidèles. La secte des Nacqchbandiyya, notamment, avait inspiré la guerre sainte de Kotan contre la Kashgarie au début du XIXe siècle.

Ainsi, contrairement à la parodie de protestantisme édifiée par les rebelles Taiping dans les années 1850, à laquelle il fut rapidement mis fin, les rébellions musulmanes qui suivirent, au cours des années 1870 et 1880, en Chine du Sud-Ouest et du Nord-Ouest, s'appuyaient sur une foi religieuse profondément enracinée dans la population chinoise.

La principale différence entre le christianisme et l'islām, dans l'optique chinoise, c'était peut-être que les compétences commerciales et scientifiques des musulmans d'Asie occidentale ne représentaient pas une menace sérieuse pour les représentants du confucianisme impérial, alors qu'au XIXe siècle le christianisme semblait faire partie intégrante de la puissance militaire et industrielle de l'Europe. La classe dirigeante chinoise se sentit directement menacée et rejeta par conséquent la religion étrangère. La vague d'expansion occidentale qui avait porté le christianisme jusqu'en Chine était précisément ce qui le rendait moins acceptable sur place.

Il faut, une fois de plus, remettre en question l'ancien savoir communément admis sur la Chine. On considérait auparavant que la victoire britannique dans la guerre de l'Opium de 1839-1842 marquait le début de l'histoire moderne de la Chine, parce qu'elle ouvrait la voie à des catastrophes comme la révolte des Taiping, qui était le seul événement dont la génération de Karl Marx, en Europe, avait entendu parler après la guerre de l'Opium. On aboutit ici à une nouvelle analyse de la situation, très différente. La croissance interne travaillait déjà à l'effondrement de l'ancien ordre impérial. De nouvelles forces sociales étaient à l'œuvre, qui devaient finalement révolutionner la vie chinoise.

L'influence chrétienne de l'Occident, à travers le mouvement Taiping, devint une caricature entre les mains des rebelles fanatiques chinois. De manière très différente, l'influence commerciale de l'Occident sur la Chine allait pouvoir s'exercer grâce aux notables des milieux d'affaires, après l'ouverture des ports commandée par les traités.

CHAPITRE 6

L'INTRUSION DE L'OCCIDENT

Nous avons vu au chapitre v que les institutions établies par le gouvernement impérial n'étaient plus à même de remplir leur rôle : les hommes des Bannières mandchoues, le monopole du sel, les Commissions de conservation du Grand Canal et du fleuve Jaune, le système d'examens, montraient les uns et les autres des signes de fatigue. C'est encore le système du tribut, appliqué par les Ch'ing dans le domaine des affaires étrangères, qui illustre ce fait de la manière la plus spectaculaire.

Pour ceux qui détenaient le pouvoir, la grande révolution de la Chine commença dans les années 1830. La position de la Chine dans le monde à cette époque changea soudainement du tout au tout. Pendant deux mille ans, le principal problème de sécurité de l'empire avait toujours eu pour origine sa frontière avec l'Asie centrale. Comment juguler les forces puissantes de la cavalerie nomade lorsqu'elles se ruaient de l'autre côté de la Muraille, quittant leurs steppes arides où le modèle chinois d'agriculture, exigeant une main-d'œuvre intensive, ne pourrait jamais supplanter l'économie de chasse et d'élevage qui faisait vivre les tribus ? Chaque fois qu'un grand chef, comme Gengis Khān au début du XIIIe siècle, avait réussi à mobiliser les tribus, la Chine s'était trouvée en péril. Tous les souverains de Pékin connaissaient la longue histoire de la menace d'Asie centrale et les multiples stratagèmes élaborés par les Chinois pour tenter d'y faire face.

Dans les années 1830, la scène avait totalement changé. Il y avait deux cent cinquante ans que les Européens, venus par mer, achetaient à la Chine les produits de son ingénieux artisanat, surtout le thé et la soie, mais aussi la céramique, la laque, les cloisonnés, et bien d'autres bibelots. Ce commerce européen s'était généralement déroulé de manière pacifique, pourtant il n'avait jamais été facile à contrebalancer. On peut difficilement considérer l'importation de missionnaires jésuites comme un échange commercial et, de toutes manières, la demande en était réduite à zéro depuis le milieu du XVIIIe siècle. Les exportations vers la Grande-Bretagne étaient compensées par l'importation de lainages invendables, de coton indien brut, et d'espèces numéraires. Cependant, à partir de 1830, l'opium indien devint rapidement une importation majeure. Calmant pour certains, véritable esclavage pour d'autres, c'était la marijuana ou l'héroïne de l'époque. Plus grave encore, pour la première fois dans l'histoire, des officiels britanniques se présentèrent à Canton, en exigeant d'être reconnus comme des diplomates représentant une puissance souveraine qui revendiquait l'égalité avec le Fils du Ciel. Enfin, comble d'horreur, cette incroyable prétention se trouvait appuyée par une puissante artillerie navale! Le dispositif stratégique de Pékin, orienté vers l'Asie centrale, devait brusquement être inversé. La menace étrangère se portait à présent sur l'autre flanc de l'empire, le long de la côte sud-est. Imaginons que l'OTAN et le Pentagone se voient contraints du jour au lendemain de converger, non plus sur Moscou, mais sur la Terre de Feu ou Le Cap, alors que ceux-ci n'avaient jamais jusque-là constitué une menace digne de considération.

La guerre de l'Opium, quand elle se déclara, avait pour origine le refus de la Chine d'entrer dans la famille des Nations sur la base de l'égalité diplomatique et des échanges réciproques, qui entraîna le recours à la force de la part des Britanniques. La victoire britannique provoqua l'effondrement du statut de l'empereur de Chine, qui cessa d'être le souverain universel, au sommet de la civilisation, pour devenir un anachronisme semi-colonial.

Quand se posa la question de mettre au point une politique capable de faire face aux problèmes maritimes, Pékin se trouva confronté à un sérieux désavantage : il n'existait pas d'institution antérieure sur laquelle s'appuyer. Les problèmes maritimes, jusqu'alors, se posaient au niveau de la défense des frontières et ressortissaient de la compétence des autorités provinciales, chargées uniquement de la répression des pirates. Le seul précédent, en effet, avait été les razzias des pirates sino-japonais : au XVIe siècle, des Japonais de Kyū Shū – province qui n'était pas soumise au pouvoir central du Japon – faisaient des ravages dans le bas Yangtze, puis le long des côtes du Che-kiang et avaient enrôlé dans leurs rangs un grand nombre de pirates côtiers chinois. Pourtant ces attaques étaient un problème de police locale, et non de relations entre États. L'aide apportée par les Ming à la Corée contre les invasions de Hideyoshi, à la fin du XVIe siècle, ne visait officiellement qu'à soutenir un tributaire frontalier. Elle épuisa les Ming, mais n'aboutit à aucun accord avec le Japon. Quand le Japon fut unifié par les Tokugawa à partir de 1601, une politique d'isolement s'ensuivit rapidement. Le commerce chinois avec Nagasaki continua d'exister, néanmoins sans relations d'État à État. Après la conquête mandchoue de 1644, le rebelle chinois Koxinga et son successeur (et fils) résistèrent en détenant Formose jusqu'en 1683, mais, là encore, il s'agissait d'un problème de frontière. La politique des Ch'ing consista à fermer la frontière, dépeupler la côte, interdire le commerce extérieur, et affamer les dissidents. Dans la mesure où les Hollandais étaient eux aussi considérés comme des commerçants tributaires, le commerce cantonais pouvait également rester à l'intérieur du cadre passif-défensif du système tributaire.

La seule expérience des Ch'ing dans le domaine diplomatique était celle des relations qu'ils entretenaient avec les Russes, sur la frontière avec l'Asie centrale, et aussi à Pékin. Depuis deux cents ans, les relations avec les Russes étaient maintenues à l'intérieur du système du tribut, mais occupaient une place plus importante dans les registres des Ch'ing que les relations provinciales cantonaises avec les Britanniques et autres puissances maritimes. La Russie comptait dans la grande stratégie des Ch'ing concernant l'Asie centrale. Mais pas la Grande-Bretagne.

La politique étrangère des Mandchous, tout comme les Mandchous eux-mêmes, a été peu étudiée bien qu'il s'agisse en fait d'un sujet extrêmement vivant et riche. Pour être absorbés par leur propre conquête de la Chine, les Ch'ing n'en gardaient pas moins un œil sur leurs rivaux de l'autre côté de la frontière. Au début des années 1830, le principal problème de frontière de Tao-kuang ne se posait pas à Canton, mais en Asie centrale, et plus particulièrement au Turkestan chinois, cette région extérieure qui a si souvent figuré dans l'histoire chinoise. Depuis des siècles, le Turkestan était le point de mire de la politique impériale, reléguant au deuxième plan la Corée ou le Vietnam. Tout naturellement, les stratèges de Pékin étaient tournés vers l'ouest, laissant la mer derrière eux, hors de vue et absente de leurs préoccupations. A part les razzias des pirates côtiers, la mer n'avait jamais posé de problèmes.

Les relations avec l'Asie centrale avaient évidemment commencé avec les Mongols, dont les tribus avaient été arbitrairement découpées par les premiers conquérants Ming, afin de former des ligues aux frontières nouvellement déterminées, et dont les princes faisaient l'objet des plus grands honneurs, ainsi que d'une surveillance extrêmement attentive. Le grand K'ang-hsi disait aux princes mongols, en 1687 : « Vous avez été respectueux, soumis et obéissants, comme à l'égard d'un parent [...]. A présent, ouvrez les yeux respectueusement, et vous verrez comme est grande la conception de l'empereur qui désire traiter tous les hommes avec la même bienveillance [13]. »

En 1839, ce concept central du confucianisme, la Loi paternelle, était enchâssé dans une rhétorique en forme de psaume, digne de susciter l'envie du Vatican. Voici en quels termes le géographe Li Chao-lo décrivait la manière dont l'empereur traitait les Mongols :

> *Il les a enveloppés comme le Ciel et la Terre. Ils les a nourris comme père et mère. Il leur a apporté la lumière, comme le soleil et la lune. Il leur a inspiré de l'effroi, comme le tonnerre et la foudre. Quand ils étaient affamés, il les a nourris. Quand ils avaient froid, il les a vêtus [...]. Quand ils étaient menacés, il les a sauvés. Il a estimé leurs capacités et les a nommés à des postes officiels. Il les a distingués, leur donnant terres et nobles rangs [...]. Il leur a enseigné la littérature et l'agriculture. Il a étendu son pouvoir sur eux en édictant des règlements. Du petit arpent du simple paysan, jamais le Fils du Ciel n'a tiré de profit [...]. Il a amélioré leur enseignement, sans changer leurs coutumes. Il a dirigé leur politique, sans changer leurs valeurs [...]. S'ils se rebellaient, l'empereur les ramenait à la soumission. S'ils s'enfuyaient, il leur pardonnait. S'ils revenaient faire acte d'allégeance, il ne leur tenait pas rigueur de leurs écarts* [14].

Le seul ennui, c'était que le Turkestan chinois des années 1830 était plus lointain que la Mongolie, moins exercé aux doctrines confucéennes de la bienveillance et de la réciprocité, et plus réceptif aux passions islamiques. Conquis depuis peu, il paraissait tout autant étranger à ses nouveaux maîtres mandchous que l'Inde nouvellement conquise aux yeux des impérialistes britanniques, de l'autre côté du massif du Karakoram et des Kunlun vers le sud. Pendant que les Britanniques venaient par mer chercher des richesses en Inde, les Mandchous, quant à eux, conquéraient l'Asie centrale pour des raisons stratégiques, afin de sauvegarder la Chine. Voilà pourquoi la région tenait une place aussi prépondérante dans les visées de Pékin.

Les Britanniques voyaient dans leur commerce avec la Chine un prolongement à l'extension de leur commerce avec l'Inde, cela nous le savons depuis longtemps. Mais si nous voulons à présent comprendre l'histoire de la Chine telle qu'elle se déroulait pour les Chinois, il faut nous mettre à la place de Tao-kuang. Pour lui, à Pékin, les Européens qui se trouvaient sur la frontière cantonaise étaient à mettre stratégiquement sur le même plan que les musulmans, tout aussi exotiques, qui faisaient commerce sur la lointaine frontière occidentale avec la Kashgarie. Mais la Compagnie des Indes orientales britannique était tellement plus facile à manier! Tao-kuang savait qu'il disposait d'un moyen très simple pour maintenir à leur place les négociants calculateurs (*wei li shih shih*, « ils ne pensent qu'au profit », tel était le rapport constant qu'il recevait) : il lui suffisait de mettre un terme à leur commerce. En revanche, si l'on marchait sur les brisées religieuses des musulmans, ceux-ci risquaient de se transformer en fanatiques irrationnels. En fait, si Tao-kuang avait pu échanger quelques pensées avec son contemporain Lord William Bentinck, qui gouverna les Indes britanniques entre 1828 et 1835, ils auraient sans doute partagé un certain effarement, voire une certaine répugnance, devant le problème que posait l'administration des peuples musulmans.

La souveraineté mandchoue, pour s'exercer au Turkestan, devait surmonter un premier problème : celui de la distance. Flanquée par le Tibet au sud-est et la Mongolie au nord-ouest, la région était coupée en deux par les T'ien-shan, les Montagnes célestes. Au nord, se trouvaient les prairies de la vallée de l'Ili, qui étaient, et sont toujours, le Far West de la Chine. Comme dans l'Ouest américain, on y trouvait des cow-boys, de vastes étendues et des peuples tribaux, dont certains présentaient un degré lointain de parenté avec les Amérindiens. Séparées de Pékin par plus de 5 500 km, seules les caravanes pouvaient y accéder, en empruntant les pistes qui traversaient plaines et déserts avant d'aborder les montagnes aux cimes enneigées. Les liaisons de retour avec l'est étaient assurées par une poste à cheval qui mettait six semaines.

Mais il ne s'agissait pas pour autant d'une nouvelle frontière inconnue. L'Asie centrale voyait les armées chinoises traverser ses déserts depuis l'époque de la République romaine. Aux temps héroïques de l'Empire chinois, les Han et les T'ang considéraient le Turkestan comme un flanc stratégique essentiel, qui permettait de prendre appui contre les nomades occupant la ceinture de prairies qui s'étendait vers l'ouest, de la Mongolie jusqu'à la région Ili, au nord de la chaîne des T'ien-shan, en empruntant la « Porte des Nations ». Pour l'Empire mongol, instauré par Gengis Khān au début du XIIIe siècle, cette région permettait la maîtrise des communications (khanat de Jaghataï); pour les Mandchous, elle occupait une position clé, face aux dangereux Mongols occidentaux. L'un des plus grands exploits stratégiques des armées Ch'ing avait d'ailleurs été l'envoi, au XVIIIe siècle, d'expéditions qui, en conquérant l'Ili vers 1750, assurèrent la stabilité dans le Turkestan chinois. Treize mille soldats mandchous étaient maintenus en garnison à Ili.

Au sud des T'ien-shan, se trouvait le Bassin du Tarim, qui doit son nom au fleuve Tarim. Ses habitants occupaient surtout les oasis perchées entre collines et désert, là où les petits cours d'eau alimentés par la montagne n'ont pas encore disparu dans les sables. Chaque oasis alimentait une ville marchande, bien placée sur les routes commerciales qui menaient vers la Chine, l'Inde ou l'Asie occidentale. Turfan, Karashahr, Kucha, Aksu, Kashgar, Yarkand, Kotan et d'autres centres anciens étaient disposés en collier dans le bassin du Tarim, à l'intérieur de l'arc formé par les chaînes des T'ien-shan, des Pamir et des Kunlun. On l'appelait souvent Kashgarie, d'après le nom de sa ville principale. C'est en empruntant ces diverses routes des oasis que les soies chinoises des Han étaient allées jusqu'à Rome, et que les voyageurs du Moyen Age, comme Marco Polo, s'étaient lentement frayé un chemin jusqu'à la capitale d'été de Kūbīlāy Khān, le Xanadu de Coleridge.

Dans les années 1830, Pékin avait créé un réseau d'administration politico-militaire des diverses économies et sociétés de cette vaste étendue aride. Les oasis n'abritaient guère plus de 300 000 personnes, et les garnisons restaient légères, afin de ne pas en provoquer la ruine. La population se composait d'Ouzbeks, de Kazakhs, et de Kirghiz. Tous appartenaient à la civilisation turco-iranienne, et suivaient l'islām. Constituant l'extension asiatique de la grande culture musulmane du Moyen-Orient, ils étaient, de par leur religiosité intense, aux antipodes des Chinois.

La Chine avait absorbé et sinisé le bouddhisme, en provenance de l'Inde, au cours du premier millénaire de l'ère chrétienne. Elle avait accepté certains éléments dispensés par les missionnaires chrétiens au Moyen Age, puis au XVIIe siècle, et en accepterait d'autres aux XIXe et XXe siècles. Mais seul l'islam avait gagné à sa foi d'importants tronçons de la population chinoise, au nord-ouest et au sud-ouest du pays. Les musulmans chinois, orientés vers La Mecque, représentaient une anomalie que l'Empire confucéen n'arrivait pas à absorber. La tâche tenait de la gageure : comment composer avec cette foi militante étrangère, répandue parmi les non-chinois d'Asie centrale ?

Nous avons vu comment les Mandchous s'y étaient pris, en régnant par l'intermédiaire de gouverneurs locaux (beys), qu'ils nommaient. Mais pour gouverner le Turkestan, les beys, qui étaient musulmans, renvoyaient les affaires légales devant la loi musulmane, dispensée par l'Église islamique. La population suivait en général le calendrier islamique, et toute sa vie religieuse, scolaire et culturelle était régie par les chefs de la foi. Les souverains Ch'ing, à Pékin, percevaient les impôts, surtout sur le commerce, et tentaient de maintenir l'ordre. Mais le confucianisme impérial, même s'il tolérait d'occasionnels compromis, ne pouvait pas assimiler l'ordre autonome et vaste de l'Islām, qui formait un État à l'intérieur de l'État. Les soulèvements religieux étaient, par conséquent, le principal problème des Mandchous.

Certaines familles saintes ou khodjas, qui descendaient du Prophète ou d'autres chefs religieux de la première heure, avaient une grande influence sur la population. En fait, l'une de ces lignées khodja avait un moment régné sur le Turkestan avant la conquête mandchoue de 1750. Exilée à l'ouest des Pamirs, à Kokand, elle n'avait pas renoncé à ses revendications et menait parfois des expéditions de cavalerie en Kashgarie, à travers les défilés de montagne. Un des descendants de cette lignée de khodjas s'appelait Jahangir, et son existence allait mettre la dynastie en difficulté, juste après l'accession au trône de Tao-kuang.

La guerre sainte de Jahangir contre les Ch'ing a été déclenchée par une conjonction efficace d'intérêts religieux et commerciaux. Pour résumer la situation rapidement, nous dirons que le commerce occidental de Kashgar était dirigé par les marchands de Kokand, dont le chef payait tribut à l'empereur Ch'ing. Cette pratique était devenue la coutume autour des frontières chinoises, afin de faciliter le commerce extérieur. Les souverains chinois trouvaient très utile cette mesure de protection, qui consistait à dire aux potentats étrangers assoiffés de commerce que, s'ils voulaient acheter et vendre en Chine, ils n'avaient qu'à envoyer leurs émissaires se prosterner à Pékin. C'était aussi simple que cela. Pas de tribut, pas de commerce.

Kokand s'était donc inscrite parmi les tributaires, gardait Jahangir prisonnier et recevait en retour un généreux don annuel des Ch'ing, en récompense de son admirable loyauté. Mais comme ses marchands exerçaient de plus en plus d'influence sur le marché principal de Kashgar, Kokand demanda des privilèges particuliers : la diminution des impôts prélevés sur son commerce et la nomination de ses propres résidents pour superviser les négociants kokandiens à Kashgar. Elle voulait voir son drapeau flotter sur son commerce, comme les Britanniques allaient bientôt l'exiger à leur tour à Canton.

Quand elle vit ses revendications refusées, Kokand relâcha le bouillant Jahangir qui déclara immédiatement une guerre sainte pour regagner Kashgar et réussit, après bien des troubles, à organiser l'invasion dévastatrice du Turkestan chinois en 1826. Les Ch'ing envoyèrent une expédition de secours, composée de 22 000 hommes qui cheminèrent d'une oasis à l'autre en suivant les pistes arides et finirent par reconquérir Kashgar en 1827. L'un des généraux chinois était Yang Fang (1770-1846), originaire du Kweichow, soldat depuis l'âge de quinze ans, qui avait montré une telle efficacité contre les rebelles du Lotus blanc entre 1801 et 1804, ainsi que dans le soulèvement des Trois Trigrammes en 1813, qu'il avait été fait marquis et général en chef de trois provinces différentes. La ruse, la corruption et les complots eurent raison de Jahangir qui fut trahi et capturé par Yang Fang. En 1828, il fut envoyé à Pékin où Tao-kuang, rituellement, le fit amener devant le temple impérial des ancêtres, puis écarteler, selon l'usage en accord avec sa trahison.

Forts de cette victoire, les Ch'ing voulurent ensuite forcer Kokand à renoncer à ses exigences de privilèges commerciaux, en lui interdisant tout commerce au Turkestan et en confisquant le thé et la rhubarbe de ses marchands. En représailles, Kokand envahit le Turkestan en 1830. Les généraux Ch'ing résistèrent : à Yarkand, par exemple, l'agent impérial, un Mongol du nom de Pi-Ch'ang, repoussa quatre attaques. Mais, Kokand ayant dès lors fait la preuve de sa puissance commerciale et de sa capacité à créer des troubles militaires, les envoyés de Pékin cherchèrent progressivement à arriver à un accord. Obtenu en 1835, ce dernier stipulait premièrement que Kokand posterait à Kashgar un représentant politique qui aurait sous ses ordres des agents commerciaux dans cinq autres villes; deuxièmement, que ces fonctionnaires auraient tout pouvoir consulaire, judiciaire et policier sur les étrangers de la région (dont la plupart venaient de Kokand); et troisièmement, qu'ils pourraient prélever des droits de douane sur les marchandises de ces étrangers. De plus, les Ch'ing devaient indemniser les marchands qu'ils avaient spoliés.

C'est en tenant compte de l'expérience acquise à la frontière du Turkestan, dans ses démêlés avec les combattants et commerçants islamiques, que Tao-kuang aborda le problème britannique. Lorsque la guerre de l'Opium se déclara en 1839 contre la Grande-Bretagne, les vainqueurs mandchous de la précédente guerre de frontières tentèrent leur chance dans la nouvelle. Tao-kuang dépêcha le général Yang Fang, alors âgé de soixante-dix ans et complètement sourd, pour défendre Canton, mais celui-ci ne trouva pas de solution pour vaincre les canonnières britanniques. On se mit alors, sur la côte chinoise, à étudier les livres écrits par Pi-ch'ang, le Mongol qui s'était illustré à Yarkand en 1830, sur la défense des frontières et, en 1843, Pi-ch'ang lui-même fut nommé gouverneur général de Nankin et chargé de l'ouverture de Shanghai au commerce étranger.

Il était somme toute naturel que la politique des Ch'ing à l'égard des Britanniques, entre 1834 et 1842, fût basée sur leur expérience du commerce frontalier en Asie centrale, entre 1826 et 1835. Les Occidentaux, qui ignoraient ce précédent, se sont sentis confortés dans le sentiment, déjà puissant, de leur primauté, que l'on peut à présent reconsidérer. Pour Tao-kuang et sa cour, l'accord passé avec Kokand au Turkestan en 1835 était un exercice dans l'art de mater les barbares et permettait d'assurer la stabilité des frontières en faisant des concessions commerciales locales. L'accord avec la Grande-Bretagne à la fin de la guerre de l'Opium, en 1842-1843, représentait, dans la même optique, une tentative de mettre en application sur la côte de la Chine méridionale certaines leçons apprises en Asie centrale.

Cette vision de l' « Ouverture de la Chine » fait voler en éclats l'analyse communément adoptée aussi bien par le libéralisme occidental que par le marxisme-maoïsme révolutionnaire. L'un comme l'autre expliquent la guerre de l'Opium par la volonté d'expansion de la Grande-Bretagne. Ils soulignent le développement du commerce européen à Canton dans la période qui s'étend de 1760 à 1834, et surtout la demande britannique de thé chinois, qu'il fallait bien payer en vendant à la Chine des denrées que ce pays autosuffisant pût avoir envie d'acheter. A part l'argent et le coton indien brut, le seul article dont la demande alla croissant après 1800 était l'opium.

Au début, l'opium se fumait en réalité comme du tabac : on plongeait les feuilles, coupées en lanières, dans une solution d'opium, et on allumait le mélange (appelé *madak*) dans une pipe à tabac. La fumée contenait environ 0,2 p. 100 de morphine, c'est-à-dire un taux relativement faible. Mais, à la fin du XVIIIe siècle, les fumeurs prirent l'habitude de mettre une petite gouttelette ou boulette d'extrait d'opium pur dans leur pipe avant de l'allumer, et la vapeur d'eau et d'opium ainsi dégagée recelait de 9 à 10 p. 100 de morphine, ce qui en faisait un puissant narcotique. Les importations d'opium, provenant essentiellement de la production officielle du gouvernement des Indes britanniques, se développèrent rapidement à partir de 1820. Les affréteurs anglo-américains acheminaient l'opium, légalement selon leurs propres lois, jusqu'à la côte chinoise où les contrebandiers prenaient le relais et l'introduisaient, illégalement en regard de la loi chinoise, dans leur pays. Ces derniers faisaient partie d'un réseau de contrebande qui n'était pas aussi secret qu'il pouvait le paraître, puisqu'ils corrompaient les fonctionnaires régionaux et payaient en fait de belles sommes à la Maison impériale elle-même. (Contrairement à l'industrie du tabac qui se développa ultérieurement, l'industrie de l'opium n'avait nullement besoin de publicité.)

Les prohibitions de Tao-kuang restèrent sans effet et l'on finit par réaliser, dans les années 1830, que l'accoutumance à l'opium avait envahi la bureaucratie, atteint les eunuques du Palais à Pékin et même les militaires, dont certains, de ce fait, étaient devenus tout à fait inaptes au service. Vers 1836, on se rendit également compte que les importations d'opium, en drainant l'argent vers l'étranger, créaient une crise fiscale en Chine, car le paiement des impôts, dus en argent, devenait plus cher en monnaie de cuivre qui était le moyen de paiement du peuple. Ces considérations politiques et économiques, venant s'ajouter au devoir moral de l'empereur, inspirèrent le mouvement anti-opium, dont Lin Tse-hsu devint le vertueux défenseur.

Lin était le modèle du fonctionnaire, loyal et imbu de principes, mais évidemment ignorant du monde extérieur à la Chine. Il avait mené une carrière exemplaire en qualité d'administrateur, et quand en 1839, Tao-kuang l'envoya à Canton afin de débarrasser le pays du fléau de l'opium, le commissaire Lin put entrer dans l'histoire mondiale sous les traits du patriote chinois qui avait osé s'attaquer à la menace étrangère. Après qu'il eut forcé les commerçants britanniques à lui remettre leurs stocks d'opium, il assistait à la cérémonie publique au cours de laquelle la drogue, d'abord mélangée à de la chaux, était ensuite déversée dans la mer, lorsqu'un observateur étranger, Elijah Bridgman, originaire du Massachusetts, lui fit observer que les Britanniques allaient sûrement décréter des représailles. Lin lui répondit : « Nous n'avons pas

peur de la guerre, nous n'avons pas peur de la guerre. »
Quand la guerre fut effectivement déclarée, Tao-kuang,
au début, lui apporta son soutien [15].

Tout le monde s'accorde à dire que la guerre de
l'Opium, de 1839 à 1842, est une injustice classique. Les
ventes d'opium à la Chine étaient nécessaires pour équilibrer le commerce triangulaire qui permettait aux thés du
Canton de parvenir à Londres et aux marchandises et
investissements londoniens d'arriver en Inde. Les principaux marchands d'opium britanniques sur la côte
chinoise, dirigés par le Dr William Jardine, de la société
Jardine, Matheson & Company, aidèrent Palmerston à
élaborer les objectifs et la stratégie de la guerre. Ils
louèrent à la flotte britannique des bateaux équipés de
pilotes et de traducteurs et, poursuivant leurs ventes
d'opium, accumulèrent l'argent que l'expédition britannique leur achetait afin de régler ses dépenses en Chine.
L'opium jouait bel et bien un rôle dans la guerre, même si
la question fondamentale consistait à savoir si Pékin allait
accepter des relations avec la Grande-Bretagne sur une
base égalitaire. En refusant de renoncer à sa revendication
ancestrale de supériorité, Tao-kuang se trouva forcé
d'accepter les traités inégaux.

Qu'y a-t-il à redire à cette description ? Rien, si ce n'est
qu'elle est le fruit des réflexions après coup de libéraux
atteints d'une légère culpabilité (ils n'arrivèrent pas à
faire cesser les ventes d'opium indien avant 1917) ou de
patriotes à tendance marxiste (qui doivent vivre avec le
fait que les Chinois étaient les distributeurs de la drogue à
l'intérieur du pays et qu'ils en devinrent rapidement les
principaux producteurs). Pour l'historien qui étudie le
passé et se demande ce que Tao-kuang et ses mandarins
avaient réellement en tête, le tableau est sensiblement différent. Les concessions qui découlèrent de la guerre britannique sur la côte maritime étaient remarquablement
similaires aux concessions accordées quelques années
auparavant à Kokand, à la suite des affrontements sur la
frontière d'Asie centrale.

Comme le faisait remarquer le défunt Joseph Fletcher,
brillant spécialiste de l'Asie centrale, les accords anglo-

chinois de Nankin et les suivants comportaient : 1° l'extraterritorialité (une juridiction consulaire étrangère pour les ressortissants étrangers), amélioration d'une ancienne pratique chinoise ; 2° une indemnité ; 3° un tarif douanier modéré et des contacts directs entre les étrangers et les agents des douanes ; 4° la clause de la nation la plus favorisée (expression chère à la « bienveillance impartiale » de la Chine envers tous les pays de l'extérieur) ; 5° la liberté de faire commerce avec tous les arrivants, sans monopole (ce qui fut longtemps la coutume à Kashgar) – toutes dispositions qui suivaient de près l'exemple de Kokand en 1835. En outre, les endroits spécialement affectés au commerce (les ports ouverts) étaient une vieille coutume frontalière chinoise, et les relations égalitaires sans prosternement se pratiquaient couramment sur les frontières avec la Russie et Kokand, loin de la Chine proprement dite [16].

La politique des Mandchous était cohérente sur les deux frontières, mais il y avait deux différences importantes : d'abord, la Grande-Bretagne, les États-Unis et la France étaient des puissances maritimes expansionnistes venant d'un autre monde, habituées à la maîtrise des mers, à la violence, à la force des lois et traités, et, pour elles, le premier accord de 1842-1844 ne représentait que le début de l'empiétement. L'impérialisme se profilait dans leur sillage. Ensuite, les concessions que la Chine avait intérêt à faire pour stabiliser les relations entre Kashgar et Kokand, dans la lointaine Asie centrale, ne pouvaient que nuire au prestige des Ch'ing si elles prenaient effet dans la Chine précisément. Les Mandchous, quand ils avaient pris le pouvoir à Pékin, avaient hérité la tradition de la supériorité centrale de la Chine. Quiconque régnait sur la capitale se devait de requérir l'obéissance tributaire de tous les étrangers, cela faisait partie des fonctions du Fils du Ciel. Les traités inégaux étaient donc une défaite qui s'aggrava au fur et à mesure que le temps passa. La défaite des Ch'ing ébranla le prestige des Mandchous et, donnant prise à la critique parmi l'élite, éveilla chez les Han le sens de l'intérêt national. On pourrait ajouter, en dernière analyse, que les Mandchous, en laissant le fléau de l'opium se répandre dans le peuple chinois, avaient fait passer en premier leurs intérêts dynastiques.

L'opportunisme réaliste des Mandchous s'était déjà illustré dans le traitement réservé par Tao-kuang au commissaire Lin, cette figure patriotique qu'il avait tout d'abord soutenue. Quand il vit que la guerre n'apportait que des victoires britanniques et que l'invincible flotte étrangère arrivait au large de Tientsin, Tao-kuang fit machine arrière, condamna et dégrada le commissaire Lin, et envoya à sa place des négociateurs mandchous, chargés d'arriver à un accord et d'apaiser la fureur britannique. C'est ainsi qu'un haut dignitaire mandchou, Ch'i-shan, devançant une nouvelle attaque anglaise à Canton, signa l'accord qui cédait Hong Kong. (Pour être allé si loin de sa propre initiative, il fut cassé, renvoyé de Canton dans les fers, et vit sa fortune personnelle confisquée.) Il fut relayé par Ch'i-ying, membre du clan impérial, qui signa non seulement les négociations avec les Britanniques, mais aussi les traités de 1844 avec les Américains et les Français.

Pendant les six ans (1842-1848) où il demeura responsable des nouvelles relations avec l'Occident, Ch'i-ying poursuivit une politique d'amitiés personnelles et passa maître dans l'art d'amadouer les barbares. Après tout, la domination britannique en Inde était un haut fait historique au même titre que la domination mandchoue en Chine. Ch'i-ying, qui savait fort bien serrer les dents, et l'envoyé britannique, sir Henry Pottinger de l'armée de Bombay, qui s'était fait un nom en administrant le Sind, arrivaient à s'entendre. On disait de sir Henry qu'il était « parfaitement exercé à toutes les ruses et chicaneries des cours indigènes et [...] qu'il ne s'en laisserait pas conter [17] ». Cela ne l'empêcha pas d'avoir quelques surprises. Ch'i-ying le traita comme un frère un tant soit peu barbare. Au cours de sa correspondance avec l'envoyé britannique, Ch'i-ying se targuait explicitement d'être son ami « intime » (qu'il épelait en caractères chinois *yin-t'i-mi-t'e*). En sa qualité de commissaire impérial, il se rendit, en juin 1843, dans la nouvelle colonie britannique de

Hong Kong sur un navire anglais. Il embrassa Pottinger « avec toute la chaleur et la sincérité d'un vieil ami et se montra même visiblement affecté par la force de l'émotion ressentie lors de cette nouvelle rencontre ». Ch'i-ying passa alors cinq jours à visiter les fonctionnaires en place à Hong Kong et à échanger les ratifications du traité de Nankin. Lors des banquets, il chantait des airs d'opéra et jouait aux « ombres chinoises ». En trente ans passés en Inde, Pottinger n'avait jamais rien vu de tel. Ch'i-ying déclarait qu'il voulait adopter le fils de Pottinger, n'en ayant lui-même jamais eu, et insista auprès de Pottinger pour qu'ils échangent le portrait de leurs épouses. Ainsi qu'il l'expliqua à Tao-kuang : « Les barbares anglais pensent beaucoup à leurs femmes et peu aux hommes. »

En 1844, fort de sa brillante réussite dans l'art d'apaiser les envahisseurs occidentaux, Ch'i-ying résumait ainsi devant l'empereur les méthodes à utiliser : « Certes, il nous faut faire usage de sincérité pour tenter de les refréner, mais il s'est avéré encore plus nécessaire d'avoir recours à des méthodes habiles pour les maîtriser [...]. Avec des peuples comme ceux-là, élevés en dehors de la civilisation, qui n'entendent rien aux formules de politesse et n'ont aucune notion du cérémonial [...], il ne servirait à rien, dans l'entreprise capitale visant à se les concilier et à les soumettre, de se battre autour de mots vides de sens, sans arriver au moindre résultat substantiel. »

Ces réflexions avaient appelé de la part de Tao-kuang le commentaire suivant : « C'est la seule manière d'en venir à bout. » Mais lorsque, quatorze ans plus tard, Ch'i-ying reparut aux négociations du traité de Tientsin, en 1858, les interprètes britanniques eurent le très mauvais goût de lui donner lecture de ce mémoire, qu'ils avaient trouvé dans ses dossiers saisis à Canton. Le vieil homme avait perdu la face, aussi l'empereur lui fit-il parvenir un cordonnet de soie afin qu'il s'en servît pour s'étrangler. Vouloir faire œuvre de pionnier dans le domaine des relations transculturelles ne va jamais sans risques.

Il semble rétrospectivement que l'abolition de l'opium ait essentiellement été une politique chinoise pour sauver le peuple. C'était pourtant aussi celle des Mandchous, mais quand la Grande-Bretagne s'avéra invincible, ils n'eurent plus d'autre choix s'ils voulaient sauver la dynastie que de mener une politique d'apaisement. Dès lors, les Mandchous virent leur emprise sur la Chine se relâcher progressivement, même s'ils furent suffisamment habiles pour obtenir le soutien des étrangers et survivre ainsi pendant encore soixante-dix ans, jusqu'en 1911. Pendant ce temps, les distributeurs d'opium anglo-indiens et chinois faisaient de bonnes affaires, et les administrateurs des deux côtés s'en arrangeaient fort bien, grâce aux revenus substantiels qu'ils en tiraient.

※

Que feriez-vous si vous deviez faire du commerce en Chine, sans en parler la langue ni en connaître la monnaie ? Comme tous les étrangers amenés à participer d'une manière ou d'une autre à la vie chinoise, que ce fût pour des raisons consulaires, commerciales ou religieuses, vous commenceriez par vous assurer l'aide de quelques natifs.

Les premiers compradores (mot portugais, « acheteurs », en chinois *mai-pan*) étaient apparus à Canton pour acheter les cargaisons des navires au nom des hommes de la Compagnie des Indes, dont ils étaient les agents secondaires. Les plus importants chargements de thé et de soie, destinés à la Compagnie des Indes orientales, leur étaient fournis par la guilde patentée *(Co-hong)* de ceux que l'on appelait les marchands du Co-hong. Cependant, après la libération du commerce, en 1834, qui vit éclore les sociétés privées étrangères, ils se trouvèrent obligés de traiter avec toute la gamme des guildes, des banques, et des systèmes commerciaux en général. On appelait toujours compradores les intermédiaires des marchands étrangers, mais, comme ils s'occupaient alors de tous les aspects des affaires des étrangers en Chine, ils devinrent en réalité leurs indispensables partenaires chinois. Ils étaient bien entendu sous contrat, et subordonnés aux conquérants occidentaux. Ils n'appartenaient pas aux mêmes clubs et, pourtant, les hôtes étrangers du Shanghai Club (« le plus long bar du monde ») auraient sans doute été surpris devant le raffinement de la vie dans les guildes commerçantes en Chine. Grâce aux protections et aux contacts étrangers dont ils disposaient, les compradores devinrent les premiers entrepreneurs modernes en Chine, investirent dans toutes sortes de nouvelles affaires dans les ports ouverts et devinrent parfois bien plus riches que leurs employeurs.

Le commerce extérieur dans les ports nouvellement ouverts par les traités (Canton, Amoy, Foochow, Ningpo, Shanghai) rencontrait de nombreuses complications. Les traités tentaient de greffer la libre entreprise, soumise au droit commercial, sur une économie constituée de groupes de marchands patentés, organisés de manière plus collective, qui suivaient des procédures coutumières.

Les étrangers se trouvèrent rapidement face à quelques anomalies. Ils durent, par exemple, constater que le commerce dans les ports ouverts, censé apporter à une Chine archaïque les bienfaits commerciaux de la civilisation, sembla tout d'abord ne guère avoir d'importance dans l'économie intérieure de la Chine. Évidemment, les étrangers du XIXe siècle n'avaient aucun moyen de prendre la mesure du développement commercial de la Chine. Les statistiques des Douanes maritimes, à partir de 1864, traitent essentiellement du commerce extérieur ; en ce qui concerne le commerce indigène qui se déroulait sur les jonques, elles ne reflètent qu'un point de vue d'observateur étranger. Les administrateurs britanniques, chargés de mettre en place le système des traités à ses débuts, étaient des apôtres de la libre entreprise, largement répandue dans leur pays. Ils trouvèrent plus pratique de délivrer aux marchands étrangers des laissez-passer, afin que leurs denrées à destination de l'intérieur du pays ne fussent plus taxées après leur point d'entrée sur le territoire. De la même manière, un commerçant étranger qui ne vendait pas ses marchandises dans un port pouvait être remboursé de ses frais et aller les vendre dans un autre port ouvert, sans payer d'impôt additionnel. Ces dispositions ingénieuses, destinées à permettre au marchand étranger de pénétrer le marché chinois, furent presque immédiatement tournées par les Chinois à leur avantage. Pour commencer, les marchands chinois investirent lourdement dans les sociétés étrangères, comme la compagnie de bateaux à vapeur Russell & Company, où les Chinois détenaient un tiers du capital; ensuite, ils créèrent des sociétés prête-noms, officiellement dirigées par des factotums d'importance secondaire, appartenant aux sociétés étrangères des ports ouverts, afin d'obtenir au nom de ces sociétés prête-noms des laissez-passer de transit pour tout ce qui était essentiel au commerce chinois. Même si les habitués anglo-américains du Shanghai Club étaient vaguement au courant de la chose, ils se faisaient bel et bien utiliser dans le commerce déjà considérablement développé de l'Empire chinois.

Ceci nous amène à la considération que la lenteur de la Chine à moderniser sa vie commerciale, dans le sens où les Occidentaux l'entendaient, était certainement due, en partie, au fait que la vie commerciale qu'elle avait déjà était extrêmement satisfaisante. Comme pour le système des examens et la bureaucratie gouvernementale, le système établi fonctionnait suffisamment bien pour que sa « modernisation » ne parût ni urgente ni même nécessaire. Une fois encore, nous voici amenés à conclure que si la Chine était aussi « arriérée », c'est bien parce qu'elle avait eu auparavant une telle avance.

Le savoir, communément admis, qui veut que l'État bureaucratique chinois ait montré peu d'intérêt, voire une certaine hostilité, à l'égard du commerce est aujourd'hui soumis à une complète révision. Il apparaît en effet qu'au xixe siècle, l'Administration chinoise faisait de nombreux efforts afin de faciliter le commerce, pour la simple raison qu'il lui procurait des revenus. On estime qu'en 1753, 74 p. 100 du revenu total provenait de la taxe foncière, alors qu'en 1908, cette dernière ne représentait plus que 35 p. 100. Ici encore, la révision des idées préconçues commence à nous donner une image plus réaliste de la commercialisation de la Chine au xixe siècle et même auparavant.

Dès leur arrivée dans les ports ouverts, les consuls britanniques entamèrent une guerre d'escarmouches avec les fonctionnaires chinois pour imposer des « taxes de transit », système vaste et complexe de petites taxes sur les marchandises en transit. L'administration des Douanes, qui dépendait du ministère des Finances et du ministère des Travaux, avait au total vingt-neuf bureaux installés aux points commerciaux stratégiques de l'empire, dont chacun devait payer à Pékin un quota annuel fixe, le total se montant à 4 millions 1/3 de taels, revenu digne de considération. Chaque bureau pouvait avoir des succursales sur les routes commerciales qui convergeaient vers des centres comme Hangchow, Nankin et les autres ports du Yangtze, dont la plupart devinrent ensuite des ports ouverts. Après l'instauration des Douanes maritimes chinoises, en 1854, le système établi par les Ch'ing fut désigné par les étrangers au cours des années suivantes sous le nom de « douanes indigènes ». (En 1901, on les rattacha finalement aux Douanes maritimes, leur produit ayant été affecté au paiement de l'Indemnité Boxer.) Cependant, avant le milieu du XIXe siècle, c'était un système administratif centralisé à Pékin qui assurait les recettes en taxant le mouvement des marchandises et des bateaux sous le régime du « tarif indigène », ainsi qu'on l'appela par la suite. Aux Douanes maritimes revenait la taxation du commerce étranger, auquel on appliquait le tarif déterminé par traité. Cependant les rapports entre le commerce national et le commerce étranger posèrent des problèmes dès l'application des traités, dans les années 1840. Quand les navires étrangers venaient faire commerce sur la côte chinoise, les affréteurs à bord étaient bien souvent des marchands chinois. On considérait en général qu'ils devaient être soumis au « tarif indigène », mais la situation devint rapidement ténébreuse quand les marchands chinois et étrangers se mirent à coopérer et que la propriété des marchandises devint difficile à définir. Les fonctionnaires chinois concernés étaient sensibles au fait que les droits perçus par les Douanes maritimes étaient intégralement déclarés et transmis à Pékin, alors que le prélèvement des douanes indigènes faisait partie de la recette des fonctionnaires provinciaux, qui, une fois versés les quotas dus à Pékin, pouvaient garder l'excédent pour leur usage personnel. Les fonctionnaires provinciaux voulaient garder le commerce chinois sous le tarif indigène, tandis que les Britanniques encourageaient les marchands chinois à utiliser des navires étrangers, soumis au tarif relativement limité des traités.

La symbiose entre les mécanismes et les méthodes commerciales étrangères et locales était visible dans de nombreux secteurs. Un premier exemple nous en est fourni par la flotte marchande des jonques chinoises.

Au moment de l'essor commercial du XVIIIe siècle, des milliers de jonques en tout genre étaient venues grossir les rangs des bateaux transporteurs, le long de la côte chinoise, sur les fleuves, les canaux et les lacs. Prenons en particulier le type de jonque utilisé dans les eaux côtières du delta du Yangtze, appelé « navire du Kiangsu », haut à l'arrière et souvent peint de couleurs vives, qui tenait bien la mer. Comme toutes les jonques, il comportait un gouvernail d'étambot, modèle utilisé par les Chinois mille ans avant les Européens. La coque était divisée en une demi-douzaine de petits compartiments étanches, ancienne invention chinoise également, et les deux mâts portaient des voiles munies de tringles qui permettaient de serrer le vent de près. D'autres types de jonques étaient spécialement construites pour les voies d'eau intérieures, certaines encore pour le remorquage le long du Yangtze ou d'autres fleuves. Leur objectif n'était pas la vitesse. Il s'agissait simplement de transporteurs durables, économiques et efficaces.

Quand, à la fin du XIXe siècle, on commença à utiliser des bateaux à vapeur sur les principaux fleuves chinois, la flotte des jonques grossit, afin de faire face à l'accroissement du commerce sur les innombrables voies d'eau du réseau intérieur de transport en Chine centrale et méridionale. Bref, le système de transport maritime de la Chine qui utilisait le vent et l'énergie musculaire ne fut pas détrôné par l'arrivée des bateaux à vapeur. Il semble au contraire qu'il se soit développé, puisque l'énergie musculaire était disponible à bon marché.

De plus, l'esprit d'entreprise des marchands chinois était tel qu'ils eurent vite leurs propres bateaux à vapeur. Les principaux transporteurs, le long de la côte et sur le Yangtze, battaient toujours pavillon pour Jardine et Butterfield, mais cela faisait partie des facilités accordées aux étrangers, en liaison avec le trafic international. On sait par ailleurs, même si l'on manque de précisions, que le moteur à vapeur était utilisé sur de petits bâtiments en tout genre, entièrement exploités par des Chinois. Cet élément a sans doute contribué à retarder la construction du chemin de fer dans la Chine du Sud. Grâce à la vapeur, le commerce maritime se faisait jusque dans l'arrière-pays, sans entraîner les dépenses nécessaires à la construction de voies ferrées. On peut, en résumé, conclure que le transport à vapeur s'était tout simplement intégré au réseau commercial existant. Ici, comme à bien d'autres égards, les changements apportés par les traités inégaux s'avérèrent bien moins radicaux que les étrangers ne le pensaient.

CHAPITRE 7

L'EFFORT DE MODERNISATION

Si, pour appréhender l'influence des traités sur la Chine après 1842, nous avons été amenés à nous pencher sur son développement économique antérieur, la même méthode s'impose, à plus forte raison, pour les débuts de l'occidentalisation en Chine. Avec quelles idées reçues les fonctionnaires-lettrés ont-ils entrepris la modernisation ? Quels étaient leurs talents et leurs points faibles ? Pour commencer, voyons ce qui, dans leur héritage, s'est avéré constituer un handicap : la tradition politicienne de l'administration, le nouvel essor de la culture classique et la méconnaissance de l'Occident, encore à peine étudié.

L'effort d'occidentalisation * était désigné en Chine par un terme classique signifiant « redressement » et destiné à souligner l'autonomie et l'initiative de la Chine. Plusieurs facteurs contribuèrent à la naissance de ce mouvement, dont, en premier lieu, la tradition politicienne, ancrée chez les administrateurs-lettrés, qui favorisait la recherche d'un savoir « utile à la société sur le plan pratique ». Les politiciens exerçaient leur habileté sur des questions comme celle de parvenir à acheminer par bateau sur le Grand Canal le tribut de céréales destiné à nourrir Pékin. Ainsi que nous l'avons vu précédemment, le canal s'était envasé, le fleuve Jaune et le fleuve Huai l'inondaient parfois, la léthargie bureaucratique s'était emparée de l'Administration, et les équipages héréditaires

---

* Ce que nous appelons couramment « Mouvement des activités à l'occidentale ». (*N.d.T.*)

des jonques céréalières étaient corrompus et révoltés. Confrontés à ce problème dans les années 1820, les politiciens répondirent qu'il fallait expédier le riz à destination de Pékin par voie de mer, autour de la péninsule du Shantung. C'était effectivement réalisable, mais les intérêts de longue date en jeu dans le Grand Canal s'opposèrent à la poursuite de cette opération. (Après 1872, une nouvelle solution consisterait à créer une ligne chinoise de bateaux à vapeur et à lui donner le monopole des transports de riz.)

Ce pragmatisme politique avait guidé le commissaire Lin dans ses efforts, courageux mais vains, pour mettre fin au commerce de l'opium en 1839. Malheureusement, son ignorance du monde extérieur à la Chine l'avait poussé à défier aveuglément l'Empire britannique, au tout début de l'ère Palmerston. Trop tard, Lin tenta de découvrir par où il avait été frappé. Son ami Wei Yuan se servit de certaines des informations rassemblées par Lin pour édifier une géographie mondiale des « pays maritimes » qui avaient surgi à l'horizon de la Chine.

La tradition politicienne chez les lettrés, dont Wei Yuan se faisait l'écho, avait connu une longue gestation au cours de l'époque Ming, puis sous les Ch'ing. Un bref regard sur cette tradition permettra de mettre en lumière les forces et les faiblesses des anciens fonctionnaires impériaux de la Chine, aux prises avec les « affaires d'outre-mer » *(yang-wu)*, et de mesurer ainsi un élément particulièrement important : leur éventuelle capacité à innover.

On peut dire rapidement que la croissance économique au XVIIIe siècle s'était accompagnée, dans le domaine du savoir, de développements intellectuels qui présentent un contraste saisissant avec ceux du siècle des Lumières, contemporain en Europe. Le savoir classique chinois est généralement aussi obscur pour les Européens que les textes des Pères de l'Église. Mais des études récentes nous montrent aujourd'hui que les lettrés chinois, après avoir longtemps été confinés dans une tour d'ivoire d'érudition, commencèrent à cette époque, un peu tard peut-être, à s'attaquer aux vrais problèmes de la Chine. (Peut-on y voir, comme certains, une « équivalence » du siècle des Lumières ? Qu'il me soit permis d'en douter.)

Cette évolution culturelle se dessina dans les académies (shu-yuan) qui proliféraient au XVIIIe siècle. L'académie type était une unité résidentielle indépendante, dont l'emplacement idéal se trouvait dans un cadre rural, entouré de collines et d'arbres séculaires, avec vue sur « les monts et les eaux » (shan-shui) si fréquemment représentés sur les peintures de paysages. La culture classique allait de pair avec l'austérité du mode de vie confucéen, proche de la nature. L'académie Fu-wen, à Hangchow, par exemple, apparaît sur une peinture, peut-être idéalisée, comme un complexe de bâtiments d'un étage, regroupés autour d'une succession de cours qui montent le long d'une petite vallée boisée. Dirigée par d'éminents érudits, Fu-wen s'était vue gratifiée à deux reprises de donations impériales, sous forme de livres, par l'empereur K'ang-hsi, en 1685, et par Ch'ien-lung, en 1754. Ce mécénat impérial traduisait le souci des dirigeants mandchous de garder sous leur aile protectrice la classe lettrée chinoise.

Les Mandchous avaient également hérité des Ming un système d'« écoles » officielles qui dépendaient du comté, de la préfecture ou de la province. Ces « écoles » n'abritaient pas des universitaires résidents, mais plutôt, semble-t-il, les candidats qualifiés pour s'inscrire aux examens de la région, que l'on encourageait à persévérer dans la voie de l'auto-instruction afin de préparer les examens du niveau supérieur. Cette supervision des lettrés par le gouvernement, que venaient adoucir le statut de fonctionnaire et parfois même des appointements, avait pour but d'encourager l'orthodoxie et de prévenir les luttes de factions comme celles qui avaient empoisonné la vie politique à la fin de l'époque Ming.

Face aux lettrés chinois qui admettaient toujours difficilement la conquête mandchoue, les Ch'ing avaient commencé par interdire la constitution d'académies ainsi que toute discussion politique, mais les sociétés littéraires et les associations de poètes ne se laissaient pas dissoudre aussi facilement. Au début du XVIIIe siècle, on autorisa les

« écoles charitables » *(i-hsueh)*, créées à partir de fonds familiaux et supervisées par le gouvernement [18]. En 1733, Pékin commença à accepter la réouverture des académies, toujours sous contrôle officiel, afin d'aider les lettrés à préparer les examens. Dès 1750, on vit apparaître des académies semi-officielles, semi-autonomes, patronnées par de hauts fonctionnaires. Les études textuelles et philologiques étaient alors considérées dans ces institutions comme une fin en soi. A partir de 1800, il existait plusieurs douzaines d'académies de ce type, surtout dans le bas Yangtze, capables de fournir les appointements, les bibliothèques et les locaux nécessaires à l'étude sérieuse de l'histoire et des classiques chinois sans être directement soumises au regard officiel.

Si une culture plus autonome eut la possibilité de se développer, c'est grâce à la protection de certains hauts fonctionnaires, dont la fortune leur permettait de faire venir dans leur entourage *(mu-fu)* de brillants lettrés qui pouvaient se consacrer à la compilation et à l'édition d'ouvrages savants. Un archétype de ce courant existe dans la personne de Juan Yuan, infatigable bibliophile et compilateur qui, après avoir exercé de hautes fonctions dans le Chekiang, le Kiangsi et le Hupei, avait été nommé gouverneur général de Canton (1817-1826), où il fonda l'académie Hsueh-hai T'ang et dirigea de nombreuses publications importantes. Le *Huang Ts'ing ching-chieh*, par exemple, reproduisait, dans ses 360 volumes, 180 ouvrages de 75 auteurs de commentaires sur les classiques, écrits au cours de l'époque mandchoue (Ch'ing). Pour arriver à produire de telles compilations, anthologies, catalogues, dictionnaires ou autres, Juan Yuan employait une foule de lettrés, payés sur des fonds que fournissaient en partie les grands marchands du Co-hong, versés dans le commerce avec l'étranger et connus en Occident sous le nom de Howqua.

Quelles étaient les nouvelles idées apportées par cette avalanche d'ouvrages savants ? On peut dire, rapidement, que le XVIIIe siècle vit le retour aux textes classiques originels, dans le but de contrecarrer le moralisme philosophique aride du néo-confucianisme, qui était resté dominant en Chine depuis les Sung. Cette nouvelle interprétation constituait l'École Han, par opposition à l'École Sung, et s'intéressait tout particulièrement à la critique philologique des classiques, à partir de l'étude objective *(k'ao-cheng)* attentive. L'examen des textes classiques révéla par exemple que certains passages du *Livre des Écrits (Shang-shu)* étaient apocryphes, et qu'il s'agissait d'interpolations d'autres textes. La nouvelle était de taille, et elle produisit à peu près autant d'effet que la découverte des Manuscrits de la mer Morte sur les études bibliques. L'orthodoxie s'en trouva considérablement ébranlée. Les lettrés de l'École Han utilisaient en particulier la version des Classiques du Nouveau Texte *(Chin-wen)*, c'est-à-dire les anciennes versions découvertes à la fin de l'époque Han.

L'insistance philosophique sur la recherche objective *(k'ao-cheng)* stimula un retour en force des principes moraux chers à l'École Sung. On vit ainsi parfois naître un éclectisme Han-Sung, à partir du milieu du XIXe siècle, chez les lettrés concernés par les problèmes que soulevaient d'une part les contacts avec l'étranger, mais aussi, et c'était plus important, la perte de vitesse évidente de la dynastie.

Comme Wei Yuan était un exemple type de lettré versé dans la politique, qui affronta l'Occident en ayant pour acquis les enseignements de l'École Han, sa carrière est extrêmement instructive. Pendant huit ans, entre 1813 et 1821, il étudia à Pékin en percevant un traitement du gouvernement. Il s'était rallié à l'École du Nouveau Texte pour la réinterprétation des classiques par la recherche textuelle empirique, mais souscrivait en même temps à la thèse de l'École Sung, d'après laquelle l'histoire dépendait de chefs vertueux pourvus d'un sens moral élevé. En 1825, il dirigeait la publication d'un important recueil d'écrits Ch'ing sur l'art de gouverner. Ces essais, rédigés par des fonctionnaires Ch'ing et par leurs conseillers *(mu-yu)*, traitaient des divers rouages de l'Administration, financiers en particulier – comme l'impôt sur le sel, l'impôt foncier du gouvernement, ou encore la gestion du système de transport du riz sur le

Grand Canal – avec pour principale préoccupation de maintenir le système en état. Les mécanismes administratifs étaient moins importants que l'autorité morale, en cette période de déclin apparent. En appliquant cette doctrine, Wei Yuan participa à l'organisation du transport du riz destiné à nourrir Pékin par bateau autour du Shantung, au lieu d'utiliser le système de transport du Grand Canal, qui s'effondrait. Wei contribua également à réformer le monopole officiel du sel qui régissait la distribution du sel marin produit sur la côte, au nord du Yangtze, vers les régions de l'intérieur. Afin de parer à la contrebande, on décida d'abaisser le prix du sel.

Un autre de ses sujets d'étude était les dix grandes campagnes de l'empereur Ch'ien-lung, et il écrivit après 1829 une histoire militaire des Ch'ing. C'est ainsi qu'il aborda le problème de la défense côtière. Fort de ces antécédents, il put élaborer son *Répertoire illustré des pays d'outre-mer*, ouvrage géographique accompagné de suggestions stratégiques qui eut une vaste influence. Le commerce extérieur et les relations avec les commerçants étrangers commençaient à attirer l'attention des stratèges Ch'ing réservée jusqu'alors à l'Asie centrale. Le commissaire Lin trouva ainsi en Wei un allié convaincu, au moment où il tenta de maîtriser le commerce de l'opium à Canton. Dans son ouvrage sur les pays d'outre-mer, Wei Yuan prenait acte de précédentes incursions européennes en Asie du Sud-Est, dans les ports de commerce, à la force des canons, mais il semble pourtant avoir accepté la cession de Hong Kong à la Grande-Bretagne en 1842. Il y voyait un moyen utile pour apaiser les Britanniques, et non un premier coin enfoncé par cet empire tentaculaire. Il ne lui était toujours pas facile de penser en termes de puissance navale.

Le gouverneur du Fukien, Hsu Chi-yü, était allé encore plus loin : en se servant de cartes et de données sur l'Occident fournies par les missionnaires, il avait compilé, en 1848, un répertoire systématique de tous les pays et de leur histoire. La Grande-Bretagne, avait-il découvert, après avoir colonisé l'Amérique vers le milieu de l'époque Ming, lui avait fait subir des impôts trop lourds et y avait perdu le pouvoir, mais elle conservait l'Inde et faisait une percée en Asie du Sud-Est. « La population de l'Angleterre est dense et la nourriture insuffisante. Il leur est nécessaire d'importer [...]. Plus de 490 000 personnes travaillent dans le tissage. Leurs machines à tisser sont en fer et actionnées par un moteur à vapeur qui leur permet de fonctionner automatiquement [19]. » Parmi les six cents navires de guerre britanniques (chiffres de 1850), on comptait cent bateaux à vapeur. Le gouverneur avait appris qu'en Amérique on utilisait même des moteurs à vapeur pour tirer des chariots sur des rails en métal.

Pour le lettré chinois ordinaire, la nouvelle vision du globe dévoilée par le gouverneur Hsu était une révélation autrement plus étonnante que la physique nucléaire pour nous, et certainement tout aussi inquiétante. Dans la classe dirigeante, le fossé se creusa de plus en plus entre ceux qui commençaient à connaître le monde étranger et la grande majorité, qui restait absorbée dans les classiques et les examens. Quelques grands fonctionnaires surent s'entourer d'un vaste aréopage de jeunes spécialistes qualifiés, dont certains avaient fait des séjours à l'étranger et maîtrisaient les langues et la culture étrangères.

Cet effort arrivait juste à point pour faire face à la catastrophe générale. Les quarante années à partir de 1860 forment une époque distincte dans l'élaboration de la Révolution chinoise. L'ancien système semblait alors fonctionner de nouveau et l'on adoptait certains usages occidentaux, mais le progrès de la Chine s'effectuait si lentement qu'elle devint une proie facile pour de nouvelles agressions étrangères. La rivalité des puissances impérialistes atteignit un sommet terrifiant dans la « lutte pour les concessions » de 1898, et à la fin de cette période, en 1900, les troupes de huit nations occupaient Pékin. Il est évident qu'au cours de ces quatre décennies la Chine n'a pas su prendre le train en marche. Alors que le Japon mettait un terme à son isolement, commençait intelligemment à s'occidentaliser, se débarrassait de ses traités inégaux, et se préparait à devenir une puissance mondiale, pourquoi la Chine n'est-elle pas arrivée à en faire autant ?

Cette question a poursuivi les patriotes chinois pendant tout le xxe siècle. La première explication avancée faisait intervenir le darwinisme social. La Chine avait tout simplement perdu dans la lutte pour la survie entre les nations. C'était partiellement dû à la lenteur dont elle avait fait preuve pour cesser d'être un ancien empire et devenir un pays moderne. La faute était donc interne.

A partir de 1920, le marxisme-léninisme donna cependant une explication plus satisfaisante. La faute en incombait à l'impérialisme capitaliste des puissances étrangères qui avaient envahi la Chine, s'étaient assuré des privilèges particuliers grâce aux traités inégaux, avaient exploité les ressources et les marchés chinois, et brisé les ressorts du capitalisme chinois. Comme de nombreux étrangers avaient annoncé haut et fort que c'était exactement ce qu'ils comptaient faire, tous les partis en cause pouvaient tomber d'accord. Les mêmes décennies virent le triomphe du colonialisme dans toute la périphérie de la Chine. La Grande-Bretagne s'empara de la Birmanie et de la Malaisie, la France du Vietnam, le Japon de Taiwan. L'agression et l'exploitation étrangères étaient trop évidentes pour qu'on les nie.

Après que deux générations se furent affrontées sur ces théories explicatives, le débat s'est apaisé et on en est arrivé, dans les années 1980, à une formule bilatérale où les deux arguments entrent en ligne de compte : c'est la faiblesse interne qui a provoqué l'invasion étrangère ; on rejoint ce qu'avait prédit Confucius il y a 2 500 ans. La véritable discussion porte à présent sur les proportions qu'il convient de leur donner et sur le calcul de leur influence respective. Comme la marche en avant de la culture nous permet d'en savoir plus sur la Chine, vue de l'intérieur, je crois que les affirmations du marxisme-léninisme devront être atténuées au fil du temps, mais personne ne peut nier leur validité à bien des égards.

Comment ceci s'applique-t-il aux années 1861-1894 ? L'époque vit, à ses débuts, s'établir un gouvernement conjoint de Mandchous et de Chinois, à Pékin et dans les provinces, qui s'accordèrent sur un programme général d'apaisement des envahisseurs franco-britanniques et de répression des rebelles chinois. La dynastie allait opérer un retournement de situation exemplaire, et transformer sa faiblesse en force, parfois, il est vrai, aux frais de la population chinoise.

Vers le milieu de 1860, une nouvelle offensive Taiping avait envahi le delta du Yangtze, pris les grandes villes de Hangchow et Soochow, et menaçait Shanghai, tandis que, simultanément, une armée de deux cents navires franco-britanniques arrivait au large de Tientsin et se frayait une voie vers Pékin. Confrontés à ce double désastre, les dirigeants mandchous effectuèrent adroitement une double manœuvre d'apaisement : ils finirent par confier à Tseng Kuo-fan le commandement suprême contre les Taiping, transgressant l'ancienne loi qui interdisait aux fonctionnaires civils chinois de diriger des armées en province, et acceptèrent les exigences franco-britanniques, qui réclamaient une plus grande ouverture de la Chine au commerce étranger et au prosélytisme. Il se disait dans les conseils dynastiques que si les rebelles étaient une « maladie organique », les étrangers n'étaient qu'« une affection des membres ». (C'est, bien entendu, de la même manière que Chiang Kai-shek s'exprimera, confronté à l'invasion japonaise et à la rébellion communiste dans les années 1930 et 1940.) Tout ce que les Britanniques demandaient, c'était le commerce ; on légalisa donc leur commerce d'opium et on leur promit d'autoriser le commerce intérieur sur le Yangtze dès que les Taiping (qui s'obstinaient à interdire l'opium) seraient écrasés.

On fit appel à des mercenaires anglais et américains, comme F.T. Ward, originaire de Salem dans le Massachusetts, pour diriger les vapeurs et l'artillerie utilisés dans la guerre amphibie qui se déroulait autour de Shanghai. Ayant obtenu les conditions qu'ils réclamaient à Pékin, Français et Britanniques renoncèrent à la neutralité et envoyèrent des officiers, dont C.J. Gordon, surnommé « Gordon pacha », pour combattre les Taiping, cependant que les marchands étrangers vendaient à l'armée impériale des Remington et des obusiers, ce qui s'avéra encore plus important. Après avoir humilié Pékin, les forces franco-britanniques se retrouvaient occupées à défendre

Shanghai et le delta du Yangtze, et contribuaient donc à sauver la dynastie.

Le régime Ch'ing, ainsi restauré, s'assurait de l'aide étrangère tout en perpétuant l'idéologie classique du gouvernement par la Vertu. Tseng Kuo-fan, dont nous avons pu observer le sang-froid lors du massacre des prisonniers Taiping, donna le ton de la restauration par son admirable force de caractère et sa foi, un tant soit peu bornée, dans l'idéal confucéen de la conduite vertueuse.

« Les affaires barbares ne sont pas faciles à traiter, écrivait-il à son disciple Li Hung-chang en 1862, mais les principes fondamentaux n'en sont autres que ces quatre mots de Confucius : *chung, hsin, tu* et *ching* – fidélité, sincérité, ferveur et respect [...]. *Hsin* indique explicitement qu'il ne faut jamais proférer de mensonge, mais il est très difficile d'éviter de le faire [...].

« Confucius dit : " Si vous savez diriger votre pays, qui osera vous insulter ? " Si nous sommes unis, rigoureux et sobres et si nous prenons des centaines de mesures, soyons sûrs que les étrangers ne nous insulteront pas ni ne nous affronteront sans raison. » (On pouvait évidemment confier sans crainte le sort de la dynastie à un homme aussi pénétré des vertus confucéennes.)

« Dans votre association avec des étrangers, disait Tseng à Li, prenez soin de ne pas paraître trop hautain par votre tenue ou vos manières, il vaut mieux avoir l'air un peu indécis, insouciant. Quand ils proféreront des insultes, étaleront leur fausseté et leur mépris pour tout, laissez dire, mais ne montrez pas que vous avez compris, car il est préférable de paraître quelque peu stupide [20]. »

Pouvait-on conseiller plus clairement de ravaler sa fierté et de tout faire pour apaiser l'envahisseur ? A la cour, les Mandchous citaient une ancienne devise : « Aie recours à la paix et à l'amitié quand tu y es momentanément obligé; garde la guerre et la défense comme véritable politique. » La dynastie et sa classe dirigeante chinoise étaient « dans le même bain ».

Lorsque Tseng Kuo-fan mourut, en 1872, Li Hung-chang assura la conduite des opérations avec les étrangers pendant les trente ans qui suivirent. Très grand (plus de

1,80 m), vigoureux, c'était un réaliste d'une extrême intelligence, qui avait soif de responsabilités et sut déployer un grand talent pour se maintenir au pouvoir. Fervent adepte de l'art du possible, il devint, en travaillant à l'intérieur de ces limites, le plus grand modernisateur de son temps. Li Hung-chang ne se mit à voyager personnellement que vers la fin de sa carrière, en 1896, mais dès le moment où ses troupes eurent en main des fusils Remington, il comprit que l'étranger détenait les clés de la défense et de la survie de la Chine. Il devint le principal avocat de ce que Pékin appellerait un siècle plus tard, sous le vice-Premier ministre Deng Hsiao-p'ing, la « modernisation ».

Li avait bénéficié du fait que son père avait été le compagnon d'études de Tseng Kuo-fan lors de l'examen terminal en 1838. Après avoir obtenu son diplôme provincial, Li eut Tseng pour maître à Pékin. C'est là qu'il obtint lui-même son diplôme supérieur en 1847, après quoi il retourna dans sa région natale (Ho-fei, dans l'Anhwei), au début des années 1850, afin de mettre sur pied une milice pour combattre les rebelles, ce dont Tseng se chargeait dans le Hunan. Il participa à plusieurs campagnes aux côtés du gouverneur provincial, puis rallia l'équipe de Tseng Kuo-fan en 1859, devint son secrétaire général et rédigea sa correspondance. Quand la cour des Ch'ing fut finalement obligée de confier à Tseng le commandement suprême, Li tenait sa chance.

Poussé par Tseng à constituer sa propre armée dans l'Anhwei sur le modèle de celle de Tseng dans le Hunan en avril 1862, Li se servit de sept bateaux à vapeur, loués aux étrangers par des réfugiés de la *gentry,* pour convoyer ses troupes jusqu'à Shanghai, en descendant le Yangtze. A l'âge de trente-neuf ans, il fut nommé gouverneur de la province du Kiangsu, point central des relations sino-étrangères. Il découvrit que Shanghai était devenue une base militaire franco-britannique et que les troupes étrangères étaient bien mieux armées et entraînées que ses forces chinoises. Ainsi armées, ces troupes pouvaient s'emparer de la Chine ! En fait, il craignait que « le cœur des fonctionnaires et du peuple ne fût acquis depuis longtemps aux étrangers ». Il avait l'impression de « marcher sur une couche de glace ». Pouvait-on empêcher les étrangers de prendre possession du pouvoir à Shanghai ? Li se précipita pour acheter des armes occidentales et constituer son armée de l'Anhwei. En l'espace de deux ans, il avait sous ses ordres 40 000 mille hommes disposant de 10 000 fusils et de canons qui tiraient des obus de 16 kilos. Il fit appel à la coopération des Occidentaux contre les Taiping, mais sut lui imposer des limites strictement définies.

Li Hung-chang accédait ainsi à une position favorable auprès des anciens Ch'ing. Après s'être distingué comme lettré, il gagna la confiance de la dynastie pour ses qualités militaires de général. Son armée de l'Anhwei participa à l'encerclement et à l'asphyxie des Taiping dans le bas Yangtze, puis, vers la fin des années 1860, donna le coup de grâce aux rebelles Nien, dont la cavalerie faisait des razzias dans toute la Chine du Nord. L'achat de fusils étrangers, la création d'arsenaux et les manœuvres des troupes donnèrent à la dynastie un avantage décisif sur les paysans dissidents, qu'elle conserva dès lors. Simultanément, les Britanniques, dont les escadres et les troupes étaient postées à Hong Kong, dans les ports ouverts et sur le Yangtze, devinrent partie intégrante de la structure politique de la Chine, en contribuant à maintenir l'ordre politique pour préserver les intérêts du commerce étranger.

Les gouverneurs de la province du Yangtze, recommandés à la cour par Tseng Kuo-fan, représentaient, quant à eux, la nouvelle génération de fonctionnaires chinois loyaux qui, en dirigeant les armées dans les années 1860 et en adoptant les méthodes des Occidentaux, à commencer par leurs armes, parvinrent à renforcer l'État chinois et à prévenir de nouvelles rébellions. Dans la période qui suivit les rébellions, un nouvel équilibre se fit entre Mandchous et Chinois, entre la capitale et les provinces. Les Mandchous encourageaient habilement les initiatives chinoises tout en dominant la situation, puisqu'ils conservaient la mainmise sur les prérogatives impériales de nomination, promotion ou renvoi des fonctionnaires, et décidaient de l'allocation des revenus.

A la même époque, les intérêts de la dynastie Ch'ing et de l'Empire britannique en Asie orientale se trouvèrent associés dans la création du Service des Douanes maritimes impériales, édifié par un personnage extraordinairement discret et efficace, l'Irlandais Robert Hart, afin d'administrer le commerce de la Chine avec l'étranger. Lorsque, à partir de 1842, on avait accordé aux marchands étrangers l'extraterritorialité qui les mettait à l'abri de la loi chinoise, les collecteurs d'impôts des Ch'ing trouvèrent plus avantageux de s'entendre avec eux, dans leur intérêt commun, au lieu d'exercer sur eux des contraintes au nom des finances de l'empereur. Le tarif des traités finissait par ressembler à une plaisanterie et le commerce était laissé à la merci d'une corruption sino-étrangère organisée. Mais, en 1854, les consuls étrangers en poste à Shanghai installèrent des « inspecteurs étrangers » dans les bureaux douaniers des Ch'ing, afin d'évaluer honnêtement les droits, et le système s'étendit à tous les ports ouverts, soit, en fin de compte, une quarantaine de lieux. Inspecteur général de 1863 à 1908, Hart avait toute responsabilité pour l'évaluation et l'enregistrement des taxes dues. Il avait engagé du personnel international (essentiellement britannique) pour se charger de ces tâches dans chaque port, et Pékin était ainsi assuré d'un revenu fiable et croissant, que ses propres surintendants des douanes étaient obligés de recevoir et de porter en comptabilité.

Robert Hart était un jeune homme tranquille, assez menu, d'une intelligence aiguë et d'une grande sensibilité culturelle. Il avait appris le chinois et la manière d'agir avec les fonctionnaires chinois au cours d'un apprentissage de quatre ans, entre 1854 et 1858, alors qu'il occupait les fonctions d'interprète et de vice-consul britannique dans le petit port endormi de Ningpo, au sud de Shanghai. De là, il partit à Canton, où il fut pendant un an le secrétaire de la commission franco-anglaise qui gouvernait la ville par l'intermédiaire des malheureux fonctionnaires Ch'ing capturés là en 1858 et que l'on avait laissés en place. Quand Hart démissionna du service britannique pour être finalement nommé inspecteur général à Pékin, en 1863, il se vit à l'âge de vingt-huit ans participer étroitement aux grands conseils du gouvernement Ch'ing. Le prince Kung, l'oncle de l'empereur-enfant qui dirigeait l'Administration, n'était âgé que de trente ans, et ces deux jeunes non-Chinois, bien que venant de mondes différents, se retrouvaient confrontés ensemble aux problèmes de l'Empire chinois. Contrairement au ministre Harry Parkes – cet impérialiste activiste très apprécié à Shanghai parce qu'il brusquait les indigènes en pratiquant une diplomatie d'artilleur –, Hart devint un partisan dévoué de l'intérêt chinois tel qu'il l'entendait. Il se conduisait en dictateur dans son service des Douanes, mais, en qualité d'employé des Ch'ing, savait observer les distances et pratiquait les vertus de la bonne conduite vantées par Tseng Kuo-fan – à commencer par la plus difficile de toutes les vertus à Pékin : savoir garder sa langue.

Il devint naturellement l'intermédiaire chargé de résoudre toutes sortes de crises diplomatiques. En 1864, notamment, Gordon pacha avait obtenu la reddition de huit généraux Taiping, en leur promettant la vie sauve, mais Li Hung-chang, son supérieur, fidèle à ses précautions habituelles, s'empressa de les faire décapiter, trahissant ainsi l'honneur de Gordon. Cela faillit coûter très cher, mais Hart, après avoir rencontré les deux parties séparément, parvint à sauver à la fois l'honneur victorien et la fierté chinoise. L'Armée Toujours Victorieuse revint prendre part à l'action.

Le 11 mai 1864, Gordon bombarda Changchow toute la matinée, puis, expliquant autour de lui que « les gueux à l'intérieur » en concluraient qu'il « avait fait son travail de la journée », il attaqua à treize heures [21]. Pendant que Hart et Li Hung-chang observaient ensemble la scène, du haut d'une colline, Gordon dirigeait l'une des trois vagues d'assaut et se trouva être le premier à pénétrer par une brèche étroite. Changchow tomba, mais Li et Tseng refusèrent de laisser leurs alliés occidentaux participer à la capture qui s'ensuivit, ainsi qu'au pillage de Nankin qui mit fin à la rébellion.

De 1870 à 1895, Li Hung-chang était gouverneur général à Tientsin, mais il restait aux commandes des unités de son armée de l'Anhwei, dotée d'armes modernes. Sur l'ordre de la cour, il affronta les crises étrangères les unes après les autres : l'assassinat des religieuses catholiques à Tientsin ; la prise par les Japonais d'un royaume insulaire longtemps tributaire de la Chine, connu aujourd'hui sous le nom d'Okinawa ; la perte d'un autre tributaire, la Corée, au cours des négociations d'un traité avec les puissances occidentales, destiné à contrebalancer les ambitions territoriales du Japon et de la Russie ; les hostilités et négociations, longues et confuses, avec la France pour la prise de possession du pouvoir sur un autre tributaire encore, le Vietnam. La confusion, dans cette dernière affaire, vint surtout du nombre d'acteurs qui s'y trouvèrent mêlés. Li intervint, mais aussi Pékin, puis le ministre chinois à Paris, lequel changea quatre fois au cours des remaniements de cabinets français ; pour terminer, la marine française fut dépêchée sur les lieux. Finalement, Robert Hart obtint la signature de la paix, en envoyant son agent londonien négocier secrètement à Paris en 1885. Les négociations qui mirent fin à la guerre de la France contre la Chine pour l'obtention du Vietnam, dans les années 1880, traînèrent autant en longueur que les tractations menées par Nixon et Kissinger, dans les années 1970, pour en terminer avec la guerre du Vietnam américaine. En revanche, le nombre d'hommes tués fut très largement inférieur dans les hostilités franco-chinoises, qui furent bien moins vives.

Li, comme on vient de le voir, faisait office de ministre des Affaires étrangères, ce qui était tout à fait symptomatique du retard institutionnel de Pékin. Les affaires étrangères étaient toujours considérées comme des affaires de frontière, et non comme relevant du gouvernement central. Aucun ministère n'avait encore été créé, il n'existait qu'un comité du Grand Conseil, connu sous le nom de Tsungli Yamen, où l'on discutait des questions étrangères qui parvenaient jusqu'à Pékin. Li était chargé de maintenir les problèmes étrangers à distance de la capitale.

Il tenta d'appliquer à sa diplomatie la manœuvre, vieille de deux mille ans, consistant à « se servir des barbares pour diriger les barbares ». Cette spécialité défensive chinoise, généralement exprimée en termes moins archaïques, était évidemment élémentaire de par le monde. Les Américains, par exemple, lorsqu'ils n'étaient pas occupés à empiéter sur le territoire chinois, parlaient si souvent de paix et d'amitié, allant jusqu'à offrir leurs « bons offices » dans les temps de troubles, qu'ils apparaissaient comme de bons barbares, auxquels on pouvait avoir recours. Quand l'ancien président des États-Unis, Grant, en voyage autour du monde, passa par la Chine en 1879, Li fit appel à ses bons offices, car le Japon avait absorbé Liu-ch'iu (Okinawa), petit tributaire de la Chine. Mais le vieux général rusé réédita son exploit d'Appomattox : Li dut renoncer aux objections de son pays face à la suspension de l'immigration chinoise décrétée par l'Amérique, et Grant, quant à lui, découvrit en arrivant à Tokyo que les Japonais, retranchés derrière des arguments juridiques, étaient inébranlables. Par la suite, Li demanda la médiation américaine au sujet de la Corée, de l'Indochine française, et des termes du traité de 1895 avec le Japon, mais à chaque fois sans résultat. Tout cela n'était que *vox et praeteria nihil*.

Les tentatives diplomatiques de Li Hung-chang en firent une personnalité très en vue, et les journalistes occidentaux lui donnaient parfois le titre de « Bismarck de l'Orient ». La comparaison peut être instructive. Sans aucun doute, Li Hung-chang (1823-1901) possédait bien des qualités présentes chez son contemporain allemand Otto von Bismarck (1815-1898). C'était un grand homme, fin diplomate et administrateur énergique, un réaliste attaché avant tout à la mise en œuvre du possible, qui joua pendant quarante ans un rôle déterminant en Chine. Mais alors que Bismarck, entre 1862 et 1890, fomenta et gagna trois guerres, assurant la création de l'Empire germanique et sa domination sur l'Europe centrale, Li dut affronter des rébellions internes et des agressions étrangères sur les frontières de la Chine, qui entraînèrent le déclin de plus en plus prononcé de l'Empire Ch'ing. Alors que Bismarck élaborait un nouvel équilibre du pouvoir en Europe, Li devait faire face à l'effondrement du système chinois du tribut, qui assurait naguère une forme d'ordre international en Asie orientale. Le « chancelier de fer » détenait le pouvoir exécutif central dans un pays qui se trouvait déjà aux avant-postes de la science moderne, de la technologie industrielle et du nationalisme militaire. Li Hung-chang ne détint jamais le pouvoir central, il ne faisait que représenter Pékin en sa qualité de gouverneur général de province. Son influence ne tenait qu'à un fil, celui de sa loyauté envers la régente des deux empereurs-enfants qui se succédèrent, l'impératrice douairière Tz'u-hsi, femme habile et ignorante, résolue à préserver la domination mandchoue à tout prix. Li devait exprimer sa loyauté envers souveraine par des cadeaux somptueux et une adulation sans borne, au point qu'entre 1888 et 1894 il dut détourner les fonds destinés à sa marine de Chine du Nord, qui luttait de vitesse avec le développement de la marine japonaise, pour construire le nouveau palais d'été de Tz'u-hsi. Bismarck avait un Bleichroder qui le finançait dans les moments critiques; Li Hung-chang devait s'arranger pour rassembler le crédit dont il avait besoin, et son seul recours était la bonne vieille méthode consistant à escamoter les fonds officiels. Lorsqu'il eut négocié l'alliance secrète entre les Russes et les Chinois, en 1896, il reçut un don personnel d'un million de roubles. On disait qu'il avait amassé une fortune valant 40 millions de dollars. Qu'il soit parvenu à effectuer certaines réalisations, c'est certain, mais il ne put mener l'effort de modernisation des anciens Ch'ing qu'en tirant, poussant et manipulant constamment un environnement rebelle.

Il lui fallait mener le combat sur deux fronts, et découvrir les secrets matériels de la puissance occidentale, en même temps que convaincre les fonctionnaires cultivés qui l'entouraient de la nécessité d'imiter l'Ouest. Tseng Kuo-fan, par exemple, approuvait la création de l'Arsenal de Shanghai, où fut construit un bateau à vapeur sur lequel il osa même s'aventurer. Mais il s'opposait aux télégraphes, aux chemins de fer, et autres inventions de la technologie occidentale, car il pensait qu'ils étaient susceptibles d'enlever leur gagne-pain aux Chinois, et de donner trop d'influence aux étrangers. Li devait emprunter des chemins détournés et indirects. Lorsque Tseng lui servait la maxime confucéenne traditionnelle, selon laquelle « la guerre dépend des hommes, pas des armes » (une ancienne idée, modifiée aujourd'hui par une pensée de Mao Tse-tung), Li rétorquait en lui décrivant les navires de guerre français et britanniques qu'il avait visités : « J'ai profondément honte, lui disait-il, quand je vois l'infériorité des armes de la Chine. Chaque jour, j'avertis mes officiers et leur demande de rester humbles, de subir l'humiliation, afin d'apprendre des Occidentaux une ou deux méthodes secrètes. »

Li faisait également remarquer avec quel succès les Japonais avaient appris à gouverner les bateaux à vapeur et à fabriquer des canons. Si la Chine arrivait à conquérir son autonomie militaire, prophétisait-il, les Japonais « s'attacheront à nous ». Mais sinon, « les Japonais imiteront les Occidentaux et partageront leurs sources de profit [23] ».

En 1864, Li se risqua à préconiser que l'on ajoutât la science et la technologie aux matières étudiées dans le système des examens. On voit aujourd'hui, avec le recul, que c'était certainement le point de départ de l'adaptation de la Chine au monde moderne. Mais on ne laissa jamais sa chance à cette idée. On refusa même en bloc sa proposition de sélectionner certains titulaires des diplômes classiques pour leur permettre d'étudier les sciences occidentales dans l'école d'interprètes que Hart finançait à Pékin, et dans d'autres petites écoles gouvernementales similaires, à Shanghai et Canton.

Le tuteur impérial, Wo-jen, un Mongol qui régentait la bureaucratie littéraire de Pékin, parla au nom de la majorité orthodoxe : « Pour édifier une nation, il faut inculquer la bienséance et la vertu, non le pouvoir et l'intrigue, [...] privilégier l'esprit des hommes, et non la technologie [...]. Les barbares sont nos ennemis. En 1860, ils se sont rebellés contre nous. Ils ont envahi Pékin, continuait-il, incendié le palais impérial, tué les nôtres. Comment pouvons-nous oublier cette humiliation, ne serait-ce qu'un seul jour ? Pourquoi, demandait-il, devrait-on rechercher des arts insignifiants et accorder le respect à des professeurs barbares? [...] Depuis la conclusion de la paix [en 1860], le christianisme s'est répandu et la moitié de notre peuple ignorant [les Taiping] s'y est laissé prendre [...]. Si à présent nos talentueux lettrés doivent changer le cours habituel de leurs études pour suivre les barbares, [...] la multitude du peuple chinois sera soumise aux barbares [...]. Devons-nous encore étendre leur influence et aviver la flamme [24]. »

Ces sentiments coïncidaient avec les intérêts matériels de tout lettré qui enseignait les classiques, et de tout jeune homme qui les étudiait. Le savoir moderne resta effectivement banni des examens, jusqu'à l'abolition de ces derniers, en 1905.

La modernisation de la Chine finit donc par ressembler à un jeu auquel participaient quelques hauts fonctionnaires, qui se rendaient compte de sa nécessité et tentaient de réunir des fonds, de trouver du personnel et de réaliser des projets, dans un environnement léthargique, sinon hostile. Ils restaient guidés par l'espoir du profit et du pouvoir personnel, mais la cour de l'impératrice douairière, contrairement à celle de l'empereur Meiji au Japon, ne leur apportait aucun soutien ferme ou conséquent. Tz'u-hsi, au contraire, trouvait plus avisé de laisser les idéologues conservateurs comme Wo-jen bloquer la route des innovateurs, car cela lui permettait de maintenir l'équilibre. La Chine du Sud, comme d'habitude, regorgeait d'esprits brillants, prêts à saisir de nouvelles occasions, surtout dans les ports ouverts qui connaissaient un développement rapide, et l'on put voir, à la fin du XIXe siècle, de nombreuses entreprises de pionniers, mais peu de changements fondamentaux. L'effort d'occidentalisation était confié à quelques hauts fonctionnaires provinciaux, tout d'abord parce que cela cadrait avec l'équilibre entre pouvoir local et pouvoir central – la cour n'avait à en supporter ni les frais ni la responsabilité – et ensuite parce que seuls les fonctionnaires des ports ouverts, en contact avec les étrangers, étaient à même de connaître les possibilités qui s'offraient et d'obtenir l'aide étrangère.

Sur cette base fragmentaire, Li Hung-chang trouva des

alliés parmi les entrepreneurs cantonais, depuis longtemps en contact avec les Occidentaux, qui exploitaient déjà de nouveaux débouchés. Il y avait par exemple le clan des T'ang, installé à une quinzaine de kilomètres de Macao, qui avait fait fortune en fabriquant et vendant de la sauce aux crevettes. Le clan avait progressivement pris de l'influence au cours du XIXe siècle, à mesure que ses membres passaient les examens locaux et provinciaux. L'un d'eux, Tong King Sing (ou T'ang T'ing-shu, 1832-1892) avait pour sa part ouvert une nouvelle voie. Il avait appris l'anglais dans une école de missionnaires, fait office d'interprète auprès du tribunal de police de Hong Kong, puis du bureau des douanes de Shanghai, et s'était enrichi à partir de 1863 en devenant le principal acheteur de la société Jardine. Après avoir investi dans les maisons de prêt sur gages et les banques locales, il se tourna vers les compagnies de navigation, les assurances et même la presse. Parallèlement, il avait acheté diplôme et titre officiel, alors mis en vente par la dynastie pour accroître ses revenus. A partir de 1873, Li Hung-chang s'assura la collaboration de Tong pour ses projets de développement industriel.

Au lieu d'engager le combat avec ses confrères confucéens sur le front intellectuel, Li trouva plus facile de concurrencer les entreprises économiques étrangères en Chine. Le commerce intérieur de la Chine, aux mains des marchands privés, était déjà en pleine expansion. Li poursuivait l'idée traditionnelle d'incorporer le capital commercial chinois dans des projets qui seraient « supervisés par des fonctionnaires, mais entrepris par des marchands », un peu comme le commerce du sel. Après tout, la proportion du revenu national de la Chine qui passait entre les mains et les doigts crochus du gouvernement restait encore très faible.

En 1872, Li créa une ligne de navigation à vapeur à capital social, qu'il appela même la Compagnie de navigation à vapeur des marchands chinois, à la tête de laquelle il plaça Tong King Sing. Mais le capital marchand n'arrivait que goutte à goutte. Grâce au crash de 1877, Li put acheter la flotte de Russell & Company, la firme bostonienne qui avait inauguré la navigation à vapeur sur le Yangtze, avec l'aide des marchands chinois. Mais la majorité des fonds provenait là encore de sources officielles. Quand, en 1885, Robert Hart prêta à la Compagnie des marchands chinois l'un de ses jeunes commissaires aux Douanes (H. B. Morse, diplômé de Harvard), afin d'en conseiller les directeurs, Morse trouva une entreprise surchargée de personnel et saignée de ses profits. Elle survivait en remorquant le tribut de riz jusqu'à Tientsin et en sous-traitant pour les compagnies britanniques Jardine, Mateson & Company et Butterfield & Swire, qui continuèrent pendant cinquante ans, grâce au système des traités inégaux, à dominer le transport maritime en Chine.

Quand, en 1876, Li Hung-chang ouvrit la mine de charbon de Kaiping, au nord de Tientsin, afin d'alimenter ses bateaux à vapeur et de leur fournir un chargement lorsqu'ils revenaient vers Shanghai, il chargea aussitôt Tong de diriger la compagnie minière. Tong fit venir à Kaiping une douzaine d'ingénieurs occidentaux qui installèrent des pompes, des ventilateurs et des treuils modernes. Kaiping fut rapidement dotée d'un atelier de construction mécanique, de téléphones, de télégraphes et d'un petit chemin de fer, qui lui permettaient de produire 250 000 tonnes de charbon par an. C'était une telle réussite que Pékin ne put s'empêcher d'intervenir. La cour dépêcha un artiste chinois en matière d'exactions, qui succéda à Tong, pressa la compagnie jusqu'à la dernière goutte, et la laissa survivre essentiellement grâce à des emprunts étrangers. Finalement, lors de la crise Boxer de 1900, une compagnie britannique, représentée par un jeune ingénieur des Mines américain plein d'avenir, Herbert C. Hoover, en prit la direction. Par la suite, le conseiller juridique de la Chine à Londres se récria devant cette prise de possession, qu'il disait pratiquement assimilable à du grand banditisme. Après 1912, les mines de Kaiping furent gérées par l'Administration minière anglo-chinoise de Kailan.

D'autres mésaventures guettaient Li, lorsqu'il se risqua pour la première fois à envoyer des étudiants à l'étranger. La proposition venait d'un autre Cantonais, un compagnon d'études de Tong nommé Yung Wing qui, grâce à l'aide des missionnaires, avait réussi l'exploit d'aller à Yale. Il fut le premier diplômé chinois de Yale en 1854. Lorsque, de retour en Chine, il voulut se rendre utile, on l'envoya acheter les machines nécessaires pour l'Arsenal de Shanghai. Finalement, en 1872, on lui confia la direction de la mission éducative chinoise qui parvint en dix ans à expédier en Amérique cent vingt jeunes Chinois en longue robe. Le premier groupe, sélectionné par Tong King Sing, comprenait sept membres de sa famille, et son neveu T'ang Shao-i faisait partie du troisième.

Sur les conseils du délégué à l'éducation du Connecticut, Yung Wing installa ses quartiers généraux à Hartford, mais le président Porter de Yale suggéra que les étudiants prissent plutôt pension dans des familles de la vallée du Connecticut. Ils apprirent rapidement à replier leur natte sous leur casquette et devinrent d'excellents joueurs de base-ball. Yung Wing, quant à lui, épousait une Américaine du Connecticut, Marie-Louise Kellogg. Le codirecteur de Yung Wing, un très digne lettré en longue robe, fut littéralement horrifié : les garçons devenaient des barbares. Ils seraient incapables de maîtriser les Classiques pour se préparer aux examens lorsqu'ils seraient de retour en Chine! En 1881, on abandonna le projet. Il fallut attendre trente ans pour revoir des étudiants chinois en Amérique. Ce n'était plus alors des jeunes gens, ils s'étaient débarrassés de leur natte et de leurs classiques, et la dynastie n'existait plus.

On retrouve l'influence exercée par les cent vingt étudiants du projet de Hartford dans les relations étrangères et l'industrialisation de la Chine à partir de 1900. Si l'on n'avait pas abandonné ce projet en 1881, l'histoire moderne de la Chine aurait peut-être été différente.

A mesure que le temps passait, certains des protégés de Li Hung-chang ainsi que certains de ses rivaux, devenaient des bureaucrates capitalistes, installés dans l'entreprise industrielle. Restant fidèles à la formule d'une « supervision officielle et d'une direction marchande », parfois transformée en « direction conjointe », ils intervenaient par subventions et/ou investissements dans les usines de tissage, les compagnies de télégraphe, les complexes charbon-fer-acier et les banques modernes. Les intérêts officiels et personnels se chevauchaient tant et si bien que, en cas de conflit d'intérêts, si l'on avait voulu en soulever, il aurait été impossible de les débrouiller. Mais ces capitaines d'industrie restaient plus des bureaucrates tournés vers le monopole que des innovateurs prêts à prendre des risques. Les capitaux investis n'étaient pas considérables, et leur gestion pas toujours avisée. Par rapport au puissant développement du capitalisme dans le monde à la fin du XIXe siècle, la Chine demeurait dans des eaux stagnantes. Faute d'investissements, elle n'arriva pas, contrairement aux colonies, à développer ses exportations de textile. Les Indes britanniques et le Japon la devancèrent et parvinrent à fournir thé et soie dans le monde entier en standardisant leurs produits nationaux. Mais la Chine n'avait pas d'hommes capables de la mener dans cette voie.

Li Hung-chang eut deux grands rivaux, l'un au début de sa carrière, l'autre nettement plus tard. Tso Tsungt'ang (1812-1885), originaire du Honan, fut, jusqu'à l'âge de quarante ans, un lettré dont le vaste champ d'intérêt englobait les aspects pratiques de l'agriculture et de la géographie, mais, après avoir échoué trois fois à l'examen final à Pékin, il décida d'abandonner. A partir de 1852, il se distingua par ses qualités de commandant militaire. Désigné par Tseng Kuo-fan pour les postes de gouverneur général du Chekiang et du Fukien, il fut chargé d'encercler les Taiping par le sud. On l'envoya ensuite maîtriser le mouvement Nien en Chine du Nord, puis les rébellions musulmanes dans le Nord-Ouest et dans le Turkestan chinois.

Dans l'espace d'une génération, on avait assisté à l'invasion de Kashgar par Jahangir, à la guerre, puis à la paix, avec Kokand. Une fois de plus, la faiblesse de la dynastie mandchoue face aux rebelles du Centre avait suscité des soulèvements musulmans en Chine occidentale et en Kashgarie. Dans les années 1870, un général de Kokand, connu sous le nom de Ya'qoûb-beg, avait renversé la domination Ch'ing au sud des Montagnes célestes et les

Russes avaient profité des circonstances pour occuper la région stratégique de l'Ili, au nord de la chaîne. L'ensemble de cette région lointaine semblait perdu.

A ce moment, Li Hung-chang voyait l'ascension du Japon et la Corée en danger ; il cherchait des fonds pour constituer une défense côtière et une marine. Pourquoi gaspiller de maigres ressources en tentant, probablement en vain, de récupérer les steppes et les déserts d'Asie centrale ? Tso Tsung-t'ang, en revanche, y était fermement déterminé. Son entêtement lui permit de persuader la cour d'investir dans une longue campagne de reconquête, en arguant du fait que l'Asie centrale avait été la préoccupation primordiale des trois grands empereurs du XVIIIe siècle et qu'elle avait toujours une grande importance stratégique. Au bout de cinq ans, en 1873, Tso avait pacifié le Nord-Ouest. Fort du soutien de Pékin, il continua à renforcer ses bases d'approvisionnement, à entraîner ses généraux et ses 60 000 hommes, jusqu'au jour où, en 1876, il put les lancer sur la route du désert qui menait au Turkestan (1 500 km environ), et reconquérir brillamment ce qui devait devenir la province du Sinkiang (« la Nouvelle Marche »). En 1881, les Russes acceptèrent de se retirer de l'Ili. A Pékin, les courtisans furent impressionnés par l'évidente compétence dont la Chine faisait preuve pour massacrer les rebelles musulmans et mettre en échec les impérialistes russes.

Le second rival de Li Hung-chang surgit au milieu de cette époque d'euphorie. Chang Chih-tung (1837-1909) était un brillant lettré qui déployait une éloquence belliqueuse contre la Russie, puis contre l'empiétement français en Indochine ; il faisait partie d'un groupe « puriste » de stratèges en chambre qui réclamaient à cor et à cri le châtiment de tous les barbares. Quand Li Hung-chang entama des négociations en vue d'un accord avec les Français en 1884, ce parti guerrier dénonça violemment sa mollesse dans quarante-sept mémoires. Ils s'érigeaient en vertueux dénonciateurs des agissements coupables, d'où qu'ils vinssent, sauf s'ils étaient le fait de l'impératrice douairière qui détenait le pouvoir. En revanche, lorsqu'on leur confiait des responsabilités, les

« puristes » ne se montraient guère à la hauteur, sauf Chang Chih-tung, éminent défenseur de l'idéologie confucéenne, qui se révéla non seulement honnête et incorruptible, mais aussi très fertile et énergique dans les projets de modernisation.

Chang se distingua tout d'abord à Canton, puis fut nommé gouverneur général de Wuhan où il resta dix-huit ans. Sous son égide, les projets de chemins de fer furent mis en œuvre et les premières aciéries chinoises créées, avec le charbon et le fer de Chine centrale. Mais Chang s'intéressait par-dessus tout à l'éducation : il fonda une académie à Canton, ainsi qu'une imprimerie où il fit éditer les études classiques consacrées sous les Ch'ing; à Wuhan, il créa un nombre imposant de nouvelles écoles et s'occupa de former une armée moderne. Réformateur très actif, doublé d'un conservateur, Chang faisait preuve d'une loyauté obséquieuse vis-à-vis du pouvoir. Le slogan qu'il popularisa – « La culture chinoise pour les principes fondamentaux, la culture occidentale pour l'application pratique » – l'entretenait, lui et bien d'autres, dans l'illusion consistant à croire que l'on pouvait verser du vin nouveau dans une vieille bouteille, construire du neuf sur de vieilles fondations, ranimer le confucianisme pour conquérir la modernité et, de manière générale, avancer tout en refusant de bouger. Il devait, il est vrai, affronter le problème de tous les bureaucrates travaillant pour le trône : comment faire des innovations qui changeraient véritablement la structure institutionnelle de la Chine sans qu'elles parussent menaçantes aux yeux du pouvoir souverain, toujours rétif.

Le Mouvement des activités à l'occidentale trouva son dénouement dans la guerre sino-japonaise de 1894-1895. Du fait de sa taille, la Chine était donnée pour vainqueur dans les paris, mais Li Hung-chang, bien placé pour en savoir plus long, tenta de stopper la guerre. La Chine avait entrepris de se constituer une marine dans les années 1870. Pendant un moment, Robert Hart, qui créait à titre préventif une flotte d'intervention douanière, fut chargé, comme agent de la Chine, d'acheter des navires de guerre, et il caressa même l'espoir d'être nommé inspecteur général de la Défense côtière. Mais la tâche fut répartie entre quelques hauts fonctionnaires provinciaux, dont le plus important était Li Hung-chang. Au cours des années 1880, Li acheta des croiseurs aux Anglais et fit venir leurs instructeurs et conseillers, puis, Krupp ayant détrôné Armstrong sur le marché, deux plus gros bâtiments allemands vinrent s'y ajouter. C'est alors qu'une conspiration dans les hautes sphères officielles détourna, de manière scandaleuse, les fonds destinés à la marine chinoise pour la construction du nouveau palais d'été de l'impératrice douairière. Selon l'estimation de Hart, la marine « aurait dû avoir un solde de 36 millions de taels [soit 50 millions de dollars], mais, ajoutait-il, voilà qu'elle n'a plus un sou ! ». En septembre 1894, il découvrit qu'ils n'avaient « même pas d'obus pour les Krupp, ni de poudre pour les Armstrong [25] ». Dans la guerre contre le Japon, Li Hung-chang ne put engager que son armée et sa flotte de Chine du Nord (et non celles du Centre et du Sud) et trouva dans certains obus du sable au lieu de poudre à canon.

Quand la guerre mit face à face la dynastie Ch'ing, après trente ans de restauration en Chine, et les Meiji restaurés au Japon, les protagonistes des deux camps étaient Li Hung-chang et l'un des pères fondateurs du Japon, Itō Hirobumi. Ils s'étaient déjà rencontrés en 1885, à propos de la question coréenne et s'étaient accordés pour dire que la Chine et le Japon devaient rester en dehors de la Corée, où les deux pays soutenaient des factions rivales. Li avait toutefois noté : « Dans une dizaine d'années, la richesse et la force du Japon seront admirables [...] et poseront des problèmes à la Chine. »

Effectivement, quand les Japonais intervinrent en 1894, sous prétexte de mater les rebelles coréens, l'armée de Chine du Nord de Li fut mise en déroute et sa flotte coulée ou mise en fuite lors d'une des premières batailles navales modernes, au large du fleuve Yalu. Les Chinois étaient commandés par un vieux général de cavalerie qui fit mettre ses navires en ligne de front comme s'il s'agissait d'une charge de cavalerie, tandis que les Japonais, disposés en deux colonnes, les encerclaient. Quand les touristes, aujourd'hui, vont regarder le bateau en marbre construit sur le lac du palais d'été, à l'extérieur de Pékin, ils peuvent imaginer l'inscription suivante : « *In memoriam :* à la gloire de ce qu'aurait dû être la marine des anciens Ch'ing. »

Quand, en 1895, Li fut envoyé à Shimonoseki pour demander la paix, il eut avec Itō une conversation polie, en anglais, qui fut enregistrée. Li disait : – La Chine et le Japon sont de très proches voisins et, de plus, nous avons le même système d'écriture. Comment pouvons-nous être ennemis ? [...] Nous devrions établir la paix et l'harmonie perpétuelle entre nous, afin que notre race asiatique jaune ne se laisse pas dépouiller par la race blanche d'Europe. Itō lui répondit : – Il y a dix ans, j'ai parlé avec vous de réforme. Comment se fait-il qu'aujourd'hui rien n'ait été changé ou réformé ? Li ne put que lui dire : – Les affaires de mon pays étaient tellement enfermées dans la tradition que je n'ai pas pu réaliser ce que je désirais [...]. J'ai honte d'avoir eu des souhaits excessifs, sans disposer du pouvoir nécessaire pour les réaliser [26].

La chose la plus étonnante dans la perspective actuelle est que la Chine ait laissé sa première guerre moderne reposer sur les épaules d'un fonctionnaire de province, comme s'il s'agissait simplement pour lui de défendre sa portion de frontière. On a, bien sûr, reproché à la dynastie mandchoue son absence de réaction nationaliste, mais il y avait à cela des raisons profondes, outre le simple fait que la dynastie n'était pas chinoise ; la faute en incombait, de manière évidente, à la monarchie impériale elle-même, au caractère superficiel de son administration, à son incapacité constitutionnelle de former un gouvernement central moderne.

La dynastie Ch'ing avait survécu aux rébellions du peuple chinois, mais, à présent, elle ne maîtrisait plus ses relations étrangères. La victoire du Japon sur la Chine plongea l'Extrême-Orient dans des rivalités impérialistes pendant une dizaine d'années. Afin de payer l'indemnité exigée, la Chine s'endetta auprès d'obligataires européens. Pour enrayer les progrès du Japon, elle laissa la Russie s'installer en Mandchourie jusqu'à ce qu'éclate la guerre russo-japonaise de 1905, qui laissa la Russie confinée au Nord et le Japon triomphant en Mandchourie du Sud et en Corée. Pendant ce temps, la Russie, l'Allemagne, la Grande-Bretagne et la France occupaient toutes des zones d'influence en Chine. Celles-ci comportaient habituellement un grand port converti en base navale, d'où partait vers l'hinterland un chemin de fer jalonné de mines à exploiter. Tout bien considéré, la Chine semblait sur le point de périr. Il devenait urgent qu'une nouvelle génération vînt à la rescousse.

Les cinquante-cinq années entre 1840 et 1895 avaient illustré le vieux syndrome chinois du « désordre interne, désastre externe » *(nei-luan, wai-huan)*. La dynastie avait survécu aux dépens du peuple, en apaisant les étrangers et en profitant de leurs armes pour réprimer les rébellions qui éclataient non seulement dans le bas Yangtze, mais aussi au nord-ouest et au sud-ouest du pays, ainsi qu'en Asie centrale. Les puissances étrangères grignotaient les tributaires périphériques les uns après les autres : la région de l'Ili, mais aussi les îles Liu-ch'iu (Okinawa), le Vietnam, la Corée, et même la Birmanie. Outre la guerre avec la France, puis le Japon, la Chine subissait le poids de l'invasion occidentale. Les bateaux à vapeur et le télégraphe accéléraient le transport et les communications. L'urbanisation des grands ports ouverts créait de nouveaux foyers de changement culturel. Après avoir diminué entre 1850 et 1870, la population avait repris sa croissance, avec tous les problèmes que cela comportait, mais le gouvernement tentait de faire face à la situation. Le régime Ch'ing était ranimé par la restauration du pouvoir dynamique, qui s'accompagnait, malgré tout, de certains changements fondamentaux. Des fonctionnaires chinois, à la tête d'armées qui leur étaient personnellement dévouées, dirigeaient des provinces. Pékin, pour sa part, coopérait avec les Britanniques et les autres puissances pour arriver à moderniser ses forces armées, ses relations diplomatiques et son commerce extérieur. D'autres éléments très significatifs apparaissaient : la classe dirigeante qui montait s'était largement diversifiée ; on voyait apparaître dans les villes, à la faveur des ports ouverts, des professions qui n'étaient plus soumises au contrôle officiel; enfin, au fur et à mesure que l'agriculture se commercialisait, l'alliance se resserrait entre propriétaires, diplômés de la *gentry* et classes commerçantes.

L'étude de l'Occident s'instaurait progressivement, et l'on commençait à envoyer des étudiants à l'étranger, mais au lieu de prendre fermement la tête de la modernisation, le régime Ch'ing épargnait soigneusement ses forces derrière le rempart de la faiblesse chinoise. Avec l'expansion des missions chrétiennes et le développement des contacts avec l'étranger, la société chinoise s'ouvrait de plus en plus aux influences modernisatrices de l'extérieur. En revanche, la structure institutionnelle du monopole dynastique qui régnait au sommet de l'Administration décentralisée ne commençait à changer que très lentement.

La restauration des Ch'ing dans les années 1860 fut-elle vraiment une réussite? La réponse est mitigée. Du point de vue de la dynastie, le gouvernement impérial avait survécu aux rébellions. Le trône restait toujours maître de ses hauts fonctionnaires et de leur dévouement, puisqu'il était à la source des diplômes couronnant les examens, de leur nomination jusqu'à l'échelon du comté (*hsien*), des instructions qu'ils recevaient par édits ou décrets impériaux, de leur promotion, de leur récompense ou de leur punition. Autrement dit, le système officiel continuait à fonctionner. Mais, derrière cette apparente continuité des institutions, le pouvoir était en fait en train de glisser des Mandchous vers les Chinois, et, à l'intérieur des provinces, de la haute *gentry* (titulaires des diplômes provinciaux, fonctionnaires et grandes familles de propriétaires) vers la petite *gentry* (titulaires de diplômes moins prestigieux ou acquéreurs de titres, chefs d'entreprise locaux, marchands et clients de l'élite). Dès 1895, la synthèse impériale de l'État et de la société, chère aux Mandchous confucéens, commençait à s'effondrer. Les hauts fonctionnaires de province étaient maintenant des Chinois qui finançaient leur propre armée régionale avec les taxes du commerce local. Les guerres prolongées avaient encouragé un courant de violence locale et de militarisation régionale qui devait aller en s'amplifiant terriblement au XIXᵉ siècle. La part des impôts sur le commerce dans les revenus du gouvernement impérial était plus importante qu'elle n'avait jamais été. De hauts fonctionnaires territoriaux gouvernaient par l'entremise d'un entourage privé d'experts *(mu-yu)* et dirigeaient leurs relations étrangères locales avec les consuls étrangers, souvent aidés par leurs collègues du service des Douanes maritimes impériales. La souveraineté nominale se trouvait toujours à Pékin, mais les ports ouverts, qui étaient les plus grandes villes de l'époque, n'étaient plus sous la coupe de Pékin. Les *mu-yu* s'occupaient des projets d'occidentalisation, et détournaient souvent les fonds qui leur étaient confiés. « La supervision officielle et la direction marchande », au lieu d'ouvrir la voie à l'entreprise privée, débouchaient sur de nouveaux sommets de corruption officielle et sur le « capitalisme bureaucratique ».

Toutefois, cette évaluation, plutôt négative, des premiers efforts hésitants de la Chine vers la modernisation est le reflet des sarcasmes qui accablaient, dans les ports ouverts, l'arriération de la Chine par rapport au Japon et à l'Occident, en plein développement. Une étude approfondie devrait nous révéler une infinité de changements encore inaperçus dans l'ancienne Chine impériale.

DEUXIÈME PARTIE

LA TRANSFORMATION DE L'ANCIEN ORDRE IMPÉRIAL 1895-1911

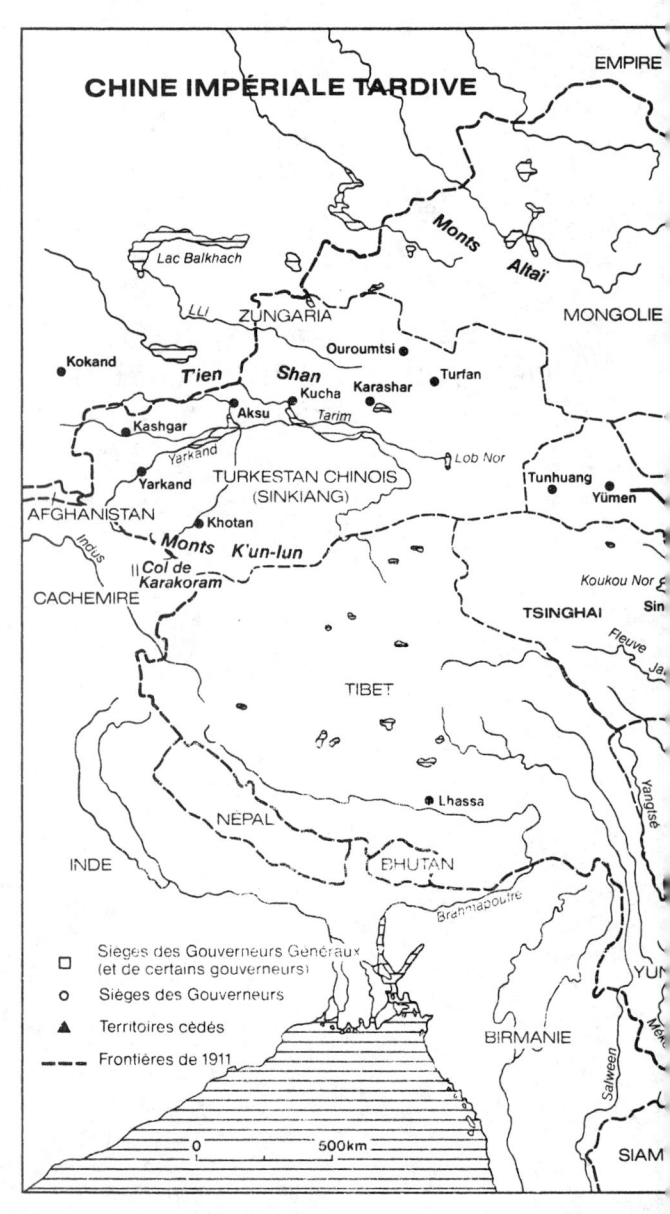

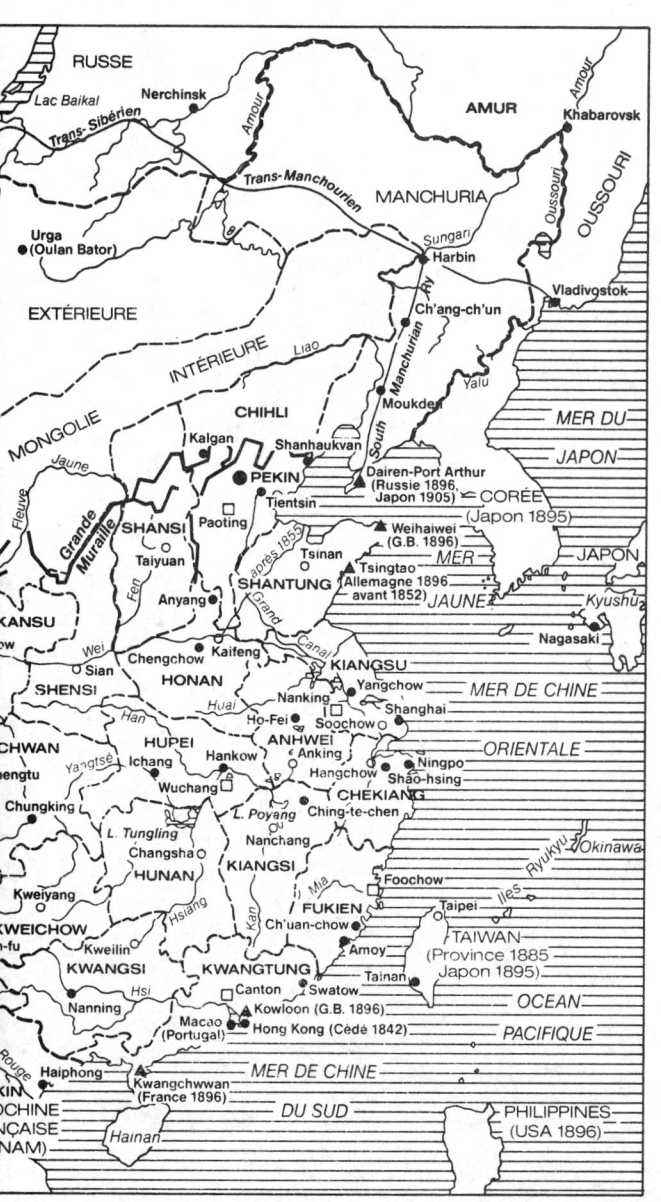

Chapitre 8

RÉFORME ET RÉACTION

L'histoire de toute nation est bien entendu nationaliste – dans la mesure, en tout cas, où elle tend à effacer les activités des étrangers à l'intérieur du pays. Or, cela est impossible en ce qui concerne la Chine. Certes, l'histoire de la Chine a été essentiellement faite par le peuple chinois. Mais des étrangers comme les conquérants mongols et mandchous y figurent en bonne place et l'influence exercée par les missions chrétiennes, surtout au siècle des traités inégaux, entre 1842 et 1943, s'y ressent également. On peut tout aussi bien étudier le mouvement de réforme en voyant, pour commencer, quelle y fut la contribution chrétienne. Les missionnaires, réformateurs convaincus par vocation, se trouvèrent, dès leurs premières initiatives, en conflit avec la classe dirigeante chinoise.

Entre les missionnaires protestants et l'élite chinoise, l'antagonisme était aussi naturel qu'entre chiens et chats. Les uns et les autres étaient des privilégiés, à l'abri du pouvoir des magistrats. Les uns et les autres professaient une doctrine cosmique. La rivalité était inévitable.

Dans l'esprit de l'élite lettrée, les missionnaires étaient des agents subversifs, dont le comportement et les enseignements immoraux recevaient l'appui des canonnières. Les patriotes conservateurs craignaient et détestaient ces envahisseurs étrangers, mais, à mesure que l'époque moderne avançait, les conservateurs perdirent du terrain, et les témoignages dont nous disposons à ce jour viennent principalement de missionnaires victorieux. Le nombre de Chinois convertis à la foi chrétienne restait très limité ; en revanche, il semble que les bonnes œuvres des missionnaires ont réussi à exercer une influence profonde. On comprendra aisément pourquoi il n'existe pas de sujet plus controversé que celui de la contribution du mouvement missionnaire à la vie chinoise. Des milliers de jeunes chrétiens d'Amérique et d'Europe ont passé leur vie à travailler en Chine, en essayant, à leur manière parfois bizarre, d'aider la population. Les volumineux rapports qu'ils envoyaient à leur circonscription d'origine ont été très utiles à l'Occident, mais les divers rôles qu'ils ont joués dans la vie chinoise sont moins clairs. La nouvelle élite chinoise marxiste n'est guère plus enthousiaste, rétrospectivement, au sujet des missionnaires, que ne l'étaient ses prédécesseurs confucéens de l'époque.

Qu'il y ait eu peu de convertis, les raisons en sont évidentes. Prenons l'exemple de la Mission de la Chine intérieure, fondée en 1866 par un Anglais de trente-quatre ans, Hudson Taylor, parce qu'il voyait mourir « un million d'hommes par mois » en Chine, et « mourir sans Dieu », qui plus est, ce qui les condamnait à brûler dans le feu éternel de l'Enfer. « Le culte ancestral est de l'idolâtrie du début jusqu'à la fin, disait Hudson Taylor. Le sort de tous les idolâtres, ajoutait-il, est dans le lac de feu. » Vers 1890, la Mission de la Chine intérieure regroupait six cents missionnaires, qui vivaient comme les Chinois de l'intérieur et faisaient concurrence aux pères catholiques. G. E. Morrison avait compris pourquoi ils rencontraient une importante résistance. « Quand un Chinois les interroge sur le sort de son père, qui n'a pu se convertir puisqu'il n'avait jamais entendu l'Évangile, ils lui répondent qu'il est mort pour l'éternité, tout comme Confucius [27]. » Autrement dit, si un homme se convertissait, il condamnait son père et toute sa lignée à brûler dans le soufre à jamais. La proposition avait peu d'amateurs.

Du côté chinois, les livres officiels, quand ils parlent des missionnaires, mentionnent surtout les plaintes adressées au gouvernement chinois par les consuls étrangers après des émeutes ou autres manifestations agressives.

On peut voir dans l'activité missionnaire protestante en Chine une succession de phases. La phase d'exploration commença avec l'arrivée de l'Anglais Robert Morrison, en 1807, qui s'était fait passer pour membre de la Compagnie des Indes, seul moyen de pénétrer dans le pays. Quelques autres sujets britanniques suivirent et firent un travail de pionnier, surtout parmi les communautés chinoises d'outre-mer, en Asie du Sud-Est. Les Américains commencèrent à arriver en 1830 et restèrent jusqu'en 1860, eux aussi confinés dans les ports ouverts et l'immédiat arrière-pays, où ils n'avaient le droit d'aller que s'ils pouvaient en revenir le soir même. Les missionnaires avaient déjà découvert que leur plus grand ennemi était la *gentry* d'éducation confucéenne, alors que les gens du peuple, moins instruits, surtout dans les campagnes, étaient plus ouverts au prosélytisme. Ce qui ne veut pas dire qu'on les convertissait facilement. Il fallait souvent des dizaines d'années de travail avant d'arriver à une petite centaine de convertis.

Une deuxième période, de 1860 à 1900, vit les missions se répandre progressivement dans toute les provinces, grâce aux droits d'extraterritorialité inclus dans les traités, au même titre que le droit de résider à l'intérieur du pays, glissé dans l'un d'eux par un pieux interprète français. Au cours de « l'occupation chrétienne de la Chine », comme on l'avait maladroitement nommée, les missionnaires importèrent leurs petites écoles et leur médecine rudimentaire dans les grandes villes, où ils pouvaient à l'occasion distribuer des tracts aux candidats venus passer leurs examens. Mais les Américains, souvent originaires des fermes, trouvaient pour la plupart que la vie dans les campagnes était plus agréable et offrait de meilleures perspectives pour combattre le confucianisme. L'Église chrétienne protestante se développait lentement. Le nombre de Chinois convertis et de chrétiens pratiquants s'élevait, vers 1900, à plus de 100 000, mais ce n'était encore qu'une goutte d'eau dans la mer. Pourtant, les missionnaires protestants étaient de grands bâtisseurs d'institutions. Ils établirent leurs quartiers dans des maisons de style étranger, dirigées par des domestiques chinois, et créèrent rapidement des écoles et des dispensaires ou des cliniques de santé publique. Les premiers Chinois qu'ils gagnèrent au Christ étaient ceux qui avaient recours à leurs services ou qui travaillaient avec eux, comme le cuisinier ou le distributeur de tracts, mais il vint rapidement s'y ajouter des hommes idéalistes et intelligents, impressionnés par le mode de vie occidental et désireux d'embrasser la religion étrangère. Au XIXe siècle, de nombreux réformateurs chinois adoptèrent le christianisme parce qu'il leur semblait que la trinité industrie, christianisme et démocratie était le secret de la puissance occidentale et la meilleure manière de sauver la Chine.

Faire passer le message chrétien aux Chinois restait un problème considérable. Au début du XIXe siècle, les Chinois pensèrent à première vue que les protestants n'étaient ni plus ni moins qu'une autre secte de type bouddhiste, avec un système de croyance, un sauveur, une culpabilité morale à expier – tous éléments communs à la plupart des grandes religions. On croyait que le christianisme était une ramification du bouddhisme qui s'était développée en Occident. Les premiers missionnaires, en tout cas, leur semblaient défendre une nouvelle secte, avec ses doctrines particulières et ses pratiques ésotériques. Or, la plupart des sectes religieuses, comme la religion du Lotus blanc (*Pai-lien chiao*), étaient interdites depuis longtemps en Chine, et ne survivaient en général que sous la forme d'organisations secrètes. Après l'incursion spectaculaire des jésuites au début du XVIIe siècle, le christianisme avait été banni en 1724, par un édit de l'empereur Yung-cheng, qui l'avait déclaré hétérodoxe et constituant donc une menace pour l'ordre social.

Les missionnaires eurent beaucoup de difficultés pour maîtriser la langue chinoise et mettre au point la terminologie dont ils avaient besoin pour transmettre leur message. L'une de leurs méthodes consistait à imiter les classiques. Dans leur imitation du *Classique trimétrique (San-tzu ching)* qui faisait office de Bible chinoise, par exemple, ils présentaient une cosmologie chrétienne simplifiée, comparable à la doctrine confucéenne exposée dans l'original. Or, dans les années 1870, les missionnaires donnaient encore à cet ouvrage le titre d'« enseignement sacré » *(sheng-chiao)*, ce qui sonnait agréablement à l'oreille des chrétiens, mais signifiait également le confucianisme pour les non-chrétiens [28]. L'enseignement religieux en Chine était tellement élaboré qu'il existait déjà un riche vocabulaire pour désigner Dieu, l'âme, le péché, le repentir et le salut. Les traducteurs missionnaires se trouvaient face à un dilemme : s'ils employaient les termes institués, généralement issus du bouddhisme, ils n'arriveraient pas à montrer le caractère distinctif du christianisme. Mais s'ils avaient recours à des néologismes, ils se feraient moins facilement comprendre. Le problème se montra dans toute son acuité quand il fallut trouver un terme pour l'élément essentiel du christianisme, Dieu. Après de nombreuses contestations, les catholiques restèrent partisans du Seigneur du Ciel, certains protestants préféraient le Seigneur d'En Haut, et d'autres l'Esprit divin. En fait, la traduction de la Bible en chinois débouchait sur une impasse, puisque les missionnaires n'arrivaient pas à se mettre d'accord sur la façon de nommer le pivot fondamental de leur religion.

Comme si cette ambiguïté terminologique et cette similitude avec les cultes bouddhiste et taoïste en Chine n'étaient pas suffisantes, le christianisme se trouva confronté à un autre problème, aussi grave qu'imprévisible. Ainsi que nous l'avons vu, la rébellion Taiping, qui ravagea la moitié du pays entre 1850 et 1864, avait à l'origine une secte chrétienne hétérodoxe d'adorateurs de Dieu qui avait concocté un culte où l'adaptation de la Bible servait à véhiculer un mouvement révolutionnaire. Au début, quand certains missionnaires entendirent parler des Taiping, ils crurent que le Christ allait conquérir la Chine, mais en y regardant de plus près, ils s'aperçurent rapidement que les Taiping, avec leur doctrine confuse et leur inculture, ne pouvaient pas être soutenus par les missions chrétiennes. Comme la *gentry* des lettrés confucéens, rebutée par les mêmes éléments, ne se laissa pas rallier par les Taiping, les fonctionnaires impériaux des Ch'ing dans les provinces parvinrent finalement à les éliminer. L'affaire se termina non seulement par la dévastatation des provinces du Yangtze, mais aussi par la destruction de l'image des missionnaires protestants. Après 1864, il fallait dépenser une énergie considérable pour réconcilier un lettré confucéen avec l'idée que le christianisme pouvait signifier une nouvelle vie pour lui.

Quand les chrétiens convertis devinrent plus nombreux, surtout dans les ports ouverts, ils en vinrent à former une communauté décentralisée. En 1868, lorsque Young J. Allen entreprit de publier les *Nouvelles de l'Église* en chinois, il y figurait des lettres de convertis. Les missionnaires pionniers avaient découvert depuis longtemps que la géographie et les coutumes de l'Occident intéressaient vivement les lecteurs chinois, et Allen avait décidé en conséquence de publier un magazine, le *Wan-kuo kung-pao* (la *Revue des Temps*), qui traitait de la scène internationale. Hebdomadaire de 1875 à 1883, puis mensuel de 1889 à 1907, ce journal donnait à la classe des lettrés chinois des nouvelles du monde. Très bien écrite en chinois classique par ses éditeurs, la revue était la première en son genre ; elle permit aux missionnaires une voie d'accès directe vers les lettrés et les fonctionnaires qui étaient aux prises avec les problèmes du monde extérieur. Dans les années 1890, d'éminents missionnaires (comme le Gallois Timothy Richard) poursuivirent l'application de ce programme destiné à atteindre la classe des lettrés et exercèrent ainsi une influence considérable sur le mouvement de réforme.

Contrairement aux protestants, les prêtres catholiques portaient la robe chinoise et s'intéressaient peu à la modernisation. Les catholiques américains ne se montrèrent guère actifs avant 1915, dans la mission Maryknoll. Jusque-là, les Français assurèrent l'essentiel de la protection et de la propagation du catholicisme en Chine. Ils avaient peu d'intérêts commerciaux dans le pays.

Protestants et catholiques étaient victimes de la tradition antichrétienne qui subsistait en Chine depuis le XVIIe siècle. Les lettrés confucéens fondamentalistes avaient dès le début dénoncé le christianisme et répandu un folklore qui attribuait aux étrangers une indécente immoralité et des pratiques de magie noire. Au cours du XIXᵉ siècle, d'autres confucéens fondamentalistes exploitèrent cette littérature pour enflammer les foules citadines et attaquer les maisons chrétiennes. Dans les années 1890, en particulier, la menace étrangère exacerba ces actes de résistance au travail des missions. Il fallut attendre 1901 pour voir ce mouvement s'éteindre.

A quoi ressemblait la vie d'un grand lettré à Pékin en 1895 ? Essayons de nous l'imaginer en dégageant des équivalences avec l'Amérique presque un siècle plus tard. Si vous étiez un grand lettré (*chin-shih*, « diplômé métropolitain »), sorti vainqueur des examens, forme de compétition démocratique de l'ancienne Chine, c'était à peu près comme si vous deveniez en même temps titulaire d'une chaire à l'université et élu au Congrès, que vous preniez définitivement rang parmi les personnages historiques et que vous portiez une responsabilité pour l'avenir de votre pays. Vous ne pouviez rester dans l'ombre, vous étiez un personnage qui comptait.

Supposons toujours que votre pays vienne d'être vaincu par une puissance étrangère jusque-là considérée comme inférieure, en taille et en culture, et que, de plus, le vainqueur représente à vos yeux le mal incarné, comme les nazis ou, à l'époque de la Guerre froide, l'Antéchrist figuré par le communisme. Imaginons que les méchants aient gagné et que vous vous dirigiez tout droit vers une catastrophe indescriptible, comme l'éclatement des États-Unis en satrapies étrangères... Pour la Chine, il ne s'agissait pas simplement d'une défaite infligée par une autre nation civilisée, mais d'une véritable soumission aux puissances des ténèbres et aux changements convulsifs apportés par les pays occidentaux. Considérez encore que les Occidentaux avaient des mœurs d'animaux, qu'ils se tenaient par la main et allaient jusqu'à s'embrasser en public (pourquoi pas copuler ?). Et que, par l'invention de puissantes machines, ce monde extérieur avait bouleversé l'ordre naturel entre l'homme et la nature qui était à la source de la civilisation et de la vie juste. Le chaos était à portée de main.

On ne peut pas, bien sûr, recréer exactement le passé, mais nous savons que la victoire japonaise de 1895 a été un choc terrible pour les membres d'une élite qui se sentait responsable du sort de la société. Quand les lettrés obtenaient leur diplôme au sortir des examens et qu'ils acceptaient une haute fonction, leur premier devoir était de conseiller le souverain et de l'aider à sauver la situation.

En 1895, plusieurs facteurs avaient soudainement convergé. Il y avait d'abord la menace étrangère, qui avait infligé trois guerres et trois défaites à la Chine, vaincue par l'artillerie navale sur ses côtes. Ces étrangers maniaient de nouvelles armes, incroyablement destructrices. Outre cette puissance étrangère, il y avait ensuite le fait indéniable de leur habileté, non seulement dans l'art de la guerre, mais aussi dans les arts pratiques et la technologie quotidienne. La machine à vapeur utilisée sur les bateaux ou les chemins de fer avait accéléré les communications au-delà de toute comparaison. On pouvait voir fonctionner, à Shanghai et dans d'autres ports, des services publics qui assuraient le pavage des routes, l'éclairage au gaz, l'approvisionnement en eau et un système de police.

Enfin, beaucoup pensaient que la technologie et les arts étaient l'expression de qualités morales et intellectuelles fondamentales et, pour ceux-là, il était clair qu'il manquait à la Chine traditionnelle, pour une raison ou une autre, ces capacités dont les étrangers faisaient preuve. Bien sûr, on prétendait que l'Occident avait emprunté ses mathématiques à l'ancienne Chine, ainsi que bien d'autres choses, comme la porcelaine, la soie, le papier et l'imprimerie, la poudre à canon et le compas, qui étaient tous apparus en Chine. Mais il était également évident que ces Occidentaux n'étaient pas de simples imitateurs. Ils avaient poussé plus loin leurs mathématiques et autres talents intellectuels, de manière à acquérir cette puissance irrésistible.

La crise et l'humiliation provoquées par ces considérations menaient droit à l'inévitable conclusion que la Chine devait entreprendre de grands changements. Il y avait en Chine quelque chose qui, fondamentalement, n'allait pas. Comme les gens du peuple ne participaient pas au gouvernement et que la majorité de l'élite était bien trop ancrée dans ses habitudes pour prendre la tête du mouvement intellectuel, seuls les lettrés pouvaient s'atteler au problème.

***

« Dans un grand éclair d'illumination, je me suis vu comme un sage », écrivait K'ang Yu-wei. Il avait alors vingt et un ans, c'était un jeune lettré précoce venant d'une famille noble cantonaise. Il s'était plongé non seulement dans les classiques confucéens, mais aussi dans le bouddhisme et dans toute la littérature occidentale alors disponible en traduction. Son professeur l'avait mis en garde contre « un sentiment de supériorité indue ». Des années plus tard, un homme qui, pour avoir été son proche confrère et son ancien étudiant, était bien placé pour le connaître disait de K'ang qu'il avait « une confiance en lui d'une extrême puissance, [...] refusait d'adapter ses idées aux faits, et remaniait souvent les faits pour soutenir ses idées [29] ». Alliant un esprit syncrétique à une « sublime assurance », K'ang put rassembler plusieurs courants de la pensée chinoise en une nouvelle formule, permettant au confucianisme de faire face aux besoins de la Chine. Il ouvrait ainsi une brèche dans les Temps modernes.

En 1895, le retard technologique et militaire de la Chine était un fait établi qu'aucune personne informée de la classe supérieure ne pouvait nier et, moins encore que d'autres, les milliers de lettrés classiques qui étaient rassemblés à Pékin pour les examens triennaux. La nouvelle de la signature par Li Hung-chang, le 17 avril 1895, du traité de Shimonoseki qui cédait Taiwan et la Mandchourie du Sud au Japon produisit une explosion de fureur. Certes, à la « suggestion » de la Russie, de la France et de l'Allemagne, Tokyo dut renoncer à s'emparer de la Mandchourie du Sud à ce moment-là, mais le message de cette intervention européenne était le même : celui de l'humiliation de la Chine.

K'ang passa à l'offensive en rédigeant un long mémoire adressé au trône et signé par plus de 1 200 candidats à l'examen – exemple à peu près unique de l'expression d'un consensus sur un sujet de haute politique, matière dont les fonctionnaires eux-mêmes n'étaient pas censés discuter entre eux. Bien qu'inspirés par un sentiment nationaliste, la vertueuse indignation et les grands principes moraux exprimés dans le mémoire avaient les résonances stridentes du style *ch'ing-i* (de « pure discussion ») utilisé par les lettrés à l'écart du pouvoir, quand ils en avaient l'occasion, pour fustiger la politique de ceux qui étaient au pouvoir.

Le mémoire réclamait le rejet du traité de paix, la concentration du capital à l'intérieur du pays pour continuer la guerre, et de nombreuses réformes destinées à privilégier le talent, éliminer la corruption, promouvoir la culture moderne et construire une économie d'État.

La liste des réformes souhaitables était à présent longue d'au moins un kilomètre. Il y avait plus de cinquante ans que des auteurs successifs l'allongeaient régulièrement, à commencer par Wei Yuan à l'époque de la guerre de l'Opium. Plusieurs secrétaires et conseillers de Li Hung-chang y avaient contribué ; puis des missionnaires chrétiens, des rebelles Taiping, des diplomates voyageant à l'étranger, ainsi que les premiers journalistes chinois en poste à Hong Kong ou Shanghai.

La réforme était un sujet coutumier chez les anciens Ch'ing. Les lettrés politiciens s'étaient déjà élevés contre les diverses catégories des opérations et des fonctions du gouvernement décrites dans les statuts Ch'ing : les nombreux impôts différents, les neuf rangs de fonctionnaires, la masse de documents transportée par la poste officielle, la gabelle sur le sel, le tribut de riz, et une myriade de mécanismes administratifs en tout genre. A ces esprits critiques, les pays occidentaux, et ensuite le Japon, offraient une foison de nouvelles méthodes qui pourraient s'adapter aux besoins de la Chine. A une vaste échelle, des parlements permettraient de tisser un lien plus étroit entre le souverain et le peuple. Dans d'autres domaines, les licences et récompenses du gouvernement permettraient d'encourager les inventions, la réparation des routes pourrait profiter au commerce, la minéralogie améliorer l'activité minière, les écoles d'agriculture augmenter la production, les traductions pourraient élargir la culture... La liste était interminable. Pour les faiseurs d'inventaires systématiques, c'était bien séduisant. Chaque lettré avait le droit d'ajouter sa petite liste personnelle de conseils, que le gouvernement n'avait qu'à suivre pour sauver la Chine.

Mais, avant que la réforme ne fût assurée d'un vaste soutien, il fallait lui trouver une sanction philosophique, justifiant les emprunts de la Chine à l'étranger et la modification de ses anciennes coutumes. Seul le confucianisme pouvait apporter cette sanction, puisqu'il était toujours le dogme essentiel de la classe dirigeante en Chine. Or, d'après ce dernier, la politique devait rester au service du Fils du Ciel. Seul un initié, un sage des Temps modernes, pouvait mener à bien le travail intellectuel nécessaire pour moderniser cet enseignement confucéen. Ce fut la grande contribution de K'ang Yu-wei, qui pratiquait en expert l'art de trouver dans la tradition classique de la Chine les précédents qui pouvaient justifier son adaptation au présent.

K'ang prit pour point de départ le mouvement du Nouveau Texte, au cours duquel on avait vu les lettrés Ch'ing s'attaquer à l'authenticité des versions des classiques qui figuraient dans l'Ancien Texte et servaient de base à l'orthodoxie confucéenne depuis l'époque Sung. Il va sans dire que l'ensemble du sujet se situait à un niveau de complexité comparable à celui des doctrines chrétiennes de la Trinité ou de la prédestination. Il est impossible d'en rendre compte par un brillant résumé. Nous noterons simplement ici que les versions du Nouveau Texte dataient des Han antérieurs (av. J.-C.), alors que la version de l'Ancien Texte avait été adoptée par les Han postérieurs (apr. J.-C.), et qu'elle faisait toujours autorité pour les philosophes Sung qui avaient élaboré la synthèse que nous appelons néo-confucianisme (École Sung en langue chinoise). En répudiant les versions de l'Ancien Texte pour adopter le Nouveau Texte (qui était en fait plus ancien), on avait une chance d'échapper à l'étau du néo-confucianisme et de réinterpréter la tradition.

En 1891, K'ang publia son *Étude des classiques falsifiés au cours de l'époque Hsin* (9-23 apr. J.-C.). Il y disait en conclusion que : « Les classiques honorés et interprétés par les lettrés Sung sont pour la plupart falsifiés et ne proviennent pas de Confucius. » Cette bombe, fabriquée par des mains érudites, était très persuasive (bien que généralement contestée aujourd'hui). En 1897, K'ang publia un second ouvrage choc, l'*Étude de la réforme des institutions de Confucius*, qui affirmait que Confucius avait en réalité écrit, et pas simplement édité, les principaux classiques, afin de pouvoir puiser dans l'antiquité la sanction de ses réformes institutionnelles. K'ang citait aussi les sources classiques du Nouveau Texte pour étayer sa théorie des Trois Ages : l'âge du Désordre (1), celui de la Paix prochaine et de la Petite Tranquillité (2), enfin celui de la Paix universelle et de la Grande Unité (3). Le monde abordait alors le début du deuxième âge, ce qui impliquait une doctrine de progrès. K'ang Yu-wei appuyait la plupart de ses idées sur des auteurs précédents, comme Wei Yuan et le journaliste Wang T'ao, mais il menait sa propre offensive. C'est ainsi qu'il parvint à introduire les notions de progrès et d'évolution dans la tradition classique chinoise, précisément au moment où ces idées faisaient fureur dans le monde international.

En fait, K'ang Yu-wei et son meilleur élève, le Cantonais Liang Ch'i-ch'ao (1873-1929), surnommé l'« enfant prodige », adoptèrent rapidement le darwinisme social des années 1890. Ils écrivirent des livres sur le triste destin de pays aux idées rigides comme l'Inde ou la Turquie, et la glorieuse réussite de la Russie de Pierre le Grand ou du Japon de l'ère Meiji, dans la lutte pour la survie des nations les plus adaptées. Autrement dit, ces réformateurs radicaux étaient d'ardents nationalistes, néanmoins ils espéraient encore que la monarchie Ch'ing pouvait mener la Chine vers le salut. Ainsi que K'ang le formulait en 1895 : « Les principes de la Chine, ses institutions et sa culture sont les plus élevés du monde [...]. Simplement, comme elle a des coutumes rétrogrades et qu'elle manque d'hommes capables, elle endure passivement l'agression et l'insulte [...]. La Chine est en situation de péril imminent, [...] l'esprit du peuple est perturbé [...]. Si nous [...] sommes divisés entre nous, alors, hélas! le sort de notre race sacrée sera indescriptible, proprement indescriptible [30]. »

En profitant de l'exemple montré par les missionnaires protestants, dont certains faisaient particulièrement appel à la classe des fonctionnaires-lettrés, K'ang et Liang eurent recours à ces méthodes modernes qu'étaient la presse ou les sociétés d'études qui publiaient des discussions sur des problèmes publics et organisaient des groupes de réunion. K'ang préconisa même la transformation du culte de Confucius en religion nationale organisée. Mais son principal espoir était plus traditionnel : il voulait avoir l'oreille du souverain et réformer la Chine de fond en comble.

Il eut sa chance en 1898, au moment où toutes les puissances impérialistes exigeaient leur sphère d'influence et où la Chine semblait sur le point de partir en morceaux. Depuis 1889, le jeune empereur idéaliste Kuang-hsu avait été autorisé à régner nominalement, pendant que sa tante, l'impératrice douairière, (communément surnommée le « Vieux Bouddha ») continuerait sa surveillance à distance, de son palais d'été tout neuf. L'empereur, alors âgé de vingt-sept ans, avait beaucoup lu, ce qui n'est pas une saine occupation pour un homme de paille, et son vieux tuteur, un rival de Li Hung-chang, lui avait recommandé K'ang Yu-wei.

Lorsque K'ang rencontra les hauts fonctionnaires en janvier 1898, l'un d'eux attaqua pompeusement : « Les institutions héritées des ancêtres ne peuvent pas être modifiées. » K'ang répliqua : « Nous ne pouvons pas préserver le monde des ancêtres. A quoi servent leurs institutions ? »

Li Hung-chang demanda : « Allons-nous abolir les Six Ministères et supprimer toutes les institutions et les règles ? » K'ang lui répondit : « Les lois et le système gouvernemental [...] ont affaibli la Chine et vont causer sa perte. Il faut assurément s'en débarrasser. » Comme on le voit, il n'y allait pas de mainmorte.

Néanmoins, voyant la crise s'aggraver en 1898, l'empereur décida de lui accorder sa confiance. Leur première audience dura cinq heures. « La Chine périra bientôt, dit K'ang. L'empereur répondit : – Tout ceci provient des conservateurs. – Si Votre Majesté compte s'appuyer sur eux pour faire des réformes, lui dit K'ang, autant espérer trouver des poissons en grimpant aux arbres. » K'ang s'attaqua ensuite au système des examens, qui empêchait les fonctionnaires de comprendre les autres pays. L'empereur répondit : « C'est vrai. Les Occidentaux poursuivent des études utiles, alors que nous, Chinois, poursuivons des études inutiles [31]. »

Entre le 11 juin et le 21 septembre, pendant cent jours exactement, Kuang-hsu publia une quarantaine de décrets de réforme, visant à moderniser l'État chinois, son administration, l'éducation, les lois, l'économie, la technologie ainsi que les systèmes militaire et policier. Malheureusement, contrairement aux cent premiers jours de Franklin D. Roosevelt, qui aboutirent au New Deal en 1933, les cent jours des réformateurs radicaux de 1898 restèrent sur le papier, les fonctionnaires attendant de voir ce que ferait le « Vieux Bouddha ». Celle-ci, après avoir attendu le moment où presque tous les membres de l'establishment se sentiraient menacés, organisa un coup d'État militaire. Elle séquestra Kuang-hsu sur une petite île au milieu du lac du palais (où un autre chef d'État, Liu Shao-ch'i, serait gardé soixante-dix ans plus tard) et exécuta tous les réformistes qu'elle put saisir. K'ang et Liang s'enfuirent au Japon. Il devint très clair, en 1898, que la réforme de la Chine ne viendrait pas d'en haut, en tout cas pas de sitôt.

Après cette brève période de proximité avec le pouvoir, en 1898, K'ang devint un organisateur politique, fondateur de journaux pour les Chinois de l'étranger, et partisan de la cause de l'empereur Kuang-hsu qu'il souhaitait voir revenir en monarque constitutionnel. Quand il vit son étoile politique pâlir, il se passionna pour les voyages autour du monde, qu'il effectuait en compagnie de l'une ou l'autre de ses filles, étudia l'astronomie et la place de la terre parmi les corps célestes, et montra un grand intérêt pour ce que nous appellerions aujourd'hui de la science-fiction. Parallèlement, il édifia des thèses utopistes dont les arguments égalitaires auraient horrifié les membres de la classe des lettrés chinois, s'ils en avaient eu connaissance. Dans son livre publié à titre posthume, le *Ta-tung shu* (diversement traduit par *Le Grand État* ou *Un monde*, etc.), il envisageait la disparition utopique de toutes les distinctions, à commencer par les règles de conduite confucéennes. Dans son royaume utopique, les femmes avaient les mêmes droits que les hommes, le mariage était un simple contrat facilement rompu par le divorce, les frontières et autres barrières entre les diverses parties du monde étaient abaissées, et tout le monde avait accès à tout. La propriété, la famille et l'État étaient tous abolis, et le gouvernement dirigeait (d'une manière ou d'une autre) les progrès technologiques décidés par la loi. Les anarchistes chinois devaient bientôt reprendre cette utopie, mais, au tout début du XXe siècle, elle était bien trop farfelue, trop blasphématoire, pour être officiellement publiée.

S'il y a, dans l'idée d'un seul monde chère à K'ang Yu-wei, un élément qui mérite d'être noté, c'est sa vision cosmopolite embrassant toute l'humanité dans un nouvel ordre socioculturel. Bien qu'étant d'inspiration nationaliste, les idées de K'ang transcendaient l'État national pour contempler une utopie qui est encore l'un des grands idéaux de ce monde. Cela correspondait bien au fait que toute nouvelle conception du monde chinois devait nécessairement dépasser le niveau paroissial ou même simplement nationaliste, afin d'avoir une application mondiale sur une scène cosmopolite.

L'utopie de K'ang Yu-wei avait des implications révolutionnaires. Après avoir réinterprété le confucianisme, il s'attaquait implicitement dans *Le Grand État*, qu'il écrivit vers 1902, aux bases mêmes de l'ordre confucéen du statut et de la conduite selon le statut. En fait, si l'on compare *Le Grand État* et le *Manifeste communiste*, on y trouve de nombreuses concordances : l'abolition de la propriété privée et de la famille bourgeoise qui la justifiait, l'éducation socialisée et les écoles publiques, l'émancipation des femmes, la réduction sinon l'abolition du nationalisme, et la centralisation de toute production par l'État. On ne peut pas affirmer que K'ang ait lu Marx et ils diffèrent évidemment sur des points comme la lutte des classes et l'usage de la violence pour obtenir la réforme. Mais il est certain qu'il y avait de l'utopie dans l'air.

Les théories de K'ang Yu-wei ne représentaient pas le courant principal de la pensée réformiste. Depuis 1860, le mouvement d'occidentalisation reposait sur le principe du dualisme de l'esprit et de la matière, qui avait donné naissance au célèbre slogan de Chang Chih-tung : « Les études chinoises comme fondement des valeurs, les études occidentales pour les applications pratiques. » Il y avait d'autres manières de le formuler, mais l'idée principale en était que la culture chinoise avait son propre mode de vie et son système de valeurs, tandis que la technologie occidentale ne concernait que les aspects pratiques et mécaniques de la société. Ce dualisme devait faire bien des adeptes, sous différents étendards, tout au long du siècle. En fait, le conflit opposant culture et technologie est toujours d'actualité.

Le mouvement de réforme de 1898 entraîna une réaction. L'impératrice douairière ordonna l'organisation de milices locales et rejeta la requête de l'Italie qui prétendait avoir, elle aussi, sa sphère d'influence. Elle s'entoura des princes mandchous les plus réactionnaires qui, élevés dans des palais, ignoraient tout du monde et en étaient fiers. Certains parmi eux accordèrent leur appui à une société secrète paysanne, les Boxers. Comme les sociétés secrètes étaient universellement antidynastiques – c'est d'ailleurs pourquoi elles étaient secrètes – ce revirement de la cour mandchoue, prête à soutenir activement les Boxers superstitieux, constituait un acte de profond désespoir. Il révélait également l'absence, chez les réactionnaires mandchous, du bon sens le plus élémentaire.

Le mouvement Boxer sortait tout droit du passé de la Chine. Il descendait en ligne directe de la rébellion des

Huit Trigrammes, en 1813, comme si rien ne s'était passé depuis. Exprimant le désespoir violent des masses paysannes crédules, il fit surface en Chine du Nord à la fin des années 1890, sous le nom de I-ho ch'üan, ce qui signifiait qu'il était une branche d'un ancien art martial de combat ou de boxe *(ch'üan)* dirigé vers la justice et l'harmonie *(i-ho)*. Les adeptes du rituel étaient possédés par des esprits qui les rendaient fort heureusement invulnérables aux balles.

La sécheresse, la famine et la misère s'étaient aggravées en Chine du Nord et la menace étrangère, qui se présentait par exemple sous les traits des prospecteurs allemands dans les mines de la province du Shantung, semblait avoir perturbé « les esprits du vent et de l'eau ». Les chemins de fer menaçaient de violer les tombes des ancêtres et de réduire au chômage charretiers et bateliers. Le pire était encore l'existence des chrétiens chinois : « Catholiques et protestants ont bafoué nos dieux et nos sages, [...] conspiré avec les étrangers, détruit les images bouddhistes, pris les cimetières de notre peuple. Ils ont provoqué la colère du Ciel », pouvait-on lire sur les affiches placardées par les Boxers [32].

Au début de 1899, le slogan Boxer était le traditionnel « Renversons les Ch'ing, balayons les étrangers », mais, à la fin de 1899, il s'était transformé en « Soutenons les Ch'ing, balayons les étrangers ». Les princes mandchous, et même pour une fois le « Vieux Bouddha », se dirent qu'ils entendaient là la voix du peuple, ultime arbitre de la politique chinoise. Ils pensèrent qu'en travaillant avec eux, et non contre eux, ils arriveraient du même coup à résoudre le problème de l'impérialisme étranger.

Les cataclysmes sociaux sont généralement complexes et mystérieux, mais plusieurs aspects se dégagent nettement de celui-ci. La provocation étrangère vis-à-vis de la classe dirigeante, Mandchous et Chinois confondus, qui s'exerçait depuis les années 1830, avait pris de plus en plus d'intensité. Elle atteignit un sommet en 1898. La résistance aveugle au changement, ancrée dans la dynastie mandchoue, avait alimenté le conservatisme et l'orgueilleuse xénophobie des Chinois. L'explosion était presque inévitable. Les événements qui se succédaient faisaient monter la tension entre les protagonistes. Au printemps 1900, les gardes des légations tirèrent sur les Boxers pour les intimider. Les 13 et 14 juin, les Boxers se répandirent dans Pékin et Tientsin, tuant les chrétiens et pillant la ville. Le 10 juin, 2 100 soldats étrangers, partis de Tientsin pour défendre les légations de Pékin, avaient dû s'arrêter à mi-chemin. Le 17 juin, la flotte étrangère attaquait les forts maritimes de Tientsin. Le 21 juin, l'impératrice douairière et la majorité de la cour déclaraient officiellement la guerre à toutes les puissances. Ainsi qu'elle le disait : « La Chine est faible. Nous ne pouvons dépendre que du cœur de notre peuple. Si nous le perdons, comment arriverons-nous à préserver notre pays ? » (Par pays, elle entendait dynastie.)

Le soulèvement Boxer au cours de ce long et chaud été 1900 est l'un des événements les plus célèbres de l'époque, abondamment relaté par les nombreux diplomates, missionnaires et journalistes qui restèrent assiégés sous un tir presque incessant pendant huit semaines (du 20 juin au 14 août), dans le quartier des légations à Pékin. Il y avait là environ 475 civils étrangers, 450 soldats de huit nations, près de 3 000 chrétiens chinois, ainsi que 150 chevaux de course qui les alimentaient en viande fraîche. Alors que des rumeurs prétendaient qu'ils avaient tous été tués, une armée internationale parvint à les délivrer, non sans mal. L'impératrice douairière, remorquant l'empereur derrière elle pour plus de sûreté, s'enfuit à Sian en charrette. Les forces alliées pillèrent totalement Pékin. L'empereur Guillaume II avait envoyé un maréchal qui terrorisait les villes alentour, où plusieurs milliers de chrétiens chinois avaient été massacrés ; 250 étrangers, surtout des missionnaires, avaient été tués en Chine du Nord. La vengeance était dans l'air.

Mais les gouverneurs généraux des provinces, qui avaient dirigé le Mouvement des activités à l'occidentale, prirent en main cette nouvelle crise. Li Hung-chang à Canton, Chang Chih-tung à Wuhan et leurs pairs avaient décidé en juin d'ignorer purement et simplement la déclaration de guerre de Pékin. Ils déclaraient que tout cela n'était qu'une « rébellion Boxer » et garantissaient la paix en Chine centrale et en Chine du Sud, pourvu que les troupes et les navires de guerre étrangers se tinssent à l'écart. La feinte réussit. Les puissances impérialistes préférèrent garder intact le système des traités, et avec lui les paiements de la dette extérieure de la Chine. C'est ainsi que la guerre de 1900, la quatrième et la plus importante des guerres de la Chine contre les puissances occidentales au XIXe siècle, resta localisée en Chine du Nord.

Le protocole Boxer, qui fut signé en septembre 1901 par le premier prince mandchou et Li Hung-chang avec onze puissances étrangères, était essentiellement punitif : on procéda à l'exécution de dix hauts fonctionnaires, cent autres furent punis, les examens furent suspendus dans quarante-cinq villes, le quartier des légations à Pékin fut agrandi, fortifié, protégé par des garnisons, tout comme le chemin de fer, et quelque vingt-cinq forts Ch'ing furent détruits. L'indemnité s'éleva à 333 millions de dollars environ, payables en quarante ans, avec des taux d'intérêt qui feraient plus que doubler la somme. La seule mesure semi-constructive consista à relever le tarif d'importation, dans le cadre des traités, pour le fixer à 5 p. 100 et l'appliquer effectivement (bien entendu, aucun tarif protecteur n'avait jamais été accordé).

Pour Li Hung-chang, la négociation de cette débâcle fut sa dernière mission officielle au service de l'ancien ordre impérial ; il mourut quelques semaines après. Sir Robert Hart, toujours inspecteur général à Pékin après avoir survécu au massacre, écrivait à son agent londonien : « Ce pauvre vieux Li était au travail trente heures avant sa mort ; quelle merveilleuse vitalité, quelle merveilleuse détermination à ne pas succomber et à ne laisser personne intervenir tant qu'il était présent pour décider ! »

Lors de son retour à Pékin en janvier 1902, l'impératrice douairière, selon Hart, était « très gracieuse, distribuant courbettes et sourires aux étrangers qui s'étaient massés sur les murs de la Chien-Men [la Porte principale] pour assister à son entrée ». Plus tard, il notait : « La cour en rajoute en matière de civilité : l'impératrice douairière va recevoir non seulement les femmes des ministres mais aussi les *enfants* des légations [33] ! » Une photographie de 1903 montre le « Vieux Bouddha » assise, serrant dans ses mains celle de la femme du ministre américain (Sarah Pike Conger), qui avait survécu au siège de 1900 et se tenait à présent debout devant elle.

Quelle appréciation doit-on porter sur ce drame plein de sang et de fureur ? Qu'allait-il en sortir pour le peuple chinois ?

Les premières réponses sont évidemment les plus simples. Les révolutionnaires des temps ultérieurs, considérant rétrospectivement les événements de 1895-1900, y ont vut la faillite d'une association répressive et spoliatrice, scellée en 1860 entre la dynastie Ch'ing et les puissances étrangères. Il n'est pas nécessaire de souscrire à toute la thèse marxiste-léniniste de la collaboration du féodalisme interne avec l'impérialisme étranger pour voir des éléments vraisemblables dans ce schéma général. Une fois que Pékin eut accepté par traité le principe des privilèges étrangers – droit de résidence, commerce et œuvre missionnaire –, les puissances étrangères devinrent des partisans de l'ordre établi. Leurs armes permettaient de réprimer les Taiping et les diverses rébellions. Leur technologie contribuait au mouvement des activités à l'occidentale.

Cependant, dès que l'on soulève ce rideau de généralités, le tableau se craquelle. Les étrangers ont contribué au progrès de la Chine, mais ils l'ont aussi entravé. Il n'y avait en fait pas de véritable association, encore moins de conspiration, dans un but ou un autre. Li s'était-il ligué avec l'impérialisme britannique ? Pas vraiment. Un jour de 1893, par exemple, la première filature de coton chinoise, financée par Li Hung-chang à Shanghai, à deux pas de la frontière avec la Concession internationale, prit feu. Toute la journée durant, les chefs d'entreprise britanniques qui dirigeaient le Conseil municipal de la Concession internationale de Shanghai refusèrent d'autoriser leur brigade de pompiers à traverser la frontière, et la filature brûla entièrement.

En ce qui concerne le mouvement de réforme,

l'influence étrangère et les contacts extérieurs ont évidemment participé à sa création. Mais cela s'est fait par interaction, peu à peu, de bien des manières différentes, sans jamais être le résultat d'une politique. Wang T'ao, par exemple, ce journaliste pionnier de Hong Kong, devait en partie ses idées de réforme à son séjour de deux ans en Écosse (1868-1869), où il avait aidé le missionnaire James Legge à traduire les classiques chinois. Ses voyages en Écosse, à Londres et à Paris lui avaient donné l'« expérience du terrain » nécessaire pour devenir l'un des premiers « experts de l'Occident » en Chine. Un grand nombre de ses idées furent ensuite reprises par K'ang Yu-wei.

Malgré tout, le mouvement de réforme était un chapitre de l'histoire de la pensée chinoise et non de la pensée occidentale. Il avait des prémisses chinoises et traitait de problèmes chinois en langue chinoise. Avant de le réduire à une simple réponse face à des stimuli étrangers, il faut prendre en compte la vitalité dynamique de la tradition chinoise dont il était la dernière phase en date. On commence à peine à étudier le long trajet du réformisme confucéen. Deng Hsiao-p'ing, dans les années 1980, lui doit beaucoup.

CHAPITRE 9

LA GENÈSE
DE LA RÉVOLUTION DE 1911

Après 1900, la Chine changea de visage. Calvin Mateer, éducateur missionnaire, opposait ainsi les années 1860 et 1900 : « Tout était alors mort et stagnation ; aujourd'hui, tout est vie et mouvement [34]. » Les journalistes présentaient dans leurs articles une Nouvelle Chine, la Jeune Chine. Une historienne de Yale, Mary Wright, parle de la « marée montante » du changement. Déclenché par le nationalisme, ce dernier, nous dit-elle, apparaît clairement dans la lutte anti-impérialiste pour la révision des traités et pour le retour des droits souverains dans le mouvement national en faveur d'un État centralisé et, de manière moins importante, dans la volonté d'évincer les Mandchous. Leur dynastie était tout près de perdre le mandat céleste (l'assentiment du peuple), mais aucune autorité candidate à la succession n'était encore en vue. On peut dire brièvement que les énergies à l'œuvre dans le corps politique chinois ont produit dans les années 1900 une multitude de mouvements qui se sont tous trouvés simultanément en interaction. Les Temps modernes étaient là, et notre analyse des événements va devoir tenir compte de cette complexité nouvelle.

Commençons par le développement des moyens de communication. La Chine a participé, après 1901, à l'expansion générale, dans le monde de la presse populaire, des reportages internationaux et de la publication en série de livres et de journaux. Mais, avant d'adopter une attitude protectrice vis-à-vis des Chinois et de les féliciter pour le développement précoce de leurs moyens de communication au XXe siècle, il ne faudrait pas oublier que la production de livres en Chine était le fruit d'une longue tradition, qui avait devancé de plusieurs centaines d'années la publication de livres en Europe. On peut supposer sans se tromper qu'il y avait en Chine, vers 1750, plus de livres imprimés qu'en Europe. Les moyens modernes étaient profondément implantés dans la population; on n'avait pas à les inventer, il suffisait de les adapter. On commence à étudier les bibliothèques de l'ancienne Chine, les histoires régionales (gazettes), les collections impériales et la censure, la poésie et les belles-lettres, les divers ouvrages de fiction populaires, la distribution des documents officiels et les feuilles de nouvelles régionales, mais il y a là matière à plus ample exploration. Vers 1900, l'élite urbaine cultivée disposait de centaines de romans à lire pour se distraire. Les principales innovations concernèrent la distribution d'ouvrages occidentaux en traduction, la publication de nouvelles et commentaires sur les affaires publiques, et la volonté de toucher progressivement la couche instruite de la paysannerie.

Le développement du journalisme et de l'édition, à Shanghai en particulier, avait joué un rôle important dans la réforme, en facilitant la diffusion rapide des idées dans les centres urbains. Cependant il y avait des précédents en Chine, où la presse missionnaire, par exemple, était active depuis le XIXe siècle. Avant même d'y être autorisés dans les ports ouverts à partir de 1842, les missionnaires protestants écrivaient des tracts en chinois qu'ils distribuaient aux gens du peuple. En 1897, Liang Ch'i-ch'ao avait fondé un journal à Shanghai, le *Shih-wu-pao*, afin de propager les idées du mouvement de réforme. La même année fut créée une maison d'édition, les Presses commerciales, qui diffusait une nouvelle littérature de grande consommation. D'abord spécialisée dans la publication de manuels et d'ouvrages religieux, elle constitua ensuite une bibliothèque moderne et un département de recherche. Elle fut la première à utiliser les techniques modernes d'imprimerie et édita, en 1915, un nouveau dictionnaire chinois, le *Tz'u Yuan*. Le principal rival des Presses commerciales, la Compagnie du Livre Chunghua (de Chine), naquit en 1911.

La presse étrangère était présente à Shanghai depuis 1850 avec le *North China Herald*. Par la suite, ce journal reçut une édition chinoise et, en 1872, un Anglais fonda le *Shen-pao*. Devant le succès de cette entreprise dans les années 1880, on décida de lui adjoindre un magazine, le *Tien-shih-chai hua-pao*, qui illustrait, au moyen de clichés d'imprimerie en bois, les nouvelles ou les phénomènes intéressants. A mesure que la presse shanghaienne prenait de l'ampleur, les deux ou trois journaux principaux atteignirent un tirage de 50 000 exemplaires (150 000 dans les années trente). Ils avaient à Pékin des reporters attitrés dont les rapports télégraphiques leur fournissaient quotidiennement les nouvelles nationales et les reliaient au monde moderne.

Cette croissance rapide permit non seulement des discussions politiques sérieuses sur le mouvement de réforme de la dynastie mandchoue entre 1901 et 1911, mais aussi la naissance du roman moderne. Liang Ch'ich'ao, en exil à Tokyo, édita une série de journaux dans lesquels il insistait sur le rôle clé que jouaient les romans dans l'éveil des esprits et l'évolution des idées. Le premier roman écrit à des fins politiques fut l'œuvre de Liang dans le cadre de sa croisade pour sauver la Chine. Peu à peu, les journaux de Shanghai se mirent à consacrer des colonnes et suppléments spéciaux à des sujets comme l'éducation, la science et le statut des femmes. Ils découvrirent qu'en publiant des romans en feuilleton, ils augmentaient le nombre de leurs lecteurs. Avec l'accroissement du public urbain, la presse de réforme comme la presse révolutionnaire se mirent à publier de la « fiction de divertissement [35] ». Histoires d'amour, aventures policières, récits de chevaliers errants et premiers romans de science-fiction vinrent répondre aux désirs du public des classes moyennes dans les villes.

Outre le développement des moyens de communication, il faut également considérer que l'année 1901 marque dans l'histoire des missions chrétiennes le début d'une troisième phase, celle où leur influence fut la plus importante. Après la défaite et la punition des rebelles Boxers dont la dynastie s'était servie pour tenter de chasser tous les étrangers, à commencer par les missionnaires, le long récit des atrocités subies érigea les missionnaires en martyrs. De plus, le châtiment du protocole Boxer désignait clairement les vainqueurs. Les missionnaires protestants jouèrent un rôle de plus en plus important dans la vie chinoise. La pénétration des idées et coutumes occidentales pouvait enfin s'effectuer et les missionnaires déjà sur place, bénéficiant de leur position d'institutions établies, pouvaient franchir un cap et, par exemple, étendre aux collèges universitaires leur action éducative jusqu'alors limitée aux écoles.

Les missionnaires qui n'avaient pas été tués par les Boxers faisaient à présent partie du paysage. Ils étaient à l'œuvre dans chaque province, où ils répandaient la médecine occidentale et ses connaissances chirurgicales, faisaient venir les jeunes filles dans leurs écoles primaires et secondaires, encourageaient les mouvements d'opposition à l'opium et au bandage des pieds, apprenaient aux jeunes gens à tenir des réunions et des discussions et, par leur simple présence étrangère, élargissaient l'horizon chinois. Les missions chrétiennes connurent leurs plus beaux jours en Chine entre 1900 et 1930. L'Église chrétienne chinoise qui fut édifiée à l'époque fit preuve d'une vigueur et d'un talent considérables, mais je soupçonne néanmoins qu'une fois l'histoire entièrement retracée, on s'apercevra que l'influence indirecte des missionnaires, sur le plan social et institutionnel, a eu plus de portée que leur doctrine chrétienne.

Il ne faudrait cependant pas oublier que l'histoire moderne de la Chine a été faite par la Chine et non par les étrangers, même si l'activité étrangère a joué comme un stimulus à la fois négatif (l'agression étrangère) et positif (le savoir et les institutions étrangères). La principale caractéristique politique des années 1900 est la naissance du sentiment nationaliste. Malgré son apparition tardive, ce dernier prenait sa source dans un sens de l'identité culturelle qui se trouvait profondément ancré dans la société chinoise et ses traditions. Les Chinois avaient accepté la dynastie mandchoue sinisée. Il leur fallait accepter la présence occidentale dans les ports ouverts. La tradition politicienne, appuyée par les exemples étrangers, avait produit le mouvement des activités à l'occidentale, puis le mouvement de réforme, et enfin les Boxers. Mais ni les administrateurs bureaucrates ni les lettrés radicaux n'avaient su créer un nouvel ordre adapté aux besoins de la Chine. Quant aux rebelles paysans, ils n'avaient bien entendu pas même essayé. Nombreux étaient ceux en 1900 à qui il apparaissait comme une évidence que la seule solution restant pour détruire l'ordre ancien était la révolution.

Naturellement, la révolution allait être alimentée par le nationalisme, le souci de préserver la Chine comme entité culturelle dans le monde des nations qui l'assiégeaient alors. Mais ce nouveau nationalisme symbolisait autre chose encore : une volonté de se tourner vers l'extérieur et de répondre aux stimuli étrangers, attitude déjà familière aux marins et commerçants chinois de la côte sud-est depuis l'époque médiévale, néanmoins minoritaire dans le grand empire bureaucratique agraire. La Chine maritime n'avait guère eu l'occasion d'exprimer son intérêt pour le commerce d'outre-mer, sauf dans les périodes de faiblesse, comme à l'époque des Sung méridionaux, qui avaient établi leur capitale au sud, à Hangchow. D'ordinaire, les régimes dynastiques, comme les Yuan, les Ming ou les Ch'ing, étaient trop absorbés par leurs préoccupations stratégiques en Asie centrale, d'où risquaient de surgir leurs rivaux pour le pouvoir. Mais voici qu'au XXe siècle la menace principale venait indubitablement d'outre-mer, et la Chine maritime, se retrouvant en première ligne, allait fournir les hommes capables de faire face à la situation.

Aux Temps modernes, la Chine maritime rassemblait d'une part les ports des traités et d'autre part les communautés chinoises d'outre-mer, en Asie du Sud-Est et dans d'autres régions du monde. Au XVIIe siècle, après la chute des Ming, le Vietnam avait accueilli des réfugiés chinois. A la même époque environ, les marchands chinois d'outre-mer avaient acquis une place prépondérante dans le commerce extérieur du Siam qui fournissait du riz à la Chine du Sud, sous le couvert, officiellement, d'un accord tributaire. Quand Batavia, Manille et Singapour furent fondés par les Européens, des communautés chinoises s'y développèrent très rapidement. Aux Indes orientales, en particulier, les Chinois formèrent une classe intermédiaire entre les suzerains hollandais et les masses de la population javanaise. On connaît bien le commerce de l'opium indochinois, grâce aux archives britanniques, mais les livraisons d'opium indien affluaient également en Asie du Sud-Est et passaient souvent entre les mains des Chinois.

La diaspora chinoise dans le Nouveau Monde fut postérieure aux colonies d'Asie du Sud-Est, et différemment constituée, car il n'y avait pas place dans l'environnement américain pour les marchands, courtiers, détenteurs de monopoles et autres assistants du gouvernement, dont les Chinois assuraient les fonctions en Asie du Sud-Est. Cantonnés dans un travail principalement manuel, on les retrouve plutôt participant à la construction des chemins de fer américains, ouvrant des blanchisseries chinoises ou des restaurants dans le pays. L'activité coolie avait donné naissance à d'importants quartiers chinois (chinatowns) à San Francisco, Vancouver, Cuba et même sur la côte est des États-Unis. Du fait de leur position fragile d'enclaves culturelles en terre étrangère, ces concentrations urbaines stimulaient le patriotisme chinois et les révolutionnaires y trouvèrent immédiatement le soutien moral et financier dont ils avaient besoin.

Dans tous les ports d'Asie du Sud-Est, les communautés chinoises disposaient à la fin du siècle de chambres de commerce, avaient créé leurs propres écoles et constitué des sociétés secrètes qui resserraient les liens entre elles. Au tournant du siècle, les mouvements révolutionnaires conduits par Sun Yat-sen et K'ang Yu-wei recherchèrent donc avec empressement le soutien des Chinois de l'étranger. Le gouvernement Ch'ing commença également à se rendre compte que, au lieu d'exécuter ses citoyens d'outre-mer lorsqu'ils revenaient dans leur pays après avoir résidé à l'étranger, il valait mieux les traiter favorablement et considérer qu'ils servaient l'intérêt national chinois. Des fonctionnaires consulaires furent envoyés outre-mer, et parfois même des délégations du gouvernement, qui rivalisaient avec les révolutionnaires.

On commence seulement à étudier la Chine maritime d'Asie du Sud-Est. Au tournant du siècle, elle disposait en Chine d'une presse et d'une opinion publique qui fonctionnaient à travers les institutions commerciales avec une remarquable autonomie. Les Chinois d'outre-mer, en revenant sur le continent, prirent la direction du développement industriel, comme en témoigne la Compagnie de tabac des frères Nanyang. Lorsque la révolution se déroula au cours du XXe siècle, c'est parmi les Chinois de l'étranger que l'on trouva des hommes capables de parler anglais, comme le secrétaire aux Affaires étrangères du gouvernement de Wuhan en 1926, Eugène Chen, de Trinidad. Dans les ports commerçants soumis au système des traités, les Chinois d'outre-mer découvrirent les nouvelles possibilités qui s'offraient à leur esprit d'entreprise. Charlie Jones Soong, par exemple, de retour des États-Unis, revint à Shanghai en tant que missionnaire chrétien. Il se lança rapidement dans la publication, puis dans d'autres entreprises, tout en assurant l'éducation de ses enfants aux États-Unis.

Lorsque Sun Yat-sen (1866-1925), le plus éminent des révolutionnaires anti-Ch'ing, apparut, cinquante ans exactement s'étaient écoulés depuis le moment où les premiers disciples de Hung Hsiu-ch'uan avaient commencé à recruter les adorateurs de Dieu. L'époque avait changé, mais l'influence étrangère, et même en vérité chrétienne, joua encore un rôle déterminant dans ses débuts de chef révolutionnaire. Sun avait grandi dans le comté de Hsiang-shan, entre Macao et Canton, première région de Chine exposée aux contacts avec les étrangers. Le comté avait fourni de nombreux émigrants vers les pays d'outre-mer et quantité d'éléments remarquables, comme Tong King Sing, le directeur des affaires de Li Hung-chang, qui avaient rejoint les ports ouverts.

Le pays était traditionnellement anti-mandchou, et la bravoure des Taiping alimentait le folklore qui berça l'enfance de Sun. Sans l'opposition des Britanniques, pensait Sun, Hung aurait pu chasser les Mandchous. Sun devint chrétien dans le cadre de son éducation occidentale. Celle-ci commença à l'école Iolani, à Honolulu, où Yat-sen rejoignit son frère aîné à l'âge de treize ans, en 1879. Cette école britannique anglicane soutenait l'indépendance hawaïenne, face à la menace de l'annexion par les Américains. Sun, deuxième prix de grammaire anglaise, obtint son diplôme, puis commença des études plus avancées au collège d'Oahu (qui devint plus tard l'école Punahou), jusqu'au jour où son frère, craignant qu'il ne devienne un étranger complet, décida de le renvoyer en Chine. Mais, dès son retour, Sun profana les idoles du village et fut chassé à Hong Kong. Là, en 1884, il reçut le baptême de l'Église congrégationaliste et poursuivit ses études au Collège de médecine fondé par le Dr Ho Kai, qui avait fait ses études de médecine et de droit en Angleterre, avait épousé une Anglaise et était un des premiers partisans de la réforme en Chine.

Comme il arrive parfois, cette éducation étrangère éveilla en Sun un sentiment patriotique et, tout en poursuivant ses études de médecine, il s'intéressa également aux classiques chinois. Mais il était d'origine paysanne et de culture occidentale. Au cours de sa carrière révolutionnaire, il sut exploiter ses contacts avec l'étranger, mais fut nettement moins heureux pour diriger les lettrés d'instruction classique. En fait, le christianisme servait sa cause, comme cela s'était produit pour Hung Hsiuch'uan, cependant le nationalisme restait son mobile fondamental.

La Chine des années 1890 était à peine reconnaissable par rapport à celle des années 1850. (Ceci, bien entendu, était vrai de la plus grande partie du monde, et surtout du Japon et de l'Amérique.) En Chine, les villes portuaires s'étaient agrandies, les rues étaient à présent encombrées de pousse-pousse (*jin-riki-cha* « charrettes agies par l'homme »), invention japonaise alliant des roues montées sur roulement à billes à l'énergie peu coûteuse des jambes humaines. Les machines à vapeur utilisées dans les usines, les chemins de fer et les bateaux à vapeur étaient encore pour la plupart importés. Les étrangers et leur matériel étaient aussi envahissants que dans une véritable colonie européenne. Les grandes maisons avec pelouses et jardins à l'anglaise dans les quartiers résidentiels, les voitures à cheval et les chevaux de course, les banques étrangères, les entreprises commerciales, les clubs régnaient sur les commerces et personnels de service chinois qui s'étaient développés pour subvenir aux besoins de cette nouvelle aristocratie, installée dans l'Empire du Milieu, mais ne lui appartenant pas. De toute évidence, les étrangers, auxquels étaient venus se joindre des Japonais, avaient l'intention de s'établir. A Hong Kong, les « taipans » avaient déjà construit leurs propriétés sur les hauteurs brumeuses et fraîches du Pic, accessibles par tramway.

Sun Yat-sen et ses visées révolutionnaires se trouvaient à présent devant une société chinoise fragmentée par l'apparition de nouvelles fonctions et de nouvelles voies à explorer pour tenter de gravir l'échelle sociale. Il y avait tout d'abord la possibilité de travailler pour les étrangers comme domestique ou comme comprador, dans les magasins des ports ouverts; les coolies pouvaient encore s'engager comme pousse-pousse, coursiers (téléphones humains), ou s'occuper des chiens. C'est à ces derniers, probablement, que l'on doit l'inscription souvent mentionnée (mais jamais photographiée?) qui figurait à l'entrée du jardin public, sur le *Bund* de Shanghai : « Interdit aux chiens et aux Chinois »; elle avait en tout cas pour objet d'empêcher les chiens des étrangers, promenés par les coolies chinois, d'aller souiller l'herbe des étrangers.

La structure sociale de l'ancienne Chine avait vu surgir de nouvelles professions, qui échappaient à la classification traditionnelle lettré-paysan-artisan-marchand : les militaires avaient acquis une nouvelle respectabilité et les officiers formés dans les académies jouissaient en partie du prestige précédemment réservé aux lettrés. La ligne qui démarquait la *gentry* propriétaire des marchands s'était estompée ; la *gentry* marchande avait acquis les diplômes et le statut social qui s'y rattachait au moment même où, chez les entrepreneurs bureaucrates, les rôles du fonctionnaire et du marchand se confondaient. La main-d'œuvre rurale à bon marché qui affluait dans les villes pour travailler dans les usines de coton ou de tabac commençait à peine à former une classe ouvrière, qu'il était encore impossible d'organiser en prolétariat. Bien plus important encore, l'abolition des examens classiques, le nouveau système scolaire, l'éducation dispensée par les missionnaires et la vie urbaine en général produisaient une nouvelle intelligentsia qui n'était plus irrévocablement soumise aux examens classiques ; certains devenaient journalistes, un nouveau métier, et créaient une opinion publique. Le Dr Sun lui-même inventait une nouvelle fonction, celle de révolutionnaire professionnel, précurseur de l'organisateur de parti.

Sun Yat-sen déploya toute la souplesse nécessaire à son œuvre de pionnier. Il travailla tour à tour avec les hommes de main de la société des Triades, les expansionnistes japonais, les étudiants chinois, les marchands chinois d'outre-mer, les agents du Komintern, les seigneurs de la guerre, bref, tous ceux qui voulaient bien l'écouter. Trop sincère pour n'être qu'un opportuniste, il était trop pragmatique pour s'accrocher à une idéologie. Il optait souvent pour la dissimulation ou le compromis. Les écrits qu'il a laissés sont banals. D'autres étaient de meilleurs orateurs. Quel était donc son attrait ?

La réponse paraît d'une étonnante simplicité. Personnage fluet, de taille moyenne, Sun semblait travailler pour une cause dont il savait qu'elle le dépassait de très loin, et il était respecté pour cette raison. Il avait du charisme, un magnétisme personnel, et un sens de l'effort assurément digne de louanges. Malgré ses défaites répétées, il fut plus tard sollicité par le Kuomintang qui avait besoin, comme père fondateur, d'un Lénine auquel Chiang Kai-shek pourrait succéder. On a voulu faire passer pour une idéologie les conférences de Sun sur les *Trois Principes du peuple,* mais quiconque a déjà étudié des discours politiques verra que ceux-ci n'étaient guère susceptibles d'enflammer les foules.

En dernière analyse, Sun Yat-sen avait acquis de l'expérience sur le terrain de la révolution, avec tout le prestige et les appuis qu'elle pouvait encore procurer dans la vie chinoise. Il faut dire que son long parcours avait été riche en enseignement. En 1894 il était parti à Tientsin avec une longue proposition de réforme, plutôt quelconque, qu'il voulait présenter à Li Hung-chang, mais Li était trop occupé pour le recevoir. Il se tourna donc vers la révolution.

La première organisation secrète créée par Sun fut l'Association pour la régénération de la Chine. Fondée à Hawaii en 1894, elle comptait une centaine de membres parmi les Chinois d'outre-mer. La République hawaïenne venait de se constituer (l'annexion américaine intervint en 1898) et l'organisation de Sun visait le « renversement des Mandchous, la restitution de la Chine aux Chinois et l'établissement d'un gouvernement républicain ». Sun lui donna ensuite une filiale à Hong Kong en 1895, juste à temps pour profiter de l'agitation générale que la victoire du Japon avait déclenchée dans tout l'empire.

La Société d'études agricoles qu'il avait créée à Canton lui servait de couverture, ainsi qu'une librairie chrétienne. La grande conspiration qu'il avait fomentée était la suivante : une troupe de combattants de la société des Triades devait, après s'être emparée des armes contenues dans des bidons marqués « Ciment de Portland », pénétrer dans Canton par le ferry de Hong Kong tôt le matin du 26 octobre, s'emparer des bureaux du gouvernement et tuer les fonctionnaires. Des groupes de soutien convergeraient d'ailleurs. Par l'intermédiaire du Dr Ho Kai, le complot avait reçu des articles favorables, bien que non explicites, dans la presse britannique de Hong Kong, avant même l'événement. Mais les autorités furent averties. Quand les combattants débarquèrent du ferry avec un jour de retard, ils furent accueillis par la police. L'affaire tourna au fiasco total et tous ceux qui ne furent pas arrêtés s'enfuirent. Tout ce que Sun y gagna fut que l'on évoqua, parmi les chrétiens instruits qui méditaient de faire naître la violence de masse, la mémoire des Taiping, et que lui-même, en fuite au Japon, devenait un chef connu dont la tête était mise à prix. On n'avait pas encore mis le feu à la plaine, mais les chances d'y arriver un jour augmentaient.

Quand Sun vint à Londres en 1896, il fut suivi, arrêté et emprisonné pendant douze jours dans la légation chinoise. Mais avant que les Chinois n'arrivent à le renvoyer en Chine en le faisant passer pour fou, il réussit à transmettre un message à son ancien professeur de médecine à Hong Kong, lequel alerta Scotland Yard, le *Times*, et le Foreign Office, qui le firent relâcher. Cet incident international rendit Sun instantanément célèbre et le persuada de son destin révolutionnaire. Pendant neuf mois en Angleterre, il dévora, comme Karl Marx, le contenu de la bibliothèque du British Museum, écrivit des lettres et des articles habiles dans la presse, ainsi qu'un livre populaire, *Enlevé à Londres*. Son expérience britannique lui apporta beaucoup, même si le gouvernement de Hong Kong, opposé alors, comme aujourd'hui, à servir de base aux fauteurs de troubles dans le continent, décida de le bannir pendant cinq ans. Il avait le droit de passer par Hong Kong, mais pas de s'y arrêter.

Lorsque Sun revint au Japon en 1897, il était précédé par sa renommée. De jeunes Japonais, fervents partisans du « panasiatisme » des « hommes déterminés », étaient en quête d'un chef chinois qui pourrait mener, avec leur aide, l'entreprise de régénération et de modernisation de la Chine. Sun était précisément le conspirateur idéaliste et engagé qu'ils recherchaient. Il prit le nom de Nakayama (en chinois, Chung-shan, « Montagne centrale ») et se mit même à ressembler à un Japonais, petite moustache comprise. Il y avait parmi les « panasiatiques » des expansionnistes japonais appartenant à des sociétés secrètes qui étaient très actifs. Ils accueillirent également K'ang et Liang à leur arrivée de Pékin, en 1898, et Liang et Sun envisagèrent même de coopérer avant que K'ang Yu-wei ne s'y oppose. Auprès de ces deux grands lettrés, qui avaient été les cerveaux des « Cent Jours » de l'empereur, Sun faisait figure de parvenu. Le mouvement de K'ang et Liang pour « protéger l'empereur » rivalisa rapidement avec celui de Sun, et parvint en fait à le battre de vitesse en réunissant les fonds des Chinois d'outre-mer pour fomenter la révolte en Chine. Quand, en 1900, le pays tout entier fut plongé dans le tumulte, les partisans de K'ang et Liang, avec l'aide des sociétés secrètes, projetaient un soulèvement à Hankow, mais celui-ci fut découvert et empêché par Chang Chih-tung.

Sun et ses partisans japonais visaient plus systématiquement la Chine du Sud. Ils avaient choisi un village côtier, proche des nouveaux territoires de Hong Kong, facile à ravitailler par mer ou par terre, et avaient recruté des membres de la société des Triades, bandits professionnels de race Hakka. Mais l'histoire se répéta une fois de plus. Les armes sur lesquelles ils comptaient ne purent être expédiées du Japon. Ils se trouvèrent cernés par les troupes du gouvernement. Des combats éclatèrent et, pendant une quinzaine de jours, le soulèvement de Waichow Hui-chou, comme on l'appelle, fit rage – les paysans qui s'y étaient ralliés montaient des embuscades contre les forces impériales et ravitaillaient les rebelles – avant de s'essouffler jusqu'à épuisement total. Sun, qui s'empressa de repartir au Japon, se retrouvait à la case départ. La solution qui consistait à mettre entre les mains des combattants des sociétés secrètes des armes importées n'avait pas fonctionné.

Un autre facteur de réaction, encore plus puissant, allait alors s'amplifier au Japon. Les chefs de la nouvelle génération chinoise de fonctionnaires-lettrés étaient presque tous rassemblés à Tokyo, où des milliers d'étudiants chinois, dont la moitié s'étaient vu accorder des bourses par les gouvernements provinciaux, envahissaient chaque année la section Kanda. Ce séjour en terre étrangère eut tôt fait d'éveiller en eux le sentiment nationaliste. Souvent en butte aux moqueries des enfants japonais pour leurs longues robes et leurs nattes à l'ancienne mode, ils ressentaient comme une humiliation le retard et la faiblesse de la Chine. Ils étaient après tout, en tant que lettrés, ceux qui devaient diriger la politique. Tous comptaient sans doute faire carrière dans le monde. Bien que subdivisés par leurs appartenances provinciales, tout comme ils l'auraient été à Pékin, ils n'en formaient pas moins une communauté consciente et unie, avec un sens aigu de leurs responsabilités face au destin de la Chine. Il ne s'agissait plus simplement d'emprunter aux étrangers leurs techniques. Le problème était d'arriver à créer un État national et c'était, fondamentalement, une question de philosophie politique.

Le soi-disant emprunt à ce sujet des idées occidentales, ainsi que japonaises, n'était pas accidentel mais faisait en réalité partie d'un processus conscient, visant à choisir ce qui pouvait s'adapter à la situation de la Chine ou se raccorder à la tradition chinoise. Quand, par exemple, les classiques du libéralisme occidental furent traduits – les œuvres d'Adam Smith, de J.S. Mill, de T.H. Huxley et d'autres – le traducteur *(Yen Fu)* insistait sur la valeur des principes libéraux, *non pas* pour assurer la liberté individuelle en vertu de la loi, mais plutôt pour arriver, grâce aux efforts énergiques mis en œuvre par chaque individu pour sa réalisation personnelle, à édifier la richesse et la puissance du pays.

La même tendance collectiviste existait dans les écrits de Liang Ch'i-ch'ao, qui avait trouvé la juste reconnaissance de ses mérites à Tokyo comme professeur de la nouvelle génération. Il fit paraître une série de revues chinoises dans lesquelles il résumait le savoir occidental, tel qu'il apparaissait dans les traductions japonaises et tenait ses lecteurs avides au courant des derniers développements de la pensée et des institutions occidentales; il encourageait l'écriture de romans et de nouvelles chinoises, toujours dans le même but : la « rénovation politique » du peuple chinois. Ce terme (*hsin min*, « un nouveau peuple », « renouveau du peuple ») venait du classique confucéen *La Grande Étude;* en 1898, il signifiait surtout pour Liang que les individus associés devaient s'intégrer dans un groupe, puis les groupes dans des communautés, afin de constituer au bout du compte une nation organique : « Dix mille yeux pour une seule vision, dix mille pieds et mains pour un seul esprit, dix mille oreilles pour un seul son [...] et l'État constitué est dix mille fois plus fort [36]. » Plus collectiviste que libéral, cet appel à la force par l'unité exigeait toutefois une démocratie représentative et la souveraineté du peuple.

Ayant découvert de nouveaux horizons au Japon, Liang avait élargi le sens de *hsin min*, qui signifiait à présent « nouveau citoyen ». Il maintenait que l'ancienne Chine avait élaboré de hautes valeurs morales dans le domaine privé de l'éthique familiale, mais qu'elle était restée faible et divisée vis-à-vis de la morale publique et de la vertu civique, domaine de l'éthique sociale. Sa quête d'une démocratie collective et d'une nation forte l'amenait ainsi à égratigner l'esprit de clan et l'égoïsme familial de la Chine confucéenne. On a dit parfois de Liang qu'il était le précurseur du libéralisme chinois moderne, toutefois le but qu'il poursuivait ne s'apparentait guère à la conquête de la liberté individuelle par les droits civils.

En 1903, Liang parcourut les États-Unis en chemin de fer pendant cinq mois, au cours desquels il se rendit dans plus d'une douzaine de grandes villes. En sa qualité de célèbre réformateur chinois, il fut reçu dans toutes les communautés chinoises et put observer les institutions locales au même titre que le système américain. Il fut reçu par le président Roosevelt, ainsi que par J.P. Morgan, « le Napoléon du monde des affaires [37] ». Mais quand il revint à Tokyo, il était profondément déçu par la démocratie américaine. Elle lui était apparue défigurée par les politiciens médiocres, la corruption, le désordre, le racisme, l'impérialisme, et autres verrues. Il l'avait jaugée et s'en retournait rebuté. Il était plus impressionné par les théories de l'étatisme qui s'élaboraient au Japon et en Allemagne. Le peuple chinois, pensait-il en conclusion, ne devait pas imiter les États-Unis. Comme il voulait transformer le peuple chinois en citoyens actifs et responsables, il pressentait la nécessité d'une longue période d'éducation – c'est ce que l'on devait appeler la « tutelle » – pour l'amener au point voulu. Seul un despotisme éclairé pouvait assurer la tutelle.

Des historiens politiques ont analysé la vision commune de la « démocratie » partagée par l'ensemble de la génération de la réforme, de Liang Ch'i-ch'ao et Yen Fu, en descendant en droite ligne jusqu'à Mao et Deng. Dans cette vision héritée du confucianisme optimiste (l'homme-est-éducable), le bon gouvernement est celui qui repose sur l'harmonie naturelle entre les intérêts du dirigeant et ceux de tous les individus, c'est-à-dire le peuple. Tous deux travaillent pour le bien de l'État (« prospérité nationale, force militaire »), car l'individu éclairé par le confucianisme reconnaît que le désordre est une menace pour sa vie, et que seul l'ordre social permet une existence vivable. Dans cette vision centrée sur l'État, chaque individu se doit de développer ses capacités afin de contribuer un peu plus au bien commun. Si l'individu agit convenablement, il va de l'avant, s'adapte, y met du sien, et l'on arrive à la « démocratie ». Les anticollectivistes antisociaux, comme le dit Mao, ne font pas partie du « peuple ». Toute prétention à faire valoir son point de vue personnel contre l'autorité est foncièrement immorale.

La position de Liang sur les droits de l'individu par rapport à l'État eut par la suite une influence directe sur Mao et le PCC en général. Ses arguments, dictés en 1900 par l'urgence du salut de la Chine face à la menace impérialiste, devaient être repris lors de l'invasion de la Chine par les Japonais dans les années 1930 et 1940, pour servir de base à la suppression des droits individuels. Il est clair, rétrospectivement, que ni Liang Ch'i-ch'ao ni Mao Tsetung après lui, quand ils se déchaînaient contre la bureaucratie, n'ont posé la question que le célèbre philosophe politique Huang Tsung-hsi avait formulée au XVIIe siècle : comment éviter la tyrannie au sommet, sinon en répartissant le pouvoir entre les diverses institutions de la société dirigées par l'élite. On n'était pas en présence d'une doctrine des droits de l'homme. Au début du XXe siècle, la nation venait avant l'individu.

Resté confucéen dans sa vie de famille et sa discipline personnelle, toujours intéressé par le bouddhisme, Liang demeurait un réformateur opposé à la révolution violente. Il pensait que cette dernière ne pouvait que faire tomber la Chine de Charybde en Scylla, témoin l'instabilité du gouvernement français depuis 1789, et persistait à soutenir que la monarchie constitutionnelle était la meilleure transition possible vers la modernité.

La majorité des 5 000 à 15 000 étudiants chinois qui

résidaient chaque année au Japon à la fin des années 1900 aurait sans doute souscrit au raisonnement de Liang, mais il ne pouvait satisfaire les 1 000 ou 2 000 activistes qui voulaient renverser la dynastie mandchoue. Pour les activistes, l'argument rationnel de Liang, qui voyait en l'impérialisme l'ennemi à long terme de la Chine, posait des problèmes insolubles. Comment pouvait-on résister aux puissances étrangères avant d'avoir prise sur le gouvernement chinois? La révolution devait avoir une cible définie, et les Mandchous étaient tout désignés : ils n'étaient pas chinois, détenaient le pouvoir, mais étaient faibles et sans alliés. Comme elle était antimandchoue, la révolution était antimonarchique, et donc républicaine, C.Q.F.D.

Pendant ce temps, Sun Yat-sen, jamais à court de ressources, avait reconnu que si l'on voulait recruter des intellectuels pour mettre sur pied la révolution, il fallait avoir une théorie, une vision générale de ce que celle-ci pouvait apporter. En 1903, il se mit à écrire des articles. Le montage intellectuel auquel il aboutit était les Trois Principes du peuple (*San-min chu-i*), soit, en jargon occidental : nationalisme, démocratie et socialisme. En chinois, ces termes étaient légèrement différents. Le premier (*min-tsu chu-i*) signifiait à la fois le peuple et la race réunis en nation. Le deuxième (*min-ch'üan*) représentait les droits ou le pouvoir du peuple. Le troisième (*min-sheng*) était un terme classique, signifiant la subsistance du peuple. Ramené à son sens premier, il exprimait l'idée que le peuple devait avoir au moins de quoi payer le loyer et les impôts. Il s'agissait en fin de compte de mots-valise, qui pouvaient contenir des idées différentes selon l'époque et le lieu, tout comme dans un programme politique occidental. Délaissant le socialisme marxiste, Sun s'était entiché des thèses de Henry George sur la taxe unique. Cette théorie, alors populaire, proposait comme remède à la spéculation foncière l'instauration d'une taxe unique tenant compte de la future plus-value des terres (panacée depuis longtemps tombée dans les oubliettes de l'histoire). Sun appelait cette taxe unique l'« égalisation des droits fonciers », mais elle n'avait pas grand-chose à voir avec le loyer ou le fermage des terres agricoles. Il avait également inventé une « constitution de cinq pouvoirs », en ajoutant à la trinité des pouvoirs exécutif, législatif et judiciaire, des fonctions de contrôle des examens et de censure. Si les États occidentaux en avaient trois, la Chine pouvait bien en avoir cinq, tout simplement. En 1904, le Dr Sun testa sa nouvelle idéologie (qui comprenait bien entendu d'autres éléments) en recrutant des étudiants activistes en Europe. En 1905, il revint en triomphateur à Tokyo.

Parmi les étudiants chinois au Japon, les activistes venaient de quatre grandes régions : les provinces du Hunan et du Hupeï en Chine centrale, la région de Canton, celle de Shangai et du bas Yangtze et le Szechwan. Ils éditaient des revues, tenaient des réunions et formaient des groupes révolutionnaires secrets, basés sur ces liens provinciaux. Les expansionnistes japonais, qui avaient déjà soutenu Sun Yat-sen, durent déployer des trésors d'énergie pour rassembler dans une seule pièce, en août 1905, tous ces groupes généralement rivaux, et mettre sur pied la Ligue jurée *(T'ung-meng hui)*, destinée à unifier la Révolution chinoise sous le commandement de Sun. A trente-neuf ans, Sun avait une expérience de dix à vingt ans, connaissait le monde, avait des amis étrangers, des contacts avec les financiers chinois d'outre-mer et les combattants des sociétés secrètes, une réputation et de l'assurance. Son système avait le mérite d'offrir un raccourci : grâce à lui, la Chine, dotée du dernier modèle de gouvernement, arrivait en première ligne et, au lieu de chercher simplement à rattraper l'Occident, dépassait tous ses concurrents. Contrairement à Liang Ch'i-ch'ao, encombré par le poids de l'histoire de la Chine et de son impréparation civique, Sun pouvait bondir en avant. Les étudiants, enchantés, prêtèrent serment, apprirent les mots de passe et les poignées de main secrètes, et acceptèrent une structure complexe d'officiers, de ramifications, de publications et de programmes. La Ligue put rapidement compter sur un millier de membres. Sa stratégie consistait à passer sous silence le problème de l'impérialisme, afin d'obtenir l'aide des impérialistes pour créer une République chinoise.

Comme le Kuomintang (Parti national du peuple), constitué en 1912, est né de la Ligue pour l'union des révolutionnaires – ou Ligue jurée – et de quelques groupes mineurs, il est intéressant de se pencher sur son passé. La Ligue de 1905 était un mariage arrangé par les Japonais entre des groupes provinciaux; la Chine centrale fournissait le plus grand nombre de membres et de chefs, dont l'homme qui assurait le commandement militaire (Huang Hsing) et le premier organisateur du parti (Sung Chiao-jen). Le contingent cantonais venait en second. Mais Sun Yat-sen, de par ses origines paysannes et sa culture étrangère, avait peu en commun avec les jeunes lettrés, issus de la *gentry* des fonctionnaires ou des propriétaires terriens, qui peuplaient son organisation. Leurs origines ne les prédisposaient guère à faire une révolution sociale pour changer la vie des masses paysannes. Ils n'étaient pas là pour ça. Ils venaient de l'élite dirigeante et acceptaient par tolérance le commandement de Sun, qui était pour eux un activiste capable d'obtenir des résultats en cumulant l'aide étrangère, les fonds d'outre-mer et les combattants des sociétés secrètes pour s'emparer du pouvoir.

Les jeunes membres de la Ligue, eux-mêmes activistes et fervents patriotes, adhéraient facilement à des objectifs qui ne dépassaient guère le stade du slogan. C'était le cas de la pensée, certes satisfaisante pour leur fierté, que la révolution de la Chine pouvait se faire en un clin d'œil, avec des moyens économiques, et redonner à leur pays la première place dans le monde. Dans leur revue, *Le Journal du peuple (Min-pao),* ils fustigeaient le « gradualisme » de Liang Ch'i-ch'ao, qu'ils trouvaient trop faible et trop lent. La Chine, pensaient-ils, devait être sauvée immédiatement en devenant ce qui se faisait de mieux : une république. La Ligue tenta d'organiser sept ou huit soulèvements avant 1911. Tous échouèrent. En 1907, Sun fut banni du Japon et en 1908 de l'Indochine française. Privé du commandement de Sun, le programme de la Ligue commença à s'effriter, à perdre son souffle. Il garda pour principal mérite de symboliser la révolution et de créer une fraternité de jeunes révolutionnaires, dont certains allaient diriger la république.

L'unification des étudiants rebelles en 1905 coïncidait avec le début du mouvement de réforme décidé par la dynastie mandchoue, afin de renforcer l'État chinois et la position de la dynastie au sein de ce dernier. L'impératrice douairière, qui savait encore fort retomber sur ses pieds, accepta en 1901 la plupart du lot de réformes que le jeune empereur avait décrétées, en vain, en 1898. La situation était à présent différente, puisque la plupart de ceux qui étaient au pouvoir acceptaient la réforme comme inévitable.

Le programme de réforme de la dynastie commença par la création d'écoles modernes et l'envoi d'étudiants à l'étranger, principalement au Japon, avec les résultats que nous venons de voir, c'est-à-dire qu'un grand nombre d'entre eux devinrent des anti-Ch'ing convaincus, fervents avocats d'une république, sans forcément savoir de quoi il s'agissait. Les écoles furent rapidement mises en place, d'autant que la tactique adoptée consistait simplement, pour une partie d'entre elles, à renommer les quelque deux mille anciennes académies classiques. Mais il n'était pas si facile de trouver des professeurs pour le nouveau cursus sino-occidental. Il ne s'agissait évidemment pas de dispenser une éducation publique, mais de former les futurs fonctionnaires, tâche plus directement utile. Une fois à pied d'œuvre, Pékin découvrit rapidement que les nouvelles écoles et l'ancien système d'examens ne pouvaient coexister comme on l'avait espéré, car la traditionnelle préparation privée aux classiques était beaucoup moins onéreuse et plus facile à poursuivre. C'est ainsi qu'en 1905, afin d'étayer le nouveau système d'écoles, il fallut abolir l'ancien système d'examens, en place depuis trois mille trois cents ans. Chang Chih-tung, l'un des cerveaux qui avaient élaboré les nouvelles écoles, se sentait aussi concerné par le moral et l'allure de ses élèves. Il leur prescrivit des robes bleu clair, des chapeaux ornés de glands rouges, et même une chanson édifiante : « Le Fils du Ciel souhaite le redressement [...]. L'hygiène donne au peuple force et santé [...]. Honorez vos parents, respectez vos souverains [38]. » Mais le temple de Confucius avait perdu son toit et le souffle du changement s'y engouffrait de toutes parts.

Dans le domaine de la réforme militaire, un nouveau personnage était apparu, un des *protégés* * de Li Hung-chang qui lui avait succédé comme gouverneur général à Tientsin, Yuan Shih-k'ai. La carrière menée par Yuan était plutôt celle d'un militaire que d'un fonctionnaire civil. Depuis 1903 il dirigait le mouvement de modernisation de l'armée et avait constitué six divisions de la nouvelle armée de Chine du Nord. Employant des instructeurs allemands, puis japonais (moins chers), il avait créé des écoles pour chaque branche de l'infanterie, de l'artillerie, du génie et même pour certaines spécialités plus modernes, comme les transmissions. Ses officiers devenaient des hommes plus civilisées – cinq d'entre eux, en tout cas, devinrent plus tard présidents ou Premiers ministres de la République chinoise.

Pourtant cette armée de Chine du Nord (Peiyang) ne dépassait pas le cadre provincial, au même titre que les armées similaires, bien que moins puissantes, des autres provinces, car l'équilibre entre pouvoir central et provincial était toujours fondamental pour le gouvernement de la Chine. Certes, la composante militaire du gouvernement gagnait du terrain sur la partie civile – et ce depuis les années 1850 –, mais une armée nationale avec un commandement central n'était toujours pas envisageable. Impossible d'imaginer un financement central et un corps de généraux basés à Pékin. L'essentiel des décisions exécutives relevait de la province, pendant que les édits du Fils du Ciel avaient en quelque sorte une fonction législative, dispensant autorisations, admonestations, demandes d'investigation ou punitions, sans prendre de responsabilité directe. Avec l'accroissement du prestige social conféré aux militaires, de nombreux étudiants à Tokyo (comme le jeune Chiang Kai-shek, originaire des environs de Ningpo) entreprirent une formation militaire. Le nouveau corps d'armée des officiers chinois se trouva bientôt criblé de crypto-révolutionnaires qui aspiraient à renverser les Ch'ing. Spécialisés dans les formes modernes de la violence armée, ces hommes pouvaient avantageusement

---

* En français dans le texte. (*N.d.T.*)

remplacer la racaille mercenaire réunie par les anciennes sociétés secrètes qui n'arrivait à aucun résultat.

La réforme administrative qui devait permettre de construire un État unitaire se heurtait elle aussi à des problèmes systématiques. Les grandes provinces, où la croissance était la plus forte, devinrent le principal terrain d'action pour la nouvelle élite composée de la *gentry* et des marchands. L'initiative et l'entreprise privées, qui s'étaient régulièrement développées depuis le XVIIIᵉ siècle, avaient à présent besoin de structures institutionnelles. Face à cette demande, les gouvernements provinciaux et parfois municipaux mirent en place de nouveaux bureaux, chargés de gérer les affaires étrangères, la police (affaires intérieures), l'éducation, le commerce, les communications, l'agriculture et l'industrie. Pékin tenta de suivre en créant de nouveaux ministères pour superviser ces nouvelles fonctions. Les bureaux provinciaux des affaires commerciales furent par exemple les premiers à lancer des chambres de commerce locales, des journaux commerciaux et des écoles de commerce ou d'industrie dans les provinces. Il fallut attendre 1903 pour voir apparaître un ministère du Commerce à Pékin, et il s'agissait plutôt d'une chambre de compensation que du foyer dynamique de l'innovation. Les administrations provinciales, centrées sur des villes portuaires dynamiques comme Shanghai, Tientsin, Canton, Wuhan, menaient le train. Pékin n'avait pas la situation en main.

De la même manière, la décentralisation fit capituler la tentative de réforme fiscale. La Chine ne disposait pas d'un « portefeuille commun » pour recevoir et comptabiliser tous les revenus. Il existait à la place une myriade de sommes fixes répertoriées, correspondant aux quotas exigés d'une multitude de sources spécifiques et alloués à une multitude d'usages spécifiques. Selon les normes modernes, le pays était sous-imposé, mais l'évasion fiscale pratiquée par les riches et les puissants malhonnêtes pesait lourd sur les petits producteurs. Les revenus servaient à entretenir les fonctionnaires et les soldats. L'allocation de sept millions d'onces d'argent, qui faisait vivre les Mandchous à Pékin, par exemple, venait de cinquante-deux sources différentes dans l'empire. La réforme fiscale, estimée menaçante pour le bol de riz quotidien, rencontra de la résistance. A cause du système des quotas, il était impossible de connaître les véritables recettes fiscales, de les comptabiliser, et d'établir un budget. En 1910, on tenta d'établir un budget à l'échelle nationale, mais cela tourna vite au jeu de devinettes, car les provinces d'une part, Pékin de l'autre rassemblaient des statistiques et fixaient des taux d'imposition indépendamment et sans coordination. Faire de l'Empire chinois un État unitaire comme la France, avec Pékin à la place de Paris, s'avérait totalement impossible.

L'établissement d'une constitution apparaissait en fin de compte comme la panacée de l'époque. La preuve n'en avait-elle pas été faite en 1905, lorsque le Japon, doté d'une constitution depuis 1889, avait vaincu la Russie qui, pour sa part, n'en eut une qu'après sa défaite. Devant l'évidence de la leçon qu'il fallait en tirer, Pékin dépêcha des missions à travers le monde afin d'examiner les divers modèles disponibles. Le modèle japonais en sortit vainqueur. Ainsi que le prince Ito Hirobumi le formulait en termes diplomatiques devant la mission chinoise, si l'empereur accordait au peuple une constitution, il pouvait rester au-dessus de celle-ci, sans être lié par elle ; il ne fallait en aucun cas laisser le pouvoir suprême glisser entre les mains du peuple. L'impératrice douairière ne pouvait qu'abonder entièrement dans ce sens. En 1906, elle annonça qu'une « politique constitutionnelle » était en préparation. En 1908, elle énonçait des principes constitutionnels qui devaient être mis en application au cours d'une période de tutelle de neuf ans. En 1909, les assemblées consultatives provinciales, élues au sein d'une petite élite qualifiée, se réunirent et envoyèrent aussitôt à Pékin des représentants qui exigèrent à cor et à cri un vrai parlement. En octobre 1910, une assemblée consultative nationale se réunit à Pékin, mais le mouvement constitutionnel n'eut pas satisfaction. Finalement, en avril 1911, les Ch'ing avancèrent d'un pas dans leur réorganisation gouvernementale, en nommant un cabinet qui restait malheureusement trop lourdement chargé de Mandchous : sur treize ministres, quatre seulement étaient des Chinois! Six mois plus tard, c'était la révolution.

L'impératrice douairière n'était plus là pour y assister. Elle était morte le 15 novembre 1908, un jour après le jeune empereur, en principe jouissant d'une bonne santé et toujours séquestré au palais, dont on avait annoncé la mort le 14 novembre. Cela n'était qu'une des coïncidences les plus notables qui ont émaillé la longue carrière meurtrière du « Vieux Bouddha ». La seule femme ayant régné sur la Chine avant elle était l'impératrice Wu (690-704) qui, à l'époque T'ang, avait usurpé le trône, soutenu le bouddhisme et la bureaucratie, et fait preuve d'une grande habileté alliée à une extrême indécence. On peut comprendre, à la lumière de ces éléments, les soupçons qui ont pesé, plus récemment, sur la veuve de Chiang Kai-shek ou la femme de Mao, Chiang Ch'ing, lorsqu'elles se sont approchées du pouvoir.

Le gouvernement mandchou laissé par l'impératrice douairière ne mérite guère de rester dans les mémoires. Il se composait d'un empereur-enfant, d'un régent vénal, de princes vaniteux et de courtisans usés qui, en mettant en commun toutes leurs ressources intellectuelles, étaient tout juste bons à empêcher le changement mais parfaitement incapables de le diriger. En 1909, ils chassèrent Yuan Shih-k'ai, dont ils redoutaient la puissance, et la même année, Chang Chih-tung mourut. La fin de la dynastie n'était plus qu'une question de temps.

Derrière le mouvement étudiant pour la révolution et le programme dynastique de réforme, il est important de prendre conscience du rôle déterminant joué par la classe dirigeante chinoise, l'élite de la *gentry*. Avant 1860 et jusqu'en 1895, cette dernière était essentiellement composée de titulaires diplômés officiels qui venaient en majorité de familles de propriétaires ou, tout du moins, de familles aisées. En 1911, elle s'était très largement diversifiée. Elle comprenait alors des marchands, des banquiers et même quelques entrepreneurs de l'industrie, des propriétaires fonciers absentéistes qui vivaient dans les villes récemment grossies et géraient leurs possessions par l'intermédiaire d'intendants, des lettrés versés dans les classiques mais aussi dans le savoir occidental, des officiers de l'armée ayant suivi une formation moderne et des hommes qui s'étaient lancés dans les nouvelles professions de la vie moderne en Chine, comme le journalisme, le service de l'Église chrétienne ou la politique. La renaissance politique de la Chine avait considérablement accru le nombre des membres de cette classe dirigeante, mais elle avait toujours pour base la richesse familiale, le savoir acquis et un statut social en relation avec le gouvernement, comme nous allons le voir en étudiant la carrière de quelques-uns de ses chefs les plus éminents.

Chang Chien (1853-1926), originaire du Kiangsu, eut son premier diplôme à l'âge de quinze ans, en 1868, et dut faire six tentatives, chacune à trois ans d'intervalle, avant d'obtenir son diplôme provincial en 1885. Il échoua ensuite quatre fois à Pékin avant d'acquérir finalement, au cinquième essai, son diplôme supérieur en 1894, puis l'examen du palais qui fit de lui le premier lettré de l'empire à l'âge de quarante et un ans. Mais, fuyant la bureaucratie, il opta pour l'industrie. Utilisant la main-d'œuvre habile et le coton à longues fibres de son comté natal, il créa en 1899 une filature qui concurrença les importations de coton filé indien et japonais. Grâce à ses relations haut placées dans l'Administration, il avait obtenu des bénéfices fiscaux, une partie de son capital et des machines. Ses associés marchands lui furent moins utiles. Devant la réussite de cette affaire, il monta trois autres filatures, se lança dans la plantation du coton, les bateaux à vapeur et la production de sel, d'huile et de farine. Philanthrope, il créa des écoles, des collèges techniques, des routes, des parcs et des foyers pour orphelins et personnes âgées dans sa ville natale. Il favorisa l'éducation provinciale et la construction de chemins de fer et, en 1909, se trouva à la tête de l'assemblée provinciale du Kiangsu. C'était un bel exemple de réussite.

T'ang Shao-i (1860-1938) venait de la région du delta, près de Macao, d'où étaient sortis avant lui non seulement son oncle comprador (Tong King Sing) mais aussi Sun Yat-sen et Yung Wing, l'homme de Yale qui avait dirigé la mission éducative de Hartford, dans le Connecticut, entre 1872 et 1881. Faisant naturellement partie du troisième contingent pour Hartford, le jeune T'ang avait pu étudier à l'université de Columbia, avant que la mission ne fût définitivement rapatriée. Comme il parlait l'anglais, on utilisa ses talents en Corée, où il devint pour finir l'adjoint de Yuan Shih-k'ai, l'agressif ministre résident de la Chine. Accompagnant la brillante carrière de Yuan, T'ang poursuivit sa route, s'occupant des relations étrangères et particulièrement des projets de construction du chemin de fer. Il était le modèle type du patriote de la Jeune Chine, capable de faire valoir les droits de la Chine en anglais. En sa qualité de diplomate, il obtint la reconnaissance par la Grande-Bretagne de la suzeraineté de la Chine sur le Tibet. Il créa au ministère des Affaires étrangères un bureau destiné à chapeauter l'inspecteur général des Douanes, qui continuait à diriger le service, mais bénéficiait à présent d'une supervision nominale. (T'ang Shao-i pensait qu'il était temps d'avoir quelques commissaires des douanes *chinois!*) Il contribua également au mouvement de suppression des cultures d'opium. Aux yeux des étrangers, ses efforts de réforme pour le retour des droits souverains chinois en firent un dangereux radical.

Wu T'ing-fang (1842-1922), né à Singapour, et donc sujet britannique, avait fait ses études à l'école britannique de Hong Kong avant de devenir interprète auprès des tribunaux et directeur de journal. Parti ensuite étudier le droit à Londres, il devint le premier avocat chinois. Quand il revint à Hong Kong, le gouverneur, un original qui ne détestait pas les décisions progressistes, se prit d'affection pour lui et Wu devint ainsi, à l'âge de trente-cinq ans, le premier Chinois de Hong Kong à exercer une profession juridique, à devenir magistrat et à participer au conseil législatif. Il parvint à mobiliser les chefs de la communauté chinoise et à obtenir qu'ils prennent part à l'administration de l'Alice Memorial Hospital, mais son influence croissante éveilla l'opposition coloniale. En 1882, Wu rejoignit l'équipe de Li Hung-chang, créa des écoles de formation et un chemin de fer, puis s'engagea dans la diplomatie. Il s'illustra par deux fois comme ministre chinois à Washington (de 1897 à 1901, puis de 1907 à 1909), ainsi que dans la réforme du code juridique Ch'ing.

Bien qu'animés par un nationalisme ardent pour sauver la Chine des griffes de l'impérialisme, les activistes de la classe dirigeante trouvèrent leur premier terrain d'action dans les sphères provinciales et, très concrètement, dans les assemblées provinciales, à partir de 1909. Les provinces, il est vrai, avaient la taille de pays européens et fournissaient matière aux discours les plus intelligibles, car les individus pouvaient encore s'y identifier. Elles étaient définies par leur culture et leur histoire, se distinguaient par leurs dialectes (en Chine du Sud-Est, il s'agissait de véritables langues locales), leur cuisine, leur géographie économique et stratégique, et par tous les liens internes que tissaient le folklore et la tradition. Le patriotisme commençait chez soi et l'élite de la *gentry* de la Nouvelle Chine organisa très facilement dans les métropoles provinciales, qui étaient généralement les anciens centres d'examens, l'entraînement de nouvelles armées et l'apprentissage des méthodes étrangères qui stimulaient le changement. Le provincialisme était donc la manière la plus efficace d'exprimer le sentiment plus vaste du nationalisme. Des chambres de commerce vinrent s'ajouter aux formes antérieures d'association et un mouvement d' « autogouvernement », inspiré tant par l'empiétement que par l'exemple étrangers, se dessina parmi l'élite. Tous deux se développèrent dans les provinces. Au cours de multiples incidents, les intérêts provinciaux s'opposèrent aux tentatives dynastiques pour édifier un gouvernement central compétent. L'opposition Chinois/Mandchous reposait sur les fondements du conflit provincial/central.

A cet égard, le mouvement pour le retour des droits souverains qui se manifesta à propos de la construction des chemins de fer est tout à fait frappant. Après des débuts singulièrement lents – la Chine n'avait pas plus de 380 km de voies ferrées en 1896 – les impérialistes de 1898 établirent des contrats avec plusieurs consortiums bancaires étrangers, chargés de construire les chemins de fer et de les gérer jusqu'à ce que les obligataires étrangers soient remboursés de leurs investissements avec intérêt. Pour faire face à cette menace, des groupes de marchands et de membres de la *gentry* provinciale voulurent construire leurs propres lignes, mais ils se trouvèrent à court de fonds. Ils considéraient en revanche les projets de Pékin, qui voulait constituer un réseau national, comme une trahison au profit des étrangers. (Nombreux étaient ceux qui pensaient que Pékin avait trahi depuis longtemps déjà). En 1911, Pékin tenta de nationaliser toutes les lignes provinciales, obéissant à un impératif technologique évident. L'élite du Szechwan organisa un mouvement de « protection du chemin de fer » qui s'opposa violemment au gouvernement Ch'ing. Ce prélude à la révolution était, de manière bien caractéristique, mené par des diplômés aisés, originaires de familles de propriétaires ou de marchands, qui avaient étudié au Japon et participaient à l'assemblée provinciale. La principale société secrète du Szechwan, la société des Frères et des Aînés (Ko-lao hui), se rallia au projet de renversement des Ch'ing, mais fut rapidement évincée par la nouvelle structure dirigée par la petite *gentry*.

La classe dirigeante chinoise s'agitait beaucoup au début des années 1900, cependant on n'entendait guère parler des paysans.

L'essor de la coalition *gentry*-marchands avait des conséquences inquiétantes sur la vie des communautés villageoises. L'investissement des marchands dans la terre en faisait monter la valeur, les propriétaires de l'ancien temps étaient partis dans les villes et les relations personnelles de réciprocité et de dépendance mutuelle qu'ils entretenaient précédemment avec leurs fermiers avaient disparu au profit des relations impersonnelles dictées par des raisons économiques. Le sens de la communauté n'existait plus. En outre, la petite *gentry* (un cran au-dessus des gens du peuple), entraînée elle aussi dans le cycle de l'argent, exerçait des pressions de plus en plus intenses sur les paysans pour le paiement des loyers et se livrait à l'exploitation pure et simple des fermiers. Face aux gros investisseurs fonciers des villes, le propriétaire-cultivateur privé avait de plus en plus de mal à subsister –

un peu comme l'exploitation familiale américaine confrontée au pouvoir financier des corporations d'affaires agricoles.

Toutefois, dans le cas de la Chine, la nouvelle classe hybride de la *gentry* et des marchands eut de plus en plus souvent recours à la violence pour diriger, à partir des villes, l'exploitation des campagnes. La militarisation locale, que les rébellions avaient rendue nécessaire à partir de 1850, était ensuite restée sous le contrôle des nouvelles armées provinciales régionales. Mais avec l'affaiblissement des Ch'ing à partir de 1890, l'apparition de milices sous la coupe des pouvoirs locaux vint refléter le déclin du pouvoir central. Les magnats de village et les despotes locaux de la petite *gentry* se mirent à lever leurs propres forces armées et la militarisation locale refleurit de plus belle. Après 1916, les seigneurs de la guerre furent la dernière illustration de ce courant.

Au cours des années 1920, l'ensemble de ces circonstances allait aboutir, dans la riche région agricole située entre Canton et Hong Kong, à une situation où les paysans étaient devenus « les esclaves des propriétaires [...]. Les loyers étaient payés dans une salle des loyers équipée d'échelles, de cordes, de chaînes, de fouets, de verges et autres instruments de torture. Le paysan qui devait des arriérés y restait enfermé et parfois même pendu au " crochet à singes " tandis que l'on vendait son bœuf, son fils ou sa femme à un autre homme [39] ».

Lorsque des réformes étaient décrétées, personne ne consultait les foules dans les villages, mais elles se retrouvaient plus lourdement imposées afin de payer des écoles modernes, des routes, des armées et des industries qui ne contribuaient nullement à améliorer leur situation de manière tangible. Dans les campagnes, le peuple réagissait souvent à la modernisation par l'opposition violente. Tout ce que la Nouvelle Chine voulait entreprendre élevait les parts d'imposition et commençait par pressurer les paysans avant qu'aucun bénéfice ne retombe sur eux.

La Révolution de 1911 fut avant tout un effondrement, et non une création. La monarchie Ch'ing était morte, et le principal problème consistait à savoir comment l'enterrer et que mettre à sa place. Le Dr Sun Yat-sen, le père de la République, était alors à l'étranger, occupé à rassembler des fonds aux États-Unis. La Ligue jurée avait tenté un dixième putsch en avril 1911 à Canton, sous les ordres du chef numéro deux, Huang Hsing (du Hunan), mais les démons habituels se manifestèrent – piètre sécurité, changements de dernière minute, absence de coordination – et, pour finir, un groupe de combattants s'étant mépris sur l'identité d'un autre, ils se dispersèrent mutuellement à coups de feu.

Les événements du Double Dix (le dixième jour d'octobre) furent déclenchés accidentellement : comme on venait de découvrir une conjuration au sein des officiers de la Nouvelle Armée à Hankow, un peu moins de 3 000 soldats, désireux de sauver leur existence, se rebellèrent. Le gouverneur général mandchou et le commandant militaire prirent peur, s'enfuirent, et l'on fit appel à un brigadier local pour diriger un régime indépendant. En six semaines, toutes les provinces du Sud et du Centre, ainsi que certaines provinces du Nord-Ouest s'étaient déclarées indépendantes des Ch'ing. Le feu avait pris dans la plaine, mais seulement au niveau provincial. A peu près partout, le nouveau gouvernement provincial était dirigé conjointement par le commandant de la Nouvelle Armée, qui faisait office de gouverneur militaire, et par l'assemblée provinciale. En fait, les élites de la *gentry* de tendance modérée avaient poursuivi leur action de réforme dans les provinces en déclarant leur indépendance. Elles se libéraient ainsi de l'autorité de Pékin et pouvaient conserver leur domination économique et politique au niveau local. Elles ne s'intéressaient nullement à la révolution sociale. Les masses n'étaient pour ainsi dire pas impliquées, et la moindre agitation paysanne était immédiatement réprimée.

Les chefs de la Ligue jurée durent se dépêcher pour ne pas être dépassés par les événements. Le numéro deux, Huang Hsing, s'empara de Hankow après avoir défait les forces impériales déployées par Pékin, où Yuan Shih-k'ai avait été rappelé pour devenir, à ses propres conditions, le Premier ministre et commandant en chef de la dynastie agonisante. Il négocia avec le gouvernement provisoire de la République chinoise établi à Nankin par les provinces rebelles et les chefs de la Ligue. Les deux partis étaient représentés par T'ang Shao-i (pour Yuan) et Wu T'ing-fang, le Premier ministre des Affaires étrangères de la République. Sun Yat-sen revint à temps pour être nommé président provisoire à Nankin, le 1er janvier 1912, mais il proposa aussitôt de démissionner en faveur de Yuan, si ce dernier soutenait la République. Presque tous les patriotes étaient d'accord pour soutenir que la Chine devait avoir un parlement pour représenter les provinces, que le pays devait être unifié afin d'empêcher l'intervention étrangère – très probable de la part du Japon – et que Yuan, organisateur militaire et réformateur connu, était l'homme qui avait les qualités, l'expérience et le prestige nécessaires pour diriger le gouvernement. Yuan s'attela donc à la tâche. L'empereur-enfant, P'u-yi (parfois appelé « monsieur P'u-yi ») abdiqua le 12 février 1912. Sun démissionna. Yuan fut élu à Nankin et institué président provisoire à Pékin le 10 mars. Par l'entremise d'une remarquable suite de compromis, on avait évité à la fois une guerre civile prolongée, le soulèvement des classes inférieures et l'intervention impérialiste. Il restait à résoudre une question primordiale : par qui ou par quoi allait-on remplacer le Fils du Ciel et le gouvernement dynastique ?

Nombreux étaient à présent les jeunes gens de la génération révolutionnaire qui avaient parfaitement assimilé, du moins sur le papier, les idées et controverses politiques de l'Occident. Ils pouvaient, aussi bien que les modernisateurs du Japon, citer les classiques de la pensée occidentale et rejeter leur héritage sous prétexte qu'il était dépassé. En revanche, les dures réalités de la Chine, ses problèmes et ses coutumes, n'avaient pas tellement changé. Un grand nombre d'idées du monde extérieur furent débattues dans la jeune République chinoise et l'on tenta d'en appliquer certaines, mais bien peu, au bout du compte, purent y prendre racine.

TROISIÈME PARTIE

LA PREMIÈRE RÉPUBLIQUE CHINOISE 1912-1949

Chapitre 10

LA JEUNE RÉPUBLIQUE CHINOISE ET SES PROBLÈMES

Dans ce chapitre et le suivant, nous allons considérer cette période sous deux angles différents et en voir successivement l'aspect politique et culturel. La vie politique du début de la République a eu mauvaise presse, car les patriotes qui ont travaillé à l'unification de la Chine dans les temps ultérieurs, horrifiés par l'anarchie de l'époque des seigneurs de la guerre, l'ont stigmatisée de leurs critiques au vitriol. En revanche, les considérables réalisations culturelles effectuées à la même époque n'ont fait l'objet d'investigations que plus récemment. Le son de cloche est ici très différent. Le contraste entre l'histoire politique et culturelle, telle qu'on la connaît aujourd'hui, reflète sans aucun doute de fortes tensions à l'intérieur de la société chinoise. Il faudra bien dans l'avenir, à un moment ou un autre, intégrer les deux versions pour obtenir une image équilibrée.

Voyons d'abord la politique, où le nouveau nationalisme chinois, déchaîné par l'agression impérialiste, avait exigé l'unité nationale pour la défense du pays. Les relations extérieures continuaient à mettre en vedette, parmi les fonctions du président Yuan, son rôle de défenseur de la nation et de symbole de son unité. Cependant, l'intérêt national de la Chine ressemblait encore beaucoup à celui du vieil empire mandchou – en Asie centrale, par exemple, où la Mongolie-Extérieure et le Tibet s'étaient tous deux détachés de la République.

En d'autres termes, la Chine avait beau s'être érigée en république, elle n'en restait pas moins un empire. En s'emparant du pouvoir en Asie centrale, les Mandchous avaient constitué des territoires tampon sur la frontière continentale de la Chine, placés sous l'autorité de Pékin. La République ne pouvait pas laisser ces territoires se détacher sans les voir se transformer en menace stratégique. La révolution, qui apportait au peuple chinois une sorte d'autodétermination, le maintenait dans une position mi-colonialiste, mi-impérialiste vis-à-vis des peuples voisins du Tibet, du Sinkiang et de la Mongolie. Le nationalisme qui avait triomphé en Chine était infectieux, mais la République chinoise devait s'y opposer en Asie centrale. On n'avait pas encore inventé le stratagème consistant à appeler les peuples non chinois des minorités nationales, et à promouvoir leur culture tout en leur refusant la liberté (comme cela devait se faire dans l'Empire russe dont les soviets hériteraient). Les peuples d'Asie centrale échappèrent donc pendant un moment à l'autorité de Pékin.

Le commerce et l'influence russes s'étaient développés en Mongolie-Extérieure, où se faisait sentir par ailleurs le poids de l'occupation et des impôts chinois. En décembre 1911, suivant l'exemple des provinces en Chine, la Mongolie-Extérieure se proclama indépendante. En 1915, des négociations tripartites, entre la Russie, la Mongolie-Extérieure et la Chine aboutirent à une formule habile : la Chine conservait, pour sauver la face, une « suzeraineté » nominale ; la Mongolie-Extérieure avait son autonomie régionale ; et la Russie obtenait des droits économiques, formait une armée mongole, et établissait en fait un protectorat, à l'abri des interférences étrangères, puisque la Mongolie-Extérieure n'était pas un État souverain.

Au Tibet, les anciens Ch'ing avaient établi la suzeraineté de la Chine avec encore plus de force qu'en Mongolie. Pékin avait annoncé un programme pour réformer la théocratie antédiluvienne du Tibet et envoyé une armée à Lhassa en 1910. Le Dalaï Lama, qui régnait au Tibet, s'était enfui en Inde. Cependant il revint après la révolution de 1911 et déclara l'indépendance du Tibet. Les négociations anglo-chinoises-tibétaines de 1914 mirent au point une nouvelle formule : le Tibet avait son autonomie; la Grande-Bretagne reconnaissait l'indépendance du Tibet, mais pas la Chine, qui continuait à revendiquer sa suzeraineté. Puisque la Grande-Bretagne, qui avait là de puissants intérêts commerciaux, ne réclamait pas de protectorat, les Tibétains géraient leurs propres affaires, mais n'obtenaient pas leur reconnaissance comme État souverain. La Chine restait le maître en titre.

C'est ce contexte qui explique que les Mongols quittèrent par la suite l'orbite de la Chine pour entrer dans celle des Soviétiques, tandis que les Tibétains, qui faisaient toujours légalement partie de la Chine et n'avaient pas statut d'indépendance en regard de la loi internationale, se trouvèrent à la merci de la Révolution chinoise.

Le Sinkiang, avec sa population éparpillée et mélangée, faite entre autres de Kazakhs et de Kirghiz, de musulmans chinois et de Han, n'était pas facile à gouverner. Les garnisons militaires Ch'ing se trouvaient surtout dans la région de l'Ili, au nord des Montagnes célestes (T'ienshan). Elles surveillaient les tribus nomades kazakhs et kirghizs de la région, ainsi que les villes des oasis musulmanes sur les routes commerciales de Kashgarie, au sud des Montagnes célestes. Comme les Chinois Han représentaient à peine 10 p. 100 de la population, les Ch'ing avaient adopté la politique consistant à diviser pour régner. En 1912, heureusement, on confia le pouvoir à un diplômé métropolitain de 1890, du nom de Yang Tsenghsin, qui avait acquis une longue expérience dans le Kansu, puis à Aksu, l'une des villes d'oasis, et enfin à la capitale provinciale, Urumchi. De 1912 jusqu'à son assassinat en 1928, la manière dont Yang parvint à diriger la région donne une idée avantageuse du calibre des administrateurs qui sortaient de l'ancien système des examens. Il lui fallait entretenir ses garnisons sans prélever d'impôts abusifs sur les populations indigènes, étouffer toutes les tentatives de rébellion locale, et préserver le Sinkiang d'une possible contamination avec la Chine des seigneurs de la guerre. Bientôt, il lui fallut aussi temporiser avec la Révolution soviétique. En 1920 et 1924, il négocia des accords commerciaux avec l'URSS, dont il accepta la politique d'infiltration commerciale, mais, en 1928, il refusa l'autorité du gouvernement du KMT à Nankin, peu avant d'être assassiné par un subordonné rival. Grâce à son action, le Sinkiang s'était globalement maintenu en dehors des luttes de pouvoir, était resté sous la juridiction de la Chine et avait connu un début de progrès, autorisé par la répression musclée des dissidents.

Les relations extérieures de Yuan Shih-k'ai avaient, pour des raisons financières, un caractère d'urgence encore plus fort sur le front interne, car les revenus provinciaux s'étaient amenuisés et son gouvernement se trouvait constamment à court d'argent. En avril 1911, les anciens Ch'ing avaient souscrit un emprunt étranger auprès d'un consortium de banques britanniques, françaises, allemandes et américaines. Yuan négociait à présent un gros emprunt de 25 millions de livres sterling (somme considérable à l'époque) auprès d'un consortium de cinq puissances, dont les banques étaient cette fois britanniques, françaises, allemandes, russes et japonaises. Cet emprunt pour la réorganisation allait hypothéquer les revenus du sel en Chine, mais permettrait de payer les soldats de Yuan. C'était tout à fait le genre de marché ambivalent que les étrangers approuvaient pour son caractère diplomatique et que les patriotes dénonçaient comme une trahison.

Le principal problème de Yuan était institutionnel. En abolissant une monarchie vieille de 2 100 ans, la révolution avait en 1912 décapité l'État chinois. Il restait à trouver un homme pour diriger le gouvernement. Yuan se retrouvait successeur de l'empereur de Chine, sans titre sur lequel s'appuyer et sans trône sur lequel s'asseoir. Le Fils du Ciel, même stupide (comme cet ancien empereur Ming qui passait son temps à s'occuper de menuiserie), avait toujours eu quantité de prérogatives et d'aides institutionnelles pour exercer ses fonctions. Il était le point de convergence de l'administration, ainsi que le grand prêtre du culte officiel de Confucius, le commandant en chef des forces armées, le premier protecteur des arts et des lettres et, en termes modernes, le chef de l'autorité exécutive, législative et judiciaire dans le royaume. En 1912, on attendait de Yuan qu'il remplît certains de ces rôles, mais pas tous – et qui allait décider lesquels ? Une fois brisée l'ancienne totalité, il n'était pas facile de fournir des réponses. Au moment où le nationalisme triomphant de la Chine réclamait un pouvoir fort, la principale institution avait été mise de côté et attendait les réparations qui la transformeraient en nouveau modèle. La Chine ne s'apprêtait pas simplement à changer d'attelage au milieu du gué, elle essayait de sauter en marche d'une voiture à cheval dans une limousine sans verser dans le fossé. Yuan pouvait-il créer lui-même sa nouvelle fonction de chef d'État ?

Quand il prit les commandes en 1912, à l'âge de cinquante-deux ans, Yuan Shih-k'ai partageait un trait commun avec le vice-Premier ministre Teng Hsiao-p'ing, qui visita l'Amérique en 1979 : outre ses qualités d'administrateur, il était aussi, partout où il allait, l'homme le plus petit au sein d'un groupe – il était si court d'encolure qu'il préférait le costume occidental au costume chinois à col droit. Yuan avait des antécédents impressionnants, difficilement égalables : issu d'une famille loyale de lettrés-fonctionnaires, il avait bifurqué vers la carrière militaire au milieu de la course d'obstacles des examens classiques et, à l'âge de vingt-six ans, s'était trouvé catapulté par Li Hung-chang à un poste diplomatico-militaire de résident impérial en Corée, afin de lutter contre l'influence japonaise qui s'y exerçait. Son ascension fut phénoménale. Tout comme Li, il courtisa l'impératrice douairière et les Mandchous à Pékin, se distingua par ses qualités de modernisateur et s'illustra en particulier comme bâtisseur d'armée. (Ce n'est qu'après 1906 que l'armée de Yuan fut directement financée par Pékin.) En 1901, il succéda à Li comme gouverneur général à Tientsin, où il avait entraîné son armée entre 1895 et 1899, et devint l'un des chefs du programme général de la réforme dynastique. Yuan était un homme qui obtenait des résultats. Il avait en outre le mérite d'avoir servi de victime à la cour des Mandchous lorsqu'il avait été chassé après la mort de l'impératrice douairière, en 1909. Quand il devint président en 1912, il disposait, pour établir son administration, d'une vaste équipe de généraux de la nouvelle armée et de fonctionnaires partisans des idées modernes de réforme. Il savait parfaitement faire fonctionner l'ancien système, mais comme un sportif trop entraîné dont les muscles finissent par se bloquer, ce qui faisait sa force se transforma en faiblesse : il n'arrivait pas à envisager un nouveau système.

La plupart des patriotes chinois de 1912 acceptaient l'idée que la Chine était en retard politiquement, d'après les normes universelles ou du moins occidentales (ce qui, à l'époque, revenait au même); il lui fallait donc, pour remonter le courant, constituer un parlement pour représenter le peuple et un cabinet pour diriger l'Administration. Les modèles étrangers montraient qu'il fallait des partis politiques pour organiser un parlement, et plusieurs partis chinois furent donc formés par K'ang Yu-wei, Liang Ch'i-ch'ao et d'autres. Beaucoup d'entre eux n'étaient guère que des cliques ou des factions regroupées autour d'un personnage éminent qui servait de protecteur à un groupe d'adeptes; au lieu d'être bâtie autour d'un programme, l'organisation reposait sur les relations personnelles entre le protecteur et ses clients. Quant au cabinet, on en était encore à discuter pour savoir s'il devait être responsable vis-à-vis du président ou du parlement.

La réalisation de tous ces projets se heurtait à plusieurs pierres d'achoppement, léguées par des siècles de confucianisme impérial. La première était la structure sociale. L'élite de la classe dirigeante s'était étendue et diversifiée, mais les masses paysannes, malgré l'agitation qui se manifestait dans de nombreux petits soulèvements vite réprimés, restait politiquement inerte. La règle de la majorité exprimée par suffrage universel – en comptant les têtes – était considérée comme une manière idiote de choisir les fonctionnaires, qui ne pouvait que laisser prévaloir la stupidité; l'idée de représentation n'était pas encore établie; on s'attendait tacitement à ce que continuât une méritocratie basée sur le talent, le statut social et la richesse. Le deuxième obstacle à franchir concernait l'autorité politique. On pensait en effet qu'il fallait, pour remédier au désordre, un pouvoir exécutif fort ; le dévouement de l'individu envers le chef du pouvoir était une composante nécessaire de la paix interne ; l'idée d'une opposition dévouée paraissait anormale et contradictoire ; l'établissement des lois faisait partie du gouvernement, et la division entre pouvoir exécutif et législatif était elle-même peu comprise et mal acceptée. Il y avait enfin le problème des valeurs. Gouverner était une responsabilité morale qui devait être portée par des hommes vertueux pour le plus grand bénéfice de la population, ainsi que l'enseignait Confucius ; il fallait privilégier l'harmonie, et non les querelles légalistes ou les rivalités ; l'Administration tout entière devait être unie pour soutenir celui qui gouvernait le pays. Tout modernisateur qui se mettait en tête de changer ces certitudes héritées allait au-devant d'une rude bataille.

Sun Yat-sen, par exemple, pensait que l'intérêt national passait par l'harmonie interne. Yuan le convia à venir à Pékin en août 1912 pendant quelques semaines, pour qu'ils pussent avoir des discussions harmonieuses au sujet d'un parti national unique. En y regroupant tous ceux qui comptaient dans le pays, on pourrait avoir toutes les commandes en main. Sun répondit que, considérant « la grande crise traversée par notre nation, [...] on ne [pouvait] se permettre d'insister sur les différences de politique entre partis ». L'objectif de la Chine, disait-il, était de « rattraper son retard et de surpasser les puissances, à l'Est comme à l'Ouest ». Le numéro deux de Sun, Huang Hsing, déclarait qu'ils devaient faire de la nouvelle Chine « le pionnier de la révolution socialiste mondiale [40] ». Sun et Huang annoncèrent qu'ils faisaient confiance à Yuan et qu'eux-mêmes se retireraient de la politique pour se consacrer l'un au développement du chemin de fer et l'autre à celui des mines. Ce fut un grand moment dans le règne de l'harmonie et dans celui du président Yuan.

Lorsque, en mars 1912, le président nomma T'ang Shao-i Premier ministre et le chargea de former un cabinet, T'ang découvrit que les opinions divergeaient sur le point de savoir si le cabinet devait être responsable vis-à-vis de lui personnellement, ou du président, ou du parlement. Il nomma bien un cabinet, mais les membres de ce dernier se considéraient liés au président Yuan, et non au Premier ministre T'ang. N'ayant ni budget, ni organisation politique, ni soutien, et aucun pouvoir sur les membres de son cabinet, le Premier ministre fut contraint de démissionner en juin et le cabinet devint présidentiel.

Un jeune chef de la Ligue originaire du Hunan, Sung Chiao-jen, prit la tête d'un mouvement destiné à mettre en place un gouvernement parlementaire doté de plusieurs partis. Sung était un jeune organisateur révolutionnaire précoce, profondément attaché aux idées libérales de l'Occident et à la démocratie représentative. C'est à lui que l'on devait le texte de la constitution provisoire. En août 1912, il avait obtenu la fusion de la Ligue jurée avec quatre autres petits groupes, pour former le Parti nationaliste ou Kuomintang. Pendant l'hiver 1912-1913, des élections nationales se déroulèrent en Chine, mais sur la base d'une participation indirecte et encore extrêmement restreinte. En 1909, la proportion de votants enregistrée pour l'élection des assemblées provinciales tournait autour de quatre personnes pour mille, soit bien loin de 1 p. 100. En 1912, ce chiffre augmenta jusqu'aux alentours de 5 p. 100 de la population. Le fait de voter restait une activité nettement élitiste. L'idée même d'une élection était si neuve et le nombre des électeurs qui devait répondre à des critères d'éducation et de fortune si limité que l'événement ne fit guère de bruit à l'étranger.

Cette première et unique procédure électorale en Chine qui fût comparable à un gouvernement représentatif libéral devait élire les membres des assemblées provinciales et les deux chambres du parlement. Sung Chiao-jen orchestra la campagne du KMT (Kuomintang) destinée à rallier l'élite de la petite *gentry*. Comme tous les autres, il plaidait en faveur de l'unité nationale, mais insistait avant tout sur l'autonomie provinciale. Celle-ci devait être assurée par des gouverneurs élus et par un gouvernement local composé de conseils élus. Le Premier ministre devait être choisi par le parti majoritaire au parlement. En février 1913, le KMT y obtenait la majorité des sièges. Sung Chiao-jen pouvait nourrir l'espoir qu'il arriverait à réduire le pouvoir de Yuan par des moyens constitutionnels réguliers, et parviendrait peut-être même à en faire un personnage purement décoratif.

Pour Yuan, cette attaque portée à son autorité par le truchement de procédés d'une modernité outrée, faisant intervenir campagnes électorales et division des pouvoirs, était d'une déloyauté confinant à la trahison. Il avait fusillé des généraux pour moins que ça. Il était alors en train de se battre pour rassembler les fonds nécessaires à son gouvernement central et, se sentant assiégé, décida de répondre à sa manière. Sa propension à faire assassiner ses opposants en avait déjà mis plus d'un mal à l'aise. L'assassinat des fonctionnaires par les révolutionnaires avait été accepté, et en tout cas largement pratiqué, comme la preuve d'un engagement sincère vis-à-vis de la cause, surtout quand on se faisait prendre. Mais voilà qu'à présent, le premier chef du pouvoir, dont on savait déjà qu'il formait des forces de police modernes dans les villes chinoises, trouvait là un moyen utile de clore les débats politiques, tel un chirurgien qui, fatigué de remettre les os en place, opterait pour l'amputation, plus rapide et moins coûteuse. Sans se laisser intimider, Sung Chiao-jen, en qui l'on voyait à présent le futur chef du parlement, persista dans ses efforts, courageux bien que peu réalistes, pour faire fonctionner la démocratie parlementaire en Chine. L'argument de sa campagne était que le KMT, parti d'opposition, devait diriger le cabinet. Mais avant la session du parlement, Yuan le fit assassiner à la gare de Shanghai en mars 1913. Il avait trente et un ans.

Yuan déclara aussitôt que l'auteur du crime était Huang Hsing, qui venait, comme Sung, du Hunan (c'était tellement improbable que cela aurait aussi bien pu être vrai). Peu après, un tribunal de Shanghai, en dehors de l'autorité de Yuan, parvint à établir les faits. Mais, ce jour-là précisément, Yuan annonça la signature du grand emprunt pour la réorganisation et la reconnaissance de son gouvernement par les puissances étrangères. Une fois encore, il échappait au châtiment de son crime. Les puissances impérialistes savaient où se trouvait leur intérêt en Chine. Elles pouvaient travailler avec Yuan. Il n'allait pas saborder le navire, ni mobiliser les foules dans des soulèvements de style Boxer contre les privilèges étrangers.

Cette triste histoire, brièvement résumée ici, n'était qu'un détail dans la masse des événements qui se déroulaient alors. La menace toujours présente de l'impérialisme, surtout japonais depuis que l'Europe en folie était déchirée par la guerre de 1914, occupait une place plus importante dans les préoccupations de l'époque. Les soldats japonais avaient rapidement supplanté l'Allemagne dans sa sphère d'influence de la province du Shantung et, en 1915, le Japon présentait au président Yuan les célèbres 21 demandes, qui visaient à faire de la Chine un protectorat japonais. La Grande-Bretagne conseillait d'y souscrire, l'opinion américaine s'y opposait. Yuan décida d'y satisfaire en partie. L'incident mettait en lumière la faiblesse persistante de la Chine, mais aussi l'indispensabilité de Yuan.

Enhardi par la reconnaissance étrangère, Yuan resserra son attaque contre le KMT, chassa ses gouverneurs militaires dans les provinces du Sud, réprima leur rébellion défensive au milieu de l'année 1913, décida la dissolution du KMT en tant qu'organisation publique, supprima le parlement sous le règne de la terreur, puis abolit les assemblées provinciales et les conseils locaux. Il devint finalement président à vie et annonça son intention de devenir empereur. C'en était trop. L'opposition prit les armes pour mettre un terme à ses ambitions et Yuan mourut, épuisé, en juin 1916.

La trahison de la République dont Yuan Shih-k'ai s'était rendu coupable a donné aux historiens une belle occasion de jouer les moralistes. Sans nier l'influence de son mauvais caractère sur le cours des événements, on peut aussi voir les facteurs institutionnels qui se trouvaient à l'œuvre. A l'époque de Yuan, notamment, la politique se faisait encore à travers le flot traditionnel de correspondances. Les fonctionnaires rapportaient les événements et les actions entreprises directement au chef du pouvoir, qui leur répondait en distribuant confirmation ou rejet, éloge ou blâme, selon les cas, et dirigeait ainsi la politique. Injecter dans cette procédure exécutive rapide, fonctionnant en circuit fermé, l'intervention de politiciens disputailleurs et mal informés paraissait non seulement inutile mais tout bonnement dangereux. Rares étaient ceux qui voyaient ce qu'on pouvait gagner en répartissant les responsabilités. Certes, les Américains gouvernaient en pratiquant la « division des pouvoirs », mais cela se passait sous la suprématie de la loi, alors que le gouvernement chinois avait toujours un caractère personnel : il était placé entre les mains d'« hommes capables » qui portaient la responsabilité concrète de leurs actes. L'opinion générale chinoise, même parmi les révolutionnaires, considérait l'effort de Sung Chiao-jen comme porteur de division, même si elle déplorait et condamnait son meurtre.

Les débuts de la République furent compromis par l'absence d'imagination novatrice de Yuan, défaut peut-être habituel aux chefs qui doivent se battre pour conserver le pouvoir. La légation américaine, en tout cas, considérait qu'il manquait de « largeur de vues [...] et ne connai[ssait], en matière de gouvernement, que l'absolutisme de l'ancien régime [41] ». Son objectif, qui était finalement de constituer un État bureaucratique centralisé, ressemblait fort à celui du Pékin des années 1900. Il ranima le culte de Confucius ainsi que plusieurs systèmes périmés, tout en exploitant le régime de la terreur pour supprimer les nouvelles institutions politiques, les assemblées représentatives et la presse. Au Temple du Ciel, à Pékin, il dirigeait l'ancien culte impérial du Ciel, mais était suffisamment moderne pour s'y rendre en voiture blindée. Le conseil politique qui l'entourait renchérissait en disant : « Nous sommes entrés dans une nouvelle ère [...] où tous les signes d'inégalité ont disparu ; le culte du Ciel devrait en conséquence devenir universel [42]. » Que chaque homme soit son propre empereur. Telle serait la démocratie améliorée de la Chine, reposant sur la renaissance et l'utilisation du passé. Le résultat obtenu était une dictature fiscalement conservatrice, assez active et, à certains égards, modernisatrice.

Pouvait-il en être autrement ? D'éminents observateurs étrangers, guidés par une connaissance dangereusement restreinte de la Chine, pensaient qu'un empereur était nécessaire. L'Anglais James Brice, dont le livre, *Le Commonwealth américain*, était tout à la gloire de la démocratie américaine, recommandait, après avoir voyagé à travers la Chine, une nouvelle monarchie. Charles W. Eliot, de Harvard, qui pouvait également se réclamer de ses brèves visites en Chine, insista pour que le premier président de l'American Political Science Association, A. J. Goodnow, devienne le conseiller de Yuan pour les questions de constitution. Le Pr Goodnow était un des premiers à avoir abordé la politique dans une optique fonctionnelle. Son expérience à Pékin l'amena à conclure que la Chine n'avait pas ce qu'il fallait pour devenir une démocratie libérale. L'autorité de la loi, les droits individuels et même la discipline y étaient inexistants. « L'absolutisme, disait-il, doit continuer jusqu'à ce qu'on obtienne une plus grande soumission à l'autorité politique, une coopération sociale mieux dirigée, et un plus grand respect des droits individuels [43]. »

En fait, ces experts anglo-américains en matière de démocratie en étaient arrivés à la même conclusion que Liang Ch'i-ch'ao et Sun Yat-sen, à savoir que le peuple chinois avait besoin d'une période de tutelle avant d'acquérir citoyenneté et sens de la responsabilité publique. Malheureusement, l'American Political Science Association eut mauvaise presse, car on pensait que le Pr Goodnow soutenait les projets de dictature impériale de Yuan.

Le président de l'université de Pékin disait du gouverneur militaire du Shantung qu'il avait « le physique d'un éléphant, le cerveau d'un porc et le tempérament d'un tigre ». Ce personnage (Chang Tsung-ch'ang) était le prototype du seigneur de la guerre qui devait donner à l'espèce sa mauvaise réputation. De « basse extraction » – son père était coiffeur et trompettiste à temps partiel et sa mère une « sorcière qui se servait de ses talents pour exorciser les mauvais esprits » –, c'était un homme grand et fort, qui faisait nettement plus de 1 mètre 80 et ne redoutait rien ni personne au combat [44]. Pendant la guerre russo-japonaise de 1904-1905, il se battit pour les Russes et conserva, quand il arriva au pouvoir dans les années 1920, une garde d'environ 4 000 Russes blancs. Il y avait également des Russes dans son harem de quarante femmes. Ses détracteurs l'appelaient le « Général viande à chiens », à cause d'un jeu de paris qu'il affectionnait, et la population l'avait surnommé le « Vieux 63 » parce que, disait-on, son membre viril en érection atteignait la hauteur d'une pile de 63 dollars de Yuan Shih-k'ai. (Cette information n'a jamais été vérifiée.) Alors qu'il était au pouvoir à Pékin, il avait exécuté des journalistes et des directeurs de journaux; dans le Shantung, il tuait des paysans membres de sociétés secrètes et accrochait leurs têtes aux poteaux télégraphiques. Il personnifiait la violence et la cupidité. Grand batailleur, il soutenait le « Seigneur de la guerre de Mandchourie » (Chang Tso-Lin) qui tentait de s'emparer de la Chine du Nord.

Le « Général viande à chiens » était évidemment un cas extrême. D'autres seigneurs de la guerre commencèrent, à leur arrivée au pouvoir local, par faire des réformes, apporter des améliorations modernes et s'intéresser à la population, avant d'être pris dans les luttes de pouvoir et d'exploiter finalement tous ceux qu'ils pouvaient. Dans un sens, les grands seigneurs de la guerre étaient le symbole de la profonde désintégration de l'ordre politique. Ils tentaient de rester au sommet d'une société profondément morcelée, dans laquelle les despotes locaux, les chefs de bandes et les petits seigneurs de la guerre illustraient tous une situation de chaos politique croissant.

L'époque des seigneurs de la guerre occupe l'espace qui s'étend entre la fin de Yuan Shih-k'ai et l'avènement de Chiang Kai-shek, qui s'attachèrent tous deux à mener une politique d'unification. Les douze ans qui séparent la mort de Yuan en 1916 et la réunification de 1928 par le gouvernement nationaliste constituent une période marquée par la fragmentation du pouvoir, laissé aux mains des commandants militaires, qui étaient pour la plupart des gouverneurs provinciaux. Le pouvoir central, victime d'un long déclin depuis le milieu du XIXᵉ siècle, existait encore à l'état de vestige dans le gouvernement de Pékin, qui envoyait des diplomates à l'étranger et dirigeait la poste ainsi que quelques autres services internes. Personne, ni les puissances étrangères ni les seigneurs de la guerre, ne souhaitait l'éclatement de la Chine. Pas plus qu'aucun seigneur de la guerre n'essaya de fonder une nouvelle dynastie. Ils étaient trop occupés à organiser des coalitions pour écraser les coalitions rivales et ne fonctionnaient qu'avec des armées et non avec des idées nouvelles ou des partis capables de mobiliser l'enthousiasme populaire. Les seigneurs de la guerre avaient une vision étonnamment limitée. Ils étaient capables de fabriquer ou d'acheter des armes, d'enrôler des soldats, d'envahir et de piller les campagnes, mais incapables de poser les bases d'un gouvernement moderne stable.

A la base de cette situation abortive, il y avait également le fait que la Chine souffrait du morcellement du pouvoir entre autorités nationales et étrangères. Plus le pouvoir central déclinait, plus l'influence étrangère s'emparait de l'espace laissé vacant. Lorsqu'en 1911, par exemple, les déclarations d'indépendance des provinces avaient menacé l'unité du Service des Douanes maritimes, qui préservait le crédit étranger de la Chine et le paiement de sa dette, les commissaires des douanes étrangers, au lieu d'estimer simplement le montant des droits à payer comme ils le faisaient auparavant, entreprirent pour la première fois de percevoir les taxes et de les transmettre à une commission internationale de banquiers à Shanghai. Cela permit à la Chine de conserver son crédit et ses possibilités d'emprunt à l'étranger, mais c'était une nouvelle atteinte à sa souveraineté.

A l'époque, l'accumulation des traités inégaux avait abouti à une participation étrangère à la vie chinoise sur un mode semi-colonial, c'est-à-dire que les étrangers ne dirigeaient pas la politique, même si leurs privilèges empiétaient sur la souveraineté de la Chine, mais qu'ils prenaient part à l'administration municipale ainsi qu'aux services publics nationaux. Dans les Douanes maritimes, la Poste, l'Administration des revenus du sel et ailleurs, des étrangers continuaient à servir comme administrateurs salariés du gouvernement chinois. Les revenus des douanes et du sel étaient évidemment affectés au remboursement des emprunts étrangers et au paiement des indemnités. Des consuls étrangers assuraient les fonctions du gouvernement municipal dans les zones de concession des ports ouverts, et le conseil municipal qui gouvernait le plus important d'entre eux, Shanghai, était dirigé par les Britanniques. La plupart des grandes villes de Chine, outre le fait qu'elles étaient soumises aux traités, étaient également accessibles par la mer ; cela permettait aux navires de guerre britanniques, américains et autres d'intervenir pour y faire la police en cas d'agitation. Cela permit aux ports ouverts (et donc à la plupart des grandes villes de Chine) de rester des havres neutres, à l'abri des seigneurs de la guerre et de leurs exactions.

Shanghai illustrait à la fois les meilleurs et les pires aspects de la modernisation en Chine. Comme dans d'autres pays au développement tardif, ce port maritime devint la métropole. A l'époque impériale, Soochow était le centre de commerce du bas Yangtze, mais avec l'expansion du delta du Yangtze vers la mer, Shanghai devint le point de jonction entre les jonques qui naviguaient sur le réseau intérieur et toutes celles qui assuraient le commerce côtier entre l'île de Hainan et la Mandchourie. La croissance de Shanghai se trouva favorisée par son emplacement dans le delta du Yangtze, qui était la première région productrice de riz dans l'empire et fournissait depuis cinq cents ans, sous les Ming, puis sous les Ch'ing, son quota annuel, acheminé par le Grand Canal jusqu'à Pékin. Avec un tel arrière-pays, Shanghai ne craignait pas les difficultés d'approvisionnement, et le réseau du canal, auquel vinrent ensuite s'ajouter les chemins de fer, la rendait d'accès facile.

On peut comparer Shanghai, qui s'est développée sous l'égide étrangère, à d'autres ports orientaux dont la croissance s'est faite avec l'invasion européenne. Des villes comme Bombay et Calcutta, Rangoon, Bangkok, Singapour et Djakarta n'étaient pas très importantes avant l'arrivée du commerce maritime européen. Elles se caractérisaient par les conflits de culture et le métissage des peuples et des idées. Après la rébellion Taiping, la *gentry* de Soochow était venue chercher refuge à l'abri des canons étrangers de Shanghai, qui vit ainsi sa population chinoise augmenter, tout en restant pour l'essentiel sous juridiction étrangère. Cela lui permit de jouer bien des rôles. Celui tout d'abord de berceau de la modernisation et du commerce étranger après 1843, puis de l'industrie à partir de 1896. Elle devint également le principal centre de la pensée réformatrice et révolutionnaire en Chine, grâce à l'industrie de l'édition, au développement des journaux et à la formation d'une opinion publique qui s'exprimait de plus en plus. Les services publics d'une cité moderne européanisée allaient de pair avec un mode de vie occidental, la pénétration des idées et coutumes étrangères, et une souveraineté déséquilibrée, mal partagée entre le gouvernement chinois et les consuls étrangers qui administraient leur droit d'extraterritorialité. Quand Chiang Kai-shek publia son livre *Le Destin de la Chine,* en 1943, il était tout à fait en droit de considérer Shanghai comme un cloaque de turpitudes car il en parlait d'expérience.

Le gouvernement local de la ville se trouvait dans une étrange situation. Les services municipaux avaient été mis en place par le conseil municipal de la Concession internationale de Shanghai qui était toujours administré, dans les années 1910, par la communauté des commerçants britanniques. Le CMS avait étendu sa juridiction en construisant des routes dans les zones extérieures de la ville. Il avait fait venir d'Inde des policiers sikhs afin de contrôler les foules chinoises, et employait des Chinois dans tous ses services. Sous la direction d'un inspecteur général britannique, le successeur de Hart, les Douanes maritimes chinoises géraient le port. Tout tournait autour du commerce, et le mode de vie était bien, à première vue, semi-colonial. Le Shanghai Club n'admettait toujours pas les Chinois. Le champ de course, qui est à présent un parc ou un marché public, était toujours en activité. Les collèges catholiques et protestants, ainsi que ceux de l'YMCA*, apportaient une influence civilisatrice. Mais la grande masse de la force ouvrière chinoise, venue des réserves inépuisables des campagnes alentour, n'était pas organisée en syndicats. La législation du travail s'élaborait lentement dans les bureaux du conseil municipal et la population chinoise augmentait simplement parce que le port était un centre de commerce et d'industrie et qu'il représentait en outre un havre sûr, à l'abri des méfaits des seigneurs de la guerre, qui n'étaient que trop évidents en dehors de la ville.

Dans cette situation semi-coloniale, le fonctionnement du gouvernement chinois de Shanghai était strictement limité. Sa juridiction ne s'exerçait ni sur la Concession internationale ni sur la Concession française qui occupait le sud, si bien que l'administration du gouvernement chinois ne concernait en réalité que les lisières de la ville. L'idée même d'un plus grand Shanghai chinois n'effleura pas les esprits avant les années 1920. Il y avait, certes, un magistrat chinois pour aider l'administration consulaire à traiter les affaires judiciaires impliquant des Chinois, mais, jusqu'en 1925, le Tribunal mixte de Shanghai était en fait à peu près la seule institution à représenter le pouvoir politique chinois.

Le vide laissé par l'absence de gouvernement sur la population chinoise était comblé par des organisations souterraines, que dominait le Ch'ing-pang ou bande verte. Les membres de cette fraternité de type traditionnel employaient la force et l'argent pour diriger tous les rackets d'une cité moderne : la prostitution en tout genre, l'extorsion de fonds pour la protection des marchands, les connivences avec la police étrangère, surtout dans la Concession française et, bien entendu, le trafic de drogues. L'opium arrivait en quantités toujours croissantes à Shanghai. Le conseil municipal était dans l'incapacité de supprimer ou de surveiller ces activités, et les étrangers entretenaient donc avec le « milieu » chinois un

---

* Young Men's Christian Association (Union chrétienne de jeunes gens), association protestante fondée à Londres en 1844, qui compte plusieurs millions de membres et dont l'action s'est étendue au monde entier. Il existe également une Young Women's Christian Association (YWCA). *[N.d.T.]*

mariage de convenance. Les résidents étrangers, qui étaient quelques milliers, se sentaient confirmés dans la croyance que le peuple chinois était naturellement porté sur le vice, le racket et un mode de gouvernement clandestin.

Pour ce qui était du commerce, les lignes de bateaux à vapeur qui faisaient la jonction avec l'intérieur étaient toujours en majorité britanniques. Il existait, dans la plupart des provinces, un vaste réseau d'installations et d'agents chinois pour la distribution du kérosène, qui était le produit moderne le plus répandu, car il offrait aux paysans un meilleur éclairage que les bougies ou les mèches trempées dans l'alcool. Les principaux distributeurs étaient des filiales américaines de Texaco ou de la Standard Oil Company, ainsi que la Compagnie asiatique des Pétroles, affiliée à la Royal Dutch Shell, société anglo-hollandaise. L'industrie de la cigarette, autre contribution majeure des étrangers à la consommation de masse, était dominée par la British-American Tobacco Company, dont le principal fondateur était James B. Duke, de Caroline du Nord. Ses compradores fournissaient les graines et le crédit nécessaire aux cultivateurs de Chine du Nord, ramassaient les récoltes et les faisaient parvenir aux centres de traitement du tabac et à une demi-douzaine de grosses usines de cigarettes. En ce qui concernait le tabac, la concurrence venait de la société des Frères Nanyang, en Asie du Sud-Est. Les entreprises chinoises commençaient déjà à concurrencer le commerce étranger. Une classe moderne d'hommes d'affaires chinois se détachait rapidement dans les régions du pays sous domination étrangère, à commencer par la colonie de la couronne britannique, Hong Kong, et la Concession internationale de Shanghai.

Plusieurs centaines de petites écoles missionnaires étaient également disséminées dans les provinces, accompagnées d'églises, de cliniques et d'hôpitaux. On les devait en partie à la communauté des chrétiens chinois, de plus en plus nombreux, qui répondaient au message chrétien dans lequel ils trouvaient des enseignements fondamentaux et des institutions efficaces qui leur semblaient bien nécessaires sur la scène chinoise. Dans cette époque troublée, les croyances d'antan avaient perdu de leur vigueur et le christianisme pouvait se développer sur une échelle beaucoup plus vaste qu'au XVIIe siècle, lors de la période de transition entre les Ming et les Ch'ing.

Toutes ces installations religieuses, au même titre que les établissements commerciaux, employaient un nombreux personnel chinois et faisaient partie de la nouvelle société qui se dessinait sous la République. En même temps, elles étaient protégées par les dispositions d'extraterritorialité des traités, qui mettaient les étrangers, leurs biens et leurs employés, à l'abri de la loi chinoise, obligée d'emprunter, le cas échéant, les voies consulaires. Le semi-colonialisme de la Chine eut donc pour résultat de permettre à un large éventail de services publics d'échapper à la domination des seigneurs de la guerre. Et, parallèlement, l'« omniprésence étrangère », comme l'appelle le professeur Mary Wright, offrait en exemple aux patriotes chinois humiliés et furieux des modèles à imiter ou à éviter [45].

Tout compte fait, les troubles provoqués par les seigneurs de la guerre sont restés curieusement limités. Ils n'affectaient pas de manière vitale la frange occidentalisée de la Chine, où étaient rassemblés les centres urbains modernes, et n'atteignaient pas les masses paysannes des villages qui ne se trouvaient pas directement sur leur ligne de parcours. Les seigneurs de la guerre et les missionnaires arrivaient souvent à des compromis. Un jour, l'épouse d'un missionnaire américain à Chengtu se plaignit de ce que les balles du seigneur de la guerre qui assiégeait la ville venaient frapper sur les murs de la résidence de la mission. Elle écrivit aux deux généraux, l'attaquant et le défenseur, et ils arrêtèrent de tirer pour permettre à la famille américaine de quitter la ville et d'aller séjourner sur les collines.

Les seigneurs de la guerre faisaient avancer leurs armées le long des cours d'eau, des chemins de fer et des nouvelles grandes routes, aux dépens de la population qu'ils rencontraient, et saignaient leurs provinces en levant des impôts. Mais les actes de guerre étaient en réalité plutôt rares. Le peuple chinois n'eut pas tant à souffrir de la destruction totale que d'une lente détérioration : les digues qui contenaient le fleuve Jaune n'étaient plus entretenues, la production d'opium connut un retour en force car elle permettait taxation et opérations de contrebande profitables, la vie économique était sporadiquement interrompue, et les investissements à long terme déclinaient à mesure que le désinvestissement progressait, au point d'interrompre la circulation des marchandises sur les chemins de fer et de provoquer une inflation galopante de la monnaie. Le plus grave, au pays du gouvernement-par-la-vertu, était encore la démoralisation publique. Liang Ch'ich'ao, au bord du désespoir, s'exprimait ainsi : « En Chine aujourd'hui, seuls les plus rusés, les plus malhonnêtes, les plus vils et les plus impitoyables des hommes peuvent prospérer [46]. »

Vouloir retracer la politique des seigneurs de la guerre, reviendrait à peu près à vouloir se pencher sur l'itinéraire des autocars desservant une ville où l'on n'ira jamais, tout en sachant qu'ils sont traîtreusement modifiés de jour en jour. Cela ne servirait guère qu'à nous brouiller les idées, et nous amènerait simplement à plaindre les Chinois qui ont dû traverser cette période. Suivons donc, au lieu de nous engager dans cette voie, la carrière d'un personnage exemplaire, le « Général chrétien » Feng Yü-hsiang (1882-1948), puissant et robuste meneur d'hommes qui, issu du milieu paysan, s'engagea comme soldat à l'âge de onze ans, s'éleva dans le rang, suivit les cours d'une académie militaire et fut un commandant modèle dans l'armée de Chine du Nord, soucieux de ses hommes et préoccupé par les idéaux de son temps. Il devint le « Général chrétien » en 1913, lorsqu'il fut baptisé par le révérend John R. Mott, au cours d'une de ses tournées éloquentes en faveur de l'YMCA en Chine. Pendant un certain temps, il resta proche des missionnaires, qui voyaient en lui un second Cromwell, répandant les enseignements austères du protestantisme à ses troupes fort bien disciplinées. On ne sait pas s'il est vrai qu'il baptisait ses soldats à la lance à incendie, mais il les formait à des métiers pratiques et était le promoteur de réformes progressistes dans les régions où il stationnait, encourageant plantations d'arbres et construction de routes. Quand il devint gouverneur militaire et grand seigneur de la guerre, il constitua une Armée populaire nationale et se rapprocha des Soviétiques, alors en vogue, pour se procurer des armes. Une fois engagé dans la grande mêlée, il eut cependant recours, comme tous ses rivaux, à la conscription, la réquisition et l'impôt, et laissa ses troupes dévaster la campagne. L'un de ses plus grands exploits consista à duper son supérieur (Wu P'ei-fu) pour conclure une alliance avec leur ennemi d'autrefois (Chang Tso-lin) et s'emparer de Pékin, à des fins personnelles, en 1924. Comme le temps guérit les blessures, en 1926, Wu et Chang rassemblèrent leurs forces pour chasser Feng de Pékin. Finalement, Chiang Kai-shek, qui réussit à l'emporter sur tous les seigneurs de la guerre, prit Feng dans son camp, lui donna un beau titre de vice-commandant en chef et l'isola dans une maison de campagne où il pouvait, sous bonne garde, s'entraîner à la calligraphie et étudier l'anglais. C'est là que certains d'entre nous lui rendirent visite, aux abords de Chunking, en 1943.

Que représentaient ces deux cents généraux médaillés et les légions qu'ils traînaient derrière eux à l'époque des seigneurs de la guerre, entre 1916 et 1928 ? Tout d'abord, la puissance des armes modernes et du militarisme dans un pays où les ressources humaines étaient pléthoriques et où l'armement avait distancé l'évolution de l'idéologie publique. Ensuite, l'impuissance de l'ancienne classe dirigeante de la *gentry,* des marchands et des fonctionnaires à se rassembler autour d'une nouvelle base d'organisation politique au niveau national. Et, enfin, une extrême incompétence nationale au moment où le nationalisme semblait avoir triomphé. Il y avait de quoi faire réagir n'importe quel patriote. Il fallait impérativement que s'annonçât une nouvelle ère créative dans la pensée et la culture. En fait, elle avait déjà commencé.

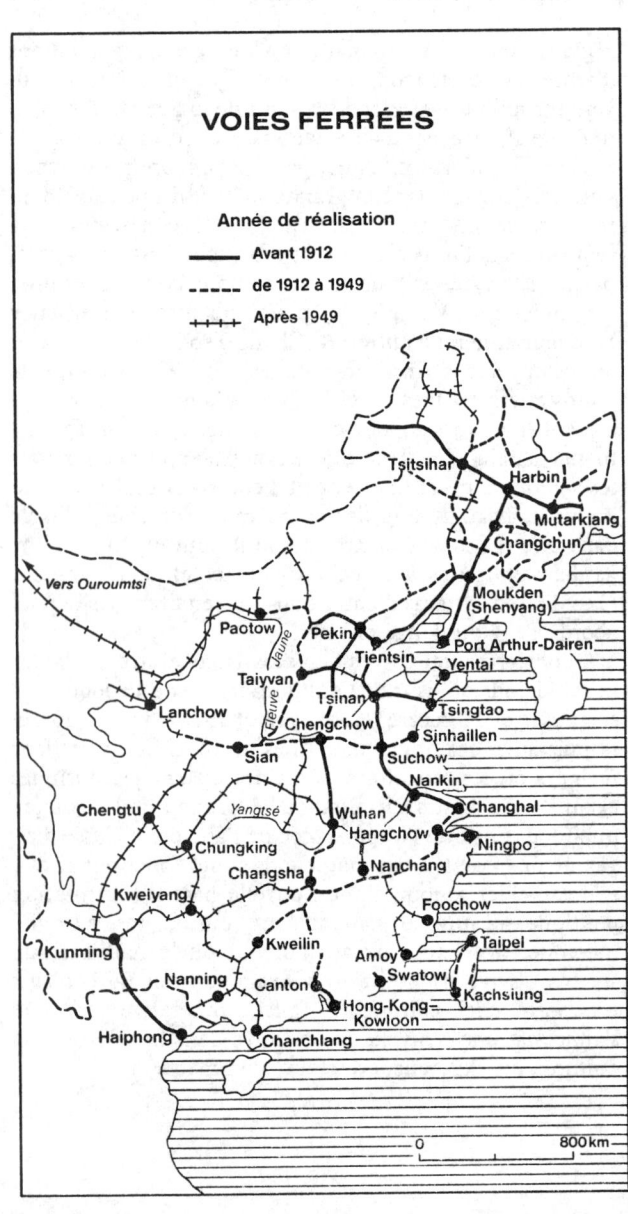

Chapitre 11

LA NOUVELLE CULTURE
ET L'ÉDUCATION SINO-LIBÉRALE

En 1919, le corps politique chinois – étudiants, éducateurs, magnats ruraux, marchands urbains, administrateurs du gouvernement, syndicats, ainsi que les militaristes dont nous venons de parler – baignait dans un climat de patriotisme frustré. La mainmise du Japon sur le territoire allemand du Shantung en 1914 et ses 21 Demandes de 1915 étaient très présentes dans les mémoires. La crainte que la Conférence de Paix de Versailles n'autorisât le Japon à rester au Shantung avait fait monter la tension nationale. Des centaines de groupes, dans les villes de Chine et parmi les Chinois d'outre-mer avaient envoyé à Paris des télégrammes de protestation. Il était humiliant de découvrir que la revendication du Japon n'était pas seulement fondée sur des accords de guerre secrets avec la Grande-Bretagne, la France et l'Italie, en 1917 : elle s'appuyait sur un autre traité secret, conclu par le Japon avec le gouvernement collaborateur d'Anfu, à Pékin, en 1918.

Lorsque la nouvelle de la décision favorable au Japon fut connue, 3 000 étudiants pékinois, issus de treize institutions, se rassemblèrent pour manifester, le 4 mai 1919, devant la Porte de la Paix céleste (T'ien-an men) à l'entrée du palais impérial. « Le territoire de la Chine peut être conquis, déclarait leur manifeste, mais il ne saurait être vendu ! Le peuple chinois se fera massacrer plutôt que de se rendre. Notre pays est menacé d'anéantissement ! Frères, révoltez-vous[47] ! » Au cours de la manifestation, un fonctionnaire projaponais fut battu et la maison d'un autre brûlée. Cette étincelle de violence déclencha une conflagration nationale où de nombreux éléments s'enchaînèrent : les marchands décrétèrent boycottages et fermetures, les syndicats se mirent en grève, et le mouvement étudiant devint progressivement de plus en plus organisé, vociférant et actif. Les seigneurs de la guerre de Pékin décidèrent d'emprisonner à l'intérieur de l'université 1150 agitateurs étudiants et la tension monta de plus belle. Quand la pression publique obtint victorieusement de les faire relâcher, le nationalisme remporta un triomphe et la Chine prit un nouveau virage.

On s'est accordé pour donner à ce Mouvement protéiforme du 4 mai le nom numérique de Quatre-Cinq (4-Mai), suivant la coutume chinoise. Chaque observateur peut l'interpréter à sa manière. Le PCC a revendiqué son origine. Le KMT ne l'a pas fait. A l'époque, le 4-Mai, qui, certes, galvanisa les foules, resta toutefois moins sanglant que d'autres incidents. Dans quel contexte doit-on replacer cette étape du processus révolutionnaire ?

Tout d'abord, parallèlement au règne des seigneurs de la guerre, entre 1916 et 1928, la Chine avait commencé à traverser la révolution politique que l'on connaît généralement sous le nom de Révolution nationaliste. On en connaît bien la ligne politique, claironnée par les deux partis de type léniniste qui voulaient imposer leur dictature à la nation. Sun Yat-sen était revenu sur la scène politique à Canton, où il avait réorganisé le Kuomintang en 1923 d'après les conseils soviétiques, formé un front uni avec l'aide des communistes et établi le gouvernement nationaliste en 1924. Son successeur, Chiang Kaishek, avait mené en 1926 une expédition militaire de Canton jusqu'au Yangtze, s'était retourné contre les communistes et avait créé le gouvernement modéré du Kuomintang, à Nankin, en 1928. Pendant ce temps, le jeune parti communiste chinois, officiellement fondé en 1921, s'était fait les dents en participant à la Révolution nationaliste, œuvrant tantôt avec elle, tantôt contre elle, pour être finalement détruit après la rupture de 1927. La politique des années 1920 a donc accaparé l'attention des historiens, comme souvent les époques de guerres et de meurtres quand on les observe rétrospectivement, à distance respectueuse.

Pourtant, de 1916 à 1928, une autre évolution était en marche, contemporaine à la fois de l'époque des seigneurs de la guerre (surtout dans le Nord) et de la Révolution nationaliste (surtout dans le Sud). Il s'agissait d'un mouvement intellectuel, culturel et universitaire pluraliste, fondé sur la certitude qu'il fallait, avant d'aborder l'action politique, une période d'étude et de réflexion intense, afin d'élaborer les idées neuves qui permettraient de créer une nouvelle Chine. Le mouvement de la Nouvelle Culture voulait échapper à la corruption de la politique. Ses adeptes s'engageaient à ne pas avoir de lien avec le gouvernement, démarche très significative dans un pays où, depuis si longtemps, les grands lettrés devenaient presque automatiquement des hauts fonctionnaires. Leur objectif consistait à appliquer aux problèmes de la Chine les ressources de l'intelligence moderne. Il fallait donc créer de nouvelles institutions et disciplines universitaires, outils indispensables pour former une nouvelle autorité intellectuelle créative et critique. Les quelques centaines de jeunes lettrés qui dirigeaient ce mouvement puisaient essentiellement leur inspiration en Europe occidentale et en Amérique. Ils différaient en cela des organisateurs de partis qui s'inspiraient de l'exemple de la révolution bolchevique et suivaient les modèles soviétiques.

A la même époque, la pensée conservatrice chinoise, encore assez mal connue, avait adopté certaines grandes positions concernant le salut de la Chine. Une aile du mouvement de réforme s'était attachée au concept de « caractère national » ou « essence nationale ». Sans nier pour autant l'existence de l'évolution et du darwinisme social au sein des nations, cette thèse s'appuyait sur le caractère national qui s'exprimait avec force dans la littérature, la langue, les coutumes et la religion, bref sur le système des valeurs chinois. Après la Révolution de 1911, Liang Ch'i-ch'ao proposait comme antidote à l'« individualisme » et l'« hédonisme » occidentaux ce qu'il appelait le « familisme » *(chia-tsu-chu-i),* dont il identifiait les valeurs fondamentales comme étant la « réciprocité » *(shu)*, le « respect du rang » *(ming-fen)* et le « souci de la postérité » *(lü-hou)*. Cette analyse des valeurs chinoises venait renforcer le nationalisme dont elle était en fait l'expression. On reconnaît aisément aujourd'hui qu'elle rentrait nécessairement en conflit avec la modernisation.

Pour la Chine, cela impliquait que certains principes confucéens et autres valeurs profondément ancrées allaient persister au cours de l'évolution et ne changeraient que très progressivement. Dans cette optique, la culture avait priorité sur la politique et tout le processus d'occidentalisation était une grave erreur, une tentative vouée à l'échec. Il incombait seulement à la Chine de choisir les mécanismes qu'elle devait importer. Liang se sentit encore renforcé dans ses convictions après la profonde déception que lui causa la Conférence de la Paix de Versailles, qui vit les droits de la Chine bafoués et le triomphe flagrant du pouvoir et de l'argent sur le droit. Lorsqu'il revint en Chine, il pensait que la civilisation européenne, qui avait conduit au massacre de la Première Guerre mondiale, n'avait aucun sens de la collectivité. L'omnipotence de la science rationnelle et la prédominance de l'individualisme et de l'hédonisme avaient égaré l'Occident.

Par ailleurs, la démarche de K'ang Yu-wei lorsqu'il voulait ériger le confucianisme en religion d'État, se basait sur une distinction culturelle fondamentale. Disons rapidement qu'en Occident, la séparation de l'Église et de l'État avait isolé la religion de la politique, alors que l'État confucéen en Chine, intégrant et englobant la littérature, la philosophie, la politique et le culte officiel de l'empereur, avait permis de maintenir un univers cohérent. On assista, après la Révolution de 1911, à la prolifération de sociétés confucéennes qui voulaient perpétuer l'essence de la tradition chinoise. Certaines pensaient que la science moderne pouvait être compatible avec un confucianisme rationnel mais celui-ci, réduit à un rôle utilitaire, n'était plus alors un principe premier.

Une autre école, franchement métaphysique, maintenait que la rationalité et le mécanisme scientifique ne sauraient rendre compte de la vie intuitive de l'esprit. L'influence bouddhiste, qui apparaissait ici clairement, servait de base à l'opposition entre l'Occident matériel et l'Orient spirituel. Cet argument donna naissance dans les années 1920 à un grand débat sur la science et la métaphysique, où l'on vit resurgir la « connaissance intuitive », chère à Wang Yang-ming, philosophe de l'époque Ming. Cette prééminence de l'esprit sur la matière était bien dans la ligne de la vieille tradition chinoise, alors que ceux qui proposaient la science moderne comme guide vers une vie meilleure, même si le débat semblait tourner à leur avantage, préparaient inconsciemment le triomphe du marxisme en Chine, en tant que « science de la société ».

Les premières décennies du siècle virent également apparaître un courant d'anarchisme, inspiré de Kropotkine, qui s'attaquait aux divers réseaux confucéens de rituel, de parenté et d'obligations sociales incombant à chacun en fonction de son statut. Des groupes d'anarchistes chinois, qui s'étaient formés à Paris et à Tokyo, brandissaient dans leurs revues l'étendard de l'égalité, seule capable d'apporter la libération de tous les individus. La pensée anarchiste était novatrice et couvrait de nombreux domaines. S'organiser pour prendre le pouvoir ne faisait pas partie de leurs préoccupations, mais le mouvement de la Nouvelle Culture leur est redevable de nombreuses idées, dont l'attaque du système familial. Les anarchistes, bien que souvent négligés par l'histoire ultérieure, furent les principaux propagateurs des idéaux socialistes européens en Chine, avant la Révolution russe.

Comme la dictature du KMT sous Chiang Kai-shek après 1928 a été relayée par la dictature du PCC sous Mao Tse-tung en 1949, le monde extérieur s'est cru autorisé à considérer la Chine comme un État autoritaire, une autocratie de parti. Pourtant, si l'on y regarde bien, on verra qu'il y avait en fait de nombreux éléments de libéralisme à l'œuvre et que de nombreux individus ont su apporter à la vie de la nation chinoise des contributions décisives. La dictature du KMT, de 1928 à 1949, n'était qu'une autocratie partielle et imparfaite, surtout lorsqu'on la compare avec ce qui devait suivre. Sous le KMT, la tradition libérale de la Chine moderne (que nous appelons ici « sino-libéralisme ») sans pouvoir prospérer au milieu de l'insécurité permanente, parvint néanmoins à survivre.

Pour les Américains, le développement de cette tradition avant 1928, puis jusqu'en 1937, s'il laisse peser de douloureuses présomptions sur le passé de la Chine, est aussi porteur d'espoir quant à son avenir. Là où les libéraux occidentaux pouvaient compter sur l'autorité de la loi et, s'ils cherchaient le pouvoir, empruntaient les voies légales, les libéraux chinois n'avaient aucune possibilité d'instaurer un régime légal ni de contenir le pouvoir militaire. La propriété privée n'était pas une force sur laquelle ils pouvaient compter, même quand ils venaient de familles aisées. Ce qu'ils parvinrent à accomplir n'en est que plus remarquable, car les petites réalisations dues à des personnes dévouées et talentueuses sont nombreuses.

Ces hommes, auxquels venaient s'ajouter quelques femmes, formaient l'aile universitaire d'une nouvelle élite de cadres-lettrés. Dans les années 1900, l'éducation reçue au Japon avait donné naissance à la génération révolutionnaire active à partir de 1911. L'éducation occidentale formait à présent l'élite universitaire de l'ère nationaliste, après la Première Guerre mondiale. Au lieu de passer les examens impériaux (abolis en 1905), cette génération avait obtenu ses diplômes à l'étranger et possédait souvent, par exemple, un doctorat de philosophie de l'université de Columbia. Ces sino-libéraux n'avaient plus le même rapport avec l'autorité de l'État qu'à l'époque impériale et voyaient différemment, pour commencer, le rôle du lettré. L'un des plus anciens préceptes confucéens, confirmé par des administrateurs-lettrés comme Wang Yang-ming, était l'unité de la théorie et de la pratique, de la connaissance et de l'action. Il fallait « chercher la vérité dans les faits » et faire suivre l'acquisition du savoir de son application dans la pratique. Les lettrés politiciens de l'époque Ching avaient adhéré à cette idée. L'homme qui savait avait le devoir de s'exprimer devant les autorités.

Autrement dit, dans l'optique chinoise traditionnelle, le lettré était un animal politique. Les tours d'ivoire étaient bonnes pour les ermites. C'est ce qui explique la rupture qui se produisit dans le Mouvement du 4-Mai entre les universitaires comme Hu Shih et les activistes politiques comme Ch'en Tu-hsiu. Là où l'on attendait en Occident d'un professeur qu'il restât en dehors de la politique, on considérait en Chine qu'il s'agissait d'une démission. Hu Shih et ses amis sino-libéraux suivaient par conséquent le modèle occidental en essayant une nouvelle formule, l'abstention politique des lettrés, alors que les intellectuels comme Ch'en, qui rallièrent le parti communiste chinois à partir de 1921, étaient plus dans la ligne de la tradition chinoise qui avait toujours associé le lettré à l'État.

Cette innovation n'était pas dépourvue d'ambiguïté, car les sino-libéraux recherchaient encore l'approbation de l'État ou, tout au moins, la tolérance de leurs activités. Ils voulaient que l'État les appuyât, sans toutefois les diriger. Cette conception faisait partie de la formation de la génération d'étudiants qui avaient séjourné à l'étranger, généralement grâce aux fonds du gouvernement, et qui revenaient souvent occuper des postes gouvernementaux.

La naissance de ce nouveau mouvement est due à une simple décision prise en 1908 par le Congrès des États-Unis, à l'instigation des éducateurs missionnaires en Chine, d'affecter à peu près la moitié de la petite part américaine de l'indemnité Boxer (25 millions de dollars) à la formation de lettrés chinois en Amérique. Le gouvernement des États-Unis percevait toujours les versements de l'indemnité, mais il les mettait automatiquement à la disposition de la commission sino-américaine qui gérait les bourses. Cette décision joua un rôle aussi essentiel que le programme mondial de bourses du sénateur Fullbright après la Seconde Guerre mondiale. Elle permit, en 1908, la création à Pékin du collège Tsing Hua, école préparatoire pour les étudiants boursiers qui devaient partir aux États-Unis. En 1925, plusieurs milliers de jeunes Chinois, qui représentaient l'élite sinon intellectuelle du moins étudiante de la nation, avaient pu profiter de ces bourses. Au début des années 1920, alors que l'agressivité du Japon était ressentie avec indignation par tous les patriotes, il y avait, grâce à ces bourses, plus d'étudiants chinois en Amérique que dans tous les autres pays réunis. Quand, à partir de 1914, cette nouvelle élite commença à réapparaître sur la scène politique, en pleine confusion, de son pays natal, une nouvelle direction patriotique et occidentalisée allait s'exercer.

Les étudiants qui revenaient en Chine après avoir été envoyés à l'étranger avaient généralement dû affronter une sélection pour obtenir leurs bourses et venaient par conséquent de familles qui encourageaient l'instruction. Rares étaient ceux, si même il y en avait, qui appartenaient à la classe paysanne. Il s'agissait bien plutôt de jeunes gens de talent qui avaient commencé par étudier les classiques chinois et qui avaient acquis, en quatre à dix ans passés outre-mer, une bonne connaissance de la langue occidentale ainsi qu'une discipline moderne. Au bout de vingt ans d'études acharnées de deux cultures différentes, ils formaient une véritable génération biculturelle qui comblait un fossé plus vaste qu'aucune génération antérieure ou ultérieure. A leur retour, ils étaient marqués par leur expérience étrangère et se distinguaient par leur façon de s'habiller, de parler, ainsi que par leurs diplômes universitaires. Ils étaient généralement animés par un patriotisme ardent et, grâce à leur nouvelle vision du monde, étaient conscients du retard de la Chine dans un univers dominé par la science et la culture occidentale. A part quelques sinologues missionnaires, eux seuls pouvaient permettre à la Chine d'établir des contacts intellectuels avec le monde extérieur.

De plus, leur expérience universitaire avait créé des liens personnels entre eux, tout comme il en existait parmi les lettrés chinois des époques précédentes. Ces liens étaient concrétisés par des confréries secrètes, organisées en partie sur le modèle des confréries qui prospéraient alors dans les universités américaines. La CCH (Ch'eng-chih hui, « société pour la réalisation des ambitions personnelles »), notamment, était née à Shanghai en 1920 de la fusion de deux organisations précédentes : « David et Jonathan », créée en 1907 par neuf membres originaires, lors d'un congrès d'étudiants chinois à Hartford, dans le Connecticut, et « La Croix et l'Épée », fondée par sept autres membres lors d'un congrès chrétien à Northfield, dans le Massachusetts, en 1917. Ainsi fondée, la CCH étendit ses activités ; en 1936, elle comptait déjà 227 membres, avait des salles de réunion à New York, Washington, Boston, Chicago, Shanghai, Nankin, Pékin et Canton, et un comité central où siégeaient douze membres, élus en 1929 au cours d'une assemblée à Shanghai. Il y avait d'autres confréries similaires. Les frères partaient se recueillir lors de retraites estivales et s'aidaient mutuellement dans leurs carrières.

Lorsqu'ils revinrent en Chine assurer une fonction sociale, ces étudiants se retrouvèrent dans une position à peine moins élitiste que les anciens lettrés classiques. Les quelques milliers qui pouvaient se targuer d'avoir fréquenté les hauts lieux universitaires américains formaient une frange encore plus étroite. Ceux qui voulaient atteindre l'homme du peuple en Chine avaient un long chemin à parcourir.

Une fois rapatriés, ces hommes commencèrent par diriger les disciplines et spécialités qu'ils avaient apprises à l'étranger, ce qui permit à la Chine de recevoir des influences quelque peu différentes d'Europe et d'Amérique. Ts'ai Yuan-p'ei (1867-1940), en particulier, qui était le doyen des hommes politiques issus de cette génération, après avoir réussi les anciens examens, était entré à l'académie impériale Hanlin à l'âge de vingt-cinq ans, puis avait rallié la Ligue jurée de Sun Yat-sen et était parti en Allemagne étudier Kant et la philosophie idéaliste pendant quatre ans. En 1912, il fut pendant six mois ministre de l'Éducation dans le premier cabinet de la République. En 1917, nommé à la tête de l'université de Pékin (ou Peita, comme on l'appelle souvent en abrégé), Ts'ai recruta de nouveaux professeurs et réorganisa entièrement les lieux. Peita, qui était auparavant une école de formation enlisée dans la routine, dont le rôle consistait à préparer les bureaucrates à occuper des sinécures au gouvernement, devint le carrefour de toutes les idées du monde. Ts'ai défendait l'autonomie de l'université

– « L'éducation avant la politique [...] à l'abri de l'autorité politique [48]. » Il encouragea la création d'un gouvernement d'enseignants, les relations personnelles entre étudiants et professeurs et l'expression politique des professeurs en tant qu'individus. En 1928, il fonda l'Académie nationale de recherches du gouvernement, l'Academia Sinica, sur les modèles des institutions gouvernementales européennes qui accordent des bourses dispensant leurs bénéficiaires d'enseigner.

En 1917, Ts'ai choisit pour doyen un journaliste d'avant-garde (Ch'en Tu-hsiu, 1879-1942) qui avait fait ses études au Japon et en France et avait mené la lutte contre le confucianisme. Auparavant, dans sa revue *La Jeunesse,* il s'était attaché à défendre les libertés individuelles – « Liberté, Égalité, Fraternité » – de la Révolution française. (En 1921, il devait devenir le premier secrétaire général du nouveau parti communiste chinois.)

En général, les lettrés chinois qui revenaient d'Europe, familiarisés avec son passé de féodalisme et de lutte des classes, se montraient plus actifs politiquement. Les étudiants qui revenaient d'Amérique étaient plutôt des réformateurs que des révolutionnaires. Le plus célèbre d'entre eux, Hu Shih, qui avait suivi les cours des universités de Cornell et de Columbia entre 1910 et 1917, revint à Peita convaincu que le chinois écrit devait adopter le style du langage courant et emprunter le vocabulaire de tous les jours. C'est ce que les Européens avaient fait à l'époque de la Renaissance lorsqu'ils avaient abandonné le latin et fait de l'italien, du français, de l'allemand ou de l'anglais écrits la langue nationale. Il n'était que temps d'effectuer cette « renaissance littéraire » en Chine, à la fois pour créer une littérature que les gens du peuple pourraient comprendre, puisqu'elle utiliserait les termes de tous les jours, et pour faire du chinois écrit un outil critique applicable à la pensée moderne.

Pourquoi était-ce nécessaire ? Le chinois classique utilisait un caractère unique pour transmettre une idée visuellement, mais comme un grand nombre de caractères avaient le même son, le discours classique restait souvent ambigu ou inintelligible quand on l'entendait.

Pour contourner ce problème, le chinois parlé employait généralement des termes à deux caractères pour exprimer une idée. De la même manière, le chinois écrit dans le style courant avait recours aux termes à deux caractères du langage quotidien. Le français, polysyllabique, n'étant pas, contrairement au chinois monosyllabique, envahi de mots homophones (qui ont le même son, mais pas la même signification), si l'on veut trouver en français des analogies permettant de rendre compte du problème chinois, elles paraissent un peu tirées par les cheveux, mais essayons quand même. Disons que là où l'on aurait eu, dans la langue classique ambiguë, une déclaration au sujet de « l'air » (l'ère ?), on pouvait à présent lire « l'air-atmosphère », ou « l'air-apparence », ou « l'ère-époque » ou encore « l'aire-surface ». (Cet exemple est bien entendu de notre invention.)

Ce style d'écriture avait commencé à apparaître dans les romans populaires du XIXe siècle, comme *Le Rêve dans le pavillon rouge,* et les missionnaires protestants avaient, à la même époque, fait œuvre de pionniers en l'utilisant pour se faire comprendre des gens du peuple. Les précurseurs avaient été nombreux, mais ils avaient tous rencontré l'opposition des conservateurs qui défendaient avec acharnement le style classique qu'ils avaient appris. Cependant, à partir du moment où Hu Shih et Ch'en Tu-hsiu unirent leurs efforts pour promouvoir ce nouveau style, il se répandit rapidement. En 1920, le ministère de l'Éducation imposait son usage dans les manuels.

C'est ainsi que la nouvelle génération de lettrés formés à l'étranger parvint à créer une université moderne et un nouveau langage écrit afin de répandre le savoir. Le mouvement de la Nouvelle Culture prit forme lorsque ces hommes mirent leur talent en commun pour procéder à une réévaluation de l'héritage culturel chinois. Ils dénoncèrent la tyrannie de l'ancien système familial sur l'individu et la sujétion dans laquelle il maintenait les femmes. Ils assimilèrent à la littérature les textes classiques et les romans en langue usuelle et entreprirent une étude scientifique du folklore. Avant tout fidèles, pour la plupart, à leur vocation d'universitaires – l'enseignement –, ils créèrent les institutions permettant de mettre en application les idées progressistes qui avaient cours en Occident.

Après 1916, alors que les seigneurs de la guerre prospéraient dans les provinces, on assista à l'effondrement de toute la structure de l'endoctrinement confucéen. C'est en 1911 que commença l'interrègne qui devait durer jusqu'en 1949, au milieu de deux périodes de pouvoir central fort. Les *collèges missionnaires* * eurent alors la possibilité de former aux arts libéraux modernes une élite de lettrés chinois, sans être soumis au contrôle du gouvernement. L'enseignement missionnaire disposa ainsi de quelques dizaines d'années pour tenter d'imprégner les étudiants chinois des idées et coutumes des collèges confessionnels américains, qui servaient de modèle aux collèges chrétiens en Chine.

Il est difficile de déterminer avec précision l'influence des missions chrétiennes sur la naissance du mouvement de la Nouvelle Culture. Les étrangers, disposant de plus d'informations sur le mouvement missionnaire, ont peut-être tendance à exagérer son influence, alors que les patriotes chinois, qui connaissent mieux les origines nationales de la Nouvelle Culture et ses protagonistes, se débarrassent sans doute un peu rapidement des missionnaires. La question alimente l'éternel débat entre Chinois et étrangers.

Comme les collèges chrétiens sont assez connus de notre public, arrêtons-nous ici pour étudier la tradition de l'enseignement en Chine et la structure institutionnelle dont ces derniers faisaient partie.

Dans l'ancienne Chine impériale, l'enseignement primaire assuré par le gouvernement n'existait pas. L'alphabétisation, qui resterait à définir, se faisait soit à la maison, soit à l'école du village créée grâce à la coopération des familles, soit encore dans une école de bienfaisance, dotée par une lignée familiale. L'instruction primaire utilisait les mêmes textes que ceux que la classe des lettrés continuerait d'étudier ensuite, mais s'arrêtait souvent au *Classique en trois caractères* et autres ouvrages préliminaires.

---

* Le terme « collège » s'applique ici aux collèges universitaires. (*N.d.T.*)

Ainsi que nous l'avons vu, le gouvernement impérial ne s'occupait que de maintenir les « écoles » officielles qui correspondaient aux différents niveaux des examens, du comté jusqu'à la préfecture et la province. Il semble que ces institutions, où les élèves ne résidaient pas, consistaient surtout en une liste de candidats autorisés à recevoir un enseignement, sans plus de précision quant à son contenu. Les diplômés des examens impériaux appartenaient tous à la classe supérieure nettement différenciée des lettrés et échappaient ensuite à toute espèce de travail manuel. S'ils ne devenaient pas fonctionnaires, il leur restait l'enseignement.

Le système traditionnel était donc principalement un prolongement de l'État. Les diplômés métropolitains avaient la possibilité d'appartenir à l'académie Hanlin, à Pékin, où ils formaient un petit groupe très prestigieux qui s'occupait de compiler et de traiter des documents. Sous les dynasties Ming et Ch'ing, l'institution de l'académie ou *shu-yuan* s'était répandue dans les provinces, surtout dans la riche région du bas Yangtze. Tantôt placées sous les auspices impériaux, tantôt fondées par de hauts fonctionnaires, certaines servaient surtout de lieu d'entraînement aux prochains examens, mais d'autres commençaient à fonctionner comme des centres de recherche intellectuelle qui n'étaient pas toujours directement soumis au contrôle officiel, ainsi que nous l'avons vu précédemment.

Dans les années 1890, le mouvement de réforme avait mis en place des groupes d'étude, et certains réformateurs avaient subi l'influence des éducateurs missionnaires dans les petites écoles chrétiennes qu'ils avaient fondées. En 1905, l'abolition du système d'examens provoqua une grande cassure. A partir de cette date, la Chine suivit un parcours révolutionnaire qui emprunta bien des zigzags.

A l'époque des réformes de l'ancien régime impérial, autour de 1900, le Japon était devenu le principal centre de formation à l'étranger pour les étudiants chinois. Beaucoup d'entre eux devinrent simplement des révolutionnaires, mais la plupart revinrent pour enseigner dans les nouvelles écoles qui avaient remplacé les anciennes académies ainsi rebaptisées. L'influence japonaise donna naissance à de nouvelles écoles de droit et d'administration *(fa-cheng, hosei)*, très prisées des Japonais pour former une nouvelle élite.

Mais, dans la période qui nous occupe à présent, l'influence dominante était celle de la communauté atlantique et particulièrement des États-Unis. Après que l'affectation d'une partie de l'indemnité Boxer due aux Américains eut permis aux étudiants chinois de se rendre aux États-Unis, l'influence américaine occupa une place importante dans l'éducation chinoise moderne. Les étudiants de l'élite chinoise qui allaient en France ou en Allemagne devenaient souvent des révolutionnaires dont les intérêts et les activités étaient très politisés, surtout après la Première Guerre mondiale. En revanche, ceux qui se rendaient en Grande-Bretagne ou aux États-Unis revenaient plutôt imprégnés de l'enseignement scientifique et humaniste qui était, semble-t-il, ce que ces pays avaient de mieux à leur offrir.

Ces influences provoquèrent dans les années 1920, et surtout après 1928, la naissance de plusieurs universités nationales, c'est-à-dire financées par le gouvernement, parallèlement à la création d'une douzaine de collèges chrétiens, dont le corps enseignant était en partie formé d'éducateurs missionnaires étrangers, et en partie de Chinois. Il venait s'y ajouter quelques institutions chinoises privées, fondées par les milieux aisés. Les années 1920 virent également le début de l'œuvre des fondations en Chine. La fondation Rockefeller, en particulier, joua un rôle important dans l'enseignement supérieur et, en 1925, le reste de l'idemnité Boxer américaine fut restitué à la Chine et affecté à l'usage exclusif de la Fondation chinoise pour l'Éducation et la Culture. Quand le gouvernement nationaliste arriva au pouvoir en 1928 et qu'il créa avec l'Academia Sinica un centre national de recherche sur le modèle européen, l'enseignement en Chine était donc déjà très diversifié.

C'est à la même époque que le mouvement d'éducation des masses avait commencé, sous l'influence du Japon, mais grâce aussi à l'œuvre entreprise par les secrétaires chinois de l'YMCA qui étaient partis en France lors de la Première Guerre mondiale pour aider les Chinois engagés dans des unités de travailleurs à écrire des lettres à leurs familles. L'illettrisme des paysans chinois à l'étranger incita les secrétaires de l'YMCA, qui étaient des Chinois progressistes, à mettre en œuvre des campagnes d'alphabétisation en Chine. Les partisans de ce mouvement allèrent travailler dans les villages pour atteindre les masses paysannes. De leur côté, les premiers réformateurs, comme Chang Chien, avaient créé des écoles techniques pour accompagner le développement industriel, tandis que de hauts fonctionnaires comme Chang Chih-tung avaient fondé des écoles militaires pour former des armées modernes.

Après 1928, le régime nationaliste pouvait par conséquent disposer d'un personnel qualifié provenant soit des nouvelles universités nationales, soit des collèges chrétiens qui étaient les postes avancés de l'influence étrangère, tout en faisant l'expérience de l'éducation des masses dans les villages. Malheureusement, le gouvernement nationaliste ne parvint pas à saisir les principaux problèmes de la Chine, même à l'échelle de la partie restreinte du pays sur laquelle il s'exerçait, et son programme dans les villages resta donc assez limité. C'est au jeune PCC qu'il incomberait de reprendre le thème de l'apport de l'instruction à l'homme du peuple, afin de lui permettre de s'élever dans la société des Temps modernes.

Dans les institutions chinoises de l'enseignement supérieur, les organisations d'étudiants perpétuaient la tradition inaugurée naguère par les candidats aux examens, qui s'exprimaient par une manifestation lorsqu'ils se trouvaient rassemblés dans les centres d'examens, sous le gouvernement impérial. Après le 4 mai 1919, l'activisme étudiant, destiné à sauver la Chine et à continuer la révolution, faisait donc partie intégrante du nouveau système. L'étudiant moderne montrait ainsi qu'il acceptait l'obligation qui lui incombait de tenter de mettre le monde en ordre. Cet héritage confucéen rejoignait aussi, bien entendu, une certaine tradition européenne.

Le système d'éducation en Chine ressemblait à un conglomérat d'éléments disparates accumulés. Grâce aux nouvelles maisons d'édition comme les Presses commerciales, les manuels servant à l'instruction primaire ainsi qu'aux niveaux supérieurs étaient disponibles en grand nombre. Les programmes de traduction officiels permettaient l'accès aux œuvres en provenance du Japon, mais aussi de l'Occident. En outre, les premiers étudiants revenus de l'étranger avaient travaillé à l'élaboration d'une terminologie. En partant des termes japonais, ils avaient inventé des néologismes pour les idées modernes les plus courantes, tels l'économie, la société, l'individualisme, les droits, etc. Les sciences naturelles, aux mains de spécialistes d'abord formés à l'étranger, avaient fait leur apparition dans la vie chinoise. Il existait à présent de nombreuses écoles techniques et les établissements de l'enseignement supérieur avaient généralement préservé la tradition selon laquelle l'homme instruit avait un rôle à jouer dans la direction de la société. Depuis qu'il existait des écoles missionnaires, l'enseignement touchait aussi les femmes, dont certaines subissaient toujours la coutume du bandage des pieds, qui existait encore dans les villages. Dès le début du siècle, les sciences sociales comme l'anthropologie et la sociologie avaient fait des adeptes et les réalisations scientifiques de la géologie et de l'archéologie avaient été largement divulguées.

De leur côté, les missions protestantes en Chine avaient appris que les deux domaines dans lesquels elles pouvaient exercer une action étaient la médecine et l'éducation. Deux cents écoles de mission avaient été créées, ainsi que plusieurs collèges et, dans les années 1920, ces institutions, regroupées et rassemblées différemment, formaient une douzaine de collèges chrétiens. L'université Yenching à Pékin en était un des meilleurs exemples.

A la tête du corps enseignant de Yenching, on trouvait une douzaine de chrétiens chinois et d'éducateurs missionnaires américains qui avaient formé, en 1919, un groupe d'étude religieux qu'ils avaient appelé « La Confraternité de la vie » (Life Fellowship). Tous fervents chrétiens, ils croyaient que le salut de la Chine reposait sur l'éducation biculturelle et la foi en Jésus-Christ. Pendant les troubles politiques de l'époque des seigneurs de la guerre, Yenching, en tant qu'institution américaine administrée à New York, avait bénéficié de la protection et du financement des États-Unis. L'argent américain permit de construire le beau campus de Yenching, à 1 km environ de l'université de Tsing Hua, qui avait elle-même été créée grâce aux fonds dégagés par l'indemnité américaine. Malgré la montée du nationalisme dans les années 1920 et les attaques de plus en plus nombreuses portées contre cette foi étrangère, les chrétiens chinois qui dirigeaient Yenching tinrent bon. A partir de 1928, l'université fut dotée d'une constitution chinoise permettant à un comité de directeurs chinois d'agir à Pékin, tandis que le conseil d'administration, régi par l'ancienne charte américaine, continuait d'administrer les fonds à New York.

Les missions protestantes en Chine, visiblement préoccupées par les questions séculières, s'intéressaient plus aux problèmes sociaux de la scène chinoise qu'aux seuls aspects spirituels. Elles répondaient ainsi aux besoins humains qui s'exprimaient en Chine. Aux États-Unis, l'évangélisme avait exercé une influence favorable sur le comportement des hommes soumis aux tensions et contraintes de la modernisation, mais en Chine, les notions de paix spirituelle et de grandeur d'âme étaient reléguées derrière des soucis directement alimentaires. Autrement dit, si les Américains avaient besoin d'une consolation et d'une orientation spirituelles dans une époque de changement rapide, les Chinois, eux, devaient surmonter des états effroyables de pauvreté, de maladie, d'ignorance et d'agitation. Cette différence de situation était certainement aussi importante que les différences culturelles affectant les besoins spirituels. A partir des années 1880, au moment où l'YMCA s'attacha à satisfaire la demande de la jeunesse urbaine aux États-Unis, l'YMCA, en Chine, dut faire face à des problèmes similaires dans les villes chinoises et les établissements d'enseignement. L'évangélisme ne représenta plus alors qu'une partie de l'œuvre chrétienne, même s'il en demeurait un ingrédient essentiel.

En 1922, un congrès protestant interconfessionnel organisa le Conseil national chrétien, afin de coordonner les efforts des 3 000 missionnaires en place et des 250 000 à 500 000 protestants chinois. Si l'on veut évaluer l'influence de cette communauté, il faut tenir compte du nombre extrêmement réduit que constituait l'élite instruite en Chine, laquelle ne comportait dans les années 1930 guère plus de 100 000 personnes formées à l'université. Des recherches devraient montrer que les contributions de la chrétienté protestante à la modernisation de la Chine ont été multiples et diverses.

Les catholiques, et surtout les jésuites, ont également contribué à l'éducation moderne en Chine, mais la manière dont ils ont abordé la Chine était très différente de celle des protestants. Leur arrivée remontait au XVIe siècle, à l'époque de l'exploration européenne. Contrairement aux ordres mendiants, les jésuites tentèrent dès le début de toucher la classe dirigeante. Ils découvrirent que la meilleure manière d'y parvenir était de s'initier à la langue et aux règles de la civilité chinoises, et de provoquer l'intérêt des lettrés chinois en leur montrant les applications de la science occidentale. Au XVIIe siècle, pendant la transition entre les Ming et les Ch'ing, les jésuites, suivant l'exemple de Matteo Ricci, acquirent le statut de fonctionnaires en devenant à Pékin des lettrés appointés par le gouvernement et dirigèrent le service astronomique qui établissait le calendrier. Mais les ordres mendiants des franciscains et des dominicains reprochèrent aux jésuites leur trop grande acceptation de la culture et de la doctrine chinoises. C'est alors que s'ouvrit la « querelle des rites », soulevée par la tradition du « culte des ancêtres », qui opposa finalement l'empereur de Chine au pape, les jésuites se trouvant malencontreusement du côté de l'empereur. Après 1724, ils furent presque tous chassés de Chine ou réduits à la clandestinité, sauf à Pékin. En 1773, l'ordre des Jésuites fut aboli à Rome. Il fut rétabli en 1814 et les jésuites réapparurent en Chine dans les années 1840. Dans l'intervalle, les lazaristes avaient assuré la permanence catholique.

Les missionnaires catholiques s'intéressaient peu aux conversions individuelles et s'attachaient plutôt à convertir des familles entières et même, en fait, des villages. Contrairement aux protestants, les prêtres catholiques portaient la robe chinoise et se préoccupaient peu de modernisation. Les principales universités catholiques de Shanghai, Chen-tan (« L'Aurore ») et Fudan, qui est aujourd'hui un établissement de premier rang, furent fondées par un prêtre chinois extrêmement actif, Ma Hsiang-po (Ma Liang).

Dans les années 1920, la coopération entre les Chinois et les étrangers s'exerçait dans de nombreux domaines : le soulagement de la famine et le développement rural, la réforme de la langue et la création de nouveaux termes applicables à la science moderne, ainsi que la collaboration financière. La plupart du temps, les missions continuaient à envoyer des États-Unis les salaires des éducateurs missionnaires, alors que les fonds chinois servaient à financer les enseignants chinois. L'enseignement était mixte dans la plupart des collèges chrétiens, où le mode de vie occidental gagnait les étudiants qui venaient surtout de la classe moyenne urbaine. Pendant un moment, les collèges chrétiens servirent de modèle aux établissements gouvernementaux plus importants. Dans les années 1920, il y avait de considérables mouvements de personnel entre l'université nationale de Pékin, l'université Yenching, également à Pékin, et l'université privée de Yankai, à Tientsin. Les missionnaires étaient donc présents dans l'ombre du nouvel ordre que la Chine moderne essayait de bâtir et leur rôle fut, à une époque, considérable.

En 1923, la montée du nationalisme, déclenché par le traité de Versailles et le mouvement étudiant du 4 mai 1919, provoqua contre les institutions missionnaires des attaques d'impérialisme culturel. Le mouvement nationaliste pour le « retour des droits souverains » voulait placer à la tête des collèges chrétiens des conseils d'administration chinois qui ne fussent plus dirigés de New York. Les différences de traitement entre Chinois et étrangers, sur le plan du logement et du salaire, étaient ressenties avec humiliation par tous les patriotes.

Quand le gouvernement nationaliste arriva au pouvoir en 1928, deux processus étaient en cours : le premier visait à supprimer progressivement la direction étrangère de toutes les institutions, ecclésiastiques ou autres. Mais le second était celui de l'avance japonaise en Chine, qui précédait l'invasion de 1937. Les missionnaires devinrent alors des alliés précieux pour le patriotisme chinois puisqu'ils avaient toujours des droits d'extraterritorialité et que les Japonais ne pouvaient les soumettre de force sans impliquer leurs gouvernements. La situation eut pour effet de mettre un frein aux tentatives chinoises d'abolition de l'extraterritorialité et de suppression des traités inégaux. Les étrangers qui avaient aidé à la réforme dans les années 1890 pouvaient à présent être utiles pour lutter contre l'invasion des années 1930.

Alors que Peita vivait des subsides précaires des seigneurs de la guerre à Pékin, l'université privée, qui fut fondée dans le port de Tientsin, en Chine du Nord, connut une belle réussite. L'université de Nankai était l'œuvre personnelle de Chang Po-ling (1876-1951). Ce nordiste de haute stature avait fait des études qui auraient dû lui permettre d'intégrer la marine chinoise, mais celle-ci fut malheureusement coulée en 1894-1895. Pour servir son pays, il se tourna vers l'enseignement, qu'il exerça d'abord dans les écoles privées organisées chez eux par les riches financiers de Tientsin. Chang approuvait l'idéal et le programme de l'YMCA, dont les secrétaires à Tientsin étaient à la fois des athlètes de Princeton, des enseignants et des missionnaires. Dans son école, Chang mettait l'accent sur la forme physique, l'esprit de camaraderie entre professeurs et élèves, le travail d'équipe, l'étude des sciences et le patriotisme. Les visites qu'il effectua au Japon en 1903 et aux États-Unis en 1908 le confirmèrent dans ces principes. Il se convertit au christianisme et l'école secondaire qu'il créa à Nankai fut bientôt la première du pays à organiser des réunions sportives et à mettre en scène des pièces de théâtre jouées par les étudiants. En 1917, Chang suivit les cours du Teachers College, à l'université de Columbia, qui était alors ce qui se faisait de mieux. Deux ans plus tard, il fonda l'université de Nankai, à laquelle il ajouta ensuite une école secondaire de jeunes filles (1923), une école primaire expérimentale (1928), un institut d'économie (1931) et de chimie (1932). Dirigé par deux économistes de Yale (Ho Lien ou Franklin Ho et Fang Hsien-t'ing ou H. D. Fong), l'Institut d'économie de Nankai permit la réalisation et la publication d'études fondamentales sur l'industrialisation que connaissait l'économie chinoise. Il espérait rivaliser avec la London School of Economics. En 1930, il accueillit un visiteur londonien, le professeur R. H. Tawney, qui y trouva l'aide nécessaire pour écrire *Land and Labour in China,* ouvrage devenu classique. (Chang Po-ling, Ho, Fang et plusieurs autres professeurs de Nankai faisaient partie de la confrérie CCH.) Même s'il bénéficiait d'une partie de l'indemnité Boxer et de quelques subventions de la fondation Rockefeller, Nankai montra surtout ce qu'il était possible de faire grâce à l'initiative et au soutien privé en Chine.

Aux plus beaux jours de l'influence chrétienne, une autre institution obtint des résultats notables. L'YMCA répondait aux besoins de la jeunesse citadine qui souhaitait des divertissements, des amitiés et une orientation. L'exercice, la discussion et l'éthique chrétienne pratiqués à l'YMCA semblaient avoir de meilleurs effets sur le développement du corps, de l'esprit et de la vertu que le confucianisme n'en avait jamais eu. En 1920, l'YMCA était présente dans une vingtaine de villes et dans environ deux cents écoles, gouvernementales ou privées. Ses secrétaires étaient pour la plupart des Chinois, qui dépendaient financièrement des institutions locales. Pour la VIIIe Convention nationale de l'YMCA, à Tientsin, en 1920, un train spécial amena cinq cents délégués de Shanghai, et le président de la République se déplaça personnellement de Pékin pour offrir une réception.

Les éducateurs progressistes en Chine s'inspiraient surtout des idées qu'ils avaient puisées à l'université de Columbia et particulièrement à l'institut de formation pour enseignants qu'elle abritait, Teachers College. Le club d'étudiants chinois qui s'y était formé affirmait en 1920 dans la *Revue mensuelle des étudiants chinois* (fondée en 1925) que les 123 étudiants chinois de Columbia représentaient le groupe le plus important jamais inscrit dans une institution américaine. Le premier diplômé de Teachers College (P.W. Kuo, membre de la CCH, en 1914) revint en Chine à l'école normale supérieure de Nankin dont il parvint à faire en 1921 l'Université nationale du Sud-Est. (Celle-ci reçut ensuite, sous le gouvernement de Nankin, l'appellation plus majestueuse d'Université nationale du Centre.) Le deuxième Chinois diplômé de cette institution (Chiang Monlin, originaire de Yü-yao, près de Ningpo) revint de Columbia en 1917, après avoir passé neuf ans aux États-Unis, et entreprit aussitôt de diriger une revue mensuelle, *L'Éducation nouvelle*. « Il fallait, écrivit-il ensuite, libérer les enfants de la Chine des règles immuables de conduite, [...] les amener à réfléchir par eux-mêmes et les aider à résoudre leurs propres problèmes [49]. » Il aurait aussi bien pu citer les paroles célèbres du philosophe de l'époque Ming, Wang Yang-ming : « Donnons aux enfants la possibilité de se développer librement. Guidons-les en douceur vers les buts souhaitables. » Quelques années plus tard, Chiang Monlin succéda à Ts'ai Yuan-p'ei à la tête de Peita. C'est à travers de tels hommes que Teachers College répandit son influence bien au-delà de Chicago et du Kansas, jusqu'à l'Association éducative provinciale du Kiangsu. L'enseignement pragmatique de John Dewey faisait école en Chine.

D'autres institutions encore apportèrent des innovations en matière d'enseignement. La plus spectaculaire des œuvres philanthropiques américaines fut le don de 34 millions de dollars environ, affecté par la fondation Rockefeller aux locaux, personnel et subventions du Peking Union Medical College (qui devint ensuite Peking Capital Hospital). A partir de 1915, les administrateurs de la fondation mirent tous leurs soins à créer un hôpital de recherche et d'enseignement de première classe, qui devint en fait le meilleur d'Asie. Ses réalisations dans le domaine de la parasitologie, des maladies contagieuses et des déficiences nutritionnelles si répandues en Chine furent tout à fait remarquables. Il n'en sortit que quelques centaines de diplômés. Mais, en visant la qualité au lieu de la quantité, en créant la profession d'infirmier et le service social hospitalier, le PUMC réussit à établir les bases des futures réalisations de la Chine en matière de santé publique.

Les nouvelles institutions scientifiques et intellectuelles de la Chine des seigneurs de la guerre s'inspiraient bien entendu autant de l'Europe que de l'Amérique. V. K. Ting (Ting Wen-Chiang, 1887-1936), personnage brillant aux nombreuses compétences, avait fait ses études de géologie à Glasgow et fondé l'Institut d'exploration géologique chinois en 1916. Ayant entrepris de dresser la carte topographique de la Chine ainsi que la carte de ses ressources, il engagea, pour former son personnel, l'ancien géologue de l'État de New York, parti en retraite. V. K. Ting, avant sa mort prématurée causée par un poêle à charbon, devait diriger une entreprise lucrative de mines de charbon, organiser la municipalité chinoise du Grand Shanghai et coordonner, en qualité de secrétaire général de l'Academia Sinica, la direction nationale de ses instituts de recherche, tout en publiant de nombreux rapports sur les grands voyages qu'il effectuait en Chine ou à l'étranger et en défendant la science contre ses détracteurs humanistes dans la polémique intellectuelle de l'époque.

La Société scientifique chinoise fut fondée à l'université de Cornell en 1914 par H. C. Zen (Jen Hung-chün, 1886-1961). Jusqu'en 1950, elle édita la revue chinoise *Science* et utilisa tous les moyens à sa disposition – monographies, traductions, conférences, démonstrations – pour promouvoir les études scientifiques. A partir de 1929, Zen dirigea la Fondation chinoise pour la promotion de l'éducation et de la culture, créée en 1925 avec la deuxième moitié de l'indemnité Boxer, reversée par le Congrès américain.

L'Institut d'exploration géologique s'intéressa aux fossiles. On invita des archéologues européens capables de former sur le terrain les Chinois qui travaillaient avec eux. Un Suédois identifia la poterie peinte qui datait du néolithique chinois, un Canadien découvrit l'existence de l'Homme de Pékin et le jésuite français Teilhard de Chardin contribua à la paléontologie. Les archéologues chinois de la nouvelle génération – ces lettrés qui travaillaient aussi de leurs mains – identifièrent finalement dans les « os de dragon », trouvés sous leur pioche par des fermiers du Honan près de Anyang, les restes des anciens augures consultés par les prêtres de la dynastie Shang, au deuxième millénaire avant J.-C., lorsqu'ils devaient conseiller le roi. Ces « os d'oracle » allaient permettre, entre 1928 et 1937, de mettre à découvert la capitale des Shang à Anyang. Ces travaux historiques (qui se poursuivirent jusque dans les années 1970) étaient dirigés par un anthropologue formé à Harvard, Li Chi.

Ces réalisations et bien d'autres, dues à la génération biculturelle des sino-libéraux qui avaient fait leurs études à l'étranger, dans la période qui s'étend approximativement entre 1914 et 1937, apparaîtront un jour enfin dans les chroniques comme les fruits d'une ère créative. Comme à d'autres époques d'innovation, la plupart de ces hommes se connaissaient personnellement. Les essais politiques qu'ils écrivaient et les idées brillantes qu'ils exposaient paraissaient dans les mêmes revues. Restant volontairement à l'écart du gouvernement, ils ne formaient pas un groupe de nouveaux mandarins, mais étaient plutôt des novateurs et des modernisateurs institutionnels, progressistes mais non révolutionnaires. Originaires de la classe supérieure, ils frayaient avec leurs pairs. Leurs étudiants étaient essentiellement des enfants de la classe aisée, élevés dans les villes.

Les modèles occidentaux avaient contribué à la fermentation des idées au début du XXe siècle, mais le villageois chinois n'était guère touché par ce mouvement. Il faut dire que les pays occidentaux ne s'étaient jamais trouvés en face d'un problème comparable. Malgré leur passé de féodalisme, il y avait peu de pays européens où le fossé était aussi profond entre la classe dirigeante des lettrés de formation classique et les masses.

Ainsi que nous l'avons vu, l'éducation des masses commença en dehors de la société chinoise, parmi les 140 000 ouvriers recrutés par les Britanniques dans la province du Shantung, afin de participer à l'effort de guerre en France. Afin de mener à bien l'œuvre sociale qui consistait à aider ces ouvriers illettrés à écrire des lettres, l'YMCA américaine avait envoyé là-bas de nombreux étudiants chinois. Y. C. James Ten (Yen Yang-ch'u, sorti de Yale en 1918) fut l'un de ceux qui s'attaquèrent au problème de l'alphabétisation. A peine arrivé à Paris, il publia l'*Hebdomadaire de l'ouvrier chinois,* qui utilisait un vocabulaire choisi de mille caractères. Lorsqu'il revint en Chine, il dirigea, avec le soutien de l'YMCA, un mouvement d'éducation des masses qui permit, entre autres, de mettre sur pied une bibliothèque populaire comprenant un millier de petits ouvrages simples sur toutes sortes de sujets. En 1923, Jimmy Yen, qui avait le charisme d'un prophète mineur, devint le directeur d'un « mouvement national d'éducation des masses » qui se répandit rapidement dans tout le pays. Yen lui-même entreprit de récolter, en Amérique comme en Chine, les fonds nécessaires à la continuation de son entreprise. A partir de 1926, il travailla dans les villages du Ting-hsien, un comté au sud-ouest de Pékin, où il s'attaqua aux problèmes fondamentaux des paysans en matière de productivité économique ou de gagne-pain quotidien, de santé publique, d'alphabétisation et d'organisation locale.

La reconstruction rurale était à l'ordre du jour et donna lieu à un déploiement d'activité dans plusieurs centres. Dans un village du Shantung, Liang Shu-ming, le lettré de formation classique qui dirigeait les opérations, se montra tellement conservateur dans ses efforts pour ranimer la vie communautaire en Chine qu'il apparut à certains comme un révolutionnaire. Bien que Yen et le Ting-hsien soient restés célèbres aux États-Unis, le disciple le plus créatif de John Dewey fut H. C. T'ao (T'ao Hsing-chih, 1891-1946), dont la vie commença dans la pauvreté et qui n'arriva à Teachers College qu'en 1915-1917, longtemps après avoir trouvé sa première inspiration dans la philosophie de Wang Yang-ming. En 1921, il dirigeait le département de l'éducation à l'Université du Sud-Est de Nankin et, l'année d'après, succédait à Chiang Monlin à la tête de *La Nouvelle Éducation.*

Partisan de Dewey, T'ao alla plus loin que lui pour tenter de résoudre les problèmes de la Chine. Il participa très activement au mouvement d'éducation des masses, ouvrit des écoles du soir et des centres pour les ouvriers et les défavorisés. Il fut à l'origine du mouvement du « Petit Professeur », qui permettait aux anciens illettrés de transmettre leur nouveau savoir aux autres, provoquant ainsi une réaction en chaîne. Aux yeux des anticommunistes de 1927, il paraissait manier de la dynamite politique. Quand l'éducation des masses urbaines, considérée comme subversive, fut arrêtée, T'ao se tourna vers l'éducation rurale et l'entreprise de renouveau des villages. En Amérique, l'éducation progressiste disposait d'un système scolaire bien implanté qui n'existait pas en Chine, et T'ao se rendit compte que, pour répandre l'éducation parmi les gens du peuple, il fallait les prendre *in situ*, là où ils vivaient et travaillaient, au village, chez eux ou dans leurs boutiques, dans les endroits où ils se rassemblaient. De tous les éducateurs formés en Amérique, T'ao, issu d'un milieu pauvre, fut celui qui manifesta la plus grande compréhension des besoins des gens du peuple, ce qui le rapprocha finalement du PCC. (Il mourut d'apoplexie en 1946, épargnant au KMT le souci de le faire assassiner.)

On peut se demander ce que les États-Unis de l'époque Harding-Coolidge ont réellement apporté à la Chine par l'intermédiaire de ces hommes formés en Amérique. La visite de John Dewey en Chine montre bien les forces et les faiblesses de l'apport américain. Il arriva à Shanghai le 30 avril 1919, soit juste avant l'incident du 4-Mai, et resta en Chine deux ans et deux mois. Il était à Pékin en juin 1919, au moment où les étudiants de Peita sortirent en triomphateurs de leur emprisonnement. Ses étudiants – Hu Shih, Chiang Monlin, P. W. Kuo, H. C. T'ao et d'autres – orchestrèrent une vaste campagne afin que ses activités puissent soutenir leur programme pour une éducation plus scientifique et plus démocratique. Donnant plus de 150 conférences, le professeur Dewey s'exprima sur 78 tribunes différentes dans 11 provinces. Traduit par des interprètes, le texte de ses conférences fut retranscrit en chinois et abondamment diffusé dans des livres et des articles. C'est à l'université de Pékin et au Teachers College de Nankin qu'il donna sa principale suite de conférences sur la logique, l'éthique, la philosophie et l'éducation, mais il s'exprima également en Mandchourie, au Shansi, à Shanghai et dans une demi-douzaine de villes du bas Yangtze, dans le Hunan, ainsi qu'à Foochow, Amoy et Canton, sur la côte.

Sommité de la pensée américaine, arrivant juste après la victoire de la Première Guerre mondiale, Dewey connut un succès considérable en Chine. L'action de ses étudiants, qui occupaient des postes clés dans l'enseignement à Pékin et Nankin, y entra pour une bonne part. Mais surtout, l'intérêt de Dewey pour les interconnexions de la science moderne, de l'éducation et de la démocratie véhiculait un message : l'instrumentalisme (ou le pragmatisme) de la science moderne, qui permettait de vérifier des hypothèses pour s'assurer de leur justesse, mettait la vérité à la portée de l'homme du peuple. En utilisant la nouvelle « Autorité de la Science pour remplacer l'Autorité de la Tradition », on brisait le joug de l'orthodoxie classique. L'enseignement n'était plus destiné à inculquer des connaissances rabâchées, mais à faire réfléchir l'étudiant en encourageant le « développement de son individualité [50] ». L'éducation n'était pas là uniquement pour servir d'arme à l'État ; elle devait préparer les citoyens à participer à un gouvernement représentatif.

Après le départ de Dewey, plusieurs de ses confrères de l'université de Columbia se rendirent en Chine pour examiner les conditions scolaires, donner des conseils sur l'enseignement scientifique, inventer les tests d'intelligence chinois, etc. En fin de compte, John Dewey est, de tous les penseurs des Temps modernes, celui dont les idées ont été les plus répandues dans le public chinois instruit. Mais si l'on considère les résultats, il faut bien dire qu'ils restèrent superficiels.

La Chine se dirigeait vers une violente révolution contre les étrangers et contre les seigneurs de la guerre. Le mouvement étudiant commença par désorganiser écoles et collèges universitaires. Après 1928, le gouvernement nationaliste institua une nouvelle politisation de l'éducation, qui devait servir d'outil à l'État. Les préceptes de Dewey, pour être appliqués, exigeaient la réunion de trop de conditions : un environnement politique stable, une protection légale pour l'individu, et surtout du temps, ce qui permettrait une amélioration progressive. La Chine avait d'autres priorités. On ne peut qu'imaginer ce que Léon Trotski aurait accompli à la place de Dewey.

L'instrumentalisme que Hu Shih défendait contre les idéologues du marxisme-léninisme à Pékin faisait de lui l'un des premiers partisans de la « révolution culturelle » que prônait Walter Lippmann dans *The New Republic* à New York. Mais le mouvement de la Nouvelle Culture ne pouvait rien contre la réalité brutale du pouvoir exercé par les seigneurs de la guerre. A Pékin, par exemple, les huit collèges et universités nationales, qui n'avaient pas reçu les moindres fonds pour payer les salaires depuis le début de l'année 1921, se mirent en grève au printemps. Mais quand les professeurs et les milliers d'étudiants, le ministre de l'Éducation à leur tête, voulurent s'adresser au président de la République, le 3 juin, ils furent reçus à coups de fusil et de baïonnette par ses gardes. John Dewey, tombant d'accord avec Hu Shih, admit que l'éducation et les seigneurs de la guerre étaient tout simplement incompatibles. Tout comme, pourrait-on ajouter, le libéralisme à l'américaine et la Révolution chinoise.

Quiconque chercherait encore obstinément les raisons de la « perte de la Chine » par l'Amérique devrait réaliser que, lorsque John Dewey quitta Shanghai le 11 juillet 1921, le parti communiste chinois était sur le point d'y naître. La Chine révolutionnaire, bien que soumise au meilleur de l'éducation progressiste, se tournait vers Marx et Lénine. Le Komintern allait l'emporter sur Teachers College. Il était évident que le libéralisme américain ne pouvait pas panser les plaies de la Chine, même s'il devait encore y survivre pendant une quinzaine d'années.

Ce fait est d'autant plus frappant si l'on considère que l'influence américaine avait énormément de poids en Chine dans les années 1920, alors que l'influence russe y était minime. Le commerce maritime et les missions chrétiennes amenaient des Européens en Chine depuis le XVIe siècle, et les Américains, après la Première Guerre mondiale, avaient mis en place des institutions qui leur permettaient d'occuper le premier rang parmi les étrangers présents et connaissaient une expansion rapide dans le pays. En revanche, les manœuvres d'approche des Russes en Chine, qui remontaient au milieu du XVIᵉ siècle, étaient marquées par une léthargie toute sibérienne. Le commerce avec la Chine, qui se faisait par caravane à travers la Mongolie, restait limité et contrôlé. Au XVIIIᵉ siècle, la mission de l'Église orthodoxe russe à Pékin ne s'occupait que des quelques Russes qui se trouvaient là et qui, pour la plupart, ou bien se plongeaient dans l'étude de la langue chinoise, ou bien sombraient dans l'alcool.

Au début du XXᵉ siècle, il n'y avait pratiquement aucun des « étudiants revenus » qui fût allé en Russie. Il manquait à l'exemple russe en Chine la relation concrète qu'avait instaurée l'expérience occidentale. Cette absence de liens concrets était toutefois compensée par la situation parallèle des deux peuples, dont les pays, opprimés par des gouvernements autocratiques, avaient un retard à combler. Les réformateurs des années 1890 s'étaient servi de l'exemple de Pierre le Grand pour montrer comment un souverain pouvait édifier son pays grâce aux emprunts occidentaux. Après 1900, l'agitation révolutionnaire en Russie resta un moment éclipsée aux yeux des Chinois, qui se sentaient surtout très menacés par les activités impérialistes de ce pays au nord-est de la Chine. En revanche, l'exemple donné par la Russie en matière de terrorisme nihiliste, et surtout d'assassinat, servit aux révolutionnaires chinois qui parvinrent à plusieurs reprises à faire sauter leurs cibles, en y passant parfois eux-mêmes. De Russie vint également le modèle romantique de la vocation révolutionnaire, engagement de toute une vie, ainsi que l'anarchisme non violent du prince Kropotkine et son idéal d'aide mutuelle. En fait, si la Russie fut, à certains égards, un modèle pour la Chine, c'est en raison de leur similarité de situation.

Heureusement pour l'influence américaine en Chine, la Russie n'y fit aucun prosélytisme avant la Révolution d'octobre 1917 et la création du Komintern. Il fallut encore trente ans de croisade aux communistes soviétiques pour essayer d'éliminer l'influence américaine en Chine. On pouvait penser que c'était chose faite dans les années 1950, mais les années 1980 montrent qu'ils n'y sont pas parvenus. Aucune puissance extérieure ne saurait dominer l'Empire du Milieu. La question qu'il faudrait se poser est plutôt celle-ci : quel peuple étranger pourrait aider utilement la Chine à résoudre ses problèmes ?

Chapitre 12

LA RÉVOLUTION NATIONALISTE ET LE PREMIER FRONT UNI KMT-PCC

Pendant les années 1920, les foules chinoises furent galvanisées par une série d'incidents où se manifesta le nationalisme chinois. Nous avons vu lors du Mouvement du 4 mai 1919 les réactions de la jeunesse étudiante, désormais prête à mobiliser la Chine urbaine contre l'impérialisme. Ce thème devait réapparaître avec encore plus de force dans le mouvement d'ampleur nationale du 13 mai 1925, déclenché par les fusillades d'abord britanniques à Shanghai, puis françaises peu de temps après à Canton, sur lequel nous aurons l'occasion de revenir. L'exigence d'unité nationale provoqua en 1926 l'Expédition vers le nord, qui partit de Canton à l'initiative du gouvernement que Sun Yat-sen y avait instauré en 1924.

Ces événements tumultueux ont à l'époque accaparé l'intérêt national et mondial. Ce n'est qu'ensuite que les historiens ont tenté de voir quel rôle y avaient joué les Soviétiques et le PCC.

Parallèlement au soutien apporté par les États-Unis au développement universitaire de la Chine dans les années 1920, l'aide de l'Union soviétique à la Révolution chinoise avait été très active. Les manœuvres d'approche des Soviétiques en Chine prirent plusieurs formes. Ils commencèrent par signer avec le gouvernement de Pékin le traité de 1924 qui leur restitua certains des privilèges tsaristes dans le nord-est de la Chine, dont l'exploitation du chemin de fer qui traversait la Mandchourie du Nord et la domination en Mongolie-Extérieure. Simultanément, les agents du Komintern, qui avaient participé à la création du Parti communiste chinois en 1921, traitèrent avec les seigneurs de la guerre dans le Nord et conclurent une alliance avec Sun Yat-sen. Ils mirent tout en œuvre afin de précipiter l'escalade révolutionnaire en Chine.

En fin de compte, les efforts des Soviétiques dans les années 1920 aboutirent au résultat suivant : ils réussirent à implanter la structure d'une dictature de parti centralisée et donnèrent ainsi à la Chine les rudiments d'un nouveau système politique remplaçant la vieille monarchie dynastique. En 1928, la dictature de parti du KMT devait prendre le pouvoir à Nankin, tout en restant en position d'équilibre précaire face aux seigneurs de la guerre. En 1949, le triomphe du PCC à Pékin devait achever la transition vers la nouvelle politique, trente-huit ans seulement après 1911. Le schéma apparaît clairement quand on le voit rétrospectivement, pourtant il fallut emprunter bien des voies tortueuses pour en arriver là. Peu de chose marchèrent comme on s'y attendait.

La révolution nationaliste des années 1920 fut un double combat pour débarrasser la Chine des seigneurs de la guerre et des privilèges accordés aux étrangers. En termes marxistes-léninistes, il lui fallait lutter contre le fléau du féodalisme interne et contre celui de l'impérialisme étranger. La collusion du Japon avec le gouvernement corrompu de Pékin semblait illustrer la manière dont ces deux fléaux se soutenaient mutuellement. L'unité réalisée par un gouvernement central moderne et fort paraissait être une priorité absolue.

Contrairement à ce qui s'était produit en Europe, le mouvement communiste n'avait pas été précédé par un mouvement socialiste. Après la révolution bolchevique de 1917, quand le marxisme-léninisme pénétra en Chine, il s'agissait d'une vision du monde entièrement nouvelle. Son acceptation avait toutefois été préparée par certaines des idées qui circulaient depuis le mouvement de réforme des années 1890 : 1° l'idée de l'évolution biologique qui débouchait sur le concept de progrès social ; 2° la doctrine classique des Trois Âges de K'ang Yu-wei, qui partait du désordre initial pour aboutir à l'utopie d'un Monde unique ; 3° l'idée, dérivée du darwinisme social, d'une lutte pour la survie des nations les plus adaptées ; 4° les idées anarchistes : l'aide mutuelle prônée par Kropotkine (plutôt que le terrorisme), mais aussi la libération de l'individu à l'égard de la répression exercée par la famille et l'État. Dans ce contexte, l'idée marxiste des différents stades sociaux, esclavage, féodalisme, capitalisme puis socialisme, n'était qu'un pas de plus à accomplir, tout comme l'idée qui faisait de la lutte des classes le moteur permettant aux sociétés de progresser à travers ces stades. Devant la pénétration de la pensée occidentale dans toute sa diversité, les théories de la philosophie chinoise ancestrale se trouvaient manifestement sur la défensive. Si l'influence du confucianisme persistait parmi les révolutionnaires, ce fut moins de façon littérale qu'au niveau plus général des valeurs sociales.

Le premier défenseur du marxisme à Peita fut un professeur de sciences politiques formé au Japon, Li Ta-chao (1888-1927), qui était aussi le bibliothécaire de l'université. Au milieu de l'année 1918, sept mois après que Lénine se fut emparé du pouvoir à Moscou, Li pensait que la révolution bolchevique allait permettre à la Russie de combler son retard et de se porter en première ligne du progrès dans le monde. Il semblait espérer implicitement que la Chine, également arriérée, allait pouvoir faire de même. Au début de 1919, alors qu'il continuait à étudier l'exemple russe, Li s'intéressa tout particulièrement au mouvement populiste, dirigé par la volonté d' « aller vers le peuple ». La révolution de la Chine, prévoyait-il, devrait se faire dans la classe paysanne. La vie dans les villages lui paraissait aussi, à ce premier stade de réflexion, préférable aux dangers des cités modernes. Il poussait ses étudiants à partir à la campagne travailler avec les paysans. En étudiant la théorie marxiste, il se ralliait à la lutte des classes, mais se montrait moins enthousiaste en ce qui concernait le matérialisme historique ; l'idée de Marx selon laquelle le « mode de production » économique de base déterminait la « superstructure » de la politique, des idées et de la culture le laissait sceptique. Il pensait que l'esprit humain et « l'activité collective consciente » pouvaient changer les choses, tout à fait en dehors des changements matériels. Il est important d'examiner les premières réactions de Li Ta-chao, ce pionnier du marxisme en Chine, parce qu'il se trouve qu'à cette époque précisément, au début de 1919, il servait de guide éclairé à un groupe d'étude auquel participait un jeune homme qui n'était pas inscrit à Peita, mais travaillait à la bibliothèque pour huit dollars par mois, et se nommait Mao Tse-tung.

Quand l'incident du 4-Mai fit sortir les étudiants dans la rue et qu'il eut pour résultat d'en mener un bon nombre en prison, les éducateurs s'alarmèrent de cette interruption prolongée dans le cours normal des études. Hu Shih, s'adressant aux étudiants, les pressa de s'intéresser plus à « l'étude des problèmes et moins aux discours en " -ismes " ».

« Il est extrêmement facile de parler dans le vide en employant des mots en " -isme " qui sonnent bien, [...] un chien, un chat, un perroquet ou un phonographe en seraient capables. [...] Celui qui n'étudie pas les véritables besoins de notre société et se contente de parler de certains " -ismes " est comparable au docteur qui distribuerait des tisanes sans étudier les symptômes de ses patients. A quoi cela servirait-il ? C'est totalement inutile ! »

Li Ta-chao, qui voyait déjà la vague mondiale de la révolution socialiste arriver en Chine, répondit à Hu Shih que les « -ismes » permettaient en partie de résoudre les problèmes : « On peut étudier aussi longtemps que l'on voudra ses propres problèmes sociaux, mais tant qu'ils ne seront pas liés à ceux de la majorité des hommes, ces problèmes n'auront aucune chance d'être résolus [...]. Il nous faut étudier les vrais problèmes, c'est certain, mais il nous faut aussi répandre un " -isme " idéal. Les deux approches se renforcent mutuellement [51]. »

Les fervents patriotes étaient nombreux à préférer l'action politique aux discours universitaires. Les partisans du mouvement de la Nouvelle Culture, dont faisaient partie les rédacteurs de la revue *la Nouvelle Jeunesse*, se partagèrent en deux camps : les révolutionnaires et les universitaires progressistes. Li Ta-chao et Ch'en Tu-hsiu devinrent les précurseurs du mouvement communiste chinois.

La génération qui fonda le PCC se composait surtout d'intellectuels. Très rares étaient ceux qui provenaient des classes laborieuses. En revanche, si la plupart avaient fait des études, aucun n'appartenait aux cercles de la recherche universitaire. Malgré la présence de nombreux intellectuels à sa direction, le rôle historique du PCC consistait à permettre à l'homme du peuple de participer à la politique. La structure du PCC assurait le pouvoir central à la direction, alors que l'organisation du parti devait mobiliser les masses laborieuses pour continuer la lutte des classes dans leur intérêt, tel qu'il était défini par le parti. L'organisation initiale comportait, en dessous du secrétaire qui était alors Ch'en Tu-hsiu, un Bureau de l'Organisation et un Bureau de l'Agitation. Au-dessus de l'élément de base – le petit groupe ou cellule *(hsiao-tsu)* –, les comités exécutifs aux niveaux local, régional et central n'étaient pas élus mais nommés. Après le Mouvement du 13 mai 1925, le PCC comptait 20 000 membres et il s'y créa de nouveaux départements chargés des femmes, du travail, des affaires paysannes et militaires. Quand le comité exécutif central passa de trois à vingt-neuf membres, il devint nécessaire de constituer une instance supérieure, le bureau politique *(Politburo)*. En appliquant la doctrine du « centralisme démocratique », les agents du Komintern aidèrent le PCC à mettre en place une organisation disciplinée pour la lutte des classes.

A la même époque, s'inspirant de la stratégie léniniste d'alliance avec les éléments bourgeois mise en œuvre dans les nouveaux pays de l'Est, le Komintern organisa le KMT en appliquant le même style de centralisme démocratique. La politique russe suivait deux pistes qui étaient nécessairement amenées à se croiser, puisqu'il était dans la nature même du KMT et du PCC de vouloir le pouvoir absolu. Si les Russes se trouvèrent dans cette impasse, c'est qu'ils croyaient pouvoir aider le KMT, en tant que mouvement nationaliste bourgeois, à prendre le pouvoir, et permettre au PCC de s'en emparer ensuite de l'intérieur. Ce scénario n'avait qu'un seul défaut : il ne tenait pas compte du fait que le PCC ne disposait pas de force armée, alors que l'Académie militaire de Whampoa, dirigée par Chiang Kai-shek, avait reçu des Soviétiques armes et instructeurs. On découvrit la faille de cette stratégie lorsque le centralisme démocratique léniniste du KMT lui permit de prévenir le soulèvement communiste, et que sa puissance militaire détruisit purement et simplement le PCC, qui ne compta plus aucun membre à partir de la rupture de 1927.

On est frappé de l'ampleur prise par la révolution dans les années 1920. Les étudiants, ceux des établissements secondaires et ceux, auparavant relativement rares, des universités, étaient à présent plus nombreux que jamais et beaucoup d'entre eux devenaient des organisateurs politiques. Les marchands exprimaient activement leur patriotisme en boycottant les produits étrangers et en participant financièrement au mouvement révolutionnaire. Les syndicats récemment organisés, et surtout implantés dans les usines appartenant aux étrangers, permettaient aux militants de faire grève et de manifester. Les fermiers eux-mêmes réagirent en se ralliant à la lutte des classes contre les propriétaires fonciers.

Ainsi, considérablement élargie, la masse des citoyens fournissait des recrues aux armées modernes, du personnel pour l'Administration, la perception des impôts et l'organisation politique. Les idées révolutionnaires gagnaient souvent jusqu'au cultivateur de riz. Des milliers de jeunes gens devinrent des activistes énergiques, attachés à des objectifs idéologiques. Il y eut, au milieu des années 1920, beaucoup d'excitation, de tumulte, de créativité et de destruction.

Lorsque les historiens tentent de décrire cette période, ils se trouvent confrontés à deux types de difficultés. Les premières viennent de ce qu'il leur faut cheminer dans un dédale d'abstractions, à défaut de données immédiates. Voici comment Lu Hsun, chef de file de la nouvelle révolution littéraire, parle de la mort de trois de ses étudiantes le 18 mars 1926, journée au cours de laquelle quarante-sept personnes furent tuées sous les balles de la police pékinoise, lors d'une manifestation pacifique contre l'empiétement japonais :

Liu Ho-chen, me dit-on, s'avançait gaiement. Comme il s'agissait seulement d'une pétition, aucun être doué de conscience n'aurait pu soupçonner un piège. Mais c'est alors qu'elle fut abattue devant la Maison du Gouvernement, touchée dans le dos par une balle qui lui traversa le poumon et le cœur. La blessure était mortelle, mais elle ne mourut pas immédiatement. Quand Chang Ching-shu, qui l'accompagnait, tenta de la relever, elle fut à son tour atteinte par quatre coups de feu, dont un coup de pistolet, et s'effondra. Et lorsque Yang Te-chun, qui était avec elles, voulut la relever, on l'abattit aussi : la balle pénétra par l'épaule gauche et ressortit à droite du cœur, et elle tomba à son tour. Elle parvint à s'asseoir, mais un soldat la frappa sauvagement sur la tête et la poitrine et elle mourut aussi [52].

Dans ce récit, la trajectoire exacte des balles qui ont traversé les jeunes filles est évidemment un ajout artistique de Lu Hsun. Il ne s'agissait pas de l'assassinat du président Kennedy et personne n'a pratiqué d'autopsie.

Les données immédiates comme celles-ci sont nécessairement sélectives. On ne dispose, la plupart du temps, pour rendre compte d'événements semblables, que d'abstractions du type : « La tension monta entre les étudiants patriotes et les forces gouvernementales des seigneurs de la guerre, qui abattirent de nombreux manifestants. »

Le second problème est celui de l'anachronisme, qui porte à considérer les événements comme de simples préludes à ce qui leur a succédé, et non comme des événements en eux-mêmes. On élimine ainsi le facteur du hasard, ou de l'accident, et l'histoire devient une suite de mouvements regroupés sous des étiquettes, comme c'est le cas de « l'ascension de Chiang Kai-shek » ou de « l'ascension de Mao Tse-tung ». Tous ceux qui auraient pu devenir des chefs et sont morts avant l'heure se trouvent ainsi balayés. Ce ne sont pas les meilleurs et les plus brillants qui figurent dans l'histoire, mais simplement les survivants. En outre, le jugement que l'on est amené à porter sur des événements antérieurs s'exerce de manière anachronique. Il semble, par exemple, que, dans les années 1920, les principaux espoirs des patriotes reposaient sur le Kuomintang. Mais en l'espace d'une génération, le KMT était devenu un problème et non une solution.

Notre intérêt pour les origines du PCC nous a amené à considérer les années 1920 comme une période dominée par la lutte entre le KMT et le PCC. C'est une déformation de la réalité. Malgré tout son enthousiasme, le PCC dans les années 1920 était petit et n'avait pas d'armée. Ses membres, qui n'étaient guère plus de mille au début de l'année 1925, avant le Mouvement du 13 mai, étaient des jeunes gens ardemment dévoués à leur cause qui furent les premiers à mobiliser les ouvriers et les paysans et à les regrouper en syndicats militants, à la veille du grand soulèvement national. Mais le mouvement révolutionnaire était toujours dominé par les chefs qui entouraient Sun Yat-sen au sein du KMT, plus ancien et mieux soutenu par la presse et les capitaux commerciaux. Le gouvernement de Canton que dirigeait Sun Yat-sen se consacrait à la réunification de la Chine et brandissait l'étendard du nationalisme. Mais sa tâche était d'autant plus compliquée qu'il devait faire face à plusieurs conflits d'intérêts : un mouvement régionaliste cantonais recherchait le pouvoir local, les marchands de la ville recrutaient leurs propres milices et les généraux de la Chine du Sud s'étaient rebellés. Dans cet environnement chaotique, le gouvernement nationaliste du KMT avait bien du mal à élaborer sa nouvelle structure politique, à constituer une armée de parti et à mettre sur pied l'expédition militaire qui devait unifier la Chine en marchant sur le nord. C'est là que Staline pensa qu'il tenait sa chance.

Au milieu des années 1920, l'aide fournie par les Russes au gouvernement de Canton comprenait des fonds, des armes et des conseillers – soit tout ce que les programmes d'aide américains devaient à leur tour apporter vingt ans plus tard. (Les programmes américains ont évidemment connu une plus grande publicité puisqu'ils étaient discutés au Congrès et devaient faire la preuve de leur efficacité.) Il y avait au moins cinquante conseillers soviétiques à Canton. Le KMT reçut l'équivalent de plusieurs millions de dollars sous forme de subventions et d'armes. Mais le principal apport des Soviétiques concernait l'organisation politique.

Quand Sun Yat-sen réorganisa le KMT en 1923 pour en faire une dictature de parti à la manière soviétique, son objectif était d'obtenir le pouvoir pour unifier la Chine, et non pour révolutionner la société chinoise. « Jusqu'à présent, disait-il, l'influence de notre parti s'est surtout exercée outre-mer, [...] son influence à l'intérieur de la Chine est restée très faible. » Il expliquait ensuite que le KMT avait utilisé la force militaire pour renverser les Mandchous en 1911 et Yuan Shih-k'ai en 1916. Mais « la révolution ne s'est toujours pas accomplie, car notre parti manque encore de pouvoir. Quel est le pouvoir qui nous manque ? Le soutien du peuple [53] ». Le Dr Sun a toujours été trop sincère pour parvenir à cacher sa simplicité d'esprit.

« Voici à présent, continuait-il, notre bon ami, M. Borodine, qui vient de Russie. [...] Comme nous désirons apprendre les méthodes appliquées là-bas, j'ai demandé à M. Borodine d'être le directeur de l'instruction de notre parti ; c'est lui qui formera nos camarades. M. Borodine a beaucoup d'expérience dans l'organisation de parti. [...] Tous nos camarades auront à cœur d'apprendre ses méthodes. » Autrement dit, apprenons des Soviétiques la technologie de la révolution, sans nous préoccuper de l'idéologie.

Qui était Borodine ? De son vrai nom, Mikhaïl Grussenberg, il était né dans le territoire juif qu'était alors la Lettonie. Sa langue natale était le yiddish, mais il avait appris à parler russe couramment à l'école de Riga. En 1903, il s'était rallié à la centaine de bolcheviques qui s'étaient regroupés autour de Lénine à l'intérieur du parti ouvrier social-démocrate de Russie. Il se trouvait en bonne position pour entrer dans l'histoire. Mais, arrêté par la police tsariste en 1906, il fut exilé en Occident. En 1909, on le retrouve enseignant l'anglais aux immigrants étrangers dans une institution de Chicago (Jane Addam's Hull House). Il ne revint en Russie qu'après la révolution (en 1918) et devint un des agents de l'Internationale communiste (le Komintern), lorsque celle-ci fut créée au début de l'année 1919. Polyglotte de tempérament conciliant, il fut chargé par le Komintern de missions diverses dans une douzaine de pays. En octobre 1923, il se trouvait aux côtés de Sun Yat-sen, avec lequel il s'exprimait en anglais, et faisait office auprès de lui de conseiller des soviets.

Sun venait de faire rentrer le loup dans la bergerie, mais il faut dire qu'à l'époque, son groupe et lui étaient prêts à tenter n'importe quoi. Ils avaient bien essayé de faire du pied aux seigneurs de la guerre, mais cela ne les avait menés nulle part. Même si le Dr Sun paradait, toutes épaulettes dehors, en arborant le titre de « généralissime », le KMT n'en ressortait pas plus fort. Les chefs du KMT, patriotes frustrés de 1911, avaient pris de l'âge. Il leur aurait fallu une armée de parti loyale et un mouvement de masse, mais ni l'un ni l'autre n'était encore engagé dans la lutte.

Pour que tout cela existe, leur expliquait Borodine, il leur fallait avant tout une idéologie écrite. C'est ainsi que le Dr Sun se mit à donner ses conférences discursives sur « les Trois Principes du peuple » – le nationalisme, la démocratie centralisée et quelques bribes de socialisme. Le gouvernement nationaliste, qui s'établit à Canton en 1924, disposa bientôt d'une académie militaire, présidée par l'aide militaire de Sun Yat-sen, ancien étudiant de l'académie japonaise d'officiers, le jeune Chiang Kaishek, qui passa trois mois à Moscou afin d'apprendre à former des armées de parti endoctrinées. Il y avait également un institut de Formation politique, enseignant les techniques d'organisation des masses urbaines, ainsi qu'un Institut national du mouvement paysan, auquel le PCC accorda un intérêt tout particulier.

Il faut toutefois préciser que, depuis l'accord de 1923 pour un front uni, les membres du PCC avaient dû intégrer le KMT à titre individuel (un bon point pour la sagacité du Dr Sun) et que le PCC lui-même n'était donc plus qu'un « bloc » organisé à l'intérieur du KMT. De plus, grâce à la nouvelle constitution dont Borodine avait doté le KMT, celui-ci disposait à présent d'un réseau de cellules et de sections, d'un comité central exécutif et d'un bureau politique, tous centralisés et difficiles à subvertir.

Au milieu des années vingt, on vit donc un nouveau type de gouvernement prendre forme à Canton. Son émotion directrice était le patriotisme, sa doctrine pratique la loyauté au parti, et sa structure léniniste : « Tout le pouvoir au centre. » La Chine avait beaucoup appris de l'URSS, mais le bolchevisme ne parvint pas à y triompher, car les Soviétiques furent leurs propres dupes. Les armes et les instructeurs qu'ils envoyèrent à Canton servirent à édifier l'armée du KMT de Chiang Kai-shek, et non celle du PCC. La structure léniniste du KMT s'avéra inaccessible à toute subversion de la part du PCC.

En 1925, une vague de ferveur patriotique déferla sur le peuple chinois après les incidents du 30 mai, où la police britannique tua treize manifestants à Shanghai, et ceux du 23 juin, où les fusiliers marins franco-anglais tuèrent cinquante-deux manifestants à Canton. Au cours du Mouvement du 13 mai, d'ampleur nationale, les marchands boycottèrent les produits étrangers et les grèves se multiplièrent sous l'action des syndicats nouvellement organisés. De très nombreux étudiants, galvanisés par la situation, vinrent grossir les rangs du PCC. A l'humiliation que représentaient tous les privilèges étrangers en Chine, était venue s'ajouter la plaie de l'exploitation de la main-d'œuvre urbaine à bon marché par les capitalistes étrangers. L'anti-impérialisme balaya le pays en 1925-1926. La révolution était dans l'air.

Dans le Canton révolutionnaire, plusieurs éléments manœuvraient pour s'assurer une position favorable. Les marchands locaux, qui étaient en grève depuis quinze mois et avaient organisé le boycottage du commerce britannique à Hong Kong, avaient rassemblé leurs propres forces armées infiltrées par le PCC. Les partisans de l'Expédition vers le nord, destinée à unifier la Chine, devaient affronter ce pouvoir régionaliste de gauche. De leur côté, les aînés du KMT, comme le beau Wang Ching-wei, vétéran de la polémique étudiante à Tokyo après 1905, considéraient le jeune général Chiang comme un parvenu. Wang, en particulier, dirigeait l'aile gauche du KMT qui, s'étant assurée de la coopération du PCC à l'intérieur du parti, dominait ce dernier. Chiang dut attendre les victoires de sa nouvelle armée sur les seigneurs de la guerre et sur les milices des marchands cantonais pour faire valoir son point de vue en présentant l'expansion vers le nord comme la seule manière d'accroître la base de revenus du gouvernement nationaliste.

Pendant vingt-deux ans, entre 1927 et 1949, la politique chinoise allait être dominée par le personnage de Chiang Kai-shek, militaire devenu chef politique, sans avoir jamais reçu d'éducation libérale. Comme il lui fallut s'attaquer aux vestiges encore nombreux de l'époque des seigneurs de la guerre, dans un pays en proie aux factions, puis livré à l'invasion japonaise, il semble clair que l'époque appelait un homme comme lui. On avait besoin d'un politicien militaire et Chiang avait la détermination patriotique nécessaire pour unifier la Chine, ainsi que des qualités personnelles de meneur d'hommes; il avait aussi la fermeté de caractère, les qualités de prévision et le sens des subtilités indispensables, à la fin des années vingt et au début des années trente, si l'on voulait en finir avec les seigneurs de la guerre et rétablir un gouvernement central. En d'autres termes, la force de Chiang Kai-shek résidait dans ses atouts politiques et militaires. Il n'avait aucune vision de la révolution sociale qui avait déjà commencé en Chine, à travers l'accession des masses à la politique. Il reste à savoir si ce n'était pas précisément ses faiblesses qui faisaient sa force, mais nous laisserons ce sujet à son futur biographe.

Chiang appartenait à cette génération de patriotes chinois qui pensaient que seule la puissance militaire pouvait sauver la Chine de l'impérialisme. Il venait de la couche inférieure de la classe dirigeante. Son grand-père, auparavant fermier, avait franchi un échelon en devenant marchand de sel. Son père était lui aussi marchand de sel à Fenghua, près de Ningpo, port ouvert situé au nord du Chekiang. Après avoir étudié les classiques chinois, Chiang Kai-shek fit ses débuts dans la carrière militaire lorsqu'il se rendit à Tokyo en 1906. Il fut toutefois obligé, avant de pouvoir suivre une formation militaire au Japon, de revenir d'abord en Chine et de suivre les cours de l'Académie militaire de Paoting. De retour à Tokyo, il dut encore passer par une école préparatoire destinée aux étudiants chinois, avant d'entrer enfin à l'Académie militaire officielle. De 1908 à 1910, il forma des associations avec d'autres patriotes chinois militaristes qui resteraient ses proches supporters dans les années suivantes. Le principal d'entre eux, Ch'en Ch'i-mei, était de onze ans son aîné, mais venait aussi du Chekiang. Au bout d'un an passé à l'Académie militaire japonaise, Chiang Kai-shek revint à Shanghai à l'automne 1911 et entreprit son ascension dans la hiérarchie militaire de la République, au milieu du combat qui opposait le KMT au président Yuan Shih-k'ai. Chiang Kai-shek, qui s'était rallié à la Ligue jurée à Tokyo en 1908, retourna plusieurs fois au Japon, où il avait rencontré Sun Yat-sen. Le Japon était encore le point d'attache des révolutionnaires. Après l'assassinat de son mentor, Ch'en Ch'i-mei, par Yuan Shih-k'ai, en 1916, Chiang devint le protecteur de ses neveux, Ch'en Kuo-fu et Ch'en Li-fu. Vers la fin des années 1910, alors qu'il attendait son heure à Shanghai, il noua des relations avec la société secrète de la Bande verte (Ch'ing-pang) qui lui serait également utile dans sa future carrière.

Quand Sun Yat-sen parvint finalement au pouvoir à Canton, Chiang Kai-shek l'y suivit et servit comme officier dans les troupes du seigneur de la guerre locale, qui soutenait alors Sun. Quand le seigneur de la guerre se retourna contre Sun, au milieu de l'année 1922, Chiang Kai-shek s'enfuit avec ce dernier sur une canonnière. C'est à ce moment qu'il se rapprocha de Sun, qui choisit d'en faire son chef militaire. Chiang dirigea une mission militaire du KMT en URSS pendant trois mois, de septembre à novembre 1923. Il en revint fortement impressionné par la dictature du parti soviétique. En mai 1924, il était à la tête de la nouvelle Académie militaire de Whampoa. Les six mois suivants, il dirigeait l'instruction militaire des trois premières classes de cadets de Whampoa, quelque 2 000 hommes, d'où devait sortir par la suite, sous le gouvernement nationaliste, ce qu'on appellerait la clique de Whampoa. Également investi du commandement en chef à Canton, il travailla avec la mission militaire soviétique ainsi que dans le front uni formé par le KMT et le PCC.

Jusqu'alors, Chiang Kai-shek s'était surtout considéré comme un militaire, mais la situation chaotique qui s'empara de Canton après la mort de Sun Yat-sen, au début de 1925, l'entraîna dans la politique, vers la conquête du pouvoir central.

L'investissement soviétique dans le régime nationaliste de Canton, défendu par Staline contre Trotski dans les conseils moscovites, était dans la ligne de la stratégie de Lénine, qui prônait l'alliance en Asie avec les révolutionnaires bourgeois-démocrates nationalistes, contre l'ennemi commun : l'impérialisme capitaliste. Staline pariait sur l'une des grandes causes du XXe siècle, la croyance marxiste selon laquelle la lutte des classes pour la révolution sociale pouvait s'allier au pur nationalisme.

Chiang Kai-shek, imperméable à cette croyance, était en revanche tout à fait conscient de l'infiltration du PCC à l'intérieur du KMT. Celle-ci avait si bien progressé que, lors du deuxième congrès du KMT en janvier 1926, plus d'un tiers des délégués du KMT étaient aussi membres effectifs du PCC. En mars 1926, plaidant la légitime défense face à un complot, Chiang fondit brusquement sur l'aile gauche de son parti, évinça quelques chefs du PCC et plusieurs conseillers soviétiques, puis réaffirma à haute voix son attachement à l'alliance entre Moscou et Canton. Le talent qu'il manifestait pour faire une chose tout en en affirmant une autre le prédisposait nettement à détenir le pouvoir un jour. Sun Yat-sen était mort prématurément d'un cancer en 1925 et son testament révolutionnaire à l'intention de ses compatriotes avait été rédigé par Wang Ching-wei, mais c'était Chiang Kai-shek qui revendiquait de plus en plus son héritage, faisant preuve à l'égard du chef défunt d'une véritable vénération filiale, comme l'empereur autrefois à l'égard de son père, afin de mieux prouver sa légitimité.

Les années 1926-1927, avec l'expédition militaire de Canton vers le Yangtze, portèrent l'anti-impérialisme patriotique à son comble. Les étudiants, les marchands et les ouvriers des villes s'étaient organisés, et la vague de plus en plus forte de manifestations, grèves, boycottages et incidents divers avait contraint les autorités étrangères à se replier derrière leurs escadres et à évacuer les missionnaires de l'intérieur du pays. Faisant feu de tout bois – propagande, agitation populaire ou corruption – les six armées principales de l'Expédition vers le nord vainquirent ou absorbèrent les troupes de quelque trente-quatre seigneurs de la guerre en Chine du Sud. La Grande-Bretagne, qui était toujours la première des puissances étrangères en Chine et constituait donc la cible principale, dut renoncer à ses concessions de Hankow et Kiukiang. Lorsque les forces nationalistes eurent pris Wuhan, le gouvernement nationaliste, dirigé par l'aile gauche du KMT qui avait à sa tête Wang Ching-wei, s'empressa de quitter Canton pour aller s'y établir. Fin 1926, la veuve de Sun Yat-sen (Soong Ching-ling), son frère T. V. Soong, Borodine et d'autres passèrent plusieurs semaines à voyager de Canton à Wuhan en train, en chaise à porteur, en bateau, à dos d'âne et à pied. Pendant ce temps, Chiang Kai-shek était le commandant en chef de l'offensive principale sur Nankin et Shanghai, où se trouvait l'argent. Anticipant l'arrivée de l'armée révolutionnaire, les syndicats militants à majorité communiste avaient destitué le seigneur de la guerre qui dirigeait Shanghai.

Mais Chiang cessa brusquement d'être un révolutionnaire. Le 12 avril 1927, avec son accord, les gangs de la pègre shanghaïenne qu'il comptait parmi ses alliés vinrent à bout du mouvement ouvrier dirigé par le PCC. Le régime de terreur qu'il instaura fit des milliers de victimes. Il installa son gouvernement à Nankin. Le départ de Borodine pour Moscou mit fin au premier front uni. Lors de son voyage de retour à travers la Mongolie, Borodine eut le temps de méditer sur le fait que ses camarades de Moscou n'avaient aucune idée de la réalité en Chine, où il n'existait pas de prolétariat industriel.

Qu'est-ce qui avait mal tourné ? Ce qui est certain, c'est qu'en 1926 le tiers environ des membres du comité central exécutif du KMT avaient appartenu au PCC. Avec Wang Ching-wei, il existait à l'intérieur du KMT une aile gauche prête à coopérer avec le PCC et à s'opposer à l'aile droite, dont Chiang Kai-shek était devenu le chef. Mais l'aile gauche du KMT, qui avait participé, en accord avec le PCC, au déplacement de la capitale nationaliste dans la ville de Wuhan, réalisa brusquement que la stratégie soviétique consistait à l'utiliser pour préparer un soulèvement communiste. Elle se retira alors de l'alliance entre nationalistes et soviétiques, et la direction du PCC se trouva réduite à une petite minorité, sans défense militaire, dont les membres devaient devenir clandestins pour éviter d'être éliminés sous le régime de la terreur instauré par le KMT en 1927-1928. On peut aussi attribuer ce fiasco au fait que Staline était tellement engagé dans sa lutte contre Trotski qu'il espéra qu'un succès du PCC en Chine, dont il ignorait les réalités, viendrait étayer sa position à Moscou. C'était évidemment un vain espoir. Les efforts du PCC pour organiser les paysans en associations préparant la lutte armée arrivèrent trop tard. De nombreuses associations de paysans s'étaient constituées ici et là, mais elles manquaient en général d'armes et de coordination centrale. Le PCC apprit durement que sa seule chance d'arriver à s'emparer du pouvoir était de s'assurer d'abord une base territoriale avec hommes et nourriture en quantité suffisante pour soutenir un effort militaire. C'est ce qu'il devait faire dans les années 1930.

A l'époque, le PCC avait compris que le prolétariat industriel en Chine ne pouvait pas former une base organisée pour la lutte des classes, parce qu'il était trop réduit et qu'il recevait constamment de nouvelles recrues venant des campagnes. Le PCC avait aussi appris qu'un parti léniniste ne pouvait pas en subvertir un autre de l'intérieur. Il apparut finalement évident que l'objectif de la révolution sociale à travers la lutte des classes était prématuré. En revanche, le but du KMT qui voulait instaurer un gouvernement national moderne était un meilleur point de ralliement pour les activistes et les patriotes. Le PCC essuyait une défaite ignominieuse sur tous les fronts.

Chapitre 13

NATIONALISTES ET COMMUNISTES
1927-1937

Comme la politique chinoise se déroule dans un univers moral, lorsqu'un nouveau régime arrive au pouvoir, il s'empresse naturellement d'accabler d'injures morales son prédécesseur, qui avait bien sûr, en son temps, dénigré le régime précédent. L'histoire chinoise est ainsi encombrée de jugements moraux sur les dirigeants qui n'ont pas su se montrer à la hauteur. L'impératrice douairière, Yuan Shih-k'ai, Chiang Kai-shek et Mao Tse-tung, bien qu'aucunement comparables sur le plan de l'envergure morale, ont tous été à un moment donné – brièvement peut-être – des symboles d'espoir, avant de devenir des symboles de tyrannie. On peut même avancer que, plus la modernisation touchait la politique chinoise, plus les dirigeants devenaient puissants, et donc perçus comme encore plus tyranniques que leur prédécesseur. Tous ces jugements historiques nous compliquent bien la tâche, si nous voulons aujourd'hui procéder à une nouvelle estimation de chaque régime d'après ses mérites, tels qu'ils nous apparaissent aujourd'hui.

Étudions, pour commencer, le renversement étonnant de l'image du Kuomintang dans l'histoire. En 1928, le KMT paraissait représenter l'avenir de la Chine ; le PCC, qui n'avait jamais formé plus d'une petite minorité, semblait balayé, condamné aux oubliettes de l'histoire. Comment se fait-il que, vingt ans après, la situation se soit entièrement retournée ? En admettant que l'invasion japonaise, après 1931, ait constitué un facteur déterminant, comment a-t-elle affaibli le KMT et renforcé le PCC ? On peut dire, pour tenter de répondre à cette question, que le gouvernement nationaliste du KMT s'est retrouvé accablé par les problèmes de l'ancien ordre établi, alors que le PCC a dû, pour survivre, créer un ordre nouveau. Cet argument reflète un facteur temporel : la direction du KMT était plus âgée et montrait de graves signes d'usure. Mais quelle que soit la manière dont on établit le bilan, ce qui ressort, c'est que le PCC a su progressivement prendre la tête d'une profonde révolution sociale dont la nécessité se faisait sentir depuis bien longtemps.

Il est encore plus difficile de décrire le caractère d'un régime que celui d'une personne. Nous pouvons toutefois étudier divers aspects du gouvernement nationaliste.

Considérant que le gouvernement du KMT après 1928 s'appuyait essentiellement sur les villes, on a défini le KMT en termes marxistes comme un parti représentant la classe bourgeoise. Mais, à l'examen, cette analyse se révèle extrêmement simpliste car, si l'on a effectivement assisté, dans les années 1910 et 1920, à l'émergence d'une bourgeoisie chinoise composée de marchands, de banquiers, d'industriels et d'entrepreneurs urbains, celle-ci n'est jamais parvenue à s'emparer du pouvoir politique.

L'âge d'or de la bourgeoisie marchande et industrielle chinoise, qui se situe autour de 1920, à Shanghai et dans les autres grandes cités, était avant tout le résultat de la Première Guerre mondiale. Comme la conflagration européenne absorbait alors toute l'attention et toutes les ressources des puissances étrangères, les industries chinoises eurent la possibilité de développer leur production et leurs exportations, sans être autant soumises qu'auparavant à la concurrence étrangère. Quand le Japon tenta de prendre la place des Européens en Chine, le sentiment nationaliste chinois s'accrut.

Le deuxième facteur qui permit cet âge d'or fut la faiblesse du gouvernement central à l'époque des seigneurs de la guerre. Dans le refuge des ports ouverts, d'où les seigneurs de la guerre étaient généralement exclus, la bourgeoisie chinoise naissante, organisée en chambres de commerce, pouvait se consacrer à ses propres intérêts. Les entreprises étrangères en Chine s'étaient toujours appuyées sur une forte composante chinoise dans l'exercice de leurs activités. Cette composante faisait à présent concurrence aux étrangers et commençait à les supplanter.

Quand la révolution nationaliste porta au pouvoir le gouvernement de Nankin, l'âge d'or de la bourgeoisie chinoise toucha rapidement à sa fin. Nankin, qui disposait de nombreux alliés dans le « milieu » shanghaïen, s'en servit notamment pour obtenir de la classe d'affaires, par l'intimidation ou la force, d'importantes donations destinées à soutenir la militarisation nationaliste. L'enlèvement et l'assassinat venaient en renfort des exigences sans cesse croissantes du gouvernement, qui remplissait ses coffres avec l'argent des marchands. Selon toute apparence, le gouvernement de Nankin n'était pas là pour représenter les intérêts de la bourgeoisie, mais bien plutôt pour perpétuer son propre pouvoir, ce qui ne le différenciait guère des régimes dynastiques des époques précédentes.

A défaut d'être « bourgeois », le gouvernement nationaliste n'était-il pas du moins « féodal » ? Autrement dit, ne représentait-il pas les intérêts des propriétaires ? La réponse est mitigée. Nankin laissait aux provinces la perception de l'impôt foncier et vivait essentiellement des taxes commerciales. Les provinces, à court de revenus, laissaient en général les propriétaires en place. Les officiers militaires du gouvernement central, en particulier, devenaient parfois de grands propriétaires terriens. Nankin était contre la mobilisation des paysans, mais pour la centralisation, et non la dispersion du pouvoir. Le terme « féodal », dont on a pu se servir comme d'une insulte pour déprécier ce gouvernement, n'a cependant guère de signification précise. Il serait plus utile de dire que le gouvernement de Nankin avait un caractère double : relativement moderne dans les centres urbains, où il était en contact avec les étrangers, et réactionnaire dans la lutte qui l'opposait aux seigneurs de la guerre provinciaux.

S'inspirant des étrangers, il sut poursuivre son effort de modernisation de l'appareil gouvernemental, en revanche il continua à s'opposer violemment à tout changement social dans les provinces. Les étrangers s'attachèrent surtout à ses aspects prometteurs, car ils pensaient que la seule voie vers le progrès en Chine était, à la manière anglo-américaine, la réforme progressive.

Le gouvernement de Nankin revendiquait l'approbation étrangère en s'appuyant en premier lieu sur sa modernité. Le nationalisme paraissait avoir finalement triomphé de l'anarchie des seigneurs de la guerre. Contrairement à ces derniers, Nankin avait mis en place les rudiments d'une administration nationale. Sous l'égide du bureau (*yuan*) exécutif du gouvernement on avait construit à Nankin d'imposants immeubles afin d'abriter les grands ministères des Affaires étrangères, des Finances, des Affaires économiques, de l'Éducation, de la Justice, des Communications, de la Guerre et de la Marine. Aux pouvoirs législatif et judiciaire étaient venues s'ajouter deux autres divisions, le pouvoir censorial ou direction du contrôle et des vérifications et la direction des examens qui permettaient l'accès à la fonction publique. L'élite cultivée que l'on avait recrutée pour ces nouveaux ministères était pleinement consciente de la place ignominieuse de la Chine dans le monde. Elle œuvrait naturellement pour le retour des droits et la réaffirmation de la souveraineté chinoise dans les relations étrangères. Elle commençait à appliquer les ressources de la science moderne pour résoudre les anciens problèmes de la Chine. A première vue, de nouveaux espoirs semblaient permis.

Cependant, les difficultés ne tardèrent pas à se manifester. Tout d'abord, le gouvernement de Nankin avait un rayon d'action limité. Il présidait une administration assez restreinte, étirée à la surface d'une population de 400 millions d'hommes qui étaient toujours ancrés dans leur tradition. L'agriculture et le transport restaient essentiellement manuels, l'illettrisme quasi général était à peine touché par la nouvelle éducation, et le système familial patrilinéaire maintenait à leur place les jeunes et les femmes. Les ministères de Nankin devaient développer l'agronomie moderne, les voies ferrées et routières, mettre en place un système de communications, une presse nationale, et implanter l'idée moderne selon laquelle il fallait donner leur chance aux jeunes et aux femmes. Leur tâche était tout simplement écrasante. C'est dans les ports ouverts que Nankin rencontra le plus grand soutien pour son programme d'occidentalisation, et dans les droits perçus par les Douanes maritimes sur le commerce étranger qu'il trouva l'essentiel de ses revenus. Mais il eut toujours les plus grandes difficultés à toucher les masses de la paysannerie. Il faut dire qu'il était toujours politiquement aux prises avec les seigneurs de la guerre et que son action ne s'exerça d'abord que sur les provinces du bas Yangtze. Pendant toute la durée de son existence, il dut mener un combat politique et souvent militaire pour assurer sa domination sur les régimes provinciaux des seigneurs de la guerre.

C'est alors qu'intervint un autre facteur déterminant. A une époque de paix et d'ordre, le gouvernement de Nankin aurait pu tenir les rênes de la modernisation, mais devant la menace du militarisme japonais, son sort était pratiquement réglé dès le départ. Quand le Japon s'empara de la Mandchourie en 1931, le gouvernement chinois, privé d'importantes sources de revenus, n'eut d'autre voie de salut que sa propre militarisation. Ce gouvernement, qui comportait de nombreux civils aux idées modernes, fut obligé de consacrer ses revenus à la mise sur pied de nouvelles forces militaires placées sous le commandement de Chiang Kai-shek. Quand l'invasion japonaise se produisit après 1937, elle fit des dégâts considérables sur un régime dont la structure laissait déjà à désirer.

Le gouvernement nationaliste présentait en effet, dès l'origine, plusieurs faiblesses systémiques, à commencer par la composition de son équipe. Avant l'Expédition vers le nord de 1926, lorsqu'il était à Canton, le KMT comprenait à la fois les survivants de la génération de Sun Yat-sen, naguère membres de la Ligue jurée, et de jeunes activistes-idéalistes dont beaucoup avaient une double appartenance au KMT et au PCC. L'aide des Soviétiques, représentés par Borodine, avait permis à Chiang Kai-shek d'établir sa domination militaire. Mais, en l'espace de cinq ans, le robuste Dr Jekyll de Canton s'était métamorphosé en horrible Mr Hyde à Nankin. Que s'était-il passé en si peu de temps pour expliquer ce brutal revirement du mouvement nationaliste ?

Il y avait eu, bien sûr, le massacre des communistes et la répression ou le rejet dans la clandestinité dont étaient victimes ceux qui avaient survécu. Avec le PCC disparaissait tout un idéalisme porteur de jeunesse. Mais il y avait aussi l'énorme influence prise par les nouveaux membres du KMT, qui sortaient des rangs de l'ancienne bureaucratie ou des régimes établis par les seigneurs de la guerre. Le KMT ne s'était jamais distingué ni par les précautions dont il entourait le choix de ses membres ni par le renforcement de la discipline de parti. Il était depuis toujours composé de factions concurrentes, échappant à l'autorité centrale, et admettait en général quiconque postulait l'admission. Certains seigneurs de la guerre y introduisirent des armées entières. Quand le KMT arriva au pouvoir à Nankin, il avait admis un si grand nombre de fonctionnaires corrompus et complaisants, et tant d'opportunistes généralement dénués de principes, que son idéalisme révolutionnaire était totalement dilué. Déjà en 1928, Chiang Kai-shek, conscient de ses responsabilités de chef, tenait ces propos : « Les membres du parti ne se battent plus ni pour des principes ni pour les masses, [...] les révolutionnaires sont devenus des dégénérés, ils ont perdu l'esprit et le courage révolutionnaires. » Ils ne se battaient plus que pour le pouvoir et le profit, sans le moindre désir de sacrifice. En 1932, Chiang déclarait sans détour : « La révolution chinoise a échoué [54]. »

En arrivant au pouvoir, le KMT avait donc totalement changé de nature. Déjà, pour venir à bout des communistes, il n'avait pas hésité à utiliser les hommes de la Bande verte qui faisaient partie de la pègre shanghaïenne. Au début, de nombreux Chinois s'étaient ralliés au gouvernement de Nankin, mais ils furent vite déçus quand ils virent réapparaître tous les travers de la bureaucratie d'antan. Non contente d'exercer une véritable terreur blanche pour éliminer le PCC, la police du KMT n'hésitait pas à attaquer, emprisonner ou même exécuter les individus qui la gênaient au sein des autres partis ou dans les milieux professionnels. La presse, quand elle persistait à paraître, était lourdement censurée. Les directeurs de journaux étaient perpétuellement harcelés, quand ils n'étaient pas assassinés. Quiconque s'intéressait aux masses était considéré comme procommuniste. Par son attitude anticommuniste, le KMT parvint à décourager tous les projets destinés à améliorer le sort du peuple. Il se coupa de toute tentative révolutionnaire. Avec la répression et la censure, allaient de pair un opportunisme malhonnête et une administration inefficace. L'ancien mot d'ordre « deviens fonctionnaire et tu seras riche » redevenait furieusement d'actualité.

Chiang Kai-shek, qui aspirait toujours sincèrement à réaliser l'unification de son pays, fut accablé par l'ampleur du désastre. En 1932, il était profondément déçu par son parti ainsi que par la démocratie à l'occidentale, qui ne conférait pas suffisamment de force au pouvoir. Il entreprit d'organiser un parti fasciste, connu sous le nom des Chemises bleues, et formé d'un groupe soigneusement choisi de quelques milliers d'officiers militaires zélés, qui devaient secrètement se consacrer à l'affermissement de l'État et servir leur chef à la manière d'un Mussolini ou d'un Hitler. Quand, en 1934, on vit apparaître le mouvement pour la « Vie nouvelle », qui prônait l'inculcation des anciennes vertus et l'amélioration de la conduite personnelle, il devait beaucoup à l'œuvre des Chemises bleues qui se tenaient dans la coulisse. Ce mouvement fasciste, qui naquit sous le gouvernement de Nankin, serait devenu plus puissant si la Chine n'avait pas été coupée des dictatures fascistes européennes.

Les tergiversations de Chiang Kai-shek alors qu'il était au sommet du pouvoir s'expliquent par ses engagements multiples. Se réclamant de son attachement au protestantisme, il avait obtenu l'aide des missionnaires pour la reconstruction de la Chine. Il lui arriva de soutenir l'appareil organisationnel du KMT, dirigé par les frères Ch'en Kuo-fu et Ch'en Li-fu, contre les Chemises bleues. Si l'on y regarde de près, la conduite de Chiang fut moins la cause du déclin du KMT que sa conséquence. Comme Yuan Shih-k'ai vingt ans auparavant, Chiang estimait apparemment que la politique chinoise réclamait un dictateur. S'il occupa des fonctions multiples à diverses époques, il n'en resta pas moins toujours le chef du pouvoir, et l'impératrice douairière aurait pu comprendre sa tactique politique. L'un des personnages qui servait de modèle à Chiang était Tseng Kuo-fan, l'artisan de la répression des Taiping, en qui il voyait un prédécesseur, parvenu avant lui à sauver le peuple chinois d'une révolution sociale destructrice. Chiang était finalement l'héritier de la tradition de la classe dirigeante chinoise : son autorité morale s'exprimait en termes confucéens et son administration était atteinte par la même inefficacité qu'autrefois. Ainsi qu'il le disait en 1932 : « Tout ce qui arrive sur un bureau du gouvernement est aussitôt *yamenisé*; les projets de réformes ne rencontrent qu'apathie, négligence et inefficacité [55]. » C'est ainsi que les projets d'aménagement rural, qui existaient sur le papier, virent à peine le jour et que le développement économique, lui aussi, tourna court.

Le gouvernement de Nankin finançait ses lourdes dépenses militaires par de vastes emprunts auprès des banques, qui recevaient en échange des bons comportant un taux d'escompte très intéressant. En 1935, le gouvernement parvint à effectuer une réforme financière en faisant sortir la Chine du système de l'étalon d'argent, remplacé par une monnaie fiduciaire gérée par les quatre banques gouvernementales. Grâce à cette réforme, le gouvernement pouvait s'autofinancer en imprimant des billets. L'inflation qui en résulta commença par aider les fermiers, qui obtinrent des prix plus élevés pour leur production.

La constitution des cinq pouvoirs imaginée par Sun Yat-sen fonctionna piètrement sous le gouvernement de Nankin. Le Bureau, ou Yuan législatif, était surclassé par le Yuan exécutif, mais ce dernier était concurrencé par des ministères de parti qui avaient à peu près les mêmes fonctions que les siennes. Le Yuan des examens ne fonctionna jamais véritablement. En 1935, par exemple, les candidats qui avaient réussi les examens de la fonction publique n'étaient en tout que 1 585, mais nombreux furent ceux qui se retrouvèrent sans poste. Le Yuan de contrôle, qui avait hérité de certaines des fonctions du censorat d'antan, se révéla, lui aussi, presque totalement inefficace. Entre 1931 et 1937 « il eut à examiner des accusations de corruption concernant 69 500 fonctionnaires. Le Yuan ne retint que 1 800 inculpations [56] ». Mieux encore, le Yuan de contrôle n'ayant aucun pouvoir de décision judiciaire, sur les 1 800 fonctionnaires inculpés de corruption, 268 seulement furent jugés coupables par l'administration légale ; 214 d'entre eux n'eurent aucune sanction, 41 furent condamnés à des peines légères et, pour finir, 13 fonctionnaires seulement furent renvoyés. Par ailleurs, à eux cinq, les Yuan n'avaient pas plus de pouvoir que la Commission des affaires militaires, dirigée par Chiang Kai-shek, qui absorbait le plus gros des revenus du gouvernement de Nankin et constituait un gouvernement de fait.

Paradoxalement, quand on dit que la Chine avait un État fort où le pouvoir décisionnel appartenait au chef de l'État, c'est une autre manière de dire que les institutions politiques qui auraient pu exercer une influence politique autonome en Chine étaient faibles. Le système impérial avait instauré avec tant de force le pouvoir de l'empereur qu'aucune autre source de pouvoir n'était autorisée à exister. Lorsqu'il était en conflit avec ses bureaucrates, l'empereur avait recours à des décisions délibérément imprévisibles qui faisaient une brèche dans leurs habitudes routinières. Sous le gouvernement de Nankin, les capitalistes urbains, les grands propriétaires, le mouvement étudiant et les syndicats n'arrivèrent, ni les uns ni les autres, à faire valoir leurs intérêts auprès du gouvernement. Le gouvernement n'avait d'autre but que de continuer à exister et ne recherchait nullement la participation d'autres groupes. Lorsqu'il commença à asseoir sa dictature, Chiang Kai-shek priva de moyens le KMT en l'empêchant de participer à l'administration, de même qu'il opposa la clique de ses anciens étudiants de Whampoa à d'autres parties de l'armée, ou encore la clique des administrateurs des Sciences politiques (ou Études politiques) à celle des organisateurs de parti du Comité central, puis ces derniers aux Chemises bleues. Dans cette situation où le partage du pouvoir était inenvisageable, la participation des masses populaires était, *a fortiori*, exclue.

Entre 1928 et 1937, le gouvernement nationaliste de Nankin était donc sapé par plusieurs facteurs politiques. Son action au niveau des villages, qui concernait la masse des Chinois, ne pouvait être qu'extrêmement superficielle. Les projets et la législation qui tentaient d'établir les bases d'une administration locale représentant le gouvernement central se révélaient, la plupart du temps, en conflit avec les intérêts provinciaux, représentés par les seigneurs de la guerre et les chambres de commerce urbaines. Les premières réformes et améliorations modernes dont bénéficièrent les campagnes furent l'extension des routes et la création de lignes d'autobus qui venaient compléter les réseaux téléphonique et télégraphique. Mais c'est en prélevant des impôts plus lourds dans les villages que l'on finançait les programmes relatifs aux relevés géologiques, aux statistiques des récoltes, à l'amélioration agronomique et au maintien de l'ordre local. La paysannerie chinoise continuait de penser qu'elle ne tirait pas grand profit de ces améliorations modernes décidées par les gens des villes et le gouvernement central. L'idée d'organiser les villages pour qu'ils puissent travailler eux-mêmes à leur aménagement était totalement étrangère à la bureaucratie en place, et la cause de la révolution sociale, particulièrement en ce qui concernait l'extension de la propriété terrienne et la réduction de l'absentéisme des propriétaires, n'avait aucune chance d'être entendue par le régime nationaliste.

Du côté des villes, le milieu shanghaïen et ses racketteurs amassaient des revenus considérables sur lesquels le gouvernement prélevait, en retour de sa coopération tacite, des sommes substantielles. L'activité principale du gouvernement de Nankin était nécessairement militaire, puisqu'il lui fallut d'abord soumettre ou neutraliser les seigneurs de la guerre provinciaux, puis organiser dans le pays la résistance à l'invasion japonaise. Cette crise nationale accaparait le devant de la scène. Lorsque la révolution était partie de Canton pour s'emparer de la base économique du bas Yangtze en 1927, elle avait dû prendre la forme d'une expédition militaire dirigée par un commandant d'armée. La situation n'avait pas changé, et le gouvernement nationaliste dépendait toujours de sa puissance militaire pour continuer à exister.

Après son arrivée au pouvoir, Chiang Kai-shek, qui évoluait progressivement vers la dictature militaire, commença par se débarrasser des conseillers militaires russes, et entreprit de les remplacer par des Allemands. En 1928, Wang Ch'ung-hui, juriste formé en Allemagne, aida Chiang Kai-shek à constituer un échelon militaire indépendant du gouvernement civil. L'état-major général et la future Commission des affaires militaires, avec ses divers ministères, se trouvaient donc sous les ordres de Chiang qui en était le commandant en chef; d'autre part, les cinq pouvoirs du gouvernement civil étaient également placés sous son autorité, puisqu'il était président. Les conseillers militaires allemands, qui comptaient obtenir l'aide industrielle de leur pays, entreprirent de former de gigantesques effectifs militaires. Le fils de Sun Yat-sen, Sun Fo, ainsi que son rival, T.V. Soong, encourageaient l'un et l'autre le rapprochement de Nankin avec les Allemands. En 1930, une commission d'étude de la Chine, venue d'Allemagne, s'installa pour trois mois et l'on fonda plusieurs institutions culturelles afin de resserrer les liens entre les deux pays. Une ligne d'aviation civile fut également établie entre la Chine et l'Allemagne.

Quand, en 1931, le Japon s'empara de la Mandchourie, les intellectuels de Pékin, notamment, réclamèrent l'élaboration d'un système national de défense, faisant appel aux ressources de l'industrie. On mobilisa les savants. Un géologue formé en Allemagne, Chu Chia-hua, devint ministre de l'Éducation. En 1932, on commença à mettre sur pied ce qui allait devenir la Commission des ressources naturelles (CRN), sous la direction d'un autre géologue, Weng Wen-hao, diplômé des examens impériaux qui avait également obtenu un doctorat de géologie et de physique à l'université de Louvain, en Belgique. Extrêmement intelligent et d'une honnêteté à toute épreuve, Weng, chargé du développement économique, parvint à des postes de haut niveau dans le gouvernement nationaliste. La CRN dépendait directement de Chiang et du pouvoir militaire. Elle avait pour objectif de créer des industries de base, dirigées par l'État, pour l'acier, l'électricité, l'outillage et les arsenaux militaires. Il entrait dans ce projet d'obtenir des investissements étrangers, en particulier allemands. En 1933, une commission de conseillers militaires allemands se mit au travail en Chine, afin d'étudier les possibilités de coopération industrielle et militaire. Le tungstène chinois était important pour l'industrie allemande. Le général Hans von Seekt, qui avait organisé l'armée allemande moderne, se rendit deux fois en Chine, où il préconisa la formation d'une nouvelle armée d'élite et d'un nouveau corps d'officiers.

A l'époque de l'attaque japonaise de 1937, le gouvernement nationaliste avait donc établi des liens prometteurs avec l'Allemagne nazie. Mais l'invasion japonaise en empêcha la concrétisation ; avec le développement parallèle des relations entre le Japon et les nazis, puis le pacte germano-soviétique de 1939, la Chine, privée de l'aide allemande, ne dépendit plus que du montant encore minime de l'aide américaine. On retombait ici sur un résultat de la situation des années 1920 et 1930, où l'ouverture de la Chine sur l'étranger avait abouti à la formation d'une intelligentsia sino-libérale, dont la majorité était imprégnée de culture américaine.

*
* *

Tandis que le gouvernement nationaliste se battait dans les années 1930 pour édifier sa puissance militaire, le PCC se battait pour survivre dans les villages. Alors qu'il comptait environ 60 000 membres avant la rupture de 1927, le PCC avait durement souffert de la terreur blanche instaurée par Chiang Kai-shek. La plupart de ses membres, réduits à l'inaction, s'étaient dispersés dans l'anonymat et quelques-uns de ses partisans les plus convaincus étaient allés se terrer dans les places fortes des lointaines campagnes. Une douzaine de zones de base s'étaient ainsi constituées, formant de petites poches où les soldats de l'armée Rouge, peu nombreux, soutenaient les chefs politiques rebelles. Ces zones de base se trouvaient habituellement sur la frange de territoire située entre les plaines et les montagnes, que les véhicules roulants ne pouvaient pas encore atteindre, et où les transports s'effectuaient à dos d'âne ou par porteur humain, le long des sentiers de pierre aménagés dans les vallées que bordaient des collines escarpées. Quand Mao et l'officier rebelle Chu Te rallièrent les Ching-kang-shan, au sud de la frontière entre le Hunan et le Kiangsi, ils constituèrent la plus importante de ces zones de base, qu'ils transférèrent ensuite dans les collines du Kiangsi, au nord-est, où Jui-chin devint leur capitale. D'autres zones de base existaient dans les monts Ta-pieh, au nord-est de Wuhan, ainsi que sur les bords marécageux du lac Hung, au nord du Kiangsu, à l'ancienne embouchure du fleuve Jaune. Toutes ces zones étaient relativement inaccessibles et défendables. Leur développement permit au marxisme-léninisme de se répandre dans la population chinoise.

La croisade du Komintern soviétique s'appuyait à la fois sur un système de croyance idéaliste et sur une technique d'organisation. Le système de croyance était fondé sur une cosmologie qui résumait toute l'histoire de l'humanité dans un contexte cosmopolite, supranational. La technique organisationnelle, justifiée par la cosmologie, permettait d'obtenir de tous les vrais croyants discipline et obéissance. Cette association puissante promettait de répondre aux besoins du nationalisme patriotique, en libérant le peuple des anciennes institutions et en lui apportant la modernisation industrielle.

L'idéologie et l'organisation ont, bien entendu, formé une combinaison gagnante dans la plupart des révolutions. En ce qui concerne la Chine, il fallut un temps considérable pour adapter à la vie et aux conditions chinoises des principes élaborés en Union soviétique et transmis par le Komintern. Dans l'analyse marxiste-léniniste de l'histoire, par exemple, le rôle clé est tenu par le prolétariat urbain – la classe ouvrière industrielle – et les chefs du parti communiste implanté dans les villes ; mais le PCC ne put aboutir à rien avant d'avoir remplacé dans les faits le prolétariat par la paysannerie, renversant ainsi la théorie. Dans le même ordre d'idées, la règle de discipline et d'obéissance à l'organisation induisait d'abord l'acceptation de l'autorité du Komintern russe, avant de favoriser la croissance du PCC en Chine. Cependant, une fois le pouvoir obtenu, chacun des partis communistes défendit ses intérêts nationaux, et ce fut la rupture entre le parti soviétique et le parti chinois. Avec le temps, il fallut se rendre à cette triste évidence : la route vers le cosmopolitisme international passait par la satisfaction du nationalisme. L'affaiblissement momentané du communisme national ruina la stratégie du Komintern. Les partis communistes ne pouvaient pas se développer sans stimuler la culture nationale, mais, ce faisant, ils brisaient le lien qui les unissait à l'origine.

Après 1927, quand on chassa Ch'en Tu-hsiu, qui avait présidé à la quasi-destruction du PCC, la direction fut assurée en Chine par une succession de jeunes hommes, dépêchés de Moscou par le Komintern. Obligés de vivre comme des fugitifs, et contraints à la clandestinité à Shanghai comme dans les autres centres urbains, il leur était extrêmement difficile de mener à bien une guerre révolutionnaire. Ils contribuèrent, par leurs activités doctrinales, à l'élaboration de l'idéologie du mouvement, mais il ne s'agissait que de mots sur le papier qui ne pouvaient guère servir de point de ralliement à un mouvement de masse. Si le PCC n'avait pas alors trouvé une nouvelle technique d'organisation dans les campagnes, au sein de la paysannerie, on aurait depuis longtemps oublié leur existence.

Victimes de la terreur nationaliste, les 60 000 membres que comptait approximativement le PCC au début de l'année 1927 se trouvèrent peu après ramenés à une vingtaine de milliers. Ceux qui restaient dans les villes étaient réduits à une existence furtive, mais ils représentaient toujours le Komintern et recevaient des directives de Moscou, qu'ils transmettaient à leur tour aux zones de base.

En outre, l'influence de Moscou fut renforcée par le retour des célèbres vingt-huit bolcheviques qui prirent la direction du PCC au début de 1931. Faisant preuve d'une brutalité bien dans la ligne du Komintern, ils commencèrent par dénoncer à la police du KMT une réunion du Comité central du PCC, alors composé surtout de Chinois. Vingt-quatre hommes furent arrêtés et fusillés. Les vingt-huit bolcheviques montèrent en épingle la mort parmi eux de cinq jeunes écrivains, dont ils firent les Cinq Martyrs, mais gardèrent le silence sur les dix-neuf autres victimes, qu'ils avaient remplacées pour constituer un nouveau comité central, formé, cette fois-ci, par Moscou. Leurs idées et leurs objectifs, hautement orthodoxes, n'étaient pas tout à fait adaptés à la réalité chinoise. Continuant à parler de révolution prolétarienne, ils tentèrent de s'emparer des villes, dans l'espoir d'établir des provinces indépendantes. Ils faisaient ainsi le jeu du KMT qui contrecarrait tous leurs plans. Il n'y eut pas de « raz de marée » révolutionnaire en Chine. En 1933, le Comité central, contraint de quitter Shanghai, rallia la base centrale du Kiangsi que dirigeait Mao Tse-tung. Représentant une autorité supérieure, ils prirent le commandement, mais se trouvèrent plongés dans la vie paysanne et ses problèmes. A partir de ce moment, ce furent la personne et les idées de Mao qui jouèrent le plus grand rôle dans la révolution du PCC.

Mao parvint mieux que personne à réaliser l'unité de la théorie et de la pratique. Ainsi que nous l'avons vu, c'était un des thèmes centraux de la philosophie confucéenne. L'harmonie de la pensée et de la conduite, l'interrelation de la connaissance et de l'action étaient autant de formulations du grand principe dialectique du *yin* et du *yang* qui régissait l'univers. L'homme faisait partie de la nature, et il devait y avoir une interaction entre les deux. L'homme devait tirer des leçons de son expérience. Mais il devait ensuite appliquer ce qu'il avait appris, car, faisant partie de la nature, il pouvait exercer une influence sur la situation.

L'unité de la théorie et de la pratique avait amené Mao à adopter certaines positions, dont celle-ci : il ne fallait accepter que ce qui était utilisable. Accumuler un savoir livresque qu'on ne pouvait appliquer était une perte de temps. L'érudition pure, les doctrines et les dogmes n'avaient aucune utilité s'ils ne se traduisaient pas dans l'action. Il méprisait par conséquent ceux qui se contentaient d'être des lettrés.

Du temps de l'orthodoxie confucéenne, on considérait que l'apprentissage se faisait en observant les usages établis. Pour le lettré, « la connaissance [était] aisée, et l'action difficile », mais la situation s'était renversée avec la révolution du xxe siècle. Sun Yat-sen, après avoir vu ses premiers espoirs déçus, avait abouti à la formule opposée : « La connaissance est difficile, l'action est aisée. » Pour Mao, connaître quelque chose, c'était pouvoir et devoir agir dessus. Mais il fallait ensuite reformuler ce que l'on savait, en tenant compte de son expérience et des résultats de son action. Mao était un génie créatif qui l'emportait sans peine sur les pantins doctrinaires du Komintern qui tentaient de diriger la rébellion rurale avec une optique urbaine. (Cette appréciation péjorative est aussi celle de l'historiographie maoïste, qui n'est jamais tendre pour les perdants.) Ainsi que l'on devait s'en apercevoir bien des années plus tard, la principale erreur commise par Mao fut d'appliquer son unité de la connaissance et de l'action au royaume de la politique concrète, et non aux abstractions de l'économie.

Devant la pauvreté de la documentation disponible, on peut tenter de reconstituer la pensée de Mao en suivant les étapes de son évolution. D'abord partisan du Mouvement du 4-Mai, Mao était un progressiste qui croyait à la réforme. Ce n'est qu'après de profondes déceptions qu'il fut amené à conclure que la révolution violente était la seule voie possible. Ses premiers écrits insistaient sur l'importance essentielle de la forme physique pour la personne humaine. Comme bien d'autres, il avait souscrit aux théories anarchistes de Krotopkine, qui prônaient l'aide mutuelle et l'effort concerté. En 1914, à l'âge de dix-huit ans, il annota la traduction que Ts'ai Yuan-p'ei avait faite en chinois du *System der Ethik*, écrit par le philosophe allemand Friedrich Paulsen. Pour ce philosophe, qui fit œuvre de vulgarisation, la volonté primait l'intellect et l'éthique faisait partie de la nature. L'univers étant régi par l'éthique, l'individu l'était également. L'attitude subjective ne se trouvait pas en conflit avec l'attitude objective. Cette attribution d'un caractère éthique à l'évolution était particulièrement utile à la génération chinoise qui devait concilier l'histoire et les valeurs, les enseignements éthiques de l'héritage chinois avec les connaissances modernes du monde scientifique.

Très tôt, Mao fit preuve d'une grande activité. A l'école normale d'instituteurs du Hunan, où il reçut sa principale formation, Mao, plus âgé et plus mûr que ses compagnons d'études, exprima ses qualités naturelles de chef. Il mit sur pied des cours du soir pour les travailleurs, auxquels ses camarades et lui apprenaient à lire et à écrire deux heures par jour, cinq jours par semaine. Lorsqu'il revint au Hunan, après avoir quitté l'université nationale de Pékin juste avant le Mouvement du 4-Mai, Mao fonda une revue intitulée *La Revue du fleuve Hsiang* (d'après le nom du fleuve qui traverse Changsha). Il y exposait sa thèse dialectique, affirmant que la phase d'oppression du peuple serait suivie d'une phase de transformation, et que la Chine, après une période de faiblesse et d'humiliation, émergerait à nouveau au premier rang des nations. On retrouvait ici le thème de l'unité des contraires, cher au taoïsme chinois et à d'autres pensées. Prônant « la grande union des masses populaires », il avançait que les groupes unis avaient depuis longtemps le dessus dans la société, parce qu'ils restaient solidaires, et qu'il était à présent temps pour les masses d'en faire autant. Dans le même ordre d'idées, les nations occidentales s'étaient définies par leur interaction ; il était temps que la Chine, restée isolée, fasse de même.

La pensée de Mao s'exprimait en termes cosmopolites et universels, mais ses premières activités s'exercèrent dans le cadre du mouvement provincial autonomiste du Hunan. En cherchant à donner une constitution à la province, ce mouvement servait l'idée, alors populaire, selon laquelle la fédération de provinces indépendantes était le meilleur moyen d'amener un gouvernement moderne en Chine. Le gouvernement autonome devait s'appuyer sur la participation populaire et la mobilisation de tous. Quand sa revue fut interdite à la fin de l'année 1919, Mao repartit à Pékin et Shanghai, où il rencontra des esprits qui avaient des affinités avec le sien. Il n'était encore ni un conspirateur ni un marxiste, mais il organisa en 1920 une société d'étude des affaires russes et forma une section des Jeunesses socialistes dans le Hunan. Afin de répandre ces idées, il implanta également une Librairie culturelle en plusieurs endroits de la province. Même après sa participation au Congrès du parti communiste chinois, à Shanghai, en juillet 1921, il créa le Collège autodidacte du Hunan, qui utilisait l'ancienne forme de l'académie *(shu-yuan)* pour transmettre le nouveau contenu de la science moderne. Ses dernières activités dans le Hunan furent celles qu'il déploya au sein du mouvement ouvrier, avant de se trouver contraint de s'enfuir à Shanghai en avril 1923. Jusque-là, il s'était attaché à montrer par l'exemple quel type d'activisme était nécessaire pour mener à bien la révolution, ou comment juger de la valeur des idées d'après leurs résultats effectifs. Mao était attiré par le marxisme, dont il voyait l'utilité pour libérer le peuple, mais ce fut lui qui vint au marxisme, et non l'inverse. Il réalisa qu'il était impossible de réaliser les idéaux du 4-Mai, si le PCC ne leur ouvrait pas la voie.

A présent que la révolution paysanne de la Chine s'est produite sous la direction de Mao, on voit sans peine à quel point l'approche du Komintern, pour qui la Révolution chinoise passait par l'organisation et l'encadrement d'un prolétariat urbain, était doctrinaire et irréaliste ; et à quel point l'insistance de Mao sur la mobilisation de la paysannerie, tant pour s'emparer du pouvoir que pour changer les conditions intolérables de la vie paysanne, était essentielle. Le jeune Mao n'était bien entendu pas le seul communiste intéressé par la paysannerie. Il y a un demi-siècle, l'ouvrage d'Ed Snow, *Red Star Over China,* a fait de Mao le *numéro un* de la Révolution chinoise aux yeux des observateurs étrangers, mais aujourd'hui on commence à rétablir l'équilibre en se penchant sur l'action menée par d'autres chefs à cette époque.

L'un des pionniers de la mobilisation paysanne au sein du PCC fut l'étonnant P'eng P'ai, l'un des intellectuels du 4-Mai, originaire du comté de Hai-feng, situé sur la côte, à mi-chemin entre Hong Kong et Swatow. Lorsqu'il revint dans son pays natal, au début des années 1920, P'eng P'ai procéda par tâtonnements pour se faire accepter des villageois dans un premier temps, puis leur apprendre à former un syndicat paysan et à entreprendre la lutte des classes contre les propriétaires, les usuriers et les percepteurs d'impôts. Sous le front uni, P'eng fonda et dirigea en 1924, à Canton, l'Institut national du mouvement paysan, dont Mao Tse-tung dirigerait la sixième et dernière promotion, en 1926. Bien qu'il fût un pionnier, P'eng, qui n'avait pas la vision d'un Mao, resta enraciné dans son comté natal. C'est là qu'il apprit à constituer un pouvoir militaire paysan en utilisant tantôt la foi doctrinale, tantôt l'appât du gain, tantôt pour contrebalancer la peur des propriétaires, la terreur exercée par son propre parti, le PCC. A la fin de 1927, P'eng parvint à mettre en place le soviet rebelle du Hai-Lu-feng (regroupant les comtés du Hai-feng et du Lu-feng), qui réussit à conserver le gouvernement pendant quatre mois avant d'être balayé par les forces du KMT (novembre 1927-février 1928). Alors que Mao faisait encore partie du front uni, dans le proche Canton, P'eng le précédait de plusieurs années.

On peut suivre l'évolution des idées de Mao pendant la période où il travaillait dans le cadre du front uni avec le KMT, après s'être enfui du Hunan en 1923. Il fit d'abord partie du département organisation du KMT à Shanghai, puis fut nommé membre suppléant du Comité central de ce parti à Canton. Là, il devint le directeur de l'Institut national du mouvement paysan, qui donnait une formation de cinq mois sur le sujet à une classe de quelques centaines de personnes. De mai à octobre 1926, c'est Mao qui forma la sixième classe, composée de 320 étudiants venant de toutes les provinces de Chine. Au programme de l'Institut, figuraient surtout, semble-t-il, l'analyse des problèmes paysans, ainsi qu'une analyse de la structure des classes dans les campagnes. Sur la base de son expérience personnelle de six mois dans le Hunan en 1925, où il avait organisé des syndicats paysans, Mao décrivait dans ses articles de 1926 l'exploitation systématique de la paysannerie à tous les échelons, du propriétaire paysan qui travaillait sur ses terres jusqu'au travailleur sans terre. Les éléments qu'il mettait en accusation étaient les suivants : 1° les loyers trop lourds (ceux-ci représentaient la moitié de la récolte, sinon plus); 2° les taux d'intérêt élevés (entre 36 et 84 p. 100 par an); 3° les taxes locales écrasantes; 4° l'exploitation de la main-d'œuvre agricole; 5° la coopération des propriétaires avec les seigneurs de la guerre et les fonctionnaires corrompus pour exploiter la paysannerie par tous les moyens possibles. De plus, l'ensemble de ce système était renforcé par la coopération des impérialistes qui cherchaient à maintenir l'ordre pour tirer des bénéfices de leur commerce en Chine.

A l'époque, Mao avait totalement accepté l'idée léniniste d'un mouvement mondial contre l'impérialisme capitaliste, fondé sur la lutte des classes. Mais, à l'intérieur de ce cadre général, Mao affirmait que, dans le cas de la Révolution chinoise, la clef du succès se trouvait d'abord dans une analyse intellectuelle approfondie des diverses classes existant à la campagne; à partir de là, on pourrait ensuite élaborer une tactique éminemment pratique, permettant d'identifier les classes avec lesquelles on pourrait travailler et celles contre lesquelles il faudrait lutter, à n'importe quel stade donné de la révolution. Enfin, dans les villages, le PCC ne devait pas prétendre à l'omniscience, mais jouer le rôle d'un guide et d'un catalyseur. Les militants du parti devaient examiner soigneusement les besoins et les plaintes, les espoirs et les peurs des villageois; c'est seulement ainsi que le parti pourrait articuler les exigences de la paysannerie, et suivre sa tactique d'union avec le plus grand nombre possible pour attaquer les plus petites cibles possible, étape nécessaire dans le processus révolutionnaire.

Malheureusement, pendant que Mao en était arrivé à ces conclusions, en 1926, le PCC était absorbé par sa tactique de front uni. Ses membres admettaient que la révolution nationaliste des années 1920 était, par définition, une révolution bourgeoise, ce que l'histoire devait ensuite démentir largement. Guidé par cette fausse croyance, le PCC suivait les conseils du Komintern et continuait coûte que coûte le front uni avec le KMT, en attendant que l'impérialisme fût chassé de Chine par un nouveau gouvernement national pour mettre en application ses idées de mobilisation de la paysannerie. L'abandon de la révolution sociale dans les campagnes semblait être une condition indispensable à la poursuite du front uni. Le PCC déplorait les « excès paysans », car la multiplication des associations paysannes dans les provinces du Sud pendant l'Expédition vers le nord avait provoqué une répression sauvage de la part des propriétaires et militaristes qui étaient toujours au pouvoir. Comme le PCC n'avait pas de forces armées, son mouvement paysan fut rapidement détruit après la rupture PCC-KMT, au milieu de l'année 1927. Le PCC avait lui-même contribué à sa ruine.

Pendant cette période, Mao, qui suivait consciencieusement la ligne définie par Moscou, essayait vainement de diriger le « raz de marée » qui, malgré les prévisions, ne se produisit pas. Il découvrit que la paysannerie pouvait être mobilisée, et même s'emparer des villes, mais qu'elle ne pouvait pas lutter contre l'armée nationaliste. Mao en déduisit que le PCC ne pourrait survivre et prospérer que s'il constituait ses propres forces armées sur une base territoriale, où il disposerait de suffisamment d'hommes et de ravitaillement pour mener le combat. C'est ainsi que fut créée la « République soviétique du Kiangsi » en 1931, avec Mao pour président.

Le PCC cherchait alors à obtenir le soutien des paysans en redistribuant les terres, et dépossédait en particulier les grands propriétaires – peu nombreux – pour donner espoir et possibilités à la paysannerie pauvre. L'un des nombreux désaccords qui opposaient Mao et les vingt-huit bolcheviques concernait la manière de traiter les paysans riches. Mao, qui les considérait comme essentiels pour l'économie locale, tentait de les rassurer, mais les esprits dogmatiques formés par Moscou craignaient de voir ces représentants de la mentalité paysanne détruire la nature prolétarienne du mouvement.

Les campagnes menées par Chiang Kai-shek pour anéantir ce cancer communiste obligèrent le PCC à élaborer les principes de la lutte de guérilla. Le premier principe consistait à amener l'ennemi à se replier le long de ses lignes d'approvisionnement, afin de pouvoir encercler et isoler ses unités avancées. Le second principe était de ne jamais attaquer à moins d'avoir la supériorité en nombre et la certitude du succès. L'est du Kiangsi, avec ses collines accidentées et ses vallées étroites se prêtait idéalement à cette tactique. Plus les pointes des armées de Chiang Kai-shek avançaient, plus elles devenaient vulnérables. Il leur fallut attendre la cinquième campagne, en 1934, pour connaître la victoire, grâce à l'aide des conseillers allemands qui avaient imaginé un système de blockhaus construits à flanc de colline le long des itinéraires d'invasion, et disposés de telle manière qu'en tirant de l'un d'entre eux, on protégeait le suivant. Grâce à cette chaîne de points forts, alimentés par camion et d'où elles ne pouvaient être délogées, les armées de Chiang Kai-shek finirent par l'emporter. La lutte de guérilla allait adopter un troisième principe : la paysannerie devait également être mobilisée pour fournir des renseignements, puisque les hommes et la nourriture s'avéraient finalement inefficaces. Fin 1934, le PCC partit pour la Longue Marche, qui commença avec 100 000 hommes environ et s'acheva un an plus tard, alors qu'ils n'étaient plus que 4 000.

La Longue Marche avait pour but de trouver une nouvelle base territoriale qui se situerait à la périphérie du pouvoir nationaliste, un peu à l'exemple des Mandchous établis à la périphérie de l'empire Ming. Le PCC avait besoin d'un refuge pour s'organiser. La province du Yunnan aurait bien fait l'affaire, mais les seigneurs de la guerre locaux, à la tête des régimes provinciaux, n'avaient aucune envie d'être dominés par le PCC. Il leur fallut, en revanche, céder peu à peu le pas devant les armées de Chiang Kai-shek lancées à la poursuite du PCC, ce qui justifiait, par une habile stratégie, l'installation d'armées du gouvernement central dans les provinces éloignées.

La Longue Marche est toujours apparue comme un miracle, à peine moins étonnant que la traversée de la mer Rouge par Moïse guidant le Peuple élu. (Avec un parcours de 10 000 km en un an, on obtient une moyenne de 27 km par jour.) Comment tous ces soldats et ces organisateurs de parti sont-ils parvenus à parcourir une telle distance à pied en si peu de temps?

Essayons de visualiser le terrain. La Chine du Sud-Ouest est un damier de petits et de grands bassins entourés de chaînes montagneuses. Les plaines populeuses sont alimentées par les cours d'eau qui descendent des montagnes inhospitalières. Pour traverser la Chine du Sud-Ouest, la Longue Marche dut franchir les fleuves et les montagnes, en évitant les plaines et les quelques routes carrossables qui s'y trouvaient. Il lui fallut donc, pendant la plus grande partie du trajet, monter et descendre de collines en vallées, avec de rares passages en terrain plat. Les perches calées sur l'épaule remplaçaient les camions pour transporter les marchandises et les litières portées par deux hommes servaient de couchettes.

Le général américain Joe Stilwell nous a donné un autre exemple de marche, après la défaite des Alliés en Birmanie, en 1942, alors qu'il faisait route vers l'Inde, imposant une allure rapide à la colonne qu'il dirigeait. Au cours de la Longue Marche, le haut commandement de l'armée Rouge et du PCC passa la plus grande partie du voyage à dormir sur les litières, pendant que la colonne suivait les sentiers de pierre à travers collines et rizières. Ils avaient souvent, il est vrai, consacré la plus grande partie de la nuit à l'étude des problèmes militaires de renseignement, de logistique, d'hommes et de stratégie, préparant ainsi la marche ou les combats du lendemain. Joe Stilwell ne s'était laissé porter qu'au dernier moment, avant de mourir. Il n'avait pas lu Mencius qui réservait aux dirigeants le travail cérébral et aux subordonnés le travail musculaire. Apparemment, Mao, Chou et consorts étaient plus aptes à survivre à la Longue Marche que les chefs américains placés dans une situation comparable.

Les dirigeants du PCC savaient également s'entourer, comme dans les armées conventionnelles, d'officiers de service, d'aides de camp et de gardes du corps. Ils avaient leurs sources secrètes de renseignement, comme les Américains contre les Japonais. Grâce à leur récepteur radio, ils captaient les mouvements des troupes nationalistes transmis en code simple. Ils en savaient plus long sur leurs ennemis que ces derniers sur eux.

Au fur et à mesure que la Longue Marche progressait, il fallait savoir où elle irait ensuite et qui la dirigerait. Avant que la marche ne quittât le Kiangsi, Mao avait été remplacé au sommet de la hiérarchie par la faction soviétique des vingt-huit bolcheviques et leur conseiller militaire communiste allemand, envoyés par le Komintern. L'accommodant Chou En-lai avait supplanté Mao au commandement militaire. Mais personne n'arrivait à desserrer l'étau mis en place par Chiang Kai-shek. La guerre de position, prônée par les idéologues du Komintern menait à une défaite certaine. Les pertes subies avaient été très lourdes, surtout au début de l'exode, lors de la traversée des fleuves. On accepta finalement la stratégie non orthodoxe de Mao, qui croyait à la guerre de mouvement. La Longue Marche progressait vers l'ouest et le nord-ouest quand Mao regagna la direction du PCC, au début de l'année 1935, pour ne plus jamais la quitter. Chou En-lai, qui avait été son supérieur, devint dès lors son plus fervent partisan.

Une fois revenue sous les ordres de Mao, l'armée Rouge dut s'attaquer au franchissement du principal affluent du haut Yangtze, dont tous les passages étaient défendus par les garnisons du KMT et des seigneurs de la guerre. Pour tromper l'ennemi, la tactique de Mao consista à faire reculer les contingents de l'armée Rouge et à les déplacer de manière à faire croire qu'ils menaçaient les capitales provinciales du Yunnan et du Kweichow. Quand on rappela les garnisons postées au bord du fleuve pour venir à leur défense, l'armée Rouge fit demi-tour et se précipita victorieusement de l'autre côté de l'eau.

La rapidité de la marche était tellement cruciale qu'il fallut se débarrasser du train des équipages prévu à l'origine pour affronter ce long voyage, qui exigeait des milliers de porteurs pour convoyer l'équipement lourd, les dossiers, les approvisionnements et les malades convalescents. Au départ, le personnel militaire s'élevait à 86 000 hommes. Ceux qui arrivèrent un an plus tard au Shensi étaient à peine 4 000, alors qu'un grand nombre de nouvelles recrues étaient venues grossir les rangs de l'armée Rouge en cours de route. Les vétérans de la Longue Marche allaient former l'aristocratie de la Révolution. Ils représentaient l'incarnation tangible du mythe fondateur de la République populaire.

La Longue Marche avait également contribué à la naissance du nouveau chef. Mao avait pris ses distances vis-à-vis de ses collègues au cours de la marche. Une fois investi du commandement, il préféra s'isoler dans ses propres quartiers, loin des autres dirigeants. Comme un empereur face à son destin, il ne pouvait plus avoir d'égaux, ni même de confidents. Il était déjà pris dans les obligations inhérentes à son rôle d'unificateur de la Chine. Si, l'espace d'un instant, on regarde à la fois vers le passé et vers le futur, l'ascension au pouvoir de Mao fait penser à la fondation des dynasties Han, T'ang et Ming. Dans chaque cas, un groupe de chefs s'était rassemblé afin d'exercer une action conjuguée sous la direction d'un homme « charismatique ». Chacun avait alors mobilisé la population de sa région pour soutenir un effort militaire visant soit à renverser les tyrans soit à chasser les étrangers du pays, deux causes éminemment populaires. Aucun fondateur dynastique n'avait opéré seul. Une fois parvenus au pouvoir, tous avaient donc dû affronter le problème de traiter avec leurs alliés. A l'époque Ming (1358-1644), mieux connue de nous que les dynasties antérieures, le fondateur du nouveau régime, qui se montra particulièrement soupçonneux, et même, à dire vrai, paranoïaque, élimina l'un après l'autre ses anciens camarades de combat. (Il planta aussi des millions d'arbres et, s'il avait connu les chemins de fer, les aurait certainement utilisés en temps voulu.)

La Longue Marche permit en outre à Mao de trouver son plus proche collaborateur et futur Premier ministre, Chou En-lai. Personnage charismatique aux qualités remarquables, Chou sut instinctivement garder une position modérée ; il s'efforça de maintenir l'unité de son organisation et eut le bon sens de ne jamais devenir un rival pour le poste suprême, alors qu'il était numéro deux. En restant quarante-huit ans au Politburo du PCC, il est parvenu à établir un record mondial. Chou devint donc un grand Premier ministre, qui se consacra au service du parti et de son chef, tout comme les anciens Premiers ministres avaient servi l'empereur et la maison impériale.

Son héritage destinait Chou à ce rôle. Sa famille venait des environs de Shao-hsing, dans le Chekiang, au sud de Shanghai, entre Ningpo et Hangchow, ce centre remarquable où les fonctionnaires de l'époque Ch'ing avaient trouvé un si grand nombre de conseillers et de secrétaires privés. Chou avait trois oncles, tous lauréats des examens provinciaux sous l'ancien système, dont l'un devint gouverneur. En 1908, à l'âge de dix ans, Chou alla à l'école élémentaire de Moukden, en Mandchourie, puis à l'école secondaire de Nankai, où il tomba sous l'influence de cet extraordinaire éducateur libéral qu'était le Dr Chang Po-ling. Chou s'y imprégna de culture, mais devint aussi, très tôt, un leader étudiant. De 1917 à 1919, il partit au Japon, où il se familiarisa avec le socialisme de Kawakami Hajime. Au début du Mouvement du 4-Mai, Chou revint à Nankai, alors devenu une université, et se lança dans la publication d'un journal étudiant. A partir de ce moment, sa vie fut essentiellement celle d'un organisateur et d'un propagandiste, de plus en plus à gauche, au point qu'une expérience de plusieurs mois en prison vint sanctionner ses prises de position révolutionnaires. Pendant l'été 1920, il partit en France.

Outre les quelque 100 000 travailleurs chinois amenés en France pour participer à l'effort de guerre, il y avait là également plusieurs centaines d'étudiants chinois. La présence de la plupart d'entre eux s'inscrivait dans le cadre d'un programme « travail-étude », mais beaucoup se consacraient surtout à la grande question du salut de la Chine. A peine arrivé, le jeune Chou En-lai s'imposa par sa personnalité, ses qualités de persuasion et de diplomatie et devint aussitôt le principal leader parmi ses congénères. Sans vouloir accaparer le premier rôle, il avait un talent particulier pour amener des personnalités concurrentes à conclure des accords de travail. Il devint ainsi, dès le départ, celui qui assurait la cohésion du commandement, en faisant jouer la persuasion et non la domination. Il se rendit en Angleterre et passa un moment en Allemagne, où il organisa une section du PCC à Berlin. Lorsqu'il revint à Canton en 1924, Chou En-lai était parfaitement familiarisé avec la politique révolutionnaire de front uni.

A Canton, il rallie l'équipe de la nouvelle Académie militaire de Whampoa, dirigée par un jeune général plein d'avenir qui revenait juste de Moscou, Chiang Kai-shek. Chou devient directeur adjoint du département instruction politique. Commissaire dirigeant, il était en même temps le subordonné et l'étudiant du jeune général Chiang. Il connaissait le monde international et avait également travaillé avec les jeunes gens qui formeraient la nouvelle génération de chefs de la Révolution chinoise.

En mars 1927, à Shanghai, il participe à la révolte communiste qui devait ouvrir la voie à l'armée nationaliste, pour être ensuite écrasée par Chiang Kai-shek. On le retrouve également parmi les chefs du soulèvement de Nanchang en 1928, qui vit naître l'armée Rouge. Plus tard, Chou coopéra avec les vingt-huit bolcheviques et travailla avec une succession de secrétaires du parti, tout en évitant d'être lui-même nommé à ce poste. Au Kiangsi, il resta partisan de la guerre de position, avant de voir qu'elle menait à la catastrophe.

Si Chou parvint finalement à la réussite, c'est qu'il eut l'intelligence de reconnaître que la démarche doctrinaire de Moscou ne portait aucun fruit en Chine et que luimême n'avait pas les qualités créatives nécessaires pour adapter la politique du PCC à la situation chinoise. C'est bien parce qu'il connaissait ses limites qu'il put, après avoir été le supérieur de Mao, devenir son subordonné à partir de la conférence de Tsunyi, début 1935, où Mao prit la direction du PCC au cours de la Longue Marche.

L'expérience internationale de Chou et la finesse dont il faisait preuve dans ses relations avec les personnes les plus diverses ont contribué de manière déterminante au succès du PCC. Sans lui, l'ascension de Mao n'aurait pas eu lieu. Mao, déjà grandement servi sur le plan militaire par l'aide de Chu Te, put profiter des qualités hors du commun de Chou En-lai, excellent médiateur, diplomate et administrateur. De plus, Chou représentait la continuité d'une équipe. Ch'en I et Nieh Jung-chen, qui étaient en France avec lui, devinrent tous deux maréchaux de l'armée communiste. Plus tard à Pékin, Ch'en I deviendrait ministre des Affaires étrangères et Nieh prendrait la direction du développement nucléaire. Teng Hsiao-p'ing, quant à lui, avait commencé par faire des photocopies pour Chou à Paris. Les dirigeants qui survécurent à la Longue Marche étaient en fait étroitement liés. Ils partageaient une foi et une idéologie communes, acceptaient pour base de travail la discipline du parti et formaient, de surcroît, un groupe de camarades de longue date.

Vers la fin de la Longue Marche, Mao et son armée Rouge, qui venaient de la base du Kiangsi, furent rejoints par une autre fraction de l'armée Rouge, qui marchait depuis la base située au nord-est de Wuhan, dans les monts Ta-pieh, entre les trois provinces du Hupei, du Honan et de l'Anhwei. Cette fraction de l'armée Rouge, dirigée par l'un des fondateurs du PCC, Chang Kuo-t'ao, était bien plus importante en nombre que celle de Mao. Par la suite, Chang rompit avec Mao et rejoignit le KMT. Mais quelle était l'histoire de cette autre base communiste ? Il existe très peu d'éléments à son sujet. Le groupe de Mao a accaparé la lumière des projecteurs de l'histoire.

Lorsqu'ils arrivèrent dans la province du Shensi, au nord-ouest, fin 1935, les communistes n'avaient guère devant eux que le désert, qui s'étendait à l'ouest, et le fleuve Jaune, au nord et à l'est. Le Shensi avait été creusé au cours des âges par l'érosion du plateau de lœss. L'absence de routes carrossables en faisait une région défendable, mais peu alimentée et peu peuplée, sa population ayant été sauvée de justesse de l'extermination totale, lors de la campagne nationaliste de répression par l'invasion japonaise de 1937. L'armée du Nord-Est (la

Mandchourie), qui était stationnée à Sian pour lutter contre les communistes, avait préféré élaborer la résistance et combattre l'envahisseur japonais. En décembre 1936, Chiang Kai-shek, capturé par un général rebelle, dut admettre avant d'être relâché la nécessité d'organiser un front uni, et de cesser de se battre entre Chinois.

En 1928, au moment où devait se tenir son VIe Congrès à Moscou, le PCC était dans une situation critique. Les directives du Komintern présidèrent ensuite à sa destinée pendant un moment, mais en 1935, l'élément russe commençait à céder le pas devant les partisans de Mao, sans qu'il fût pour autant question de conspiration. Simplement, en se penchant sur la mentalité, les besoins et les intérêts des gens du peuple, Mao avait trouvé la clé du pouvoir dans les campagnes chinoises. Pour Mao, il était véritablement essentiel que la révolution fût guidée et soutenue par les masses populaires. Les doctrines importées devaient rester secondaires. Il fallait écouter attentivement le peuple, pour mieux le mobiliser et le diriger.

Dans les zones « blanches » où le KMT était au pouvoir, les directives du Komintern menèrent également au fiasco. Les tentatives répétées pour organiser les syndicats ouvriers en prolétariat urbain et utiliser les grèves pour s'emparer des villes furent autant d'échecs. Le principal organisateur qui se distingua alors était un autre homme attaché à la poursuite d'objectifs réalisables. Liu Shao-ch'i dirigea l'effort communiste dans les villes de Chine du Nord, où il encouragea le mouvement littéraire de gauche, l'utilisation des arts et le recrutement des étudiants. En abandonnant les doctrines de l'Internationale communiste, Liu effectua lui aussi une adaptation des méthodes du PCC à la réalité chinoise.

Lorsque Liu rallia Mao à Yenan en 1937, le second front uni avait déjà pris forme. Au cours de l'été 1935, Moscou avait adopté la ligne d'un front uni rassemblant tous les Chinois contre le Japon, afin de lutter contre la montée du fascisme en Europe et contre l'agression japonaise en Orient. Mao, quant à lui, était partisan du front uni de la Chine contre le Japon, mais il voulait en exclure Chiang Kai-shek. La révolution nationale pour sauver la

Chine du Japon prenait le pas sur la révolution sociale dans le pays, mais Mao n'était pas prêt à abandonner celle-ci pour se concentrer sur celle-là. Il préconisait au contraire de mener la lutte sur un double front, contre les Japonais et contre Chiang Kai-shek, en utilisant les bases communistes pour faire une guerre de résistance. Afin de prouver sa sincérité, le PCC mit sur pied une expédition qui partit de Yenan pour atteindre les Japonais plus à l'est, dans la province du Shansi. C'est à ce moment-là, au printemps 1936, qu'une directive du Komintern ordonna à Mao de former un front uni avec Chiang. Chou En-lai partit à Shanghai pour en négocier les termes.

Quand le KMT et le PCC aboutirent finalement à un accord de front uni en avril 1937, Mao commençait à l'emporter sur les vingt-huit bolcheviques du PCC. Loin d'allier ses efforts à ceux du KMT, Mao projetait de continuer la révolution sociale dans les régions communistes, sur lesquelles il s'appuierait pour combattre le Japon au nom de la nation. Si cette stratégie fonctionnait, les forces armées du PCC pourraient développer leurs propres bases et bénéficier du soutien populaire en étant portées par la vague de résistance nationale dirigée contre l'envahisseur. Les fondements du communisme national de Mao étaient déjà en place.

CHAPITRE 14

LA GUERRE DE RÉSISTANCE ET LA GUERRE CIVILE, 1937-1949

L'invasion de la Chine par le Japon a duré huit ans. Pendant cette période, la majeure partie de la population se trouvait dans le territoire occupé par les Japonais, qui comprenait principalement les villes côtières et celles que desservaient les chemins de fer. Une autre portion importante vivait dans la zone dirigée par le KMT, la Chine Libre. La plus petite des trois divisions de la Chine était la région où le PCC détenait le pouvoir, qui avait Yenan pour capitale. Les historiens, comme chacun sait, s'intéressent surtout aux origines des événements, or c'est à Yenan que s'est dessiné l'avenir de la Chine. Leurs recherches ont par conséquent moins porté sur la défaite des Japonais, ou celle, ensuite, des nationalistes, que sur l'ascension du PCC. Le succès est créatif et intéressant, l'échec est triste et ennuyeux. Qui voudrait en entendre parler ? Il est en outre plus facile de rendre compte de l'histoire de Yenan, plus limité dans l'espace et sur lequel la documentation est moins abondante, que de l'expérience extrêmement diversifiée de la Chine Occupée et de la Chine Libre. Nous avons donc adopté ici le parti pris d'ignorer pratiquement la Chine envahie par le Japon, de résumer dans ses grandes lignes l'histoire de la Chine Libre, et d'essayer de régler le tir sur la Chine du PCC.

L'effondrement du gouvernement nationaliste, au cours des huit années de résistance menée contre le

Japon, n'est pas seulement imputable à la force de destruction brutale des armées japonaises, pourtant indéniable, mais aussi à la réaction des nationalistes face à ces dures circonstances. Devant l'attaque japonaise, il était peut-être impossible de sauver la Chine en cours de modernisation qu'ils représentaient, mais la politique adoptée par les dirigeants nationalistes a constitué un facteur aggravant.

Lorsqu'en 1938 le gouvernement de Nankin se déplaça à Wuhan, puis au-delà des gorges du Yangtze, à Chungking dans le Szechwan, il se trouva coupé de ses racines. Les revenus qu'il tirait jusqu'alors du Service des Douanes maritimes et du commerce de l'opium vers Shanghai n'existaient plus. Le corps d'administrateurs modernes qu'il avait réussi à former, non sans mal, se trouvait réduit à un groupe de réfugiés, dominés par cette autre face du KMT que constituaient leurs alliés réactionnaires, les militaristes et propriétaires provinciaux, survivances de l'ancienne Chine. En Chine occidentale, le gouvernement de Chungking s'efforça de tenir en respect les seigneurs de la guerre et d'éviter le bouleversement de l'ordre social, maintenu par les propriétaires fonciers dans les villages. Naguère gouvernement central de la Chine, le régime nationaliste devait à présent vivre en fugitif, retiré au milieu des montagnes. Si Mao et ses partisans avaient détenu le pouvoir à Chungking, ils auraient pu mobiliser progressivement la population, mettre en échec les seigneurs de la guerre et régler leur compte aux propriétaires. La province du Szechwan, aussi grande que l'Allemagne, aurait pu devenir une base pour regagner la Chine sur les Japonais. Mais l'histoire devait montrer que le gouvernement nationaliste ne croyait pas suffisamment à la révolution pour lui laisser diriger le peuple chinois.

Au début, l'esprit de résistance de la Chine Libre, qui suscita des réactions enflammées dans le monde à partir de 1937 et attira les sympathies libérales (comme les républicains espagnols en lutte contre Franco), servit de point de ralliement à ceux qui tentaient de poursuivre la modernisation de la vie chinoise. Le système d'éducation sino-libérale, qui commençait à se mettre en place en

Chine, avait subi des dégâts considérables et vu beaucoup de ses installations détruites. De nombreux étudiants avaient émigré dans le Sud-Ouest et en amont du Yangtze, accompagnés par leurs enseignants. L'Université associée du Sud-Ouest qui s'était établie à Kunming regroupait l'université de Tsing Hua et l'université nationale de Pékin, ainsi que l'université de Nankai, auparavant à Tientsin. L'université de Yenching et d'autres institutions chrétiennes s'étaient, quant à elles, rassemblées à Chengtu, sur l'emplacement de la West China Union University. On avait également démonté entièrement des installations industrielles pour les transporter en amont du fleuve, où la Commission nationale des ressources exploitait déjà des mines et des industries. Des intellectuels et des administrateurs du gouvernement, animés par un vif patriotisme, s'étaient résignés à déménager et apprenaient à vivre de manière plus primitive à l'intérieur du pays, loin du confort des villes côtières. Malheureusement, alors qu'ils représentaient les principaux éléments professionnels de la Chine moderne, leurs espérances furent déçues. Leur gouvernement s'illustra, en fait, par son manque de discernement et son conservatisme.

Le régime nationaliste avait recours, pour résoudre les problèmes qui se posaient à lui, à des expédients à court terme qui ne lui donnaient guère de force pour l'avenir. La circulation des hommes et des marchandises sortant de la Chine Occupée était très réduite et s'effectuait surtout par le chemin de fer de Lung-Hai, au nord du Yangtze, ainsi que par voie aérienne, à partir de Hong Kong, avant que les Japonais ne s'en emparent, en 1941. A cette date, le régime de Chungking avait réussi à accaparer le produit de l'impôt foncier en céréales afin de nourrir son administration. Ses entrepreneurs industriels faisaient tourner les arsenaux qui soutenaient l'effort de guerre. Le bombardement de Chungking par les Japonais avait stimulé l'esprit de résistance, mais, parallèlement, l'esprit de front uni s'était détérioré. Les intellectuels radicaux de Chungking commencèrent à se tourner vers Yenan, sans parler de ceux qui étaient déjà des cadres du

PCC, dépêchés pour travailler dans la zone du KMT, sous l'étiquette de libéraux. L'infiltration de la Chine Libre par le PCC était de plus en plus forte à mesure que la situation se dégradait, et les organisateurs du KMT se sentirent contraints de prendre des mesures de répression contre les intellectuels.

Chiang Kai-shek et son régime faisaient preuve du même conservatisme dénué d'imagination qu'à Nankin. Ils pensaient que la guerre concernait les gros effectifs militaires. L'éducation universitaire, quant à elle, concernait l'avenir de la Chine et les étudiants n'étaient donc pas mobilisés pour l'effort de guerre, mais se voyaient attribuer des bourses pour continuer leurs études. Les paysans étaient conscrits et imposés, mais laissés par ailleurs livrés à eux-mêmes. On n'encourageait pas particulièrement l'alphabétisation, et les services de santé publique n'atteignaient pas les villages. Dans les campagnes, la classe dirigeante de l'ancienne Chine formait une couche encore bien distincte des masses. Le gouvernement nationaliste transplanté se sentait assiégé dans un environnement potentiellement hostile. Venant du « pays d'aval », ses membres étaient des personnes déplacées qui attendaient de retourner vers les villes de la côte. La structure mise en place au début de la République, où la modernisation urbaine se superposait à la tradition rurale, n'avait pas disparu. Dans la zone du KMT, comme auparavant, l'aile sino-libérale des modernisateurs, tournés vers l'Occident, continuait de coexister avec la direction du parti, d'esprit fasciste, entièrement dévouée à Chiang Kai-shek. Pour la police secrète du parti et du gouvernement, il fallait maintenir le *statu quo*. Les libéraux, susceptibles de devenir subversifs, devaient donc être étroitement tenus en respect. Les centres de formation, où les futurs professeurs menaient une vie de camp, pendant que l'on s'efforçait de les endoctriner et de leur inculquer le respect des Trois Principes du peuple, eurent surtout pour effet d'augmenter leur hostilité vis-à-vis du régime. Les méthodes fortes employées contre les étudiants, les directeurs de journaux et tous ceux qui pouvaient ressembler à des ennemis élargirent progressivement le fossé entre les intellectuels et le gouvernement qui espérait s'appuyer sur eux dans l'avenir.

La province du Szechwan, à part la cuvette irriguée qui entoure la capitale, Chengtu, et où l'on cultive le riz, est surtout formée de montagnes escarpées et de rivières au cours rapide, sous un climat désagréablement humide, froid en hiver et oppressant en été. Au manque cruel de tous les agréments de la vie moderne, venaient s'ajouter les dégâts de l'inflation. Au lieu d'apprendre à vivre en utilisant les ressources de la campagne, comme faisait le PCC, le KMT vivait en faisant fonctionner la planche à billets. Cet expédient à court terme produisait une inflation qui sapait le moral de toute la classe supérieure et la privait d'énergie. Le régime nationaliste se montrait, en somme, incapable de faire face de manière créative à la transplantation qu'il devait expérimenter en temps de guerre. A la fin de la guerre, en 1945, les mêmes vieux militants du parti restaient interchangeables au sein des ministères. Il n'y avait pas de nouvelle génération pour prendre la relève.

Pendant la Seconde Guerre mondiale, les faiblesses que le gouvernement nationaliste avait déjà montrées auparavant ne firent que s'aggraver. Ses mauvaises relations avec les seigneurs de la guerre qui détenaient le pouvoir local dans le Szechwan, le Yunnan et le Kwangsi l'obligèrent à déployer bien des efforts pour réprimer ou contrecarrer la rébellion. Chungking avait donc les plus grandes difficultés à étendre son autorité locale. Le gouverneur de la province du Yunnan, qui jouait un rôle clé puisqu'elle était devenue la base aérienne permettant l'accès à la Chine Libre, parvint dans une large mesure à maintenir la police secrète et les soldats de Chiang Kai-shek en dehors de sa région, jusqu'après la fin de la guerre, en 1945. La police nationaliste fut, par conséquent, incapable de réprimer avant la fin de l'année 1945 le mouvement des étudiants et des enseignants de l'Université associée du Sud-Ouest, à Kunming, qui réclamaient un gouvernement de coalition et s'opposaient à la guerre civile. Quand au milieu de l'année 1946, Wen I-to, l'un des principaux meneurs patriotes du corps enseignant, fut assassiné, l'événement ne fit que confirmer le clivage entre les intellectuels sino-libéraux et le régime fasciste du KMT. Sous Chiang Kai-shek, le concept de participation démocratique était totalement étranger à ceux qui détenaient le pouvoir. Au début de la guerre, on avait bien institué un Conseil politique populaire, organe purement consultatif, afin de mobiliser les libéraux dans l'effort de guerre. Mais le KMT s'y assura rapidement le pouvoir, et il devint impossible à l'opinion libérale de s'y faire entendre.

Les résultats obtenus par les nationalistes avec la population paysanne ne furent guère plus brillants. Au début, l'inflation fut favorable aux producteurs agricoles, qui virent monter le prix de leur production, mais, très vite, cet avantage fut contrebalancé par une lourde augmentation des impôts. On assista en particulier à une intense prolifération des petites taxes ou redevances, surtout instituées par les chefs des gouvernements locaux pour financer leur administration et leurs besoins privés. On pouvait en recenser des centaines. « Il y avait, par exemple, une taxe de " participation aux frais de sandales des recrues ", une taxe pour le " réconfort des familles des recrues ", une taxe pour " l'entraînement des cadres à la lutte anti-aérienne ", et une taxe pour " l'approvisionnement en fuel des soldats en garnison " [57]. » L'imagination des collecteurs d'impôts de la *gentry* ne connaissait pas de bornes.

Il fallait ajouter à ces fardeaux la conscription des hommes et la réquisition des céréales. La corvée était considérée comme un dû pour l'armée, et le gouvernement central autorisait les commandants de ses armées à vivre aux dépens des campagnes, en pratiquant la réquisition des céréales. Quand la province du Honan fut touchée par la famine en 1942-1943, il fallut choisir entre nourrir les soldats ou les paysans. Les réquisitions continuèrent comme auparavant, et les soldats se retrouvèrent bientôt attaqués par les paysans affamés. La famine déclencha, bien entendu, l'accumulation des provisions pour le profit, et la montée vertigineuse de la corruption dans un *sauve-qui-peut* * général. Les ressources du gouvernement ne devaient malheureusement guère s'en trouver accrues, mais certains fonctionnaires et propriétaires calculateurs avaient trouvé comment tirer profit de l'inflation. Vers la fin de la guerre, les rébellions paysannes avaient commencé dans plusieurs provinces de la Chine Libre.

Pendant ce temps, le gouvernement nationaliste de Chungking et le PCC, établi à Yenan, menaient chacun la guerre sur deux fronts, contre le Japon d'une part, mais aussi l'un contre l'autre. La guerre avec le Japon, qui avait commencé aux abords de Pékin le 7 juillet 1937, avait entraîné l'annonce, en août et en septembre, des modalités de l'accord de front uni entre le PCC et le KMT. Le PCC acceptait de mettre fin à la révolution armée qu'il menait pour changer la société chinoise et renonçait à la confiscation des terres des propriétaires. L'armée Rouge était placée sous les ordres du gouvernement central. De son côté, le KMT autorisait le PCC à mettre en place des bureaux de liaison dans plusieurs villes, à distribuer son *New China Daily* à Chungking et à se trouver représenté dans les organes consultatifs du KMT. Dès lors, le front uni fut maintenu pour la forme. L'armée Rouge s'appelait à présent la Huitième Armée de route, et Chou En-lai résidait à Chungking pour la représenter. Il venait de passer l'année 1938 dans la capitale provisoire de Wuhan et était déjà ministre des Affaires étrangères du PCC, chargé des relations avec la presse mondiale.

Les termes de l'accord de front uni restèrent incontestés sur le papier, mais les événements prirent en réalité une tournure radicalement opposée aux intentions exprimées. Yenan refusa la présence d'officiers nationalistes sur son territoire, et la Huitième Armée de route demeura une force indépendante, malgré les petits subsides qu'elle recevait des nationalistes. Le PCC, qui poursuivait l'édification de ses zones de base, s'attachait à y maintenir l'ordre, y encourageait la production économique, notamment en formant des équipes d'aide mutuelle, et conti-

---

* En français dans le texte. (*N.d.T.*)

nuait à recruter des activistes parmi les paysans pauvres, qui devaient finalement prendre le dessus sur les paysans riches. Les membres du parti, qui étaient environ 40 000 en 1937, étaient passés à 1 200 000 en 1945, tandis que leurs forces armées, qui comptaient 92 000 hommes en 1937, en comprenaient peut-être 910 000 en 1945. Cette progression générale s'accompagna toutefois d'un ralentissement et même d'un léger recul dans les années 1941-1942, ainsi que nous allons le voir.

Pour diriger la vaste organisation du mouvement communiste dans les grandes étendues de territoire de la Chine du Nord, il fallait pouvoir compter sur des militants engagés et disciplinés, avoir des cadres ou des activistes expérimentés dans les villages, tenter d'obtenir l'autosuffisance de chaque base et disposer de la radiotélégraphie pour transmettre les messages. L'organisation du gouvernement mit en application le principe de la direction centralisée sur une situation décentralisée. Un peu comme à l'époque de l'ancien régime impérial, le Comité central du parti avait à Yenan des départements chargés des affaires militaires, de l'organisation, des opérations de front uni, des zones occupées par l'ennemi, du travail, des femmes, et d'autres encore, soit au total une douzaine de catégories. L'organisation territoriale, quant à elle, était divisée en une demi-douzaine de bureaux régionaux, dont ceux de la Chine du Nord, de la Chine du Nord-Ouest, et des Plaines centrales. A l'intérieur de ces bureaux régionaux, l'état-major était divisé en sections correspondant à celles qui dépendaient du Comité central à Yenan. Le principe de l'« intégration » *(i-yan hua)* signifiait que toutes les directives émanant de Yenan, la capitale, vers les sections d'état-major spécialisées des bureaux régionaux, devaient passer par le chef du bureau d'état-major, ou du moins être parfaitement connues de lui, afin qu'il pût assurer la coordination locale.

Pendant la Seconde Guerre mondiale, Yenan faisait figure de pays de cocagne, où régnaient le soleil et la bonne humeur. D'après les récits donnés au monde extérieur par Edgar Snow et d'autres journalistes américains, l'optimisme et l'enthousiasme révolutionnaires étaient contagieux. La démocratie sans apprêt qui régnait à la direction du PCC formait un contraste saisissant avec le régime de Chungking. A l'époque du front uni, ceux qui composaient le PCC représentaient une équipe particulièrement attirante. De plus, le fait qu'ils ne purent jamais vraiment profiter de l'aide américaine et le manque général de contacts firent naître une mythologie qui subjuguait les libéraux à l'étranger.

La réussite de Mao à Yenan s'explique par la souplesse avec laquelle il sut combiner les objectifs à court et à long terme. Dans le domaine du court terme, en 1940, il embrassa la cause de la Nouvelle Démocratie, doctrine de front uni englobant tous les Chinois qui se rallieraient à la direction du PCC. En ce qui concernait le long terme, il s'attachait à développer l'organisation du parti, afin de lui permettre, notamment, d'exercer une emprise sur les intellectuels. Mais c'est en mobilisant la paysannerie de la Chine du Nord que le PCC allait construire l'ossature de son pouvoir.

Les Japonais constituaient d'excellentes cibles pour la mobilisation. En envahissant la Chine le long des lignes de chemin de fer, ils essayaient d'isoler les régions que celles-ci délimitaient, mais les blockhaus qu'ils avaient construits sur les voies ferrées ne leur permettaient pas d'empêcher le commerce ni les contacts de part et d'autre des lignes. En général, l'invasion japonaise préparait le terrain à la mobilisation communiste. La question de savoir si c'est à sa doctrine ou au nationalisme pur que le PCC a dû sa réussite dans cette situation est sans objet. Le PCC représentait en effet déjà le communisme national, et non le Komintern. D'autre part, les doctrines du PCC n'étaient pas appliquées dans les villages et servaient surtout à obtenir le ralliement des intellectuels à un vaste plan de salut du monde. Dans les gouvernements que le PCC mit en place à divers endroits de la Chine du Nord (« Région frontalière » ou zone libérée), le premier principe était l'autorité du parti, basée sur l'endoctrinement des cadres et le respect de la discipline. L'endoctrinement devait allier les principes à long terme de Mao et sa souplesse tactique, car les régimes que le PCC mettait sur pied se trouvaient très éloignés de Yenan et, dans une large mesure, laissés livrés à eux-mêmes, sans autre possibilité de contact que des communications radio peu fiables. Le deuxième principe consistait à accorder aux paysans ce qu'ils voulaient, c'est-à-dire : 1° la paix et l'ordre social; 2° une armée composée de soldats amicaux qui participaient à la vie paysanne, aidaient à ramasser les récoltes si nécessaire et fraternisaient avec les villageois; 3° le recrutement d'activistes locaux, que l'on pouvait fort bien trouver dans la couche supérieure de la paysannerie pauvre, où il y avait des hommes tout à fait capables qui rongeaient leur frein; 4° un programme d'amélioration économique, permettant non seulement d'augmenter les récoltes, mais surtout de développer la coopération agricole, sous forme d'aide mutuelle, de transports organisés et de production en coopératives des biens de consommation.

Les efforts entrepris pour réaliser ce plan servirent de base au troisième principe, celui de la lutte des classes. Il fallait ici procéder avec précaution, car les propriétaires de la Chine du Nord, qui n'étaient guère que de riches paysans assurant la direction de leur communauté, pouvaient cependant fort bien mettre en ligne leurs propres armées locales, recrutées parmi les sociétés secrètes et les mercenaires. Les premières années, le KMT, dont les forces étaient également présentes dans plusieurs régions de la Chine du Nord, constituait un autre centre de ralliement. Pour faire face à cette situation, le PCC mit en place le système des trois tiers, qui paraissait convaincant : les communistes ne dirigeraient qu'un tiers des petites assemblées qui sanctionnaient le gouvernement local, laissant les deux autres tiers au KMT et aux indépendants. Cette organisation permit évidemment aux communistes, qui avaient l'avantage de la discipline et servaient un idéal, de faire valoir leurs mérites de chefs. Forts de leur bonne réputation et de l'estime populaire, ils purent, sur la lancée de leurs programmes économiques de production, commencer à préparer la réforme agraire.

Pour accomplir la réforme agraire, il fallait trois conditions préalables : le pouvoir militaire, l'amélioration économique et le recrutement d'activistes dans les villages. Pour enclencher le processus lui-même, il fallait, dans un premier temps, mobiliser l'opinion contre les propriétaires despotes, ou passant pour tels, et, en amenant les villageois à les dénoncer ou à les éliminer d'une manière ou d'une autre, les pousser à s'engager dans la voie révolutionnaire. Dans un deuxième temps, toutes les possessions terriennes seraient évaluées et redistribuées sur un mode plus égalitaire, en suivant les catégories qui donnaient à chacun son statut de paysan riche ou moyen, ou de travailleur sans terre. Si l'on arrivait à mettre en place cette redistribution, on pourrait commencer à endoctriner les activistes des villages, convaincus du génie de la direction du PCC. Le message était simple : le peuple pouvait construire un avenir meilleur, si les efforts de tous s'organisaient dans une nouvelle unité. Le PCC était tout désigné pour assurer la direction de cette nouvelle unité. Alors que l'individu ne pouvait rien réaliser seul, il pouvait, en sacrifiant ses intérêts individuels, servir grandement ceux de la cause commune représentée par le PCC. On vantait alors le principe du centralisme démocratique, qui permettait à chacun de s'exprimer et de participer, mais exigeait, une fois la décision prise par le parti, l'obéissance de tous. Dans une ville de la Nouvelle-Angleterre, l'idée aurait eu du mal à passer, mais dans un village de la Chine du Nord, où la seule alternative était de subir un gouvernement exercé par des propriétaires et des fonctionnaires étrangers à la région, c'était tout à fait convaincant. On avait ici, en somme, une esquisse de la « ligne de masse » : le parti devait d'abord, par ses contacts avec le peuple, découvrir quels étaient ses griefs et ses besoins, afin de les formuler à nouveau et d'expliquer en retour aux masses où se trouvait leur plus grand intérêt. Cette sorte de démocratie, qui partait du peuple pour retourner vers le peuple, s'accordait avec la tradition chinoise, dans laquelle les meilleurs gouvernements avaient toujours été ceux où les fonctionnaires, prenant à cœur les véritables intérêts de la population, gouvernaient la région en leur nom.

C'est ainsi que la guerre de résistance contre l'agression japonaise permit au PCC de mobiliser les masses chinoises dans les campagnes et lui conféra donc un nouveau pouvoir, basé non sur les villes mais sur les villages, où vivait la majorité des Chinois. Quand, après la Seconde Guerre mondiale, on en arriverait à la confrontation de la guerre civile, la population organisée par le PCC serait prête à soutenir l'armée communiste contre le KMT, qui disposait d'une puissance de feu supérieure dans les forteresses des villes.

L'expansion du PCC et la construction de bases communistes en Chine du Nord et même dans la région du Yangtze atteignirent des sommets en 1940. Les Japonais avaient étendu leur domination sur les lignes de chemin de fer en construisant des blockhaus tous les 5 km, le long des voies. Prenant appui sur ces points stratégiques, ils envoyaient ensuite leurs colonnes envahir les villages. On peut comparer la situation dans laquelle ils se trouvaient à celle des Russes en Afghanistan, une génération plus tard. Les armes utilisées ici étaient plutôt les wagons blindés et les mitrailleuses que la puissance aérienne et l'artillerie. Mais les Japonais, comme les Américains au Vietnam ou les Russes en Afghanistan, se trouvèrent devant le problème d'arriver à se rendre maîtres d'une population étrangère, dans les campagnes où celle-ci vivait, en s'appuyant d'une part sur leurs troupes fantoches et d'autre part sur leur puissance de feu supérieure. Dans une guerre de positions normale, les Japonais ne pouvaient pas être vaincus. Seule une guerre d'usure menée par des guérillas risquait d'amenuiser leurs ressources. Conscients de ce danger, les Japonais étendirent leur réseau de points forts et leurs lignes de blocus, afin d'affamer les guérillas en les isolant et en leur coupant les sources d'approvisionnement.

Pour se libérer de la pression exercée par les Japonais, le commandant en chef de l'état-major du PCC, P'eng Te-huai, prépara une vaste attaque, connue sous le nom d'« Offensive des Cent Régiments », qui commença en août 1940. Dans toute la Chine du Nord, les voies ferrées étaient systématiquement sabotées et les blockhaus détruits. Cette offensive, élaborée par le général P'eng, et dont Yenan ne savait probablement pas grand-chose, fut la plus importante que le PCC mena pendant toute la guerre. Au bout de quelques semaines, la victoire du PCC était évidente, mais les représailles des Japonais furent extrêmement violentes. De nouvelles troupes ayant été amenées en renfort, ils mirent sur pied une campagne « totale », dont le mot d'ordre était : « Tuez tout, brûlez tout, pillez tout. » Ils ne firent plus aucune discrimination entre les simples paysans et la Huitième Armée de route et détruisirent purement et simplement tout ce qui leur tombait entre les mains. Le nombre de blockhaus atteignit des milliers et les villages, une fois détruits, restaient sous la coupe des garnisons. Leur rage destructrice eut pour effet de démolir la position du PCC en Chine du Nord et d'isoler de nombreux secteurs, les Japonais ayant réussi à s'emparer de la plupart des chefs-lieux de comté auparavant dirigés par le PCC. Le désastre aurait difficilement pu être pire, et le PCC s'abstint par la suite de ce genre d'offensive.

D'autre part, l'expansion communiste dans la région du Yangtze, principalement due à l'efficacité de la Quatrième Armée, avait également donné lieu à des représailles, exercées par les forces nationalistes. Après négociations, la Quatrième Armée dut se retirer du sud vers le nord du Yangtze, mais, en janvier 1941, l'unité d'état-major qui dirigeait plusieurs milliers de soldats communistes tomba dans une embuscade et fut pratiquement détruite dans ce que l'on appela « l'incident de la Quatrième Armée. » Aucun des deux partis ne reconnaissait la fin du front uni, qu'ils avaient l'un et l'autre intérêt à maintenir pour la forme, mais les faits parlaient d'eux-mêmes.

Ces revers placèrent le régime de Yenan dans une situation de crise grave. Les blocus des Japonais et du KMT interdisaient presque totalement le commerce, l'inflation grimpait rapidement, et le régime tout entier devait se replier pour survivre. Alors que Yenan avait jusque-là fonctionné en taxant très modestement les récoltes de céréales des paysans, en 1941, la pénurie due au mauvais temps amena le gouvernement à réclamer 10 p. 100 de la production de céréales. Les revenus qu'avaient fournis les confiscations des biens des propriétaires s'étaient taris. La seule solution consistait à rechercher l'autosuffisance, grâce à la production locale de biens de consommation, comme les cotonnades. On augmenta considérablement la surface des terres cultivées et l'irrigation, le rendement en céréales devint bien meilleur et le bétail plus nombreux. Bref, pour faire face à la crise économique, on s'efforça d'augmenter la production par tous les moyens possibles.

Parallèlement à ce rétablissement économique, le début des années 1940 vit Mao Tse-tung affirmer définitivement son ascendant sur le PCC à Yenan. La réussite dont il avait fait preuve pour adapter le marxisme aux besoins de la Révolution chinoise lui fut ici d'une aide précieuse. Ce n'est qu'après 1936 que Mao, disposant d'un peu de temps libre à Yenan, avait pu achever sa lecture des ouvrages marxistes. Quand Edgar Snow interviewa Mao, celui-ci était plongé avec le plus vif intérêt dans un recueil d'ouvrages marxistes traduits en chinois. Peu après, il donnait des conférences sur le matérialisme dialectique et publiait ses essais, *De la pratique* et *Des contradictions*. Comme il n'avait pas encore éliminé les vingt-huit bolcheviques, ses conférences sur le matérialisme dialectique, bien que sommaires, étaient destinées à montrer sa compétence intellectuelle. Mao fit néanmoins preuve d'originalité en insistant sur les contradictions, qu'il rattachait au principe de « l'union des contraires ». Cette idée avait déjà en Chine une longue histoire derrière elle.

Les préoccupations philosophiques qui agitaient Mao à Yenan l'amenèrent à élaborer sa « sinisation du marxisme » en Chine. Celle-ci ne permettait pas seulement d'établir un parti nationaliste soucieux des intérêts de la nation chinoise, elle montrait aussi que le marxisme pouvait subir des altérations fondamentales pour s'adapter aux usages chinois. Le premier impératif politique était d'obtenir à l'intérieur du parti une organisation disciplinée (c'est-à-dire acceptant la ligne) : il fallait pouvoir compter sur les membres du parti pour agir, même à distance, en conformité avec les directives reçues. Le KMT avait grandement souffert des luttes de factions. Le PCC à Yenan, organisation plus petite, parvint à peu près à les supprimer.

La réussite du PCC dépendait de l'établissement d'un consensus parmi les activistes du parti, qui devaient être intellectuellement convaincus de l'excellence de sa ligne. La ligne du parti devait s'appuyer sur des principes théoriques pour sanctionner l'action pratique. C'est de cette démarche que procéda l'élaboration progressive du recueil d'idées couramment appelé maoïsme en Occident, mais plus modestement désigné par les Chinois sous le nom de Pensée-Maotsetung. Celle-ci développait la sinisation du marxisme-léninisme, l'application de ses principes universels aux conditions spécifiques de la Chine. La manière dont Mao est arrivé à bâtir son système, morceau par morceau, est donc un sujet particulièrement intéressant, qui mérite de retenir notre attention un moment. Même s'il peut sembler téméraire de vouloir expliquer la sinisation du marxisme en quelques paragraphes, essayons toutefois de voir comment la situation se présentait pour Mao, confronté en premier lieu au vieux problème de la terminologie.

Le bouddhisme et le christianisme, quand ils s'introduisirent en Chine, s'étaient déjà trouvés face à ce problème. Comment trouver des caractères chinois capables d'exprimer les nouveaux concepts, tout en les distinguant des anciens concepts établis en Chine, qui s'exprimaient au moyen de caractères identiques ? Les socialistes japonais avaient, bien sûr, fait œuvre de pionniers dans cette direction. Bien avant Mao, l'adaptation en chinois du marxisme avait commencé par la traduction des mots clés. Dans la pensée occidentale, le « prolétariat », acteur principal de la vaste scène marxiste, était associé à la vie urbaine, et concernait spécifiquement les ouvriers des usines, vivant dans les conditions souvent indescriptibles qui accompagnaient l'industrialisation en Europe occidentale, au début du XIXe siècle. Traduit en chinois, il était rendu par le terme *wu-ch'an chieh-chi,* qui signifiait « la classe des non-possédants », autrement dit les très pauvres, que l'on pouvait trouver à la ville ou à la campagne ; en Chine, bien sûr, ils étaient surtout dans les campagnes. C'est, en effet, dans la « paysannerie », parmi les paysans pauvres et les travailleurs sans terre, que l'on trouvait généralement l'équivalent du « prolétariat » européen. En admettant que les marxistes chinois, pour rendre compte de la terminologie marxiste, aient utilisé des termes conformes à ceux de Moscou, il y avait néanmoins une différence subtile quand ils exposaient leur doctrine aux étudiants ou aux gens du peuple.

Le terme chinois utilisé pour « féodal », *feng-chien,* se rapportait à l'origine au morcellement de la souveraineté à l'époque des Royaumes Combattants, avant l'unification par les Ch'in. Il marquait l'opposition avec l'administration impériale centralisée, désignée par le terme qui représentait les commanderies et les comtés, *chün-hsien,* et signifiait donc administration décentralisée, sans référence au système agraire ou au statut des cultivateurs. Dans la pensée chinoise classique, ce terme ne se rapportait qu'à la structure du gouvernement avant l'unification, en 221 avant J.-C. Cependant, si on assimilait le féodalisme à l'exploitation par les propriétaires terriens, le terme pouvait s'appliquer en Chine à une période de plus de deux mille ans. Il n'était par conséquent pas facile d'appliquer à la Chine les périodes que Marx avait définies pour l'histoire européenne. Si, depuis 221 avant J.-C., toute l'histoire chinoise était « féodale », le terme perdait toute signification ou bien devenait humiliant.

« Prolétariat » et « féodal » n'étaient que deux des termes clés du marxisme, et, visiblement, ils ne pouvaient s'adapter au décor chinois qu'en subissant une véritable déformation.

Toute question terminologique mise à part, les campagnes représentant l'élément économique fondamental de la vie chinoise, la Révolution chinoise devait nécessairement avoir un caractère rural plus prononcé qu'en Union soviétique. Les paysans devaient être les principaux artisans de la révolution. Enfin, un facteur décisif rendait la sinisation nécessaire : le sentiment primordial du nationalisme chinois, basé sur la fierté culturelle et historique, qui faisait que la Chine ne pouvait pas être un simple wagon accroché derrière une locomotive. En fait, le peuple chinois ne pouvait accepter qu'un marxisme chinois.

La conscience historique chinoise devait d'ailleurs, le moment venu, saper les fondements du marxisme en Chine. Mais, pour le propos de Mao, on pouvait affirmer que la domination exercée par la classe des propriétaires (le « féodalisme ») se voyait modifiée par l'ascension d'une classe marchande centrée dans les villes (une « bourgeoisie » capitaliste), appuyée par les exploiteurs « impérialistes », et qu'il était possible de sauver la situation en établissant l'autorité d'un État central (« socialisme »). Autrement dit, il y avait suffisamment de concordance pour permettre au marxisme d'être l'outil de la révolution et pour propager le nouveau système d'analyse de l'histoire mondiale qu'il représentait.

La sinisation restait cependant une entreprise difficile, à mener sur deux fronts, car si le PCC voulait conserver son affiliation au marxisme-léninisme international, il lui fallait utiliser le jargon de l'orthodoxie européenne. Ainsi, on ne pouvait pas définir le KMT, lorsqu'il était précédemment à Canton, comme représentant simplement une classe bourgeoise, tentant d'accomplir sa phase de révolution démocratique bourgeoise. Le KMT, au lieu de représenter la classe bourgeoise capitaliste, était un gouvernement multiclasse, ou encore un « bloc de quatre classes », auquel le prolétariat (le PCC) pouvait participer. Plus tard, Mao devait avancer les arguments suivants : « La bourgeoisie et le prolétariat chinois sont des nouveau-nés ; ils n'ont jamais existé auparavant dans l'histoire chinoise, [...] ce sont des jumeaux issus de l'ancienne société (féodale) de la Chine, à la fois liés l'un à l'autre et rivaux l'un de l'autre. » Dans ces circonstances, le prolétariat était habilité à mener la révolution démocratique bourgeoise, théorie qui justifiait la lutte du PCC pour le pouvoir. Ce qui n'aurait pas forcément été compréhensible en Europe avait un sens en Chine.

Lorsque Mao avait élaboré sa thèse de la Nouvelle Démocratie en Chine, par exemple, il était parti de l'affirmation marxiste selon laquelle la révolution démocratique bourgeoise représentait une transition entre le féodalisme et le capitalisme, qui serait suivie d'une autre révolution, servant de transition entre le capitalisme et le socialisme. En Europe, la révolution démocratique bourgeoise était incarnée par la Révolution française de 1789, et il avait fallu attendre 1917 pour voir s'effectuer la révolution socialiste en Russie. Autrement dit, l'histoire encombrée du XIXᵉ siècle avait représenté une phase démocratique bourgeoise de développement social. Quel était l'équivalent en Chine? Les marxistes chinois pouvaient seulement considérer que la révolution démocratique bourgeoise avait été inaugurée par le Mouvement du 4-Mai, que les léninistes auraient pu caractériser comme une victoire du capitalisme national. Puisque la révolution socialiste n'allait pas tarder à s'effectuer, grâce au triomphe du PCC, cette application du marxisme-léninisme à la Chine faisait d'elle une nation qui aurait eu deux mille ans de féodalisme et seulement quarante ans de capitalisme. On était particulièrement loin des normes marxistes européennes.

Cependant, Lénine avait affirmé que, dans un pays arriéré, le prolétariat pouvait diriger la révolution démocratique bourgeoise sous l'égide du parti communiste. En reprenant cette idée, que Lénine partageait avec Trotski, dans son essai de 1940 sur la Nouvelle Démocratie, Mao avait établi les bases d'une collaboration possible entre le PCC et le KMT, lors du second front uni contre le Japon. Par ailleurs, la Nouvelle Démocratie autorisait également le PCC prolétarien à diriger la nation sans le KMT, si nécessaire.

Afin d'appliquer les rudiments de sa théorie, Mao lança à Yenan un mouvement de rectification, dont le style devait inspirer les campagnes de masse et la réforme de la pensée qui interviendraient des années plus tard. A présent qu'il était enfin parvenu au pouvoir, Mao ne tentait pas seulement de consolider sa position, mais aussi d'unifier le parti et d'y assurer la discipline. La campagne de rectification se limitait aux membres du parti, dont le nombre avait considérablement augmenté et auxquels il manquait la discipline et la cohésion de la génération de la Longue Marche. Les prétextes qui servaient de cible à la campagne étaient « le subjectivisme, le sectarisme et le formalisme de parti ». Le « subjectivisme » visait les doctrinaires qui n'arrivaient pas à allier la théorie à la pratique. Le « sectarisme » s'appliquait aux récentes luttes de factions et aux inévitables scissions entre soldats et civils, membres et non-membres, anciens et nouveaux du parti, etc. Le « formalisme de parti » s'adressait à ceux qui avaient recours au jargon au lieu de s'attacher à résoudre les problèmes pratiques. D'autres maux étaient dénoncés, tels le bureaucratisme et l'enlisement dans la routine qui gagnaient sournoisement l'Administration. On pouvait partiellement remédier à ces derniers en décentralisant, et en envoyant les fonctionnaires travailler dans les villages, plus près des problèmes pratiques. Mais cela n'empêchait pas le nombre des fonctionnaires de continuer à augmenter. L'individualisme des nombreux intellectuels qui étaient venus des villes côtières pour rejoindre Yenan faisait également l'objet de sévères critiques.

Un facteur important contribuait aux frictions entre le PCC et les intellectuels. Alors que les lettrés, du temps de l'ordre confucéen, s'étaient orientés vers la fonction publique, les écrivains de la révolution du XXe siècle avaient constitué une classe à l'écart de l'Administration et s'étaient attachés à en dénoncer les vices et les méfaits. Les lettrés traditionnels, autrement dit, se répartissaient à présent en deux groupes, ceux de la fonction publique et ceux de la critique publique. Les intellectuels modernes, comme Lu Hsun, dans la tradition de la protestation, faisaient partie de ceux qui montraient du doigt les insuffisances des autorités.

Comme Lu Hsun, ce grand critique du KMT, était mort en 1936, on pouvait en toute sécurité invoquer les mânes de ce parangon. Considérant l'importance que Lu Hsun était amené à prendre au panthéon du PCC, nous pouvons nous arrêter ici un moment afin de voir quel a été son rôle véritable dans l'histoire. Ce n'est, dirons-nous pour commencer, qu'à l'âge de trente-sept ans qu'il devint un écrivain célèbre, en 1918. Entre cette date et celle de sa mort, en 1936, il ne produisit que trois volumes de nouvelles et d'essais. Pourtant, il lança un style littéraire et donna surtout un exemple de satire et de critique intransigeantes des maux politiques et sociaux de la Chine. Forte personnalité, il coopéra avec les communistes à partir de 1930 sans jamais devenir membre du parti.

C'est, bien sûr, grâce à son talent et à sa personnalité que Lu Hsun et ses écrits eurent un tel impact sur la Révolution chinoise. Doté d'une vaste culture, il avait commencé par recevoir une éducation classique, suivie de quatre ans d'études à l'école des mines et des chemins de fer de Nankin. Il était ensuite parti étudier la médecine au Japon pendant deux ans, et avait été l'un des premiers à encourager la traduction de la littérature étrangère, en laquelle il voyait un moyen d'éveiller le peuple chinois. Pendant quatorze ans, de 1912 à 1926, il gagna sa vie en travaillant dans un bureau du ministère de l'Éducation à Pékin. Pendant ce temps, il mit à profit ses compétences de sinologue pour publier une demi-douzaine de volumes comportant d'anciens contes chinois, des nouvelles des époques T'ang et Sung, une édition annotée de l'œuvre d'un poète du IIIe siècle, ainsi que des études historiques sur la littérature chinoise et le roman en particulier. De plus, il s'intéressait aux arts visuels, et collectionnait des frottis d'anciennes inscriptions et des gravures. Par la suite, il encouragea le nouvel art de la gravure sur bois, qui servit à véhiculer les idées révolutionnaires parmi les masses.

Après sa mort, le parti communiste chinois s'empara de l'écrivain pour en faire la principale figure, le phare de la révolution littéraire. Lu Hsun n'est pas, bien entendu, le premier héros trahi par l'histoire et transformé, à titre posthume, en un personnage qui lui eût fait horreur de son vivant. Il croyait au pouvoir de la littérature pour faire changer les idées, et se montrait choqué par la dureté et l'insensibilité dont faisait preuve la société chinoise vis-à-vis des pauvres et des handicapés. Tout au long de sa vie, il se révolta contre la façon dont ses compatriotes traitaient les individus défavorisés. Ses écrits célèbres et influents devaient leur puissance au cynisme amer et sardonique auquel il avait recours pour exprimer son sens de la justice. Violemment opposé à la réaction engagée par le KMT dans le Shanghai du début des années 1930, il trouva des esprits qui avaient des affinités avec le sien parmi l'aile gauche de ce parti, et fonda avec eux la Ligue des écrivains de gauche. A titre d'indice révélateur de sa manière de penser, on peut retenir le fait qu'après sa mort certains de ses disciples les plus proches devinrent les premières cibles de l'entreprise maoïste de censure de la littérature.

A Yenan, au début des années 1940, le contrôle de la littérature par la nouvelle autorité d'État du PCC devint un sujet de première importance. Des patriotes sino-libéraux de tout bord s'étaient ralliés à la révolution, et leur précédent engagement à critiquer le KMT les amenait tout naturellement à critiquer les imperfections visibles du PCC. Lu Hsun était mort, mais ses plus proches disciples continuaient d'exprimer à voix haute leurs critiques à l'égard du PCC. Quand Mao Tse-tung donna ses deux conférences sur la littérature et l'art à Yenan, début 1942, il posa en loi que la littérature devait servir l'État, soit, en ce cas précis, la cause de la révolution. Elle devait donc adopter le style du réalisme socialiste employé en Union soviétique et éviter la dénonciation des maux et des insuffisances dont les communistes s'étaient pourtant fait une spécialité à l'époque du KMT.

Un autre facteur entrait en considération : comme les gouvernements chinois précédents, le régime du PCC dépendait de sa bonne réputation. Il tirait une partie de sa force de son prestige d'organisation idéaliste et généreuse, consacrée à l'amélioration du sort du peuple. La critique paraissait déloyale, d'autant que la direction avait toujours un caractère personnel et que la fidélité des partisans s'adressait encore aux chefs en tant qu'individus. On retrouve ici deux éléments qui existaient dans le contexte d'autrefois. Le fait, tout d'abord, que l'écriture était un moyen puissant. Les caractères écrits étaient dotés d'une existence propre et durable. Dire du mal de l'autorité était bien moins grave que de l'imprimer par écrit, car la publication obligeait les autorités à intervenir pour dissiper les malentendus en donnant leur point de vue. Et puis, comme par le passé, on continuait à croire au caractère éducable de l'homme. Les doctrines de Confucius, Mencius, et d'autres philosophes avaient toutes pour principe que l'homme était bon par nature, et reprenaient les termes mêmes qui se trouvaient utilisés dans les premières lignes du *Classique en trois caractères*. Les individus n'étaient mauvais que dans la mesure où ils s'étaient fourvoyés dans l'égoïsme, et l'on pouvait par conséquent les réformer.

Ces éléments servirent de base au mouvement de réforme de la pensée qui s'exerça à Yenan dans la période 1942-1944. Les méthodes utilisées à ce moment, une fois établies, furent dès lors couramment appliquées dans l'histoire du PCC. On commençait par questionner de manière approfondie l'individu dont il fallait réformer la pensée, on l'amenait à parler de lui-même et de son expérience, jusqu'au moment où il offrait prise à la critique du groupe de travail auquel il participait. Il se retrouvait alors aussitôt mis à l'écart et soumis aux remontrances et aux blâmes de tous les autres. Ce qui mettait à rude épreuve sa confiance en soi. Dans une deuxième étape, au cours de débats publics, l'individu était ouvertement accusé et humilié, en présence d'une vaste audience, généralement peu avare de railleries, qui représentait la communauté. Cette pratique faisait intervenir un autre facteur : l'importance attachée par l'individu chinois à l'estime du groupe et à l'approbation de l'autorité.

Soumis à une pression croissante, l'individu, qui ne pouvait plus échapper au dénigrement de son ancien moi, était amené à rédiger des confessions dans lesquelles il analysait sa mauvaise conduite et affirmait son désir de changer. La pression devenait encore plus vive s'il était emprisonné et réduit à la réclusion solitaire, ou obligé de partager sa cellule, les mains liées par des menottes en papier qu'il ne pouvait briser sans s'attirer de sévères représailles. Lorsque sa personnalité était suffisamment ébranlée par ce traitement, il était prêt pour le stade final, celui de la renaissance et de la réconciliation. Le jour où sa confession était finalement acceptée et où le parti l'accueillait à nouveau en son sein, il en éprouvait naturellement une joie extraordinaire et acceptait avec le plus grand empressement de se laisser guider par le parti.

Il reste à savoir si cette expérience psychologique modifiait véritablement les personnalités, mais, ce qui est en tout cas certain, c'est qu'il s'agissait d'une expérience hautement douloureuse, qu'il convenait d'éviter dans l'avenir. On aboutissait de toute façon au résultat voulu : la conformité à la ligne du parti.

Avant de conclure à la victoire du pouvoir absolu et de l'assujettissement total, il nous faut prendre en considération la vigueur des personnalités chinoises. Ceux qui s'érigeaient en critiques étaient souvent des individus inflexibles et intransigeants, qui pensaient qu'il était de leur devoir de dénoncer ce qui n'allait pas et restaient attachés à leurs principes. L'usage répandu de la réforme de la pensée par le PCC ne doit donc pas laisser penser que les intellectuels chinois avaient une nature d'esclaves. Au contraire, le parti eut bien du mal à vaincre leur indépendance naturelle de jugement.

Pour Mao, d'une certaine façon, l'application du marxisme à la Chine était une question d'étiquetage. Alors que le KMT, à ses débuts, avait été un « bloc de quatre classes », Mao dans sa *Nouvelle Démocratie* en faisait un bloc de trois classes. La méthode utilisée pour obtenir ce résultat consistait à ranger la paysannerie dans la petite bourgeoisie, au lieu de compter les paysans comme une classe à part. Grâce à ce simple changement d'étiquettes, la révolution chinoise pouvait paraître plus conforme au marxisme européen, et l'on pouvait éviter d'alimenter l' « exceptionnalisme » chinois en faisant reposer la révolution sur la paysannerie. Pour effectuer cette opération, il suffisait de s'appuyer sur le fait que le marxisme assimilait habituellement la mentalité paysanne à celle des petits bourgeois. Mao ne trouvait là rien de contradictoire avec son affirmation selon laquelle la lutte armée pour la révolution en Chine était avant tout une guerre paysanne.

Comme Mao alliait toujours la théorie à la pratique, sa sinisation du marxisme, au début des années 1940, à Yenan, rentrait en fait dans le cadre de son programme pour arriver à se débarrasser du reste des vingt-huit bolcheviques et de ses rivaux éventuels pour le pouvoir. Son application du marxisme à la Chine, qui était évidemment indispensable, à moins de renoncer à faire partie de la révolution communiste internationale, est généralement reconnue comme une entreprise couronnée de succès. Elle eut aussi pour effet de permettre à Mao d'exercer la fonction d'arbitre de la pensée. Pour consolider sa position à la tête du parti après 1943, il put mettre en avant son autorité en matière de théorie marxiste. La « Pensée-Maotsetung » allait s'imposer comme guide de la révolution en Chine.

Il peut être intéressant de comparer la sinisation du marxisme effectuée par Mao et l'échec du christianisme Taiping. En se prétendant le frère cadet de Jésus, Hung s'était rapidement vu frappé d'anathème par les missionnaires occidentaux, qui représentaient la croyance étrangère à l'origine de ses visions et dont il n'avait pas même, dans sa profonde ignorance, tenté de se rapprocher. En peu de temps, il était parvenu à devenir un hérétique aux yeux des chrétiens et un élément subversif aux yeux des Chinois, se condamnant au rejet des deux côtés. Mao, quant à lui, s'il fut finalement frappé d'anathème par Moscou, n'en réussit pas moins à coopérer avec le Komintern pendant un certain temps et sut masquer sa sinisation du marxisme sous un vernis de terminologie orthodoxe. L'un comme l'autre, Mao et Hung étaient partis d'une doctrine étrangère dont ils avaient une connaissance rudimentaire et tous deux s'étaient libérés de la domination des étrangers – les missionnaires pour Hung, le Komintern pour Mao. Il n'en reste pas moins, bien entendu, qu'à part ces quelques points communs, des différences majeures les opposaient.

En 1943, Mao entreprit de faire valoir sa doctrine de la « ligne de masse ». Comme beaucoup des formules intellectuelles de Mao, celle-ci, à double tranchant et ambiguë, pouvait être appliquée de deux manières différentes.

Tout en soutenant qu'il fallait consulter les masses et obtenir leur participation au gouvernement, elle réaffirmait la nécessité d'une direction centrale. A tout moment, on pouvait mettre l'accent sur l'un ou l'autre de ces aspects, exactement comme les arguments théoriques de la *Nouvelle Démocratie* permettaient de former un deuxième front uni avec le KMT, ou de s'opposer à ce dernier en tant que réactionnaire. De plus, l'appartenance de chacun à une classe sociale pouvait se définir en référence à ses parents et à ses moyens d'existence, ou encore par ses idées et ses aspirations. Le peuple devait être l'arbitre et le bénéficiaire de la révolution, mais certaines personnes pouvaient être étiquetées comme n'appartenant pas au peuple, et donc devenir un beau jour des ennemis du peuple. Un décret administratif émanant d'en haut avait le pouvoir d'en décider.

De manière caractéristique, d'après la définition de Mao, certaines contradictions étaient antagoniques, mais d'autres ne l'étaient pas, ou du moins prêtaient à discussion. C'est ainsi que certaines contradictions faisaient de vous un ennemi du peuple, et d'autres non, suivant la manière dont vous étiez perçu. On était finalement en présence d'une structure d'idées extrêmement flexible, comme si Marx et Engels avaient épousé le Yin et le Yang. Une fois passé maître dans ces théories, Mao était véritablement en position de pouvoir, et l'unité devenait réalisable.

Le déroulement des relations internationales, au cours de la Seconde Guerre mondiale, devait également favoriser le régime de Yenan. En 1943, les Russes venaient de défendre victorieusement Stalingrad, les Alliés occidentaux avaient gagné en Afrique du Nord, la marine américaine commençait à avoir la situation en main dans le Pacifique, et les forces américaines avaient, en progressant vers Tokyo, envahi les îles Solomon. Les Japonais avaient dû relâcher leur pression sur la « Région frontalière » et les zones libérées de la Chine du Nord. Pour les communistes, le vent commença à tourner quand, en 1944, l'offensive Ichigo, longuement mûrie par les Japonais, s'abattit du Honan sur le sud du Yangtze, où elle détruisit en grande partie l'élite des armées nationalistes.

Dans ces circonstances, l'expansion du PCC put reprendre entre 1943 et 1945, mais sa politique resta prudente, évitant précipitation et superficialité. Quand la mission Dixie, groupe d'observateurs militaires de l'armée américaine, arriva à Yenan vers le milieu de 1944, le PCC progressait à nouveau de manière sensible et préparait sa confrontation d'après-guerre avec le KMT. Cet esprit de renouveau se manifesta lors du VIIe Congrès du parti communiste chinois qui se tint à Yenan, de fin avril à mi-juin 1945, et devait marquer une date importante. On y adopta une nouvelle constitution qui donnait à Mao un plus grand pouvoir central, en le nommant président du Comité central et du Bureau politique. « La Pensée-Maotsetung » se voyait acclamée comme guide du parti.

Il fallait également compter, qu'on le veuille ou non, avec le rôle important que les États-Unis en étaient venus à jouer dans la politique chinoise de cette période. Pour de lointains étrangers comme les Américains, la Chine Libre représentait un poste avancé de la civilisation moderne, luttant pour survivre dans un océan de coutumes antiques et de forces contraires. La Chine Libre n'avait plus rien de révolutionnaire, mais les Américains, trouvant cela plutôt encourageant, l'avaient adoptée comme alliée. L'ignorance et la sentimentalité américaines étaient telles que le président Roosevelt imaginait que le gouvernement nationaliste allait pouvoir s'engouffrer dans le vide créé en Asie orientale par la chute du Japon. Une force aérienne clandestine, constituée de mercenaires mis en disponibilité par les services militaires américains, se porta au secours of Chungking, avant même Pearl Harbor. Les Tigres volants commandés par un pilote américain à la retraite, Claire Chennault, qui formèrent bientôt la 14e unité de l'Air Force, harcelèrent les lignes de communication japonaises à partir de leur base de Kunming, capitale du Yunan. Le mouvement missionnaire américain en Chine mit sur pied un plan d'aide à la Chine unifiée. La sympathie et la générosité américaines avaient retrouvé de la vigueur, et le général

Joseph Stilwell démontra que les conscrits chinois pouvaient faire des combattants de premier ordre, s'ils étaient, par exemple, envoyés en Inde et nourris correctement.

Chiang Kai-shek, qui s'était naguère appuyé sur la pègre shanghaïenne, dépendait à présent de l'élan chrétien et de l'apport logistique des Américains. Étant donné que le pont aérien du théâtre d'opérations Inde-Chine-Birmanie était situé tout à fait en bout de ligne dans les considérations stratégiques des Américains et dans leurs envois d'approvisionnement, la position des nationalistes ne se trouva guère renforcée. Quand l'armée américaine envoya une mission d'observation à Yenan en 1944, il était trop tard pour que l'alliance Washington-Chungking ouvrît la voie à une victoire nationaliste dans la guerre civile imminente. Pourtant, les Américains essayèrent. La marine des États-Unis, rivalisant avec l'armée, avait envoyé en 1942 une mission qui devait travailler avec la police secrète chinoise pour établir les bases de la croisade anticommuniste. Mais, de son côté, le général Stilwell ne parvint pas à entraîner et approvisionner suffisamment les forces nationalistes pour mener avec elles un combat efficace contre les Japonais. L'idée de se servir de la Chine Libre comme d'une base pour la lutte contre le Japon avait accaparé l'attention des Américains, mais les avait en même temps éloignés de la Révolution chinoise. Comme le programme russe des années 1920, le programme d'aide américain tourna au désastre complet. Il n'a jamais été facile pour les étrangers de composer avec la Révolution chinoise.

La mise en jeu des forces américaines reposait sur de graves anachronismes. Tous ceux parmi les Américains qui avaient vu la Chine des seigneurs de la guerre et soutenu les collèges chrétiens, avaient placé leurs espoirs dans le gouvernement de Nankin, qui représentait à leurs yeux les idéaux américains. L'unité contre l'anarchie des seigneurs de la guerre et l'égalité de la Chine au sein des nations étaient des thèmes attrayants. La génération suivante, celle qui avait vu les communistes, ne formait qu'un petit groupe, très loin d'avoir, aux États-Unis, une influence comparable à celle exercée depuis des lustres par les missionnaires américains.

La politique américaine devait par conséquent prêter l'oreille à des avis différents. Les fonctionnaires des Affaires étrangères, et les commandants militaires comme le général Stilwell, qui étaient sur place, connaissaient la détermination admirable et la force du mouvement communiste. Mais le collège électoral conservait généralement l'image d'une période antérieure, où le gouvernement de Nankin était apparu comme le fin du fin pour le progrès de la Chine.

En 1938, à l'époque de la capitale provisoire de Wuhan, tout le monde s'était joyeusement retrouvé dans le même bateau. Mais, à la fin du front uni, en 1941, les observateurs américains avaient pu voir le fossé s'élargir entre les dictatures de parti du KMT et du PCC. Cependant, la politique du département d'État était une goutte d'eau dans la mer, comparée à l'effort de guerre américain en général, aux moyens logistiques déployés pour le pont aérien, à l'entraînement moderne et l'approvisionnement fournis aux troupes chinoises par Stilwell, et aux démêlés de ce dernier avec un Chiang Kai-shek qui se comportait en client difficile car il avait l'impression de recevoir les reliquats des fournitures de guerre. A Washington, les Américains, qui ne savaient pas grand-chose de la zone communiste de Chine du Nord, étaient diplomatiquement et légalement obligés de soutenir le régime nationaliste comme leur allié. Pendant ce temps, les observateurs de l'ambassade américaine et de l'état-major militaire qui se trouvaient sur place prévoyaient après la Seconde Guerre mondiale une guerre civile en Chine, qui risquait de permettre aux Soviétiques de s'emparer de la Chine du Nord. La sinisation du marxisme effectuée par Mao, ou la création d'un communisme national, ne pouvaient pas être perçus par des étrangers qui ignoraient les détails scabreux des relations entre Mao et Staline. La politique américaine s'attacha donc à éviter la guerre civile, et le moyen conçu pour y parvenir fut celui d'un « gouvernement de coalition ». Celui-ci devait être le prolongement du front uni, sous sa forme idéale qui ne vit jamais le jour, et permettre l'alliance des forces armées et la représentation des deux partis au sein d'une assemblée nationale. Percevant cet espoir américain, les deux partis chinois avaient adopté officiellement le « gouvernement de coalition » comme objectif d'après-guerre, tout en se préparant à lutter jusqu'au bout, chacun pour soi.

On trouve une belle illustration de l'irréalisme pitoyable de la politique américaine dans l'action menée par l'émissaire spécial du président Roosevelt, le général Patrick J. Hurley, originaire de l'Oklahoma, un Américain flamboyant et naïf, reaganien avant l'heure. Après avoir déployé des efforts maladroits pour éviter la guerre civile en offrant sa médiation, il fut subjugué par Chiang Kai-shek. Contre l'avis de tout le personnel de l'ambassade, Hurley se déclara totalement en faveur du soutien américain à Chiang, quoi qu'il arrive. Lorsque celui-ci se concrétisa, Hurley n'était bien entendu plus concerné par les événements, mais Washington continua d'appliquer la politique qu'il avait préconisée, ce qui valut ensuite aux Américains de se trouver proprement mis dehors.

Après la reddition du Japon, en août 1945, Chiang et Mao se rencontrèrent à Chungking sous les auspices de Hurley et se mirent d'accord sur un ensemble de principes idéaux, propres à réjouir tous les libéraux du monde. Les régimes du KMT et du PCC allaient coopérer dans une assemblée représentative, fusionner leurs armées, sans oublier de garantir toutes les libertés civiles et autres bonnes choses du même ordre, chères au cœur de la plupart des hommes. A l'origine de cette comédie, il y avait le simple fait qu'aucun des deux côtés ne pouvait reconnaître qu'il s'opposait à cet idéal de paix et de coopération.

Mais les durs événements de l'automne 1945 devaient témoigner d'une réalité bien différente. Dès la fin de la guerre avec le Japon, les forces communistes traversèrent la Chine du Nord pour contraindre les Japonais à se rendre à elles. Les nationalistes réagirent en ordonnant aux Japonais de repousser les communistes et de récupérer tous les territoires dont ceux-ci s'étaient emparés. On vit ainsi bientôt se multiplier les combats entre Japonais et communistes, l'ancien agresseur impérialiste étant désormais utilisé par le gouvernement nationaliste pour juguler la révolution sociale. Simultanément, les forces nationalistes et communistes progressaient en Mandchourie (dorénavant appelé le Nord-Est), que les deux partis voulaient s'approprier. Fidèles à leurs habitudes, les nationalistes plaçaient des garnisons dans les villes et les communistes mobilisaient les campagnes.

Le gouvernement des États-Unis, suivant l'exemple nationaliste, envoya 53 000 marines en Chine du Nord pour défendre Pékin et Tientsin contre une éventuelle incursion soviétique, et convoya, par air et par mer, des armées nationalistes entières vers les villes de Mandchourie et dans d'autres régions de la Chine du Nord. Les États-Unis se plaçaient donc, dès le départ, dans le camp anticommuniste. En outre, au cours des accords de Yalta, en février 1945, le président Roosevelt avait déjà voulu sceller le sort de la Chine, en obtenant de Staline la signature d'un traité sino-soviétique, conclu par l'URSS avec le gouvernement nationaliste. Selon les termes de ce traité, les Soviétiques reconnaissaient le gouvernement nationaliste de la Chine comme leur seul interlocuteur; pour leur part, les nationalistes rendaient aux Soviétiques leurs anciens privilèges impérialistes dans le Nord-Est, le long des chemins de fer. Staline promit de retirer les troupes soviétiques dans les trois mois qui suivraient la reddition du Japon. Le délai devait donc expirer le 15 novembre 1945, ce qui laissait au PCC une période de trois mois pour infiltrer le Nord-Est du mieux qu'il pouvait, face à un adversaire nationaliste qui bénéficiait des transports américains. Quand les nationalistes se virent menacés par le PCC dans le Nord-Est, ils demandèrent aux Soviétiques de rester plus longtemps. Les troupes soviétiques ne se retirèrent qu'en mai 1946, emportant avec elles l'essentiel de l'équipement industriel mis en place par les Japonais dans les nouvelles installations de leur État fantoche. Fort de l'appui américain, Chiang Kai-shek put s'emparer de la Mandchourie du Sud, malgré l'opposition communiste.

C'est dans un tel décor que devait s'inscrire l'échec de l'effort de médiation entrepris par le général George

C. Marshall, au nom de Washington. Marshall, commandant en chef des opérations de la Seconde Guerre mondiale, en bon officier zélé et avisé, fit ce qu'il put pour tenter de mettre sur pied un gouvernement de coalition. Une conférence politique consultative se réunit à Pékin en janvier 1946, où l'on discuta également des modalités de la fusion entre les forces du KMT et celles du PCC. Mais le centre de la guerre civile s'était déplacé dans le Nord-Est, qui ne faisait malheureusement pas partie des accords de Chungking. Les États-Unis pensaient acheter le consentement de Chiang Kai-shek au moyen d'un important prêt économique, mais quand Marshall repartit devant le Congrès pour faire adopter cette condition du marché, il perdit le contrôle des négociations. Lorsqu'il revint en Chine, l'état-major exécutif qu'il avait établi à Pékin avait réprimé la guerre en Chine du Nord. Des colonels américains avaient en effet été dépêchés auprès des généraux communistes et nationalistes, dans les zones de conflit, pour mettre fin aux combats. Mais, en attendant, le Nord-Est échappait à toute autorité.

Chiang Kai-shek continuait à présent de creuser sa tombe en appliquant à la guerre civile une stratégie dépassée. Tout d'abord, il attachait une grande importance aux capitales provinciales, qu'il tenait à défendre une fois qu'il s'en était emparé. Au lieu de partir de la riche vallée du Yangtze, en Chine du Sud, pour mener la guerre contre les communistes, dans la région de la Chine du Nord qu'ils avaient occupée, Chiang affirmait sa puissance unificatrice au moyen de ce symbole : le pouvoir dans les capitales. Mais la plupart d'entre elles furent bientôt assiégées, et Chiang dut étirer démesurément ses ressources. Ses conceptions sur la meilleure manière de s'emparer de la Chine étaient de toute évidence anachroniques. Comme il avait engagé le meilleur de ses troupes, formé par les Américains, directement dans le Nord-Est, sans consolider d'abord son pouvoir en Chine du Nord, Chiang courait au désastre.

Les deux partis s'étaient servis des négociations pour faire une concession au mouvement de paix, tout en se préparant à une lutte acharnée. De manière similaire, les

États-Unis avaient exigé de Nankin et de Yenan la coalition et la réforme, tout en continuant d'approvisionner les nationalistes. A la fin de la guerre, le programme qu'ils avaient mis en œuvre pour équiper trente-neuf divisions ainsi qu'une aviation nationalistes était à moitié achevé quand les Japonais se rendirent; l'approvisionnement et l'équipement continuèrent d'arriver alors que la guerre civile commençait à sévir. Le rôle de médiateur de Marshall était entièrement démenti par les événements. En fait, dès mars 1946, les États-Unis avaient envoyé un groupe de conseillers militaires américains auprès de Chiang Kai-shek pour l'aider à établir son plan de guerre. De plus, la contribution américaine de 500 millions de dollars au Fonds de secours des Nations unies en Chine était principalement employée dans les zones nationalistes. En août 1946, les Américains vendaient au KMT, pour la somme de 175 millions de dollars, un stock de matériel militaire qui valait 900 millions de dollars. Ce soutien massif des Américains était difficilement compensé par l'embargo sur les expéditions d'armes aux nationalistes que Marshall décréta entre juillet 1946 et mars 1947.

Quand la paix fut signée, en août 1945, les forces armées nationalistes étaient au moins deux fois plus importantes que celles du PCC. Outre l'avantage de disposer de l'équipement et de l'approvisionnement américains, elles bénéficiaient de l'aide de la marine américaine pour les transports de troupes, ainsi que de la présence des Marines dans la région Tientsin-Pékin. Les nationalistes tenaient toutes les grandes villes de Chine et la plus grande partie du territoire. L'esprit de la guerre froide se manifestant aux États-Unis comme en Chine, il était évident que le soutien américain allait continuer. Pour Chiang Kai-shek et les nationalistes, dans ces conditions, perdre la guerre civile relevait de l'exploit. Il leur fallut non seulement faire preuve de stupidité sur le champ de bataille, mais aussi d'incompétence derrière les lignes.

L'incompétence des nationalistes s'illustra tout d'abord dans leur mauvaise gestion économique, où, malgré l'inflation vertigineuse, ils laissèrent les émissions de billets continuer de plus belle. Lorsqu'ils reprirent les villes côtières aux Japonais, ils s'empressèrent la plupart du temps de confisquer l'actif, sans vraiment tenter de réinvestir dans l'industrie. Les biens de consommation restèrent insuffisants. La production industrielle, qui s'arrêta dans la Chine Libre, ne reprit pas suffisamment dans les villes libérées pour éviter un chômage massif. Pendant ce temps, les nationalistes qui avaient de l'argent faisaient des bénéfices énormes en utilisant leur monnaie surévaluée pour racheter la monnaie d'occupation japonaise à un taux de conversion extrêmement avantageux. De nombreuses régions souffraient déjà de la famine et des exactions des profiteurs, mais le retour des troupes nationalistes dans les provinces libérées des Japonais, si le terme de « libération » peut s'appliquer à la situation, ne fit qu'alourdir le fardeau des impôts et des réquisitions. On avait rarement assisté dans l'histoire à pareille gabegie.

D'autre part, le gouvernement nationaliste malmena si rudement ses citoyens qu'il s'aliéna immédiatement les principaux éléments de la population chinoise. Il s'était servi, pour commencer, des Japonais et de leurs troupes chinoises fantoches pour combattre les communistes après la reddition du Japon. En mettant ainsi aux prises des forces chinoises contre des Chinois, au moment où la paix était sur toutes les lèvres et rassemblait tous les espoirs, il se rendit extrêmement impopulaire. Les Chinois collaborateurs, qui avaient travaillé sous l'occupation japonaise et espéraient la libération, furent traités par les nationalistes comme des ennemis qui ne méritaient aucune compensation. De la même manière, les étudiants et les enseignants de la Chine réoccupée étaient sévèrement critiqués pour leur collaboration et, soumis à la réforme de la pensée, se voyaient inculquer les Trois Principes du peuple de Sun Yat-sen. Blâmée pour avoir survécu sous les Japonais, la classe universitaire ne risquait guère de se mobiliser pour soutenir le gouvernement. Le peuple continuait à subir le poids de l'impôt, tandis que les profiteurs et les fonctionnaires cupides n'avaient rien à verser. On était, en fait, en présence de la pire forme de « capitalisme bureaucratique », qui permettait aux fonctionnaires de s'enrichir aux dépens de la population.

La troisième erreur politique que commirent les nationalistes fut de repousser et de réprimer le mouvement pacifiste populaire, largement répandu et dicté par une réelle sincérité, contrairement aux allégations des nationalistes qui y voyaient une conspiration communiste. Les universitaires demandaient des aménagements civils, et non plus militaires, et voulaient voir la fin de cette situation où les nationalistes s'appuyaient sur les États-Unis pour entretenir la guerre civile. Par la répression violente qu'il exerça contre les étudiants, le gouvernement se les aliéna aussi sûrement qu'il s'était aliéné la classe moyenne urbaine et les capitalistes industriels par l'absurdité de sa politique économique.

En se comportant ainsi, le gouvernement nationaliste perdit le soutien public et apparut, plus encore que les communistes, comme le véritable instigateur de la guerre civile. Il était évident que le gouvernement nationaliste était trop militarisé pour envisager autre chose qu'une solution militaire à la guerre civile et qu'il n'avait aucune considération pour son rôle de serviteur de l'intérêt public. Les libéraux chinois blâmaient le régime du KMT pour son attitude, qui permettait au PCC de consolider sa position de représentant d'un régime plus populaire. Si tant est que le KMT eût conservé des appuis au sein de la classe possédante, il s'en priva définitivement en adoptant la « réforme de la monnaie » de 1948. Aux termes de cette dernière, tous les avoirs en espèces et en devises étrangères étaient obligatoirement convertis dans la nouvelle monnaie, le « yuan d'or », qui servirait dorénavant à fixer les prix. L'inflation devait être enrayée en vertu d'un décret. Mais, en l'espace de six mois, les prix furent multipliés par 85 000. La classe possédante se voyait une nouvelle fois escroquée. Le KMT n'avait plus la moindre chance de parvenir à gouverner la Chine. Le gouvernement nationaliste avait repris, de manière étonnamment convaincante, le rôle traditionnellement attribué dans l'histoire chinoise au « dernier mauvais souverain » d'une dynastie. L'élite sino-libérale de la Chine Libre, formée aux idées modernes, ne se tourna pas vers le communisme, mais perdit tout espoir dans le KMT.

Après 1946, l'ascension du PCC vers le pouvoir se déroula sur plusieurs fronts, dont le premier se trouva constitué par la population paysanne des villages de la Chine du Nord. Dans cette région, le gouvernement communiste renoua avec son programme de réforme agraire qu'il avait, en règle générale, mis en sourdine depuis le front uni de 1937. La réforme agraire signifiait d'une part le dessaisissement des propriétaires fonciers et autres magnats locaux, ainsi que la neutralisation ou la destruction de leur influence sociale et économique ; elle reposait, d'autre part, sur une progression correspondante des activistes issus de la paysannerie pauvre, qui devaient dominer les villages sous la direction du PCC. Une fois les paysans riches ainsi neutralisés ou affaiblis, la direction du PCC pourrait procéder à de nouvelles réformes. Cet effort massif avait pour but d'assurer aux armées communistes le soutien des villages de toute la Chine du Nord.

Par un ironique retour des choses, les forces nationalistes menaient à présent une guerre assez semblable à celle que les Japonais avaient infligée à la Chine en leur temps. A la fin de la première année de cette lutte de trois ans, les nationalistes détenaient toutes les villes principales, ainsi que les chemins de fer, et leurs forces disposaient d'une puissance de feu largement supérieure. Cependant, les armées du PCC s'étaient simplement retirées, refusant le combat et évitant ainsi les pertes. Par l'adoption d'une stratégie classique de guérilla, elles avaient amené les nationalistes à étirer démesurément leurs forces. Elles ne combattaient que lorsqu'elles pouvaient mettre en ligne des moyens écrasants et s'abattre sur l'une ou l'autre des petites unités du KMT. Quand les nationalistes s'emparèrent de Yenan et de la capitale provisoire du PCC, Kalgan, les dirigeants communistes devinrent des fugitifs pourchassés dans le Nord du Shensi par les forces nationalistes victorieuses. Les nationalistes regagnèrent la plupart des chefs-lieux de comté de l'important théâtre d'opérations que représentaient le nord du Kiangsu et les Trois Provinces orientales. Le PCC ne s'attendait pas à cette destruction de plusieurs de ses bases, ni à cette mainmise sur les campagnes. Quand leur zone de base au nord de Kiangsu fut détruite, la population qui s'était placée sous leur protection fut brutalisée et souvent massacrée par les propriétaires nationalistes de retour.

La bataille du Nord-Est était commandée, du côté communiste, par le général Lin Piao, grand maître de la guerre de mouvement. Après que ses forces se furent retirées au nord-est de la Mandchourie, derrière le fleuve Sungari, en 1947, Lin orchestra une demi-douzaine de raids de l'autre côté du fleuve, qui, prenant les forces nationalistes par surprise, leur infligèrent de lourdes pertes. Les armées nationalistes se retrouvèrent rapidement isolées dans les villes qu'elles détenaient.

On sait, grâce à des recherches récentes, comment le PCC a obtenu la victoire dans le Nord-Est : ce fut, comme en Chine du Nord, par la mobilisation des campagnes. Déployant une activité fiévreuse, les cadres de Chine du Nord, une fois infiltrés dans le Nord-Est, utilisèrent avec succès la plupart de leurs méthodes pour l'organisation de la production locale, l'endoctrinement des villages, la réforme agraire, la réforme de la pensée des nouveaux cadres, ainsi que le recrutement des troupes et de la population unies dans une guerre patriotique. Dans cet effort considérable, il leur fallait appliquer tous leurs talents d'organisation sociale pour faire admettre la conscription obligatoire. Mais cela marcha. Les Chinois du Nord-Est, frustrés depuis si longtemps par l'occupation japonaise, répondirent aux mots d'ordre de nationalisme et de révolution sociale en soutenant l'effort de guerre du PCC.

Comme d'habitude, les nationalistes contribuèrent à ce processus. Venant du Sud, ils se méfiaient du commandement mandchourien, dans cette région qui, après avoir été dirigée par le seigneur de la guerre, Chang Tao-Lin, puis par son fils Chang Hsueh-liang, était restée au pouvoir des Japonais pendant quinze ans. Les nationalistes placèrent donc leurs propres hommes à la tête du régime qu'ils essayaient d'instaurer dans le Nord-Est, tandis que les communistes composaient avec les dirigeants locaux et les mobilisaient contre les envahisseurs de la Chine du Sud. Comme à Taiwan à la même époque, la méfiance des nationalistes vis-à-vis du pouvoir local, ajoutée à leur aventurisme politique et à leur comportement d'exploiteurs, dressa l'opinion contre eux. L'arrogance, l'âpreté au gain et la corruption des nationalistes les menèrent à la catastrophe dans les deux régions, si ce n'est qu'à Taiwan, après avoir tué la plupart des chefs locaux au cours de l'incident de février 1947, le KMT réussit à survivre et parvint finalement à se réformer à la suite de la défaite totale qui lui fut infligée sur le continent. En fait, l'armée nationaliste buta sur tous les obstacles qui avaient causé l'échec des Japonais : ils ne pouvaient compter sur aucun renseignement de la part de la population procommuniste, et se trouvaient encombrés par leur équipement lourd ; de plus, l'avance de leurs colonnes était trop lente pour éviter les embuscades ou les attaques de flanc répétées. Les forces nationalistes n'étaient entraînées ni à fraterniser avec la population ni à combattre de nuit et ne pouvaient pas se déplacer rapidement.

Quand le PCC déclencha sa contre-attaque au milieu de l'année 1947, son armée parvint rapidement non seulement à dominer le Shantung, mais aussi à récupérer la zone de base située entre le fleuve Jaune et le Yangtze, délimitée par la ligne de chemin de fer Pékin-Hankow à l'ouest et par celle qui reliait Pékin et Nankin à l'est. Ils occupaient dès lors une position stratégique qui leur permettait de menacer toute la vallée du Yangtze. A mesure que l'équilibre stratégique se modifiait, les communistes parvenaient de plus en plus souvent à s'emparer de l'équipement américain des nationalistes et à enrôler dans de nouvelles armées communistes les troupes qui s'étaient rendues.

Dans le camp nationaliste, Chiang Kai-shek refusa d'évacuer les garnisons qu'il avait placées dans les grandes villes pendant qu'il en était encore temps. Le résultat de l'opération fut que ses meilleures troupes, après avoir été assiégées et isolées, durent se rendre avec leur équipement. Les forces du PCC, en se montrant bien supérieures sur le plan de la tactique et de la stratégie, parvinrent non seulement à submerger les défenseurs nationalistes, mais aussi à les démoraliser. Quand elles encerclèrent finalement Pékin en janvier 1949, le commandant nationaliste décida de se rendre avec toutes ses troupes, et se vit ensuite attribuer une position de confiance dans le nouveau régime.

Quand Mao pénétra dans Pékin, ses troupes conduisaient des camions américains, et des tanks de fabrication américaine leur ouvraient la voie. Lorsque les Américains avaient fourni du matériel à Chang Kai-shek, ils lui avaient également envoyé des conseillers militaires professionnels. Cependant Chiang avait pris l'un sans écouter les autres. Les Américains lui avaient conseillé de ne pas étirer démesurément ses forces, mais c'est ce qu'il fit. Ils lui avaient conseillé d'utiliser ses avions et ses tanks, au lieu de les accumuler comme autant de symboles de sa puissance de feu, mais il persista dans son attitude. Ils lui avaient aussi conseiller de laisser les commandants locaux prendre les décisions tactiques, mais le Généralissime s'obstina à se comporter en généralissime, dictant ses ordres à chaque division. Chiang avait peut-être raison de penser que les commandants de ses divisions étaient plus bêtes que lui, toutefois, de Nankin, il n'avait pas les renseignements nécessaires pour maîtriser la situation sur le champ de bataille. C'était après tout son talent de politicien militaire qui l'avait porté au pouvoir, et non ses qualités de commandant sur le terrain. A défaut d'intelligence, ses généraux devaient faire preuve de dévouement, pourtant l'on pouvait parfois se demander si leur dévouement n'était pas précisément dû à leur manque d'intelligence. Au bout du compte, la guerre civile devait inéluctablement se dérouler dans les campagnes, là où les communistes, grâce à la mobilisation de la population, disposaient à la fois de renseignements et d'un soutien logistique. C'est ainsi qu'en 1949, lors de la bataille décisive de la région de Huai-hai, au nord de Nankin, le corps des blindés nationalistes, qui avait été tenu en réserve pour l'arbitrage final du conflit, se trouva encerclé au milieu des tranchées antitanks creusées par les millions de paysans mobilisés par certains chefs du parti, comme Teng Hsiao-p'ing.

Les Américains, après avoir si largement investi dans l'entraînement des troupes et les fournitures d'équipement, furent écœurés par ce résultat. Heureusement, le général Marshall, qui avait passé un an à faire office de médiateur à Chungking et à Nankin, pour tenter d'empêcher la guerre civile après la reddition des Japonais, put intervenir en connaissance de cause. Quand il retourna aux États-Unis, où il devint secrétaire d'État en 1947, il parvint à dissuader les Américains de s'engager dans un super-Vietnam pour étouffer la Révolution chinoise. Les Américains continuèrent leurs envois de matériel, mais ils retirèrent les Marines qui devaient protéger la Chine du Nord contre les Soviétiques. Le PCC gagna finalement la guerre en utilisant les armes des Japonais vaincus, obtenues grâce à la bienveillance des Soviétiques en Mandchourie, et les armes américaines prises aux armées de Chiang lorsqu'elles se rendaient. En 1949, personne ne pouvait nier que le parti communiste chinois, sous la direction de Mao Tse-tung, avait bel et bien conquis la Chine.

En dernière analyse, l'échec de la politique américaine en Chine s'explique surtout par l'ignorance profonde de la réalité chinoise qui sévissait chez les Américains, préoccupés par leur propre effort de guerre logistique en Chine et par leurs contacts officiels avec les nationalistes. Bien que conscients de la détérioration du pouvoir nationaliste, ils ne disposaient pas d'éléments précis à ce sujet. Quant à l'histoire des communistes, c'était pour eux une page presque entièrement vierge. Les rares observateurs qui s'étaient rendus à Yenan avaient réagi à l'optimisme et la détermination du PCC mais, en Chine du Nord, les observateurs américains étaient quasi inexistants, à l'exception de quelques journalistes dont le champ d'investigation restait très limité. Par conséquent la puissance du PCC fut complètement sous-estimée. En 1948, les Américains considéraient que les nationalistes ne pouvaient pas vaincre le PCC, mais que le PCC ne pouvait pas non plus triompher des nationalistes. Ce jugement révélait bien leur totale incompréhension de la réalité en Chine.

On peut aussi tenir compte de l'hostilité systématique des Américains envers le communisme, qui déterminait en Europe une politique de force. En Chine, toutefois, l'attitude des Américains reflétait surtout leur aversion pour le totalitarisme, qui les avait précisément entraînés dans la guerre contre les nazis. Dans cette situation embrouillée, la majorité du public américain ne se rendit même pas compte qu'il se déroulait en Chine une révolution qui avait de profondes racines dans le passé et allait déterminer l'avenir. On avait rarement vu les États-Unis adopter une position aussi inefficace et improductive.

Le seul endroit où les Américains soient parvenus à des résultats est, semble-t-il, la petite île de Taiwan, refuge des nationalistes vaincus, dont ils favorisèrent le développement. Après 1949, Taiwan abritait ceux des dirigeants sino-libéraux de la République chinoise qui n'avaient pas voulu suivre le PCC. Malgré des débuts sanglants, marqués par le massacre de l'élite chinoise de Taiwan par les militaristes du régime nationaliste, en février 1947, l'aile sino-libérale eut ensuite la possibilité d'agir. Nous ne prendrons en compte ici que le bilan de leur action, qui se traduisit par une véritable réforme agraire rendant la terre au cultivateur, ainsi que par des améliorations de la technologie agronomique, sous l'influence de la Commission sino-américaine pour la reconstruction rurale, fondée par le Congrès américain en 1948. L'industrialisation et le commerce à l'exportation qui se développèrent progressivement bénéficièrent de plusieurs facteurs très concrets. Le premier était la colonisation japonaise, qui avait non seulement assuré le maintien de l'ordre local et de la santé publique, mais avait aussi laissé des chemins de fer et d'autres aménagements matériels, une alphabétisation répandue (mais pas d'éducation supérieure) et des associations de fermiers pour augmenter la production. Il y eut ensuite l'aide économique américaine et (après 1954) l'alliance militaire. Il existait, d'autre part, une forte concentration d'hommes de talent parmi les réfugiés du continent, dans une région qui n'était pas encore surpeuplée. Il y eut enfin la réforme du KMT, effectuée par Chiang Kai-shek, qui permit peu à peu la collaboration avec les Chinois de Taiwan dans le domaine des affaires et du gouvernement. Les nationalistes s'inspirèrent à Taiwan de l'étatisation de l'industrie, d'esprit socialiste, que la Commission des ressources nationales poursuivait sur le continent. Bien d'autres circonstances contribuèrent encore au développement de Taiwan, dont, par exemple, la guerre froide des années 1950 et 1960.

Le fait que la République chinoise nationaliste survivait à Taiwan, située à 200 km du continent, compromettait évidemment le bien-fondé de la revendication du PCC à représenter le gouvernement unifié de la Chine tout entière. Il lui était donc impossible d'admettre l'indépendance de fait de la province de Taiwan, d'autant que les nationalistes continuaient à proclamer, surtout pour préserver les apparences, leur détermination à se battre pour revenir sur le continent. Est-il nécessaire de dire que l'autonomie de Taiwan se poursuit de nos jours, et que la guerre civile de la Chine s'est depuis longtemps stabilisée au point mort ?

Pour évaluer le rôle du KMT en Chine, les historiens ont puisé dans le réservoir de jugements critiques constitué à la fois par les sino-libéraux et par les propagandistes du PCC qui, courtisant les sino-libéraux, s'empressaient de dénoncer la corruption du KMT et toutes ses atteintes aux droits de l'homme. Le KMT était en réalité formé de deux équipages, l'un modernisateur et l'autre réactionnaire, qui tiraient malheureusement dans deux directions opposées. La presse, partiellement indépendante, ou les journalistes étrangers, parvenaient à dénoncer les tares du KMT ; quant à la police secrète, comme elle n'avait pas le pouvoir absolu, ses actions ne réussissaient souvent qu'à alimenter la liste des mauvais coups publiés dans la presse. Le totalitarisme avait bien ses partisans actifs sous Chiang Kai-shek, mais il ne leur était pas possible de dominer la place publique en Chine, comme le totalitarisme du PCC allait parvenir à le faire. Les images du

KMT et du PCC, en tant que gouvernements de la Chine, alimentées par des bases de données très différentes, ne sont pas véritablement comparables. Les exécutions du PCC, par exemple, étaient généralement ignorées des étrangers à l'époque où elles se sont déroulées.

QUATRIÈME PARTIE

LA RÉPUBLIQUE POPULAIRE DE CHINE
1949-1985

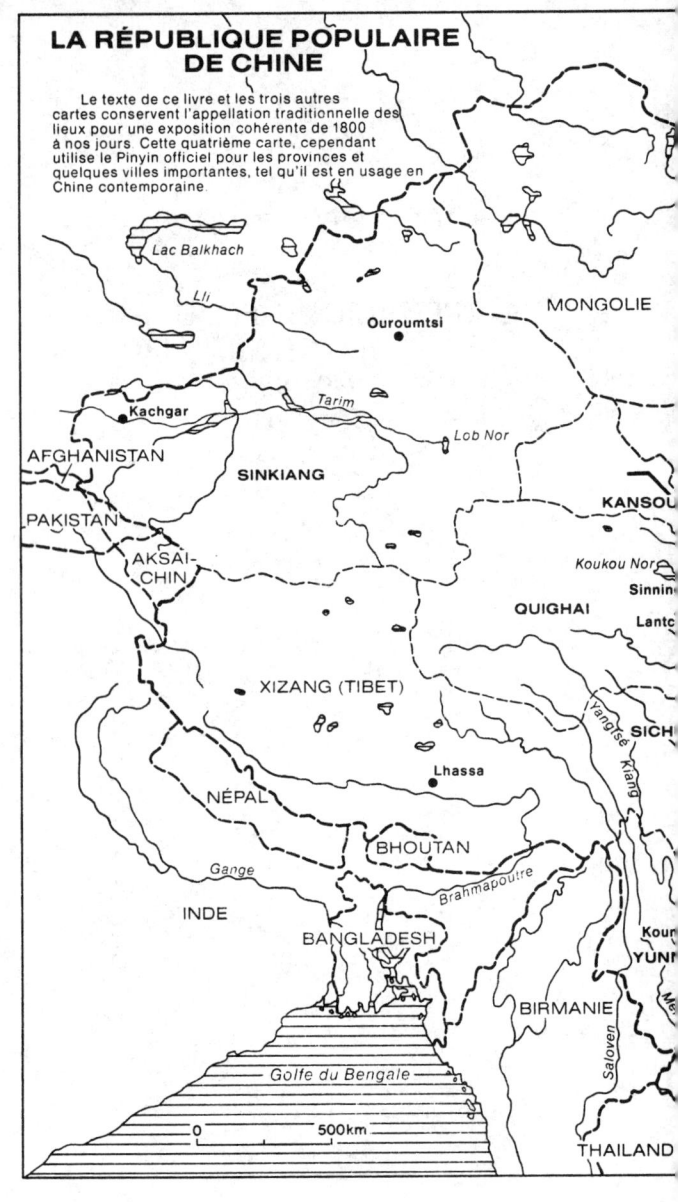

Chapitre 15

LA CRÉATION DU NOUVEL ÉTAT

Dès que l'on aborde la question de la République populaire de Chine en 1949, on est amené à constater que les ouvrages consacrés à la Chine quittent le domaine de l'étude historique pour entrer dans celui des sciences humaines et sociales. Quand la Chine est devenue communiste, l'Occident a mis en œuvre quantité de moyens pour comprendre ce nouvel ennemi. Aux États-Unis, on a fait appel à l'étude interdisciplinaire systématique, qui avait commencé pendant la Seconde Guerre mondiale, avec la mobilisation du talent universitaire dans tous les domaines susceptibles d'offrir une meilleure connaissance de l'ennemi, à commencer par la géographie, l'économie, la science politique, la sociologie, l'anthropologie et la psychologie sociale. La guerre froide a donné lieu à des études similaires sur l'Union soviétique. Après 1957, et la mise en orbite du satellite Spoutnik par les Soviétiques, l'institution au niveau fédéral de ces études systématiques, ainsi que l'aide de diverses fondations, dont la fondation Ford, ont donné naissance, pendant une dizaine d'années, à un regain d'activité dans les principales disciplines pour comprendre la Chine.

Les praticiens des sciences sociales, qui ont ou tentent d'avoir une démarche scientifique, s'intéressent aux phénomènes universels et font naturellement des comparaisons entre les pays. Ils avaient des milliers de nouvelles questions pertinentes à poser au sujet de la Chine. Après trente ans de recrutement, de formation, de recherche sur le terrain et de dur labeur, on en sait plus aujourd'hui sur la République populaire de Chine que sur toute autre époque antérieure de l'histoire chinoise.

En ce qui nous concerne ici, les sciences sociales se préoccupent plus de l'analyse des événements que de simple narration. Ces diverses analyses occupent une place de plus en plus envahissante dans l'« histoire moderne », mais il existe bien peu d'ouvrages de synthèse. Il faudrait, en conséquence, rendre compte dans les derniers chapitres de ce livre d'une telle profusion d'études effectuées par des spécialistes des sciences sociales sur la « Chine contemporaine », que personne ne pourrait s'y retrouver. Je suggère donc au lecteur intéressé de consulter la liste des articles figurant dans les volumes 14 et 15 de *The Cambridge History of China*, dont les exposés magistraux ont servi pour les chapitres narratifs qui suivent ici. On notera également que je puise des références dans l'histoire antérieure de la Chine, dans l'espoir d'encourager le croisement entre les sciences sociales et l'histoire qui s'est déjà amorcé. Afin de limiter les risques de confusion, j'ai introduit des sous-titres dans ces derniers chapitres.

Si l'on veut se faire une idée de l'expérience révolutionnaire chinoise, il faut commencer par diviser l'époque 1949-1985 en périodes, puis, pour chaque période, considérer divers aspects, sujets et facteurs. L'un des principaux problèmes qui se pose est celui de la multitude des noms désignant des événements, des actions ou des personnes. On se trouve en présence d'un vocabulaire ésotérique où abondent les termes spéciaux et les sigles. Cependant, si l'on arrive à naviguer parmi les abréviations qui sont monnaie courante dans notre vie quotidienne, on devrait, sans que cela représente un effort considérable, assez rapidement se familiariser avec l'ALN (l'armée de Libération nationale), les CPA (coopératives de producteurs agricoles) ou le GBA (Grand Bond en avant).

En termes extrêmement généraux, les trente-cinq ans qui séparent 1949 de 1985 ont été marqués par deux grands cycles ou encore, pourrait-on dire, deux spasmes violents, le Grand Bond en avant (GBA) de Mao entre 1958 et 1960, et sa Grande Révolution culturelle prolétarienne (GRCP) de 1966 à 1976. Dans les deux cas, Mao a mobilisé le soutien populaire dans l'espoir d'accomplir des changements révolutionnaires dans la société chinoise. Cela lui a valu parfois l'appellation de « populiste », terme directement emprunté à la politique américaine, qui risque autant de nous égarer que de nous éclairer. A chacun de ces spasmes de « populisme » (ou mobilisation de personnes n'appartenant ni aux structures du gouvernement ni à celles du parti) a succédé un mouvement de retour vers le développement économique systématique, de 1961 à 1965, puis de 1976 à 1985. Certains préfèrent voir dans ce mouvement une alternance entre la « révolution sociale » et le « développement » matériel, mais ces termes sont tellement ambigus qu'ils risquent de nous entraîner dans des élucubrations peu souhaitables si l'on souhaite garder le contact avec la réalité. Il est, en fait, trop tôt pour caractériser la révolution du PCC au moyen de deux ou trois slogans, quand bien même on en brûlerait d'envie. Qu'il nous suffise de dire que les huit premières années de la République populaire chinoise, d'octobre 1949 jusqu'au début de 1958, furent suivies de deux périodes extrêmement troublées pour la population : d'abord le Grand Bond en avant de 1958-1960, suivi par les années de redressement économique, de 1961 à 1965 ; puis la Révolution culturelle, de 1966 jusqu'à 1969, ou plutôt, comme on l'admet couramment aujourd'hui, jusqu'à la mort de Mao, en 1976. Dans cette succession de cinq phases, les première, troisième et cinquième représentent des périodes de progrès économique, sous la direction d'organisateurs et d'administrateurs du parti compétents. La deuxième et la quatrième période, en revanche, sont directement marquées par la domination de Mao Tse-tung, et leurs conséquences resteront au cœur du débat pendant longtemps.

Dans le présent chapitre, nous allons aborder la prise du pouvoir politique par le PCC et sa consolidation de 1949 à 1953, puis la transition économique vers l'agriculture « socialiste » (collectivisée) et l'industrialisation sur le modèle soviétique de 1954 à 1957, enfin le problème social des relations entre la dictature du parti et les intellectuels chinois.

La période initiale, 1949-1953

La prise de possession du pouvoir en Chine par le parti communiste chinois et l'établissement d'un nouveau gouvernement unique constituent une remarquable entreprise créative. Comme les Mandchous, qui avaient instauré leur royaume en Mandchourie du Sud et coopté des administrateurs chinois avant de s'emparer de la Chine, le PCC avait commencé par créer un gouvernement en Chine du Nord et du Nord-Est pendant la guerre civile qui devait le mener à la victoire. Sous Mao, qui en était le chef incontesté sur le plan de la théorie et de la stratégie, la direction du PCC travaillait en équipe, débattant des questions politiques au sein du Politburo et adaptant les directives centrales aux conditions locales. Les principaux commandants sur le terrain, comme P'eng Te-huai, Lin Piao, Nieh Jung-chen et Ch'en I travaillaient tous avec Mao et Chou depuis de nombreuses années. Les fondateurs du parti, comme Liu Shao-chi et Teng Hsiao-p'ing, avaient fait partie de l'organisation de Yenan. Ils formaient, à eux tous, un groupe sûr et étroitement lié.

Le PCC se trouva, de manière inespérée, favorisé par l'intervention du Mandat céleste. Les communistes s'attendaient à mener plusieurs années de lutte avant d'arriver à dominer la Chine. Mais, en fait, lorsqu'ils eurent vaincu les armées nationalistes, le pays tout entier accepta leur nouvelle autorité. La soif de paix était universellement ressentie, et les résistances s'effacèrent devant la reconnaissance générale de la victoire du PCC. Le nombre de réalisations que la direction du PCC fut capable d'entreprendre en même temps tient du prodige. Le président Mao dirigeait une symphonie, dont nous allons à présent étudier aussi bien les instruments que les mouvements.

Tout d'abord, l'armée de Libération nationale étendit son action en Chine du Sud et du Sud-Ouest, qui constituaient des zones nouvellement libérées. Le pays fut divisé en six régions administratives militaires; les commissions militaires qui les administraient pendant la période initiale subsistèrent un moment à l'état de vestiges, avant d'être abolies en 1954, date à laquelle l'autorité civile était établie depuis longtemps.

Les communistes pensaient en général qu'il leur faudrait utiliser les trois premières années de leur règne à la réhabilitation de l'économie et à la mobilisation des masses, avant de pouvoir entreprendre une transformation de la société. Mais, là encore, les événements allèrent plus vite que prévu.

Au niveau du gouvernement local, leur première action fut de laisser en place la plupart des fonctionnaires du KMT. Le personnel maintenu à son poste continuait donc à percevoir son salaire et à accomplir ses fonctions. Il faut considérer qu'ils étaient au total environ 2 millions, alors que le PCC disposait, au maximum, de 750 000 cadres susceptibles d'effectuer le travail à leur place.

Pendant ce temps, la reconstruction de l'économie avançait rapidement. Il fallait avant tout parvenir à juguler l'inflation, et l'on s'y attaqua en utilisant de manière concertée plusieurs méthodes : la mainmise sur l'ensemble du système bancaire permit le contrôle de la totalité du crédit; la circulation des principales denrées fut soumise à une étroite surveillance, grâce à la formation, pour chacune d'entre elles, d'associations commerçantes au niveau national; enfin, pour rassurer la population, les salaires de tous les employés, au lieu d'être payés en argent, étaient calculés en produit de base – tant de céréales, tant d'huile, tant de tissu, etc. Les salaires individuels devenaient ainsi indépendants de l'inflation, et le commerce pouvait s'appuyer sur une base stable. La circulation des marchandises et de l'argent s'équilibrant, l'inflation redescendit à 15 p. 100 par an. Pour la classe salariée, c'était littéralement le salut.

La reconstruction des chemins de fer et la remise en service des lignes de bateaux à vapeur ne présentaient pas de problèmes logistiques considérables, mais l'immersion du PCC dans la guerre de Corée, au bout d'un an seulement d'exercice du pouvoir, semblait à l'époque un pari risqué. Quand les « volontaires » chinois pénétrèrent en Corée en octobre 1950, la puissance de feu américaine leur infligea un million de pertes. Malgré l'aide de Moscou, la guerre entraîna une grave saignée des ressources. Mais elle fut par ailleurs utile à la réorganisation de la société. La campagne publique de « résistance aux Américains et d'aide à la Corée » donnait, comme la guerre japonaise ou la guerre civile précédemment, un mot d'ordre global autour duquel on pouvait organiser la population.

Après 1949, dans les villes, l'opinion publique connut une phase d'euphorie initiale, pendant laquelle le PCC gagnait un peu chaque jour de la confiance générale. On avait là enfin une armée conquérante de campagnards strictement disciplinés, polis et serviables, aux antipodes des troupes de pillards et de violeurs des seigneurs de la guerre, et même des nationalistes. On avait enfin un gouvernement conscient de ses devoirs qui nettoyait vraiment la place – non seulement les rues et les caniveaux retrouvaient leur propreté, mais ils étaient aussi débarrassés des mendiants, prostituées et malfaiteurs qui les encombraient, lesquels étaient tous embarqués pour subir un « reconditionnement ». On avait enfin une nouvelle Chine dont on pouvait être fier, qui maîtrisait l'inflation, abolissait les privilèges étrangers, éliminait la corruption et entraînait les citoyens dans une multitude d'activités sociales, qui avaient pour but de réparer les constructions publiques, de répandre l'alphabétisation, de juguler la maladie, de fraterniser avec les défavorisés ou d'étudier la Nouvelle Démocratie et la Pensée-Maotsetung. Toutes ces activités ouvraient de nouvelles portes à une jeunesse idéaliste et ambitieuse. Ce n'est qu'après que l'on se rendit compte que la « Terre promise » était fondée sur la répression et la manipulation systématique. Progressivement, l'organisation du PCC allait pénétrer la société, instaurer des modèles de conduite, imposer une ligne de pensée et réprimer les déviations individuelles.

Pour les femmes, libérées de la domination de la famille, les choses se passèrent de manière similaire. Les nouvelles lois du mariage faisaient de la femme l'égale de son mari. Les femmes entraient dans une ère nouvelle. Il fallut du temps pour se rendre compte que l'émancipation des femmes avait fait d'elles des salariées à plein temps, sans pour autant les libérer des travaux ménagers, à une époque où les contraceptifs restaient d'un accès peu facile. Les réfrigérateurs n'étant guère plus répandus, elles devaient en outre faire des queues interminables pour acheter les denrées nécessaires à la vie quotidienne.

Bien avant de tenter de transformer la vie sociale et économique des masses chinoises, le PCC s'était trouvé devant le problème de constituer une nouvelle Administration sur laquelle il pût s'appuyer pour mener à bien la révolution. Comme les hommes d'affaires et les fonctionnaires du KMT étaient restés en place, le temps de permettre aux nouveaux cadres du PCC d'infiltrer l'administration du gouvernement, la tâche la plus urgente consistait à éliminer les mauvais éléments et à épurer l'appareil même du gouvernement. La campagne des « Trois Anti » de 1951-1952 (contre la corruption, le gaspillage et le bureaucratisme) était ciblée sur les fonctionnaires du gouvernement, de l'industrie et du parti. Une seconde campagne, celle des « Cinq Anti », s'attaquait à la classe capitaliste, qui avait d'abord été laissée en place. Sous les accusations diverses de corruption, d'évasion fiscale, de vol des fonds de l'État, de fraude sur la main-d'œuvre ou les matières premières, et de détournement d'informations économiques, presque tous les employeurs pouvaient faire l'objet d'un procès. On en élimina la plupart, et seul un petit nombre d'entre eux purent continuer à servir comme employés du gouvernement.

Deux dispositifs rendirent possibles ces mouvements. Le premier avait été la mise en place d'un nouveau front uni, formé en 1949, par la création du Comité consultatif du peuple chinois, organe suprême du gouvernement, composé de membres du PCC et de personnalités qui n'en faisaient pas partie. Le Programme commun, qu'il avait adopté en 1949, préconisait une politique progressive. La majorité des ministères, lorsque le gouvernement fut mis en place, était dirigée par des hommes qui n'appartenaient pas au parti. Il fallait en effet mobiliser les talents disponibles, avant de pouvoir les remplacer graduellement par des membres du PCC devenus opérationnels.

Le deuxième de ces dispositifs était l'orchestration de campagnes de masse, qui utilisaient la structure des organisations populaires. Les ouvriers, les jeunes, les femmes et les corps de métier étaient tous enrôlés dans ces organisations. Chaque organisation était dotée d'une structure administrative nationale, qui permettait de battre le rappel de tous ses membres lorsqu'une campagne était lancée. Ainsi les premières campagnes pour éliminer les contre-révolutionnaires, résister aux États-Unis et aider la Corée, les campagnes des Trois Anti et des Cinq Anti, permirent de disposer d'un cadre de plus en plus large pour atteindre les masses chinoises qui vivaient dans les villes. Ces campagnes ne servaient pas seulement à découvrir et à éliminer des individus dont on jugeait l'utilité ou la fidélité douteuses; elles permettaient également de découvrir des activistes capables, qui constituaient d'excellentes recrues pour le PCC. L'effectif de ce dernier, qui comptait 2,7 millions de membres en 1947, atteignait 6,1 millions en 1953.

Pendant que ce processus de consolidation, malgré son aspect sporadique et souvent terrifiant, s'élaborait peu à peu dans les villes et dans le secteur économique, un mouvement parallèle s'exerçait dans la campagne de réforme agraire. Cette campagne, destinée à donner à tous les villageois le même statut de classe, en rabaissant les propriétaires et en relevant les travailleurs sans terre, avait déjà été grandement couronnée de succès dans les régions de la Chine du Nord et du Nord-Est, qui étaient aux mains des communistes avant 1949. Mais l'extension de la réforme agraire aux vastes foules chinoises du sud du Yangtze représentait une tâche écrasante. Après la pacification militaire, des équipes de travail s'installèrent dans les villages et apprirent aux paysans à s'organiser pour s'attaquer aux propriétaires et les éliminer. A ce stade, plutôt que de combattre les paysans riches, on préférait les mettre au pas. Comme ces derniers avaient un statut intermédiaire entre les propriétaires et les paysans pauvres, le climat de terreur, de procès publics, d'accusations collectives et d'exécutions les plongeait dans ce que l'on pourrait appeler une atmosphère « stimulante ».

Grâce à l'action méthodique qu'il avait exercée simultanément sur tous ces fronts, le PCC était prêt, dès 1953, à entreprendre la planification économique et à préparer sa transition systématique vers le socialisme.

La transition vers l'agriculture socialiste

L'une des étapes préliminaires fut l'adoption en 1954 d'une constitution, qui remplaçait le Programme commun et mettait un terme inattendu à la phase de développement de la Chine régie par la Nouvelle Démocratie. Cette constitution s'inspirait essentiellement de celle que Staline avait établie en Union soviétique en 1936. Elle avait pour résultat de renforcer le conseil administratif du gouvernement et la cinquantaine de ministères qui en dépendaient. L'Administration devenait le bras exécutif du parti. La coordination était assurée par un système de double adhésion. Ainsi Chou En-lai était-il à la fois Premier ministre et membre du Politburo, où il était numéro trois dans la hiérarchie, après Mao et Liu. On pouvait, à juste titre, comparer le nouveau gouvernement non seulement au gouvernement soviétique, mais aussi à celui des nationalistes dans les années 1930 et même, avant lui, à l'ancien empire. Une des caractéristiques qui l'écartait des Soviétiques était l'institution d'un président – Mao en l'occurrence – dans lequel on trouve à coup sûr un écho de l'empereur d'antan. Le culte officiel de Mao avait déjà commencé à se répandre : il fallait répondre au besoin des Chinois de voir une seule personne incarner l'autorité.

Contrairement à ce qui se passait en Union soviétique, l'armée et les forces de sécurité publique restaient sous l'étroite surveillance du parti. Les armées dépendaient de la Commission des affaires militaires, présidée par Mao Tse-tung, et la sécurité publique était dirigée à la fois par le parti et par un ministère. Autrement dit, la police secrète ne pouvait pas constituer une entité séparée du gouvernement, ou un royaume indépendant comme sous Staline, où elle pût à loisir terroriser le reste de l'Administration et la population. L'armée ne formait pas non plus un corps autonome, comme cela s'était produit sous Chiang Kai-shek, au moment où la Commission des affaires militaires avait ses propres ministères qui concurrençaient ceux du parti et du gouvernement. Le pouvoir décisionnel restait étroitement concentré dans le comité permanent du Politburo du Comité central du parti.

Suivant la règle de verticalité, les ministères dirigeaient des agences subalternes aux échelons inférieurs du gouvernement, tandis que la coordination horizontale s'exerçait au niveau de chaque division territoriale. Sur le modèle soviétique, on dota les provinces et leurs subdivisions d'une série de Congrès du peuple. Élus à partir d'une seule liste de candidats, ces derniers avaient plus de comptes à rendre en amont qu'en aval. Ils dépendaient tous du Congrès national du peuple, qui se réunissait chaque année pour écouter leurs rapports et donner son accord à leur politique. Celui-ci comportait encore une majorité d'hommes n'appartenant pas au PCC, mais il n'avait aucun pouvoir de décision et n'était qu'un organe de discussion. L'autorité était principalement exercée par les comités du parti à tous les niveaux du gouvernement.

La réalisation suivante fut la collectivisation de l'agriculture. En Union soviétique, au début des années 1930, les cadres des villes avaient pénétré dans les campagnes pour « attaquer et détruire » les paysans riches (*kulak*), qui avaient résisté en abattant le bétail, en fomentant une opposition et en refusant, d'une manière générale, de coopérer. La collectivisation soviétique avait été extrêmement dévastatrice. En Chine, en revanche, le PCC, qui avait été, dès le début, une organisation rurale, proche des villages et dépendant d'eux, sut procéder par étapes successives pour atteindre ses objectifs. Dans un premier stade, on forma des équipes d'aide mutuelle au sein de la paysannerie; puis, dans un deuxième stade, on créa des coopératives de producteurs agricoles (CPA), encore rudimentaires, où les fermiers mettaient en commun leurs terres et leur équipement, mais percevaient aussi un revenu proportionnel à leur apport. On évita ainsi les résistances au sein de la communauté des paysans riches qui voyaient leur position améliorée, et non démolie. Cette réforme agraire, en ôtant la propriété terrienne aux familles propriétaires, qui ne représentaient qu'un petit 2,6 p. 100 de la population, n'avait pas stabilisé la situation. La propriété privée était tout simplement renforcée par la distribution de la terre aux anciens fermiers et travailleurs sans terre. Comme on pouvait encore acheter et vendre la terre à titre privé, on assista à l'ascension de la classe des paysans riches.

Le troisième stade de la collectivisation consistait à passer des coopératives de producteurs agricoles du premier degré aux CPA de niveau supérieur, véritablement collectives cette fois, puisque les paysans travaillaient en échange d'un salaire, sans toucher de revenu supplémentaire proportionnel à leur apport de biens, d'outils ou de terre. Il faut noter que, lors de la réforme agraire qui avait précédé cette étape, la distribution des biens des propriétaires avait impliqué l'action de la communauté, et que cela avait permis de repérer et de recruter des activistes locaux. Grâce à eux, en 1954, 1955 et 1956, le programme de collectivisation alla plus vite que prévu et à la fin de 1956, il embrassait l'ensemble du pays. Comme l'agencement matériel des routes et des maisons dans les villages était resté dans l'ensemble le même, le principal changement concernait les étiquettes appliquées au statut des individus et leur participation à des réunions ou autres nouvelles activités s'inscrivant dans le cadre du développement. (N.B. : une coopérative de producteurs agricoles, ou CPA, représentait généralement une partie d'un village ou un village tout entier. De 1958 à 1978, on appela ces unités des « équipes de production ». Elles formaient la couche inférieure d'une structure à trois étages : les équipes de production formant des brigades, et les brigades formant des communes. Après 1978, l'équipe de production resta l'unité de base.) La République populaire avait créé un dispositif rural que le gouvernement nationaliste n'aurait jamais pu envisager de mettre en place. Le parti, qui avait recruté une grande partie de ses effectifs dans la paysannerie, restait sensible à l'opinion paysanne, et l'agriculture était reconnue comme la base même de la vie pour les masses chinoises.

Cette organisation des campagnes, qui permettait la pénétration de l'État dans la population jusqu'aux portes de la ferme familiale, n'avait aucun équivalent dans l'histoire chinoise. Il semble que l'on puisse imputer la réussite rapide de la collectivisation d'une part à l'intérêt personnel intense que lui portait Mao, et d'autre part à l'esprit collectif qui animait le peuple chinois, sans parler de son empressement caractérisé à accepter les exigences des autorités. Ces tendances pourraient être utilisées, et même détournées, par certains membres du PCC qui se laisseraient emporter par la « griserie du succès ».

L'un des chevaux de bataille du PCC était que la collectivisation de la terre, en permettant de former des champs plus étendus, allait aboutir à une augmentation du rendement et des revenus paysans. Malheureusement, les résultats de cette politique, ainsi que l'exemple donné par d'autres pays, laissent planer un doute sur le bien-fondé de cette théorie : les petites exploitations fournissaient en fait un meilleur rendement à l'unité. Toutefois, cet aspect économique ne représentait, bien sûr, qu'un des éléments de l'histoire. Grâce à l'effort collectif, on pouvait mettre sur pied une société plus égalitaire, capable de poursuivre des objectifs nouveaux et plus ambitieux.

Les débuts de l'industrialisation

Le modèle stalinien d'industrialisation, qui mettait l'accent sur l'industrie lourde aux dépens de l'agriculture, était inapplicable dans le cas de la Chine, à cause de l'énorme prépondérance des campagnes dans l'économie. Il fut néanmoins possible de réaliser certains objectifs industriels, et la domination exercée sur les campagnes permit de dégager des revenus pour l'industrialisation. En fait, l'esprit du « Bond en avant » se manifestait déjà dans les efforts mis en œuvre pour socialiser l'industrie. L'établissement du monopole d'État sur l'industrie fut facilité par le fait que les deux tiers des investissements industriels en Chine avaient été effectués sous la houlette de la Commission des ressources nationales (CRN), instaurée par les nationalistes. Au lieu d'évoluer, sur une période de plusieurs années, vers une gestion partagée entre l'État et les capitalistes, la direction du PCC suivit l'exemple de la collectivisation de l'agriculture. Sa campagne lui permit très vite de prendre en main l'industrie, en tout cas nominalement, mais, dans la pratique, il lui fallut laisser en place l'élément capitaliste. Il faut dire que dans tout le pays, les cadres du PCC avaient plus de connaissances et d'expérience dans le domaine de l'agriculture que dans celui de l'industrie. Les objectifs fixés pour l'accroissement de la production devinrent irréalistes, car les organisateurs locaux du PCC, poussés tant par l'esprit de patriotisme et l'émulation que par l'ambition personnelle, avaient tendance à les placer très haut et à déclarer, tout au moins pour la forme, les avoir dépassés, au lieu de respecter un développement raisonnable et progressif. C'est ainsi que victimes d'une surenchère activiste, les ambitions du gouvernement et du parti finirent par ne plus tenir compte des réalités.

Étant donné qu'après 1976 la République populaire est revenue à un système d'exploitation familiale et de production destinée au marché libre, que les entreprises artisanales ont refleuri et que l'économie, dans son ensemble, a retrouvé un aspect moins rigide et austère que celui que lui avait imposé Mao dans les années 1950, on se demande parfois si la révolution du PCC n'aurait pas fait progresser tout aussi rapidement la modernisation de l'économie, si la période maoïste n'avait jamais existé. On peut, par exemple, démontrer preuves à l'appui que le taux de croissance de l'industrie augmentait à relativement bonne allure depuis le début du siècle. On peut aussi avancer qu'en s'imposant comme nouvelle classe dirigeante, les cadres et le gouvernement du PCC ne créaient pas l'événement dans l'histoire chinoise, mais qu'ils étaient simplement parvenus à exercer une emprise beaucoup plus étroite que leurs prédécesseurs sur la vie quotidienne. L'expérience laissant à penser que la réglementation a exercé un effet néfaste sur le développement économique, on pourrait en conclure que la Révolution chinoise n'a abouti qu'au retour à la structure de l'ancien empire, modifiée par la modernisation de la technologie et l'avènement du patriotisme des masses.

Le problème commun à toutes ces tentatives de révision de l'histoire, c'est qu'elles reposent dans une vaste mesure sur des hypothèses émises par des étrangers. Il n'est, par exemple, pas facile de prouver que la suppression des propriétaires dans les villages aurait pu s'effectuer sans violence, au cours d'une évolution progressive. On ne peut pas non plus assurer que l'alphabétisation des masses (estimée par la Banque mondiale à 66 p. 100 en 1978) et l'organisation politique auraient été mises en place avec la même rapidité, en l'absence de l'autorité du parti.

Nous voici obligés d'énoncer une lapalissade en déclarant que la révolution communiste chinoise devait nécessairement se faire à la manière chinoise. Elle a accompli d'énormes changements, mais en suivant des lignes qui offraient une certaine continuité avec le passé. Au bout du compte, la Chine ne s'est pas mise à ressembler un peu plus à l'URSS, au Japon ou aux États-Unis, elle a simplement pris sa part de la technologie du monde moderne.

L'économie dont la République populaire chinoise avait hérité se trouvait divisée en trois secteurs principaux : la Mandchourie, qui avait été occupée par les Japonais à partir de 1931, et s'appelait à présent le Nord-Est; les villes des ports ouverts, où avaient démarré le commerce extérieur et l'industrie moderne; enfin les campagnes chinoises, qui étaient à l'époque encore peu touchées par la modernisation, si ce n'est que le commerce s'y trouvait facilité par les chemins de fer et les bateaux à vapeur.

Après l'établissement de la République populaire et la régression de l'inflation, on procéda à l'élargissement de l'assiette de l'impôt, et les revenus du gouvernement passèrent de 6,5 milliards de yuan en 1950 à 13,3 milliards en 1951. Le déficit qui continuait d'exister fut financé, à 40 p. 100 environ, par l'émission d'obligations. La valeur de ces obligations ne s'exprimait pas en unités monétaires, mais en équivalent de marchandises. Il pouvait également s'agir de dépôts bancaires. Alors que le revenu du gouvernement nationaliste se situait aux alentours de 5 à 7 p. 100 du produit intérieur brut, la part d'impôt sur la production économique perçue par la République populaire était estimée à 24 p. 100 en 1952 et à 30 p. 100 en 1957. La coexistence de l'industrie capitaliste privée et de l'industrie d'État s'accompagnait d'une politique discriminatoire d'imposition et de crédit, si bien que le secteur privé, qui concentrait plus de la moitié de l'activité en 1949, fut rapidement réduit à moins d'un cinquième. L'artisanat local, par contre, resta pour l'essentiel privé.

Le Premier Plan quinquennal, couvrant la période 1953-1957, s'avéra dans l'ensemble une grande réussite. Le taux d'augmentation du revenu national s'éleva en moyenne à 8,9 p. 100. La production agricole augmenta d'environ 3,8 p. 100, pour un taux de croissance de la population d'environ 2,4 p. 100. On peut comparer ces chiffres avec ceux d'autres pays en voie de développement, où le taux d'expansion n'était en moyenne que de 2,5 p. 100. L'Inde était au-dessous de 2 p. 100 pendant les années 1950. A titre d'indication supplémentaire, l'espérance de vie, qui était de 36 ans en 1950, atteignait 57 ans en 1957. La proportion d'enfants inscrits à l'école primaire grimpa de 25 à 50 p. 100. De manière générale, les salaires augmentèrent de près d'un tiers dans les villes, et le revenu paysan d'environ un cinquième.

Le montant des investissements effectués par la République populaire atteignit presque celui de l'Union soviétique pendant la période d'industrialisation forcée qui commença en 1928, malgré le fait qu'en Chine le revenu par tête se situait entre la moitié et le quart de celui de l'Union soviétique cette même année. En adoptant le modèle soviétique d'industrialisation rapide, par la promotion de l'industrie lourde aux dépens de l'agriculture, le PCC négligeait le fait que le rapport population-ressources était beaucoup plus favorable en URSS, et que l'industrialisation y était beaucoup plus avancée avant la révolution. Environ la moitié de l'investissement industriel total fut consacrée à 156 réalisations à grande échelle, qui exigeaient d'importants capitaux et bénéficiaient de l'aide de l'Union soviétique. Ces 156 usines, qui travaillaient presque toutes pour l'industrie lourde, étaient installées à l'intérieur du pays, dans des centres comme Wuhan, ou Paotow dans le Nord, afin de supprimer la dépendance à l'égard de Shanghai ou de Tientsin, sur la côte. Mais l'aide soviétique s'achetait au prix fort. Alors que la République populaire investissait déjà quelque 25 milliards de yuan dans le Premier Plan quinquennal, la participation soviétique ne se fit pas sous forme de subventions, mais sous forme de prêts, tous remboursables et porteurs d'intérêts atteignant environ 60 millions de yuan par an. 10 000 spécialistes soviétiques vinrent en Chine, et 28 000 Chinois partirent suivre une formation en URSS, mais les crédits soviétiques ne représentaient à eux tous que 4 p. 100 de l'investissement total de la Chine dans l'industrie. La technologie soviétique était certes plus avancée que celle de la Chine, mais les liens avec l'URSS se révélaient, au bout du compte, d'une valeur discutable.

Tous ces facteurs amenèrent les planificateurs du Second Plan quinquennal à considérer qu'il fallait moins insister sur l'industrie lourde, et plus sur l'agriculture et l'industrie légère. Le progrès dans les campagnes serait essentiel à long terme pour le progrès dans les villes. Les planificateurs pensaient également que les réalisations à grande échelle seraient moins efficaces à l'intérieur du pays que les réalisations à petite échelle. Les petites installations locales, même si elles étaient moins avancées sur le plan technologique, permettraient d'utiliser la main-d'œuvre et les matières premières qui se trouvaient sur place, de réduire les coûts de transport et de commencer l'industrialisation des campagnes. En outre, les planificateurs voulaient être moins dépendants de l'aide soviétique. Le fait que la collectivisation de l'agriculture n'ait pas notablement augmenté la production de céréales ou d'autres produits agricoles était un élément déterminant dont il fallait tenir compte. Enfin, il semblait que la croissance de l'énorme bureaucratie d'État en était arrivée au point d'empêcher le développement économique, et l'opinion penchait fortement en faveur d'une moindre centralisation. Toutefois, le Second Plan quinquennal, débattu en 1956, ne vit jamais le jour, car il fut remplacé au printemps de 1958 par le Grand Bond en avant (GBA).

Le problème des intellectuels

L'économie mise à part, un autre problème se posait dans le contexte du Grand Bond en avant : celui des intellectuels et de l'éducation. Comment la révolution pourrait-elle réussir si les intellectuels suivaient toujours le modèle confucéen de la remontrance moralisatrice et si les étudiants continuaient à recevoir dans les écoles le même bagage classique et libéral ? Sans avoir lui-même reçu une éducation libérale très poussée, Mao savait ce qu'il voulait : des intellectuels qui soutiendraient le régime et une éducation qui atteindrait et façonnerait les masses paysannes. Comme il s'agit d'un domaine où Mao, un peu comme Chiang Kai-shek, a finalement essuyé une défaite, arrêtons-nous un moment pour revenir sur l'expérience chinoise en matière d'éducation.

Les relations entre les intellectuels et l'autorité de l'État, à l'Est comme à l'Ouest, ont toujours été un sujet inépuisable. Si l'on se souvient à quel point l'expérience occidentale a été complexe et variée, on peut s'attendre à trouver une complexité et une variété similaires dans le cas de la Chine. Sinon, il ne faut peut-être s'en prendre qu'à sa propre ignorance.

On a souvent dit que l'absence de pouvoir central à l'époque des seigneurs de la guerre, dans les années 1910 et 1920, avait permis d'assister à l'épanouissement du talent intellectuel en Chine. Cette généralisation est incomplète. Elle passe sous silence le fait que le XXe siècle a également confronté la Chine au formidable stimulus de la pensée étrangère. Le désordre, qui s'était déjà rencontré dans les précédents interrègnes en Chine, n'avait pas nécessairement débouché sur l'innovation. Pendant l'interrègne qui avait séparé le pouvoir central de la dynastie Ch'ing, avant 1911, du pouvoir central établi par le PCC en 1949, les théories étrangères sur l'ordre social avaient suscité des réactions extrêmement vives. La génération de Mao avait, en réalité, parcouru toute une gamme d'expériences, depuis l'écroulement du confucianisme jusqu'à l'acceptation du progrès, de l'évolution et du darwinisme social, en passant par la naissance d'un nationalisme fervent et la réévaluation de la tradition chinoise pour sauver la nation. La pensée de Mao était en fait l'aboutissement de l'influence soviétique.

L'un des traits saillants de l'ancienne structure sociale chinoise était l'identification étroite du lettré avec l'État. Ainsi que je l'ai avancé précédemment, on peut faire remonter cette relation de symbiose à l'époque préhistorique de la dynastie Chang où l'instruction était à ses débuts une prérogative du souverain, et où l'homme instruit (le lettré) était voué, par nature ou par tradition, à s'occuper des problèmes de l'État. Si l'on regarde les débuts de l'Occident, on note que l'alphabet phénicien s'est répandu en empruntant les voies du commerce, et que seule une petite partie de la littérature grecque et romaine était consacrée aux affaires de l'État. On a ici un nouvel exemple de l'« exceptionnalisme » chinois. En somme, les intellectuels chinois du XXe siècle pouvaient faire remonter leurs origines jusqu'à la naissance du *wen*, qui signifiait au départ les lignes (ou l'écriture) et donc la littérature, la culture et la civilisation. *Wen*, qui avait pris le sens de « civil », s'opposait à *wu*, « la force militaire et la brutalité ». Les *wen-jen* étaient des hommes de lettres et, par conséquent, supérieurement raffinés.

Avec le renforcement progressif du pouvoir central en Chine, les lettrés étaient devenus presque exclusivement des lauréats des examens officiels, c'est-à-dire les partisans des études classiques et donc des conservateurs. Les grandes œuvres de la littérature chinoise s'étaient inscrites dans le cadre de l'acceptation de l'ordre social et de l'autorité centrale. Il n'existait pas, comme en Europe, de sanctuaires monastiques, de lutte entre des fois divergentes, de division entre l'Église et l'État, pour engendrer la diversité. La culture empruntait en règle générale les voies officielles et les grands protagonistes des écoles de pensée, comme Chu Hsi et Wang Yang-ming, avaient fait carrière dans l'Administration.

Aux Temps modernes, cet état de fait s'est trouvé illustré de plusieurs manières. Il explique tout d'abord pourquoi il a fallu si longtemps aux lettrés chinois du XIXe siècle pour embrasser les idées étrangères et entreprendre le processus de réforme. Quand ensuite l'ordre ancien s'est effondré, l'esprit de nationalisme était si fort parmi eux que, réformateurs ou révolutionnaires, tous se sont attachés avant tout à « sauver la Chine ». Leur principale préoccupation restait l'État.

Cette orientation comportait évidemment ses contradictions, puisque le rôle du fonctionnaire-lettré avait toujours été double. Il lui fallait non seulement servir l'administration impériale, mais aussi conseiller son souverain dans ce domaine et, si nécessaire, lui adresser des remontrances au sujet de sa politique. L'idée que les lettrés savaient ce qu'il fallait faire et avaient le devoir d'offrir leurs conseils était, par exemple, au cœur de la doctrine de l'unité de la connaissance et de l'action, selon laquelle l'érudition devait aboutir à l'action et l'action influencer le savoir. Quand Hu Shih et ses confrères préconisaient le divorce entre les lettrés et la politique, en 1919, ils se montraient véritablement révolutionnaires. Mais après 1931, lors de l'attaque japonaise, eux-mêmes participèrent au gouvernement, en qualité d'administrateurs et de conseillers. Le grand critique du déclin de la Chine, Lu Hsun, avait fondé la Ligue des écrivains de gauche. En encourageant la critique et le développement de la publication, il avait pour but l'amélioration de l'ordre social et de l'exercice du pouvoir; il ne songeait nullement à rester à l'écart de la politique.

Quand le parti fut au pouvoir à partir de 1949, la nécessité de la réforme de la pensée se fit sentir de manière bien plus forte qu'auparavant. Pour effectuer la transition entre la guerre révolutionnaire et l'administration d'un nouveau gouvernement, il fallait, en théorie, que l'activité militante laisse place à la poursuite des objectifs révolutionnaires par des méthodes persuasives, et non par la violence. Cependant, s'il faut en croire l'estimation (jamais authentifiée) donnée un jour par Mao, 800 000 personnes auraient été tuées au début des années 1950, ce chiffre regroupant des espions du KMT, des propriétaires despotes ou des opposants récalcitrants à la dictature du parti.

La mise en œuvre de la réforme de la pensée prit des proportions considérables. Des campagnes d'ampleur nationale, après avoir défini dans l'abstrait certaines conduites condamnables, prenaient pour victimes, au cours d'opérations massives, tous les individus qui présentaient les travers visés. Chaque campagne était répercutée dans les localités par des activistes, auxquels on demandait parfois de trouver un certain quota de victimes. Les réunions où les gens étaient battus et humiliés publiquement se pratiquaient à très grande échelle et donnaient aux milliers de participants un avertissement par l'exemple de ce qu'il ne fallait ni être ni faire.

Si l'on voulait ensuite produire des étudiants soumis à la ligne du parti, il fallait s'attaquer au problème de la réforme de l'éducation. Comme la plupart des intellectuels étaient professeurs, l'action révolutionnaire devait s'appliquer à l'ensemble du système éducatif.

Quand le PCC arriva au pouvoir, le système dont il hérita présentait déjà une grande diversité. Nous avons parlé précédemment des anciennes académies impériales (Shu-yuan) et de leurs courants de pensée. A partir de 1900, l'influence japonaise, qui avait été prépondérante pendant une dizaine d'années, s'était vue relayée pendant les quatre décennies de la République chinoise par les influences de la communauté atlantique. Parallèlement, l'éducation des masses avait commencé dans les années 1920 et 1930, et le PCC avait tout particulièrement contribué à son développement dans les années 1940.

La politique d'éducation en Chine avait connu trois époques bien distinctes. La première, l'ancienne éducation classique, qui avait duré jusqu'en 1905, avait privilégié la culture générale – un peu comme à Oxford ou Cambridge – pour former de futurs administrateurs de grande envergure, et non des spécialistes dans les domaines techniques. Au cours de la deuxième période, jusque dans les années 1940, les arts libéraux de l'Occident avaient servi à former une élite modernisée. Le peuple n'était encore que peu touché par l'éducation. Dans la troisième période, après 1949, Mao espérait que les masses allaient pouvoir devenir la cible principale de la politique d'éducation. Il tenta, par conséquent, d'utiliser le système soviétique pour former des technocrates idéologiquement sûrs. Mais il fallait encore s'orienter dans deux directions : d'une part donner à l'ensemble du peuple l'accès à l'éducation et aux techniques modernes et, d'autre part, former une élite aux vastes compétences, afin de remplacer les anciens administrateurs-lettrés confucéens. Or, comment faire quand on dispose de ressources limitées, comme c'était le cas de la République populaire, pour apporter aux masses la vie culturelle des Temps modernes tout en continuant à former une élite hautement qualifiée ?

Après 1949, le PCC se mit à copier résolument le modèle soviétique d'éducation. Ce dernier privilégiait la formation de personnel scientifique spécialisé dans les disciplines pratiques, particulièrement les sciences naturelles. Le PCC s'attacha par conséquent à démanteler les programmes construits autour des arts libéraux, qui étaient un héritage des collèges chrétiens et des universités nationales. On créa, pour les remplacer, 20 nouveaux collèges polytechniques et 26 nouveaux instituts d'ingénieurs. Sur environ 200 établissements d'éducation supérieure, il n'y avait plus que 13 universités qui regroupaient les lettres et les sciences. Cette réorganisation, qui s'effectua dans les premières années de la République populaire, eut pour effet de diriger la majorité des étudiants vers les disciplines techniques, au lieu de la filière des arts libéraux d'où étaient précédemment sortis des diplômés qui, certes, avaient des idées politiques, mais peu de compétences pratiques, surtout en politique et en économie. Le principal changement, autrement dit, avait consisté à transformer une éducation supérieure destinée à produire des hauts fonctionnaires en une formation plus pratique, destinée à produire des techniciens. Le PCC se réservait, bien entendu, de trouver des administrateurs par ses propres filières. Il s'efforçait, par cette manœuvre, de couper les liens entre l'éducation libérale et la politique publique.

L'exemple soviétique inspira également la normalisation des contenus de l'enseignement, du matériel et des manuels utilisés, afin que les programmes de formation de toutes les spécialités puissent être fixés par le gouvernement. On institua, en novembre 1952, un ministère de l'Éducation supérieure de type soviétique. Grâce à un vaste programme de traduction, on multiplia les éditions chinoises de manuels russes spécialisés, qui représentaient au moins le tiers des livres publiés. L'enseignement de l'anglais en deuxième langue fut remplacé par celui du russe. Les modalités des examens écrits et oraux suivaient les règles soviétiques.

Le système auquel on aboutissait ainsi, qui combinait les influences soviétiques avec des éléments hérités de la période nationaliste et du PCC au temps de la Région frontalière, laissait de nombreux problèmes en suspens. Les anciens étudiants formés en Occident, par exemple, qui étaient maintenant professeurs de sciences humaines, devaient être soumis à un conditionnement, afin d'exercer sous le régime communiste. Les professeurs furent les premières cibles de la réforme de la pensée dans les années 1950. Mais le fait était là : le corps enseignant n'avait pas adopté les méthodes et les points de vue communistes. Il était plutôt constitué de socialistes démocrates que de communistes totalitaires.

Malgré leur expérience de la réforme de la pensée, et leurs efforts conscients pour se pénétrer des nouveaux principes de la révolution, les membres du corps enseignant en place avant l'arrivée au pouvoir du PCC se dressaient contre l'établissement de normes dans leur discipline. Le PCC aspirait à créer sans délai des intellectuels à partir des ouvriers et des paysans, mais les professeurs persistaient à penser que les meilleurs étudiants venaient des familles cultivées et que les ouvriers et les paysans, qui n'avaient derrière eux que quelques années d'école, n'étaient tout simplement pas capables d'effectuer un travail universitaire. Le régime pouvait encourager l'activité des écoles du peuple *(min-pan)* dans les villages, mais il s'avérait impossible d'en faire une voie d'accès directe à l'éducation moderne du niveau supérieur. Comme l'éducation populaire devait être assurée par des membres du parti peu instruits, elle ne risquait guère de parvenir au niveau de l'université.

De plus, l'enseignement supérieur en Chine avait encore des capacités d'accueil extrêmement limitées. Cette nation de 400 millions d'habitants n'avait produit que 185 000 diplômés universitaires environ avant 1949, et lorsque, après cette date, la population se mit à augmenter rapidement, la proportion de ceux qui avaient fait des études supérieures ne s'améliora guère. Les diplômés de l'université représentaient approximativement un millième de la population. Comment pouvait-on espérer créer un pays moderne avec un encadrement qualifié aussi réduit ? A mesure que les années 1950 se déroulaient, il fallut abandonner l'objectif d'une « école du peuple » par village. Si l'on continuait à accroître le nombre, déjà excédentaire, des diplômés du secondaire qui se battaient pour entrer à l'université, on risquait de créer une classe d'intellectuels frustrés, sans travail à la hauteur de leurs ambitions.

La Chine souffrait encore, en somme, de l'ancienne division entre les masses, vouées au travail manuel, et la classe dirigeante, qui avait l'apanage du travail intellectuel. Les diplômés du secondaire trouvaient dégradant de ne pas faire partie des cols blancs. En 1956, l'université n'abritait qu'un tiers environ d'étudiants d'origine ouvrière ou paysanne. La révolution avait commencé dans le domaine de l'éducation, mais elle était loin d'être achevée ou réussie. Cette situation, qui venait s'ajouter aux insuffisances économiques du modèle de développement soviétique, servit de toile de fond à une nouvelle phase d'activité révolutionnaire, visant à obtenir un soutien plus énergique des intellectuels.

Mao partit du postulat que le travail des intellectuels était essentiel à la révolution. « Nous ne pouvons pas avancer sans eux », déclarait-il. Début 1956, on pensait au PCC – puisque l'on avait réussi l'amalgame entre les paysans et les ouvriers, afin de les intégrer les uns et les autres au parti – que l'on pouvait faire de même avec les intellectuels. Étant eux aussi des travailleurs, ils faisaient partie du prolétariat. La lutte des classes disparaissait. Telle était, en tout cas, la position de Teng Hsiao-p'ing, l'un des plus fidèles partisans de Mao, qui était secrétaire général du PCC. Mao pensait visiblement, début 1956, que les intellectuels, qu'il tenait encore à ce moment pour des experts indiscutables, étaient également devenus des sympathisants communistes.

Dans les cercles intellectuels et culturels, la nouvelle phase débuta par la campagne des Cent Fleurs de 1956-1957, qui doit son nom à ce fragment de discours : « Laissons cent fleurs s'épanouir, laissons les cent écoles de pensée s'exprimer. » Les intellectuels, dont les conditions de travail connaissaient une amélioration générale (un meilleur accès aux publications étrangères, plus de temps libre et un plus grand champ d'initiative), se virent encouragés, à partir de mai 1956, à exprimer à haute voix leurs critiques à l'encontre des cadres qui les avaient précédemment soumis à leur loi. Mao estimait que, sur un total de cinq millions d'intellectuels (chiffre maximum, englobant les dipômés du secondaire), il n'y en avait alors pas plus de 3 p. 100 qui fussent hostiles au marxisme. La campagne des Cent Fleurs allait donc permettre une critique constructive des méthodes et du fonctionnement bureaucratique du parti et représenterait une « contradiction non antagonique », défendable dans le contexte d'une fidélité totale au système communiste.

Les intellectuels chinois savaient, bien entendu, que, s'ils haussaient le ton, ils risquaient leur tête. Ils laissèrent passer un an sans rien dire. Mais, en mai 1957, le PCC lança une campagne de rectification pour changer les méthodes de travail de la bureaucratie. En voyant les cadres dont ils avaient essuyé les brimades se retrouver au banc des accusés, les intellectuels ouvrirent les vannes. A partir de mai 1957, ils se mirent à critiquer le régime du PCC en termes de plus en plus violents, soumettant à leurs attaques aussi bien ses fondements et ses méthodes de travail que ses doctrines et ses pratiques. L'escalade était telle qu'au bout de cinq semaines il fallut mettre un terme à la campagne des Cent Fleurs.

La Campagne « antidroitiers »

Après que le mouvement des Cent Fleurs eut montré le profond désenchantement des intellectuels à l'égard du régime du PCC, au milieu de l'année 1957, Mao en revint au principe de la lutte des classes contre les intellectuels récalcitrants, qu'il prit pour cible lors de la Campagne « antidroitiers », à partir de juin 1957. En définitive, les contradictions, qui constituaient une force motrice de l'histoire, ne menaient à la lutte des classes qu'à partir du moment où elles devenaient antagoniques. Si la nécessité de la campagne de rectification se faisait sentir, c'est qu'un grand nombre de bureaucrates du parti étaient gagnés par la mollesse et l'égoïsme. Certains se liaient avec des intellectuels, devenus indignes de confiance car trop d'entre eux refusaient d'ouvrir leur cœur au sentiment révolutionnaire. Quand, après le fiasco des Cent Fleurs, Mao réalisa qu'il ne pouvait compter sur la fidélité des intellectuels, il se tourna vers l'idée qu'il fallait former une nouvelle génération d'intellectuels, dont la bonne origine prolétaire garantirait l'engagement réel vis-à-vis du parti. Si le mérite et le statut de classe entraient en contradiction, il fallait privilégier ce dernier. Il avertit les intellectuels qu'ils n'étaient que des professeurs employés par le prolétariat et la classe laborieuse pour enseigner à leurs enfants. Qu'ils ne se risquent donc pas à avoir leurs propres idées, distinctes de celles du parti.

A partir de 1957, Mao mortifié d'avoir cru, à tort, pouvoir compter sur les sympathies rouges des intellectuels, leur en garda une rancune tenace. Accablant de son mépris ces jongleurs de mots, tout en craignant un peu ces hommes qu'il ne pouvait pas maîtriser, il en vint à tenir des propos extravagants : que les intellectuels étaient les plus ignorants des hommes, que toutes les grandes réalisations intellectuelles avaient été effectuées par des jeunes gens relativement peu instruits, que le culte de la technologie était du fétichisme... Il ne lui restait qu'à se rabattre sur la paysannerie chinoise, dont il était issu, et à voir en elle la source de la sagesse et l'espoir du futur.

Certains empereurs avant lui avaient accepté de donner la parole à la critique (*yen-lu*), mais ils avaient généralement récolté plus qu'ils n'espéraient. Mao et ses collègues étaient consternés et déçus. Quand ils décidèrent aussitôt après de partir en représailles en faisant des intellectuels, et de bien des membres du PCC, la cible de la Campagne « antidroitiers », entre 400 000 et 700 000 personnes qualifiées, si ce n'est beaucoup plus, se trouvèrent privées de travail et rangées sous l'étiquette désastreuse de « droitier », c'est-à-dire ennemi du peuple. La Chine, ainsi privée des personnes mêmes qui lui faisaient le plus défaut, se trouva décapitée. C'est dans cette atmosphère d'accusation et d'anti-intellectualisme que s'annonça le Grand Bond en avant.

Comme l'histoire d'une révolution est généralement encombrée de chiffres, totalisant les victimes d'un aspect ou un autre des changements violents et soudains qui y prennent place, il est difficile de s'identifier aux protagonistes de l'affaire. Permettez-moi, par conséquent, de vous présenter rapidement trois cas que j'ai bien connus.

Il s'agit, pour le premier, d'un professeur de sciences politiques (Ch'ien Tuan-sheng), diplômé de Harvard, qui, dans les années 1930, n'avait pas hésité à critiquer ouvertement le KMT et tous les travers qui le frappaient à l'époque. Sa stature intellectuelle et politique lui valut d'être nommé à la tête du Comité des affaires étrangères du Conseil politique du peuple, cet organe sans pouvoir mis en place en 1938 par le KMT pour apaiser l'opinion sino-libérale qui se manifestait alors. Ensuite professeur à l'Université associée du Sud-Ouest, il avait mené le mouvement critique des étudiants qui s'opposaient aux moyens policiers mis en œuvre par Chungking pour tyranniser la communauté intellectuelle. Réduit à la portion congrue, il passa les années de guerre dans une ferme, survécut, et repartit à Harvard en 1948 pour y écrire pendant un an. Quand il revint en Chine en 1949, il s'attendait bel et bien à périr dans un bain de sang de dernière minute, organisé par un KMT au bord de la défaite. Mais il fut en fait accueilli par le PCC, au sein duquel il participa à l'effort de front uni pour reconstruire la Chine. Bientôt envoyé comme délégué dans les pays étrangers, il représenta la Nouvelle Chine et fut finalement nommé directeur d'un institut de droit et d'administration consacré à la formation de fonctionnaires. Avec le temps, il découvrit qu'il n'y servait que de prête-nom et que le véritable pouvoir était détenu et exercé par une poignée de commissaires du PCC qui ne connaissaient rien à la question et ignoraient tout du monde extérieur. Saisissant l'occasion de s'exprimer lors de la campagne des Cent Fleurs, il critiqua l'emprise exercée par des non-intellectuels sur le travail universitaire et se trouva promptement dénoncé comme « droitier » en 1957. Pendant les vingt-deux années qui suivirent, il fut réduit à l'inaction, la plupart du temps assigné à résidence surveillée, sort peu enviable même si sa maison, comme la plupart à Pékin, disposait d'une cour où l'on pouvait profiter du soleil. Sa réhabilitation, qui intervint finalement en 1979, arriva trop tard pour qu'il pût, à l'âge de quatre-vingts ans, former la génération de spécialistes des relations internationales dont la Chine avait besoin.

Le second cas est celui d'un excellent journaliste (Liu Tsun-ch'i) qui était à la tête, lorsque je l'ai connu, de l'équipe chinoise du War Information Office des États-Unis, au cours de la Seconde Guerre mondiale. Il n'avait apparemment pas de relations avec le PCC, mais professait des opinions sino-libérales et s'était entouré d'une équipe très compétente. Il avait en fait rallié le PCC en 1931 quand il était étudiant, avait été emprisonné par le KMT et travaillait en Chine libre comme cadre extérieur du parti, se consacrant au salut de la Chine à travers le PCC. En 1957, on l'accusa d'avoir été trop proche du KMT et d'avoir manifesté des sentiments pro-étrangers. Il passa vingt ans en captivité. Réhabilité à la fin des années 1970, il occupa quelque temps les fonctions de directeur de l'édition anglaise du nouveau *China Daily*, qui commençait à pratiquer le journalisme à l'occidentale à Pékin.

Le troisième cas enfin est celui d'une jeune femme (Yang Kang), diplômée en littérature anglaise de l'université de Yenching qui avait participé au mouvement étudiant de 1935 et s'était opposée, avec l'aile gauche, à la politique d'apaisement du KMT face à l'invasion japonaise. Elle rallia le PCC, mais se vit assigner un emploi de cadre extérieur. Elle décida d'utiliser la littérature pour éveiller les masses chinoises. Pendant la Seconde Guerre mondiale, elle était responsable de la page littéraire du principal journal de Chungking, sous la protection du directeur du journal, membre de la « Clique des sciences politiques » au sein du KMT. Effectuant de multiples voyages dans les provinces, elle en rapportait des éléments sur les conditions de vie, l'opinion et les sentiments du peuple, pour éviter à la direction de Chungking de perdre contact avec ce qui se passait ailleurs. Arriva la révolution, et elle fut promue au poste de directrice adjointe du *Quotidien du peuple* à Pékin. Mais quand la Campagne « anti-droitiers » commença en 1957, il lui fut brusquement reproché d'avoir passé un an aux États-Unis en 1946-1947 et d'avoir exprimé des opinions libérales dans son journal qui avait été saisi. Brisée par les attaques dont elle était l'objet, elle se suicida.

Il était pourtant naturel que les cadres extérieurs du parti, assignés à travailler dans la Chine du KMT en se faisant passer pour des libéraux, finissent par nourrir des opinions libérales. Selon l'idéal de la révolution, le peuple devait être émancipé, et non dominé. Ceux qui croyaient à cet idéal ne comprendraient leur douleur qu'après la réussite de la révolution.

Il suffit de se pencher sur les dizaines de milliers de cas semblables, pour voir comment la révolution s'est mise à dévorer les révolutionnaires. En 1957, le nouveau groupe qui arrivait au pouvoir, issu des rangs de la paysannerie, était peu instruit, ignorant des réalités du monde extérieur, et pétri de xénophobie et d'anti-intellectualisme. Le secrétaire général du PCC, qui joua un rôle actif dans la Campagne « antidroitiers », s'appelait Teng Hsiao-p'ing.

On peut, pour essayer de comprendre cette histoire macabre, y voir une manifestation de la lutte des classes entre les nouveaux venus, qui avaient le sentiment de représenter les masses, et les survivants de la classe dirigeante modernisée, qui s'étaient ralliés au front uni et avaient rendu d'éminents services au nouvel État. Les dispositions d'esprit des paysans, lourdes de rancœurs accumulées depuis des siècles, ne se caractérisaient pas par la bonne volonté et la magnanimité. Bien au contraire, l'anti-intellectualisme vengeur, largement répandu dans le pays, semblait exprimer toute la haine emmagasinée à l'égard d'une petite élite. Le nouveau groupe dirigeant qui arrivait au pouvoir au PCC méprisait le savoir ; il était capable de se livrer à une destruction fanatique maintenant qu'il en avait la possibilité, n'avait qu'une compréhension extrêmement restreinte des problèmes de modernisation qui se posaient en Chine et guère d'idées sur la manière d'y faire face. Somme toute, la vie politique de la Chine, en reposant sur la paysannerie, se trouvait ramenée au niveau de la rudesse et de l'ignorance paysannes. Ce résultat, commun à d'autres révolutions, faisait partie de la rançon du changement social.

CHAPITRE 16

LE GRAND BOND EN AVANT ET SES CONSÉQUENCES

La catastrophe nationale du « Grand Bond en avant » (GBA) est directement imputable au président Mao. On estime à entre vingt et trente millions le nombre de personnes mortes de la malnutrition ou de la famine, par suite de la politique qui leur fut imposée par le PCC. Il s'agit là de l'un des plus grands cataclysmes de l'humanité. Pourtant, à l'époque, la raison d'être du GBA était apparue tout à fait légitime à la majorité des dirigeants du PCC. Pourquoi la situation a-t-elle aussi mal tourné?

Si l'on s'accorde un moment de réflexion, on voit que le GBA n'était pas un événement isolé, mais qu'il faisait partie d'un schéma. Les huit premières années de la République populaire chinoise avaient impressionné le monde extérieur par leur caractère relativement efficace et ordonné, en comparaison, tout au moins, avec ce qui allait suivre. Cet aspect ordonné devait beaucoup à l'unité de la direction du parti.

LE CONTEXTE

On peut voir dans le contexte du Grand Bond en avant plusieurs facteurs et enchaînements de causes, sans être pour autant en mesure de leur attribuer une influence décisive. Commençons par une observation superficielle :

après 1921, les efforts révolutionnaires du parti communiste chinois avaient été, pendant une première dizaine d'années, essentiellement dominés par les modèles soviétiques et les conseillers du Komintern. Il avait fallu attendre le milieu des années 1930, puis les années 1940, pour voir la sinisation du marxisme-léninisme donner naissance à un mouvement communiste national sous la conduite de Mao. De manière un peu similaire, pendant les huit premières années de la République populaire, à partir de 1949, la Chine s'était à nouveau appuyée sur le modèle soviétique dans le domaine du développement économique, où les dirigeants du PCC avaient une expérience relativement limitée. Ce n'est qu'en 1958 que le PCC, à l'instigation de Mao, élabora sa propre version du développement, qui se traduisit par le GBA. Cette comparaison, tout en restant très générale, laisse à penser que, si le PCC avait apparemment réussi à adapter le marxisme-léninisme aux campagnes chinoises, il semblait en revanche plus difficile de trouver une « voie chinoise » vers l'industrialisation. Les stratégies sociopolitiques qui avaient bien fonctionné dans l'expérience rurale du PCC n'étaient pas toujours adaptées aux villes.

Il est impossible de comprendre le GBA sans revenir sur certains aspects de l'héritage chinois, et sur la conjoncture des années 1950. La tradition selon laquelle les représentants de l'État avaient une autorité indiscutable sur la population des villages faisait partie de l'héritage chinois. La coutume voulait, par exemple, que les familles forment des groupes de cinq ou dix unités, lesquels étaient à leur tour réunis dans des groupes plus importants, jusqu'à former une structure, le *pao-chia*, qui pouvait contenir un millier de familles, et était utilisée à des fins de recensement ou de surveillance mutuelle. Il y avait encore le système du *li-chia*, pour les services de main-d'œuvre et la perception des impôts, où les familles étaient également regroupées suivant une hiérarchie ascendante d'unités mutuellement responsables. En se servant de ces structures, les empereurs avaient, depuis des époques reculées, fait appel pour les travaux publics à la main-d'œuvre réquisitionnée dans les campagnes. La classe dirigeante pouvait, en somme, décider à son gré des allées et venues des paysans, tout en récoltant leur part d'imposition.

L'État moderne pouvait à présent utiliser cette dichotomie de la société entre dirigeants et dirigés, entre administrateurs et producteurs, de manière bien plus intensive et complète qu'auparavant. Mao et le PCC, forts de leurs prérogatives héritées, étaient comparables à de grands architectes : ils pouvaient dessiner de vastes projets et les faire aboutir. Grâce aux méthodes persuasives qu'ils avaient élaborées à Yenan, une fois qu'ils eurent mis sur pied une économie stalinienne dirigée, ils étaient véritablement en mesure d'amener la paysannerie là où ils voulaient.

C'est cependant aux autorités locales qu'il incombait d'appliquer toutes les directives centrales. Leur moral, leur fidélité au pouvoir central étaient déterminants pour l'obtention de bons résultats ; c'était encore un aspect de l'héritage chinois. Sur la scène régionale, les activistes et les cadres du PCC avaient à présent, de manière générale, succédé à la petite *gentry* de l'époque impériale aux postes de commande dans les communautés locales. Ils pouvaient reprendre à leur compte les anciennes pratiques des fonctionnaires, davantage préoccupés de l'approbation de leurs supérieurs que de l'intérêt du peuple. Bien entendu, dans les discours alors en vigueur, l'atmosphère était à l'égalitarisme et les fonctionnaires gardaient une apparente humilité. Pourtant, si l'on en croit le schéma général, on avait toujours une élite administrative locale, chargée de distribuer les ordres que le peuple n'avait qu'à suivre. L'institution de congrès territoriaux locaux faisait joli sur le papier mais, comme dans d'autres États totalitaires, il est permis de douter de leur réelle importance dans la structure du pouvoir.

Quand leur moral était bon, les autorités locales envoyaient des rapports enthousiastes et faisaient souvent assaut de zèle pour montrer avec quel succès elles avaient exécuté les ordres du centre. Outre ces faux rapports, faisant preuve d'un optimisme exagéré, il leur arrivait aussi d'user de contrainte sur la population pour obtenir des résultats. Quand la collectivisation de l'agriculture était allée beaucoup plus vite que prévu, dans les années 1955-1956, elle avait eu pour effet, tout au moins officiellement, de donner à la population rurale une nouvelle forme d'organisation économique, dans laquelle les outils et la terre étaient mis en commun, et les gains partagés avec l'État. Mais la création précipitée des coopératives de producteurs agricoles recouvrait des changements qui, dans certains cas, n'existaient que sur le papier. Pour les cadres du parti affectés à la direction de ces unités politiques, faire état de leurs succès n'était parfois qu'une manière de remplir leur devoir patriotique ou de servir leurs intérêts personnels. En fait, on découvrit plus tard que de nombreuses CPA avaient été inaugurées trop rapidement et qu'elles étaient en réalité incapables de fonctionner comme on le prétendait.

Un autre facteur hérité intervenait de manière sousjacente dans cette situation : la docilité de la paysannerie chinoise, remarquablement accoutumée à suivre les préceptes de l'autorité, parce qu'elle représentait la paix et l'ordre dont dépendait sa subsistance. Si la direction pouvait communiquer sa vision à la population c'est aussi que, vers le début des années 1950, le PCC et le peuple chinois se sentaient généralement unis par une cause commune : la construction de la Chine. Le peuple faisait confiance au président Mao. Dès lors, la porte était ouverte à l'utopie et l'illusion, car les cadres du parti, de plus en plus souvent issus des rangs supérieurs de la paysannerie, étaient ardemment décidés à aller de l'avant, à suivre leur chef, et à entraîner les masses avec eux. Ainsi l'obéissance locale à l'autorité de l'État et du parti, alliée au charisme de Mao, pouvait créer des situations d'hystérie collective, où les paysans, travaillant 24 heures sur 24, abandonnaient les usages établis et se comportaient presque en anarchistes désireux de se libérer de toute contrainte.

Mao et le Grand Bond en avant

L'idée du GBA prit forme lorsque le Comité central du PCC se rendit compte de l'impossibilité d'adapter le modèle stalinien de croissance industrielle à la situation chinoise. Il faut d'abord considérer qu'en 1950 la population chinoise était quatre fois plus nombreuse que la population russe dans les années 1920, et son niveau de vie moitié moins élevé. Malgré l'institution générale des CPA, la production agricole n'avait pas augmenté de manière notable. On ne pouvait pas compter sur les ressources qui s'en dégageaient alors pour financer à la fois l'industrialisation et le commerce extérieur, pour acheter des machines et nourrir les centres urbains surpeuplés.

A la place du GBA, le remède préconisé par un économiste pour résoudre ce problème aurait consisté à ralentir les investissements dans l'industrie lourde – ils atteignaient au départ 48 p. 100 – et en reporter une partie sur l'industrie légère, afin de produire des biens de consommation. La possibilité d'accès aux biens de consommation aurait, en retour, fourni un encouragement matériel à l'activité productive des paysans. Cette ligne d'action aurait également permis aux ministères du gouvernement central de jouer un rôle plus important, et aux spécialistes de prendre le pas sur les zélateurs. On aurait ainsi pu mener à bien la révolution agricole qui, dans la plupart des exemples réussis de développement économique, a précédé l'industrialisation.

La lenteur de cette démarche ne s'accordait pas avec l'état d'esprit de Mao Tse-tung, qui persuada ses collègues que l'on pouvait refaçonner les campagnes et obtenir une meilleure production grâce à une organisation massive de la main-d'œuvre. La détermination révolutionnaire, qui avait déjà porté la direction du PCC au succès, servirait d'aiguillon. On pouvait, certes, promettre une amélioration économique, mais les avantages qui servaient de stimulants matériels au travail individuel seraient réduits, et remplacés par la ferveur idéologique et l'esprit de sacrifice. C'était peut-être beaucoup présumer de la psychologie paysanne.

L'une des causes évidentes du désastre réside dans cette idée romantique qu'une organisation habile du peuple allait permettre d'accroître sa productivité, que l'esprit jouait un rôle plus important dans la production que les facteurs économiques, et qu'une population inspirée pouvait, par la simple mise en commun de ses forces de travail, être plus efficace. Mais, aux yeux de ces chefs qui avaient surmonté des obstacles apparemment infranchissables afin de prendre le pouvoir en Chine, il allait de soi qu'en lançant une offensive militante sur un problème économique, dans l'esprit de la Longue Marche, on pouvait accomplir des miracles encore jamais vus. La principale erreur du GBA était de prendre pour hypothèse que la mobilisation sociopolitique pouvait être utile à l'économie ou, autrement dit, que l'utilisation massive de la main-d'œuvre pouvait améliorer la situation économique.

Il faut bien sûr reconnaître qu'en ce qui concerne la construction de digues, de canaux d'irrigation, de barrages permettant la maîtrise de l'énergie hydraulique et l'assèchement des terres, cette stratégie a porté ses fruits. Les lacs artificiels, les canaux qui sillonnent la campagne chinoise sont dus au travail éreintant effectué par l'homme en 1958-1959. Il suffit de traverser l'un de ces tunnels en pierre de taille, longs d'un demi-kilomètre, que l'on a construits sous la surface des nouveaux champs afin de drainer l'eau et d'empêcher l'érosion de la terre, pour prendre la mesure du travail considérable effectué par la main-d'œuvre au cours du GBA. Mais tout ceci ne contribuait guère à l'amélioration des techniques, des ressources disponibles et de l'outillage qui auraient pu accroître la productivité par personne. Enfin, il aurait surtout fallu que la mobilisation de la main-d'œuvre s'effectuât de manière soigneusement calculée et organisée pour servir des objectifs économiques.

Il semble que plusieurs éléments aient contribué à induire en erreur les dirigeants du PCC quand ils ont lancé le GBA. L'une des conceptions sur lesquelles ils s'appuyaient était l'idéal égalitaire de leur expérience de Yenan. L'égalitarisme, quand il s'agit de la Révolution chinoise est, bien entendu, un terme ambigu. Il pouvait signifier l'élévation des opprimés et l'oppression des couches supérieures, soit un simple nivellement pour les besoins du pouvoir totalitaire. Mais, dans un contexte historique, il pouvait aussi représenter une tentative de rompre avec la dichotomie qui existait au sein de la société chinoise entre la classe dirigeante et les gens du peuple. Ainsi, l'un des thèmes du GBA était le rabaissement des intellectuels. Puisqu'ils ne s'étaient pas ralliés à la croisade du PCC, on pouvait fort bien se passer d'eux. On déclara que les livres étaient inutiles, que les « experts » n'étaient pas indispensables, que chaque homme pouvait être son propre expert, qu'une élite compétente n'était pas nécessaire et que le peuple chinois pouvait résoudre ses propres problèmes. Pour des paysans récemment libérés, ce discours était tout à fait acceptable.

Un facteur analogue allait fausser, de manière fondamentale, le déroulement du GBA. La méfiance de Mao à l'égard du centralisme bureaucratique et sa volonté de décentraliser l'économie avaient abouti au démantèlement total du Bureau central des statistiques, si bien que la direction naviguait à l'aveuglette parmi les rapports optimistes et exagérés qui émanaient des cadres locaux ambitieux. Très vite, ils ne furent plus en mesure de savoir ce qui se passait réellement. L'idée de décentralisation alla si loin que, au lieu de continuer à encourager les régions à produire ce qui donnait les meilleurs résultats, on négligea parfois cet avantage pour essayer d'obtenir leur autosuffisance. C'est ainsi que l'on vit certaines provinces fabriquer leur propre acier au moyen de fours installés dans les arrière-cours. Toujours dans le cadre de la décentralisation, on instaura les communes, ces administrations autosuffisantes, à usages multiples, qui devaient superviser les efforts productifs de leurs brigades, lesquelles regroupaient déjà les équipes de production. Dès leur inauguration en 1958, les communes étaient censées gérer les finances et les investissements locaux, les programmes de santé, la vie culturelle, et bien d'autres aspects de la société paysanne.

La décentralisation recouvrait également le fait que les cadres locaux se montraient rétifs devant les ordres centraux, et qu'ils saisissaient avec empressement l'occasion de diriger les masses dans les nouveaux projets. Le GBA augmenta considérablement l'autorité exercée par le parti sur la société et diminua le rôle joué par les ministères du gouvernement central et leurs spécialistes. La conjoncture politique était plus favorable à celui qui rassemblait l'enthousiasme des masses, grâce à sa ferveur idéologique, qu'au spécialiste compétent. Comme le GBA tentait d'aboutir à un développement économique spécifiquement chinois en utilisant la mobilisation des masses, il devenait très difficile au gouvernement de ramener les activistes locaux sous la discipline et de revenir à un programme méthodique de direction centrale, pourtant nécessaire à toute organisation économique.

Dominant les nombreux facteurs à l'œuvre dans le GBA se dressait la personnalité orgueilleuse du président Mao. Si l'on en juge par ce qu'il accomplit ensuite, lors de la Révolution culturelle, on peut en conclure que sa grande force faisait aussi sa plus grande faiblesse. Depuis les années 1920, Mao avait consacré sa vie à organiser, en joignant l'action à la parole, la rébellion contre l'ordre établi. Avant 1949, ses cibles sont clairement définies dans l'histoire, mais après cette date, il continua de s'attaquer à des groupes établis dans la société chinoise et finit par rompre avec l'Union soviétique, considérant qu'elle s'était écartée du droit chemin. Le thème principal de la rébellion maoïste était la mobilisation des masses et la répression des intellectuels qui les avaient auparavant dirigées. Au fil des ans, Mao avait montré ce qu'une volonté déterminée et l'action des masses inspirées pouvaient accomplir. Quand, en 1958, il découvrit que sa grande entreprise était en difficulté, il eut recours à la formule de la campagne de masse qui avait déjà fait ses preuves à Yenan.

On ne sait pas encore précisément comment les campagnes étaient orchestrées par la République populaire, mais on peut, sans faire un effort d'imagination considérable, penser que Mao avait son propre réseau secret de communications, à côté des organes d'informations déjà dirigés par le PCC. Officiellement, le mouvement semblait toujours surgir spontanément des « masses », provoquant ensuite les réactions de Mao et du Comité central, dans le cadre de la fameuse ligne de masse. On peut en fait supposer que la véritable spontanéité se trouvait du côté de Mao et du PCC, qui s'arrangeaient pour transmettre ou imposer leurs inspirations au peuple et leur donner la publicité nécessaire.

Fin 1958, le GBA avait lancé à l'assaut des champs des compagnies et des régiments entiers de fermiers, la houe à l'épaule et le panier sur le dos, qui avançaient en formation, avec tambours et drapeaux, et partaient en guerre contre la nature récalcitrante, d'une manière toute militaire. La logique de la mobilisation impliquait la création des communes du peuple, qui étaient censées, comme nous l'avons vu ci-dessus, distribuer équitablement les bénéfices de la modernisation en matière de soins médicaux, d'éducation, de production à grande échelle, et autres aménagements, grâce à la concentration de leur pouvoir et à la planification. Les villages s'appelaient désormais des équipes de production et un groupe d'équipes devenait une brigade, qui faisait partie d'une commune.

Si l'on ne veut pas commettre une grande injustice à l'égard du président Mao, il faut reconnaître sa détermination à libérer la paysannerie des limites que lui imposaient l'analphabétisme, la maladie, la malnutrition et les divisions sociales. L'idéalisme de Mao à cet égard rejoignait les visées utopiques de la plupart des grands chefs révolutionnaires. Mao supposait que l'homme et la femme du peuple étaient moins motivés par la poursuite égoïste d'avantages matériels que par l'idéal du service désintéressé de la communauté, et l'enthousiasme des masses au cours du GBA parut un moment confirmer son hypothèse : la nature humaine pouvait être transformée pour servir des objectifs sociaux élevés. En somme, Mao pensait tout simplement que la transformation sociale, et même matérielle, de la Chine pouvait s'effectuer par la mobilisation des masses.

Conséquences du Grand Bond en avant

On a rarement vu la poursuite obstinée d'un idéal produire des résultats aussi dévastateurs. Alors que 1958 avait été une bonne année pour les récoltes, 1959 eut un temps moins propice. Les fermiers, occupés à toutes sortes de manœuvres pour la victoire de la révolution agricole, n'avaient pas pu moissonner toutes les récoltes, et pourtant, les statistiques communiquées par les provinces et leurs localités, faisaient état d'un énorme accroissement de la production, qui semblait, au total, avoir plus que doublé. Les réquisitions du gouvernement continuèrent par conséquent à un niveau élevé, alors que la production avait en réalité baissé. On aboutit à la plus grande famine jamais provoquée par l'homme.

Début 1959, on mit un frein au programme du GBA, mais ce mouvement de recul s'arrêta net quand Mao apprit que ses desseins soulevaient des objections. Une réunion orageuse se déroula à Lushan, une retraite de montagne dans le bas Yangtze. L'un des commandants en chef de l'armée à Yenan et en Corée, qui était l'un des dix maréchaux de l'armée de Libération nationale et le ministre de la Défense en poste, P'eng Te-huai (compagnon de Mao depuis trente ans, dès les tout débuts dans les Ching-kang-shan), tenta d'exposer à Mao la réelle détérioration de la vie paysanne, mais Mao y vit une attaque personnelle et fit chasser P'eng du pouvoir. En manière de représailles, les partisans du GBA, Mao en tête, s'obstinèrent à poursuivre leur programme. Après la réunion de Lushan en 1959, une autre campagne « antidroitiers » fut lancée contre ceux qui critiquaient la stratégie du GBA. L'ardeur des foules ainsi ranimée, le GBA connut un regain d'activité qui porta ses conséquences désastreuses au paroxysme. Dans l'appareil du parti, le fanatisme des responsables ruraux du GBA continuait à s'opposer aux conceptions économiques des techniciens des ministères centraux et des administrateurs urbains. Cette prolongation du GBA entraîna une seconde chute de la production, dans l'industrie lourde comme dans l'industrie légère des biens de consommation. Lorsque, dans les années 1870, la famine avait sévi dans le Nord-Ouest, qui avait connu trois années sans pluie, la région était restée hors d'atteinte, du fait de l'absence de chemins de fer et de voies navigables. Les cadavres jonchaient les bas-côtés des routes. En 1959-1960, la Chine était mieux organisée, et les régions touchées par la famine n'offrirent pas un tel spectacle. Mais la malnutrition rendit des millions d'hommes plus sensibles à la maladie. L'élévation de la mortalité devint évidente quand les statistiques furent disponibles. Ce n'est qu'en 1960 que l'on se rendit compte que des millions de paysans mouraient de faim et que l'économie tout entière était plongée dans le plus grand désordre. La Chine était tombée dans un bourbier économique, et l'on découvrait que le président Mao avait des pieds d'argile. Il dut même reconnaître qu'il ne connaissait presque rien à l'économie. Le GBA se révélait une catastrophe, dont Mao était responsable.

Parallèlement à la catastrophe économique, le tournant politique qui venait de s'effectuer ne présageait rien de bon. Jusqu'alors, la direction suprême du PCC, le Politburo, se réunissait à intervalles réguliers en divers endroits du pays pour débattre de la ligne de conduite à adopter. L'avantage de ce système avait toujours été de permettre aux contre-propositions de s'exprimer vigoureusement, étant entendu qu'une fois la décision prise, tout le monde le suivrait. Mais là, pour la première fois, Mao avait transformé l'argument tactique mis en avant par le maréchal P'eng en attaque personnelle illégale à son encontre. Sur le moment, Mao avait gagné la bataille, mais c'était une victoire à la Pyrrhus, qui laissait s'introduire les rivalités de factions au sein de discussions politiques jusque-là sincères et honnêtes. L'acharnement de Mao à condamner P'eng détruisit l'unité de la direction du PCC. Au départ, la stratégie du GBA avait reçu une adhésion presque unanime, mais son échec démontrait la faillibilité de Mao et brisait la solidarité entre les dirigeants.

Il y avait une autre pomme de discorde entre Mao et le maréchal P'eng; ce dernier voulait, en effet, améliorer la technicité de l'armée de Libération nationale, comme cela avait été fait pour l'armée Rouge en URSS. Mao, au contraire, envisageait d'utiliser la bombe atomique en complément d'une stratégie de guérilla, sans renforcer l'armée professionnelle.

Notre attention, accaparée par le président Mao, nous empêche de rendre compte de l'atmosphère générale d'abnégation fervente et d'activité frénétique qui régnait dans le pays lors du GBA. Les paysans travaillaient 24 heures sur 24 pour battre leurs propres records de rendement, les responsables locaux continuaient à faire état de chiffres de production totalement irréalistes, et les collègues de Mao, comme l'économiste Ch'en Yun et le Premier ministre Chou En-lai ne voyaient pas comment arrêter cette fièvre. Les fours à acier installés à domicile, censés permettre d'implanter la production industrielle dans les villages, étaient alimentés avec les batteries de cuisine nécessaires aux familles, mais l'acier qui en sortait était généralement inutilisable.

Outre le refus d'admettre la réalité en 1959, la plus grande faute criminelle commise dans cette période fut celle qui consista à soutenir des projets grandioses, dont le financement exigeait d'augmenter le montant des capitaux qu'il fallait dégager de l'agriculture pour les investir dans l'industrie, alors que les produits agricoles devaient également servir à rembourser la dette soviétique. On augmenta, par conséquent, la part de céréales réquisitionnée dans les villages, au moment précisément où les villageois, victimes du mauvais temps et handicapés par la participation de la main-d'œuvre aux travaux publics, avaient eu du mal à rentrer leurs récoltes. C'est ainsi que, dans certaines régions, la population ne disposa plus pour survivre que de la moitié, voire du cinquième, de sa ration habituelle de céréales.

L'étendue du désastre, que la direction persistait à ne pas reconnaître, échappa également aux observateurs étrangers, car les populations des villes recevaient encore un approvisionnement des campagnes et la construction industrielle continuait. Mais il fallut bien, finalement, affronter la dure réalité. Tous ces défilés au son du tambour et des cymbales, drapeau hissé, pour atteindre les objectifs, tous ces beaux projets, comme celui d'un réfectoire commun par unité de production, et le concours des femmes pour renforcer la main-d'œuvre à l'extérieur de l'exploitation familiale, n'avaient abouti qu'à une impasse. En fait, la « voie chinoise » vers le socialisme menait même tout droit au précipice. Il fallut, à partir de 1960, plusieurs années d'une politique économique plus sensée pour retrouver le niveau de vie de 1957.

Les motivations de Mao

On a du mal à croire rétrospectivement que Mao, qui s'enorgueillissait de connaître les paysans, ait pu en mener un si grand nombre à la catastrophe et à la mort. Peut-être devrions-nous avancer en conclusion que le GBA démontrait d'une part l'absence de compétences économiques chez les dirigeants de Yenan; qu'il révélait d'autre part l'ancienne coutume chinoise d'obéissance aveugle à l'autorité, laquelle pouvait donc se montrer tyrannique; et qu'il montrait enfin comment la fièvre révolutionnaire pouvait faire perdre tout son bon sens aux dirigeants comme aux dirigés.

Les comparaisons historiques devraient établir que Mao n'était guère plus mégalomane que de nombreux empereurs qui acceptaient sans peine d'être des demi-dieux vivants. Si l'on veut suivre cette idée, on peut retracer les débuts de la mégalomanie de Mao à la fin de l'année

1957, au moment où il écarta de son chemin un si grand nombre d'intellectuels et de bureaucrates du parti, qu'il soupçonnait de ne pas accepter sa domination et ses conceptions. Il cessa dès lors de se maintenir au-dessus de la mêlée et ne fut plus capable de tenir la balance égale comme auparavant. Il devint un partisan, engagé dans le cadre étroit de la lutte pour ou contre sa propre domination. On ne sait s'il faut y voir un effet du vieillissement prématuré, à peine franchi le cap de la soixantaine, mais toujours est-il que Mao parut dorénavant se considérer comme la source de la sagesse et de l'autorité.

Cette attitude présomptueuse se nourrissait en partie de sa conviction que la Révolution communiste chinoise détenait la suprématie sur le modèle soviétique et ses tendances révisionnistes dépassées. Mao, qui en était déjà arrivé au point de rompre avec ses collègues, n'avait qu'un pas de plus à franchir pour rompre avec la Russie soviétique. Il développa une sorte de sectarisme nationaliste, où l'héritage culturel de la Chine, produit de sa longue histoire, était plus important que les enseignements et le modèle soviétique. Lui-même incarnait ainsi l'esprit du communisme national, dont le caractère national pouvait même parvenir à l'emporter sur l'aspect communiste. La rupture avec l'URSS, qui intervint en 1960, est un sujet suffisamment complexe pour que nous lui consacrions un sous-chapitre à part.

Après le GBA, les dirigeants du Politburo, comme Liu Shao-ch'i et Teng Hsiao-p'ing, décidèrent de revenir à des programmes de développement basés sur l'appréciation des faits. Les années 1961-1962 virent la production de rapports approfondis sur les communes, l'industrie, les sciences, l'artisanat, la finance, la littérature, l'art et le commerce. Préparés par des groupes de travail placés sous la direction de divers dirigeants du parti, ces rapports permirent de mettre sur pied un programme de réhabilitation économique. Ils suivaient en général les recommandations à long terme de Ch'en Yun, numéro cinq dans la hiérarchie, qui s'était spécialisé dans l'administration économique. Dans le cadre du programme de réhabilitation, Liu et Teng soutenaient l'idée de la « responsabilité individuelle », qui serait un stimulant supplémentaire de la production agricole. Mao s'opposa à ce courant en lançant un vigoureux appel à la lutte des classes. Le départ de ce que l'on connaîtrait sous le nom de « lutte entre les deux lignes » était donné, avec d'un côté Liu, Teng et d'autres, qui se plaçaient du côté d'une gestion assurée par des spécialistes, de l'autre Mao et ses partisans qui, pour faire face aux problèmes de la Chine, soutenaient toujours l'idée romantique d'une mobilisation des masses rurales.

En s'attaquant au maréchal P'eng, Mao avait obtenu son remplacement, au poste de ministre de la Défense, par le maréchal Lin Piao, tacticien brillant, qui, une fois parvenu au pouvoir, encouragea vivement la politisation de l'armée. Dans le cadre de son programme d'endoctrinement, Lin rassembla le « petit livre rouge », recueil de citations du président Mao, et se montra prêt à se ranger au côté de Mao dans la controverse naissante. Il s'empressa d'abolir les insignes qui distinguaient les officiers de l'armée et remit à l'honneur le système politique des commissaires, déclassant ainsi les militaires professionnels que le maréchal P'eng avait représentés. On lança même une campagne pour « s'inspirer de l'exemple de l'armée de Libération nationale », comme si sa politisation militaire pouvait être un modèle pour l'ensemble de la société. Il y avait là, bien sûr, une rupture avec la stratégie habituelle du PCC, axée sur la subordination des militaires.

Sans vouloir entrer ici dans tous les détails d'une longue histoire, nous dirons que Mao Tse-tung était alors devenu le chef d'une faction. Le GBA lui avait fait gravement perdre la face. Depuis un moment déjà, il avait décidé de s'effacer à l'intérieur de la formation politique et d'adopter une position de « deuxième ligne » dans les prises de décisions du PCC, laissant à Liu Shao-ch'i le rôle de chef de l'État. Il est intéressant de se demander pourquoi Mao a persisté à alimenter des rivalités de factions qui faillirent détruire le parti qu'il avait construit et mirent en péril la révolution tout entière, même s'il s'agit d'une question très complexe qui mérite d'être abordée en suivant plusieurs lignes d'analyse.

Initialement, si Mao montrait une telle aversion à l'égard du bureaucratisme urbain, c'est qu'il était convaincu que les campagnes devaient être les premières bénéficiaires de la révolution en Chine. Il était pleinement conscient, de par sa longue expérience, de tout ce qui rendait difficile la vie de la paysannerie chinoise. Il semble cependant que l'idéal de la « libération » des paysans se soit effacé, quand Mao est arrivé au pouvoir, devant la nécessité de faire de la Chine une nation « riche et puissante », sous la direction du PCC.

Toutefois, quand il vit la manière dont cette entreprise était menée, Mao s'inquiéta de la création apparemment inévitable des institutions du gouvernement central et de leurs nombreux fonctionnaires, qui semblaient remplacer l'élite administrative de l'époque impériale. Il craignait de voir resurgir la domination de la classe dirigeante sur les villageois. Étant donné la nécessité dans le monde moderne d'une gestion compétente et la tendance irrépressible de la nouvelle classe dirigeante à s'assurer des privilèges personnels et à s'adonner à la corruption, il serait difficile de lui donner tort.

L'inquiétude de Mao au début des années 1960 trouvait sa justification directe dans la dénigration générale et permanente dont lui-même et sa politique faisaient l'objet de la part de l'establishment du PCC. Dans un État fondé sur des idéaux d'harmonie et d'unité, les chefs de factions ne pouvaient pas s'en prendre directement et nominalement les uns aux autres, sous peine d'apparaître comme des destructeurs et des fauteurs de troubles. Les fonctionnaires chinois avaient par conséquent recours à l'ancien système qui consistait à s'abriter derrière les intellectuels de l'establishment qui formaient la frange extérieure et parlante de leurs factions. Les sino-libéraux qui avaient survécu parmi les intellectuels ayant été généralement purgés lors de la Campagne « antidroitiers », ils avaient été remplacés dans leurs fonctions de directeurs de journaux, d'écrivains, de journalistes ou d'organisateurs de l'intelligentsia par une génération un peu plus jeune qui était l'héritière de la tradition des intellectuels. Alliés aux dirigeants politiques, ils exprimaient leur position au travers d'éditoriaux, d'essais, de commentaires, de pièces et autres productions littéraires. Au début des années 1960, un groupe d'intellectuels brillants, représentant l'establishment du PCC, utilisaient les méthodes indirectes du langage ésopique, les allusions voilées et les exemples historiques pour entretenir un feu roulant de critiques, dénonçant les erreurs du GBA et, en général, la tactique de mobilisation des masses chère à Mao. Certains allaient plus loin et remettaient en cause le décret énoncé par Mao en 1942, d'après lequel toute la littérature devaient servir directement la révolution. Cette opinion critique se manifestait surtout à Pékin, où P'eng Chen était à la tête du comité du parti.

Enfin, si Mao craignait que la révolution populaire en Chine ne fût détournée, c'est aussi qu'il se référait à l'exemple de l'Union soviétique. La politique musclée du dirigeant soviétique, Nikita Khrouchtchev, lui déplaisait fortement, et les deux hommes devinrent vite des ennemis. En URSS, Mao voyait à l'œuvre le « révisionnisme », c'est-à-dire l'abandon des préoccupations égalitaires concernant le peuple et son organisation collective, au profit d'une nouvelle classe dirigeante urbaine dotée de certains privilèges, et composée essentiellement de technocrates, qui était maintenue dans la ligne, comme la population en général, par la puissante police secrète. Considérant la façon dont on juge d'habitude la dictature du parti soviétique en Occident, on peut difficilement blâmer Mao pour sa méfiance. En tout état de cause, Mao cherchait avant tout à reprendre la direction du PCC, en portant au pouvoir ses propres partisans.

Quand Mao commença à organiser la faction qui devait se dresser contre le « révisionnisme » qui guidait, à ses yeux, les autres dirigeants du PCC dans leurs efforts de renouveau économique, il n'hésita pas à déployer toute la dextérité et la subtilité d'un maître politicien. Pendant la période de regroupement, entre 1962 et 1965, Mao rassembla ses partisans.

La lutte entre les deux lignes et l'éducation

Mao essaya d'abord de lancer un mouvement de rectification parmi les cadres du parti qui se trouvaient dans les villages. Il aurait pu ainsi disposer d'un réseau de porte-parole provisoire pouvant servir de base à une nouvelle campagne. La Campagne pour l'éducation socialiste de 1963 servit de terrain à la lutte entre les deux lignes qui opposa Mao à Liu, chef de l'État, et à Teng, secrétaire général du parti. Des deux côtés, il fallait admettre que le prestige du PCC avait grandement souffert auprès du peuple, que la corruption avait augmenté et que le moral était bas. Le désaccord portait sur la manière de mener la rectification : celle-ci devait-elle être assurée par l'organisation du PCC, ou bien fallait-il susciter un nouveau mouvement de masse dans les campagnes ?

En 1964, le PCC lança une campagne de masse pour la lutte des classes, afin de « rectifier » les mœurs des cadres des villages. Dans la pratique, en effet, les nouveaux présidents, secrétaires, comptables ou magasiniers des comités, et autre personnel d'encadrement dans les villages, avaient rapidement entrepris de faire peser leur loi sur la paysannerie dont eux-mêmes étaient si récemment sortis. Ils se livraient à de petites déprédations, pratiquaient le favoritisme, faisaient moins de travail manuel et, en général, affirmaient leur autorité en donnant des ordres arbitraires et en se ménageant une vie meilleure. Les « quatre nettoyages » visaient par conséquent les cadres qui étaient devenus, de par leur attitude (et non leur origine de classe), des exploiteurs.

Afin de combattre ces maux, le PCC envoyait des équipes de travail composées de cadres extérieurs, pour rectifier la conduite des cadres locaux. La méthode rappelait les mesures prises auparavant contre les propriétaires et les despotes locaux. Les membres de l'équipe de travail s'installaient dans le village pendant quelques semaines, cultivaient les relations avec les pauvres qui avaient des plaintes à formuler, accumulaient accusations et preuves contre les cadres locaux. Soumis à des interrogatoires interminables, poussés à l'épuisement physique, ces derniers se voyaient extorquer des confessions qui servaient de base à des « meetings de lutte » semblables à ceux organisés contre les intellectuels et les bureaucrates. Ces réunions, largement manipulées par le PCC et pratiquées à grande échelle, devinrent la principale forme de participation des paysans à la vie politique. Au lieu d'assister à une exécution en qualité d'observateurs passifs, comme autrefois, ils devenaient les accusateurs vociférants des victimes désignées par les autorités.

Déçu par l'attitude des fonctionnaires du parti qui se montraient réticents à l'égard de la campagne de masse qu'il préconisait pour la rectification, Mao commença évidemment, à partir de 1965, à se tourner vers l'extérieur du parti pour trouver un moyen de la mener à bien.

Par ailleurs, la volonté de Mao de libérer les paysans chinois et de faire d'eux, grâce à l'éducation, des citoyens bien informés – idéal auquel les réformateurs libéraux de l'Occident auraient pu souscrire volontiers – avait également été mise en échec. L'éducation avait toujours été une grande préoccupation du confucianisme. Le GBA s'était trouvé confronté à un double problème : comment apporter l'éducation à l'homme du peuple en procédant à de nouveaux aménagements, tout en continuant à former l'élite indispensable grâce au système établi de l'enseignement secondaire et des universités. Les nouveaux efforts avaient essentiellement porté sur la création d'écoles pour travailleurs, comme les « écoles du peuple » (*min-pan*) ouvertes pendant la période de Yenan. Des milliers d'écoles secondaires, affirmait-on, furent créées sur le principe « travail-étude », et le cursus normal, qui était de douze ans comme aux États-Unis, fut réduit à dix ans comme en Union soviétique. Pour toucher l'homme du peuple, il fallait aussi simplifier le contenu de l'enseignement; on réécrivit par conséquent les manuels. Mais il aurait aussi fallu disposer d'un personnel convenablement formé dans les matières à enseigner. Or, il n'y en avait tout simplement pas. L'expédient qui consistait à décerner le titre d' « hommes de science » aux paysans et à leur confier des postes d'enseignants s'avéra inefficace. Il n'était pas possible de contourner le fait que le niveau des écoles pour travailleurs restait inférieur à celui des écoles normales.

Devant cette évidence, les écoles « travail-étude », considérées comme des filières de second ordre vers l'avancement, acquirent une mauvaise réputation. Les familles paysannes se rendirent rapidement compte que leurs enfants ne pourraient s'élever socialement que s'ils passaient par le système scolaire normal. Au lieu de leur faire suivre un programme « travail-étude » qui ne pourrait leur donner qu'un statut de paysans instruits, elles préférèrent garder leurs enfants à la maison pour participer au travail de la ferme.

Quand on décida d'assouplir le système normal pour l'adapter aux étudiants des milieux paysans et ouvriers, qui avaient reçu une formation limitée, les éducateurs eurent recours à une autre formule pour maintenir le niveau d'études et former une élite. Cette formule, qui avait été utilisée à Yenan, était celle de l' « école clé », où l'on rassemblait les meilleurs étudiants, les meilleurs enseignants et le meilleur équipement. Comme un système national d'examens fonctionnait à nouveau, le pourcentage d'étudiants admis à l'université au sortir des écoles secondaires devint un label d'excellence. Dans la hiérarchie qui s'établissait ainsi, les « écoles clé » étaient au sommet, et les écoles « travail-étude » tout en bas. De plus, les écoles « travail-étude » avaient la plus grande proportion d'enfants de paysans et d'ouvriers, alors que les enfants des activistes politiques ou des « cadres révolutionnaires » dominaient largement dans les écoles secondaires. Quant à ceux qui franchissaient le stade supérieur de l' « école clé », il y avait, en revanche, de fortes chances pour qu'il s'agisse des enfants des anciens intellectuels, dont la tradition familiale encourageait l'éducation.

Les réformes et les innovations éducatives de la période du GBA, considérées comme un programme social, s'attaquaient directement à l'ancienne cassure entre la classe supérieure et les gens du peuple. Le commandement de Mao : « N'oublions jamais la lutte des classes » désavantageait les enfants des intellectuels. Les étudiants qui avaient de « mauvaises » origines sociales étaient souvent pénalisés ou même exclus du système. Pourtant, la sélection établie à l'entrée de l'université, au moyen d'examens, ressemblait beaucoup à celle pratiquée aux époques précédentes. Le nouveau système éducatif chinois présentait par conséquent, vers le milieu des années 1960, une bifurcation entre deux voies, dont l'une donnait toujours accès à l'élite. L'éducation n'était pas parvenue à changer la structure des classes en Chine.

Bien au contraire, l'émergence des élites laissait une majorité surclassée et mécontente. Quand on limita l'accès à l'enseignement supérieur, dans les années 1960, pour des raisons d'économie et par crainte d'avoir un excédent de diplômés, le chômage des jeunes augmenta dans les villes. Une certaine agitation s'empara également de la classe laborieuse, qui voyait le personnel qualifié obtenir des salaires plus élevés et des emplois plus sûrs, alors que la majorité restait visiblement sacrifiée. D'importantes tensions se développaient dans la société chinoise, ainsi qu'à l'intérieur du PCC.

La rupture sino-soviétique

Lorsqu'on se tourne aujourd'hui vers 1960, vingt-cinq ans plus tard, il peut sembler parfaitement évident qu'une rupture allait se produire entre les Chinois et les Russes. Nous avons vu que les contacts de la Chine avec l'Amérique avaient été bien plus approfondis et avaient duré bien plus longtemps que l'influence russe qui s'était exercée à travers la Sibérie et la Mongolie. La jeunesse chinoise n'avait jamais été élevée dans les collèges orthodoxes russes. La seconde langue de la classe supérieure chinoise était l'anglais et non le russe. Le lien qui rapprochait la Chine de la Russie s'était établi à travers le mouvement communiste et les quelques milliers de Chinois qui avaient alors été envoyés à Moscou. Cette influence n'était pas antérieure aux années 1920, et ce n'est pas parce que les Chinois et les Russes apprenaient à se connaître qu'ils en devenaient nécessairement des amis. La direction du PCC ne pouvait pas oublier que Staline lui avait donné de mauvais conseils dans les années 1920 ni surtout qu'en 1945 il n'avait pas hésité à signer un traité avec la Chine nationaliste, afin de préserver l'intérêt national russe en Mandchourie. Le lien sino-russe était en somme plutôt ténu et risquait de se dissoudre aussitôt que le PCC aurait développé son style personnel de communisme national. Quand la Chine dut reconnaître à nouveau qu'elle avait besoin d'une aide extérieure dans le domaine du développement économique, le fait que les États-Unis et leurs alliés avaient beaucoup plus à lui offrir que l'Union soviétique contribua largement à la dissolution de ce lien.

Telle étant notre analyse vingt-cinq après, on peut se demander pourquoi les États-Unis n'ont absolument pas perçu ce risque de rupture. A l'époque de la croisade presbytérienne de John Foster Dulles contre le « communisme athée monolithique » que dirigeait Moscou, et dont les tentacules s'étendaient autour du monde, il semblait à tous ceux (y compris le public américain) qui participaient à la guerre froide idéologique qu'il serait impossible à la Chine de se libérer du pouvoir russe totalitaire. On était tout aussi incapable d'imaginer que les communistes vietnamiens aient pu être en désaccord avec les communistes chinois, tant on était persuadé que tous les communistes faisaient partie d'une grande conspiration mondiale.

En insinuant que nos certitudes d'alors étaient entièrement fausses, en fait même stupides et mal fondées, je ne prétends pas affirmer que nous sommes aujourd'hui plus intelligents et mieux informés, mais je l'espère.

La rupture sino-soviétique se dessina à la fin des années 1950 et traversa une suite d'étapes. A l'occasion du 40ᵉ anniversaire de l'URSS, Mao se rendit à Moscou pour la deuxième fois, au cours de l'hiver 1957. Il se livra à un éloge dithyrambique de la suprématie soviétique sur le communisme international et alla même plus loin que les Russes ne l'auraient souhaité, en déclarant que la mise en orbite de Spoutnik venait de montrer que « le vent d'est soufflait plus fort que le vent d'ouest », et que les jours de l'impérialisme capitaliste étaient comptés. A l'époque, divers accords sino-soviétiques portant sur des échanges techniques furent signés, dont celui qui promettait de fournir à la Chine des armes atomiques, et la Chine continua de bénéficier de l'aide des 10 000 spécialistes soviétiques qui participaient à son développement industriel. Entre-temps, les intellectuels chinois avaient été profondément influencés par l'exemple soviétique dans le domaine de l'éducation et de la culture. Le russe était devenu leur deuxième langue. La littérature, l'art et l'architecture russes leur servaient de modèles.

Les relations commencèrent à se détériorer quand Khrouchtchev se mit à critiquer ouvertement le Grand Bond en avant. Il s'était rendu deux fois à Pékin, en 1958 et 1959, et ne s'était guère entendu avec Mao. Le dirigeant soviétique pensait que le dirigeant chinois était un déviationniste romantique et que l'on ne pouvait pas se fier à son jugement. Khrouchtchev avait été exaspéré par les affirmations de Mao qui prétendait, à l'époque du GBA, que la Chine allait pouvoir, grâce aux systèmes des communes, parvenir au communisme plus rapidement que l'URSS. Il avait également été exaspéré quand en 1958, alors que Mao projetait de bombarder l'île de Quemoy située juste au large du pont d'Amoy, où les troupes nationalistes étaient en garnison, ce dernier ne lui en avait rien dit, considérant qu'il s'agissait d'une affaire purement interne. C'était négliger le fait que les États-Unis étaient alliés à Taiwan, comme la République populaire l'était à l'URSS, et que, par conséquent, cette action, censée relever de la guerre civile, risquait de déclencher une confrontation nucléaire entre les superpuissances.

Khrouchtchev était précisément en train de négocier à Camp David avec le président Eisenhower, pour tenter d'arriver à un *modus vivendi*. En 1958, lors de la crise du détroit de Taiwan avec les États-Unis, les Soviétiques refusèrent de soutenir la Chine et revinrent même sur leur promesse de donner à la Chine l'arme nucléaire. La brouille atteignit de telles proportions qu'au milieu de l'année 1960 Khrouchtchev retira brusquement de Chine tous les techniciens soviétiques, qui partirent en emportant leurs plans. Le PCC se répandit bientôt en imprécations idéologiques contre le révisionnisme du parti communiste soviétique, et fut amplement payé de retour. En 1963, l'altercation entre les deux partis, rendue publique, était connue du monde entier. La rupture était d'autant plus amère que le Parti communiste chinois et le Parti communiste soviétique avaient naguère partagé une foi commune, et que tous deux considéraient à présent que l'autre l'avait trahie.

Le GBA dans l'histoire

L'histoire de la Grande Révolution chinoise n'a pas encore dépassé le stade du grand homme. Le centre de la scène est occupé par Mao Tse-tung et par ses relations avec divers personnages de la direction du parti. Derrière le rideau, on trouve les nombreux millions d'activistes qui l'ont aidé à faire l'histoire, mais les centaines de millions d'individus qui forment le peuple chinois restent toujours dans l'ombre. Il s'agit, bien sûr, d'une situation inévitable quand on écrit l'histoire, et d'autant plus quand les recherches s'effectuent d'abord à l'extérieur du pays, en prenant appui sur les déclarations du dirigeant. Cependant certains, en avance sur leur temps, ont fait d'autres découvertes, et l'on commence à voir s'accumuler les études sur des leaders moins connus et leurs partisans anonymes, dans diverses régions du pays. On peut s'attendre à disposer un jour d'une reconstitution de l'état d'esprit local, du mécontentement paysan, de l'opinion des cadres, et des petites réalisations qui représentaient l'expérience réelle extrêmement diversifiée de la population chinoise. Il faudra, pour y parvenir, allier la recherche sur le terrain et l'enregistrement, à très grande échelle, des réminiscences personnelles.

La prédominance actuelle de Mao dans l'histoire révolutionnaire est même en contradiction avec sa propre ligne de masse. On a beaucoup vanté les grands voyages qu'il a effectués à travers le pays, au milieu des années 1950, à l'époque de la collectivisation de l'agriculture, en prétendant qu'ils lui permettaient de prendre le pouls de la population rurale. Pourtant, on peut être sûr que, lorsque Mao se livrait à ses investigations rurales, il avait pour interlocuteurs les cadres locaux et ne discutait pas seul à seul avec les paysans. Pas plus qu'un touriste étranger, il n'avait l'occasion de parler avec le peuple en dehors de la présence des autorités locales qui l'accompagnaient. Mais il était certainement à même de percevoir les sentiments populaires du moment et d'y réagir. Il nous semble donc justifié de tenter de reconstituer une théorie (ou « modèle ») de la composante populaire dans la révolution, et de voir dans quelle mesure Mao pouvait simplement se comporter en général isolé à la tête de ses troupes.

Il faut considérer en premier lieu que, lorsque le GBA se produisit, il succédait à plusieurs années de collectivisation de l'agriculture, marquées par l'activité déterminée et enthousiaste des cadres locaux qui avaient dirigé les opérations. Ces nombreux millions d'hommes et de femmes étaient des activistes et des organisateurs politiques, soit déjà membres du parti, soit sur le point de le devenir. Il rentrait sans aucun doute dans leurs ambitions de mener à bien la révolution et, par là même, de s'élever dans la société avec elle. S'ils étaient sortis des masses rurales, c'est qu'ils avaient déjà su saisir les occasions que leur offrait la révolution. En termes de structure sociale, ils correspondaient, généralement parlant, à la petite *gentry* de la fin de l'époque impériale et des débuts de l'ère républicaine : hommes de main de notables haut placés, intendants et administrateurs des affaires des propriétaires absentéistes, fonctionnaires locaux, militaires, chefs de gangs et d'associations paysannes, et tous ceux qui se trouvaient en position d'imposer, conscrire, organiser et tyranniser la population agricole. Nous avons déjà vu comment les membres de cette petite *gentry* s'étaient, à la fin de l'ordre impérial confucéen, transformés en despotes locaux d'étroite envergure qui faisaient cavalier seul, libérés de leurs anciennes attaches avec la haute *gentry* qui vivait à présent dans les villes.

Le processus de la réforme agraire avait, en réalité, permis aux cadres du PCC de supplanter les derniers survivants de la petite *gentry*. Leur probité et leur vitalité leur permettaient de représenter un nouveau régime, mais, en termes de structure, ils pénétraient beaucoup plus avant dans la vie des villages et représentaient en outre l'autorité du parti. Là où la petite gentry s'était constituée localement, de manière relativement spontanée, les cadres du PCC établissaient leur domination en représentant l'autorité supérieure.

Une autre observation s'impose. Après avoir pris naissance et s'être élevée dans la société à travers la collectivisation de l'agriculture, cette nouvelle couche d'activistes établie dans les campagnes avait besoin de se voir assigner d'autres tâches et était prête à aller plus loin. Il était difficile de reprendre les rênes du GBA, car les activistes, après avoir commencé à réorganiser les villages, avaient envie de poursuivre. En fait, la « libération » avait produit une nouvelle classe qui voulait continuer à libérer.

Il ne faudrait pas non plus oublier que la jeunesse voyait là, enfin, une occasion de s'élever dans le monde. A la fin des années 1950 et au début des années 1960, la Chine était devenue une nation de jeunes gens, pour la plupart dégagés des racines du passé et prêts à se jeter avidement sur les chances de promotion qui s'offraient à eux. On peut leur prêter d'autres motifs, qui n'étaient pas nécessairement égoïstes ou matérialistes. L'élimination des anciennes contraintes qui pesaient sur la vie paysanne, l'expansion de l'alphabétisation et de l'organisation, les doctrines égalitaires qui donnaient les mêmes possibilités à tous ont certainement inspiré à de nombreux jeunes gens le désir de se rallier à une noble cause, quitte à se sacrifier pour elle.

Dans la perspective de l'histoire chinoise, le GBA apparaît cependant comme une période de reprise, sous une forme modernisée, des gigantesques travaux publics effectués aux époques antérieures. La reconstruction du Grand Canal sous les Ming, comme la construction des aérodromes de Chengtu pour les bombardiers américains B-29 au cours de la Seconde Guerre mondiale, avait été réalisée en faisant appel à la main-d'œuvre recrutée dans les campagnes. On ordonnait par exemple au chef d'un village de fournir un certain nombre d'hommes qui partaient travailler sur un chantier pendant une durée déterminée, disons dix jours. Les villageois apportaient leurs provisions de nourriture et montaient les baraques où ils étendaient leur natte pour dormir. Ils restaient en groupe pour travailler et, après avoir accompli leur temps, repartaient à pied chez eux. Il y avait évidemment bien des variations dans l'aménagement de ces services de main-d'œuvre, mais on parvenait ainsi à réaliser au bout du compte de véritables tours de force. Les paysans déplaçaient d'incroyables quantités de terre dans les paniers qu'ils portaient sur l'épaule aux deux bouts d'une perche, et taillaient dans le roc pour fournir toute la maçonnerie. Les réalisations du GBA en matière de barrages, de digues, de canaux d'irrigation étaient la dernière version d'une pratique ancienne qui avait, par exemple, permis de construire les capitales préhistoriques d'Anyang et de Chengchow, dont les murs de terre étaient si bien damés (on tassait la terre à l'intérieur de cadres mobiles) qu'ils restent encore identifiables. Disposer d'une telle puissance de main-d'œuvre était la prérogative du souverain. Il était parfaitement naturel que Mao s'en servît.

Quand la direction des travaux assurée par des autorités de second rang aboutissait à des solutions impraticables, comme de cultiver le sol trop profondément (si bien que les sels remontaient à la surface) ou de planter plusieurs céréales entremêlées (difficiles à récolter), on pouvait sans peine se croire revenu en arrière, au temps où les théoriciens politiques de la classe supérieure voulaient apprendre aux fermiers leur métier.

De plus, la réorganisation de la vie paysanne en brigades et en communes n'était pas non plus une invention entièrement maoïste. Le GBA mérite d'être comparé, surtout en ce qui concerne la modification en profondeur du paysage rural, à de précédentes réformes agraires, comme celles du royaume Wei, dans les provinces du Nord, de la dynastie Sung ou du début de l'époque Ming. Nous avons encore beaucoup à apprendre de l'histoire.

Après un certain redressement économique, au début des années 1960, la phase suivante de la révolution allait voir la Chine effectuer un nouveau retour sur elle-même. Certes, dans la querelle de frontière sino-indienne de 1962, après une longue période de provocation, l'armée de Libération nationale avait remporté une victoire militaire rapide et spectaculaire. Mais, alors que la dispute sino-soviétique s'envenimait, les manœuvres de la Chine pour organiser le tiers monde sous-développé d'Afrique et d'Asie contre l'URSS avaient échoué. La tournée en Afrique de Chou En-lai n'aboutit à rien. Par contre, quand les États-Unis intervinrent massivement au Vietnam en 1965, ils promirent de ne pas envahir le Vietnam du Nord, afin d'éviter un conflit sino-américain de type coréen. Dépité par les relations extérieures, Mao pensa que le moment se prêtait particulièrement bien à une nouvelle opération d'envergure pour transformer le peuple chinois.

CHAPITRE 17

LA GRANDE RÉVOLUTION CULTURELLE PROLÉTARIENNE DE MAO TSE-TUNG

Aux yeux des observateurs étrangers, la Révolution culturelle offrait un spectacle d'une inquiétante étrangeté. D'un jour à l'autre, on ne savait jamais ce qui risquait de se produire. Le président Mao se mettait brusquement à traverser le Yangtze à la nage, des gardes Rouges à peine sortis de l'enfance se déchaînaient dans les villes, ceux qui, hier, occupaient les sommets étaient ostensiblement traités comme des criminels... puis, commencèrent à filtrer les histoires horribles de harcèlement, de brutalités et de tortures. Les années 1966-1976 devinrent les « Dix Années perdues » de la Chine.

Quelle que soit la manière dont on l'aborde, la Grande Révolution culturelle prolétarienne est l'un des événements les plus bizarres de l'histoire. Pour les Occidentaux, elle ne fit qu'accuser encore le caractère mystérieux de la Chine. Une centaine de millions de personnes environ s'y trouvèrent véritablement mêlées, dont beaucoup au titre de victimes, et l'on peut dire qu'elle en toucha de près au moins 500 millions. Comment a-t-elle pu se dérouler sur une échelle aussi incroyablement gigantesque, tout en restant, au moins dans les premiers stades, soumise à la direction centrale ?

Ce bouleversement monumental est trop récent pour être parfaitement connu, et encore moins compris. Il a cependant déjà inspiré quelques études brillantes et sérieuses. Notre but, dans ce chapitre, sera surtout d'esquisser sommairement le cours des événements. Nous

nous occuperons essentiellement d'histoire politique, mais il nous faudra aussi analyser certains facteurs du contexte général, précieux à garder en mémoire si l'on veut tenter de donner un sens à ce qui s'est produit.

Les principales phases de la GRCP

La Révolution culturelle proprement dite dura trois ans et demi, de la fin de l'année 1965 jusqu'en avril 1969. Nous en noterons d'abord brièvement les principales phases, afin d'y revenir ensuite. Ces phases, définies par les historiens politiques qui font autorité, sont les suivantes :

Premièrement, jusqu'en été 1966, la tension s'accroît entre la faction de Mao et l'establishment du PCC. Mao montre les dents et obtient le renvoi ou la dégradation de certains « révisionnistes » (opposants) en vue, dans le parti, le gouvernement et l'armée. Poursuivant dans cette voie, le Comité central décide lors de sa XIe Assemblée plénière, en août 1966, d'engager une vaste offensive contre le « révisionnisme », et de le traquer dans ses moindres replis.

Deuxièmement, à partir de cette date jusqu'à fin 1966, le groupe de Mao fait intervenir les gardes Rouges. C'est le début de la chasse aux intellectuels (titre conféré dès l'obtention d'un diplôme du secondaire) et aux fonctionnaires du parti, qui aboutit d'une part à la fermeture des établissements d'enseignement et d'autre part au démantèlement presque complet de l'organisation du PCC. Les six rassemblements organisés pendant cette période permettent d'amener à Pékin, entre août et septembre 1966, dix millions de gardes Rouges, grâce à l'appui logistique de l'armée de Libération nationale et à l'organisation de voyages gratuits en train. Les gardes Rouges déferlent dans les villes, détruisant dans l'impunité tout ce qui leur paraît représenter les « Quatre Vieilleries » (les idées, la culture, les coutumes et les habitudes). Cet assaut porte un rude coup au gouvernement, sans toutefois créer de mouvement de masse suffisamment unifié pour le remplacer.

Lors de la *troisième* période, entre janvier 1967 et le milieu de l'année 1968, dans le cadre de la « Prise de pouvoir », les gardes Rouges s'emparent d'une grande partie des institutions. Le gouvernement ayant, en fait, été mis hors d'action, Mao essaie de mettre sur pied des comités tripartites, représentant les organisations de masse, les cadres survivants et l'armée de Libération nationale. Mais ce type de structure ne permet pas de diriger le pays ; les luttes de factions entre les gardes Rouges aboutissent à une guerre ouverte et armée entre radicaux et conservateurs. Cette période prend fin au milieu de l'année 1968, lorsque Mao démobilise les gardes Rouges et appelle l'armée de Libération nationale pour rétablir l'ordre.

Quatrièmement, de l'été 1968 jusqu'en avril 1969, on tente de reconstruire le parti et le gouvernement, dans lesquels l'influence militaire devient dès lors prépondérante. En avril 1969, le IXe Congrès du PCC déclare officiellement la Révolution culturelle terminée, mais, en fait, certains des pires excès sont commis par l'armée en 1970-1971. La faction de Mao (ensuite qualifiée de « Bande des Quatre ») reste au pouvoir jusqu'à la mort de Mao, en 1976.

On obtiendrait, certes, des résultats intéressants en tentant de démêler les nombreux contre-courants qui se sont exercés dans ces quatre phases successives, mais les résumer constituerait un travail superfétatoire qui n'a pas sa place ici. L'histoire du conflit meurtrier du PCC est parsemée de termes ésotériques – les Dix Premiers Points (mai 1963), les Vingt-Trois Articles (janvier 1965), la Déclaration en seize points (août 1966), la Directive du 23-Janvier (1967) – qui dénotent, à leur manière sténographique, l'existence de plusieurs stades dans cette lutte de factions. Au lieu de nous enfoncer dans les sables mouvants de ces détails minutieux, qui risquent de nous embrouiller, il vaut mieux considérer quelques éléments déterminants, comme ceux-ci : le statut d'exception de Mao et son pouvoir personnel, le soutien que lui apportait une armée de Libération nationale repolitisée, et la scission inattendue à l'intérieur des jeunes gardes Rouges, que Mao avait lancés dans l'action comme un nouveau mouvement de masse.

LE POUVOIR PERSONNEL DE MAO

De la part d'un Américain, comprendre Mao exige un effort d'imagination. Il faut d'abord tenter de cerner la nature de sa suprématie. Le secret de la prééminence de Mao réside dans la double carrière qu'il a menée, l'une en tant que chef rebelle et l'autre en tant qu'empereur moderne. Il avait obtenu le pouvoir de ce dernier, tout en conservant évidemment l'image du premier. L'autorité en Chine, rappellerons-nous ici brièvement, s'exerçait « par le haut », comme il avait bien fallu le reconnaître jusque dans la ligne de masse. Dès que le PCC eut pris le pouvoir, son chef devint un être sacro-saint, situé au-dessus de l'ensemble de l'humanité, véritable objet de vénération, mais aussi supérieur incontesté de tous les membres de l'organisation. Le PCC devait tant à Mao qu'il pouvait être regardé comme sa création et que, si Mao voulait le réformer, il en avait le privilège. Ce n'est que si l'on considère Mao comme un monarque, succédant à une longue chaîne d'empereurs, que l'on peut comprendre comment la direction du PCC a pu le suivre dans l'entreprise de démantèlement qui la menait droit à sa propre perte.

Grâce à la position privilégiée qu'il occupait dans l'esprit de tous, Mao, qui se laissait également griser par sa propre importance, put considérer l'émergence des élites comme un échec de la révolution et décider d'y remédier en provoquant un nouveau mouvement d'égalitarisme, même si cela n'était réalisable que grâce à l'inégalité dont lui-même bénéficiait. Ce despotisme bienveillant se situe exactement à l'opposé de la politique familière à la communauté atlantique, où celui qui détient le plus grand pouvoir est habituellement la première cible des critiques. Autrement dit, le pouvoir exceptionnel conféré à Mao lui permettait de faire pratiquement tout ce qu'il voulait, même s'il lui fallait passer, pour le principe, par la voie usuelle des réunions du Politburo et du Comité central. C'était un peu comme si Dieu s'amusait à faire de la politique. Toutes les cartes étaient de son côté.

Mais comment Mao lui-même jugeait-il son action ? Sans doute peut-on résumer celle-ci à un effort pour rendre le « centralisme démocratique » plus démocratique et moins centraliste. Il voyait la nouvelle bureaucratie suivre l'ancien schéma du gouvernement autocratique, en s'exerçant du haut vers le bas. Ceci risquait de laisser les masses paysannes là où elles avaient toujours été, tout en bas de la société, exploitées par une nouvelle élite. Afin de lutter contre cette tendance, Mao voulait utiliser la ligne de masse, qui permettrait au parti de découvrir les préoccupations des paysans et d'y répondre. Ce nouveau style de gouvernement, partant du bas, serait facilité par la décentralisation de l'Administration. Les décisions locales ne devaient pas toutes dépendre des bureaucrates de Pékin. L'objectif du gouvernement devait être le bien-être et l'éducation des masses paysannes locales, et non simplement l'ancien mot d'ordre qui appelait à un « État riche et une armée puissante ». Si l'on persévérait dans cette direction, la révolution était vouée à l'échec.

Cela revenait à nier purement et simplement l'un des principes fondamentaux de la tradition politique chinoise, qui veut que les masses soient gouvernées par une élite de ministres et de fonctionnaires dévoués et soigneusement formés, d'officiers militaires aux postes de commandement ou d'organisateurs du parti bénéficiant de certaines prérogatives. Mais Mao, pour sa part, définissait le « révisionnisme » comme l'abandon des objectifs de la révolution et l'acceptation des maux liés à l'obtention d'un statut particulier ou à l'accumulation des biens matériels, soit tout ce qui pouvait ressembler à une « restauration capitaliste ».

Lorsqu'il orchestra ce bouleversement social, Mao commença instinctivement par s'attaquer à l'establishment, qu'il avait pourtant personnellement contribué à mettre en place. Son attitude lui était dictée par son analyse de la lutte des classes qui devait, pensait-il, continuer sous le socialisme. La lutte contre le « révisionnisme » en Chine était inspirée par l'exemple de l'Union soviétique, où l'idéal du gouvernement socialiste avait été subverti par un bureaucratisme corrompu.

Il semble également que Mao ait eu en tête l'idée que l'on pouvait mobiliser la jeunesse étudiante pour combattre les vices de l'establishment et purger la Chine du révisionnisme. Il escomptait ainsi créer un mouvement de masse manipulé, ce qui, d'après son expérience, était le moteur du changement social. Évidemment, en soulevant la jeunesse urbaine et en lui permettant de mener l'action, Mao bafouait tous les principes voulant que la rectification du parti s'effectuât à l'intérieur des rangs du parti. En fait, il déclarait la guerre aux dirigeants qui étaient venus avec lui de Yenan. Grâce à sa position qui lui permettait de faire approuver les directives du Comité central comme il le voulait, Mao parvenait à mettre les dirigeants du parti dans une situation où ils étaient pieds et poings liés, du fait de leur propre tradition d'obéissance disciplinée aux commandements du parti. Il lui fallut simplement, à certains moments clés, s'assurer du soutien de Chou En-lai qui, fidèle à son rôle habituel, tentait bien sûr d'arrondir les angles et de réduire les injustices commises par Mao dans la purge qu'il entreprenait au sein de ses collègues. En fait, la direction du PCC, profondément fidèle au parti, était loin de prévoir ce qui allait la frapper.

Il est vrai qu'en voyant la situation échapper de plus en plus à toute autorité et prendre le chemin de la violence, Mao fit plusieurs tentatives pour la reprendre en main, mais sans guère de succès. La Révolution culturelle prit des dimensions qu'il n'avait pas imaginées. Malgré les différences d'estimation, on peut situer la proportion des purges effectuées parmi les fonctionnaires du parti aux alentours de 60 p. 100. 400 000 personnes, estime-t-on, moururent des suites de leurs mauvais traitements. Lorsque le procès de la Bande des Quatre se déroula finalement en 1977, on reprocha aux accusés d'avoir tyrannisé et persécuté plus de 700 000 personnes, dont 35 000 jusqu'à la mort. Il faut y ajouter le nombre de tous ceux qui restaient handicapés physiquement ou mentalement, et celui, plus grand encore, de ceux qui s'étaient suicidés.

Le rôle de l'armée de Libération nationale

Comme Mao ne serait jamais parvenu à mettre en route la Révolution culturelle sans le soutien des forces armées, il est intéressant d'étudier ici l'ancienne rivalité, à l'intérieur de l'armée de Libération nationale, entre le « professionnalisme » militaire et la politique idéologique. On peut noter qu'auparavant, en URSS, le problème des relations entre le parti et l'armée avait été résolu par l'armée Rouge en mettant d'abord « la politique au pouvoir », c'est-à-dire en subordonnant les militaires professionnels aux commissaires politiques. Puis, progressivement, le professionnalisme militaire l'avait emporté en URSS, à mesure que se développait l'état-major général soviétique.

Une progression comparable avait été observée en Chine. Sous Chiang Kai-shek, l'Académie militaire de Whampoa à Canton avait créé une armée de parti pour mener l'Expédition vers le nord, mais après la rupture de 1927, Chiang avait mis sur pied une armée professionnelle, sans compter sur l'aide des masses pour mener une guerre de guérillas ou « guerre du peuple ». Le PCC, qui avait, pour sa part, pris le maquis, avait dû se rabattre sur les anciennes techniques du banditisme paysan chinois – les petites unités mobiles, les guets-apens et l'union avec la population rurale de la région où ils se trouvaient. Cependant, même dans le Kiangsi, le groupe d'une douzaine de commandants du PCC qui dirigeaient les opérations avaient montré qu'ils croyaient fermement au professionnalisme. Plusieurs d'entre eux avaient étudié l'art de la guerre à Moscou et les autres s'étaient laissé gagner aux idées soviétiques. Leur principal opposant était Mao Tse-tung, qui soutenait ardemment, comme toujours, la mobilisation des masses rurales pour une « guerre totale ».

Dès le départ en somme, le PCC avait disposé d'un groupe de commandants centraux formés aux derniers perfectionnements militaires, qui étaient axés sur la spécialisation, l'organisation et la discipline d'une armée véritablement professionnelle. Lors de l'ascension au pouvoir du PCC, certains dirigèrent les « armées de campagne » qui furent finalement au nombre de cinq : la première armée, basée essentiellement dans le Nord-Ouest, sous le commandement de P'eng Te-huai; la deuxième en Chine centrale et du Sud-Ouest; la troisième en Chine orientale sous le commandement de Ch'en I; la quatrième dans le Nord-Est, ainsi qu'en Chine du Sud, sous le commandement de Lin Piao; et la cinquième, également appelée « armée de la Chine du Nord », sous le commandement de Nieh Jung-chen, dans la région Pékin-Tientsin. Comme chacune de ces armées avait des racines locales, une certaine continuité de commandement et des expériences communes, on aurait pu craindre de voir se développer régionalisme et rivalités. Mais la direction militaire centrale (Mao, Chou, P'eng et autres) prenait soin de transférer le personnel et les unités pour éviter la naissance de factions. Eux-mêmes anciens commandants, les dirigeants politiques savaient comment préserver l'unité.

Il est important de noter ici que, dans les anées 1960, l'armée de Libération nationale (ALN), qui avait des fonctions essentiellement défensives vis-à-vis des puissances étrangères, jouait en revanche un rôle fondamental à l'intérieur du pays pour soutenir les institutions politiques. Trente-huit unités, ou « armées », de soldats appartenant au gros des troupes étaient déployées dans le pays, sur onze régions militaires. On peut opposer ces forces « principales » aux forces régionales, qui étaient réparties en vingt-huit districts militaires provinciaux. Les forces régionales étaient moins bien armées et recevaient un entraînement qui devait simplement leur permettre d'assurer un travail de défense locale (comprenant par exemple la mobilisatioin des milices populaires ou des corps de « construction-production », qui comptaient en fait des dizaines de millions de soldats à temps partiel). Largement dispersées en petits postes de commandement, elles étaient éparpillées dans les campagnes et n'étaient pas entraînées pour former des armées unifiées. Cette organisation rappelle tout à fait l'ancien système impérial des Ch'ing, où le Lü-ying (« armée du drapeau vert ») servait de gendarmerie, dispersée en petites unités pour maintenir l'ordre local, mais rarement mobilisée pour constituer des forces d'attaque unifiées. Cette fonction était réservée aux garnisons des hommes de bannières mandchous, chinois et mongols, qui restaient officiellement à l'écart de la vie civile et figuraient, par exemple, dans les « Dix Grandes Campagnes » de l'empereur Ch'ien-lung contre les rebelles aux frontières de la Chine.

De la même manière que l'empereur se trouvait au sommet de la hiérarchie militaire, le commandant en chef de l'armée sous la République populaire était le président du PCC, également nommé président de la Commission des affaires militaires (CAM). A l'intérieur de la CAM, trois grandes structures étaient respectivement responsables du commandement des forces militaires, du commandement de l'appareil politique du PCC à l'intérieur de l'armée et des fonctions administratives et logistiques. On trouve un autre écho du système impérial dans le fait que les troupes devaient faire pousser leurs propres récoltes et implanter, à petite échelle, leurs propres industries locales, afin d'arriver à une certaine autosuffisance. C'est ce qui existait dans l'ancien système du *t'un-tien*, où les postes avancés des frontières étaient à moitié autosuffisants.

Les trois grands services qui assuraient la direction et l'équilibre à l'intérieur de la CAM étaient le département de Politique générale, qui fonctionnait dans l'ensemble de l'armée; le département de l'État-Major général, qui dirigeait la structure de commandement; et le département de Logistique générale, responsable de la logistique et des affaires administratives, et chapeauté par le ministère des Affaires étrangères. Tout le système était donc sous contrôle politique. Il ne faut pas oublier que le Premier ministre Chou En-lai, qui avait fait partie du département politique de l'Académie militaire de Whampoa sous Chiang Kai-shek, était le professeur et l'aîné d'un certain nombre d'officiers militaires du PCC, dont plusieurs figuraient parmi les dix maréchaux à la tête de l'organisation. Ce système, en tout cas, permettait au PCC de pénétrer l'armée à tous les niveaux, grâce aux nombreux militaires qui étaient membres du parti.

Nous avons vu dans le chapitre précédent que les forces armées avaient été fortement politisées, sous le ministère du général Lin Piao, et qu'elles servaient à Mao de base et de soutien pour sa révolution. L'élément essentiel dans cette situation était que les armées *principales* étaient commandées par leur département politique interne, alors que les armées *régionales* de l'ALN et leurs commandements provinciaux recevaient leurs ordres des secrétaires locaux et autres autorités du parti. Ainsi le premier secrétaire du parti, dans une province, servait simultanément de premier commissaire politique du district militaire. Ce commandement politico-militaire avait plusieurs fonctions : l'une consistait à gérer la conscription, en effectuant une sélection parmi les millions de candidats qui se pressaient chaque année, car l'ALN était devenue une des principales voies d'avancement pour les habitants des campagnes. Le soldat recruté, s'il était accepté après de sévères examens physiques et politiques, avait la possibilité de suivre un entraînement et même de devenir membre du parti, ce qui lui permettrait, au bout de trois ou quatre ans de service, de diriger à son retour sa communauté d'origine. Les recrues arrivaient de toutes les régions du pays, soumises à des quotas, et beaucoup d'entre elles avaient terminé leurs études secondaires. Environ 10 p. 100 seulement des postulants étaient déclarés aptes au service. L'armée, vaste terrain d'entraînement politique, servait à produire des partisans du PCC. Depuis 1949, environ 15 millions d'hommes avaient quitté l'ALN après avoir accompli leur temps, et les 500 000 qui en sortaient chaque année, outre le fait qu'ils avaient acquis un certain prestige social et étaient considérés comme politiquement fiables, avaient en général obtenu de bons postes. Ainsi, l'ALN régionale interpénétrait-elle le gouvernement local et les services de sécurité publique, y compris l'organisation de la milice. La milice armée ne représentait pas plus de 7 à 9 millions d'hommes, qui suivaient entre trois et six semaines d'entraînement militaire par an. Derrière elle, on trouvait de 15 à 20 millions d'hommes qui formaient la milice de base et ne suivaient que quelques jours d'entraînement par an, généralement sans arme à feu.

Telle était l'organisation militaire qui fut mise en œuvre dans la Révolution culturelle. Après le désastre économique et la baisse de moral provoquée par le Grand Bond en avant, au sein de la population et du parti, les forces régionales de l'armée de Libération nationale, sous la direction de Lin Piao, avaient le double mérite d'être « rouges » et « expertes ». Autrement dit, elles étaient restées fidèles à la révolution qu'elles servaient par leurs capacités. Elles fournirent à Mao la base de son pouvoir. Au début, les trente-huit armées appartenant au gros des troupes professionnelles ne furent pas engagées.

Le rôle de la jeunesse étudiante

Il nous faut, en dernier lieu, considérer parmi les facteurs qui ont influé sur le déroulement de la GRCP (Grande Révolution culturelle prolétarienne) le fait que le mouvement de masse provoqué par Mao était essentiellement constitué par de très jeunes étudiants, public bien différent des masses paysannes qui avaient été mises en action lors de la collectivisation agricole, au milieu des années 1950, ou lors du GBA en 1958-1960. Au début, la GRCP ne touchait guère la paysannerie, si ce n'est dans les communes proches des villes. Contrairement au GBA, elle ne provoqua pas, sauf dans ses derniers stades, de baisse de la production agricole et industrielle, qui continua tout d'abord à progresser assez normalement. Dans ce mouvement essentiellement urbain qu'était la Grande Révolution culturelle, les gardes Rouges jouèrent un rôle déterminant à partir du milieu de l'année 1966, jusqu'à leur dissolution, en été 1968. Ces jeunes gens inexpérimentés, essayant « d'apprendre la révolution en faisant la révolution », se montrèrent extrêmement destructeurs. Il fallut finalement faire intervenir l'ALN pour mettre un terme à leur action. Mao s'appuyait sur une triade d'organisations – l'ALN, les intellectuels radicaux du parti et les organisations de masse –, mais ces dernières, qui étaient les moins institutionnalisées, étaient aussi les plus difficiles à diriger.

Les luttes de factions qui se déroulèrent parmi les gardes Rouges, et entraînèrent une guerre ouverte et active dans les villes entre des groupes organisés, avaient une origine complexe. Nous avons noté précédemment que, dans le système éducatif des années 1960, deux types d'étudiants rivalisaient pour obtenir les meilleures positions et entrer à l'université au sortir de l'école secondaire. L'un des groupes se composait des enfants issus de familles d'intellectuels, qui bénéficiaient de l'avantage culturel du milieu familial et se montraient capables de fournir un travail universitaire de qualité. Leurs mérites, sanctionnés par des examens, ne pouvaient être niés. L'autre groupe se composait des enfants de la nouvelle classe dirigeante – cadres, fonctionnaires et membres du parti –, dont l'origine sociale était considérée comme révolutionnaire et excellente. Ils représentaient la génération montante que l'on attendait pour servir le gouvernement. Ils n'avaient cependant pas un niveau scolaire aussi élevé que les enfants des intellectuels, quand bien même ces derniers se voyaient accorder un statut de classe très bas. Cette différence de classe sociale allait contribuer à engendrer l'animosité et les rivalités qui s'exprimeraient dans les luttes interfactions des gardes Rouges.

Après avoir enregistré certaines des circonstances qui ont joué un rôle dans la Grande Révolution culturelle prolétarienne, suivons maintenant les phases de son déroulement, qui se présentent comme autant d'actes d'un drame, nécessairement tragique, mais haut en couleur, riche de passion et de grands espoirs. Comme dans toutes les véritables révolutions, où le pouvoir de l'État vole en éclats et où les factions se livrent un combat mortel, il faut trouver des points de repère pour indiquer la progression des événements. Des expressions références, comme le parlement Croupion, Thermidor ou la NEP, permettent à l'historien de poser des jalons dans le chaos des événements.

LA GRCP : LA PHASE PRÉPARATOIRE

En revenant sur les quatre phases que nous avons énumérées *supra*, nous commencerons par une période d'introduction, de fin 1965 jusqu'en été 1966, qui vit monter les tensions entre la faction de Mao et la direction du PCC. Au soutien que lui apportait l'ALN repolitisée sous Lin Piao, Mao ajouta, par l'intermédiaire de sa femme Chiang Ch'ing, celui d'un groupe d'intellectuels radicaux de Shanghai, qui formerait plus tard le Groupe central de la Révolution culturelle.

L'équipe dont Mao disposait au départ était assez hétéroclite. Lin Piao, qui avait certes montré de grandes qualités de commandant militaire, était par ailleurs un homme malingre, à l'air peu franc, dénué de tout charisme, qui n'apparaissait jamais sans casquette (il était chauve). Rusé comme un renard, il était sans aucun doute de première force dans les guerres intestines, mais, alors que l'embonpoint de Mao ne faisait qu'ajouter à sa magnificence (les Chinois ne prisent guère la minceur), Lin paraissait petit et peu impressionnant.

La femme de Mao, Chiang Ch'ing, avant d'aller à Yenan où elle avait séduit le président, était une actrice de cinéma insignifiante et peu connue. Elle se révéla, en revanche, une politicienne très compétente. Elle voulait prendre en main les institutions culturelles afin d'y effectuer des réformes radicales, sous couvert d'un retour aux premiers principes. Elle n'était malheureusement pas diplomate et gardait rancune à pratiquement tous ceux qu'elle avait été amenée à rencontrer. Rejoignant Lin Piao, elle avait pris la tête du département culturel de l'ALN. Elle faisait également équipe avec des intellectuels radicaux de Shanghai, plutôt médiocres, qui formèrent la base d'un pouvoir culturel permettant d'agir à Pékin.

Enfin, pour cimenter les forces sur lesquelles Mao pouvait s'appuyer, l'un des principaux officiers de l'ALN (Lo Jui-ch'ing), qui manifestait son désaccord vis-à-vis du maréchal Lin Piao, fut arrêté fin 1965, interrogé, accusé et démis de toutes ses fonctions en avril 1966. Dès lors toute dissidence disparut de l'armée. Une attaque similaire fut organisée dans les milieux intellectuels contre le vice-maire de Pékin, qui se nommait Wu Han et avait écrit une pièce dans laquelle un ancien empereur se voyait reprocher d'avoir injustement renvoyé un fonctionnaire. Mao, disait-on, était convaincu qu'il s'agissait d'une attaque dirigée contre lui : il y voyait une allusion transparente au renvoi du maréchal P'eng Te-huai à Lushan en 1959. Le plus haut fonctionnaire du parti à Pékin était un vieux de la vieille du groupe dirigeant, P'eng Chen (sans lien de parenté avec le général), qui considéra naturellement l'attaque contre son vice-maire comme une attaque personnelle. L'auteur de la pièce fut innocenté à Pékin, à la suite d'une enquête, mais Mao organisa alors à Shanghai un procès au cours duquel P'eng fut vigoureusement dénoncé, si bien qu'en avril 1966 les autorités centrales lui ôtèrent le pouvoir. L'incident devait montrer à tout le monde de quel côté le vent soufflait.

Au cours de ces manœuvres préliminaires, Mao se débarrassa de certains fonctionnaires qui ne soutenaient pas son programme et s'assura de l'approbation de la direction du parti, représentée par Chou En-lai, Liu Shao-ch'i et Teng Hsiao-p'ing. Tous avaient l'habitude de suivre le grand homme dans ses entreprises de chef. Ils ne se doutaient pas que, cette fois-ci, l'aventure les menait droit sur un volcan. Ces premières manœuvres furent approuvées en mai 1966 par le Politburo, dont les membres, somme toute enfants du parti, étaient prêts à se soumettre devant l'autorité constituée. Le Politburo créa un Groupe central de la Révolution culturelle, entièrement noyauté par les partisans de Mao, qui rendrait des comptes directement au Comité permanent. Comme on procéda également, pendant ce temps, à la réorganisation de divers départements, les partisans de Mao purent s'infiltrer dans plusieurs positions clés.

L'attaque contre le révisionnisme et contre les membres non désignés du parti qui « prenaient une voie capitaliste » s'intensifia au cours d'une sous-phase, connue sous l'appellation des « Cinquante Jours », de juin à août 1966. Au cours de cette période, on mobilisa les étudiants radicaux pour organiser une campagne d'affichage contre les autorités universitaires, mais Mao ne quitta pas sa retraite de Chine centrale, laissant son adjoint Liu Shao-ch'i, parallèlement chef de l'État, au pouvoir à Pékin. Il n'entrait pas dans la nature de Liu, bâtisseur de parti dans l'âme, d'accorder la priorité aux organisations de masse. Il tenta de calmer l'agitation en envoyant des équipes de travail examiner de près les échelons inférieurs du parti dans les principales institutions, des universités aux usines. Quelque 400 équipes composées chacune d'environ 25 personnes, ce qui faisait au total une dizaine de milliers d'enquêteurs, furent ainsi réparties pour travailler à l'intérieur de l'organisation du parti. Cela venait contrecarrer les plans de Mao qui comptait sur les organisations de masse pour progresser. En fait, même s'il leur fallut du temps pour adopter une position anti-Révolution culturelle, les membres de la direction du parti tentèrent de diverses façons de ralentir la cadence.

Il n'est pas facile d'évaluer le rôle de Chou En-lai dans la GRCP. En tant que membre du Politburo du parti et premier administrateur du gouvernement, Chou était mêlé pratiquement à tout. Il ne semble pas que sa fidélité envers Mao ait jamais vacillé, mais il s'était forgé une solide réputation de fonctionnaire humain, qui essayait de tempérer les excès de l'époque. Il intervint ainsi à plusieurs reprises pour protéger divers personnages et, lorsque l'opposition entre les partis conservateur et radical commença à s'envenimer, Chou, fidèle à ses habitudes, tenta de les réconcilier. En février 1967, Chou présidait encore une réunion où siégeait d'un côté le Groupe central de la Révolution culturelle et, de l'autre, une brochette de chefs militaires et de dirigeants du Conseil du gouvernement, qui comprenait trois maréchaux de l'armée et cinq vice-Premiers ministres. Dénoncée par les radicaux comme le « courant adverse de février », cette réunion exprimait le mouvement d'opposition récurrente que suscitaient les excès de la GRCP.

La GRCP : l'apparition soudaine de Mao

Dans la deuxième phase, d'août 1966 à janvier 1967, le président Mao se comporta en grand metteur en scène. Le dévoué Liu Shao-ch'i, sans doute déjà condamné à une disparition prochaine, orchestrait le mouvement antirévisionniste au sein des fidèles du parti. Mais il menait l'action dans le cadre d'une réforme interne au parti, et non d'un mouvement de masse public. Cela ne correspondait évidemment pas à ce que Mao – toujours hors de vue en Chine centrale – voulait faire. En juillet 1966, la population chinoise apprit avec stupéfaction que Mao était arrivé dans le Nord, s'arrêtant en cours de route pour traverser le Yangtze à la nage. Comme les paysans chinois ne savaient en général pas nager et que seul un petit nombre d'aventuriers s'étaient déjà lancés dans le Yangtze, la nouvelle eut autant d'impact que si la reine Élisabeth avait traversé la Manche à la nage. Mao apparaissait comme un athlète hors pair, capable d'exploits surhumains. (D'après les photos où l'on voit sa tête émerger de l'eau, Mao ne nageait ni le crawl, ni la brasse indienne, ni le dos crawlé, ni la brasse papillon, mais nageait à sa façon, debout tout droit dans l'eau – et non sur l'eau. Il fut chronométré à une vitesse étonnante.)

Cela fait, Mao rassembla à Shanghai en août 1966 une prétendue XIe Assemblée plénière, qui n'était en réalité qu'une session du Comité central noyauté par ses partisans. Liu Shao-ch'i, anciennement numéro deux, se retrouva sur-le-champ rétrogradé au numéro huit dans la hiérarchie du PCC, tandis que Lin Piao se trouvait promu numéro deux, ce qui faisait de lui le successeur putatif de Mao. L'Assemblée plénière faisait également valoir la façon dont Mao concevait le mouvement contre le révisionnisme, qui devait opérer un changement radical dans les perspectives mentales de tout le peuple chinois. Il fallait accorder la priorité à la « régénération spirituelle », ainsi qu'il l'appelait, sur le développement économique. Il fallait aussi appliquer le principe de la lutte des classes à tous les intellectuels, bureaucrates et membres du parti, afin d'éliminer « ceux au pouvoir qui prenaient la voie capitaliste ». Personne ne savait encore exactement de qui il s'agissait.

Grâce à ces manœuvres, Mao pouvait, en restant théoriquement dans la légalité, susciter un mouvement de masse contre le révisionnisme dans l'appareil du parti. Le mouvement des gardes Rouges pouvait dès lors être lancé. Pour stimuler l'énergie des étudiants radicaux, Mao avait lancé des slogans comme : « Bombardez les quartiers généraux » ou « Apprenez la révolution en faisant la révolution ». Six énormes rassemblements eurent lieu à Pékin, entre le 18 août et le 26 novembre, pour mobiliser la jeunesse. (Devant l'enthousiasme fanatique qui s'y manifesta, on est tenté d'évoquer le rassemblement hitlérien de Nuremberg.) Les quelque dix millions de jeunes gens qui se portèrent volontaires pour rejoindre les gardes Rouges et arrivèrent de toute la Chine pour se rendre à ces rassemblements, organisés par l'ALN et le Groupe de la Révolution culturelle, étaient transportés gratuitement en train et logés à Pékin. Ils agitaient au-dessus de leur tête le « petit livre rouge » des *Citations du président Mao* que le général Lin avait compilé pour endoctriner ses troupes. Pendant ce temps, les cours étaient interrompus et les universités bientôt fermées.

Quelles qu'aient pu être les intentions idéalistes de Mao, les gardes Rouges s'employèrent à des activités destructrices, dans le style de ce que l'on baptiserait aujourd'hui « hooliganisme ». Ils pénétraient par effraction chez les gens aisés, les intellectuels et les fonctionnaires, détruisaient livres et manuscrits, humiliaient, battaient ou tuaient même les occupants, sans cesser de revendiquer qu'ils soutenaient par leur action l'attaque révolutionnaire contre les « Quatre Vieilleries » : les idées, la culture, les coutumes et les habitudes. Ces jeunes étudiants, garçons et filles, qui parcouraient les rues en arborant un brassard rouge, accostaient tous ceux qui leur paraissaient avoir une allure d'intellectuels ou d'étrangers et leur dispensaient leur forme de justice morale.

Vers la fin de l'année 1966, la situation, manipulée par Mao et son Groupe central de la Révolution culturelle, encouragea une véritable escalade dans les déprédations commises par les gardes Rouges : il ne s'agissait plus simplement de s'attaquer à tous ceux censés présenter des tares « bourgeoises », mais d' « extirper » les fonctionnaires du parti et du gouvernement pour procéder à leur interrogatoire et à leur punition. Le chef de l'État, Liu, et le secrétaire général du parti, Teng, se trouvèrent aussitôt dans la ligne de mire, au premier rang des traîtres qui « suivaient la voie capitaliste ». Ils furent, comme tant d'autres, dénoncés, emprisonnés, et publiquement humiliés. En mobilisant la jeunesse urbaine pour une attaque de masse contre les institutions centrales du parti et du gouvernement, Mao et ses partisans parvinrent à mener un chaos dont ils escomptaient évidemment faire une révolution salutaire. Confrontés, au cours de l'été 1966, à l'organisation flottante des gardes Rouges – des activistes politiques des deux sexes, à peine sortis de l'école et âgés de neuf à dix-huit ans –, les dirigeants du PCC qui étaient visés rétorquèrent au feu par le feu, en alignant leurs propres gardes Rouges. Fortement structuré, l'appareil du parti n'était, bien entendu, pas facile à abattre. Pourtant, il s'agissait d'une tentative désespérée. Mao détenait les leviers du pouvoir et se montrait, en définitive, clairement déterminé à détruire le parti pour le reconstruire.

La GRCP : la prise de pouvoir

C'est le mouvement pour la « Prise de pouvoir » qui inaugura la troisième phase, en janvier 1967. Avec l'autorisation de Pékin, gardes Rouges et autres révolutionnaires déferlèrent dans toutes les villes de Chine. Les fonctionnaires furent chassés de leurs bureaux, leurs dossiers examinés et souvent détruits, et leur place prise par des jeunes gens qui n'avaient souvent aucune expérience ni de l'administration ni du commandement. Ces jeunes gens se divisaient déjà en factions et commençaient à se battre entre eux.

Jusque-là, l'armée de Libération nationale était restée en marge des événements, laissant l'œuvre de destruction se poursuivre. Mais, en janvier 1967, on fit appel à elle pour aider la révolution antirévisionniste dans la lutte qui l'opposait aux contre-révolutionnaires conservateurs. Mao ne maîtrisait plus la situation, et l'ALN, qui représentait la seule force unifiée encore debout dans la société, serait dès lors chargée de reprendre progressivement le pouvoir sur la scène locale. Jusqu'à présent, en effet, seules les forces régionales, et non les unités du gros de l'armée, étaient intervenues dans la GRCP, mais elles s'entrecroisaient tant et si bien avec l'organisation locale du PCC que l'on pouvait difficilement les faire participer aux « comités révolutionnaires » tripartites, destinés à créer de nouveaux gouvernements provinciaux. Les forces régionales de l'ALN devenaient un point d'appui fragile. Elles étaient supposées maintenir l'ordre et protéger les services publics au moyen de « comités militaires de surveillance ».

Cependant, quand les garnisons militaires régionales et les districts provinciaux reçurent l'ordre de soutenir la gauche contre la droite, on découvrit qu'il leur était impossible de maîtriser la situation. L'institution de comités révolutionnaires ne s'avérait efficace que dans quatre provinces. Le Groupe central de la Révolution culturelle décida alors de purger l'ALN de ses officiers récalcitrants dans les provinces. Malgré cela, l'incident de Wuhan, en juillet 1967, montra à quel point il devenait difficile de compter sur les forces régionales pour mener à bien la GRCP : une division indépendante du commandement de la garnison de Wuhan participa à l'enlèvement de deux membres du Groupe de la Révolution culturelle, appartenant au Comité central de Pékin. Pékin dut faire intervenir les unités de l'armée principale pour reprendre la situation en main et procéder à l'institution des comités révolutionnaires.

Lorsque Mao ordonna aux gardes Rouges de débarrasser l'armée de ses éléments « capitalistes », la situation tourna rapidement à la violence. La Chine devint le théâtre d'une guerre civile, où les factions des gardes Rouges se livraient bataille, ralliées par les militaires régionaux qui prenaient parti. Après septembre 1967, l'attaque dirigée contre les commandants des forces régionales se relâcha, mais les luttes entre faction s'étaient répandues de manière contagieuse, et les frictions se multiplièrent entre les unités régionales et celles du gros de l'armée. Pour résoudre la crise, Pékin ordonna à l'ALN de cesser de soutenir les uns ou les autres et de suivre un entraînement politique. En 1968, cependant, les rivalités entre factions avaient gagné jusqu'aux unités de l'armée principale. Si cette évolution continuait, Mao aurait joué sa dernière carte et perdu toute chance de maîtriser la situation. Sous la pression des événements, Mao finit, en juillet 1968, par dissoudre les gardes Rouges qui, disait-il, avaient failli à leur mission, et ordonna à l'ALN de procéder à la formation de comités révolutionnaires dans toutes les provinces. Après leur dispersion, les gardes Rouges, « renvoyés » en grand nombre dans les campagnes, se trouvèrent projetés des sommets de l'importance politique vers les profondeurs de la vie rurale. Les activistes qui remplaçaient à présent les gardes Rouges reçurent le titre de Rebelles révolutionnaires, mais les déprédations auxquelles ils se livrèrent ne furent pas moins effrayantes et cruelles que celles de leurs prédécesseurs. Dans le même temps, on procéda au déplacement des unités de l'armée principale qui, grâce à la dispersion des organisations de masse, se trouvaient déjà moins soumises aux pressions qui les incitaient à prendre parti pour un côté ou l'autre. Au bout du compte, les comités révolutionnaires se trouvèrent dominés par des militaires. La plupart des premiers secrétaires du parti étaient des officiers de l'ALN. On rapporte, en citant le Premier ministre Chou, que les forces régionales de l'ALN, qui représentaient approximativement deux millions d'hommes, avaient subi des « centaines de milliers » de pertes.

La GRCP : les relations extérieures

Au cours de la quatrième phase de la GRCP, entre juillet 1968 et avril 1969, lorsque Mao tenta de reformer un nouvel État, la direction se composait d'au moins 2/5 de militaires, de 2/5 de fonctionnaires du parti et du gouvernement, anciens ou nouveaux, et d'une minorité représentant les organisations de masse. La domination des militaires put s'établir sans difficulté en 1969, car les fonctionnaires du parti et du gouvernement portés au pouvoir étaient généralement loin d'avoir les compétences de leurs prédécesseurs.

La Révolution culturelle arriva à son terme lors du IXe Congrès du Parti, en avril 1969. Lin Piao fut chargé du rapport politique. La nouvelle constitution, adoptée en remplacement de celle de 1956, s'appuyait sur la pensée-Maotsetung et sur la lutte des classes. L'adhésion au parti était conditionnée par l'origine de classe. La nouvelle constitution était beaucoup plus courte que l'ancienne, et laissait dans l'ombre l'organisation du parti, mais le général Lin Piao, en qualité de vice-président du président Mao, y était clairement désigné comme le « proche compagnon d'armes du camarade Mao Tse-tung et son successeur ». Sur les 1 500 délégués, les 2/3 apparurent en uniforme militaire, et le nouveau Comité central était, quant à lui, formé à 45 p. 100 de militaires (en 1956, ils n'étaient que 19 p. 100). En revanche, la représentation des masses et de leurs organisations ne laissait pas une grande part à la jeunesse étudiante radicale. Elle concernait, en effet, pour ses 2/3, des organisations provinciales. Le Comité central se composait en majorité de nouveaux venus, mais la moyenne d'âge tournait autour de soixante ans. Plus militarisés qu'auparavant, ses membres étaient également moins cultivés et moins qualifiés pour s'occuper des affaires étrangères.

Les relations extérieures de la Chine avaient, elles aussi, souffert du fanatisme irréfléchi qui régnait à cette époque où l'animosité n'était pas seulement dirigée contre « l'élément ancien » mais aussi contre « l'élément étranger ». L'anti-intellectualisme s'accompagnait de xénophobie. En 1965, quand Chou En-lai, plein de bonne volonté, partit comme ambassadeur de la Chine et effectua un vaste périple dans les pays d'Afrique et d'Asie, le développement des programmes d'aide chinois, comme la construction du chemin de fer Tan-Zam en Afrique, se confondit avec l'incitation révolutionnaire et l'espionnage. Lorsque la Chine voulut mettre sur pied une Conférence des pays du tiers monde à Alger, en excluant l'Union soviétique, l'affaire tourna au fiasco. Entre-temps, le parti communiste indonésien, qui avait tenté de fomenter un coup d'État, avait pratiquement été détruit par le gouvernement indonésien. Ces multiples échecs avaient amené la Chine à rentrer les griffes pendant la Révolution culturelle. Mais les méthodes violentes utilisées par les gardes Rouges avaient détérioré les relations étrangères de la République populaire, surtout après juin 1967, lorsque le ministère des Affaires étrangères était tombé entre leurs mains. Leurs brigades, qui s'étaient livrées à une destruction systématique des dossiers, avaient provoqué une sérieuse interruption dans la continuité des relations étrangères. Le ministre des Affaires étrangères, Ch'en I, avait à plusieurs reprises été contraint de faire son autocritique devant des milliers d'étudiants railleurs, lors d'assemblées présidées par Chou En-lai. Tout ce qui relevait de la politique étrangère devait désormais passer par le bureau de Chou.

Comme cette tendance à faire la révolution sur tous les fronts, inspirée des gardes Rouges, gagnait aussi les relations étrangères, les ambassades chinoises à l'étranger devinrent des centres de prosélytisme révolutionnaire, où, contrairement à toutes les règles diplomatiques, on incitait à l'action les communistes locaux. Entre septembre 1966 et août 1967, cette façon subjective et exaltée de concevoir les contacts étrangers aboutit à la rupture des relations avec plusieurs pays, au rappel de tous les ambassadeurs de la République populaire à l'étranger sauf un, et au déclin du commerce extérieur. Dans le cadre des troubles internes qui secouaient la Chine, des bandes de gardes Rouges envahirent les ambassades soviétique et britannique. Cette dernière fut même entièrement brûlée, comme l'ambassade d'Indonésie un peu plus tard. Les gigantesques assemblées de dénonciation collective formaient un piètre substitut aux relations diplomatiques.

On enregistre, à la fin de la période de la Révolution culturelle, un changement significatif dans les relations de la République populaire avec les États-Unis et l'Union soviétique. Alors que la guerre terrestre et aérienne menée par les Américains au Vietnam s'intensifiait à partir de 1965, les États-Unis et la Chine prirent chacun des mesures pour éviter une confrontation directe. Ainsi que nous l'avons noté précédemment, les croisés américains refusèrent net de combattre une nouvelle fois la Chine. Ils promirent explicitement que leurs avions éviteraient, dans toute la mesure du possible, de pénétrer à l'intérieur de l'espace aérien de la Chine. La menace de guerre avec les Américains, qui combattaient si près des frontières chinoises, s'éloigna, et Mao en conclut qu'il pouvait procéder à sa révolution interne. Les relations de la République populaire avec l'Union soviétique prirent la direction opposée. La rupture, qui s'était amorcée en 1960, avait continué sous forme de polémique et de dénonciations mutuelles entre les deux partis, et l'hostilité entre les Chinois et les Soviétiques n'avait fait que s'intensifier. Plusieurs incidents de frontière éclatèrent, le long de la frontière de 6 000 km commune entre les deux pays, et les Soviétiques renforcèrent leurs troupes en conséquence. Quand l'armée Rouge soviétique s'empara de la Tchécoslovaquie en août 1968, les événements donnèrent à Brejnev l'occasion d'affirmer avec force que là où un parti communiste avait été établi, il n'était pas question de le laisser ensuite subvertir. Aux oreilles des Chinois, cela résonna de manière plutôt agressive. Les attaques des gardes Rouges avaient provoqué une crise à Hong Kong au milieu de l'année 1967, mais la situation se redressa quand l'ALN prit le pouvoir et maîtrisa les gardes Rouges en 1968. L'activité révolutionnaire déployée par les ambassades de Chine en Birmanie et au Cambodge donna lieu à de violents incidents, entraînant la rupture des relations diplomatiques. La politique révolutionnaire irréfléchie de Pékin encourageait le parti communiste japonais en accusant le Japon de réarmer; elle provoqua aussi un affrontement avec les patrouilles indiennes sur la frontière entre le Tibet et le Sikkim. Cette fois-ci, les Indiens étaient mieux préparés et les combats, qui durèrent une semaine, n'aboutirent à rien. Quand la Corée du Nord accepta avec enthousiasme d'établir une collaboration avec l'URSS, les relations de la Chine avec la Corée du Nord se détériorèrent.

L'agressivité de la Révolution culturelle envers le monde extérieur parvint à un sommet le 2 mars 1969, lorsque les Chinois décidèrent de poster des forces en embuscade sur une île dont ils se disputaient la possession avec les Soviétiques, au milieu du fleuve Ussuri, principal affluent de l'Amour, sur la frontière du nord-est de la Chine. Les Chinois, en uniforme blanc, débordèrent les patrouilles frontalières russes. L'URSS se livra à de vigoureuses représailles, non seulement sur ce site, mais aussi, pendant les deux années suivantes, en de nombreux points de la frontière sino-soviétique, soumettant l'État chinois à une pression continue. Vers la fin de l'année 1969, les relations avec la Russie se détérioraient de plus en plus, mais commençaient, en revanche, à s'améliorer avec les États-Unis.

Aux États-Unis, la première impression donnée par la Révolution culturelle était le reflet de sa propagande. On y voyait la volonté de Mao de préserver les valeurs « populistes » égalitaires et d'éviter que le bureaucratisme et l'étatisme n'entravent le développement économique de la Chine. Quand, toutefois, on eut vent des excès auxquels se livraient les gardes Rouges et des mauvais traitements réservés aux intellectuels, le mouvement fut plutôt perçu comme l'expression du fanatisme totalitaire, sous un commandement dictatorial. La politique de Nixon et Kissinger — pourtant républicains — pour aboutir à des relations normales avec la République populaire dut avancer prudemment.

Officiellement, la Grande Révolution culturelle prolétarienne se termina en avril 1969, mais le terrorisme continua sous bien des formes. En 1970-1971, le personnel de sécurité militaire se montra particulièrement brutal lorsqu'il entreprit la chasse aux anciens membres d'un groupe, peut-être imaginaire, celui du « 16-Mai ». On tortura des innocents pour leur arracher des aveux d'appartenance à ce groupe et obtenir le nom de leurs complices. Il y eut plusieurs milliers d'exécutions, alors que l'existence du « Groupe du 16-Mai », aussi violemment incriminé, n'est même pas certaine.

En outre, dans les années 1970, la GRCP étendit son action coercitive sur les campagnes, où l'on demanda par exemple aux paysans d'abandonner toute occupation parallèle, comme l'élevage de porcs, de poulets et canards, afin de « couper la queue de l'impérialisme ». Pour un grand nombre, cela signifiait mourir de faim. En fin de compte, l'atmosphère fiévreuse de chasse aux sorcières ne disparut qu'après la mort de Mao, en 1976.

La lutte pour la succession

Les luttes de pouvoir visant à établir la succession attendue du président Mao avaient commencé en 1969. L'enjeu de la compétition était la place de numéro deux, qui donnerait à son titulaire une présomption de succession en temps voulu. Le général Lin Piao se trouvait en excellente position depuis la conclusion officielle de la Révolution culturelle en 1969. Il avait pu introduire une forte proportion de militaires à l'intérieur du parti et du gouvernement. Même si les militaires étaient toujours divisés entre le commandement militaire central, à Pékin, et les commandants régionaux dans les provinces, le général Lin avait néanmoins une position de premier plan et, qui plus est, avait été choisi et désigné par Mao comme son successeur.

Cependant, entre 1969 et 1971, la position de Lin commença à s'affaiblir. Tout d'abord, Mao voulait réduire le rôle des militaires dans l'appareil politique. Il orchestra par conséquent une offensive contre Lin, qui ne lui était plus d'aucune utilité, et la fit apparemment, comme d'habitude, superviser par Chou, en sa qualité de Premier ministre. L'offensive, qui se déroula sur plusieurs fronts, emprunta les voies détournées et les méthodes allusives dont la politique chinoise s'est fait une spécialité. Lorsqu'on plaça, par exemple, un homme anti-Lin au sein de l'état-major militaire central, et donc sous les ordres de Lin, on prit soin de le faire accompagner ostensiblement du Premier ministre Chou et de deux grands généraux de la vieille garde. Sur les photographies, largement distribuées, où l'on voyait naguère Mao et Lin côte à côte, Lin apparaissait désormais à l'arrière-plan. Un ancien aide de camp de Mao, qui entretenait des relations étroites avec Lin, se trouva mis en accusation et contraint, selon l'habitude, de faire son autocritique. On avait là un éventail des signes et symboles utilisés par le chef suprême du pouvoir lorsqu'il voulait montrer de quel côté le vent soufflait. En somme, le général Lin s'était montré d'une grande utilité, mais on n'avait plus besoin de lui, alors que Chou En-lai, au poste de numéro trois, continuait à travailler en collaboration étroite avec Mao, surtout dans le domaine des relations extérieures et de la réhabilitation du gouvernement.

L'ultime stratagème utilisé par Mao consista à voyager dans le pays pour s'entretenir avec les commandants militaires régionaux en s'appliquant à critiquer Lin devant eux. Quand la nouvelle fut colportée par le téléphone chinois, Lin comprit rapidement que ses jours étaient comptés et prit part à une conspiration manigancée par son fils, qui faisait partie du commandement central. Sous couvert d'assassiner Mao et de fomenter un coup d'État militaire pour prendre le pouvoir à sa place, ce projet représentait en fait sa dernière chance d'éviter une catastrophe personnelle. Le fils de Lin se livra en secret à de vastes préparatifs, mais il se trouva évidemment quelqu'un pour en tenir informés Mao et Chou. Désespéré, Lin tenta de s'enfuir en avion avec sa femme, mais leur avion fut détruit au-dessus de la lointaine Mongolie, alors qu'il faisait visiblement route vers l'Union soviétique.

Dans le plus pur style totalitaire, cette nouvelle, qui aurait dû être l'événement du jour, ne fut relatée par la presse officielle que plus d'un an après, avec récit détaillé, documents et preuves circonstancielles à l'appui. Ce qui s'est exactement passé reste un mystère, mais il semble que les historiens occidentaux soient à peu près tous d'accord sur la version donnée ci-dessus.

Les cinq dernières années de la vie et de la pensée de Mao restent extrêmement énigmatiques, car les seules déclarations ou interventions politiques auxquelles il jugea bon de se livrer n'excèdent pas quelques paragraphes. En 1971 et 1972, il travaillait apparemment avec Chou sur un programme destiné à poursuivre le développement économique de la Chine; cependant il semble qu'en 1973 la faction shanghaïenne du Groupe central de la Révolution culturelle ait exercé sur lui une influence croissante. Devenu infirme, il apparut physiquement diminué lors de ses rencontres avec Nixon, Kissinger et d'autres dignitaires étrangers, mais sa pensée ne paraissait pas altérée et conservait la même vivacité qu'auparavant. On sait, par exemple, que la photographie de Mao qui le représentait debout, encadré par deux infirmières, subit quelques retouches avant d'être publiée, pour le montrer debout et seul, sans infirmières. Chou, quant à lui, fut atteint d'un cancer, à peu près à la même époque. Bientôt, la Bande des Quatre montait une vaste campagne pour « critiquer Lin Piao et critiquer Confucius », qui était en fait une attaque indirecte contre Chou En-lai. Les intrigues de palais et les luttes de pouvoir qui se déroulaient alors parurent incompréhensibles à bien des étrangers. Il n'est pas sûr, alors que Chou était l'objet d'attaques, que Mao ait été prêt à s'en débarrasser. Dans ses dernières années, l'état de Mao était aussi pitoyable que celui du pays et du parti qu'il avait, par deux fois, mené au désastre. La GRCP est à présent considérée, surtout par ses nombreuses victimes, comme dix années perdues pour le développement moderne de la Chine.

Vision rétrospective de la GRCP

Les statistiques qui donnent un court résumé de la situation sont bien incapables de transmettre l'expérience de la révolution, qu'il s'agisse de l'enivrement joyeux mais passager des gardes Rouges, ou des souffrances amères de leurs victimes. On assista bientôt à la naissance d'une « littérature de la cicatrice », relatant les catastrophes individuelles : le savant qui voyait le manuscrit inédit, où était contenue l'œuvre de sa vie entière, brûler sous ses yeux; le mari qui tentait en vain de préserver le statut de classe de ses enfants en divorçant de sa femme, étiquetée « droitière »; le romancier célèbre que l'on avait simplement battu à mort, ou le vieux directeur d'école qui s'était vu envoyé nettoyer les latrines.

Comme l'urine et les matières fécales (autrement dit, la crotte) représentent un fertilisant essentiel en Chine, il était beaucoup plus facile en Chine qu'aux États-Unis de donner à la classe supérieure une expérience de la vie des masses. Lorsqu'on demandait aux intellectuels de nettoyer les latrines, il ne s'agissait pas simplement d'utiliser serpillière et détergent dans un local carrelé, même public et puant. Dans un pays qui connaît un développement rapide, les villes chinoises bénéficient de tous les avantages de la plomberie moderne, mais dans les faubourgs et les vastes campagnes, on a conservé l'ancien système, basé sur la gravité. La coutume, tellement admirée par les écologistes, veut que l'on ramasse l'accumulation quotidienne, à peu près aussi régulière que l'action des marées, pour la mélanger avec d'autres matières organiques et former ainsi un compost destiné à fertiliser les champs. En fait, on ne peut pas, dans le paysage chinois, ne pas remarquer les latrines situées dans les champs, où hommes et femmes, répartis de chaque côté du mur central, prennent soin d'aller déposer liquides et solides au cours de la journée. Le nettoyage des latrines n'était donc pas simplement une tâche hygiénique pour se débarrasser de matières indésirables, mais un problème d'approvisionnement fondamental, pour conserver une substance nutritive. Quand les dix millions de gardes Rouges, après s'être avérés incontrôlables, avaient été « renvoyés dans les campagnes », ils avaient également été chargés du maniement de la vidange. Certains parmi eux pensèrent d'ailleurs découvrir à cette occasion que les excréments des porcs noirs constituaient un produit plus riche.

Pourtant, même ce labeur ingrat avait des effets moins dévastateurs que l'humiliation publique au cours des « meetings de lutte ». Les cibles désignées pour subir cette épreuve devaient, la plupart du temps, se tenir debout sur une tribune, la tête respectueusement courbée vers le public, et répéter la confession de leurs crimes idéologiques. On les contraignait en particulier à « faire l'avion », les bras tendus vers l'arrière comme les ailes d'un jet. L'ami qui se trouvait dans les rangs du public pouvait avoir les larmes aux yeux, mais il se devait, comme les autres, de ne proférer qu'insultes et railleries cruelles, surtout lorsque la victime, au bout d'une heure ou deux de ce traitement, s'écroulait, lâchée par ses muscles. Les histoires de Lu Hsun avaient exprimé toute son amertume devant l'attitude sadique des Chinois, portés à rire de la misère des autres. La révolution de Mao exploitait ce comportement en lui donnant des dimensions publiques sur une très vaste échelle. Certains préféraient le suicide.

Pour les Chinois, si sensibles à l'estime de leurs pairs, être battu et humilié en public devant une foule railleuse, comportant des collègues et d'anciens amis, revenait à être écorché vif. Les victimes se sentaient généralement coupables, comme n'importe qui soumis à de telles attaques, mais ce sentiment était encore aggravé par la vénération qu'elles avaient portée à Mao et au parti. Une fois passé le torrent des accusations dont ils étaient l'objet, leur expérience devenait vide de sens, surtout quand ils voyaient, comme cela se produisait souvent, leurs bourreaux de naguère rejoindre, par un revirement soudain, les rangs des torturés. Quelle était donc la cause pour laquelle ils souffraient ? Très souvent, ils rédigeaient de fausses confessions.

L'une des caractéristiques les plus frappantes de la GRCP est son ampleur considérable. On est encore loin de détenir tous les éléments, mais on estime aujourd'hui à près d'un million le nombre de ses victimes, dont une forte proportion n'aurait pas survécu aux traitements qui lui furent infligés. On n'a pas encore calculé le montant des dégâts entraînés par la destruction stupide des institutions et des accessoires de la civilisation chinoise – livres, temples, œuvres d'art, et toutes « choses » modernes en général, condamnées comme « étrangères ».

On peut encore s'étonner de la cruauté systématique des meetings de lutte et de la passivité avec laquelle le public chinois acceptait cette cruauté et les décrets de l'autorité supérieure, même quand celle-ci n'était représentée que par des adolescents ignorants. Beaucoup avaient placé toutes leurs espérances dans le président Mao. Cela les mettait dans une position particulière. Les principes moraux du confucianisme s'étaient désagrégés, mais toute interprétation du maoïsme, qui le remplaçait, devait recevoir l'approbation de Mao lui-même, un peu comme si Confucius et Mencius étaient encore vivants et que personne n'était autorisé à juger la manière dont leur pensée s'appliquait à la vie sociale. Les remontrances de style confucéen adressées au tenant du pouvoir, au nom de vérités éternelles dont il aurait pu s'écarter, n'étaient pas envisageables alors que Mao était toujours au pouvoir et qu'il changeait d'avis de temps à autre. Les intellectuels n'avaient pas de certitudes intérieures suffisamment fortes pour dominer l'hystérie de la foule et la peur que celle-ci déclenchait en eux. La GRCP se nourrissait bien sûr de cette dépendance à l'égard de l'autorité et de l'obéissance aveugle qu'elle suscitait.

Plusieurs autres éléments peuvent paraître frappants. Tout d'abord, l'idéalisme qui était à l'origine de la GRCP et avait inspiré les gardes Rouges, ainsi que bien d'autres, était au départ tout à fait sincère. Ce n'est que par degrés que l'on vit apparaître le désenchantement, l'hypocrisie, la corruption et leur cortège d'ambitions personnelles ou d'opportunisme cynique.

Mais, selon toute vraisemblance, les opportunistes étaient eux-mêmes manipulés par Mao. Nous n'avons aucune raison de penser qu'il n'était pas le créateur des gardes Rouges qui suivaient ses instructions ou l'instigateur des attaques contre les universités, puis des « Prises de pouvoir », et enfin de l'intervention de l'ALN pour restaurer l'ordre et perpétuer la terreur. Il se peut que le comité de la GRCP, formé par Chiang Ch'ing et ses collègues, ait manipulé un Mao sénile, mais les principales décisions portent son sceau.

Si Mao a pu arriver à de tels résultats, c'est grâce aux prérogatives impériales qu'il avait accumulées, en qualité de grand chef charismatique et sacro-saint, situé au-dessus de la loi et détaché de la tradition ou de la coutume. Cela n'était à son tour possible que parce qu'il présidait un régime fondé sur sa personnalité et son idéologie, et non sur la loi. Le sénateur Joseph McCarthy avait persécuté les Américains au début des années 1950, mais il n'avait pas le pouvoir policier. La loi l'autorisait à assigner et vilipender ses compatriotes, mais non à les arrêter et les torturer. Les procès des sorcières de Salem, en 1962, procédaient sans doute un peu du même esprit que la GRCP, cependant, si l'on veut trouver de meilleurs analogies, il faudrait se tourner vers les guerres de religion sanguinaires en Europe et l'institution de l'Inquisition qui se portait encore à merveille à Rome en 1814.

La comparaison la plus fréquente entre la GRCP et l'holocauste nazi fait ressortir le fait que le génocide organisé par les nazis avait des cibles relativement identifiables, alors que la GRCP de Mao s'attaquait à des cibles changeantes en utilisant des méthodes sur mesure. Là où le programme nazi était planifié et systématique, la GRCP était improvisée et sporadique.

Il serait extrêmement simpliste de voir dans la Révolution culturelle une lutte de la population contre les intellectuels. Aux yeux des écrivains et des historiens occidentaux, dont la plupart se réclament du titre d'intellectuels, leurs homologues dans les autres pays sont automatiquement des gens bien. Nous avons une très nette prédisposition à soutenir la liberté intellectuelle et les droits de l'homme, partout dans le monde.

Dans le cas de la révolution chinoise, il faut corriger le tir et tenir compte du fait que la plupart des intellectuels, aujourd'hui comme par le passé, font partie de l'establishment. Ils cherchent à opérer à l'intérieur de l'establishment, et non à s'y opposer. Ce sont rarement des personnages hostiles au régime, mais plus souvent, au contraire, des léninistes convaincus, croyant à l'autorité centrale du PCC. Ainsi, quand Mao et sa révolution culturelle s'attaquaient en 1966 aux intellectuels en place dans le gouvernement, et dans le système éducatif, un grand nombre de leurs victimes n'étaient pas opposées à la tyrannie de l'État mais plutôt aux méthodes « populistes » de Mao. Si l'on regarde en arrière, on verra que les victimes célèbres comme Teng Hsiao-p'ing avaient été des partisans convaincus et actifs de la Campagne « antidroitiers » de 1957-1959. Ils s'en étaient pris à bon nombre de leurs semblables, lorsqu'il avait fallu écarter du pouvoir entre 400 000 et 700 000 esprits cultivés et leur refuser la liberté de mettre leurs capacités au service de l'État. Nous risquons donc de nous livrer à une idéalisation abusive des personnalités éminentes détruites par Mao. Si elles en avaient eu la possibilité, elles auraient détruit Mao, qui représentait le chef d'une faction populiste face à la faction de l'establishment. Les intellectuels étaient une composante nécessaire du gouvernement pour des raisons administratives, scientifiques, éducatives, et bien d'autres. Ils se trouvèrent pris dans une gigantesque lutte pour le pouvoir entre factions opposées.

Mao considérait que la plupart des sino-libéraux d'avant 1949 étaient toujours des libéraux. Par contre, les « intellectuels de l'establishment » formaient une nouvelle classe de fonctionnaires-lettrés. Diplômés de l'École supérieure du parti, ou même formés à Moscou, tous étaient de fervents partisans de l'idéologie marxiste-léniniste, mais ne se privaient pas de nourrir des idées personnelles sur les innovations de Mao. Dans l'administration du gouvernement et du parti, ces hommes étaient des directeurs de journaux, des écrivains, des éducateurs, et des théoriciens idéologues capables de longues dissertations sur les divagations de la ligne du parti. Certains parmi eux cultivaient les disciplines où excellaient autrefois les lettrés : la calligraphie, la poésie, la rédaction d'essais, les connaissances artistiques ou la recherche historique. De plus, comme les véritables fonctionnaires-lettrés d'antan, ils formaient un groupe extrêmement choisi, où les relations mutuelles avaient une grande importance, s'adonnaient aux rivalités de pouvoir ou de position et devinrent donc naturellement membres de factions quand celles-ci se développèrent.

La méfiance dont Mao avait fait preuve envers ses collègues à l'occasion de l'affaire de P'eng Te-huai avait eu pour effet de ranimer les luttes de factions sous toutes leurs formes. De hauts fonctionnaires ralliaient sous leur protection des fonctionnaires de moindre importance, puis œuvraient avec eux pour maintenir à l'écart du pouvoir tel ou tel groupe adverse. Les groupes se constituaient la plupart du temps sous le prétexte de divergences concernant la théorie ou l'application de l'idéologie. On retrouvait dans cette nouvelle classe de fonctionnaires-lettrés l'habituel *esprit de corps* * et le sentiment de représenter une élite choisie. Tout comme chez les fonctionnaires des Ming et des Ch'ing, la connaissance de la paysannerie et le souci de son bien-être étaient devenus largement théoriques. La révolution sociale avait peu de chances de se poursuivre s'il n'en tenait qu'à eux; en revanche, ils risquaient de former un nouveau noyau dur de bureaucrates privilégiés, dominant le peuple. (Il faut bien admettre que certains de ces traits se sont perpétués jusqu'en 1985. Après tout, le rôle du fonctionnaire-lettré chinois s'appuie sur une tradition si ancienne qu'il n'a aucun équivalent dans l'histoire.)

Le dénouement

Au début des années 1970, l'élément shanghaïen, dirigé par la Bande des Quatre, exerçait toujours sa domination sur les moyens de communication et les milieux culturels, mais n'avait aucune possibilité, malgré le soutien de Mao, de s'emparer de l'administration du gouvernement et de l'économie. Dans l'Administration, tous ceux qui voulaient s'atteler au développement économique se rassemblèrent progressivement sous la direction de Chou En-lai. Quand Chou, à partir de 1973, fut atteint d'un cancer, il s'attacha à faire de Ten Hsiao-p'ing son successeur. Bien que voué à la destruction par la GRCP, Teng était un briscard chevronné disposant de trop d'appuis, surtout parmi les militaires, et trop capable et dynamique pour être mis à l'écart comme l'avait été Liu Shao-ch'i. Juste avant le IVe Congrès national du peuple en janvier 1975,

---

* En français dans le texte. *(N.d.T.)*

il devint vice-président du parti et membre du Comité permanent du Politburo, au centre du pouvoir. Le Congrès national fit ensuite de Teng le premier vice-Premier ministre, numéro trois dans la hiérarchie après Mao et Chou, et le nomma chef de l'armée. Le Congrès donna l'occasion à Chou En-lai de lancer un appel pour les Quatre Modernisations, ce qui constitua l'une de ses dernières prestations publiques.

Après la mort de Chou En-lai en janvier 1976, la Bande des Quatre interdit toute manifestation de deuil. Mais au jour anniversaire des morts, en avril, elle ne put empêcher la vaste foule (plusieurs centaines de milliers de personnes) qui s'était rassemblée autour du mémorial des Martyrs, sur la place T'ien-an-men, de venir exprimer son amour et sa vénération pour le défunt Premier ministre. C'est ce qui provoqua l'incident du 5-Avril, historiquement parallèle à celui du 4-Mai. Orchestré par l'opposition à la Bande des Quatre, ce mouvement était l'expression de la désillusion profonde et générale au niveau populaire. La manifestation fut réprimée, et Teng Hsiao-p'ing se vit, comme aux beaux jours de la GRCP, retirer le pouvoir une seconde fois.

Cependant la Bande des Quatre n'était pas en mesure de réprimer le grand tremblement de terre de T'ang-shan qui fit un demi-million de victimes en juillet, à l'est de Pékin, et força les habitants de Pékin à sortir dans la rue. Chaque paysan croyait évidemment à l'existence d'une relation ombilicale entre l'homme et la nature et, donc, entre les catastrophes naturelles et les calamités humaines. Après un mauvais présage aussi accablant, Mao ne pouvait que mourir. C'est ce qu'il fit le 9 septembre 1976. Il laissait la succession à son double parfaitement incolore, Hua Kuo-feng, ancien chef de la sécurité originaire du Hunan. En octobre, la Bande des Quatre, qui se composait de la femme de Mao, Chiang Ch'ing, et de trois de ses collègues du Groupe central de la Révolution culturelle, fut arrêtée et poursuivie en jugement. Des manœuvres complexes se déroulèrent ensuite pour l'obtention du pouvoir, dont Teng Hsiao-p'ing sortit vainqueur fin 1978.

Il apparaissait déjà comme une évidence que l'on allait continuer, pendant des générations, à se perdre en conjectures sur le rôle exact de Mao. A mesure que se poursuivait l'analyse de sa carrière, son image, naguère entourée d'un halo de sainteté, commença à voler en éclats. Si, par exemple, Mao voulait véritablement « libérer » les masses rurales et améliorer leur sort, comment avait-il pu diriger des actions qui devaient en mener un si grand nombre à la famine et la mort ? La réponse se trouve peut-être dans la nature des objectifs qu'il poursuivait. On peut attribuer l'échec de la collectivisation agricole, en ce qui concernait l'augmentation de la production, à son ignorance en matière d'économie et à sa stratégie de « la politique au pouvoir ». Mais cela revient à laisser entendre que le but de Mao était plutôt politique qu'économique, qu'il s'intéressait plus à l'organisation qu'à l'amélioration des conditions de vie. Ce qui sous-entend à son tour que la révolution du PCC, comme toute entreprise de conquête par une nouvelle dynastie, était une course au pouvoir menée par un groupe désireux d'unifier et de dominer la Chine. En cours de route, son objectif conscient, ou du moins publiquement proclamé, avait été la libération et la Nouvelle Démocratie. Il s'agissait, en somme, d'un programme électoral à la manière des campagnes américaines. Cependant, lorsque le PCC se trouva au pouvoir, son objectif commença à dévier imperceptiblement : il fallait à présent se maintenir au pouvoir. Les luttes entre factions rivales avaient fini par se multiplier. L'idéologie maoïste de la lutte des classes était devenue une abstraction de visionnaire qui avait perdu tout lien avec la nature humaine faite de chair et de sang. Les paysans, comme les intellectuels et les fonctionnaires, pouvaient être sacrifiés au service d'un idéal. Cette corruption par le pouvoir qui est, bien entendu, l'un des plus anciens phénomènes politiques observés, est aussi souvent ce qui s'abrite pudiquement derrière la *raison d'État* *. Certains avancent que, en portant la politique au pouvoir, Mao et le PCC ont tourné le dos à la cause du progrès de l'économie rurale, au profit d'une collectivisation égalitaire et dirigée

---

* En français dans le texte. (*N.d.T.*)

qui eut, en fait, pour résultat le partage de la pauvreté par tous.

Chez la plupart des Chinois, ceux des villages, la Grande Révolution culturelle prolétarienne eut pour effet final d'engendrer une profonde désillusion à l'égard du gouvernement socialiste et un renouveau de l'importance de la famille. Considérons ces anomalies : le statut de classe, une fois attribué à chacun dans les années 1950, avait été légué en héritage à la génération suivante et équivalait pratiquement à présent à un système de castes. Les rejetons des 6 p. 100 qui avaient été catalogués parmi les « quatre mauvaises catégories » – propriétaires, intellectuels, contre-révolutionnaires et mauvais éléments – vivaient en permanence avec une épée de Damoclès suspendue au-dessus de la tête. La mobilité de la population entre les villes et les campagnes était toujours interrompue, et la vie paysanne était méprisée, considérée comme inférieure, non civilisée et peu souhaitable. Le « renvoi » dans les villages de quelque 14 millions de jeunes citadins n'avait guère contribué à améliorer cette image. L'économie rurale collectivisée n'avait absolument pas réussi à augmenter la production, et l'intervention des cadres autoritaires mais ignorants qui l'avaient dirigée avait eu des effets destructeurs. Dans les années 1960, le culte de Mao avait supplanté les dieux locaux et autres figures de l'ancienne religion paysanne ; pourtant, vers le milieu des années 1970, la violence de la GRCP et la chute de Lin Piao avaient terni son image. Les progrès dans le domaine de la santé publique avaient fait doubler la population. Même les grandes réalisations de la révolution, comme l'extension de l'alphabétisation et des écoles primaires, l'amélioration des transports routiers et des communications avec la presse et la radio avaient, par un effet de retour de manivelle, révélé l'étendue de ce qui restait à accomplir en Chine. L'impérialisme était parti, mais les stimuli étrangers également, tandis que les vieilles valeurs « féodales » et les pratiques corrompues restaient toujours ancrées dans la société chinoise. Au moment où Mao mourut, sa révolution était déjà morte.

Chapitre 18

NOUVELLES DIRECTIONS :
LES RÉFORMES DE TENG HSIAO-P'ING

La Chine allait prendre un nouveau virage. A l'époque de la révolution et de la lutte violente succéda une période de réforme et de consolidation. Le contraste entre les deux périodes aurait difficilement pu être plus grand. En 1964, Chou En-lai avait déjà proposé son programme des Quatre Modernisations (en Chine, tout ce qui est important doit s'exprimer par un nombre) dans les domaines de l'industrie, de l'agriculture, des sciences et techniques et de la défense. Il renouvela sa proposition en 1975. On l'adopta en remplacement de la lutte des classes, qui fut abandonnée. Aux slogans maoïstes comme « la politique au pouvoir » ou « rouge plutôt qu'expert », on préféra l'ancien précepte « cherchons la vérité dans les faits ».

Après avoir eu un chef suprême en la personne de Mao, la Chine n'avait plus à présent une direction aussi clairement définie. Teng, qui restait simplement vice-Premier ministre, tirait parti de sa longue expérience et de son ancienneté de manière non protocolaire, et pratiquait la délégation dans le travail. On ressortit les idées de l'économiste Ch'en Yun. D'anciens dirigeants importants, comme P'eng Chen, qui avait exercé les plus hautes responsabilités à Pékin, mais avait été l'une des premières victimes de la Révolution culturelle, reprirent du service. Les conflits politiques entre conservateurs et réformistes étaient toujours mêlés aux luttes de pouvoir personnelles. (Peut-être comparera-t-on un jour le groupe de réforme au Genrō japonais qui bâtit l'économie et l'État moderne du Japon il y a cent ans.) Libéré de l'imprévisibilité hargneuse de Mao, Teng n'eut guère de difficulté à faire passer ses réformes. Elles rallièrent la plupart des suffrages, comme celles des Han après la tyrannie orageuse du premier empereur des Ch'in ou celles des T'ang après les excès grandioses des Sui.

Le revirement de la politique du PCC, qui abandonnait la lutte des classes pour la réforme économique, représentait un changement saisissant dans les moyens, sinon dans les fins, de la Révolution chinoise. Il fallut deux ans de transition, jusqu'à la fin de l'année 1978, pour établir Teng Hsiao-p'ing au pouvoir, comme « chef suprême » de la Chine. Quel était le contexte dans lequel le programme de réforme de Ten commença à s'appliquer ?

Dans les années 1970, la République populaire emboîtait pesamment le pas de l'URSS en établissant un régime totalitaire, centralisé et musclé. Les contrôles exercés par la bureaucratie étouffaient l'initiative, mais certains progrès parvenaient encore à se faire. Il faut, par conséquent, considérer que les motifs de Teng, dans les années 1980, étaient très similaires à ceux de Mao (et aux siens propres) dans le GBA de 1958-1960 : il voulait accélérer le développement de la Chine pour en faire une nation riche et puissante. Mao, et Teng avec lui, s'étaient opposés à la centralisation, qui engendrait un bureaucratisme pesant et absurde. La différence, après 1978, fut que Teng essaya de progresser sur une nouvelle voie, en encourageant l'initiative tout en reconstruisant le parti et le gouvernement. Il s'était rendu compte que le développement de la Chine devait être organisé par une bureaucratie qualifiée, et non en tentant de la contourner. Cette démarche était plus pragmatique que celle de Mao, obstinément moraliste, mais la tâche était également beaucoup plus complexe.

La première réforme toucha les relations extérieures. La République populaire se tourna de nouveau vers l'extérieur, s'ouvrant aux contacts avec l'étranger. La normalisation des relations sino-américaines, commencée en 1972, fut parachevée en janvier 1979. Le vice-Premier ministre Teng se rendit aux États-Unis, où il montra que les vieilles manigances de la politique américaine n'étaient pas de nature à impressionner un survivant de la Révolution culturelle. Bientôt, dix mille spécialistes chinois, universitaires ou techniciens, partirent étudier aux États-Unis, tandis qu'une centaine de milliers de touristes américains allaient dépenser leurs dollars en Chine. Par certains côtés, la situation redevenait semblable à ce qu'elle avait été.

La politique de la « porte ouverte » menée par Teng partait du principe que l'économie chinoise ne pourrait progresser qu'avec un apport plus grand de technologie et de capitaux qui pouvaient tous deux être obtenus à l'étranger. Le transfert des technologies devint un objectif prépondérant. Les contrats avec des sociétés étrangères pour l'installation de nouvelles machines, d'usines, d'hôtels pour les touristes, l'implantation de nouvelles méthodes de production, et l'extraction du charbon et du pétrole allaient apporter simultanément les capitaux et la technologie.

Afin de nous faire une idée de la nouvelle Chine qui se dessine au milieu des années 1980, nous allons observer l'évolution de certains secteurs, comme le PCC, confronté à des problèmes de légitimité et de personnel, la gestion économique et les intellectuels.

La reconstruction du parti

L'une des premières nécessités auxquelles le régime de Teng se trouva confronté fut de rééstablir la légitimité du PCC, son droit à gouverner, en tirant le bilan de ses erreurs. Dans un premier temps, on procéda à un nouvel examen de la carrière de plusieurs centaines de milliers de « droitiers » qui avaient été mis à l'écart à partir de 1957, et on les réhabilita. Comme Liu Shao-ch'i était mort délaissé de tous, en 1969, sa réhabilitation dut, ainsi que bien d'autres, intervenir à titre posthume. L'aspect

« mieux vaut tard que jamais » de cette démarche illustrait le souci bien chinois du jugement de l'histoire.

Mao posait un problème. Comme il avait été à la fois le Lénine et le Staline de la Chine, on ne pouvait le condamner purement et simplement sans saper les fondations du temple. La solution consistait à distinguer chez Mao une première bonne phase et une dernière mauvaise phase. Cela revenait, grosso modo, à lui accorder 70 p. 100 de bon, contre 30 p. 100 de mauvais – ce qui, du point de vue du PCC, paraissait raisonnable. La Pensée de Mao, rattachée à la première phase, pouvait ainsi continuer à servir de guide pour l'avenir de la Chine, surtout si elle était interprétée par des dialecticiens habiles. Lorsque le Comité central du PCC adopta, en juin 1981, une résolution portant sur diverses questions soulevées par l'histoire du parti, il reconnut également que le Comité central avait été « partiellement responsable » de l'éclatement de la direction collective. On pense, à ce propos, à l'acte de contrition de tel empereur qui reconnaissait dans un édit être responsable d'événements fâcheux, afin de montrer qu'il remplissait toujours ses fonctions. Dans cet esprit, on décréta que la Révolution culturelle représentait une catastrophe générale, inutile et destructrice. Afin d'établir la légitimité des Quatre Modernisations, le parti exhuma le Mouvement des activités à l'occidentale de Li Hung-Chang, à la fin du XIXe siècle, et vanta les efforts de Sun Yat-sen. L'un et l'autre, ayant insisté sur l'importance de la technique étrangère et des machines, pouvaient servir de caution.

Si l'on voulait regagner la confiance générale, il fallait aussi passer au crible les effectifs du parti et en améliorer le niveau. On estimait que, sur les 40 millions de membres du parti, 4 p. 100 seulement avaient reçu une éducation supérieure, et 14 p. 100 une éducation secondaire. La moitié des quarante millions d'hommes qui avaient rejoint le parti durant la Révolution culturelle n'avaient guère reçu de formation spécialisée, et parfois même étaient illettrés ; ils possédaient bien en revanche l'idéologie des mouvements de masse de style maoïste.

Après tout, leur principale expérience au sein du parti avait consisté à s'attaquer à l'establishment. Il était à présent difficile de se fier à eux. Rétablir la discipline du parti et l'obéissance à ses directives était une première nécessité, mais cette réforme du parti était une affaire délicate. Le régime de Teng tenta de mettre un terme aux luttes interfactions en insistant sur le respect des règles de procédure en favorisant le retour à la discussion démocratique à l'intérieur des conseils du parti.

Le XIIe Congrès du parti, en septembre 1982, inaugura un vaste mouvement de rectification qui devait cependant rester une affaire interne au parti, où l'opinion des masses n'entrait pas en considération. Parallèlement, on entreprit de recruter parmi les effectifs du parti des intellectuels et des techniciens compétents. Ce retournement de la tradition maoïste n'alla évidemment pas sans résistance; en fait, la progression de la production et des modernisations eut de tels effets immédiats sur le plan matériel que l'opposition idéologique de la vieille garde s'apaisa progressivement.

Pendant les cinq ans qui précédèrent 1985, plus de un million d'anciens cadres du PCC furent mis à la retraite. En septembre 1985, 131 vétérans haut placés donnèrent leur démission. Ils conservaient en général leur casuel, en qualité de membres d'une nouvelle Commission consultative centrale du PCC, dirigée par Teng.

La coupe dans les budgets et effectifs militaires réclama plus de temps, mais, en 1985, ils se trouvaient réduits dans des proportions importantes; quarante officiers de l'état-major général avaient démissionné et 10 p. 100 du corps des officiers avaient commencé à les suivre. En juin 1985, les onze régions militaires de l'ALN furent ramenées à sept et perdirent la moitié de leurs officiers de rang supérieur. Les militaires cessèrent également d'occuper une place prépondérante au sein du Comité central du PCC.

Le développement économique :
l'agriculture

L'époque maoïste ne laissait pas seulement derrière elle des dirigeants trop âgés, mais aussi de nombreux problèmes économiques. Pendant vingt ans le développement de la production agricole était resté à la traîne. La superficie des terres arables avait baissé d'au moins 11 p. 100, du fait de la récupération des terres pour les nouvelles constructions. La population, qui, lors du précédent recensement de 1953-1954, était de 586 millions, était estimée à 630 millions en 1957, à 820 millions en 1970, à 880 millions en 1974, à plus d'un milliard au début des années 1980, et continuait à augmenter. Cette croissance n'était que partiellement compensée par l'augmentation des déjections utilisées comme engrais. On avait tendance à absorber tous les gains de production de la révolution et à tirer sur les ressources en ce qui concernait l'espace, le logement ou les services publics. De plus, la main-d'œuvre surabondante était sous-qualifiée et, pour près d'un quart, illettrée. Pendant ce temps, la garantie de l'emploi et des moyens de subsistance avait entraîné une stagnation de la productivité. La priorité donnée à l'industrie lourde et l'élimination des activités parallèles dans les campagnes avaient laissé entre 40 et 90 millions de sans emploi dans les régions rurales, et de 10 à 30 millions dans les villes. En dépit (ou à cause) des investissements lourds effectués dans l'industrie, le niveau de vie stagnait depuis longtemps. Une réévaluation de la politique économique maoïste s'imposait.

A l'origine, la stratégie de développement agricole mise en place par la République populaire de Chine était partie du principe que la force de travail en Chine pouvait être mobilisée et fournir elle-même l'infrastructure de l'irrigation, des routes et des champs, si elle était suffisamment motivée. Il est certain que l'organisation en coopératives et en communes rurales, dans les années 1950, avait permis de disposer d'une importante force de travail jusque-là non utilisée. Malgré le coût élevé de la main-d'œuvre investie à l'époque pour déplacer la terre et tailler la pierre, on avait alors avancé comme argument que la production deviendrait plus importante et la productivité par personne plus élevée. Malheureusement, cette stratégie d'autosuffisance dans l'agriculture, pourtant largement préconisée dans les pays en voie de développement, n'a que rarement porté ses fruits. Le progrès est plutôt apporté par les pompes à eau des puits instantanés que par les canaux d'irrigation, et plutôt par les engrais, les insecticides et de meilleures variétés de céréales que par l'agrandissement et le nivelage des champs. Il est douteux, dans l'ensemble, que la mobilisation de la main-d'œuvre effectuée par les coopératives et les communes ait permis d'améliorer la production.

Afin de produire des biens de consommation, on avait commencé à implanter de petites usines dans les régions rurales, en procédant à une industrialisation des campagnes *in situ* qui avait eu, dans sa phase inaugurale, plus de succès. Les petites installations industrielles évitaient les coûts de transport élevés. Pour le ciment, par exemple, il n'était généralement pas difficile de trouver les ingrédients sur place. De la même manière, on pouvait combiner de manière très rentable les réparations des machines, inévitables dans le cadre d'une utilisation agricole, avec la production de machines sur une petite échelle. On pouvait également fabriquer localement des engrais chimiques. En revanche, l'industrie de l'acier n'avait pas sa place dans les campagnes et la production de textiles était plus efficace dans les usines des villes.

Quant à l'égalisation du revenu agricole et à la réduction de l'inégalité du niveau de vie, c'était théoriquement chose faite depuis la destruction de la classe des propriétaires et l'accès des travailleurs sans terre à la communauté coopérative. Cependant, malgré cet apparent triomphe de l'esprit égalitaire, il n'était pas du tout certain que l'égalisation des revenus eût fait de grands progrès. Il était, en particulier, difficile d'empêcher que les ressources diffèrent entre les régions et, par conséquent aussi, les capacités de développement ou d'amélioration. Les fermiers qui travaillaient dans une région pauvre, rocheuse et montagneuse, peu irriguée, étaient condamnés à la pauvreté s'ils ne recevaient pas de subsides de l'extérieur. Au contraire, les fermiers du bas Yangtze, au centre de leurs cultures de riz bien irriguées, avaient de bonnes chances de continuer à profiter d'un niveau de vie plus élevé. Un autre facteur contribuant à l'inégalité était la prohibition de la migration rurale vers les villes. La force de travail urbaine accédait de ce fait plus facilement au plein emploi et devenait plus aisée. Cette amélioration s'étendait à la campagne environnante, mais n'allait pas beaucoup plus loin.

Lorsqu'ils abordèrent la réforme de l'agriculture après 1976, les planificateurs reconnurent que des erreurs avaient été commises dans la gestion des affaires rurales, surtout en ce qui concernait la motivation du fermier. La principale mesure consista donc à encourager dans les fermes les produits dérivés parallèles, qui venaient s'ajouter à la production de céréales. Le fermier pouvait vendre ses produits localement sur des marchés libres, ce qui lui permettait d'augmenter son revenu. Le second changement apporté dans la gestion économique fut l'instauration du « système de responsabilité de la production ». Ce terme à rallonge comprenait au moins une demi-douzaine de formes diverses, mais toutes basées sur des contrats. Nous pourrions tout aussi bien l'appeler le « système du contrat ». Après plusieurs phases d'expérimentation, les contrats étaient en général conclus entre l'équipe de production (la plupart du temps un village) et chaque famille paysanne. Les responsables de l'équipe (les cadres) établissaient un plan d'ensemble, puis concluaient des contrats avec les familles qui avaient le droit d'utiliser certaines parcelles de terrain. Les contrats spécifiaient les objectifs de production et la compensation qui serait versée par la famille. Les opérations de comptabilité cessaient ainsi de dépendre de grosses organisations comme les brigades, pour revenir au niveau d'équipes de production comprenant en moyenne vingt-cinq familles.

La responsabilité conférée à la famille paysanne agissait comme un puissant stimulant, car cela signifiait que plus la famille travaillait, plus elle pouvait produire pour elle-même, au lieu de tout mettre en commun dans le pot local. On ne pouvait pas acheter la terre, mais on pouvait l'exploiter dans les conditions définies. Au lieu de devoir s'acquitter de leurs paiements en céréales envers un État propriétaire, les familles de fermiers exploitaient à présent certaines parcelles de terre et reversaient une partie de leurs récoltes à l'équipe. Tel était le système de la « pleine responsabilité à la famille » (*pao-kan*), qui devint pratiquement universel. Le système maoïste de la GRCP, précédemment en vigueur, exigeait du fermier une production exclusive de céréales; il avait banni la production parallèle, censée déboucher sur une « restauration du capitalisme », et comptait sur l'exhortation morale pour stimuler les paysans. Cela revenait à vouloir faire triompher un projet idéologique sur la réalité.

Avec le changement de système, la situation devenait très différente. Au lieu d'avoir, d'un côté, les autorités locales axées sur le ramassage de leurs quotas de céréales auprès des fermiers et, de l'autre, des fermiers qui tentaient de pourvoir à leurs besoins grâce à des activités parallèles comme la vente de porcs ou de poulets, la communauté tout entière pouvait désormais participer aux plans destinés à maximiser la production et le revenu. Comme les fermiers trouvaient les produits parallèles plus rentables que la production de céréales, les planificateurs entreprirent d'importer des céréales, en tenant compte des avantages comparés, même si cela ne pouvait pas aller très loin sans devenir un fardeau insupportable pour le gouvernement.

Quiconque voudrait en conclure que l'agriculture chinoise a trouvé son chemin de Damas et qu'elle est devenue « capitaliste » commettrait une grave erreur. Il faut plutôt voir dans le système du contrat la dernière trouvaille des politiciens, destinée à organiser les fermiers pour améliorer leurs conditions de vie et renforcer l'État. La classe dirigeante chinoise s'est trouvée confrontée à ce problème, siècle après siècle, depuis que l'histoire existe. On a découvert que les contrats, dans le cadre d'une agriculture semi-commercialisée, permettaient de renforcer la motivation, et donc d'améliorer la production. C'est aussi simple que cela. Ces nouvelles méthodes pour obtenir une meilleure organisation des masses paysannes sur la terre chinoise auraient sans nul doute rencontré la compréhension et l'approbation de Wei Yuan et de la plupart des lettrés politiciens d'antan.

Qu'avait donc, pour finir, apporté la révolution à la famille paysanne ? La pression du nombre et la rareté de la terre étaient plus grandes que jamais. La charge de travail n'avait guère diminué. Les propriétaires avaient été supplantés par les cadres responsables des équipes de production. En fait, les principaux changements affectaient la mentalité et le comportement des paysans, ainsi que les possibilités qui s'offraient à eux. L'époque maoïste avait ouvert la voie à l'éducation, la santé publique et une technologie plus avancée. La doctrine de l'égalitarisme avait donné au paysan une nouvelle vision de lui-même et de ses potentialités, même si les années 1980 apportaient la décollectivisation et voyaient apparaître un plus grand nombre de paysans riches.

LE DÉVELOPPEMENT ÉCONOMIQUE :
L'INDUSTRIE

Le renversement le plus spectaculaire effectué par Teng en matière d'économie fut la politique de « porte ouverte » qu'il instaura pour le commerce extérieur, la technologie et les investissements. Dans la perspective des relations extérieures de la Chine depuis 1800, cela revenait à inverser la vapeur. Avant les traités inégaux des années 1840 et 1850, la politique des Ch'ing considérait ostensiblement le commerce et les contacts avec l'étranger comme sans importance. Si l'on jugeait nécessaire d'exercer une pression sur les étrangers, on n'hésitait pas à interrompre les exportations cantonaises de thé et de soie. Malgré tout, les produits de l'artisanat chinois et de son innombrable main-d'œuvre, surtout le thé et la soie, étaient devenus les principales marchandises d'exportation dans les nouveaux comptoirs commerciaux de la côte que représentaient les « ports ouverts ». A la fin du XIXᵉ siècle et au début du XXᵉ, le commerce extérieur avait progressivement réduit la traditionnelle autosuffisance de la Chine. Le kérosène nécessaire à l'éclairage avait, par exemple, pris une place déterminante dans les importations. Le sujet mériterait une étude plus approfondie en termes économiques. Mais, on peut dire, globalement, que la lenteur qui présidait à la modernisation de la Chine rendait encore possible, dans les années 1940, une autarcie quasi totale en Chine libre, dans les régions reculées de l'intérieur des terres, comme la province du Shensi, sous le régime communiste de Yenan.

On peut considérer, en somme, que la doctrine économique de l'autosuffisance était l'expression de la xénophobie héritée des Ming et du début de la dynastie Ch'ing. Le penchant du PCC pour l'autarcie, après 1949, relevait d'un profond sentiment anti-impérialiste. La politique de « porte ouverte » menée par Teng Hsiao-p'ing à partir de 1978 était bien loin de représenter une tradition implantée en Chine. Elle n'évoquait pas seulement la doctrine de la porte ouverte instaurée par les États-Unis comme une alternative (ou un substitut) à l'impérialisme après 1899. Elle prenait aussi le contre-pied du modèle soviétique de développement industriel fermé.

Même à la fin des années 1970 la politique d'investissement chinoise avait continué, assez bêtement, à copier celle des Soviétiques. On prenait pour hypothèse de base le fait, tout d'abord, que le rapport du capital à la production était fixe ou, autrement dit, qu'un accroissement de l'investissement entraînerait un taux d'accroissement de la production qui resterait inchangé d'une année sur l'autre. On considérait ensuite que le commerce extérieur n'était pas important et l'on n'envisageait donc pas la production de biens de consommation destinés à l'exportation, afin de s'assurer un apport de capitaux étrangers. Il découlait de ces hypothèses que, pour s'industrialiser, il fallait investir autant que possible et consommer le moins possible. En d'autres termes, l'industrie lourde permettait de construire l'avenir, alors que les biens de consommation retarderaient le progrès. C'est sur cette base que les Chinois avaient investi environ 30 p. 100 de leur revenu national, dans les années 1960 et 1970. En poursuivant leur objectif d'autarcie, les Chinois négligeaient délibérément de tirer parti des précieuses possibilités qui leur auraient été offertes par l'importation de capitaux étrangers.

A mesure que le temps passait, le rapport du capital à la production devenait progressivement plus élevé, c'est-à-dire qu'il fallait sans cesse augmenter l'investissement en capitaux pour obtenir un montant donné de production. Comme le taux de croissance du revenu national tombait et que le taux d'investissement continuait à monter, le montant disponible pour la consommation avait peu de chances de s'élever. Si la production restait en arrière, c'était également en raison du détournement des fonds au profit de la défense, du déclin de la motivation des ouvriers, des difficultés croissantes que rencontrait sur le terrain la construction des chemins de fer, etc. De plus, l'équipement industriel, vieux et peu rentable, avait à 60 p. 100 besoin d'être remplacé. Au nombre des problèmes de gestion figuraient encore la trop grande rigidité de la planification centrale et l'importance accordée à des quantités physiques de production qui ne trouvaient souvent pas de marché et représentaient une perte nette. Si l'on continua d'appliquer la stratégie industrielle soviétique pendant plusieurs années après 1976, c'est peut-être en partie dû au fait que les planificateurs industriels avaient disparu de la scène. Sur les trois cents hauts fonctionnaires chargés de l'économie, une centaine au moins avaient été victimes des purges, et il n'en restait qu'un quart en fonctions après la GRCP.

Après 1949, la République populaire avait adopté pour politique de développer l'industrie lourde dans les provinces de l'intérieur, et de stopper le commerce extérieur et les investissements étrangers. L'économie dirigée à la soviétique était extrêmement centralisée. Dans chaque branche de la production, les producteurs locaux et provinciaux étaient organisés à l'intérieur d'une structure verticale qui aboutissait au ministère approprié à Pékin, supervisé par l'un des vice-Premiers ministres. On aurait presque pu se croire revenu au temps de Ch'ien-lung, si ce n'est que le socialisme de Mao voulait arriver à une expansion industrielle rapide, fondée sur une agriculture collectivisée, une planification centrale et une industrie lourde concentrée dans les villes provinciales de l'intérieur (plus facilement défendables). Dans les années 1970, les intérêts matériels réunis de l'industrie lourde, des provinces de l'intérieur et de la bureaucratie de Pékin parvenaient à dominer la politique économique, malgré les nombreuses insuffisances de la production industrielle et l'absence totale de réponse à la demande du consommateur qui caractérise une économie dirigée. Le Plan quinquennal présenté en 1978 rappelait le projet de Sun Yat-sen pour le développement des chemins de fer par son irréalisme total. Le gisement de pétrole de Ta-ching dans le Nord-Est, notamment, était devenu un centre de production très important. Aussi le plan prévoyait-il de développer une dizaine de gisements de pétrole supplémentaires, sans se soucier de savoir s'il y avait ou non du pétrole à extraire.

Il fallut attendre 1979 pour assister à un changement fondamental de la stratégie de planification, qui se tourna vers l'agriculture et les biens de consommation destinés à la vente à l'étranger. Le développement de l'industrie lourde allait de toute façon être freiné par le manque relatif d'énergie disponible, tandis que l'industrie légère allait être favorisée par les investissements étrangers.

On ne peut pas considérer que ces réformes industrielles représentaient un renouveau du « capitalisme », car le parti et l'État dirigeaient toujours les opérations et restaient fidèles au collectivisme, c'est-à-dire au « socialisme ». Mais l'autonomie des entreprises et le marché plus ouvert, auquel participait le système de responsabilité dans l'agriculture, permettaient une stimulation bien plus grande de la production. Pendant qu'une riche économie paysanne se construisait dans les campagnes, les entreprises industrielles allaient aussi de l'avant. Le système de responsabilité mis en vigueur dans l'industrie donnait plus d'autorité aux directeurs qu'aux comités. Les entreprises d'État, au lieu de reverser tous leurs profits (et leurs pertes!) au gouvernement, tenaient à présent leur propre comptabilité et, bien que payant un impôt élevé sur leurs bénéfices, gardaient le reste pour le réinvestir en machines ou dans la mise en place d'équipements et de services pour leurs employés.

L'ancien système avait été victime des réactions des cadres qui, dans leur désir de rendre compte de l'aboutissement des projets mis en œuvre, faisaient état d'un rendement souvent extraordinaire dans les petites usines rapidement construites, préférées aux installations industrielles plus importantes. Pour parer à cet inconvénient, le gouvernement institua des prêts avec intérêts, au lieu des subventions pures et simples pratiquées autrefois pour financer les projets. Le fait d'avoir à rembourser un prêt porteur d'intérêts incitait à calculer les coûts de production, et donc la rentabilité réelle, et non à viser uniquement l'augmentation du rendement. Comme les gouvernements locaux étaient autorisés à conserver une partie du revenu de leurs produits, pour stimuler leur dynamisme, ils furent poussés à investir dans les industries de biens de consommation, qui offraient des perspectives de profits élevés, plutôt que dans les entreprises d'infrastructure moins rentables, comme les transports ou l'industrie lourde. Pendant un moment, les gouvernements locaux devinrent les producteurs des 2/5 de l'acier national et des 2/3 du ciment. Afin d'augmenter la production dans les industries peu rentables comme l'industrie minière ou les télécommunications, les planificateurs centraux instituèrent un système de « projets clés » pour lesquels étaient mobilisées des agences gouvernementales *ad hoc*, qui avaient un cahier des charges à remplir.

Cette nouvelle politique incitative, qui permettait aux industries locales de conserver une partie de leurs profits, eut également pour effet de retirer du budget du gouvernement central une grande partie du potentiel de construction, laissé dès lors à la disposition des services gouvernementaux locaux. On avait découvert que les projets de construction ne pouvaient pas dépendre de la gestion centrale. Au lieu de recevoir, comme auparavant, des subventions qui n'étaient pas soumises à l'achèvement des projets, les entreprises de construction devaient à présent faire une offre pour chaque projet et assurer la fourniture de tous les matériaux nécessaires à sa réalisation.

A partir de 1978, l'équilibre des forces s'établissait donc ainsi : 1° le système de porte ouverte pour le commerce extérieur et les investissements étrangers ; 2° le développement, par conséquent, des villes côtières qui jouaient déjà auparavant un rôle déterminant dans le commerce extérieur ; et 3° l'importance des industries de biens de consommation et de l'initiative locale au lieu du contrôle total de l'État. Mais cette nouvelle stratégie se trouva bientôt confrontée à de sérieux problèmes. Dès que les gouvernements locaux et provinciaux en eurent la possibilité, ils se consacrèrent à l'industrie légère et à la production de biens de consommation, qui permettaient des ventes fructueuses et répondaient à la demande du marché ; en revanche, le barème des prix était toujours fixé par le gouvernement au lieu d'être déterminé librement par les lois du marché. La vive concurrence entre les gouvernements locaux et les entreprises donna lieu à une forte expansion de l'industrie légère, mais eut aussi de nombreuses répercussions indésirables : la pénurie de fournitures de base, la surenchère du coût de la main-d'œuvre, le blocage des produits dans une région pour en empêcher la vente dans une autre et, parallèlement, la diminution des revenus du gouvernement central, nécessaires à la construction d'une infrastructure pour les voies de transport, l'énergie hydraulique et les mines. Il semble, en général, que cette expansion se soit assortie d'une grande activité bureaucratique, légale ou non, qui n'améliorait pas nécessairement la rentabilité financière ni la productivité de la main-d'œuvre.

L'analyse de l'évolution actuelle de l'industrie n'est pas

du ressort de l'historien. Pontifier ici sur la production et le commerce de la Chine dans les années 1980 risque seulement de diminuer notre crédibilité, si tant est qu'elle existe. Sans vouloir faire concurrence à la *China Business Review,* nous noterons simplement ici un indice de croissance : la décentralisation du système bancaire, destinée à favoriser l'expansion du crédit. Avant 1949, les finances gouvernementales de la Chine étaient généralement décentralisées. Néanmoins, dans les années 1950, quand la Banque populaire exerçait un contrôle étroit sur la monnaie et le crédit, afin de lutter contre l'inflation, elle avait aussi limité les échanges et le commerce internationaux et fortement centralisé l'épargne et le capital commercial.

Après 1978, comme les réformes de Teng laissaient plus de champ libre à l'entreprise privée et aux lois du marché, les besoins importants en matière de crédit entraînèrent la décentralisation du système bancaire. La Banque populaire de Chine servit alors à déterminer et superviser la politique des banques spécialisées dans l'industrie et le commerce, les opérations de change, les investissements internationaux, l'agriculture, les assurances ou la construction. La Banque populaire et ses filiales, en consentant des prêts au lieu de subventions et en fixant des taux d'intérêts, parvinrent à stimuler le rendement financier. On s'efforçait aussi d'obtenir que les nominations de personnel et les prises de décisions, au lieu de dépendre des forces politiques locales, relèvent de la bureaucratie. Cependant, la taille de ces bureaucraties posait inévitablement un problème en soi. Ainsi, la banque spécialisée dans le financement de la construction comptait 2 700 agences employant 46 000 personnes, et la Banque industrielle et commerciale avait, quant à elle, plus de 3 000 agences et 300 000 employés. Cette dernière ne se contentait pas de prêter aux entreprises commerciales et industrielles leur capital d'exploitation, elle encourageait également les modernisations technologiques afin d'augmenter la production et la rentabilité. Le financement des entreprises était en outre assuré par l'émission d'actions, ce qui impliquait tôt ou tard la création d'un marché des titres.

Les réformes de Teng
dans une perspective historique

Les oscillations entre deux extrêmes politiques constituent une spécialité bien chinoise. Dans les campagnes de l'époque maoïste, par exemple, il arrivait que l'on adoptât une nouvelle ligne avec une énergie telle que les excès qui ne manquaient alors pas de se produire devaient à leur tour être corrigés par une autre campagne. On peut également considérer que la Chine est soumise à un mouvement alternatif, entre la mobilisation pour la révolution sociale et la consolidation du développement économique. Dans une époque révolutionnaire de croissance et de changement, ce balancement pendulaire ne permet pas de revenir simplement à la position précédente. Mais le retour en arrière vers une époque antérieure, et peut-être plus heureuse, est resté un thème politique constant.

Comment doit-on, dans cette perspective, considérer les réformes de Teng? Leur contenu peut nous sembler naturel, mais pour les Chinois, il s'agit d'une voie moins évidente que nous pourrions le supposer. Elles défendent, certes, la cause de la modernité; pourtant, dans l'histoire de la Chine, la modernisation a souvent effectué deux pas en avant et un pas en arrière. Le fait que la République populaire de Chine est entrée dans la vie internationale est globalement irréversible, mais la place qu'elle y tient peut, à certains égards, être modifiée.

Considérons la question du contrôle étatique. S'agit-il d'une tâche devenue impossible en raison de la taille de la Chine? Les Soviétiques ont connu des difficultés avec leur économie dirigée et centralisée, mais la Chine est quatre fois plus peuplée. La Chine avait montré d'évidentes capacités d'organisation à l'époque impériale, cependant à un niveau généralement superficiel. Au

XXᵉ siècle, avec le développement d'un gouvernement plus profondément implanté, le débat entre contrôle étatique et initiative locale est devenu plus vif. La cinquantaine de ministères qui existent à Pékin sont regroupés dans une demi-douzaine d'organisations officielles dont chacune est supervisée par un vice-Premier ministre. Une structure verticale d'agences territoriales subordonnées s'étend de la capitale vers la province et le comté, sous lesquelles on a institué (à la place de la commune) le *hsiang* (arrondissement ou municipalité). Ces ramifications inférieures de la structure ministérielle ont engendré une grande masse de cadres et dirigeants locaux, responsables des équipes de production et des entreprises locales vis-à-vis des échelons supérieurs. Autrement dit, la bureaucratie de l'époque impériale, qui atteignait les villages par l'intermédiaire de la petite *gentry*, se trouve aujourd'hui énormément grossie, afin de gérer la nouvelle structure de l'économie dirigée, ainsi que la mobilisation des masses et le système de contrôle. On peut avancer que la taille même de ces structures et le nombre de leur personnel contribuent au bureaucratisme et au retard dans l'Administration, tout autant qu'à la déformation des objectifs centraux pour servir les intérêts locaux. On aboutit en résultat à un système pesant et incommode qui contribuera sans doute à retenir la Chine en arrière.

Le retrait du contrôle de l'État dans les entreprises locales a suivi la décentralisation de la gestion des ressources matérielles. Dans la mesure où l'État ne fournit guère plus d'un tiers des matières premières et des fournitures nécessaires à l'entreprise, il ne peut plus prétendre en tenir les rênes.

Une importante répercussion du recul du contrôle gouvernemental a été l'augmentation de la corruption locale. « Deviens fonctionnaire et tu seras riche » est, après tout, une maxime bien enracinée dans l'esprit chinois et toujours prête à resurgir. Sous le maoïsme, les cadres locaux avaient enrégimenté la population d'une manière toute doctrinale. Mais, à l'époque du système de responsabilité, les objectifs estimables du gouvernement sont bafoués par la corruption et les manœuvres de fonctionnaires qui profitent de leur position pour se livrer à des tractations avec leurs interlocuteurs locaux ou les directeurs d'autres entreprises collectives. Maintenant que les unités de production disposent de plus d'indépendance pour l'utilisation de leurs fonds, la corruption ne prend pas seulement la forme de fausses déclarations pour échapper aux impôts, mais se manifeste aussi par de nombreux détournements de fonds, permettant de profiter de toutes sortes d'arrangements parallèles et de contrats confidentiels. Le marché noir, la spéculation immobilière et les investissements excessifs pour une capacité de production superflue contribuent à constituer des bastions autosuffisants. Ce que les cadres essayaient auparavant de soutirer au peuple, c'est à l'économie d'État qu'ils essaient à présent de le soutirer. On retrouve les anciens travers du particularisme local, toutefois élevés à une puissance bien plus considérable, du fait que la classe des cadres locaux est devenue proportionnellement beaucoup plus importante qu'elle ne l'était autrefois.

Cela laisse à penser que les réformes de Teng n'apportent pas à la Chine un capitalisme à l'occidentale, exception faite du capitalisme d'État des corporations qui concluent des marchés avec les étrangers, mais qu'elles aboutissent plutôt à une forme élargie de ce que l'on pourrait appeler un « socialisme bureaucratique » – par analogie avec le « capitalisme bureaucratique » de la période précédant 1949. En d'autres termes, la modernisation qui, ailleurs, a généralement engendré une nouvelle classe moyenne, paraît plutôt susceptible en Chine d'engendrer une caste de dirigeants locaux, de niveau moyen, qui reste essentiellement bureaucratique. On trouve là, évidemment un démenti à la libération égalitaire de l'homme du peuple qui avait servi de cri de guerre à la révolution. Le pauvre peut continuer de s'appauvrir à mesure que le riche s'enrichit, et les institutions collectives durement obtenues, comme les écoles ou les cliniques, sont parfois amenées à disparaître.

Les réformes de Teng se sont également traduites par le retour de la présence étrangère, apparemment toujours vouée à déclencher la xénophobie. Avec la décision nécessaire d'ouvrir la Chine pour lui permettre de participer à l'économie mondiale, on a vu réapparaître certaines caractéristiques qui évoquent le XIXe siècle, bien que l'impérialisme ait été éliminé. Quatorze grands ports se sont ainsi trouvés, en un court laps de temps, ouverts aux investissements étrangers, droit dont les traités inégaux n'avaient pas pu faire bénéficier les industriels étrangers avant 1896. On peut considérer les hôtels, les boutiques et les autobus modernes destinés à l'industrie touristique comme une forme d'extraterritorialité, tant on s'y sent peu dépaysé. L'étranger jouit toujours de certains privilèges en Chine, à commencer par le fait de détenir des devises. Au développement de comptoirs commerciaux comme Shanghai ou Hong Kong est aujourd'hui venu s'ajouter celui de zones économiques spéciales comme Shenzhen, près de Hong Kong, destinées à attirer les investissements étrangers et à instaurer une économie reposant sur les risques partagés ou la collaboration.

Même si le sentiment anti-étranger ne pose pas un problème très grave en soi, il peut contribuer, avec la corruption, à donner naissance à une réaction de sectarisme nationaliste comme on en avait connu sous Mao. L'expression de « la juste opinion du lettré » (*ch'ing-i* ou *qingyi*) était une ancienne spécialité confucéenne. L'égalitarisme austère, fondé sur des principes stricts, que préconisait Mao Tse-tung, s'y rattachait. Il peut fort bien entretenir la flamme d'un courant autarcique, antimatérialiste, qui s'opposerait à la « porte ouverte » et à l'initiative locale de Teng. Une manière d'aller à l'encontre de cette réaction atavique consiste, bien sûr, à créer de nouvelles institutions.

Problèmes juridiques et autres

La recherche d'un système juridique moderne figure au nombre des innovations. Avec le développement du commerce extérieur et des entreprises à risques partagés, il devenait urgent de disposer de juristes capables de rédiger les contrats et d'arbitrer les litiges commerciaux. Comme il s'agissait d'un important domaine d'innovation, il mérite d'être considéré dans son contexte historique. Les administrations chinoises avaient toujours eu leurs codes juridiques – administratif pour la bureaucratie, criminel pour la population. Les réformateurs des anciens Ch'ing, suivis par le gouvernement nationaliste dans les années 1930, avaient tenté de créer des codes juridiques modernes plus complets. En même temps l'avènement officiel du régime constitutionnel, qui était apparu comme une panacée en remplacement du despotisme impérial, avait donné naissance à une quantité considérable de documents, publiés par le gouvernement et les partis. Mais « la loi » ne jouait toujours pas un grand rôle dans la vie du peuple. Un procès devant le magistrat restait considéré comme une chose à éviter. Les litiges locaux se réglaient par médiation entre toutes les parties intéressées, devant un public attaché à la justice morale et réclamant une conduite correcte et acceptable. Dans ses premières années, la République populaire de Chine avait continué à élaborer des constitutions, ainsi que quelques lois et décrets, mais il était difficile d'établir une « suprématie de la loi », puisque le pouvoir suprême était détenu par le parti, dont la politique avait naturellement un caractère fluctuant. Pendant un moment, sous Mao, la loi et la morale étaient amalgamées. La conduite morale, selon les normes du parti, était encouragée par le gouvernement, et la conduite immorale était pénalisée, ce qui ne changeait guère du confucianisme impérial. La loi et la politique avaient par conséquent tendance à coïncider. Tout ce qui était contraire à la politique du parti était *ipso facto* illégal.

En 1981, on avait mis en place une nouvelle politique, afin d'instaurer un véritable système légal qui fût distinct du parti. Les compétences juridiques étaient indispensables non seulement pour le commerce extérieur, mais aussi pour la gestion des affaires internes. Les entreprises d'État ayant été converties en entités indépendantes, qui tenaient leur propre comptabilité, leurs directeurs devenaient responsables des profits et pertes, des contrats qu'ils passaient et de leurs investissements. On estimait que ces entreprises pouvaient utiliser les services de 400 000 conseillers juridiques.

La nouvelle constitution adoptée en 1982 spécifiait que le Congrès national du peuple serait l'organe législatif où l'on édicterait les lois et qui veillerait à leur mise en application. L'autorité et le prestige du Congrès se voyaient, de manière générale, considérablement renforcées, en tout cas sur le papier. Le ministère de la Justice, aboli en 1959, fut rétabli en 1979, et l'on créa les tribunaux du peuple, qui comportaient quatre niveaux différents : suprême, supérieur, intermédiaire et élémentaire. En 1984, il y avait environ 15 000 tribunaux et 70 000 juges. On rétablissait également les procuraties du peuple et la profession d'avocat. Mais ces avocats étaient des employés du gouvernement et leur principale fonction, quand ils se voyaient confier la défense d'un accusé, consistait à tenter d'atténuer sa peine. La « présomption d'innocence » n'existait pas.

Le nouveau système juridique, outre le fait qu'il avait un champ d'action limité, devait aussi constituer son personnel à partir de zéro. En 1985, il y avait une vingtaine d'établissements de l'enseignement supérieur qui comportaient un département juridique et abritaient environ 13 000 étudiants. On comptait également quinze instituts de recherche juridique. La connaissance de la loi se répandait par l'intermédiaire du ministère de la Justice et des médias. Mais, comme le personnel judiciaire était nommé par le Congrès national du peuple, il n'y avait guère de séparation entre les fonctions législatives et judiciaires et, de plus, toutes deux étaient soumises à la dictature du parti qui était à l'origine de la création de l'ensemble du gouvernement. En fait, le système légal n'était indépendant ni du parti ni de sa politique.

Dans les réformes juridiques de Teng, l'une des questions fondamentales consistait à savoir si l'on pouvait protéger les fonctionnaires du gouvernement des attaques arbitraires de mouvements « populistes » comme celui de la GRCP, en prenant certaines dispositions administratives. Comme nous pouvons le deviner, les progrès de la loi sous le PCC visaient d'abord à assurer la limitation du pouvoir arbitraire, et non à assurer le respect des droits de l'homme. Le premier principe fondamental reste celui de l'autorité sacro-sainte du parti, dont la loi constitue un outil. On trouvera certainement ici plus de ressemblances avec la règle dynastique qu'avec un pluralisme moderne.

Pour la Chine, le passage de l'ancien gouvernement moral à un gouvernement légal n'était ni plus urgent ni plus difficile que de réduire la croissance de la population. C'est là que la bureaucratie pouvait se montrer utile et même, en fait, indispensable. En 1984, le taux de fertilité par couple était de 2,3. En considérant une base de plus d'un milliard de personnes, essentiellement jeunes (héritage du maoïsme), ce taux de croissance, pourtant bas, signifiait que la Chine compterait 2,1 milliards d'habitants en 2080 – ceci dans un pays où les terres cultivables représentent entre 1/3 et 1/4 de la moyenne mondiale par tête, et l'eau douce 1/4 de la moyenne mondiale par tête. En faisant campagne pour un seul enfant par couple, la République populaire espérait ramener le taux de fertilité à 1,7. (Lorsqu'il s'agit d'une entreprise humaine, il faut toujours placer les objectifs plus haut que les performances escomptées.) Quels que soient les résultats de la campagne pour un enfant par couple, il est pratiquement impossible d'éviter que la population chinoise n'atteigne un milliard et demi en 2050.

Sur l'axe qui relie la modernisation d'aujourd'hui à l'héritage culturel de la Chine, la politique d'un enfant par famille est une menace pour les anciennes valeurs familiales. S'il n'y a pas de fils pour veiller sur les parents âgés et honorer les ancêtres, ce devoir incombera à la fille. La famille patriarcale se trouve donc en danger.

La surpopulation pose, bien entendu, un problème mondial. Étant donné la natalité incontrôlée au sein des populations d'Afrique, d'Asie, d'Amérique latine et d'ailleurs, ainsi que la nouvelle religion américaine envers le fœtus, on peut penser qu'il n'existe pas de moyen pacifique pour régler la situation. S'il en est ainsi, l'homme, dans toute sa déraison, risque de recourir à une solution nucléaire. La vie de l'individu, nous le savons bien, n'est consciemment déterminée que dans une faible mesure, et celle de la société humaine l'est encore moins. De ce point de vue, la République populaire de Chine montre l'exemple au monde d'un effort nécessaire.

Le régime de Teng paraît également vouloir éviter le militarisme par lequel Chiang Kai-shek s'était laissé gagner. Les militaires, bien que beaucoup plus puissants, sont toujours à leur place, subordonnés au parti. L'armée de Libération nationale, qui avait autrefois rassemblé jusqu'à quatre millions d'hommes, dont trois millions dans l'armée de terre, est aujourd'hui réduite. Sa force de frappe à l'extérieur des frontières de la Chine reste limitée. La flotte sous-marine, par exemple, de taille conséquente, semble consacrée à la défense côtière; l'aviation comporte plus de chasseurs d'interception que de chasseurs-bombardiers. Bien que la Chine ait fait exploser une bombe atomique en 1964 et une bombe à hydrogène en 1967, les quelque 300 missiles dont elle dispose sont nécessairement défensifs. Le haut commandement s'abstient de rêver de « guerre des Étoiles » et évite la course à l'armement. La modernisation suit son cours, mais on ne voit guère la Chine se préoccuper de constituer une flotte de haute mer ou d'envoyer des corps expéditionnaires loin de ses terres à la manière des Mongols, des Britanniques, des Japonais ou des Américains. Les souverains Han avaient décidé, il y a bien longtemps, que les expéditions destinées à châtier les barbares, de l'autre côté de la muraille, devaient aboutir en l'espace de quelques semaines, avant d'être à court d'approvisionnement. Les aventures à l'étranger étaient rares et généralement peu prisées (comme les grandes expéditions des Ming en Inde et en Afrique entre 1405 et 1433) parce qu'elles avaient pour effet de réduire les ressources des bureaucrates.

Toutefois, avant d'idéaliser la République populaire de Chine, il faut garder à l'esprit qu'elle reste avant tout une dictature de parti. La plupart d'entre nous ont du mal à imaginer à quoi ressemble vraiment la vie sous un régime totalitaire. Le mariage et la famille, le travail et le loisir ne paraissent pas au touriste extrêmement différents de ce qu'ils sont dans une société ouverte. C'est dans le domaine des relations interpersonnelles, où, par le jeu d'une hiérarchie d'autorités, certains détiennent un pouvoir sur d'autres, qu'apparaissent les différences. L'unité de travail tient sur son personnel des dossiers secrets où figure une somme massive d'informations. A l'intérieur de l'unité de travail (*tan-wei*) ou de son équivalent, les supérieurs contrôlent la répartition des tâches, le logement, les rations de nourriture, les voyages, les loisirs, et même le mariage et la mise au monde des enfants. La pensée et la conduite de chacun sont soumises à un examen attentif et constant. Le despotisme était une ancienne coutume chinoise. On peut penser que le totalitarisme tente à présent de devenir une nouvelle coutume chinoise. Mais que se passe-t-il si l'on observe la manière dont la famille chinoise dominait autrefois ses membres ? N'est-on pas tenté de considérer l'unité de travail, qui pourvoie à tout et contrôle tout, comme une forme moderne de l'ancien système familial ? Nous voici face à une autre question troublante : dans quelle mesure peut-on, en restant à l'extérieur d'une culture étrangère, exprimer un jugement général, sans sauter hâtivement sur certaines conclusions ?

Enfin, l'époque de Teng, en permettant une renaissance de la vie intellectuelle, se trouva rapidement confrontée à un ancien problème : les intellectuels exigeaient la liberté de l'expression individuelle, nécessairement d'une grande diversité, mais ceux qui détenaient le pouvoir craignaient, d'une manière toute confucéenne, qu'elle n'engendrât le chaos moral. Comment un administrateur bien-pensant, conscient de son inévitable responsabilité face à la morale et l'ordre social, pourrait-il éviter de s'alarmer en voyant apparaître des tableaux représentant des femmes nues, des romans décrivant l'amour préconjugal, des discothèques, ou d'autres formes de « pollution spirituelle » ?

La Campagne « antidroitiers » de 1957 avait fait de nombreuses victimes parmi les intellectuels chinois d'esprit moderne, tournés vers l'Occident, que j'ai décrits comme des sino-libéraux et qui faisaient partie des générations d'avant 1949. Ceux-ci revendiquaient le droit pour les « experts » d'exprimer leur jugement en toute autonomie, renouant avec la tradition confucéenne qui veut que le lettré connaisse les meilleurs principes de gouvernement. Eux-mêmes avaient les compétences spécialisées de l'intellectuel moderne qui réclame également l'indépendance dans sa propre sphère. Une fois ces hommes mis hors d'action en 1957, la Révolution chinoise dirigée par Mao était prête à aborder une seconde étape, la GRCP, au cours de laquelle ceux qui dirigeaient le parti et l'État, dont la plupart étaient par définition des intellectuels, allaient à leur tour être chassés du pouvoir.

Après le départ de Mao et de sa bande, l'encouragement des intellectuels devint une priorité. Les réformes de Teng en matière d'éducation visaient à créer une classe d'intellectuels à la soviétique, adaptés à la bureaucratie, bien formés mais obéissants. Pendant une courte période de deux ans, en 1978 et 1979, le régime autorisa les plaidoyers pour la liberté individuelle et une véritable démocratie à s'exprimer en gros caractères sur les affiches du Mur de la démocratie à Pékin. Mais cette phase fut de courte durée. Le plus éminent avocat de la vraie démocratie, qu'il considérait comme une « cinquième modernisation » nécessaire, un jeune homme nommé Wei Chingsheng, fut condamné, sous des prétextes totalement fallacieux, à quinze ans de prison. On mettait en application la tactique habituelle consistant, pour mettre un terme à un mouvement, à le décapiter.

Devant la renaissance de l'esprit sino-libéral dans la littérature et dans bien d'autres domaines, le PCC se trouva confronté à l'ancien dilemme du KMT : s'il laissait la liberté s'exprimer, cela risquait de sonner le glas de la dictature du parti, mais s'il l'entravait trop sévèrement, il s'aliénerait l'élite intellectuelle dont le soutien lui était indispensable. Il n'existe pas plus de solution miracle à ce problème qu'à celui de la vertu, sur laquelle nous essayons perpétuellement de légiférer en Amérique. Lorsque le système de la responsabilité permit aux petites entreprises de se développer dans l'agriculture et l'industrie, on assista également, au début de l'année 1983, à la création de nombreuses unités de travail sous contrat, dans le domaine des arts et des lettres. Mais on décida rapidement d'y renoncer, car elles offraient des possibilités d'expression incontrôlables, qui risquaient de sortir des limites instaurées en juin 1981 par les Quatre Principes fondamentaux, c'est-à-dire : le marxisme-léninisme revu par la Pensée-Maotsetung, l'autorité du PCC, la dictature démocratique populaire et le socialisme.

Un problème d'une autre ampleur est posé par le fait que la modernisation de la vie sociale est portée par un tel élan qu'elle frise à présent l'occidentalisation. Aujourd'hui, par exemple, les jeunes Chinois se tiennent par la main en public, alors qu'ils ne sont pas mariés. On les voit parfois même s'embrasser, activité autrefois strictement réservée à la chambre à coucher, car on savait fort bien où cela risquait de mener. En outre, les biens matériels ont acquis de nos jours plus d'importance qu'une conduite convenable. Où tout cela va-t-il finir ? Le chantre du conservatisme au siècle précédent (*Wo-jen*) doit se retourner dans sa tombe. Il a certainement laissé de nombreux descendants.

Les aspects de cette nouvelle Chine, fruit de la politique de « porte ouverte » menée par Teng Hsiao-p'ing, que nous venons de voir ici, figurent à titre d'exemple des changements qui ont commencé à s'effectuer. Il nous est impossible, dans le présent contexte, de donner ne serait-ce qu'un aperçu de la transformation de la langue, des nouvelles formes empruntées par la littérature, du changement des règles de conduite et des modifications que subissent d'autres éléments moins tangibles de la culture chinoise, pour s'adapter à l'évolution matérielle que nous appelons modernisation. On ne peut pas ici mesurer, et encore moins résumer, le développement de la Chine dans les années 1980. Il s'agit d'un univers en soi, plein de diversité, de contrastes, de problèmes non résolus, dans lequel la population en nombre excessif a néanmoins l'intention de survivre, envers et contre tout.

CHAPITRE 19

PERSPECTIVES

Dans le premier chapitre, nous avons admis l'idée qu'il était utile de faire une distinction entre les effets principalement matériels du développement scientifique et technologique et, par ailleurs, la structure et les valeurs plus profondes, sujettes à des changements moins rapides, d'une société en cours de révolution. Cette métaphore, qui fait intervenir un niveau d'évolution superficiel, matériel et visible, superposé à un courant plus lent d'évolution sociale et culturelle, soulève sans doute autant de problèmes qu'elle n'en résout. Elle ne peut nous tirer d'affaire que momentanément. Mais cela nous permet de distinguer les signes matériels de la « modernisation », comme l'urbanisation, les machines motorisées, les transports à vapeur, les routes, les autobus – toutes choses communes au monde moderne, en général – des valeurs, orientations et habitudes particulières aux Chinois dans leur mode de vie et leur culture. (Tous ces termes mériteraient d'être définis mais, lorsqu'il s'agit d'histoire narrative, si l'on ne se sert pas des termes disponibles, on ne peut plus rien raconter.)

L'argument énoncé ci-dessus tend à donner à Mao la place qu'il revendiquait dans l'histoire, lorsqu'il se posait en artisan du changement social et culturel, malgré l'échec complet de ses deux principales créations. Cela implique aussi que la Chine, en dépit de sa modernisation spectaculaire, est toujours confrontée aux problèmes et aux périls de la révolution sociale, ou, autrement dit, qu'il lui reste encore à trouver comment amener la pysannerie à participer plus pleinement à la vie nationale. L'objectif politique consiste à prévenir la rébellion. L'objectif culturel est de permettre au talent de s'exprimer. L'objectif économique est de maximiser la production.

On pourrait être tenté de voir dans la modernisation et la révolution sociale l'équivalent des forces marxistes de production et de superstructure, mais, dans ce cas, la situation est ici sens dessus dessous. C'est la culture qui évolue lentement, alors que l'économie moderne évolue plus rapidement. Si la Chine a tant tardé à effectuer son industrialisation (ou modernisation), c'est en raison de l'inertie de la culture chinoise, extrêmement élaborée et raffinée. En somme, jusque dans les années 1890, la classe dirigeante chinoise était si cultivée et si intelligente qu'elle ne *voulait* pas se moderniser.

Les révolutions connaissent toutes le même destin : sur le moment, elles apparaissent comme de brusques éruptions volcaniques, apportant des changements imprévisibles et incontrôlables. Rétrospectivement, lorsque leurs retombées se sont estompées peu à peu dans le paysage, on ne voit plus de chaque côté du volcan que des monticules de causes et d'effets. C'est l'idée du *plus ça change* *... qui constitue l'un des volants de notre métaphore explicative.

Devant les améliorations considérables apportées par les réformes de Teng, on est tenté d'évoquer le rôle de ces grands souverains qui succédaient aux fondateurs de dynastie pour consolider leur œuvre – l'empereur T'ai-tsong des T'ang, l'empereur T'ai-tsung des Sung, Yung-lo pour les Ming, ou K'ang-hsi pour les Ch'ing. Dans tous les cas cités, le militantisme nécessaire pour fonder le royaume s'était effacé devant le triomphe de la bureaucratie impériale, au cours d'une grande époque constructive. (Note terminologique : T'ai-tsung, « grand ancêtre », était le nom habituellement attribué au second empereur d'une dynastie par ses successeurs; Yung-lo et K'ang-hsi étaient les noms des « années de règne ». Avant les Ming,

---

* En français dans le texte. (*N.d.T.*)

un empereur pouvait ainsi gouverner pendant des périodes de règne successives sous des titres différents.)

Si l'on veut faire ressortir les macrocontinuités, il est clair que plusieurs grandes lignes architecturales subsistent : le peuple de la Chine d'aujourd'hui est plus nombreux que jamais, le désir de maintenir l'unité grâce à une autorité centrale est aussi présent qu'auparavant, et une masse humaine aussi importante ne peut être gouvernée que par un système de croyance largement admis, une bureaucratie qui doit être, impérativement, une élite qualifiée, et des autorités locales chargées de représenter l'État dans les campagnes.

Si l'on compare 1800 et 1985, ces grandes lignes sont toujours en place et l'on peut y voir, à des degrés divers, continuité et nouveauté. Les montagnes en terrasses, les fleuves et les plaines inondées sont toujours là, mais l'énergie hydraulique est domestiquée, les inondations sont maîtrisées, les sols, les récoltes et les méthodes de fermage améliorés. De même, les Chinois si nombreux sont moins usés par la maladie et vivent nettement plus vieux. Leurs rôles sont plus diversifiés. Le gouvernement central unifié a appris à ses dépens qu'un grand nombre de ses fonctions étaient mieux remplies lorsqu'elles étaient décentralisées; bien que les techniques modernes permettent de transmettre les directives centrales comme jamais auparavant, si l'on veut vraiment obtenir des résultats, il faut encourager l'initiative locale; les différences régionales sont trop grandes pour disparaître à l'intérieur d'un État unitaire. La petite *gentry* de naguère a disparu, mais les cadres locaux et les secrétaires du parti, plus nombreux, qui l'ont remplacée pour collecter les impôts des paysans doivent toujours, en priorité, rendre des comptes à leurs supérieurs. Finalement, la persistance d'une élite bureaucratique et d'un système de croyances qu'elle partage avec l'ensemble du peuple est évidente, mais la Pensée-Maotsetung passe visiblement par diverses fluctuations. On peut s'attendre à ce que, peu à peu, elle s'harmonise avec certains aspects résiduels du confucianisme, comme le respect de l'autorité et le sens du devoir attaché au statut, même si le marxisme sinisé a adopté (peut-être un peu vite) la suprématie de la science, à la place de celle du Yang et du Yin ou du principe *(li)* et de la substance *(ch'i).*

Lorsqu'on observe la configuration des événements qui se sont déroulés en Chine dans les Temps modernes, au lieu de considérer son présent et son avenir, on se trouve en face d'une question agaçante que nous n'avions pas encore formulée : dans quelle mesure les années 1800-1895 ne correspondent-elles pas, surtout dans le plan politique, au déroulement d'un cycle dynastique, malgré l'importante modernisation de la technologie et de la pensée qui s'est effectuée pendant ce temps ? Si nous sommes amené à poser cette question, c'est que, forts de nos partis pris occidentaux, libéraux ou marxistes, nous supposons généralement que la Chine se doit de suivre le modèle européen : féodalisme, capitalisme, socialisme. Rien ne saurait être moins évident. Les deux invasions occidentales, libérale et marxiste, de la pensée chinoise ont constitué le stade le plus élevé de notre impérialisme intellectuel occidental. Elles ont voulu imposer à la Chine des moules qui ne lui sont pas vraiment adaptés. Malgré tous nos efforts, nous ne saurions pas plus l'y faire entrer aujourd'hui que Mao en son temps. Qualifier de « socialisme » le nouvel ordre de la Chine peut convenir à merveille à ceux qui aiment (ou craignent) particulièrement ce terme, mais le socialisme de la Chine est un socialisme d'État, qu'il n'est pas toujours facile de distinguer d'un capitalisme d'État. Le « capitalisme » a connu une carrière si riche et si variée ces derniers siècles que ce terme est aujourd'hui plus rhétorique que significatif. Qu'on l'appelle socialiste ou capitaliste d'État, c'est le gouvernement chinois moderne qui dirige la transformation de la Chine, et il a un très net air de famille avec une nouvelle dynastie. Malgré toutes ses innovations, il évoque autant le cycle dynastique de la transition entre les Mongols et les Ming, par exemple, que le socialisme français, britannique ou soviétique. On peut aussi le comparer au Japon de l'ère Meiji. Mais, en dernière analyse, la Chine se contente d'être elle-même et fait sa propre mixture, *sui generis,* comme d'habitude. Son « Socialisme » est réalisable parce que la vie quotidienne est, en général, plus orientée vers le collectif, le groupe, que vers l'individu. Au bout de 185 années de politique, il semble finalement que nous n'arrivions pas si loin de notre point de départ.

Après avoir admis que la persistance du passé est un caractère architectural de la révolution chinoise, regardons à présent l'autre face de la médaille : les processus de croissance et de changement de 1800 à 1985. L'histoire sociale découvre ici des changements capitaux dans la vie et les institutions chinoises. Disons, brièvement, que le développement de la population et du commerce a entraîné l'urbanisation et l'ouverture de la société villageoise. La vie urbaine exigeait une plus grande division du travail, des emplois plus variés, et le développement de professions reconnues. Ceux qui migraient vers les villes pouvaient s'élever dans la société. Les petits entrepreneurs, les courtiers, les commerçants, les artisans spécialisés pourvoyaient aux besoins des familles de la classe supérieure qui avaient manifestement de l'argent à dépenser.

On vit alors surgir un « activisme d'élite », qui se traduisit par une plus grande participation de la classe supérieure dans les affaires locales et provinciales, à titre privé, allant de pair avec un intérêt accru pour les services gouvernementaux (ou les mesures permettant d'éviter la tyrannie et l'exploitation) et la politique nationale. Ce courant était favorisé par la traditionnelle influence exercée par la *gentry*, qui assumait des responsabilités locales et faisait face aux problèmes locaux. Il était également engendré par l'impuissance du gouvernement Ch'ing à se développer au même rythme que la société.

L'incapacité de la dynastie mandchoue à diriger, après 1860, un développement moderne comme celui du Japon à l'ère Meiji était due à deux catégories de causes, politiques et institutionnelles. Politiquement, la dynastie avait ses beaux jours derrière elle. Elle se montrait rétrograde et éminemment conservatrice dans ses efforts pour maintenir sa grande tradition et son pouvoir sur la Chine. Deux facteurs ont joué ici un rôle déterminant : d'abord, l'épuisement de la vitalité de la dynastie, son absence d'énergie, de créativité et de ligne politique; ensuite, la malchance qui voulait que le trône soit occupé par un groupe dynastique non chinois, s'efforçant de rester au pouvoir à une époque où l'émergence du nationalisme chinois Han était inévitable. Ces deux facteurs devaient condamner à l'échec la tentative des Ch'ing pour faire de la Chine un pays occidentalisé et modernisé comme le Japon.

La seconde série de causes était imputable à la structure institutionnelle dont avait hérité l'État Ch'ing, où le pouvoir impérial était théoriquement et rituellement dominant, mais localement faible et inefficace. Le gouvernement dynastique centralisé formait un mince réseau au-dessus d'une économie et d'une société décentralisées. Son organisation systémique le rendait incapable de se développer, en particulier sur le plan des revenus, à mesure que l'économie et la société se développaient, d'où la naissance d'un activisme d'élite qui s'exerçait pour une grande part en dehors des voies officielles. On aboutit, dans les années 1900, à une situation dans laquelle les réformes des Ch'ing pouvaient inspirer ou même nourrir les activités des réformateurs chinois Han, mais ne pouvaient pas leur accorder une plus grande participation dans le gouvernement local et national.

Le gouvernement nationaliste du Kuomintang hérita de cet activisme d'élite, qui s'exerçait alors sur une bien plus grande échelle, et d'un autre mouvement puissant (amorcé dans des années 1850), partisan de la militarisation du gouvernement. Au milieu des années 1920, et surtout dans le gouvernement de Canton institué par Sun Yat-sen, lors de l'Expédition vers le nord, les deux mouvements parurent un moment fusionner. Mais cette fusion ne devait pas durer longtemps. Elle allait être interrompue par l'invasion japonaise, à partir de 1931, qui déclencha la militarisation nationaliste et par la politique du PCC qui, dédaignant l'activisme d'élite dirigé vers la réforme, entreprit de militariser la paysannerie chinoise pour la révolution. L'invasion japonaise et la militarisation communiste ne laissèrent qu'un très petit nombre d'années aux sino-libéraux, tournés vers l'étranger, pour développer leur programme dans le gouvernement de

Nankin. Il est évidemment difficile de présumer de ce qu'ils auraient accompli.

Nous dirons en termes politiques que les Ch'ing avaient gouverné la Chine par cooptation de la classe supérieure chinoise. La *gentry* était incorporée dans le système officiel au niveau local. Si l'on créait de nouvelles formes permettant à la gentry locale de participer à la vie publique (sans parler de participation des masses), on s'exposait à déséquilibrer le système. Après 1911, Yuan Shih-k'ai, les seigneurs de la guerre et Chiang Kai-shek se montrèrent tout aussi incapables de faire évoluer la situation. Ils étaient trop occupés à conserver ou obtenir le pouvoir central pour encourager l'autonomie locale ou la participation paysanne. C'est ce qui donna au PCC l'occasion d'agir.

Après 1949, ce dernier rencontra cependant une nouvelle version du même problème (qui n'est pas encore totalement résolu aujourd'hui). La prédilection de Mao pour la mobilisation politique des masses se trouva en désaccord avec les efforts de ses collègues pour moderniser l'économie et les services de l'État. Mao était un héros paysan qui n'avait pas les connaissances, l'humilité et la patience nécessaires pour édifier les institutions modernes dont la Chine avait besoin. Il était, en particulier, trop attaché à sa doctrine de la rébellion paysanne pour réaliser, comme ses prédécesseurs du Mouvement du 4-Mai l'avaient fait, que la modernisation de la Chine devait commencer par une étude approfondie du monde extérieur et de la Chine elle-même. Lorsque le PCC soutenait la lutte des classes, il mettait en œuvre une tactique politique destinée à faire une brèche dans l'ancien establishment et permettre à la paysannerie de s'y frayer un chemin. Mais dès l'instant où cette lutte des classes avait pour but de rabaisser les intellectuels, elle servait plus une démagogie « populiste » que l'édification rationnelle de la nation. C'est ainsi, pourrait-on dire, que les grandes limites de Mao l'amenèrent à déclencher une Grande Révolution culturelle prolétarienne qui se traduisit par une grande catastrophe. Mao avait contracté la maladie fatale des fondateurs de dynastie et des révolutionnaires, qui veulent aller trop vite et considèrent les hommes comme des outils – des moyens, et non des fins. Le militantisme qui lui permit de porter le PCC au pouvoir se transforma en sauvagerie lorsqu'il tenta de le détruire. La compassion qui lui avait à l'origine inspiré la libération de la paysannerie chinoise tourna, sur la fin, à la plus parfaite insensibilité à son égard. Les intérêts de la Chine, qui étaient au départ le centre de ses préoccupations, avaient, de toute évidence, cédé le pas à sa propre vision déformée des choses. Il restait dans la grande tradition des unificateurs dynastiques.

Lorsqu'on regarde la Chine depuis 1800, on y enregistre, au-delà de ces aspects évocateurs du cycle dynastique, un niveau inégalé de croissance et d'évolution, tant en ce qui concerne la modernisation matérielle et technologique que la structure sociale et les valeurs culturelles sous-jacentes. Le despotisme des anciens Ch'ing avait battu en retraite devant la forte poussée du secteur privé. Il ne s'agissait pas d'un secteur de libre entreprise à l'occidentale, mais plutôt, dirai-je, d'un secteur sino-libéral collectiviste étrangement circonscrit. La société chinoise, auparavant scindée entre les masses laborieuses et les intellectuels de l'élite, pouvait entrevoir une libération de la vie du paysan moyen et voyait s'opérer au sein de l'élite une division entre les bureaucrates et les gens de métier.

Dans le chapitre III, nous distinguions, en termes légèrement différents, la modernisation matérielle et intellectuelle de l'orientation des valeurs, qui changeait plus lentement. A l'époque actuelle, placée sous le signe des Quatre Modernisations, nous supposons que le développement de l'ancienne Chine impériale a été paralysé par la lenteur dont elle a fait preuve pour accueillir les idées et la technologie étrangères, ainsi que le commerce avec le monde extérieur. De ce point de vue, un iconoclaste pourrait avancer que le premier problème posé par l'impérialisme du capitalisme financier en Chine venait de ce qu'il n'existait guère. Pour soutenir cette idée, on pourrait citer l'exemple de l'ouverture rapide à l'Occident du Japon à l'ère Meiji ou ceux, plus récents, de la Corée et de Taiwan, anciennes victimes de l'impérialisme japonais. En conservant sa souveraineté, tout du moins ce qui lui en restait, la Chine, comme le remarquait Sun Yat-sen, ne devint pas une vraie colonie et subit par conséquent les humiliations apportées par l'impérialisme sans recevoir les avantages matériels, si l'on peut dire, du colonialisme.

On peut également avancer que l'incapacité de la Chine du XIXe siècle à s'ouvrir et se développer, et sa propension inverse à rester agrippée à son passé, l'ont amenée à préserver une structure sociale composé à 80 p. 100 de ruraux, extérieurs à la politique et habitués à être gouvernés par une petite élite qui, de son côté, entretenait pour rester à la tête de ses troupes un mépris xénophobe à l'égard de tout ce qui venait de l'étranger. Dans cette perspective, l'ère du sino-libéralisme, tournée vers l'Amérique (qui semble connaître aujourd'hui un second avènement), tendait à moderniser l'élite, tandis que l'ère de la sinisation du marxisme, sous Mao, voulait effectuer la modernisation à partir des masses. Mais, quand les masses rurales ont commencé à participer à la politique, elles ont pu donner libre cours à leurs sentiments anti-étrangers et anti-intellectuels, et s'attaquer ainsi à l'ancienne élite.

Depuis 1800, la Révolution chinoise n'a cessé d'être une lutte pour rompre l'emprise du passé. Ce qui est vrai de la plupart des révolutions, presque par définition, l'était d'autant plus en Chine en raison de la continuité historique et de la spécificité culturelle que nous avons soulignées au cours des précédents chapitres. La Révolution culturelle, par exemple, avait défini pour cibles privilégiées les Quatre Vieilleries (la culture, la pensée, les habitudes et les coutumes). Pour Mao, ces caractéristiques et ces valeurs culturelles profondément ancrées étaient les éléments qui maintenaient la Chine en arrière, ce qui se rapproche sensiblement du point de vue que nous avons exprimé dans ce livre. (Il n'est pas nécessaire de défendre les méthodes de Mao pour apprécier ses objectifs.)

On peut également déceler la volonté de desserrer l'étreinte de l'histoire dans les attaques vindicatives et brutales lancées contre les membres de l'establishment – intellectuels et fonctionnaires, membres de la classe supérieure. Cette interprétation repose sur certaines hypothèses. Elle implique d'abord que les paysans aient entretenu pendant des siècles une haine féroce à l'égard du petit groupe des privilégiés. L'égalitarisme instinctif qui apparaît dans la communauté paysanne s'était continuellement heurté à la distinction de classe entre travailleurs manuels et travailleurs intellectuels, héritée de Confucius et de Mencius. L'âpre violence, la torture et la destruction mises en œuvre contre les membres de la classe supérieure étaient dans la tradition du barbarisme déployé par les paysans dans les hostilités et les soulèvements locaux. Les gardes Rouges, il est vrai, appartenaient à la jeunesse urbaine, et non à la paysannerie, mais on peut considérer qu'ils ont agi dans le climat d'exaltation des racines paysannes entretenu par Mao. La nouvelle participation des masses à la politique, après 1949, avait ouvert les portes d'un enfer. La Grande Révolution culturelle prolétarienne, une fois déclenchée par Mao, devint un « règlement de comptes » à l'échelle de l'univers chinois.

Mis à part ces interprétations de l'usage de la violence, l'influence du long passé de la Chine est toujours présente dans l'environnement, la langue, le folklore et les pratiques qui régissent le gouvernement, les affaires ou les relations interpersonnelles. Ce truisme n'est ici énoncé que pour souligner les graves problèmes de la modernisation. Le commerce extérieur et les investissements étrangers ont exigé la création d'un système juridique, justifiant l'existence de ce pivot de l'Amérique procédurière qu'est l'avocat, mais le parti est resté au-dessus de la loi. L'autonomie des spécialistes dans leur spécialité, des artistes et des écrivains dans leur art s'est vue reconnue, mais ne peut toujours s'exercer qu'à l'intérieur des limites fixées par le gouvernement. La loi, l'éducation et le sinolibéralisme, nécessairement promis à un bel avenir, n'ont cependant guère suivi les modèles occidentaux. Dans les années 1980, on assiste en Chine à une explosion de vie d'une formidable énergie. Mais, comme par le passé, l'individu se voit obligé de compter avant tout sur ses relations personnelles (*kuan-hsi, guanxi*). Il semble qu'il s'agisse de la seule manière de passer entre les mailles du bureaucratisme, mais ce système encourage le favoritisme et la corruption, qui risquent d'entamer les efforts de réforme.

A chaque génération d'historiens incombe le devoir de dégager les rapports entre le passé et les préoccupations de son temps. Aux États-Unis, le respect des droits de l'homme et l'application de la loi ont acquis une importance primordiale. Si nous les considérons comme des critères de modernité et que nous trouvions encore plus d'imperfections en Chine à cet égard que chez nous, ce qui n'est pas peu dire, nous risquons fort de ressentir une impression de *déjà vu* *. Nous nous sommes déjà trouvés dans cette position, prêts à émettre, à des milliers de kilomètres de distance, un jugement sur un pays qui reste en grande partie inconnu.

---

* En français dans le texte. *(N.d.T.)*

SOURCES DES CITATIONS

1. Susan Naquin, *Millenarian Rebellion in China: the Eight Trigrams Uprising of 1813*, Yale University Press, 1976, p. 176-184.
2. Rev. Charles Gutzlaff, *The Life of Taou-Kwang, Late Emperor of China*, Londres, Smith Elder, 1852, cf. p. 43.
3. Jonathan Spence, *K'ang-hsi, Emperor of China*, Knopf, 1974, p. 146.
4. In *China Review*, 2 (1873-1874), p. 309-314.
5. Arthur H. Smith, *Village Life in China*, New York, Fleming H. Revell, 1899, cf. p. 100.
6. On trouve une vue synoptique de la culture politique chinoise dans l'ouvrage de Lloyd Eastman : *The Abortive Revolution: China Under Nationalist Rule, 1927-1937*, Harvard University Press, 1974, chap. VII. Pour une étude comparative, voir Lucian W. Pye et Mary W., Pye, *Asian Power and Politics*, Belknap Press, Harvard University Press, 1985.
7. William T. Rowe, *Hankow: Commerce and Society in a Chinese City, 1786-1889*, Stanford University Press, 1984, p. 175. Sur les guildes, cf. chap. VIII, IX et X.
8. Howard Levy, *Chinese Footbinding: the History of a Curious Erotic Custom*, New York, Walton Rawls, 1966, p. 47.
9. Fortunato Prandi, *Memoirs of Father Ripa*, édition et traduction anglaise: Londres, John Murray, 1855, p. 58.
10. Ida Pruitt, *A Daughter of Han: the Autobiography of a Chinese Working Woman*, Yale University Press, 1945, p. 22.
11. Thomas Taylor Meadows, *The Chinese and Their Rebellions*, Londres, 1856, p. 259.
12. Jen Yu-wen, *The Taiping Revolutionary Movement*, p. 425, citant l'autobiographie de Chu Hung-chang.
13. K'ang-hsi dans Huang-Ch'ing fan-pu yao-lueh, compilé

pour l'empereur Ch'ien-lung par Ch'i Yun-shih, d'abord imprimé par son fils, Ch'i Chün-tsao, en 1845. Voir Che-chiang shu-chü, éd. 1884, chüan 3, p. 10.

14. John K. Fairbank, *The Chinese World Order : Traditional China's Foreign Relations,* Harvard University Press, 1975, p. 2.

15. Fred W. Drake, *China Charts the World : Hsu Chi-yü and His Geography of 1848,* Harvard University Press, 1975, p. 2.

16. Voir Joseph Fletcher, « The Heyday of the Ch'ing Order in Mongolia, Sinkiang and Tibet », p. 351-408, in *The Cambridge History of China,* vol. 10.

17. Peter Ward Fay, *The Opium War, 1840-1842,* Cambridge University Press, 1978, p. 312.

18. Benjamin Elman, *From Philosophy to Philology : Intellectual and Social Aspects of Change in Late Imperial China,* Council on East Asian Studies, Harvard University, 1984.

19. Teng Ssu-yü, John K. Fairbank *et al., China's Response to the West : a Documentary Survey, 1839-1923,* Harvard University Press, 1954 (infra *CRTTW*), Document 6. Voir également Drake, *China Charts the World,* p. 135-142.

20. *CRTTW,* Document 12.

21. « Journal of Robert Hart » (MS), à la date du 11 mai 1864.

22. Michael H. Hunt, *The Making of a Special Relationship : the United States and China to 1914,* Columbia University Press, 1983, p. 118-142.

23. *CRTTW,* Document 12.

24. *Ibid.,* Document 19.

25. Fairbank, Bruner and Matheson Éd., *The I. G. in Peking : Letters of Robert Hart, Chinese Maritime Customs, 1868-1907,* Harvard University Press, 1975, 2 vol., Lettres 947 et 942.

26. *CRTTW,* Document 35.

27. G. E. Morrison, *An Australian in China,* Londres, Horace Cos, 1895, p. 68.

28. S. W. Barnett and J. K. Fairbank Éd., *Christianity in China : Early Protestant Missionary Writings,* Council on East Asian Studies, Harvard University, 1985. Voir le *Frontispiece.*

29. Kung-chuan Hsiao, *A Modern China and a New World : K'ang-yu Wei, Reformer and Utopian, 1858-1927,* University of Washington Press, 1975, p. 19.

30. *CRTTW,* Document 41.

31. *Ibid.,* Document 46.

32. *Ibid.,* Document 48, 3e partie.

33. Fairbank, Bruner and Matheson Éd., *The I.G. in Peking,* Lettres 1231 et 1232.

34. Mary Clabaugh Wright, *China in Revolution: the First Phase, 1900-1913*, Yale University Press, 1968, « Introduction ».

35. E. Perry Link, Jr., *Mandarin Ducks and Butterflies: Popular Fiction in Early Twentieth-Century Chinese Cities*, University of California Press, 1981, p. 142.

36. Hao Chang, *Liang Ch'i-ch'ao and Intellectual Transition in China, 1890-1907*, Harvard University Press, 1971, p. 100.

37. *Ibid.*, p. 244.

38. William Ayers, *Chang Chih-tung and Educational Reform in China*, Harvard University Press, 1971, p. 237.

39. Fernando Galbiati, *P'eng P'ai and the Hai-Lu-Feng Soviet*, Stanford University Press, 1985, p. 52.

40. Ernest P. Young, *The Presidency of Yuan Shih-k'ai: Liberalism and Dictatorship in Early Republican China*, University of Michigan, 1977, p. 88.

41. Edward Friedman, *Backward Toward Revolution: the Chinese Revolutionary Party, 1914-1916*, University of California Press, 1974, p. 43.

42. Young, *Presidency*, p. 204.

43. *Ibid.*, p. 175.

44. Boorman and Howard Éd., *Biographical Dictionary of Republican China*, vol. 1, p. 175.

45. M. C. Wright, *China in Révolution*, « Introduction ».

46. *Cf.* Fairbank, Reischauer and Craig, *East Asia: the Modern Transformation*, Houghton Mifflin, 1965, p. 658.

47. *Ibid.*, p. 666.

48. *CRTTW*, Document 57.

49. Chiang Monlin, *Tides from the West*, Yale University Press, 1947, p. 114. Sur Wang, voir Boorman, vol. 3, p. 244.

50. Barry Keenan, *The Dewey Experiment in China: Educational Reform and Political Power in the Early Republic*, Harvard University Press, 1977, p. 15-19.

51. *Hu-Shih wen-ts'un*, vol. 1, 2, p. 343-346, 357-379 (trad. angl. Sally Ch'eng Kuhn).

52. Lu Hsun, cité par Jonathan Spence, *The Gate of Heavenly Peace: the Chinese and their Revolution, 1895-1980*, New York, Viking Press, 1981, p. 197.

53. *CRTTW*, Document 65.

54. Eastman, *The Abortive Revolution*, p. 1, 5.

55. *Ibid.*, p. 11.

56. *Ibid.*, p. 18.

57. Lloyd E. Eastman, *Seeds of Destruction: Nationalist China in War and Revolution, 1937-1949*, Stanford University Press, 1984, p. 56.

INDEX

Aborigènes, 116, 125.
Academia Sinica, 272, 276, 285.
Académie Fu-wen, 153.
Académie Hanlin, 271, 275.
Académie Hsueh-hai T'ang, 154.
Administration minière de Kailan, 171.
Adorateurs de Dieu (Société des), 116, 189, 213. *Voir aussi* Taiping.
Agriculture, 18, 21, 224, 426 ; commercialisation de l'-, 179 ; sous le KMT. 312-313 ; collectivisation de l'-, 388, 394-396, 401, 418, 439-440, 454, 478 ; l'exploitation familiale dans l'-, 396-397 ; et industrie lourde, 400, 419 ; réforme de l'- après 1976, 486-490, 493 ; le système de responsabilité dans l'-, 488, 493, 498, 506.
Allemagne, 166, 178, 201, 221, 227 ; au Shantung, 201, 250, 254 ; conseillers allemands en Chine, 227, 319-320, 330, 332 ; étudiants chinois en -, 271, 276 ; la commission d'étude de la Chine, 319.
ALLEN, Young J., 190.
Alliance sino-soviétique, 167.
ALN, *voir* Armée de Libération nationale.
American Political Science Association, 252.
AMHERST, Lord, 60.

Amour (Fleuve), 466.
Amoy (Hsia-Men), 125, 146.
Analectes, 51.
Anarchisme, 267, 291, 295, 324.
Anhwei (Province de l'), 161, 162, 165.
Annam, 60. *Voir aussi* Vietnam.
Anti-intellectualisme, 409-413, 428, 464, 517.
Anyang (Honan), 18, 286.
Armée de Libération nationale (ALN), 386, 389, 424, 426, 429, 442, 504 ; comparée à l'Armée nationaliste, 390 ; les gardes Rouges et l'-, 444, 445, 454, 459, 461, 462, 463, 466 ; les armées régionales de l'-, 451, 452 ; le recrutement pour le PCC dans l'-, 452 ; pendant la Révolution culturelle, 461-463 ; les réformes de l'-, 485, 504.
Armée populaire nationale, 261.
Armée Rouge, 321, 345 ; pendant la Longue Marche, 332, 333, 336 ; naissance de l'-, 335. *Voir aussi* Huitième armée de route.
Armée Toujours Victorieuse, 164.
Asie Centrale : la dynastie Ch'ing et l'-, 33, 57, 59, 139, 156, 174 ; population de l'-, 43 ; menace pour la Chine, 129, 130, 134 ; la République chinoise et l'-, 241. *Voir aussi* Turkestan chinois.

Asie du Sud-Est : la Chine en -, 211-213.
Assemblées provinciales, 233-234, 248, 250.
Association pour la régénération de la Chine, 217.

BACON, Francis, 23.
Bande des Quatre, 445, 449, 470, 476, 477.
Bande verte *(Ch'ing-pang)*, 257, 305, 314.
Bandits, 104, 118, 125.
Bannières (armées des), 34, 37, 101, 129, 451.
Banque populaire de Chine, 496.
Banques, 84, 94-97, 389, 496.
Bateaux à vapeur, 149, 150, 157, 167, 170, 171, 178, 215 ; sous la République populaire, 390, 399.
BENTINCK, Lord William, 134.
BISMARCK, Otto von, 166.
Bohea (collines), 86-87.
BORODINE, Michael, 301, 302, 307, 314.
Bouddhisme, 117, 189, 193, 222, 230, 267 ; Maitreya, 40, 101 ; sinisation du -, 126, 136.
Boxers (révolte des), 76, 171, 200, 203, 210, 211.
BREJNEV, Leonid, 466.
BRIDGMAN, Elijah, 140.
British-American Tobacco Company, 258.
BRYCE, James : *Le Commonwealth Américain,* 252.
Bureaucratie, 22, 33, 35, 47, 59, 222, 482 ; le gouvernement et la -, 44-55 ; la hiérarchie et la -, 70 ; le changement et la -, 77-78 ; la modernisation et la -, 147 ; le capitalisme et la -, 180 ; le KMT et la -, 314. *Voir aussi* Centralisation ; Campagnes de rectification.
Butterfield and Swire Company, 150, 171.

Calligraphie, 48, 70, 106.
Cambridge History of China (The), 386.

Campagne « antidroitiers », 409-413.
Campagne pour l'éducation socialiste, 432.
Campagne des Cinq Anti, 391-392.
Campagne des Trois Anti, 391, 392.
Campagnes de Rectification, 409, 432-433, 485.
Canton, 57, 78 ; le commerce à -, 37, 84, 87, 88, 131, 133, 146 ; les Britanniques à -, 77, 130, 137, 163 ; les examens à -, 115 ; les sociétés secrètes à -, 125, 217 ; et la guerre de l'Opium, 138, 140, 156 ; les académies à -, 154 ; et la révolte des Boxers, 202-203 ; et la révolution, 225, 303 ; les manifestations à -, 303. *Voir aussi* Gouvernement nationaliste.
Capitalisme, 79, 94, 98, 172, 295, 356 ; et impérialisme étranger, 158 ; bureaucratique, 180.
Caractères chinois : ambiguïté des, 51-52.
CCH, *voir* Ch'eng-chih hui.
Cent Écoles, 22.
Cent Fleurs (campagne des), 408-409, 411.
Centralisation, 28-29 ; du régime impérial, 23, 28-29, 59, 317 ; dans la République populaire, 38, 401, 482, 497 ; et décentralisation, 80, 233, 354, 357, 496.
CHANG CHIEN, 52, 231, 277.
CHANG CHIH-TUNG, 174-175, 200, 202, 219 ; et les nouvelles écoles, 226, 277 ; mort de -, 230.
CHANG HSUEH-LIANG, 374.
CHANG KUO-T'AO, 336.
CHANG PO-LING, 282, 283, 334.
CHANG TSO-LIN, 253, 261, 374.
CHANG TSUNG-CH'ANG, 252-253.
Changchow, 164.
Changsha, 325.
Chekiang (province du), 84, 95, 131, 154, 173, 304, 334.
Chemins de fer, 18, 19, 96, 150, 167, 175, 201, 231, 255 ;

le mouvement pour le retour des droits souverains et les -, 233 ; sous le KMT, 313 ; reconstruction des - sous la République populaire, 390, 399.
CHEN, Eugene, 213.
Chen-tan (« L'Aurore »), 281.
CH'EN CH'I-MEI, 305.
CH'EN I, 336, 388, 450, 465.
CH'EN KUO-FU, 305, 316.
CH'EN LI-FU, 305, 316.
CH'EN TU-HSIU, 269, 272, 273, 297, 322.
CH'EN YUN, 426, 428, 481.
CHENGCHOW (Honan), 18, 441.
Ch'eng-chih hui (CCH : « société pour la réalisation des ambitions personnelles »), 270-271, 283.
CHENNAULT, Claire, 364.
ch'i (la substance), 61, 512.
Ch'i-shan, 143.
Ch'i-ying, 143, 144.
CHIA-CH'ING, Empereur, 62, 101.
chia-tsu chu-i (« familisme »), 265.
CHIANG CH'ING, 230, 456, 473, 477.
CHIANG KAI-SHEK, 159, 216, 227, 253, 304-307, 401 ; *Le Destin de la Chine*, 256 ; et les seigneurs de la guerre, 261, 330 ; et l'Expédition vers le Nord, 264, 293, 307 ; dictature de, 267, 313-320, 342-344 ; et les Soviétiques, 298, 303, 305 ; et le PCC, 306-308, 329-330, 332, 515 ; et la pègre shanghaïenne, 307, 311, 318, 365 ; le renforcement militaire sous -, 313, 394, 449, 452, 504 ; et les membres du KMT, 314 ; et les Chemises Bleues, 315, 316, 318 ; militarisme de, 319, 342 ; et Chou En-lai, 335, 452 ; capture de, 337 ; et Mao, 337, 338, 367 ; et le soutien des Américains, 365-370 ; reddition des troupes de, 375-377 ; la réforme du KMT sous-, 379.

CHIANG KAI-SHEK, Madame, 230.
CHIANG MONLIN, 284, 287, 288.
ch'ien-chuang (« banques indigènes »), 95.
CH'IEN-LUNG, Empereur, 36, 62, 68, 153 ; « Les Dix Grandes Campagnes de l'- », 62, 156.
CH'IEN TUAN-SHENG, 411.
CH'IN (dynastie des), 122, 354, 482.
chin-lien (« lotus doré » ou « lis doré » ; petit pied), 108. *Voir aussi* Pieds bandés.
chin-shih (« diplômé métropolitain »), 191.
chin-wen (version des Classiques du Nouveau Texte), 155.
China Daily, 412.
Chine du Nord, 176, 203, 253 ; l'agriculture en -, 16, 21 ; les débuts de la civilisation chinoise en -, 19, 33 ; les Mandchous en -, 35 ; les rébellions en -, 40, 125, 162, 173, 201, 203 ; l'armée de -, 227, 260 ; les seigneurs de la guerre en -, 253 ; le PCC en -, 346, 347, 348, 350, 351, 368, 369, 388 ; le KMT en -, 348, 369.
Chine du Nord-Est. *Voir* Mandchourie.
Chine du Sud, 21, 41, 124, 169, 203 ; les fermiers locataires en -, 114 ; Sun Yat-sen en -, 219 ; l'ALN en -, 389.
CH'ING (dynastie des), 33-62, 123-124, 179, 211, 402, 515 ; les eunuques sous les -, 46 ; la modernisation et les -, 67, 178, 512 ; la dynastie Ming et les -, 78 ; les investissements sous les -, 96 ; le déclin des -, 99, 101, 235 ; la politique maritime des -, 131, 176, 211-212 ; la politique étrangère des, 131-134, 138-139, 160, 165, 177-178, 202-203, 204, 213, 491 ; la Guerre de l'Opium et les -, 141, 143 ; les académies sous les -, 153-154 ; l'histoire militaire des -, 156 ; la réforme et les -, 226-227 ; les réformes juridiques sous les -, 501.

ch'ing-i (style de « pure discussion »), 194, 500.
Ching-kang-shan (montagnes), 321, 424.
CHING-TE-CHEN, 37, 78.
CHINGGHIS KHAN (Gengis Khan), 34, 57, 129, 135.
Chinois d'outre-mer, 211-213, 263 ; à Hawaï, 217 ; le mouvement de K'hang et Liang et les -, 219 ; et Sun Yat-sen, 224.
CHOU (dynastie des), 122.
CHOU EN-LAI, 333-336 ; Premier ministre, 333, 393, 468, 477 ; éducation de -, 334 ; et Chiang Kai-shek, 335 ; et Mao, 335-336, 338, 450, 457, 470, 477 ; et les négociations avec le KMT, 338 ; à Chungking, 345 ; et le GBA, 426 ; la tournée en Afrique de -, 442, 464 ; et les militaires, 452 ; le rôle de - dans la Révolution Culturelle, 457-458, 465, 468, 469, 470 ; maladie de -, 470, 476 ; mort de -, 477. *Voir aussi* Quatre Modernisations.
Christianisme, 41, 48, 136, 188 ; Taiping, 115-117, 121-122, 126, 127, 169, 189, 362 ; nestorien, 127 ; impact du - sur la Chine, 127, 179, 185-191, 201, 257, 258-259 ; et confucianisme, 189, 190-191, 353 ; la révolte des Boxers et le -, 201, 202.
ch'üan (art de combat ou de la boxe), 201.
CHU CHIA-HUA, 319.
CHU-HSI, 23, 90, 108, 403.
CHU TE, 321, 336.
CHU YAN-CHANG, 115.
Chungking : le gouvernement nationaliste à -, 261, 340-345, 347, 411, 412 ; bombardement de - par les Japonais, 341 ; l'attitude des USA vis-à-vis de -, 364, 365.
chün-dhsien (commanderies et comtés), 354.
Cigarette (industrie étrangère de la), 258.

Cinq classiques (Les), 48.
Cinq Martyrs, 323.
Citations du Président Mao (Les), 460.
Classique en trois caractères (Le), 274, 360.
Classique Trimétrique (Le) (Santzu ching), 188.
Comité consultatif du peuple chinois, 392.
Commerce, 20, 25-26, 78-80, 130-131, 145-150, 310 ; extérieur, 37, 59, 145-149, 162-163, 257, 491, 495, 501, 518 ; le système du tribut et le -, 60 ; développement du -, 73, 84, 90-93, 99, 100 ; et libre-échange, 78 ; libération du -, 145, 146 ; les transports par eau et le -, 88 ; le marché national chinois et le -, 89 ; du thé en bloc avec la Russie, 93 ; et modernisation, 149-150.
Commission sino-américaine pour la reconstruction rurale, 378.
Commission des Affaires Militaires (CAM), 394, 451.
Commission des Ressources Nationales (CRN), 319-320, 341, 379, 397.
Communes, 421, 442, 487.
Communications, 38, 207, 313, 479 ; et édition de livres, 207-208, 278 ; et journalisme, 208-209, 216 ; Shanghai, centre des -, 256.
Compagnie de navigation à vapeur des Marchands chinois, 170.
Compagnie des Indes Orientales, 88, 93, 134, 187 ; les marchands du Co-hong et la -, 145.
Compagnie de tabac des frères Nanyang, 213, 258.
Compradores *(mai-pan)*, 145-146, 170, 215.
Confucianisme, 52, 60-61, 104, 132, 244, 266, 295 ; les classiques du -, 18, 23, 47-48, 195-196, 220, 274 ; les valeurs du -, 26, 52, 54, 60-61, 123-124, 153,

221, 247, 265, 266, 323, 360, 511 ; les Mandchous et le -, 35, 44 ; le « gouvernement par la vertu » et le -, 61, 221, 247 ; les cinq modes de relation confucéens, 69 ; la Doctrine des Trois Liens et le -, 80 ; l'« esprit communautaire » du -, 91 ; l'Islam et le -, 128, 135-136 ; le christianisme et le -, 128, 186, 187, 189, 190, 283 ; la guerre et le -, 168 ; la modernisation et le -, 175, 195, 196, 199, 246-247 ; réinterprétation du -, 196, 199 ; Yuan Shih-k'ai et le -, 251 ; la lutte contre le -, 272 ; l'effondrement du -, 274, 402, 473 ; Chiang Kai-shek et le -, 316 ; la République populaire et le -, 401, 501, 505, 506 ; l'éducation et le -, 433 ; les distinctions de classe et le -, 518.

CONFUCIUS, 22, 48, 61, 158, 160, 196, 197 ; et les missionnaires, 186 ; et les réformes, 196 ; et la Révolution Culturelle, 470.

CONGER, Sarah Pike, 204.

Congrès national du Peuple, 394, 502.

Constitution, 222, 229, 248-249, 325, 495.

Contradiction, 78, 363.

Coopératives de producteurs agricoles (CPA), 386, 395-396, 418, 419.

Corée, 232, 466 ; et le système du tribut, 60, 131, 165 ; et l'impérialisme japonais, 166, 174, 176, 178, 516.

Corruption, 62, 70, 73, 85, 100, 101, 114, 498, 519.

Coton, 78, 89, 204, 231.

Crédit, 94, 95-96.

Culture classique, 152-155, 272.

Dalai Lama, 57, 242.

Darwinisme social, 158, 196, 265, 295, 402.

Démocratie, 248, 289, 506 ; les réformistes et la -, 221-222 ; le concept chinois de -, 222-223, 349 ; dans la République chinoise, 251, 302 ; le concept nationaliste de -, 344 ; le « centralisme démocratique », 349, 447.

DENG (ou TENG HSIAO-P'ING), 161, 205, 245, 388, 408, 477 ; et l'idée de démocratie, 221 ; et Chou En-lai, 336 ; pendant la guerre civile, 377 ; après le GBA, 428-429 ; et la lutte entre les deux lignes, 432 ; et la Révolution Culturelle, 457, 460, 474, 476, 477 ; dans la hiérarchie du PCC, 476-477 ; les réformes de -, 481-507, 510 ; en voyage aux USA, 482-483 ; et la politique de « porte ouverte », 483, 490-491, 495, 500.

Deuxième Guerre mondiale, 343, 346, 364-371, 412, 441.

Développement économique, 151, 387, 416, 422 ; dans l'agriculture, 486-490 ; dans l'industrie, 490-496. *Voir aussi* Commerce.

DEWEY, John, 284, 287-290.

Diplômés, 48, 72, 99, 170, 179, 230.

Douanes Maritimes Impériales (service des), 146, 148, 163-164, 180, 254-255 ; commissaires des -, 232, 254-255, 256 ; revenus tirés des - par le KMT, 313, 340. *Voir aussi* Hart, Roger.

Double Dix (10 octobre 1911), 236.

DUKE, James B., 258.

DULLES, James Foster, 436.

École Han, 155.

École Sung, 155, 196. *Voir aussi* Néo-confucianisme.

Écologie, 19-20.

Économie, 151, 389, 399, 428-429, 490-496 ; développement de l'-, 77, 84, 98, 99, 152 ; la gestion nationaliste de l'-, 370-371 ; sous la République populaire, 387, 388, 399. *Voir aussi* Développement économique.

Écriture (système d'), 18, 22, 65, 69 ; mandchoue, 36 ; et instruction fonctionnelle, 105 ; et érudition classique, 105.

Éducation : des Chinois aux USA, 269, 270, 271, 272, 276 ; missionnaires, 274 ; tradition classique de l'- chinoise, 274-275, 402-403, 405 ; des masses, 286-287, 405, 433 ; le mouvement du « Petit Professeur » dans l'-, 288 ; la démocratie et l'-, 288-289 ; sino-libérale, 340, 406 ; dans la République populaire, 401, 405-408, 518 ; imitation de la Russie dans l'-, 405, 433 ; et système « travail-étude », 433, 434 ; la Révolution culturelle et l'-, 444, 454.

Égalitarisme : dans la révolte des Taiping, 114, 120 ; dans la République populaire, 396, 417, 421, 441, 488, 499 ; et révisionnisme, 431 ; de Mao, 446, 467, 478, 499 ; dans les communautés paysannes, 490, 518.

EISENHOWER, Dwight, 438.

ELIOT, Charles W., 252.

Élite, 18, 23 ; lettrée, 22, 47, 49, 405 ; la conquête mandchoue et l'-, 38 ; la révolution et l'-, 41-42, 225, 233-235, 236, 268, 405, 417, 446, 447, 514 ; les missionnaires et l'-, 185, 187 ; la République populaire et l'-, 405-406, 435, 446 ; bureaucratique, 510, 511 ; activisme de l'-, 513, 514.

ELLIOT, Capitaine Charles, 77.

Empire ottoman, 25.

Empire romain, 25, 47, 58, 126, 134.

ENGELS, Friedrich, 363.

Équipes de production, 396, 423, 489, 490.

États-Unis d'Amérique : comparés à la Chine, 16-17, 18, 42 ; l'« ouverture de la Chine » et les -, 142, 143, 166 ; au Vietnam, 165, 350 ; l'immigration chinoise et les -, 212 ; la Guerre froide aux -, 379, 385 ; les étudiants chinois aux -, 172, 232, 269-271, 276 ; influence sur la Chine des -, 221, 287, 288, 289, 290, 291, 364, 435-436 ; l'aide au gouvernement nationaliste des -, 300, 364-370, 378 ; le War Information Office des -, 412 ; la Révolution culturelle et les -, 465, 467 ; la normalisation des relations entre la Chine et les -, 482 ; la politique de Porte ouverte aux -, 491.

Étudiants « revenus », 270-271, 286 ; d'Amérique, 272 ; de Russie, 291 ; sous la République populaire, 406.

Eunuques, 45-46.

Europe, 28, 29, 52, 58, 126 ; écologie de l'- comparée à celle de la Chine, 20, 21 ; expansion de l'-, 20, 21, 25 ; civilisation de l'- comparée à celle de la Chine, 23, 25, 28, 54, 66, 77, 97, 152, 166 ; en Asie du Sud-Est, 212 ; la Guerre mondiale en -, 250, 310. *Voir aussi* Commerce.

Évolution (théorie de l'), 74, 294.

Examens (système des), 23, 47-54, 115, 129, 147, 203 ; les empereurs mandchous et les -, 35, 153-154 ; la « composition en huit parties » dans les -, 51 ; la corruption dans les -, 53 ; abolition des -, 73, 216, 226, 268, 275 ; l'orthodoxie et les -, 80, 403 ; les distinctions de classe et les -, 92, 106, 275 ; les quotas dans les -, 99 ; les sciences dans les -, 168-169 ; les étudiants chinois aux USA et les -, 172, 270-271 ; la lutte contre les -, 198 ; les administrateurs et les -, 191, 192, 243, 276, 334 ; les manifestations et les -, 277.

Expédition vers le Nord, 264, 293, 300, 303, 307, 313, 329, 449, 514.

Extraterritorialité, 142, 163, 187, 256, 259, 282, 500.

fa-cheng, hosei (droit et administration), 276.

Famille, 21-22, 78, 80, 111 ; dans le mouvement Taiping, 121-122 ; application militaire du système familial, 124 ; dans le mouvement de la Nouvelle Culture, 267, 273 ; sous le KMT, 312 ; sous la République populaire, 391 ; après la Révolution culturelle, 479 ; la campagne pour un enfant par couple et la -, 503.

Famine, 104, 201, 344, 415, 425.

FANG HSIEN-T'ING (H. D. FONG), 283.

Femmes : dans la révolte du Lotus Blanc, 101 ; l'instruction fonctionnelle et les -, 105 ; la sujétion des -, 106-113, 171 ; dans la révolte des Taiping, 121 ; la réforme des années 1890 et les -, 199 ; l'émancipation des -, 200, 391 ; l'éducation et les -, 278 ; pendant le GBA, 427. *Voir aussi* Pieds bandés.

FENG YÜ-HSIANG, 260.

Féodalisme *(feng-chien)*, 204, 295, 311, 354-355, 356, 512.

Fermiers, 41, 81, 114, 234, 298, 442 ; sous le Gouvernement nationaliste, 316, 344 ; sous la République populaire, 395, 423 ; les réformes de Teng Hsiao-p'ing et les -, 488-490.

Fiction (moderne), 209.

FLECHTER, Joseph, 141.

Fleuve Han, 88-89.

Fleuve Huai, 151.

Fleuve Jaune, 19-20, 102, 129, 151, 321, 336, 375.

Folklore, 273.

Fonctionnaires, 46, 70, 152, 177, 178, 403, 417 ; richesse des -, 71, 102-103 ; les relations des - avec l'empereur, 72 ; le commerce et les -, 148-149 ; sous la République populaire, 475-476, 517. *Voir aussi* Gentry ; Lettrés.

Fondation chinoise pour l'Éducation et la Culture, 276, 285.

Fondation Ford, 385.

Fondation Rockefeller, 276 ; 283-285.

Fonds de secours des Nations Unies en Chine, 370.

FOOCHOW, 87, 146.

FORBES, John Murray, 19.

FORTUNE, Robert, 87.

France, 61, 142, 143, 174, 178, 190, 277 ; la révolte des Taiping et la -, 122, 123, 158-159 ; au Vietnam, 158, 165.

Front Uni : Premier - KTM-PCC, 293-308 ; Deuxième, 337-338, 345.

Fudan (Université de), 281.

Fukien (Province du), 84, 108, 127, 156, 173.

FULLBRIGHT, Sénateur J. W., 269.

Gardes rouges, 443, 444, 445, 454, 459-461, 462-463, 464, 465, 466, 467 ; Mao et les - 473, 518.

GBA, *voir* Grand Bond en Avant.

GENGIS KHAN voir Chingghis Khan.

Gentry : petite -, 72, 73, 179, 234-235, 417, 439-440, 511 ; haute -, 72, 179, 440, 515 ; les marchands et la -, 92, 179, 228, 230, 234-235, 261 ; les Taiping et la -, 120, 189 ; la révolution et la -, 225, 230, 234-235 ; la réforme et la -, 230 ; les assemblées provinciales et la -, 233-234, 248 ; les cadres et la -, 417, 511. *Voir aussi* Élite.

GEORGE, Henry, 223.

GIBBON, Edward, 126.

GOODNOW, A. J., 252.

GORDON, C. G. (Pacha), 159, 164.

Gouvernement : local, 72 ; absence de réaction du -, 73 ; et changement, 77, 99 ; et rébellion, 114.

Gouvernement de coalition, 366-367.

Gouvernement Nationaliste, 121, 253, 281, 310-313, 436 ; composition du -, 267-268, 276-277, 313-314 ; l'éducation sous le -, 276, 277, 289, 341 ; à Canton, 300-307, 313 ; la clique de Whampoa dans le -, 305, 318 ; financement du -, 316, 341, 399 ; l'administration sous le -, 316-318 ; la Commission des Affaires Militaires dans le -, 317, 319 ; la clique des Sciences Politiques dans le -, 318 ; le militarisme du -, 319, 320, 329, 335, 342, 514 ; à Chungking, 340, 341-343, 345, 365, 369 ; le Conseil politique populaire dans le -, 344 ; la guerre sur deux fronts et le -, 345 ; l'aide américaine au -, 364-370 ; les échecs politiques du -, 371-373 ; la réforme juridique du -, 501.

Grand Bond en Avant (GBA), 386, 387, 401 ; le contexte du -, 410, 415-418 ; Mao et le -, 419-424, 428-429, 482 ; conséquences du -, 424, 427, 453, 454 ; l'éducation et le -, 433, 435 ; les critiques de Khrouchtchev sur le -, 437 ; dans l'histoire, 438-442.

Grand Canal, 47, 102-103, 129 ; les transports de céréales sur le -, 15, 37, 47, 88, 151, 156, 255 ; reconstruction du -, 441.

Grand Conseil, 36, 55, 164.

Grande-Bretagne : l'« ouverture de la Chine » et la -, 19, 141, 145, 156, 178, 214 ; en Inde, 38, 134, 143 ; la révolte des Taiping et la -, 123, 158-159, 162 ; le commerce de la Chine et la -, 134, 137, 139 ; la guerre de l'Opium et la -, 139, 140, 152 ; les étudiants chinois en -, 276 ; incendie de l'ambassade de - pendant la Révolution culturelle, 465. *Voir aussi* Boxers (révolte des).

Grande Étude (La), 220.

Grande Révolution Culturelle Prolétarienne (GRCP), 387, 443-479 ; les « Quatre Vieilleries » dans la -, 445, 517 ; la « Prise de pouvoir » dans la -, 445, 461-463, 473 ; principales phases de la -, 444-445 ; le pouvoir personnel de Mao dans la -, 445-449, 458-461, 515, 516 ; le rôle de l'ALN dans la -, 449-453, 454, 462, 473 ; le rôle de la jeunesse étudiante dans la -, 453-455 ; phase préparatoire de la -, 455-458 ; les 50 jours dans la -, 457 ; les relations extérieures pendant la -, 463-467 ; le « Groupe du 16 mai », 467 ; la lutte pour la succession, 468-470 ; vision rétrospective de la -, 470-476, 484 ; les « meetings de lutte » dans la -, 471-472 ; les effets de la -, 476-479 ; la loi sous la -, 503.

Grand Secrétariat, 55.

GRANT, Ulysses, 166.

GRCP, *voir* Grande Révolution Culturelle Prolétarienne.

Groupe Central de la Révolution culturelle, 457, 459, 462, 470, 477. *Voir aussi* Bande des Quatre.

Guerre de Corée : entrée de la Chine dans la -, 66, 390.

Guerre de l'Opium, 56, 68, 76, 77, 78, 128, 138, 139 ; l'émergence du capitalisme et la -, 79 ; victoire britannique dans la -, 128 ; la réforme et la -, 194.

Guerre froide, 379, 385, 436.

Guerre russo-japonaise de 1904-1905, 178, 229, 253.

Guerre sino-japonaise de 1894-1895, 76, 176, 177.

Guillaume II, 202.

Guildes, 90-92, 94, 96.

HAI LU-FENG, 327.

HAKKAS, 107, 116, 124, 219.

HAN (dynastie des), 122, 126, 482 ; la bureaucratie sous les - ; 22-23 ; comparaison avec l'Empire romain, 25 ; l'Asie

Centrale sous les -, 33, 58, 134 ; les textes confucéens sous les -, 48, 195-196 ; comparaison avec l'ascension de Mao, 333 ; les expéditions militaires des -, 504.

hang (société familiale), 86.

HANGCHOW, 37, 148, 153, 159, 211, 334 ; les manufactures de soie de-, 37, 78.

Hangkow, 87-89, 90, 219 ; les marchands de sel à -, 86 ; la guilde Hui-chou à -, 90 ; la guilde du Shensi et du Shansi à -, 91 ; la Nouvelle Armée à -, 236.

HART, Robert, 163-165, 168, 171, 176, 203 ; à propos de Li Hung-chang, 203. *Voir aussi* Douanes Maritimes Impériales (service des).

Hebdomadaire de l'ouvrier chinois (L'), 287.

« High-level equilibrium trap », 79.

Histoire (de la Chine), 24-25, 29, 66-67, 75-80. *Voir aussi* Sinologie.

HOBSON, John, 76.

HO KAI, Dr, 214, 217.

HO LIEN (Franklin Ho), 283.

Hollandais, 26, 131.

Honan (province du), 18, 344.

Hong Kong, 143, 194, 214, 215, 232 ; les Britanniques à -, 156, 162 ; et Sun Yat-sen, 217, 219 ; les marchands chinois à -, 258 ; la prise de - par les Japonais, 341.

HOOVER, Herbert C., 171.

HO-SHEN, 62.

hou-pu (aspirants fonctionnaires), 99.

HOWQUA, 154.

hsiang (arrondissement ou municipalité), 498.

hsiao-tsu (cellule), 297.

hsien (comté), 179.

hsin-min (« un nouveau peuple » ; « renouveau du peuple »), 220.

HSIUNG-NU, 33.

HSU CHI-YÜ, 156.

HUA KUO-FENG, 477.

Hua-Hai (bataille de), 376.

Huang Ch'ing ching-chieh, 154.

HUANG HSING, 225, 236, 247, 249.

HUANG TSUNG-HSI, 222.

Huit Bannières (régime militaire des), 34.

Huitième armée de route, 345, 351. *Voir aussi* Armée Rouge.

Huit Trigrammes (rébellion des), 39-40, 201.

Hunan (province du), 88, 123, 161 ; Mao dans le -, 325-326, 327 ; mouvement pour un gouvernement autonome dans le -, 325-326 ; collège autodidacte du -, 326.

HUNG HSIU-CH'UAN, 115-122, 125, 213, 214, 362.

HUNG JEN-KAN, 121.

Hupei (province du), 100, 154.

HURLEY, Général Patrick J., 367.

HU SHIH, 269, 272, 273, 288, 290, 296, 403.

i-ho (justice et harmonie), 201.

I-ho ch'üan, voir Boxers (révolte des).

i-hsueh (« écoles charitables »), 154.

Ili (région de l'), 58, 135, 174, 178, 243.

Impérialisme, 67-68, 73, 76, 142, 201 ; et développement de la Chine, 79, 158 ; et capitalisme, 79, 328, 516 ; féodalisme interne et -, 204, 295 ; et la révolution, 223, 224, 241, 250, 303, 479, 500 ; et nationalisme, 293, 304, 306 ; et exploitation des paysans, 328, 329 ; conception léniniste de l'-, 328 ; intellectuel occidental, 512. *Voir aussi* Traités inégaux.

Impôts, 180, 228-225 sous la dynastie Ch'ing, 36, 37 ; la gentry et les -, 72, 73 ; et rébellion, 101 ; et évasion fiscale, 104, 228 ; le commerce de l'opium et les -, 123 ; sur le commerce étranger, 148-149, 203 ; la réforme des -, 228, 235 ; sous le régime nationaliste, 344-345 ; sous la République populaire, 399. *Voir aussi* Douanes Maritimes Impériales (service des) ; Taxe foncière.

Incident du 5-Avril, 477.

Inde : la Chine et l'-, 25, 58, 66, 196 ; le commerce du thé et l'-, 87, 93 ; les Anglais et l'-, 134, 173 ; le commerce de l'opium et l'-, 212.

Indemnité Boxer, 203, 269, 276, 283.

Indonésie, 25, 464.

Industrialisation, 97-98, 487, 490-496 ; sur le modèle soviétique, 388, 397, 400, 419 ; les débuts de l'- sous la République populaire, 397-401, 416 ; le système de responsabilité dans l'-, 493-494, 506-507 ; et biens de consommation, 493, 494.

Infrastructure, 76, 96, 487, 495.

Institut d'exploration géologique chinois, 285.

Institut national du mouvement paysan, 327, 328.

Instruction, 22, 105-106, 274-275 ; et culture classique, 70, 105-106 ; dans les villages, 277, 312 ; sous le KMT, 342 ; sous le PCC, 390, 398 ; l'État et l'-, 402-403. *Voir aussi* Écriture (système d').

Intellectuels : face aux Taiping, 116 ; sous la République populaire, 401-409, 431, 505 ; pendant la Révolution culturelle, 444, 455-456, 460, 467, 518 ; les enfants des -, 435 ; l'encouragement des - après Mao, 506 ; dans la lutte des classes, 515. *Voir aussi* Campagne « antidroitiers » ; Cent Fleurs (campagne des) ; Lettrés.

Islam, 58, 127-128, 135, 136.

Ito Hirobumi, 176, 177, 229.

i-yuan hua (intégration), 346.

Jahangir, 136-138, 173.

Japon : le shogunat Tokugawa au -, 25, 131 ; l'Occident et le -, 68, 158, 166 ; la victoire de 1895, 76, 166, 192 ; le commerce avec le -, 87, 131 ; le commerce du thé et le -, 94, 173 ; l'ère Meiji au -, 96, 169, 176, 196, 481-482, 516 ; le - à Taiwan, 158, 378 ; l'invasion de la Chine par le -, 158, 222, 282, 304, 309-310, 313, 319, 320, 336, 339, 346, 350-351, 514 ; l'impérialisme du -, 165, 174, 177, 178, 250 ; le commerce de la soie et le -, 173 ; influence sur la Chine du -, 196, 214, 221, 405 ; les « panasiatiques » au -, 218 ; les étudiants chinois au -, 219, 222-223, 224, 225-226, 275, 295 ; la constitution du - ; comme modèle pour la Chine, 229 ; le - au Shantung, 263, 310 ; le front uni des Chinois contre le -, 337-338, 345, 347 ; la reddition du -, 367, 368, 370 ; la Révolution culturelle et le -, 466. *Voir aussi* Guerre sino-japonaise de 1894-1895.

Jardine, Dr William, 141.

Jardine, Matheson and Company, 141, 150, 171.

Jésuites (missionnaires), 26, 78, 110, 130, 188, 280.

jin-riki-sha (« charrettes agies par l'homme »), 214.

Jonques, 78, 84, 88, 149, 255.

Journal du Peuple (Le) (Minpao), 225.

Juan Yuan, 154.

Kaiping (mine de charbon de), 171.

kang (droits), 85.

K'ang-hsi, Empereur, 35, 36, 45, 46, 110 ; le règne de -, 61-62, 510 ; et les Mongols, 132 ; et les académies, 153.

K'ang Yu-wei, 194-195, 196-200, 212, 246, 266 ; *Étude des classiques falsifiés au cours* de *l'époque Hsin,* 196 ; *Étude de la réforme des institutions de Confucius,* 196 ; et la théorie des Trois Ages, 196, 294 ; et la réforme, 196-198, 199-200, 205 ; en fuite au Japon, 198, 218 ; *Ta-tung shu (Le Grand État ; Un monde),* 199, 200 ; l'utopisme de -, 199, 200, 294.

Kansu (province du), 125, 127, 243.

k'ao-cheng (recherche objective), 155.

KASHGAR, 58, 128, 135, 136, 137, 138, 142, 173 ; sous la République chinoise, 243.

KAWARAMI, Hajime, 334.

KELLOGG, Mary Louise, 172.

KHODJAS (familles saintes), 136.

Kiangsi (province du), 154, 321, 323, 332, 336 ; la guerre de guérillas dans le -, 329-330, 450.

Kiangsu (province du), 50, 52, 84, 86, 88, 161, 231, 374 ; l'Association éducative provinciale du -, 284.

KISSINGER, Henry, 165, 467, 470.

KMT, *voir* Kuomintang.

KOKAND, 136-138, 141, 173.

Komintern (Internationale communiste), 301 ; le PCC et le -, 290, 294, 297, 322, 323, 332, 337, 416 ; la révolution chinoise et le -, 324, 326, 329 ; Mao et le -, 338, 347.

k'o-shang (marchands invités), 87.

KOXINGA, 131.

KROPOTKIN, Peter, 272, 291, 295, 324.

KHROUCHTCHEV, Nikita, 431, 438.

KUANG-HSU, Empereur, 197-198.

kuan-hsi, guanxi (relations personnelles), 518.

kuan-hua (langue officielle), 106.

KUBILAY KHAN, 34, 102, 135.

KUNG, Prince, 164.

KUO, P. W., 284, 288.

Kuomintang (KMT, Parti national du peuple), 216, 264, 288, 297, 317, 355, 379 ; les origines du - dans la Ligue Jurée, 225, - 248 ; Yuan Shih-k'ai et le -, 249-250 ; dictature du -, 267-268, 294, 314-315, 412, suppression du PCC par le -, 298, 306, 308, 314 ; l'Union soviétique et le -, 300-302, 307-308, 319, 323 ; renversement de l'image historique du -, 309-310, 314 ; vu par les étrangers, 312 ; le front uni avec le PCC, 327, 329, 337, 338, 341, 345, 351, 356, 363, 366 ; la Chine libre du -, 339-341 ; les paysans sous le -, 342-343 ; l'inflation sous le -, 344, 345 ; la clique des Sciences Politiques dans le -, 412.

Kwangsi (province du), 116, 117, 343.

KWEICHOW, 125, 127, 137, 332.

Lamaïsme (secte jaune du), 57.

Langue, 278 ; mandchoue, 36 ; les missionnaires et la -, 188-189, 353 ; classique, 272 ; courante, 272-273.

LEGGE, James, 205.

LÉNINE, 76, 301, 306, 356, 474 ; et la Révolution chinoise, 216, 297, 298, 303, 308, 328.

Lettrés, 47, 106, 116, 151, 169, 191-294 ; supervision gouvernementale des -, 154 ; la réforme et les -, 191-200, 219-220, 230-231, 265-266, 272, 402-403 ; la révolution et les -, 324 ; l'État et les -, 402-403 ; les deux groupes de -, 357 ; la République populaire et les -, 474-476. *Voir aussi* Examens (système des) ; Fonctionnaires ; Intellectuels.

li (le principe, la forme), 61, 512.

LIANG CH'I-CH'AO: le darwinisme social de -, 196 ; et l'utilisation de la presse, 197, 208 ; en exil au Japon, 198, 209, 218 ; et le savoir occidental,

220-221 ; et la démocratie, 221-222, 252 ; et la révolution, 222, 224 ; et les partis politiques, 246 ; sur la démoralisation de la Chine, 260 ; et le « familisme » *(chiatsu chu-i)*, 265 ; et la Conférence de la Paix de Versailles, 266.
LIANG FA, 115.
LIANG SHU-MING, 287.
Libéralisme (Sino-), 267-269, 516 ; l'État et le -, 268 ; d'inspiration américaine, 284, 320, 518 ; dans la République chinoise, 340, 341, 342, 379, 514 ; le KMT et le -, 344, 359, 372, 379 ; le PCC et le -, 359 ; la République populaire et le -, 411, 412, 430, 518 ; la Révolution culturelle et le -, 475.
Libéralisme (occidental), 220, 221, 248, 269, 290, 512, 516.
LI CHAO-LO, 132.
LI CHI, 286.
li-chia (structure regroupant les familles), 416.
LI HUNG-CHANG, 160-162, 164-177, 197, 213, 232 ; et Robert Hart, 164-165 ; comparé à Bismarck, 166-167 ; et la technologie occidentale, 168 ; et le capitalisme industriel, 172-173 ; et la guerre sino-japonaise de 1894-1895, 175-177 ; et la réforme, 194, 197-198, 484 ; et la révolte des Boxers, 202-203 ; et Sun Yat-sen, 217 ; et Yuan Shih-k'ai, 227, 245.
likin (li-chin) (impôt du « millième »), 123.
« Ligne de masse », 349, 362.
Ligue des écrivains de gauche, 359, 404.
Ligue Jurée ou Ligue pour l'union des révolutionnaires *(T'ung-meng hui)*, 224, 225, 236, 248, 271, 305, 313. *Voir aussi* Kuomintang.
LIN PIAO: et la bataille du Nord-Est, 374, 450 ; et Mao, 388, 429, 453, 464 ; pendant la Révolution culturelle, 456, 459, 470, 479 ; et la lutte pour la succession, 468-469.
LIN TSE-HSU, 140, 143, 152, 156.
LIPPMANN, Walter, 290.
LI TA-CHAO, 295, 296.
Littérature : populaire, 273 ; révolutionnaire, 358 ; contrôle de la - par le PCC, 359.
LIU SHAO-CH'I, 198, 337, 388, 393, 428, 429, 432 ; pendant la Révolution culturelle, 457, 458, 459, 460, 476 ; réhabilitation posthume de -, 483.
LIU TSUN-CH'I, 412.
Livre des Écrits (Le) (Shang-shu), 155.
Livre des Mutations, 39.
LO JUI-CH'ING, 456.
Longue Marche, 330-333, 336, 357, 420.
Lotus Blanc : révolte du -, 62, 97, 100-101, 137 ; religion du - *(Pailien chiao)*, 188.
lü-hou (souci de la postérité), 266.
LU HSUN, 298, 299, 357-359, 404, 472.
Lushan (réunion de), 424, 456.
LUTHER, Martin, 122.
Lutte des classes : théorie marxiste de la -, 295, 297 ; le PCC et la -, 297, 308, 327, 348, 413, 429, 515 ; et nationalisme, 306 ; soutien de Mao à la -, 328, 409, 429, 432, 448, 459, 478 ; l'abandon de la -, 408, 481, 482.
Lutte entre les deux lignes, 429, 432-435.

MCCARTNEY, Lord, 60.
MA HSIANG-PO (MA LIANG), 281.
Main-d'œuvre, 441, 487. *Voir aussi* Fermiers ; Paysans.
Maison Impériale (Département de la) : le Bureau des Comptes secrets, 37.
Mandat céleste, 54, 207, 388.
Mandchourie, 33, 34, 37, 43, 57, 194, 388 ; les Mandchous en -, 57, 388 ; le commerce en -, 79 ;

INDEX

l'émigration en -, 100 ; la Russie en -, 177-178, 293, 436 ; prise de la - par le Japon, 313, 319, 399 ; pendant la Deuxième Guerre mondiale, 368 ; la bataille de -, 374.

Mandchous, 25, 33-38, 43, 245 ; l'administration chinoise et les -, 57, 233 ; les Mongols et les -, 57-58 ; le lamaïsme et les -, 57, 59 ; l'Islam et les -, 58-59, 136 ; le gouvernement Ming et les -, 59 ; la rébellion contre les -, 100, 121, 223 ; le bandage des pieds et les -, 108 ; le nationalisme et les -, 114, 121, 207 ; la natte de cheveux et les -, 118 ; l'armée des -, 119 ; l'histoire de la Chine et les -, 185 ; le régionalisme et les -, 233. *Voir aussi* Ch'ing (dynastie des).

MAO TSE-TUNG, 38, 41, 42, 45, 168, 296, 309, 323-326 ; la pensée de -, 113, 117, 353, 362, 364, 390, 402, 429, 460, 463, 484, 507, 511 ; la démocratie vue par-, 221, 222 ; le pouvoir personnel de -, 267, 388, 393, 417, 446-449, 481 ; à l'époque de la République chinoise, 321, 323, 337-338, 366, 367 ; et les intellectuels, 324, 401-402, 408, 409-410, 422 ; et la mobilisation de la paysannerie, 326, 329, 337, 340, 349, 417-418, 422, 423, 450, 514, 515 ; et le marxisme, 326, 352-356, 361, 362, 366, 416 ; pendant la Longue Marche, 332-333, 336 ; à Yenan, 337-338, 346-348, 352, 356 ; essais et conférences de -, 353 ; et l'Union soviétique, 354, 356, 422, 428, 437-438 ; les campagnes de rectification de -, 356-357, 409-413, 432-433 ; la Nouvelle Démocratie, 355, 361, 363 ; la victoire de -, 376-377 ; la mort de -, 387, 467, 479 ; et le GBA, 419-424 ; dans l'histoire, 438-442, 478, 484, 509 ; pendant la Révolution culturelle, 443-480 ; la lutte pour la succession de -, 468-470. *Voir aussi* Parti communiste chinois ; République populaire de Chine.

Marchands, 75, 89, 93, 170, 179, 215-216, 234 ; de sel, 85-86 ; du Co-hong, 89, 145, 154 ; chinois d'outre-mer, 211-212 ; dans les années 1920, 298, 300, 303, 304, 311. *Voir ausi* Guildes ; Commerce.

Marine chinoise, 175-177, 282.

MARSHALL, général George C., 369, 370, 377.

MARX, Karl, 66, 128, 218, 363 ; *Le Manifeste du Parti communiste*, 200.

Marxisme-léninisme, 18, 65, 223, 267, 290, 295, 297, 322, 507 ; la guerre de l'Opium dans l'optique du -, 68, 78, 139, 141 ; sinisation du -, 117, 352-357, 362-363, 366, 416, 511, 517 ; la modernisation de la Chine et le -, 158, 511 ; et impérialisme, 67, 68, 204 ; le KMT et le -, 310 ; Mao et le -, 326, 352-357, 362-363, 366, 416 ; les intellectuels chinois et le -, 474-475.

MATEER, Calvin, 207.

MEADOWS, Thomas Taylor, 121.

MENCIUS, 331, 360, 473, 518.

MIEN-NING, Prince, 40. *Voir aussi* Tao-Kuang, Empereur.

Militaires, 34, 47, 101, 124, 227, 235 ; statut des -, 215, 227 ; la révolution et les -, 227, 305 ; la République populaire et les -, 394, 429, 452, 504 ; la Révolution culturelle et les - ; 435-446, 462-463, 466, 467 ; les réformes de Teng Hsiao-p'ing et les -, 485. *Voir aussi* Technologie.

min-ch'uan (droits du peuple au pouvoir, démocratie), 223.

MING (dynastie des), 25, 60, 101, 102, 105, 211, 244, 491 ; explorations maritimes des -, 25, 504 ; la dynastie Ch'ing et les -, 33, 35, 39, 59, 78 ; les eunuques sous les -, 46 ; le système des examens sous les -, 51, 153 ; les Mongols et les -, 57, 132, 511 ; le bandage des pieds sous les -, 108 ; fondation en dynastie des -, 115, 333 ; la Corée et les -, 131 ; les luttes de faction sous les -, 153.

ming-fen (le respect du rang), 266.

Ministère de l'Éducation supérieure, 406.

Ministère des Finances, 37, 55, 85, 148.

Ministère des Travaux, 54, 148.

min-pan (écoles du peuple), 407, 433.

min-sheng (« subsistance du peuple », socialisme), 223.

min-tsu chu-i (le peuple et la race réunis en nation), 223.

Mission de la Chine Intérieure, 186.

Mission Dixie, 364.

Missionnaires, 75, 136, 179, 185-191, 210, 273, 278-282 ; les Taiping et les -, 121-122, 189, 362 ; la modernisation et les -, 179, 190-279, 280, 281 ; protestants, 185-191, 197, 210, 278, 279 ; catholiques, 186, 190, 280 ; la langue chinoise et les -, 188-189 ; la réforme et les -, 197, 210 ; la révolte des Boxers et les -, 202 ; les tracts des -, 208 ; les Nationalistes et les -, 366.

Modernisation, 23-24, 67, 72, 151-180, 309, 507 ; les changements socioculturels et la -, 19, 24, 73, 266, 509-510 ; réaction des paysans devant la -, 235. *Voir aussi* Développement économique ; Industrialisation.

Mongolie, 43, 47, 135, 241, 242, 291, 293.

Mongols, 33, 93, 115, 127, 132-133, 185 ; les Mandchous et les -, 33, 34, 35, 56, 57-58.

MORGAN, J. P., 221.

MORRISON, G. E., 186.

MORRISSON, Robert, 187.

MORSE, H. B., 171 ; *Les Relations internationales de l'Empire chinois,* 77.

MOTT, John R., 260.

Mouvement des activités à l'occidentale, 151, 175, 202, 484.

Mouvement du 4-Mai, 263-264, 269, 288, 296, 477 ; le nationalisme dans le -, 281, 293 ; Mao et le -, 324, 325, 515 ; Chou En-lai et le -, 334 ; vu par les marxistes, 356.

Mouvement pour le retour des droits souverains, 207, 233, 281, 312.

mu-fu (entourage), 154.

« Mur de la Démocratie », 506.

Musulmans, 125, 134, 243. *Voir aussi* Islam.

mu-yu (conseillers), 99, 155, 180.

Nanchang (soulèvement de), 335.

Nankai (université de), 282-283, 341 ; institut d'économie de -, 283.

Nankin, 50, 56, 115, 284 ; capitale céleste des Taiping, 119, 122, 125 ; le commerce extérieur à -, 138, 142, 148 ; le gouvernement de la République chinoise à -, 237 ; le KMT à -, 244, 264, 294, 307, 311, 312, 313, 340 ; l'École des mines et des chemins de fer de -, 358.

Nationalisme, 74, 200, 207, 210, 233, 264, 300, 302 ; la culture chinoise et le -, 44, 69, 261, 266 ; l'impérialisme et le -, 76, 241, 282 ; la révolution et le -, 114, 121, 210, 214, 402 ; les lettrés et le -, 196-197, 403 ; expression chinoise signifiant -, 223 ; les années 1920 et le -, 293-308, 311, 312 ; le Komintern et le -, 322 ; le communisme chinois et le -, 428, 436 ; la dynastie Ch'ing et le -, 514.

NEEDHAM, Joseph, 23.

nei-luan, wai-huan (« désordre interne, désastre externe »), 178.

Néo-confucianisme, 23, 154, 196.

New China Daily, 345.

NIEH JUNG-CHEN, 336, 388, 450.

Nien (révolte des), 125, 162, 173.

Ningpo, 84, 86, 87, 163, 334 ; la guilde des négociants en thés de -, 90 ; les banques à -, 95 ; le commerce extérieur à -, 146.
NIXON, Richard, 165, 467, 470.
Nouveau Texte (École du), 155, 195-196.
Nouvelle Armée, 236.
Nouvelle Culture (Mouvement de la), 265, 267, 273, 290, 296.
Nouvelle Démocratie, 347, 356, 390, 393, 478.
Nouvelles de l'Église (Les), 190.
NURHACHI, 34.

Occident, 26, 180 ; la technologie en -, 18, 20, 192 ; impact de l'-, 98, 114, 178, 192 ; étude de l'-, 151, 179 ; les idées de l'-, 237, 265. *Voir aussi* Europe, Grande-Bretagne ; États-Unis.
Okinawa (îles Liu-Ch'iu), 165, 166, 178.
Opium, 104, 139, 210, 232, 260 ; commerce de l'-, 19, 84, 89, 117, 139-140, 141, 142, 145, 257 ; légalisation du commerce de l'-, 123, 159 ; revenus apportés par l'-, 123, 340 ; importé d'Inde, 130 ; les tentatives pour mettre fin au commerce de l'-, 152, 156. *Voir aussi* Guerre de l'Opium.
ortaqu (marchands islamiques), 127.

PALMERSTON, Lord, 141, 152.
pao-chia (système de responsabilité mutuelle), 416.
pao-i (serfs), 37, 46.
pao-kan (système de « pleine responsabilité à la famille »), 489. *Voir aussi* Agriculture.
PARKES, Harry, 164.
Parti communiste chinois (PCC), 66, 222, 267, 506, 514-515 ; Chiang Kai-shek et le -, 159, 264, 306-308 ; le Mouvement du 4-Mai et le -, 264, 326 ; les lettrés et le -, 269, 272 ; l'instruction sous le -, 277 ; les gens du peuple et le -, 288 ; fondation du -, 290, 294, 297, 300, 302-303, 326 ; dans les années 1920, 293 ; triomphe du - en 1949, 294, 310, 356, 376, 388, 390 ; le Politburo du -, 297, 334, 388, 393, 425, 447, 457, 477 ; le KMT et le -, 297-308, 309, 314, 320, 323, 327, 389, 391 ; la stratégie des Soviétiques envers le -, 308 ; la défaite du -, 308-309 ; la paysannerie et le -, 322, 323, 327, 328, 345, 346, 347, 348, 349, 354, 478 ; la rupture du - avec le KMT, 329 ; la guerre de guérilla du -, 330, 449 ; le 6e Congrès du -, 337 ; le Front Uni avec le KMT contre le Japon, 338, 341, 345, 351, 356, 366 ; le territoire du -, 339 ; la guerre sur deux fronts du -, 345 ; augmentation des membres du -, 346 ; administration centrale du -, 346 ; consensus au sein du -, 353 ; le mouvement de réforme de la pensée et le -, 360-361 ; le 7e Congrès du -, 364 ; l'ascension vers le pouvoir du -, 373 ; conquête du Nord-Est par le -, 374-376 ; images du -, 379-380 ; le modèle soviétique et le -, 388, 419 ; XIe Assemblée plénière du -, 444, 459 ; le 9e Congrès du -, 445, 463 ; la GRCP et le -, 448-449 ; le 4e Congrès du -, 476 ; reconstruction du - sous Teng Hsiao P'ing, 483-485 ; le 12e Congrès du -, 485 ; Commision consultative centrale du -, 485 ; la loi sous le -, 502-503. *Voir aussi* Armée de Libération nationale.
PAULSEN, Friedrich : *System der Ethik*, 325.
Paysans : la réforme et les -, 235, 246, 318 ; la révolution et les -, 298, 354 ; le PCC et les -, 308, 322, 323, 326, 346, 514 ; le KMT et les -, 311, 313, 318, 344-345 ; l'attitude de Mao envers les -,

326, 328, 423, 427, 447, 515-516 ; le traitement des riches -, 329, 348, 373, 393, 395 ; la guerre de guérillas et les -, 330 ; la mobilisation des - par le PCC, 347-348, 349-350 ; le « prolétariat » marxiste et les -, 353-354, 361 ; sous la République populaire, 394-396, 410, 478, 510, 515-516 ; comportement des -, 413, 418, 434, 490, 518 ; pendant la Révolution culturelle, 454, 467. *Voir aussi* Agriculture ; Grand Bond en Avant ; Institut national du mouvement paysan.

PCC, *voir* Parti communiste chinois.

Peita, *voir* Université nationale de Pékin.

Pékin, 15, 16, 37, 43, 44, 151 ; le mausolée de Mao Tse-tung à -, 38 ; capitale de l'Asie orientale, 43 ; et la révolte des Taiping, 119, 159 ; l'occupation étrangère de -, 124, 157, 168, 202 ; et la révolte des Boxers, 201-203 ; le gouvernement d'Anfu à -, 263 ; l'entrée de Mao à -, 376.

Pekin Union Medical College (PUMC), 284.

P'ENG CHEN, 429, 456.

P'ENG P'AI, 327.

P'ENG TE-HUAI : et l'« Offensive des Cent Régiments », 350 ; commandant militaire sous le PCC, 388, 450 ; et les attaques de Mao, 425-426, 429, 456, 475.

Pétrole (industrie étrangère du), 258.

p'iao (système de tickets), º6.

PI-CH'ANG, 138.

Pieds bandés, 46-47, 106-113 ; opposition aux -, 112, 116, 210, 278.

PIERRE LE GRAND, 196, 291.

Pirates côtiers, 131, 132.

Plan d'aide à la Chine unifiée, 364.

Politique chinoise, 70-71, 244-249, 264-265. *Voir aussi* Constitution ; Démocratie.

POLO, Marco, 35, 135.

Population, 16, 21, 43, 73, 99, 114, 486, 513 ; doublement de la -, 66, 78, 83, 479 ; et main d'œuvre, 97, 103 ; et survie, 104-105 ; et moralité, 105 ; et révoltes, 100-101, 125-126 ; la campagne pour un enfant par couple et la -, 503.

Ports ouverts, 67, 73, 142, 211 ; les étrangers dans les -, 75, 79, 93, 126, 169, 211, 215, 255 ; le commerce extérieur et les -, 146, 399, 491 ; les douanes et les -, 163 ; l'urbanisation dans les -, 178 ; les missionnaires dans les -, 187, 190 ; le KMT et les -, 313.

POTTINGER, Sir Henry, 143.

Presse, 198, 208-209 ; censure de la -, 315.

Propriétaires (fonciers), 179, 230, 234 ; les paysans et les -, 114, 234 ; le KMT et les -, 311, 318, 340 ; le PCC et les -, 328, 329, 348, 349, 354, 373 ; sous la République populaire, 392, 395, 398, 479, 487, 490. *Voir aussi* Réforme agraire.

PRUITT, Ida, 111.

P'u-yi, 237.

Quatre Livres (Les), 48, 52.

Quatre Modernisations, 477, 481, 484, 516.

Quatre Principes fondamentaux, 507.

Quatre Vieilleries, 460.

Quatrième Armée, 351.

Quotidien du Peuple (Le), 412.

Rebelles révolutionnaires, 463. *Voir aussi* Gardes Rouges.

Rébellion des Trois Feudataires, 35.

Rébellion : le Mandat céleste et les -, 54 ; la croissance économique et les -, 99 ; la population et les -, 125-126 ; musulmanes, 128, 173, 174 ; et répression, 159, 178 : paysannes ; sous le KMT, 345.

Réforme : l'influence étrangère et la -, 73, 204-205 ; du monopole du sel, 85-86 ; les contributions chrétiennes dans la -, 185-188 ; et réaction, 185-204 ; les lettrés et la -, 194-198 ; Confucius et la -, 196-197, 199 ; de 1898, 198, 226, 275, 294 ; et tradition chinoise, 205, 211 ; opposée à révolution, 222-223 ; dans les années 1900, 226-229, 275 ; administrative, 228, 244-245 ; fiscale, 228-229 ; les paysans et la -, 235, 246, 318.

Réforme agraire, 329, 345 ; 348-349, 373, 439-440 ; les campagnes de la République populaire pour la -, 392, 395, 488-490. *Voir aussi* Agriculture.

Réforme de la pensée, 360, 404-407.

Règle d'évitement, 80.

Relations extérieures, 76-77 ; de la dynastie Ch'ing, 129, 132, 164-166, 176-178, 242 ; de la République chinoise, 241-244, 312 ; de la République populaire, 442 ; pendant la Révolution culturelle, 463-467 ; les réformes de Teng Hsiao-p'ing et les -, 482. *Voir aussi* Tribut (système du).

République chinoise (Première), 224, 241-244 ; politique de la -, 241-242, 244-249 ; les problèmes initiaux de la -, 241-262 ; le Parlement sous la -, 246, 248, 249, 250 ; les cabinets sous la -, 246, 247-248, 271 ; les élections sous la -, 248-249 ; la nouvelle société sous la -, 259 ; l'influence étrangère dans la -, 405.

République populaire de Chine, 74, 385-479 ; la centralisation dans la -, 38, 482 ; le 4e Congrès national du Peuple et la -, 476 ; les vétérans de la Longue Marche et la -, 333 ; études sur la -, 385 ; la période initiale (1949-1953), 388-393 ; les campagnes de masse sous la -, 392, 422-423, 432-433 ; la transition vers l'agriculture socialiste sous la -, 393-396 ; les débuts de l'industrialisation sous la -, 397-401 ; les Plans Quinquennaux sous la -, 399, 400-401, 493 ; le problème des intellectuels dans la -, 401-409 ; la campagne « antidroitiers » dans la -, 409-413 ; le Bureau central des Statistiques sous la -, 421 ; la décentralisation dans la -, 421-422 ; les communes dans la -, 421, 422, 423 ; les équipes de travail dans la -, 432-433, 457 ; la rupture sino-soviétique et la -, 435-438 ; la politique économique de la -, 493-496 ; la loi et la -, 501-503 ; considérée comme une dictature, 504-505. *Voir aussi* Agriculture : collectivisation de l'- ; Grand Bond en Avant ; Grande Révolution culturelle prolétarienne.

République soviétique du Kiangsi, 329.

Rêve dans le Pavillon Rouge (Le) 269.

Révisionnisme, 444, 447 ; l'attaque contre le -, 444 ; défini par Mao, 447, 459 ; le mouvement de masse contre le -, 459, 461.

Révolution et modernisation, 24, 211, 509, 510 ; et culture, 24, 68-69, 359, 509 ; l'histoire et la -, 29 ; théories de la -, 65-74 ; les racines de la -, 68-69 ; et systèmes politiques, 68 ; et nationalisme, 261 ; opposée à réforme, 222-223 ; anti-mandchoue, 223 ; idéologie et organisation dans la -, 321-322 ; communiste chinoise ; opposée à la -soviétique, 428 ; le passé de la Chine et la - ; 512. *Voir aussi* Parti communiste chinois ; Révolution nationaliste.

Révolution culturelle ; *voir* Grande révolution culturelle prolétarienne.

Révolution de 1911, 207 ; 235, 265.
Révolution française, 66, 97, 222, 272, 356.
Révolution industrielle, 97.
Révolution nationaliste, 264, 294, 311, 329.
Révolution russe, 66, 244, 267, 295, 301, 356.
Revue du Fleuve Hsiang (La), 321.
RICCI, Matteo, 280.
RICHARD, Timothy, 190.
RIPA (Père), 110.
Rituel des Chou (Le), 117.
Riz, 15, 20-21, 78, 83 ; cargaisons de -, 37, 89, 102, 151-152 ; 155 ; culture du -, 100, 457.
ROBERTS, Issachar Jacox, 115.
ROOSEVELT, Franklin D., 62, 198, 364, 367, 368.
ROOSEVELT, Théodore, 221.
Royal Dutch Shell, 258.
Royaumes Combattants, 48, 354.
RUBRUCK, William de, 127.
Rupture sino-soviétique, 435-438, 442, 466.
Russell & Company, 19, 147, 170.
Russie, 25, 93, 165, 242, 350 ; relations diplomatiques avec la -, 132, 167 ; en Asie Centrale, 174 ; influence de la - sur la Chine, 196, 290-291 - 293-294, 322, 323, 402, 405, 416, 435-436, 491 ; les seigneurs de la guerre et la -, 261 ; le Gouvernement nationaliste et la -, 300-304, 368 ; le satellite Spoutnik en -, 385, 437 ; les paysans riches *(kulaks)* en -, 394 ; le modèle de la - dans l'éducation, 405-406 ; l'armée Rouge de la -, 426, 449, 466 ; le bureaucratisme et la -, 448 ; la Révolution culturelle et la -, 465, 466 ; les combats de frontières entre la Chine et la -, 466. *Voir aussi* Révolution russe.

Science, 24, 168, 267, 270, 285, 312 ; et éthique, 325 ; et éducation, 288, 406 ; le concept du *yin* et du *yang*, 512.
Science, 285.
Sel (monopole du), 85-86, 129, 156, 170 ; l'Administration des revenus du -, 255.
Seigneurs de la guerre, 241, 252, 253, 259-261, 263, 274 ; l'origine des -, 235 ; les ports ouverts et les -, 255, 257, 310 ; les missionnaires et les -, 259, 279 ; le mouvement de la Nouvelle Culture et les -, 290 ; le KMT et les -, 294, 300, 302, 304, 311, 312, 314, 319, 340, 343, 365 ; le PCC et les -, 330.
SHANG (dynastie des), 18, 19, 68, 122, 286, 402.
Shanghai, 15, 16, 19, 95, 285 ; le commerce à -, 79, 84, 89, 138, 146, 256 ; et la révolte des Taiping, 119, 159, 160 ; les sociétés secrètes à -, 125 ; les étrangers à -, 162, 215, 255, 256, 257 ; les journalistes à -, 194, 208-209 ; la Concession française à -, 257 ; et les manifestations dans les années 1920, 303 ; l'offensive de Chiang Kai-shek sur -, 307 ; et le rôle de la pègre, 307, 311, 318, 365 ; pendant la Révolution culturelle, 456, 476 ; l'Arsenal de -, 172 ; le Tribunal mixte de -, 257 ; le Conseil municipal de -, 255, 256, 257.
Shanghai Club, 146, 256.
Shan-hai-kuan, 35.
shan-shui (« les monts et les eaux »), 16, 153.
Shansi (province du), 84, 95, 338.
Shantung (province du), 20, 102, 103, 152, 156, 287, 375 ; les Allemands au -, 201, 250, 266.
Shao-hsing, 95 ; la Guilde de -, 91.
sheng-chiao (« enseignement sacré »), 189.
SHEN PAO-CHEN, 19.
Shensi (province du), 100, 125, 127, 336, 373, 491.

Shimonoseki (Traité de), 177, 193.

shu (réciprocité), 266.

shu-yuan (académie), 153, 275, 326, 405.

Sian, 88, 202, 337.

Sinisation du marxisme, 352-353.

Sinkiang (province du), 174, 242-243.

Sinologie, 26, 65-74, 75 ; la théorie de l'« exceptionnalisme » et la -, 65, 67 ; l'analyse « sociologique comparée » et la -, 65 ; la théorie marxiste et la -, 65, 67, 68 ; la théorie des « équivalences » et la -, 65.

Six Ministères (ou Départements), 55.

SMITH, Arthur H., 53.

SNOW, Edgar, 346, 352 ; *Red Star Over China*, 326.

Socialisme, 223, 295, 302, 356, 493, 507, 512 ; terme chinois signifiant -, 223 ; bureaucratique, 498 ; d'État, 512.

Société chinoise, 77-84 ; et patriarcat, 21-22 ; unité de la -, 22, 48, 69, 71, 80 ; transformation de la -, 69 ; les relations d'« autorité et de dépendance » dans la -, 69 ; division de la -, 71, 106, 407-408, 417, 435, 516, 518 ; les relations personnelles dans la -, 69-70 ; les changements dans la -, 72-73.

Société des Frères et des Aînés *(Ko-lao hui)*, 234.

Sociétés d'Études, 197, 217.

Société d'Études agricoles, 217.

Société scientifique chinoise, 293.

Sociétés secrètes, 39, 116, 125, 200, 219, 228, 234, 348.

Soie (commerce de la), 37, 84, 135, 173.

Soochow, 37, 159, 255 ; les manufactures de soie à -, 37, 77 ; le système des examens à -, 50.

SOONG, Charlie Jones, 213.

SOONG, T. V., 307, 319.

Souverains : l'unité sous les -, 22, 27, 28, 29, 80 ; la culture et les -, 22, 402 ; mandchous, 24, 33-38, 59 ; la révolution et les -, 42-43, 231 ; les fonctionnaires et les -, 54-56 ; le confucianisme et les -, 60-61, 114, 160.

STALINE, 300, 306, 308, 366, 368, 393, 436.

Standard Oil Company, 258.

STILLWELL, Général Joseph W., 331, 365, 366

SUN FO, 319.

SUNG (dynastie des), 23, 59, 93, 105, 122, 155 ; les pieds bandés et les -, 107, 108 ; l'Islam et les -, 127 ; l'empereur T'ai-tsung des -, 510.

SUNG du Sud (dynastie des), 34, 211.

Sungari (fleuve), 374.

SUNG CHIAO-JEN, 225, 248, 249, 251 et préface p. II.

SUN YAT-SEN, 213-219, 231, 252, 493, 514, 517 ; l'éducation de -, 214 ; et le christianisme, 214 ; *Les Trois Principes du peuple (San-min chu-i)*, 216, 223, 302, 342 ; en fuite au Japon, 217 ; à Londres, 218 ; Enlevé à Londres, 218 ; au Japon, 218-219, 224 ; et la « constitution des cinq pouvoirs », 224, 316 ; et l'effondrement de la dynastie Ch'ing, 235-236 ; Président provisoire de la République chinoise, 237 ; démission de -, 237 ; et les partis politiques, 247 ; et Yuan Shih-k'ai, 247 ; et le KMT, 264, 293, 300-302, 313, 319 ; et le PCC, 293 ; et l'aide de l'Union soviétique, 300-302 ; et Chiang Kai-shek, 305-306 ; mort de -, 306 ; à propos de la connaissance et de l'action, 324.

SUN YAT-SEN, Madame (SOONG CHING-LING), 307.

Su Tung-p'o, 108.

Syndicats, 298, 303, 306-307, 317, 337.

Système juridique, 500-503, 518-519.
Szechwan (province du), 57, 85, 89, 100 ; le mouvement de « protection du chemin de fer » au -, 234 ; le KMT au -, 340, 343-345.

Taiping (révolte des), 41, 77, 86, 91, 92, 114-115, 126, 217, 256 ; la répression et les -, 122-125, 159-162, 164, 173, 204, 316 ; la guerre de l'Opium et les -, 128, 159 ; les missionnaires et les -, 189 ; la réforme et les -, 194 ; le folklore et les -, 214.
Taiwan, 158, 193, 375, 378-379, 437, 517.
T'ANG (dynastie des), 23, 58, 59, 107, 134, 482 ; l'invention du système des examens sous les -, 47 ; les ministères sous les -, 55 ; la poste à cheval sous les -, 56 ; les Ming et les -, 115 ; le bouddhisme sous les -, 126, 230 ; l'ascension de Mao comparée à celle des -, 333 ; l'empereur T'ai-tsung des -, 510.
T'ang-shan (tremblement de terre de), 477.
T'ANG SHAO-I, 172, 231-232, 237, 247-248.
tanwei (unité de travail), 505.
TAO-KUANG, Empereur, 40, 42, 44-47, 62 ; et la bureaucratie, 45, 47, 54-56 ; et le système des examens, 49 ; les édits de -, 56 ; et la guerre de l'Opium, 77, 140, 143 ; et l'Asie Centrale, 132, 136, 137-138 ; et les Britanniques, 134, 138, 141, 144.
T'AO H. C. (T'AO HSING-CHIN), 287, 288.
Taoïsme, 117, 189, 325.
Ta-pieh (Monts), 321, 336.
TAWNEY, R. H. : *Land and Labour in China*, 283.
TAYLOR, Hudson, 186.
Taxe foncière, 36, 147, 155, 311, 341. *Voir aussi* Impôts.

Teachers College, 283, 284, 287, 290. *Voir aussi* Université de Columbia.
Technologie, 23, 41, 76, 79 ; chinoise opposée à la - américaine, 18, 192 ; et agriculture, 20-21 ; et culture, 23-24, 74, 168, 200 ; basée sur la force musculaire, 98, 104 ; militaire, 118-119 ; le système des examens et la -, 168-169 ; la supériorité occidentale en matière de -, 192 ; les réformes de Teng Hsiao-p'ing et la -, 483, 490.
TEILHARD DE CHARDIN, Pierre, 285.
TENG HSIAO-P'ING, *voir* Deng Hsiao-P'ing.
Thé ; commerce du, 19, 84, 86-88, 93 ; réglementation du -, 94 ; l'« ouverture de la Chine » et le -, 139 ; la guerre de l'Opium et le -, 139 ; le Japon et le -, 173 ; l'Inde et le -, 173.
THOMAS D'AQUIN, 108.
Tibet, 57, 134, 232, 241, 242.
T'ien-an-men, Place, 39, 263, 477.
t'ien-hsia (« le monde sous le ciel »), 27.
T'ien-shan (Montagnes célestes), 134, 135, 173, 243.
Tientsin, 87, 159, 164, 165, 171, 245, 282 ; et la révolte des Boxers, 202.
Tiers monde, 442, 464.
Tigres Volants, 364.
TING, V. K. (TING WEN-CHING), 285.
TONG KING-SING (T'ANG T'INGSHU), 170, 171, 213, 231.
Traités inégaux, 123, 141, 150, 158, 185, 203, 254, 282, 490, 500 ; l'impérialisme et les -, 67, 79 ; le développement du commerce avant les -, 98, 128, 151 ; la révision des -, 207. *Voir aussi* Ports ouverts.
Triades (société des), 116, 216, 217, 219.
Tribut, Système du, 60, 78, 129, 131, 137, 212 ; effondrement du -, 166.

Trois Trigrammes (soulèvement des), 137.
TROTSKI, Léon, 290, 306, 308, 356.
TS'AI YUAN-P'EI, 271-272, 284, 325.
TSENG KUO-CH'UAN, 124-125.
TSENG KUO-FAN, 52, 123, 124-125, 160, 161, 167, 173 ; et la répression des Taiping, 124-125, 159, 164, 316 ; mort de -, 160.
Tsing Hua (Université de), 269, 279, 341.
tso-kuan fa-ts'ai (« deviens fonctionnaire et tu seras riche »), 34.
TSO TSUNG-T'ANG, 173, 174.
TSUNGLI YAMEN, 165.
Tsunyi, Conférence de, 335.
t'un-t'ien (semi-autosuffisance des postes frontières), 451.
Turkestan chinois, 57, 132 ; 133-135 ; gouvernement du -, 135-137, 138 ; les rébellions au -, 173 ; conquête du -, 174.
TZ'U-HSI, Impératrice douairière, 169, 174, 198, 200, 309 ; et la construction du palais d'été, 167, 176 ; et la révolte des Boxers, 200, 201-204 ; et la réforme, 226 ; et la constitution, 229 ; mort de -, 230 ; et Yuan Shih-k'ai, 245.

Union soviétique ; *voir* Russie.
Unité, 26-28 ; sociale, 22, 48, 69 ; idéologique, 71 ; la classe dirigeante et l'-, 80.
Ussuri (fleuve), 466.
Université Associée du Sud-Ouest (Kunming), 341, 343.
Université de Columbia, 289 ; les étudiants chinois à l'-, 268, 272, 282 ; *Revue mensuelle des étudiants chinois à l'-*, 283. *Voir aussi* Teachers College.
Université de Cornell : les étudiants chinois à l'-, 272, 285.
Université nationale de Pékin (Peita), 252, 271, 282, 341 ; le mouvement du 4-Mai et l'-, 288 ; John Dewey à l'-, 288 ; le marxisme à l'-, 295, 296 ; Mao à l'-, 296, 325.
Université nationale du Sud-Est (Université nationale du Centre), 284, 287.

Versailles, Conférence de la Paix de, 263, 266, 281.
« Vie nouvelle » (mouvement pour la), 315.
Vietnam, 76, 132, 158, 165, 178, 211 ; la guerre américaine au -, 442, 465. *Voir aussi* Annam.
Villages : la vie dans les -, 81-83.
Vingt et une demandes, 250, 263.
Vingt-huit bolcheviques, 323, 329, 352.
VON SEECKT, Général Hans, 320.

Waichow (Hui-chou) ; soulèvement de, 219.
wai hsiung-ti (« frères étrangers »), 122.
WANG CHING-WEI, 303, 306, 307.
WANG CH'UNG-HUI, 319.
WANG T'AO, 196, 205.
WANG YANG-MING, 91, 267, 268, 284, 287, 403.
Wan-kuo kung-pao (La Revue des Temps), 190.
WARD, F. T., 159.
WEI JING-SHENG, 506.
wei li shih shih (« ils ne pensent qu'au profit »), 134.
Wet Yuan, 86, 152, 155-156, 194, 196, 490 ; *Le Répertoire illustré des pays d'outre-mer*, 156.
wei-yuan (députés), 99.
wen (civil), 402-403.
WEN I-TO, 343.
wen-jen (hommes de lettres), 403.
WENG WEN-HAO, 320.
West China Union University (Chengtu), 341.
Whampoa, Académie militaire de, 297, 305, 335, 449, 452.
WO JEN, 168-169, 507.
WRIGHT, Mary, 207, 259.
WU, Impératrice 230.

wu (force militaire ; brutalité), 403.

wu-ch'an chieh-chi (classe des non-possédants), 353.

WU-CH'ANG, 124.

WU HAN, 456.

Wuhan, 88, 175, 202, 213, 307, 308 ; déplacement du Gouvernement nationaliste à-, 340, 366 ; l'industrie lourde à -, 400 ; et l'Incident de Juillet 1967, 462.

WU P'EI-FU, 261.

WU T'ING-FANG, 232, 237.

Xénophobie, 202. *Voir aussi ;* Boxers (révolte des).

Ya'qoub-beg, 173.

Yalta, accords de, 368.

yamen (bureaux du gouvernement), 56, 90, 100, 104.

Yangchow, 85, 86, 89.

YANG FANG, 137, 138.

YANG TSENG-HIN, 243-244.

Yangtze, delta du, 15, 16, 159, 160, 255.

Yangtze (fleuve), 34, 37, 59, 78, 79, 88, 89, 95, 154, 156, 351, 375 ; le commerce sur le -, 87-88, 150, 159 ; batailles Taiping sur le -, 119 ; la marine interne sur le -, 124 ; les bateaux à vapeur sur le -, 171 ; la Longue Marche et le -, 332 ; la traversée du - par Mao, 443, 458, *yan-wu* (« affaires d'outremer »), 152.

yan-wu (« affaires d'outremer »), 152.

YEN, H. C. James (YEN YANG-CH'U), 287.

Yenan, 337, 339, 341, 345, 351, 352 ; le PCC à -, 346, 388, 417, 421, 448, 491 ; sous la Deuxième Guerre mondiale, 346-347, 363 ; les observateurs américains à -, 364 ; prise de - par les Nationalistes, 373 ; les écoles à -, 433-434 ; Chiang Ch'ing à -, 456.

Yenching (Université de), 278, 279, 281, 341, 412.

YEN FU, 220, 221.

yen-lu (la critique), 410.

yin-yang, principe du, 106, 323, 363.

YMCA (Young Men's Christian Association), 257, 260, 277, 279, 282, 283, 287.

yuan (bureau), 312, 316-317.

YUAN (dynastie des), 127, 211.

YUAN SHIH-K'AI, 227, 232, 253, 309, 316, 515 ; Président de la République chinoise, 237, 241, 244, 250-252 ; et les relations extérieures, 244, 249-250 ; et l'Emprunt pour la réorganisation, 244, 249 ; le cabinet de -, 247-248 ; et les élections, 248-249 ; mort de -, 250 ; et le KMT, 301, 305 ; et les paysans, 515.

YUNG-CHENG, Empereur, 36, 188.

YUNG-LO, Empereur, 510.

YUNG WING, 172, 231.

Yunnan (province du), 125, 330, 332, 343, 364.

ZEN, H. C. (JEN HUNG-CHÜN), 285.

TABLE DES MATIÈRES

Préface 1989 I
Avant-propos 9
1. Comprendre la Révolution chinoise............ 15

PREMIÈRE PARTIE
L'ANCIENNE CHINE IMPÉRIALE : CROISSANCE ET CHANGEMENT 1800-1895

2. Perspectives des souverains mandchous depuis Pékin.. 33
3. Quelques éléments d'analyse théorique 65
4. Le développement du commerce avant la période des traités..................................... 75
5. Les problèmes internes de la société chinoise ... 99
6. L'intrusion de l'Occident..................... 129
7. L'effort de modernisation 151

DEUXIÈME PARTIE
LA TRANSFORMATION DE L'ANCIEN ORDRE IMPÉRIAL 1895-1911

8. Réforme et réaction 185
9. La genèse de la Révolution de 1911 207

TROISIÈME PARTIE
LA PREMIÈRE RÉPUBLIQUE CHINOISE 1912-1949

10. La jeune République chinoise et ses problèmes	242
11. La Nouvelle Culture et l'éducation sino-libérale	263
12. La révolution nationaliste et le premier front uni KMT-PCC	293
13. Nationalistes et communistes, 1927-1937	309
14. La guerre de résistance et la guerre civile, 1937-1949	339

QUATRIÈME PARTIE
LA RÉPUBLIQUE POPULAIRE DE CHINE 1949-1985

15. La création du nouvel État	385
16. Le Grand Bond en avant et ses conséquences	415
17. La Grande Révolution culturelle prolétarienne de Mao Tse-tung	443
18. Nouvelles directions : les réformes de Teng Hsiao-p'ing	481
19. Perspectives	509
Sources des citations	521
Index	525